GUIDE DU VOYAGEUR
EN ESPAGNE
ET EN PORTUGAL

PAR RICHARD & QUÉTIN

SECONDE ÉDITION
Refondue, corrigée et augmentée
d'après la *Guia* de Mellado, le *Hand Book for Spain* de Murray,
et des notes prises sur les lieux mêmes.

ACCOMPAGNÉE
D'UNE BELLE CARTE ROUTIERE DES DEUX ROYAUMES
Ornée de Vues et Costumes supérieurement gravés.

PARIS
L. MAISON, ÉDITEUR, RUE CHRISTINE, 3.
MADRID
C. MONIER, CARRERA SAN GERONIMO, 10.

GUIDE DU VOYAGEUR

EN ESPAGNE

ET EN PORTUGAL.

IMPRIMERIE DE W. REMQUET ET Cie,
Rue Garancière, 5.

GUIDE DU VOYAGEUR
EN ESPAGNE
ET
EN PORTUGAL

PAR RICHARD ET QUÉTIN

Nouvelle édition

Refondue, corrigée et augmentée d'après la *Guia* de Mellado, le *Hand-Book for Spain* de Murray, et des notes prises sur les lieux mêmes,

accompagnée d'une belle carte routière des deux royaumes

ORNÉE DE VUES ET DE COSTUMES

SUPÉRIEUREMENT GRAVÉS.

PARIS

LIBRAIRIE DE L. MAISON

ÉDITEUR DES ITINÉRAIRES RICHARD

MADRID

| C. MONNIER | BAILLY-BAILLIÈRE |
| Carrera San-Geronymo, 10. | Calle del Principe, n. 11. |

1853

INTRODUCTION

——∽∞∽——

ÉTAT GÉOGRAPHIQUE, POLITIQUE ET MORAL.

Situation, étendue et limites. Ce vaste royaume, appelé jadis *Hispania, Iberia, Hesperia*, est situé entre 1° de longitude E. et 12° de longitude O., et entre les 36° et 44° de latitude N. Il a 160 l. de large sur 200 de longueur, et offre une superficie de 14,860 lieues carrées. Il est borné au N. par les Pyrénées, qui le séparent de la France, et par le golfe de Gascogne; à l'O. par le Portugal; à l'E. et au S., où le détroit de Gibraltar le sépare de l'Afrique, par la Méditerranée et l'Océan Atlantique. Sa frontière, du côté de la France, peut avoir 97 lieues; du côté du Portugal, 134 lieues. Les côtes S., que baignent la Méditerranée et l'Océan, présentent un parcours de 487 lieues. Les points les plus reculés sont, au N., le Cap Ortegal; à l'E., le cap Creus; au S., Tarifa, et à l'O., le cap Finistère.

A Madrid, ville située dans le 6me climat astronomique, le plus long jour est de 15 heures, et le plus court de 9. Quand il est midi à Paris, il n'est encore que 11 h. 36 m. du matin à Madrid; différence : 24 minutes.

Montagnes. L'Espagne constitue un vaste plateau très-élevé, surmonté de plusieurs chaînes de montagnes appartenant au système hespérique, et qui forment plusieurs groupes. Leurs principales ramifications, appelées *sierras*, sont celles de Alcazar, Almagrera, Avila, Cameros, Cazorla, Cuença, Filabres, Leon, Oca, Reinosa, Ronda, Santander, Siguenza, Tamajon, Tolède, et beaucoup d'autres moins considérables. De ces imposantes formations partent de nombreux cours d'eau, qui répandent la fertilité dans tout le pays, et qui, pour la plupart, sont très-poissonneux. Voici les principaux :

Fleuves et Rivières. L'Èbre prend sa source dans la vallée de Reynosa, et va se perdre dans la Méditerranée, près d'Amposta, après un cours d'environ 125 l.; il reçoit les eaux de 150 affluents, au nombre desquels nous citerons : le Jalon, la Jiloca, le San-Martin, le Guadalupe, l'Aragon, l'Arga, le Gallego, la Segre, etc. — Le Douero (*Douro*), parti de la sierra de Urbion, se jette dans l'Océan, après un cours de 130 l. Il reçoit 125 affluents, tels que la Pisuerga, l'Arlanzon, l'Esgueva, le Carrion, le Val de Radnay, l'Esla, l'Ardaja, l'Eresma, et la Tormes. — Le Tage (*Tajo*), qui est le plus grand fleuve de la Péninsule, prend sa source dans les montagnes d'Albarracin, se jette dans l'Océan à Oporto, en Portugal, après un cours de 170 l., grossi par 61 rivières, dont les principales sont Jarama, l'Ilenares, le Manzanares, le Guadarrama, l'Alberche, l'Alagon, etc. — La Guadiana naît dans la Manche, qu'elle traverse en s'enrichissant de 40 affluents, pour se perdre dans l'Océan, près d'Ayamonte, après un cours d'environ 150 l. — Le Guadalquivir prend sa source dans les montagnes, entre Grenade, Murcie et Jaen, et après un cours d'environ 80 l., grossi des eaux de 34 rivières, dont les principales sont le Guadalimar et ses affluents et le Jenil, il se perd dans l'Océan, au-dessus de Cadix. — La Segura sort de la Sierra-Sagra, baigne Murcie, Orihuela, et va se jeter dans la Méditerranée à Guardamar. — Le Jugar naît dans le versant O. des montagnes d'Albarracin, reçoit plusieurs tributaires et va se perdre dans la Méditerranée à Cullera. — Le Miño commence dans la sierra de Urbion, sépare l'Espagne du Portugal, et après un cours d'environ 60 l. où il reçoit les eaux de 40 tributaires, se jette dans l'Océan à la Guardia.

Canaux. Outre les nombreux canaux d'irrigation qu'on rencontre dans plusieurs provinces de l'Espagne, nous remarquons : le canal impérial d'Aragon, ouvrage remarquable ; le canal de Castille, commencé en 1753, avec les eaux de la Pisuerga, ayant une longueur d'environ 27 l. ; le canal du Manzanares, commencé en 1770, allant, dans un trajet de 2 l. 1/2, du pont de Tolède à Madrid : le reste n'est pas terminé ; le canal de la Guadarrama, commencé en 1787, achevé dans une étendue d'environ 3 l. seulement ; le canal de San-Carlos, creusé pour donner un port à Tortose ; le canal de Murcie, dont 5 l. seulement sont terminées, sur 43 qu'il doit avoir.

Climat et température. Le grand plateau central de la Péninsule ayant une élévation moyenne de 2,000 pieds au-dessus du niveau de la mer, on conçoit que le climat des Castilles doit être moins chaud que celui de Naples, situé sous les mêmes latitudes ; on conçoit aussi la ceinture neigeuse qui jusqu'au mois de mai domine les environs de Madrid, et les vents froids qui, par intervalle, viennent frapper cette ville. Nous diviserons la Péninsule en trois zones, représentées chacune par une végétation distincte : 1° La région septentrionale ou Cantabre, renferme des portions de la Catalogne, l'Aragon, la Navarre, les provinces Basques, les Asturies, la Galice et quelques parties des Castilles. Les hivers y sont froids, les printemps humides, mais le climat en est tempéré. 2° La zone centrale, qui renferme les Castilles, une partie de Léon, de l'Estramadure, et de la Mancho. Le printemps et l'automne seuls y sont agréables. Les plateaux, dénudés, sont exposés au soleil brûlant de l'été, aux vents glacés, ainsi qu'aux neiges de l'hiver. 3° La zone méridionale embrasse l'Andalousie, les provinces de Murcie et de Valence. Délicieuse au printemps et en automne, elle devient tropicale l'été; plutôt pluvieuse que froide l'hiver. On y rencontre le palmier, l'aloès, l'oranger, le caroubier, etc. En résumé, la température moyenne est de 20 degrés centigrades, à Cadix; de 18° sous le parallèle de Barcelone; de 15° sous celui de Madrid.

Productions du sol. La situation de l'Espagne et la configuration de son sol, où les chaînes de montagnes au front neigeux alternent avec une suite de vallées délicieuses, de plaines chaudes et bien arrosées, produisent une végétation non moins riche que variée; on y trouve les plantes de tous pays, de tous climats. Ses montagnes renferment aussi de grandes richesses minérales et métalliques.

Division politique. Autrefois l'Espagne se trouvait partagée en quatorze grandes provinces bien distinctes; les unes ayant le titre de royaume, telles que Grenade, Séville, Jaen, Murcie, Valence, Léon, etc.; d'autres, celui de principauté, comme les Asturies; enfin d'autres portant la simple qualification de province, comme la vieille et la nouvelle Castille, ou de seigneuries, comme l'Estramadure et la Biscaye. Par un décret de 1841, l'Espagne a été divisée en 49 provinces, et chaque province en plusieurs *partidos,* ou districts. Ces nouvelles provinces sont : Alava, capitale Vitoria; Albacete, capitale *dito;*

Alicante, Almeria, Avila, Badajoz, *dito ;* les îles Baléares, Palma ; Barcelone, Burgos, Caceres, Cadix, *dito ;* les Canaries, Ténérife ; Castellon de la Plana, Ciudad-Real, Cordoue, la Corogne, *dito ;* Cuença, Gerone, Grenade, Gualajara, *dito ;* Guipuscoa, San-Sebastian ; Huelva, Huesca, Jaen, Leon, Lerida, Logroño, Lugo, Madrid, Murcie, Malagno, *dito ;* la Navarre, Pampelune ; Orense, Oviedo, Palencia, Pontevedra, *dito ;* Salamanque, Santander, Ségovie, Séville, Soria, Tarragone, Teruel, Tolède, Valence, Valladolid, *dito ;* Viscaya ou Biscaye, Bilbao ; Zamora, Zaragoza ou Saragosse, *dito.*
Cette classification administrative, analogue à notre système départemental, a été faite dans le double but de rendre l'action gouvernementale plus facile et plus rapide, et d'effacer, autant que possible, l'esprit provincial, afin de ramener toute la monarchie au principe d'unité qu'elle poursuit depuis cinq siècles. Nous ne croyons pas que, même avec le réseau de chemins de fer qui se prépare, ce résultat puisse jamais être atteint ; jamais d'un Basque vous ne ferez un Espagnol. Le pays est en outre divisé militairement par quatorze capitaineries générales, dont les chefs-lieux sont : Madrid, Barcelone, Séville, Valence, la Corogne, Saragosse, Grenade, Valladolid, Badajoz, Pampelune, Burgos, Vitoria, Palma et Santa-Crux de Ténériffe. Un capitaine général, dont le titre correspond à celui de maréchal de France, commande chacune de ces grandes zones. Il a pour second un commandant général.

La population totale de la monarchie espagnole peut s'élever à 16 millions d'habitants, savoir : 12 millions dans l'Espagne continentale, et les îles adjacentes, 2 millions 1/2 dans les possessions voisines ; dans les *Présides d'Afrique, Anno-Bon,* 18,000 ; à *Cuba* et *Puerto-*

Rico, 1,200,000 ; aux îles Philippines et dépendances, environ 3,000,000.

Le revenu de la monarchie, dont l'assiette est vicieuse, s'élève à 350 millions de francs environ.

Cette monarchie constitutionnelle fonctionne avec une reine irresponsable, avec des ministres responsables, et avec une chambre élective, dont les membres sont appelés *Cortès*. Elle possède une belle armée, l'infanterie surtout; une cour brillante, un clergé séculier très-nombreux et très-riche, malgré les confiscations opérées depuis les guerres civiles. Tous les couvents sont supprimés, excepté les couvents royaux et quelques maisons livrées à l'éducation ou bien au soulagement des malades. Cette mesure a fait refluer dans les caisses de l'État des revenus considérables, mais nous ne l'en croyons pas plus riche, à cause des pensions qu'il faut desservir et de l'entretien dispendieux, du changement de destination d'une foule de bâtiments.

MŒURS, COUTUMES, HABITUDES.

Quoique depuis vingt siècles, l'Espagne ait été presque toujours labourée par des événements désastreux, c'est peut-être encore le pays de l'Europe qui conserve le mieux son caractère primitif. L'ancien peuple, avec sa langue, avec ses traits, ses habitudes et ses goûts, revit dans le pays Basque ; dans la Galice et les Asturies, on retrouve les Goths ; en quelques vallées de la Sierra Morena, et de l'ancien royaume de Murcie, se rencontrent les Mores du xvie siècle ; le paysan de la Manche est resté tel que nous l'a peint Cervantes dans son inimitable roman ; l'Andalou conserve son type, et dans les fêtes, dans les cérémonies, dans les poses d'apparat, il ne manque jamais de reprendre son costume national. Chaque province, pour peu qu'on s'écarte des grandes routes, possède sa manière d'être et semble, comme jadis, un petit royaume détaché du grand. Ces différences s'observent non-seulement quant au physique des habitants, mais quant à leur mise, à leur manière de se loger, de se nourrir, à leurs instruments de travail, à leurs inclinations spéciales pour telle ou telle chose. Les Galiciens (*Gallegos*), quoi qu'on puisse faire, sont encore les Auvergnats de l'Espagne, et les Aragonais en sont les Gascons.

Le long du littoral méditerranéen et du littoral océanique, nous avons remarqué de petites peuplades tout entières, comme celle de Mataro, ayant le type grec ; d'autres peuplades, fort nombreuses, conservant le type arabe, pur de tout mélange ; quelquefois le type des races blondes de la Germanie qu'on s'étonne de rencontrer si souvent parmi les races brunes, cuivrées et velues qui couvrent le sol péninsulaire. Cette exubérance de la barbe s'observe très-communément dans toutes les classes ; les femmes mêmes ne se trouvent point à l'abri de ce luxe pileux, et nous avons vu de très-nobles *señoras* portant sous le nez, au menton, et le long des bras une végétation surprenante. En général, elles ne sont ni moins riches d'appas, ni moins riches d'embonpoint. Leur gorge devient souvent embarrassante, et l'obésité chez les femmes comme chez les hommes nous a paru beaucoup plus fréquente au delà qu'en deçà des Pyrénées.

Dans toutes les provinces, les hommes de la basse classe et de la classe moyenne se chaussent avec des spardilles, sorte de cothurne tissé de chanvre ou de lin :

et ne marchent jamais sans manteau. Ce vêtement diffère un peu par sa forme, et toujours par sa couleur et par la manière dont il est porté, selon la province à laquelle on appartient. Ici on le met en écharpe, ailleurs on le déploie sur le dos, on en laisse flotter les pans ou bien on les relève sur l'une ou l'autre épaule, sur l'un ou l'autre bras. Le chapeau, *sombrero,* ne diffère pas moins que le manteau. Quant au *sombrero* des ecclésiastiques, celui du Basile de notre théâtre en est l'image fidèle. Une veste courte, jetée sur l'épaule, des culottes, des guêtres de cuir fauve, largement ouvertes sur le côté, et laissant apercevoir un bas de fil d'un blanc douteux; un petit chapeau noir, bas de forme, retroussé, garni de bouffettes en soie; quelquefois un petit manteau noir de cuir laine, tel est le costume ordinaire des Andalous. Les indigènes des autres provinces se distinguent également par une mise originale.

Les hommes du monde s'habillent comme à Londres et à Paris. Ils aiment les bijoux, les broches aussi grandes que celles des femmes, les bagues et les breloques. Les femmes portent beaucoup de diamants et d'autres pierreries. Elles vont tête nue, couvertes d'une mantille en soie noire et portent une robe également noire avec un châle de couleur tranchée. C'est le costume de ville ordinaire, celui avec lequel les dames vont à la messe, au marché, en visite. Pour le spectacle, ou pour les réunions, appelées *tertulias,* et pour la promenade publique, elles se costument le plus ordinairement à l'anglaise ou à la française. A Séville, à Cadix, nous avons vu, dans les promenades du soir, beaucoup de jeunes personnes, presque en costume de bal, la tête ornée de fleurs naturelles, couvertes de bijoux et de dentelles, se promenant seules avec leur amant; tout au plus étaient-elles surveillées par une duègne ; les parents se tenant assis des heures entières sur des chaises ou sur un banc, et laissant l'amour cheminer et folâtrer autour de leurs filles : personne ne le trouve mauvais.

Aspirer la fumée d'une cigarette, refouler cette fumée dans l'arrière-gorge, la tenir en réserve dans le pharynx ou la trachée, peut-être même dans ces deux organes à la fois, puis rejeter cette fumée par petites bouffées, en respirant, en parlant, voilà comment vivent, huit heures au moins sur vingt-quatre, des millions d'Espagnols. En travaillant, en mangeant, en causant, on fume ; on fume à la cour, on fume au cabaret ; dans les salons du plus grand monde comme dans les réduits de la misère, chacun vous offre à l'envi cigares et cigarettes ; ne pas fumer, c'est passer pour quelque original d'outre-mer. Le *braserillo* se rencontre partout, dans les rues, dans les magasins, en divers points de chaque maison ; d'officieux *mozos*, grands et petits, les colportent ; c'est à qui des garçons de place saisira le mieux dans l'œil d'un fumeur l'envie qu'il éprouve d'allumer son cigare.

Le plaisir de fumer est, avec le plaisir de la sieste et celui de cheminer à l'ombre, une des trois jouissances habituelles des indigènes. Ne leur parlez ni des charmes de la table, ni des charmes de la conversation ; ils ne les comprennent pas s'ils ne sont point venus s'hiverner quelquefois à Paris. Les *tertulias* se passent de la manière la plus monotone ; on entre, on salue, on se place, on agite l'éventail, on accepte quelques sorbets ou des verres d'eau glacée, puis on se quitte sans s'être rien dit ; quand la danse figure au programme de réception, c'est une danse si compassée, si roide, si simple, qu'à peine les figurants changent de place. Plus les ballets sont animés au théâtre, plus il est de bon ton dans le

a.

monde de ne faire aucun pas, aucun geste. Le peuple agit tout différemment, sa danse est vive, caractéristique, même indécente.

Dans les fêtes, dans les jours de grande représentation ou de combats de taureaux, quand une population entière anime les rues, on voit circuler des vases d'eau froide, de petites pâtisseries au jaune d'œuf, d'un aspect peu agréable, des noix, des noisettes, des pommes de qualité très-inférieure, des oranges, des pastèques, des raisins, des tranches de melon blanc, et des sardines. Les consommateurs n'imaginent rien de mieux. Grand bien leur fasse.

Aspect du sol. — Productions. Quiconque n'a point vu l'Espagne se figure un pays hérissé de montagnes, n'ayant que d'étroites vallées peuplées de voleurs ou d'animaux malfaisants, pays inculte, sauvage, aride, sans eaux, sans verdure, sans abri.... On se trompe, car si des contrées étendues présentent la nudité des contrées africaines, d'autres contrées offrent une grande richesse de végétation. Seulement, il s'en faut beaucoup que l'aspect des lieux soit aussi varié qu'ailleurs; la propriété n'étant presque pas divisée, les métairies ont plusieurs milliers d'arpents, et souvent on fait cinq ou six kilomètres, sans rencontrer autre chose que du blé, ou du seigle, ou des vignes, ou des oliviers. Les vallées pyrénéennes et différentes positions du littoral méditerranéen et du littoral océanique offrent néanmoins une exception à cette règle.

En plusieurs contrées, notamment dans l'Andalousie, la terre est tapissée de palmiers nains dont les feuilles lisses et compactes, colorées d'un vert vif, résistent au soleil ardent qui brûle la contrée. Cette plante, presque sans tige, étale ses larges rosettes, forme souvent d'épais buissons, et se rend maîtresse du sol à tel point que pour défricher deux mètres carrés d'un terrain occupé par elle, il faudrait travailler un jour avec d'excellents instruments. On rencontre souvent des aloès, mais la hampe florale leur manque presque toujours, tandis qu'en Sicile cette hampe se déploie avec majesté ; on voit aussi des lauriers roses, *neriums,* qui constituent le long des ruisseaux de belles haies ; enfin de nombreux cactus, des liliacées charmantes, des carduacées presque arborescentes d'une blancheur telle que, dans le lointain, on dirait des troupes de Bédouins couverts de leurs burnous.

Dans la Sierra Morena, chaîne de montagnes qui borne l'Andalousie, de même que dans plusieurs autres chaînes, il ne faut pas s'attendre à rencontrer la riche végétation des Alpes ; vous ne voyez que pins à parasol, chênes verts et genets épineux ; végétation triste et sombre qui s'harmonise avec la couleur noirâtre des roches.

Les provinces Basques, la Navarre, et quelques portions de la Biscaye, ressemblent, à s'y méprendre, à notre Normandie, à nos côtes de Bretagne ; on dirait le même sol, la même culture, les mêmes industries, et sous divers rapports, le même peuple, quoique d'une origine bien différente. Dans le Guipuzcoa, les cerisiers, les pommiers abondent ; nous y avons remarqué un peuplier à larges feuilles, beaucoup plus touffu, plus gracieux que le peuplier ordinaire.

En Castille, ce sont d'immenses plaines, sèches, dénudées, cultivées néanmoins, mais presque sans arbres, les villageois les ayant coupés avec la persuasion qu'ils attirent les insectes ennemis des céréales. Il en est de même des autres provinces du centre.

Au contraire, le long du littoral maritime se rencontrent des cultures bien variées, et fort souvent une végétation magnifique. On y voit des oliviers, des orangers, des citroniers, des palmiers, mêlés quelquefois, selon les sites, aux espèces d'origine septentrionale. Les olives d'Espagne sont beaucoup plus oléagineuses, les raisins plus sucrés et plus gros, les melons plus odorants, les figues plus savoureuses que ne le sont les figues, les melons, les raisins et les olives de France. La farine a des qualités supérieures à celles des farines du nord ; l'eau est excellente ; les arbres résineux fournissent des produits abondants ; les chênes-liége de la Catalogne sont l'objet d'une exploitation considérable.

Agriculture, Horticulture. Ces deux sciences, jadis si bien comprises dans la Péninsule, y sont retombées à l'état d'enfance. Excepté dans les districts de Guipuzcoa et d'Alava, dans une partie de la Navarre, de la Catalogne et de la Biscaye, on ne rencontre point de prairies artificielles, point de nourrissages conséquemment, telles que les entendent les agronomes. On laisse reposer les terres un an, deux ans, tandis qu'aménagées avec habileté, on leur ferait produire le triple. Mais, le moyen d'atteindre ce résultat, tant que l'Espagne n'aura pas un vaste réseau de routes vicinales ? Le transport des produits est aujourd'hui trop coûteux, même impossible ; de sorte qu'il faut les consommer sur place ; une récolte par trop abondante devient un embarras, et nous avons vu grand nombre de cultivateurs sans le sol, au milieu de l'immense accumulation de leurs produits qu'ils ne peuvent faire écouler.

Cette absence de prairies artificielles, ces jachères ont amené le développement de troupeaux de moutons très-considérables, véritables armées qui, sous la conduite de plusieurs bergers, les uns à cheval, les autres à pied, sillonnent l'Espagne entière, rayonnant de tous les points vers l'Estramadure et les Asturies où ils passent l'hiver. L'administration des troupeaux s'appelle encore le Gouvernement de la *Mesta*, et comme peinture de mœurs patriarcales, comme traditions, nous en recommandons l'étude.

L'Horticulture, malgré l'impulsion que les Maures lui avaient donnée, est bien loin d'être satisfaisante, et quand nous considérons les jardins de l'Escurial, de l'Alcazar de Séville, et du Generaliff à Grenade, copiés sur les dessins primitifs, nous ne savons trop si les Arabes ne jouissent pas, relativement à la disposition, à l'harmonie de leurs combinaisons horticoles, d'une gloire usurpée. Ces immenses polygones de buis, ces haies d'ifs, ces buissons plantés au centre de compartiments entre lesquels la main de l'homme ne laisse qu'un passage exigu, ne nous ont point charmé. Ce n'est guère qu'à Vitoria et Valence que nous avons distingué des jardins passables, encore sont-ils de création française.

Règne animal. Les espèces utiles sont à peu près les mêmes qu'en France, mais généralement d'une taille moindre, excepté les mulets qui, dans la Catalogne surtout, sont très-grands. Quant aux espèces nuisibles, elles ne diffèrent pas non plus des espèces propres aux pays voisins. L'ours, fort commun dans les Asturies et dans certaines parties des Pyrénées, donne lieu à une chasse très-dangereuse, mais très-intéressante par le courageux sang-froid qu'il faut y déployer.

Règne végétal. Il varie singulièrement selon l'altitude de chaque région. Nous en avons parlé à propos de l'*Aspect du sol*, et nous en parlerons encore plus loin à l'occasion des voyages du naturaliste.

Règne minéral. Quantité de mines très-riches, mais la plupart inexplorées, mines de charbon, de fer, de plomb, de manganèse, de cuivre, de soufre, de sel, même d'argent, sillonnent les entrailles de l'Espagne. Des sources d'eaux minérales, non moins riches que nombreuses, servent à constater ces gisements divers dont l'administration est loin de tirer tout le parti désirable. Ici, comme pour l'agriculture, manquent les voies de communication, les bras, les machines, et la pensée directrice.

HISTOIRE.

A l'établissement des Phéniciens sur quelques points du littoral qui regarde l'Afrique, remonte le premier âge de l'histoire d'Espagne. Luttant contre les indigènes, une colonie phénicienne déjà puissante, Carthage, leur envoya des secours, et l'on vit Amilcar combattre neuf années pour soumettre la Bœtique. Mort assassiné sur les rives du Tage, lorsqu'il essayait la conquête de la Lusitanie, son frère Asdrubal, politique non moins habile que chef valeureux, prit le commandement des troupes, et plus tard le célèbre Annibal vint achever l'œuvre d'envahissement commencée par son père Amilcar.

Quelques villes de forme cyclopéenne, couvraient alors la Péninsule. Annibal en soumit un grand nombre, et ce fut après la prise, nous devrions dire la ruine désastreuse de Sagonte que, se trouvant assez fort, il rêva la conquête de l'Italie.

De l'Espagne primitive, appelée celtibérienne, il ne reste presque rien. Cependant quelques constructions gigantesques, de nombreuses monnaies d'argent, des dénominations locales et quantité de mots racines qui se retrouvent dans la langue basque et qu'on reconnaît à leurs consonnances dans la langue castillane, témoignent une organisation déjà vieille, une certaine civilisation dont jusqu'à présent les historiens n'ont pas tenu grand compte.

Nous avons vu, sur quelques points de l'Espagne centrale et de l'Espagne méridionale, des sculptures barbares, extrêmement massives, représentant des taureaux, des chiens, des sangliers, et, ce qui nous a paru le plus extraordinaire, des animaux de races aujourd'hui perdues, telle que le mastodonte. Ces sculptures grossières, mais possédant un relief de puissance vraiment extraordinaire, pourraient bien être contemporaines des murs cyclopéens, de la langue, des monnaies et de l'écriture cunéiforme de l'antique Celtibérie.

Plus Rome avait tremblé devant Annibal, plus elle sentit l'urgence de poursuivre, jusque dans ses foyers, le peuple audacieux qui, pour l'attaquer, n'avait pas craint de franchir les Pyrénées et les Alpes. La Péninsule devint un vaste champ de bataille, où successivement Cneius Scipion, Publius Scipion, Cornelius Scipion, Lucullus, le préteur Galba, Pison, etc., cueillirent de sanglants lauriers. Les Celtibériens unis aux Carthaginois, eurent aussi leurs héros : le soldat Viriate, digne d'être roi, fut un grand homme ; et différentes cités, notamment Sagonte, Termès, Placencia, Lucia, Numance, se distinguèrent dans cette lutte héroïque ; mais de Numance, de Lucia, de Sagonte, il ne resta que des ruines.

Dans la lutte entre César et Pompée, l'Espagne, presque inféodée à la politique romaine, se déclara pour

Pompée, mais les querelles des Triumvirs ne l'atteignirent pas. On y était même assez paisible, quand Auguste dirigea contre les Asturiens et les Cantabres une guerre d'extermination dont les résultats font frémir. Cet empereur, qui résidait à Tarragone, fonda Mérida, Saragosse ; il divisa la Péninsule en trois provinces, la Tarragonaise, la Lusitanienne, la Bœtique, et laissa des traces importantes de la grandeur romaine.

Pendant deux siècles, l'Espagne, soumise au joug administratif des empereurs, reçut, en échange de sa liberté, les bienfaits d'une civilisation calquée sur la civilisation grecque ; les sciences, les lettres, les arts s'y développèrent ; la langue romaine mêla ses formes aux formes cantabriennes, et devint l'idiome habituel de la société polie ; d'excellentes routes sillonnèrent un territoire dont chaque section, clôturée de montagnes, existait naguère isolément ; les irruptions barbares se firent en dehors de la Péninsule, et la jeunesse celtibérienne régénérée, porta dans la ville de Rome, réservoir commun des efforts de l'intelligence, le tribut des facultés qui distinguaient cette jeunesse ardente. Beaucoup d'hommes éminents, empereurs, guerriers, philosophes, savants, littérateurs, poëtes, artistes sont issus des provinces Tarragonaise, Lusitanienne et Bœtique : citer Trajan, Adrien, Marc-Aurèle, Spartacus, les deux Sénèque, Martial, Pomponius Méla, Silius Italicus, c'est n'indiquer que les noms les plus connus d'un pays que les historiens romains, toujours injustes, s'obstinent à flétrir par d'outrageantes épithètes. Cicéron, du moins, ne les imita point : dans une lettre à l'adresse d'Atticus, rendant compte de ses voyages, il disait : « Les familles « les plus illustres de la Calabre, de la Sicile et des Es- « pagnes me reçoivent à merveille. Quand j'arrive,

« je trouve partout mon couvert mis, mon lit fait,
« et partout je suis considéré comme l'enfant de la
« maison. »

Sous les empereurs, Barcelone, Tarragone, Carthagène, Algesiras, Cadix, Séville, Lisbonne, avaient déjà la plus grande importance, soit comme villes commerçantes, soit comme cités militaires; Illiberis, Italica, étaient des villes de plaisir; Cordoue jouissait d'une réputation scientifique méritée. Lérida, Tolède, Alcala de Guadaira, Villafranca del Panades, Pampelune, Saragosse, Almeria, Cija, Jativa, Mérida, Trujillo, Denia, Ségovie, Mataro, Badajoz, avaient chacune leur importance relative, leurs temples, leurs cirques, leurs maisons thermales, leurs palais, leurs aqueducs. En quelques-unes de ces localités, telles que Mérida, Tarragone, Ségovie, le génie de Rome se montre encore fièrement debout à côté du génie arabe et de l'esprit chrétien; on aperçoit d'étonnantes constructions; mais presque toutes portent plutôt un caractère d'utilité qu'un caractère de luxe; les ponts, les aqueducs, les habitations confortables, les châteaux fortifiés, les murailles d'enceinte semblent avoir particulièrement préoccupé les Espagnols de ce temps-là. Ce sont des constructions bien moins élégantes que solides, où ne se rencontrent guère les formes gracieuses, la pureté de lignes, qu'offrent en Italie, en Sicile, et quelquefois même en France, des monuments analogues. Ainsi, nulle part dans toute l'Espagne vous ne trouverez un édifice comparable à celui dont la maison carrée de Nîmes formait le sanctuaire; ainsi, toutes les merveilles réunies d'Italica, de Mérida, de Tarragone où plusieurs empereurs et leur personnel avaient développé du luxe, ne sont pas comparables aux trouvailles effectuées en divers lieux du midi de la France. — Parmi les nombreuses médiocrités sculpturales à type romain que nous avons vues dans le musée royal de Madrid, dans les musées de Séville, de Valence, de Barcelone et dans les collections de monseigneur Médina Cœli, les choses vraiment belles pourront se compter facilement et ne sont point d'origine ibérienne. La haine du nom romain, la barbarie, l'insouciance, ont laissé perdre quantité de sculptures indigènes, nous le savons ; mais il serait bien étonnant que, dans le nombre, certains modèles remarquables n'eussent point trouvé grâce devant les injures du temps et devant l'inexorable coup de marteau de l'ouvrier. Il existe, d'ailleurs, un double témoignage du défaut d'habileté des Celtibóriens, des Ibériens et des Lusitaniens comme sculpteurs ou graveurs, et du chemin qui leur restait à faire pour atteindre l'habileté des Grecs, nos maîtres en ces deux genres ; c'est l'exécution irrégulière, peu soignée des inscriptions monumentales, des cippes funèbres, même sous les Antonin ; c'est la différence notable qui existe entre les médailles frappées dans la Péninsule, et celles frappées dans les grands ateliers monétaires de l'empire.

Lorsque Rome pencha vers son déclin, le beau ciel de l'Espagne attira les Barbares du nord. Du IVe siècle au Ve, on ne vit qu'une suite d'interminables guerres entre les Romains, les indigènes, les Francs, les Suèves, les Vandales, les Goths, les Visigoths, les Ostrogoths. Un roi goth, Ataulph, ayant épousé la sœur de l'empereur Honorius, régna quelque temps à Barcelone ; puis on l'assassina. Mais son système politique lui survécut, et un monarque électif, du nom de Vallia, chassa d'Espagne presque tous les barbares. Bientôt, d'autres hordes survinrent, et les Romains dégénérés s'estimèrent heureux de trouver en Théodoric d'abord, puis dans la personne d'Euric deux vaillants soutiens qui gouvernèrent toutes les Espagnes et une partie des Gaules. Plus tard, Clovis repoussa les Goths au delà des Pyrénées. Alors ils consolidèrent leur puissance, ils eurent des rois électifs d'un mérite éminent, Recaride Ier, Recesuinthe, Vamba qui choisit Tolède pour résidence et qui l'entoura de murailles ; alors furent utilisés les éléments de civilisation romaine, épars dans les ruines de l'ancien ordre social. L'esprit conservateur, le caractère pacifique des Goths, respirent dans leurs institutions non moins que dans leurs monuments d'architecture ; on ne peut les bien connaître, les bien apprécier qu'en Espagne. La cour de Théodoric-le-Grand, celle d'Athanagilde, père de la reine Brunehaut; celle de Rodrigue qui, trahi par le comte Julien, perdit dans les plaines de Xérès le trône avec la vie (710), sont peintes par les chroniques sous des couleurs séduisantes. Quoique ces récits ne doivent point être pris à la lettre, il en résulte la preuve d'un certain mouvement d'intelligence, d'une certaine pratique des lettres et des arts, qui plaçaient les Goths fort au-dessus des Francs et des Saxons, leurs rivaux. L'arianisme chez eux fit de grands progrès. Avec l'arianisme, eurent lieu des assemblées doctrinaires, des conciles. Avec les conciles, s'instituèrent des basiliques dans le genre de celle que l'on voit encore à Tolède, près du Tage ; monuments religieux et civils, où se disait la messe, où se discutaient les lois, où se déclarait la guerre, où les monarques étaient proclamés et déposés. L'ère chrétienne, en Espagne, date des Goths. L'hérésie lui donna des formes particulières qui se traduisirent quelquefois sous l'équerre de l'architecte et sous le ciseau du sculpteur, et dont, jusqu'à ce jour, aucun historien n'a tenu compte.

L'invasion des Arabes, au VIIIe siècle, fut un grand malheur pour la Péninsule. Elle changea complétement le régime pacifique des villes. Bien différents des Goths, les Arabes étaient animés par le fanatisme et par un esprit de domination exclusif. Ils faisaient aux idées religieuses des populations dissidentes, une guerre impitoyable, sous laquelle succombaient les monuments eux-mêmes. Dans les premières années d'invasion, n'ayant ni la patience, ni peut-être le génie d'ériger des édifices spéciaux, ils transformaient les édifices anciens, ou leur prenaient toute la partie ornementale dont ils décoraient leurs propres constructions; ils brisaient les bas-reliefs, les statues, ne réservant que les colonnes, pour fonder avec elles des mosquées rectangulaires, plus remarquables de splendeur que d'harmonie. Ainsi disparurent, sous les coups de l'islamisme, les cités grecques, les cités celtibériennes et les cités romaines. Il n'en resta presque rien, parce que les croyances, les habitudes, les mœurs des conquérants arabes n'ayant aucun rapport avec la vie intime des peuples vaincus, l'expression matérielle de la société envahissante se substituait à l'autre. L'*Alcazar* de Ségovie, groupe majestueux de toits coniques et de tourelles crénelées, au centre desquelles pose une tour rectangulaire flanquée de tourelles également crénelées et tronquées; l'*Aljaferia* de Saragosse, formidable citadelle bâtie par Abu-Giafar Ahmed; l'*Alcazar* de Calatayud, construit avec les matériaux de la Bilbilis romaine, qui avait vu naître le poëte Martial; l'*Alcazar* de San-Felipe; la *Xativa* des Mores, avec ses arceaux en fer-à-cheval, ses colonnes granitiques, ses jaspes en placage; l'*Alcazar*, les murailles et les portes de Xérès; l'antique citadelle de Murviedro; Elche, Orihuela, villes de palmiers, dont les têtes se confondent avec leurs tours dentelées, leur dômes, leurs maisons rouges et blanches à toitures plates, à rares fenêtres ; Almeria, où les pierres, dit une chanson arabe, sont des perles, la poussière de l'or, et les jardins un paradis, cité que le *Keyran* abrite encore de ses aîles crénelées ; Guadix, nichée sous des bocages de mûriers et de lauriers roses ; Loja, gardienne avancée de la *Vega* de Grenade ; l'*Alcazar* et la *Mezquita* d'Antequerra ; les Torres Albaranas de Talaveira de la Reyna ; les bains ruinés d'Alhama, les murailles et les tours de Jaën, de Carmona, d'Ecija ; le vaste château d'Alcala de Guadaira, ses citernes, son énorme donjon ; les trois mosquées de Tolède, mais surtout Cordoue, Séville, Grenade, résument, personnifient matériellement, dans la Péninsule, la période des Arabes et des Mores. Par son immense *Mezquita*, œuvre du viiie siècle, par ses murailles et ses tours urbaines en torchis, construites à la romaine, avec des cordons de briques intermédiaires, par ses restes d'aqueducs, de moulins et de portes triomphales, par la disposition de ses rues et de ses habitations bourgeoises, Cordoue représente le premier âge, l'âge d'or de l'islamisme espagnol. Il en est ainsi de Tolède, de Valence, de Séville. Cette dernière localité, néanmoins, porte plutôt l'empreinte du second âge des Arabes, d'une longue période pendant laquelle l'art musulman, imitateur de l'art romain, opéra sa révolution, laissant comme spécimen de sa marche et de ses efforts, la *Giralda,* la *Torre del Auro*, la *Casa de Pilatos,* quantité de mosquées converties en églises, et le cordon d'enceinte murée qui la borne vers le Guadalquivir. La plupart des maisons de Séville sont contemporaines des Arabes ou reconstruites d'après le plan primitif. Vingt mille colonnes de granit, de marbre et de jaspe, au nombre desquelles beaucoup sont romaines, à chapiteau dorique, supportent les galeries de leurs *patios*, salons en plein air qui forment la pièce d'apparat du logis, et qu'on aperçoit de la rue, tandis qu'à l'époque des Mores, leur accès demeurait fermé.

Malgré ce qu'en ont pu dire les voyageurs et les faiseurs de Guides, sans excepter Murray, Grenade présente les traces matérielles de la puissance musulmane à son déclin, de l'art moresque à sa décadence, jetant sur le XIIIe siècle une lueur brillante, faisant de glorieux efforts pour la conserver, mais succombant sous l'empire du catholicisme armé.

Dans le système architectural des Arabes, les colonades, les galeries témoignent moins de hardiesse que de grâce, moins de pompe que de richesse et de surcharge. On rencontre peu de profils ; la sculpture se développe le long de plans unis avec un relief de vingt-cinq à trente millimètres, pas davantage ; et les éléments constituant la base de cette ornementation ne demandent point de saillies plus considérables. On dirait une simple tapisserie juxtaposée contre la muraille ou festonnant les plafonds ; tapisserie composée de fleurs, de nœuds, d'imitation de pierreries et de mosaïques, de caractères d'écriture et de zigzags, dont il serait difficile de reconnaître le départ et l'arrivée. Ainsi, dans l'Alhambra, à la salle des ambassadeurs, divers *suras* du Koran, des pièces de poésie, des formules d'éloges se promènent avec la calligraphie arabe, le long des frises, des arcs et des jambages de portes et de fenêtres, tandis qu'au plafond, une charpente en cèdre offre un véritable problème de combinaisons géométriques. C'est surtout dans l'exécution des plafonds que les Arabes ont excellé ; on dirait des grottes de stalactites argentées ou dorées, des guirlandes suspendues, des damiers percés à jour.

Depuis le sol jusqu'à hauteur d'appui, les murailles d'intérieur sont placardées d'*azulejos*, faïence vernissée où des reliefs jaunes, noirs, rouges, verts et bleus, forment mosaïque avec leur fond d'un blanc terne. Au-dessus des azulejos règne le stuc ou le plâtre, que les Arabes savaient rendre dur et travailler d'une manière fort remarquable. Ils ne taillaient donc presque jamais la pierre, bien moins encore le marbre ; ils employaient des moules qu'ils distançaient ou répétaient autant que pouvait l'exiger l'effet ; aussi bâtissaient-ils très-vite, ne visant guère qu'aux résultats d'ensemble, sans trop se préoccuper des détails, lesquels manquent souvent chez eux d'un certain fini.

Quant à la construction des murailles, les Arabes s'y prenaient de deux manières : tantôt ils mêlaient, dans un bain de chaux, des cailloux ou des fragments de granit, de briques et de pierres concassés, qu'ils versaient entre deux tables de bois, maintenues séparées l'une de l'autre selon l'épaisseur que devait avoir la muraille ; tantôt, au lieu de chaux et de fragments divers, ils prenaient une terre glaise qu'ils superposaient entre deux tables bien assujetties pour la battre ensuite avec un maillet ; chaque couche successive se battait de la même manière, et la force de cohésion des molécules terreuses devenait si forte, qu'elles demeuraient adhérentes pour plusieurs siècles. Entre les couches de terre glaise, disposées par cordons, comme des briques, se trouvaient quelquefois des couches de petits cailloux mêlés de terre et de paille, constituant un ensemble fort résistant. Presque toutes les murailles urbaines des Mores étaient bâties de la sorte, et de nos jours, dans les campagnes, les paysans ne construisent pas autrement leurs maisons.

Au point de vue de l'art, des sciences et de la littérature, le règne des Mores en Espagne, date seulement de l'année 755, époque où le prince Ommiade Abdérame, ayant vaincu la tribu des Abassides, fonda le royaume de Cordoue; Hescham, Abdérame II, fils et petit-fils d'Abdérame Ier, se montrèrent dignes de lui succéder. Leurs institutions scientifiques et philanthropiques, leurs monuments utiles attestent une haute sagesse; mais ce fut sous le règne d'Abdérame III et de son fils Hakem, que la puissance moresque atteignit toute sa splendeur. Hakem mourut en 976, laissant la couronne à un enfant mineur, entre les mains duquel déclina la fortune de l'islamisme, malgré les brillants efforts et les victoires du célèbre visir Abenamir-All-Mansour.

Depuis le jour néfaste où les débris de l'armée du roi Rodrigue et différentes populations chrétiennes épouvantées, s'étaient réfugiées dans les montagnes avec les ossements de leurs saints; depuis le jour où Théodomir, guerrier célèbre par d'anciennes victoires, avait forcé les Mores d'être généreux envers ses infortunés compatriotes, ces derniers reprenaient confiance et constituaient, au fond des Asturies, le berceau d'une monarchie. Pélage, Alphonse-le-Catholique, Froila, Alphonse-le-Sage qui s'empara d'Olisippo (Lisbonne), Ramire, Ordogno Ier, tous guerriers habiles, sont autant de glorieux chaînons entre lesquels se déroulent, jusqu'au règne agité d'Alphonse-le-Grand, les destinées progressives de l'Espagne catholique. Malheureusement, depuis Charlemagne, qui avait soumis les provinces situées entre les Pyrénées et le cours de l'Elbe, plusieurs princes ou de grands vassaux gouvernaient des États indépendants et se disputaient quelques lambeaux de souveraineté, au lieu de réunir leurs bras pour expulser l'islamisme. Le xe siècle offre un tissu de rébellions et d'intrigues, de massacres, de cruautés sans gloire, d'actes isolés sans résultats d'ensemble, de triomphes qui, chez les Mores comme chez les chrétiens, se trouvent entre-mêlés de défaites. A la fin, néanmoins, le visir All-Mansour succombe vaincu dans les plaines d'Osma ; la réunion des couronnes de Léon et de Castille s'opère sur la tête de Ferdinand, le Louis XI des Espagnes, et l'épée du Cid se fait respecter et craindre des ennemis de la croix.

Antérieurement à cette époque, l'art chrétien subit une destinée fort incertaine, fort timide. Dans les provinces soumises aux Mores, la plupart des églises avaient été converties en mosquées, et les sanctuaires, demeurés vierges, conservaient leur simplicité rudimentaire : la crypte, la mosquée, la synagogue, représentation trinaire des idées religieuses qui dominaient l'Espagne, se rapprochaient par leurs formes, comme les habitations bourgeoises par leur distribution ; mais la sculpture chrétienne prenait un développement à part, un caractère spécial, fondé sur l'habitude de reproduire, d'interpréter des sentiments et des croyances. La fameuse cour des Lions, à l'Alhambra, où ces animaux, grossièrement exécutés, forment un contraste si palpable avec le système d'ornementation des galeries, marquent toute la distance qui séparait alors, sous le rapport des êtres figurés, la sculpture arabe de la sculpture chrétienne espagnole. Cette dernière utilisait, s'appropriait des types empruntés à l'école byzantine, types d'une indéfinissable grandeur, d'une fermeté naïve, qu'on retrouve en quelques vieilles églises, et dont les vierges offrent surtout d'admirables modèles. La pein-

b

ture suivit de près la sculpture, ou plutôt l'une et l'autre s'unirent au point de ne pas se séparer, et le polychrome statuaire s'identifia tellement avec la manière de sentir du peuple espagnol, que les plus grands génies, les artistes les plus fameux ont dû, jusqu'à nos jours, en subir les exigences.

Dans plusieurs chapitres de notre *Voyage pittoresque en Espagne* (1), notamment dans les chapitres sur la *Vierge,* sur les *Saints,* sur les *villes anciennes,* nous avons touché cette question de l'art chrétien, comparé à l'art musulman, et nous y renvoyons le lecteur désireux d'acquérir, sinon des idées complètes, du moins des idées neuves sur un sujet méconnu, qui se lie cependant à nos croyances les plus intimes, comme aux phases les plus intéressantes de l'histoire du genre humain.

Quoique le XII° siècle ait été pour l'Espagne un siècle d'agitation, de guerres tumultueuses, de révoltes armées, l'architecture byzantine et tous les arts qui s'y rapportent firent de sensibles progrès. Cette architecture se montra sur tous les points où cessait la domination des Mores; mais elle prit surtout un développement notable dans les provinces septentrionales, et dans quelques provinces du centre, telles que Léon et Castille.

La bataille de Tolosa, gagnée par Alphonse VIII, sur le Miramolin, ne fut pas seulement un grand événement politique pour l'Espagne, ce fut encore un événement sous le rapport des arts et des lettres. Devenus plus puissants que jamais, les princes chrétiens, les hauts

---

(1) VOYAGE PITTORESQUE EN ESPAGNE, par Emile Bégin, auteur du *Voyage pittoresque en Suisse,* grand in-8° de 560 pages avec 86 pl. gravées. Paris, Belin-Leprieur et Morizot, 1853.

dignitaires de l'Eglise attirèrent auprès d'eux quantité d'artistes, de savants et de poëtes, qui donnèrent un nouveau lustre à leurs cours, et qui mirent les gloires de l'intelligence en rivalité avec les gloires fondées sur la force matérielle. Issue des désordres d'une féodalité corrompue, la chevalerie porta bientôt ses fruits; la commune organisée donna certaine force à la bourgeoisie; le peuple commença de compter pour quelque chose, et l'on vit un nouveau système d'architecture, l'architecture ogivale, se mêler aux formes diverses que prenait la société du XIIe siècle. Longtemps encore, néanmoins, le plein-cintre demeura le rival de l'ogive; mais quand Ferdinand-le-Saint eut conquis Cordoue, Séville, expulsé les Mores de cette partie de l'Andalousie et forcé l'islamisme d'adopter Grenade pour capitale, les hardiesses de l'arc en tiers-point se montrèrent dans toute leur magnificence. Les villes chrétiennes prirent alors un certain air de parenté, avec cette différence des villes moresques, qu'au lieu d'adopter un seul et même type, elles offrirent les caractères distinctifs qui devaient résulter des éléments divers d'association appliqués à leur développement. Ainsi, l'esprit germanique, l'esprit normand, l'esprit italien, l'esprit bourguignon, l'esprit flamand s'y montrèrent cheminant de compagnie, opérant néanmoins d'une manière souvent isolée dans une œuvre d'ensemble, modifiant l'allure des artistes indigènes, et conservant sur eux assez d'empire pour les guider, jusqu'à ce qu'eux-mêmes fussent devenus maîtres.

Presque toutes les grandes cathédrales, celles de Tolède, Séville, Girone, Barcelone, Burgos, Cuença, etc., présentent des types d'écoles étrangères, mêlés aux types indigènes, qui permettent à l'imagination du voyageur attentif, d'établir des jalons, des points de station, de départ et d'arrivée sur le chemin idéal que l'art s'est tracé dans la Péninsule. On peut y voir le parti qu'on a tiré de la sculpture en pierre, de la sculpture en bois, de la sculpture en marbre, de la ciselure et de la peinture à fresque ; on peut y suivre la pensée chrétienne, tour à tour grandiose et rapetissée aux moindres proportions, naïve aux premiers siècles, puis devenant grimaçante quand la foi s'épuise ou quand les ouvriers laissent aller leur main, sans la subordonner aux inspirations du sentiment. Généralement, la grande sculpture, la sculpture monumentale est en pierre ; mais à côté d'elle, brille quelquefois d'un merveilleux éclat la sculpture en bois, soit qu'elle s'applique à de hautes statues, soit qu'elle décore des stalles, des pinacles d'autels ou des retables. Ces retables sont quelquefois merveilleux ; nous ne pouvons trop les recommander à l'observation attentive des touristes. Ils y trouveront, tantôt isolés, tantôt mêlés l'art polychrome, la peinture à teintes plates, le marbre, la pierre, le stuc et le bois, associés moyennant d'habiles combinaisons ; ils constateront la marche, les procédés de cette taille du bois de chêne, de cèdre et de noyer qui nulle part ne s'est élevée si haut qu'en Espagne, et de cet emploi du plâtre emprunté aux Arabes, qui rivalise quelquefois d'éclat et de dureté avec le marbre.

La vitrerie peinte tient aussi une place fort distinguée dans l'évolution chrétienne de l'art espagnol, mais cette évolution, elle le doit plutôt à des ouvriers venus de Flandre, d'Allemagne, de France et d'Italie qu'à des ouvriers indigènes. Les figures, si remarquables, que nous avons vues à la cathédrale de Tolède et plusieurs autres du même genre, sont exécutées sur des modèles empruntés aux écoles du nord de l'Europe. Il arrive assez souvent que l'encadrement, les accessoires, l'ornementation, sont espagnols, tandis que le sujet principal décèle une origine étrangère.

Pareille chose s'observe sur les retables et dans des livres d'heures remplis de miniatures : on y remarque, ici une main italienne, là une main flamande, allemande ou française, beaucoup plus rarement une main espagnole. Celle-ci n'exécute même presque toujours que les choses secondaires. On sent que l'art indigène marche subordonné à l'art étranger.

Le vif éclat jeté par Cimabué, par le Giotto, par les Van-Eyck et leurs élèves; depuis le grand Van-Eyck, qui résida quelque temps à Lisbonne, jusqu'à Van-der-Veyen, dont les noms furent accueillis avec une faveur si grande au delà des Pyrénées, ne pouvait manquer de rendre les peintres, les sculpteurs espagnols tributaires de leur génie. Lorsque, pour ces derniers, sonna l'heure d'une émancipation intellectuelle définitive, d'un affranchissement basé sur des qualités inhérentes au caractère national, la dernière heure du xve siècle sonnait en même temps, et la renaissance, c'est-à-dire l'art païen réhabillé à la chrétienne, faisait, dans le monde, son entrée triomphale.

Durant cette longue période dont nous venons d'indiquer sommairement les œuvres, la lutte des chrétiens contre les Mores et des chrétiens entre eux, continuait avec une affligeante persistance. Alphonse, dit le Sage, et qui serait beaucoup mieux surnommé le savant, car aucune administration ne fut moins habile que la sienne, Alphonse compromit gravement la sécurité du royaume; mais une femme, doña Maria, nommée régente, un autre Alphonse, onzième du nom, y rétablirent le

b.

calme, en relevèrent la fortune. Malheureusement, Pierre-le-Cruel, roi de Castille ; Charles-le-Mauvais, roi de Navarre, couvrirent de crimes le sol péninsulaire. Juan Ier, Henri III, rendirent du calme, même de la gloire à la monarchie; mais la minorité, le règne orageux de Juan II, l'impuissance morale et la dégradation du roi de Castille, Henri IV, amenèrent de nouvelles calamités, qui n'ont cessé qu'à l'avénement de la grande Isabelle.

Isabelle, reine de Castille, avait épousé Ferdinand, fils du roi de Sicile, et qui devait hériter des couronnes d'Aragon et de Navarre, de sorte qu'en l'année 1479, toute la Péninsule leur obéissait, excepté la Navarre, le Portugal et le petit royaume de Grenade. L'action souveraine des deux monarques, contre-balancée par les clauses d'un traité solennel, par l'influence des grands feudataires, par le pouvoir du haut justicier d'Aragon, nuisait souvent à l'ensemble, à l'élan spontané de leurs mesures administratives. Bientôt ils s'arrogèrent une puissance absolue et poursuivirent avec ténacité la pensée de conquérir Grenade, d'expulser les Mores du territoire espagnol.

Ce fut le 2 janvier 1492 qu'eut lieu cette victoire importante. Après une année de siége, après des attaques réitérées et la plus opiniâtre défense, Abdallah ou Boabdil descendit d'un trône aux marches duquel fumait encore le sang des Abencerrages, massacrés par ses ordres.

Grenade une fois tombée sous les efforts de Ferdinand et d'Isabelle, les principes d'imitation qu'on eût proscrits dans les arts comme autant d'attentats contre le caractère national, furent admis comme symboles de triomphe : l'arc en fer à cheval vint se marier avec l'arc ogival et le cintre surbaissé; la mosquée fut convertie en église, le harem en cloître ; un fait pratique remplaça un autre fait, une population nouvelle l'ancienne population. On respecta les édifices militaires directement utiles; on négligea, parce qu'on ne les appréciait pas, les édifices de luxe où les lois de l'hygiène se confondaient avec les lois du bien-être et de la sensualité. La nation conquérante introduisit ses formes rudes, ses habitudes sévères parmi les formes efféminées de la nation conquise. Étonnés d'abord du faste, scandalisés de la mollesse des Mores, les Espagnols peu à peu les imitèrent. On vit alors un peuple d'ouvriers, soldats la veille, dirigés par des maîtres presque tous arabes, allemands, flamands ou français, transformer l'Espagne monumentale; substituer aux guichets moresques les larges façades corinthiennes ; aux coupoles les clochers effilés ; aux tours carrées les tours rondes ; aux petites ouvertures cranées ou festonnées, les grandes baies ogivales. En chaque localité s'offrit l'image des pensées chrétiennes triomphantes, des réminiscences grecques appelées au secours d'une civilisation nouvelle. Il s'en faut, néanmoins, que les tentatives d'adjonction de l'art du XVIe siècle à l'art moresque des siècles antérieurs, aient été toujours fécondes en bons résultats. Les villes musulmanes avaient rempli leur destinée ; il appartenait aux villes chrétiennes d'accomplir la leur, libres d'emprunts dont l'alliance amenait des disparités choquantes : mais la difficulté plaît, séduit, captive, et fréquemment le bon goût succombe dans la recherche du merveilleux. La cathédrale de Cordoue en offre une preuve manifeste : d'autres grands édifices, tels que la cathédrale et l'Alcazar de Séville, l'Alhambra de Grenade, ne sont pas exempts du même reproche.

Pour l'Espagne comme pour les deux mondes, ce fut une phase bien remarquable que le règne d'Isabelle et de Ferdinand : elle retentit des exploits du fameux Gonzalve, des merveilleuses découvertes de Christophe Colomb et d'Améric Vespuce, des conquêtes lointaines de Fernand Cortez et de Magellan; elle vit l'imprimerie, introduite dans différentes villes, fonctionner jusque sous les murs de Grenade dans le camp d'Isabelle. Les manufactures d'armes blanches, établies à Tolède, celles d'armes à feu dans Barcelone; les fabriques de tissu d'or et de soie donnèrent des produits dignes de rivaliser avec les plus belles étoffes orientales. L'art élargissait ainsi son domaine et ne se bornait point aux objets de luxe et d'agrément.

Nonobstant les guerres, les troubles, l'agitation des esprits, le fanatisme des uns, l'audacieuse incrédulité des autres, peut-être même en raison de toutes ces choses, l'Espagne du XVIe siècle jeta la plus vive lumière. Charles-Quint devint le monarque du siècle; Ximenès, Granvelle, furent les dignes représentants du monarque, et Pizarre sembla continuer Fernand Cortez. L'inquisition, trop puissante du temps d'Isabelle, fut ramenée par Charles-Quint dans de justes limites; mais après lui, Philippe II la fit trôner à ses côtés. Cette époque turbulente fut une époque de décadence, de conquêtes sans gloire, de constructions architecturales sans grandeur, d'efforts littéraires sans portée. A Grenade, Salamanque, Séville, Tolède, Valladolid, on voit les bonnes traditions s'effacer; toutes les villes anciennes dégénèrent sous le rapport de l'idéal; Vélasquez, Murillo, Berruguète, Alonzo Cano, Zurbaran, Hernanez, les traversent suivis de leurs élèves, comme des courants limpides qui vont fertiliser un domaine éloigné, sans féconder leurs propres rives ; et l'architecture dégénère, devient lourde, massive, au milieu des merveilles qu'enfantent la sculpture et la peinture. J'en prends pour témoins le palais de l'Escurial, la Lonja de Séville et quelques autres monuments de la même époque, qui semblent tous des cachots d'inquisition ou des refuges d'ascétisme.

Lorsque sous Philippe II, Rubens remplit à Madrid des fonctions diplomatiques, les différentes écoles de peinture espagnole entraient dans leur phase de prospérité ; tandis que la sculpture, après s'être élevée sous Berruguète, Alonzo Cano, Hernanez, à toute la hauteur des idéalités religieuses, subissait de fâcheux écarts et devenait grimaçante, désordonnée, de naïvement expressive qu'elle avait été.

Au XVIe siècle et plus encore au XVIIe, la possession des Pays-Bas, de la Franche-Comté et de plusieurs autres provinces françaises par les Espagnols, établit un échange mutuel d'idées entre ces trois peuples ; et tandis que la littérature péninsulaire, grâce au génie de Cervantes, de Lope de Véga, de Calderón, grâce surtout à ses imbroglios, à sa tournure chevaleresque, exerçait tant d'influence sur nos productions, notre sculpture s'introduisit au delà des Pyrénées, accompagnée de la peinture flamande et de la peinture italienne. Plusieurs artistes espagnols sont allés à Florence, à Rome, pour travailler sous la direction de Michel-Ange et de Raphaël. Par réciprocité beaucoup d'artistes italiens sont venus résider momentanément dans les grandes villes épiscopales d'Espagne, où leur faire a produit quelque influence sur le faire espagnol. Les maîtres belges, certains maîtres allemands exerçaient concurremment une influence non moins directe sur les artistes de la Péninsule, mais cette action devenait moindre à mesure qu'on s'éloignait de l'époque des Van-Eyck, des Memmeling, des Van-der-Veyen.

Jusqu'au xviiie siècle, la ciselure, la fabrication des armes, des casques et des cuirasses ciselés se sont maintenues dans un état de perfection assez remarquable, mais, chose singulière, jamais la gravure n'a prospéré. Les images assez nombreuses que renferment les incunables sortis des ateliers de Séville, Barcelone, Valladolid, Tolède, Salamanque, etc., sont imitées presque toutes des frères Van-Eyck ou de leurs élèves; celles du xvie siècle, sont copiées, pour la plupart sur les modèles d'Albert Dürer, mais assez mal rendues quand des artistes indigènes les ont exécutées. Ces gravures, regardées comme étant faites sur bois, ne sont pas moins souvent sur cuivre ou sur acier, et nous livrons cette observation aux amateurs, leur affirmant qu'elle résulte de l'examen très-attentif d'une foule de planches (1).

Au xviie siècle et au xviiie, la gravure dégénera d'une manière déplorable ; elle devint lourde, molle, sans caractère. Nous en avons un témoignage authentique dans l'exécution du don Quichotte, monument national fait aux frais de l'État, sous la direction de l'Académie royale de Madrid, et pour la perfection duquel on n'a reculé devant aucune dépense ; mais l'or n'enfante pas le génie.

La sculpture monumentale, après avoir monté fort haut et s'être maintenue brillante jusqu'à la fin du règne de Philippe II, subit une décadence plus complète encore que celle offerte par la gravure. Dans toute l'Es-

---

(1) *Voyez* à la fin de ce volume ce que nous disons des bibliothèques publiques de l'Espagne.

pagne, nous ne voyons aucune statue moderne à grande proportion qui puisse faire la gloire d'un artiste indigène. Toutes ces figures royales qui décorent la promenade centrale de Burgos, les promenades de Malaga, divers carrefours de Valladolid, la place de l'Orient à Madrid, le Buen Retiro, les groupes et les fontaines du Prado, la pesante statue équestre élevée sur la place de la Constitution, sont des œuvres même au-dessous du médiocre. Le Cervantes, qui se trouve vis-à-vis le palais des Cortez, bien qu'il soit fort supérieur à tout ce que nous venons d'énumérer, ne mérite pas moitié de la réputation dont il jouit : l'artiste, je le crois barcelonais, a posé son sujet d'une manière convenable; il se détache fort bien du sol, mais la tête manque d'expression, l'attitude n'offre point une grandeur de résignation conforme à l'idée qu'il faut concevoir de cet esprit éminent.

A quoi donc peut tenir cette décadence, au milieu des efforts que faisait pour l'empêcher le roi Charles III, dont le nom rivalise avec le nom des plus grands rois; et malgré la protection tutélaire, malgré les sacrifices que s'impose le gouvernement actuel? Ce n'est point l'intelligence qui manque, ce ne sont point les modèles, car en certaines parties de l'Espagne, se trouvent des races d'hommes d'un admirable type; ce ne saurait être ni le défaut d'énergie dans le faire, ni le défaut d'élévation ou d'originalité dans la conception. Évidemment une autre cause existe, et nous croyons la signaler en condamnant, de la manière la plus absolue, le mode d'enseignement des écoles artistiques, qui réunissent, à l'heure qu'il est, huit à dix mille élèves, du sein desquels ne sortira peut-être pas un maître.

En parlant des Musées (1), nous reviendrons sur cette

(1) *Voyez*, l'appendice à la fin du volume.

question importante ; nous tâcherons d'indiquer les causes qui ont développé, modifié, arrêté la marche de l'art en Espagne, et nous proposerons quelques moyens qui nous semblent utiles pour rendre à cette grande nation le mouvement intellectuel dont elle est susceptible.

Émile BÉGIN.

RENSEIGNEMENTS DIVERS.

LANGAGE, PASSE-PORTS, MONNAIES.

De toutes les contrées européennes l'Espagne est assurément celle où la connaissance de la langue indigène nous semble le plus indispensable. D'abord, la plupart des inscriptions monumentales, celles même qu'on extrait des livres saints, au lieu d'être latines, sont espagnoles, de sorte qu'un savant classique, fût-il docteur en Sorbonne, n'y comprendrait rien, si d'avance il n'avait étudié la grammaire de la Péninsule. Ensuite, le patriotisme exclusif du peuple espagnol, ses habitudes casanières, son isolement dans un coin de l'Europe ne le mettant presque pas en contact avec les autres peuples, on ne rencontre, pour ainsi dire, personne de la basse classe, hormis sur le littoral maritime, qui comprenne la langue française ou la langue anglaise. Excepté quelques hôtels, quelques cafés qu'on pourrait citer, car ils ne sont pas nombreux, même dans les cités principales, comme Madrid, Grenade et Séville, on ne trouve pas un seul garçon sachant une autre langue que la langue du pays. Une provision linguistique devient donc indispensable (1).

Cela fait, le voyageur, s'il est français, se munit, moyennant 10 francs, d'un passe-port à l'étranger, qu'il fait viser à l'ambassade d'Espagne. Un autre visa, qui coûte 20 réaulx (5 fr. 25 c.), est apposé dans l'une des villes frontières de France, par le consul d'Espagne, et, si l'on s'embarque, il faut se procurer un bulletin de police qui se paye 6 fr. 50. Aux limites frontières d'Espagne, soit quand on entre, soit quand on sort du royaume, on paye encore un visa 2 fr. 50 ; il en est de même pour certaines résidences comme Madrid où

---

(1) *Dialogues familiers et progressifs, français-espagnols* à l'usage des voyageurs, par *Richard* et *de Corôna*, 1 joli vol. in-32, prix : 1 fr. 50 c., chez l'éditeur L. Maison.

le fisc exige la même somme. Un passe-port vous revient, par conséquent, à 30 fr., même à 40 si vous faites la moindre visite au Portugal.

L'or français n'a point cours en Espagne, même dans les villes les plus commerçantes, comme Valladolid, Alicante, Malaga ; nous avons dû, pour des pièces de 20 fr. recourir aux bijoutiers qui ont daigné les recevoir en nous faisant perdre 15 0/0. Quant aux pièces de 10 fr., personne n'en veut à aucun prix ; on les regarde comme de la fausse monnaie. Les pièces de 5 fr. et de 1 fr., celles surtout à l'effigie de l'empereur, ne subissent aucune perte et sont acceptées sans hésitation, jusque dans les chaumières les plus reculées; résultat de notre longue occupation, qui, ayant popularisé le souverain, d'une manière quelconque, a familiarisé avec son effigie. Ainsi, quand un voyageur franchit la frontière espagnole, il faut qu'il se soit débarrassé de son or ; qu'il ait pris ou de l'argent de France ou de la monnaie espagnole, et même encore qu'il se soit muni de lettres de crédit pour les principales villes, afin de porter moins d'argent sur lui. Au delà des Pyrénées, le gouvernement, la banque et le prolétaire ne comptent que par réaulx. Cependant, les divisions et les subdivisions de l'*once*, la plus forte monnaie d'Espagne, sont fort nombreuses. Les voici, d'après leur ordre de décroissance :

Monnaies d'or.

L'once (onza)	82 fr. 50 c.
Le quart d'once	44 25
Le huitième d'once	20 50
Le seizième d'once (douro d'or)	5 25

Monnaies d'argent (*Monedas de plata*).

Le douro d'argent	5 fr. 25 c.
Le demi-douro	2 10
La pecette (peceta)	1 5
La demi-pecette ou double réal	» 52 1/2
Le réal	» 26 1/4

Monnaies de billon.

Le cuarto	» 5 1/2
L'ochavo (2 maravédis)	» 2 1/4
Le maravédi	» 1 1/8

Ces dernières fractions ne sont qu'approximatives, l'unité décimale ne pouvant se subdiviser dans un ordre identique à l'unité espagnole. 10 centimes français, par exemple, représentent 14 maravédis.

L'or et l'argent d'Espagne, loin de perdre, gagnent à l'échange en France, surtout les pièces d'or péruviennes.

MANIÈRE DE VOYAGER EN ESPAGNE.

On voyage en Espagne de plusieurs manières différentes, et comme nous les avons employées toutes, notamment en 1852, nous pouvons, sur chacune d'elles, fournir les données les plus positives. Ces voies et moyens sont :

1º La voie de mer par les paquebots ou bateaux à vapeur anglais, espagnols ou français ;

2º La voie des canaux et des fleuves, par les coches ;

3º Les grandes routes, au moyen des diligences ;

4º Les routes de second ordre avec les *coche de calleras* ou les *galeras* ;

5º Tous les chemins, à l'aide d'une mule ou seulement d'un guide ;

6º Les courtes distances, avec les *cacolets*, les *calesas* et les *tartanas*.

7º Les chemins de fer.

1. **Paquebots ou bateaux à vapeur.** — Il y a par mois sept bâtiments à vapeur, qui font le service de Marseille à Cadix. Mais il en est qui, ne relâchant qu'à Barcelone, exécutent cet immense trajet en l'espace de sept jours. Ils arrivent le matin et partent le soir. Ceux, au contraire, qui s'arrêtent à Barcelone, Valence, Alicante, Carthagène, Almeria, Málaga et Gibraltar ou Algesiras, n'arrivent que le onzième jour à Cadix ; et *vice versâ*. Le prospectus annonce qu'ils stationnent trois jours devant Barcelone et dix heures devant chacune des autres localités ; mais ce prospectus est peut-être plus menteur encore que tous les autres, car on ne saurait escompter le temps sur les caprices de la mer, et le manque ou l'affluence de colis précipite ou retarde la levée de l'ancre. Jamais il ne nous est arrivé de demeurer dans une ville le temps

promis. Nous étions heureux quand on nous y laissait six à huit heures, et nous avons maudit ce gouverneur de Barcelone qui, sans motif appréciable, ne permet aux voyageurs venant de France de descendre à terre que 48 heures après leur arrivée dans la rade. Les steamers anglais sont privilégiés. On admet leurs voyageurs dès qu'ils arrivent.

De tous les bateaux qui font le trajet de Marseille à Cadix, nous préférons *l'Elbe* et *le Phénicien*, sous le double rapport de l'élégance et de la promptitude du service.

Plusieurs steamers anglais partent régulièrement de Southampton pour Gibraltar, en mouillant devant Vigo, Oporto, Lisbonne et Cadix. Ces navires stationnent, autant que possible, 3 heures à Vigo, 24 heures à Lisbonne, 3 heures à Cadix et n'atteignent Gibraltar que le huitième jour. D'autres bateaux-postes font ce même trajet en 5 jours, mais ils ne stationnent nulle part.

Il existe un vapeur français qui de la Teste gagne Saint-Sébastien et la Corogne.

Enfin, on parle d'établir à Bayonne un service journalier pour Saint-Sébastien, Bilbao et Santander.

Les navires français n'accordent aux voyageurs que 60 kil. de bagages; les navires anglais en acceptent 100. Dans les uns et les autres les enfants au-dessous de 10 ans payent demi-place et l'on fait certaines concessions pour les domestiques.

Le service des paquebots à vapeur qui, de Séville, se rendent à Cadix par le Guadalquivir, a lieu de la même manière. Ce sont *le Rapido*, *l'Adriano*, *le San Telmo*. Ils lèvent l'ancre alternativement certains jours indiqués d'avance, de telle sorte que 5 à 6 départs aient lieu chaque semaine. Quand la mer est mauvaise ou quand on redoute une tempête, ces bateaux diffèrent leur voyage. En temps ordinaire, les bateaux quittent Séville à 8 heures du matin, et ils arrivent vers 4 heures à Cadix; ils partent, au contraire, de Cadix, tantôt à 10 heures, tantôt à 11 heures du matin, ou à midi; aussi, par les plus grands jours d'été n'ont-ils effectué leur trajet que vers le soir.

2. **Coches d'eau.** — Ces coches ne sont pas nombreux. Nous ne connaissons que deux services qui aient lieu régulièrement: le service de Valladolid à Palencia, sur le canal de Castille; et le service de l'Èbre, dans la partie canalisée.

A chaque escale, on voit affluer quantité de portefaix qui, d'autorité, s'emparent de vos effets et de votre personne. Leur assourdissant langage est assaisonné de *puñeta*, de *puñetero*, de *carajo*, vocable commun, sortes d'interjections, d'affirmations familières qu'on rencontre même sur les lèvres des gens bien élevés.

On ouvre les malles, les paquets ; mais généralement c'est une simple mesure de convention pour le touriste, qui ne voit pas, comme à Paris, les longues griffes des préposés mettre sens dessus dessous, froisser, déchirer sans pitié les provenances étrangères, les souvenirs matériels dont la fraîcheur et la virginité font le mérite.

3. **Grandes routes et diligences.** — Il s'en faut bien que les routes soient ce qu'elles devraient être, et qu'elles correspondent aux besoins de la population. Cependant on les améliore depuis quelques années. Celles du pays Basque ne laissent rien à désirer ; et généralement dans les provinces septentrionales, elles l'emportent de beaucoup sur celles des provinces du midi. Leur largeur est très-grande. Sur divers points de la vieille Castille, deux lignes de pierres plates servent de trottoirs pour les gens de pied, et l'on a l'agrément de rencontrer des arbres, tandis que l'Andalousie n'offre bien souvent que rochers, poussière et précipices. Entre Ecija et Cordoue, les sables empêchent de faire plus d'une lieue à l'heure, mais, du moins, on n'y court aucun risque, tandis que de Malaga à Grenade, il faut soutenir latéralement la diligence avec de longues perches armées de fer, pour l'empêcher de se briser contre les rochers ou de s'engloutir au fond des ravins.

En divers points, nous avons remarqué des routes d'une largeur, d'une disposition et d'un entretien qui feraient honneur à la France. Nous nous rappelons avec admiration les routes qui traversent les chaînes du Guadarrama, de la Sierra-Nevada, de la Sierra-Morena. Les cantonniers y sont établis dans des maisons commodes, bâties en moellons, et armés d'une carabine, de sorte qu'ils peuvent devenir à la fois redresseurs de torts et redresseurs de chemins.

La police de la voirie est presque nulle en différentes provinces, car on ne se fait aucun scrupule de traverser des champs de labour quand se présente quelque ornière ; mais dans le

Guipuscoa, cette police s'exerce avec soin : une amende de trois ducats frappe le conducteur qui néglige d'enrayer ou qui traverse en courant les ponts et les rues.

Les diligences, dures comme l'étaient les nôtres il y a 30 ans, sont assez bien servies, et traînées par des mules et des chevaux, disposés deux à deux; les chevaux ayant une allure plus vive, occupent ordinairement la tête de l'attelage. Ces quadrupèdes ont pour guide un *majoral* ou conducteur qui se tient à l'angle gauche de la banquette; un postillon assis presque au niveau de la berline, qui en descend pour animer, fustiger les bêtes, les dételer, les atteler et les soigner à l'écurie, et enfin le courrier, ou guide, monté sur un des deux chevaux qui se trouvent en avant. Quand une montée rapide vient s'offrir, on ajoute à l'attelage deux ou quatre bœufs, et tant que dure cette adjonction, c'est le bouvier en chef, armé d'un long bâton, qui dirige la caravane.

Rien de curieux comme d'entendre les admonestations, les paroles d'encouragement et les reproches acerbes que le postillon adresse aux animaux qu'il conduit : tous portent un nom, tous possèdent une dignité appellative : celui-ci, c'est le colonel, celui-là le capitaine; c'est le gris, le rouge, le beau, le coquet, le truand. Les épithètes, les vociférations, les *caramba*, les *carajo* ne tarissent pas, et pourtant, malgré ce flux de paroles, presque jamais le postillon ne s'arrête dans le but d'humecter ses amygdales desséchées.

Quand la route est passable, les diligences font à l'heure 2 lieues espagnoles, environ 12 kilomètres de France; mais quelquefois leur marche se ralentit au point de ne franchir, par heure, que 4 kilomètres, même trois; c'est ce qui arrive dans les temps de neige ou dans les plaines sablonneuses de l'Andalousie, des Asturies et du royaume de Léon, qui manquent d'un empierrement propre à soutenir le pas des mules.

Les relais sont plus longs qu'en France et les stations pour manger, plus multipliées et d'une durée plus grande. On fait généralement trois repas en 24 heures, et chaque fois, le majoral, intelligence honnête, laisse aux voyageurs 50 à 60 minutes de répit et souvent davantage; latitude qui leur permet de s'épousseter, de se laver à grande eau avant de se mettre à table, et même de jeter un coup d'œil sur quelque église s'il s'en présente. On paye toujours d'avance, en prenant son bulletin, la totalité de la place, et l'administration vous alloue 30 livres de bagages ; poids au-dessus duquel le transport des effets devient fort coûteux.

La diligence, généralement formée d'un coupé à cinq places et d'une espèce de rotonde en omnibus, où les malheureux voyageurs gisent entassés, reçoit, dans certaines directions, le courrier des dépêches. Celui-ci faisait naguère son service à cheval, mais, depuis quelques années, l'administration lui donne place dans la rotonde. Forcé de descendre partout où se trouve une boîte aux lettres, il distribue, reçoit des paquets et fait perdre un temps énorme aux voyageurs. En France, le courrier accélère la marche des voitures, c'est le contraire en Espagne. Les lettres occupent une énorme valise de cuir, garnie de chaînes et de cadenas. Il faut un quart d'heure pour ouvrir et fermer cette machine.

Les routes sont partout aussi sûres qu'en France et les chemins de traverse sont peut-être plus sûrs encore que les routes. Le peuple espagnol, considéré en masse, est un peuple honnête, hospitalier, ayant peu de besoins, peu de convoitise, valant beaucoup mieux que sa réputation ; les meurtres qu'on lui reproche ont presque tous un motif de vengeance individuelle, et les vols à main armée, si communs jadis, provenaient de l'organisation des guérillas, de l'impunité qui suit les guerres civiles. Quelques bandes audacieuses exploitaient le voyageur comme s'exploite une industrie quelconque. Aujourd'hui la garde civique fait admirablement la police des routes.

4. **Coches et galères.** — Ces véhicules, qui suivent tantôt les nouvelles routes, tantôt les routes anciennes, et qui s'engagent sur les chemins de seconde classe, lorsqu'il peut en résulter quelque économie de distance, ne partent presque jamais à jours fixes. Ils attendent que les voyageurs et les marchandises représentent un bénéfice assuré. Les *coches de calleras*, lourds carrosses du roi Dagobert, traînés par 6 mules et qui font 10 à 12 lieues espagnoles dans un jour, ne coûtent pas plus de 10 fr. par jour, quand on ne loue pas la voiture pour soi seul ; et les *galeras*, charrettes à deux roues, non suspendues, couvertes et garnies d'un filet, qui ne font que 4 à 5 lieues, coûtent moitié moins. Mais il faut bien s'entendre avec le maître relativement aux bagages ; car si leur trans-

port n'est pas stipulé d'avance, le conducteur vous fait un compte exorbitant dont le maître ne se doute même pas. Les coches et les galères marchent depuis la pointe du jour jusqu'à la nuit.

5. **Mulets et guides.** — Dans les contrées montagneuses, l'usage du mulet devient indispensable, à moins que l'on préfère aller de pied, mais on ne le peut que le matin et le soir, car, dans le milieu du jour, la chaleur serait trop vive pour l'endurer impunément. Un guide, terme moyen, se paye 20 réaulx (5 fr. 25); un mulet ne coûte pas plus cher; de sorte qu'avec 12 à 15 fr. par jour (nourriture non comprise) on peut visiter les points les plus inaccessibles du royaume, car le pied des mulets franchit impunément tous les obstacles.

Pour voyager à franc étrier (*viagera á la ligera*) on paye aux maîtres de poste 6 réaulx par lieue pour un cheval.

6. **Cacolets, calesas, tartanas.** — Le cacolet est le véhicule propre au pays Basque, à la Navarre, à l'Aragon; les calesas, petites voitures à deux roues qu'on appelait en France vulgairement *tappe-culs*, sont très-communes dans les provinces centrales et dans l'Andalousie. On les attèle d'une mule. Les tartanes, diminutif de la galère, mais beaucoup plus élégantes, n'en sont guère plus douces. On y attache une mule comme aux calesas, quelquefois deux, même trois quand il s'agit de franchir des distances considérables. Les tartanes sont particulièrement de mode à Barcelone et à Valence. Le prix de revient du voyage en cacolet ne dépasse par 1 fr. par lieue; celui des voyages en *calesas* et *tartanas* s'élève depuis 1 fr. 50 jusqu'à 3 fr.

La forme des chariots du Guipúscoa remonte aux temps primitifs. Étroits comme tous les véhicules de montagnes, ils roulent sur deux roues à surface plane, sans rayons, composées de pièces enchevêtrées les unes dans les autres. Ces petites voitures sont toutes traînées par des bœufs.

7. **Chemins de fer.** — Jusqu'à présent, il n'existe dans toute l'Espagne que trois chemins de fer, d'un trajet très-court, savoir :

De Madrid à Aranjuez . . . . 8 l. (48 kil. env.).
D'Aranjuez à Temblèque . . . 7 l.
De Barcelone à Mataró . . . . 7 l. (42 kil.).

Incessamment, la ligne de Madrid à Séville, celle de Barcelone à Valence et celle de Santander à Madrid offriront des tronçons terminés.

On vient d'ouvrir en outre à l'exploitation la ligne de Grao à Silla et Benifayo, d'une étendue de 25,492 mètres.

Toutes les lignes exploitées ne constituent encore qu'un ensemble de 24 lieues espagnoles, environ 36 lieues françaises.

Voitures de place.—Dans la plupart des grandes villes, comme Barcelone et Valence, on ne laisse qu'un petit nombre de rues à la circulation des voitures, et l'inscription suivante se rencontre très-fréquemment : *De orden del gobierno, se prohibe la entrada de carruages y caballieros en este portico, bajo la multa de 8 pesetas*. On dit cette défense faite pour éviter l'ébranlement des maisons peu solides, et pour se soustraire aux accidents qui résultent du croisement perpétuel des voitures. Quoi qu'il en soit du motif, les piétons, chose rare en France, sont protégés contre l'omnipotence de ceux qui vont en voiture. De quel côté est la justice distributive et la vraie civilisation ? Dans les rues larges, des arcades disposées des deux côtés, mais le plus souvent du côté de l'ombre, forment une promenade à l'abri des rayons solaires et de la pluie.

Dans les grandes villes, excepté à Madrid, les voitures de place (*carruages de plaza*) sont rares. Il y en a quelques-unes à Barcelone, à Valence, à Malaga, mais je ne crois pas en avoir remarqué ni dans Séville, ni dans Grenade. Il est vrai que l'étroitesse des rues rendrait leur circulation difficile, même fort incommode pour les piétons. A Madrid, ces voitures présentent une variété de formes vraiment singulières. Par elles, on pourrait suivre la civilisation dans ses différentes phases depuis deux siècles. Les voitures modernes présentent quelquefois des conditions d'élégance qui nous ont étonné; mais une personne bien au fait du genre de vie de l'aristocratie Madrilienne nous a livré le mot de l'énigme: ici l'honorabilité se traduisant par la possession d'un équipage, tout le monde en veut: une fois l'hiver écoulé, les petits rentiers d'une fortune exiguë partent pour la campagne, et pendant huit mois leur voiture, leurs chevaux, leurs gens demeurent à la disposition du public. Ces voitures, tarifées, sont d'un prix un peu plus élevé que celui des voitures de Paris. Le cocher vous remet, avant son départ, une carte élégante sur laquelle on lit son titre, son numéro, son adresse. Dans mon portefeuille, je prends au hasard la suivante, comme modèle du genre : *Carruage de plaza — numero 275 — Calle de las Huertas, n° 36.*

Recommandation essentielle. — Nous ne saurions trop prémunir les voyageurs contre les indications des hôtelliers et contre celles des bureaux d'administration des voitures publiques. Ceux-ci jouent l'ignorance à s'y méprendre, quand on les interroge sur les jours ou les heures de départ de leurs concurrents ; et jamais, au grand jamais, un hôtellier ne vous répondra juste, lorsque vous lui demanderez d'être éclairé sur les moyens de locomotion de sa localité. Dans cette question, il n'envisage que le voyageur qui lui échappe, et comme dans ce pays le voyageur est un gibier fort rare, l'honnête gargotier n'épargne aucun petit manége pour le conserver. Tous les gens de la maison se trouvent dans le secret de sa sollicitude ; en sorte qu'il devient parfois vraiment difficile d'arriver à la connaissance des choses. Ici, le vrai se cache : il faut le surprendre et le saisir au vol. Une anecdote qui m'est personnelle, va le prouver. Le 26 mai 1852, voulant quitter Avila, où je me trouvais depuis la veille avec le directeur du Musée de Francfort (M. Passavant), nous avions pris près de notre hôte, administrateur des diligences, quelques renseignements, et il nous avait affirmé ne connaître que la voiture qui nous avait amenés (c'était la sienne), laquelle repartirait deux jours plus tard. Nous conçûmes des doutes, et, après informations plus amples, nous acquîmes la certitude que le lendemain une voiture, venant de Madrid, traverserait Avila pour gagner Salamanque. En conséquence, nous nous inscrivîmes au bureau pour deux places conditionnelles. Nous avions eu soin d'avance de graisser les rouages du véhicule, et nous croyions pouvoir être assurés du soin que mettraient à nous prévenir, et le garçon du bureau des voitures et le garçon de l'hôtel ; mais nous comptions sans notre hôte, aussi nous comptâmes deux fois. Il faisait la garde ; il répondait aux messagers qu'on envoyait itérativement vers nous, que nous étions sortis, que nous avions changé d'idée..... Bref, la voiture partit et l'hôte vint lui-même nous l'annoncer avec un air de triomphe qui nous mit dans une colère difficile à rendre. Il ne s'agissait pas seulement d'un retard de quelques heures ; il fallait attendre deux jours le passage d'une autre voiture. Voilà une mésaventure que pourront éviter tous ceux qui s'adresseront au chef de la garde civique ou bien au bureau des postes.

Hôtels (*fondas, paradores*). — Dans presque toutes les villes, même à Madrid, la plupart des voitures publiques ont leur bureau d'inscription, ou tout au moins leur bureau de chargement, placé dans un hôtel destiné aux voyageurs. Or, comme l'hôtelier tient le bureau, la clientèle devient une clientèle presque forcée. De cet état de choses, résulte un avantage, et découlent quelques inconvénients : le voyageur trouve commode, en descendant de voiture, de trouver un gîte ; mais, d'autre part, l'hôtelier, assuré qu'il est d'avoir du monde, ne fait rien pour éviter la concurrence. Aussi ces *fondas*, ces *paradores* laissent-ils beaucoup à désirer.

Les meilleurs hôtels se trouvent sur la frontière de France, à Saint-Sébastien, à Girone, à Pampelune, Vitoria, mais principalement le long du littoral maritime, à Bilbao, Santander, Cadix, Malaga, Valence, Barcelone et Mataro. Les premiers hôtels de Madrid nous ont même paru de beaucoup inférieurs à certaines maisons de Barcelone, de Cadix et de Malaga. Cependant Madrid possède deux restaurants très-fins, rue d'Alcala et rue San-Geronymo. Pour 10 fr., même au-dessous, vin compris, on y dîne fort bien à la carte.

Une habitude que nous voudrions voir établie partout, et qui existe chez les hôteliers de premier ordre, c'est la fixation invariable de la dépense pour chaque jour: chambre et service tant ; déjeuner tant ; dîner tant ; on sait du moins à quoi s'en tenir. Cette fixation ne dépasse jamais 12 francs ; mais souvent elle ne s'élève qu'à 10 fr. et même à 7 fr. 50 c., surtout si l'on ne prend qu'un déjeuner et un dîner, sans accessoires. En plusieurs provinces, le prix de la chambre, celui des repas et le détail de chaque menu se trouvent établis par l'autorité locale, affichés dans les salles à manger. Nonobstant cette prévoyance humanitaire, l'adroit hôtelier vous escamote toujours quelques plats. Pour la gouverne du public, voici la traduction d'une affiche officielle :

Tarif des prix et notice des conditions qui règnent dans cet hôtel.

Déjeuner (*desayuno*).	8 réaulx.
Déjeuner à la fourchette (*almuerzocomida*).	10
Dîner (*comida*).	12
Souper (*cena*).	10
Coucher (*Cama*).	4
Total	36 réaulx. 10 fr.

Conditions. — 1° Le déjeuner se compose au moins d'une tasse de chocolat, avec ou sans lait; ou d'une tasse de café; ou d'une tasse de thé; ou d'un vase de lait sucré; ou d'une paire d'œufs, avec pain et vin.

2° Le déjeuner à la fourchette comprendra : une soupe ou bien un potage, un plat d'œufs avec jambon, un ragoût, un hors-d'œuvre, un rôti, une salade, deux desserts, un verre d'eau-de-vie, pain et vin à discrétion.

3° Le dîner se composera, pour le moins : d'une soupe avec le bouillon d'un puchero, un puchero (1) fait avec poule, garbanzos, porc, saucisson et verdure, d'une friture ou d'un plat d'œufs avec jambon, de deux ragoûts, d'un hors-d'œuvre, d'un rôti, d'une salade, de trois desserts, d'un verre d'eau-de-vie, de pain et de vin à discrétion.

4° Au souper, on aura, pour le moins : potage à la poule, deux œufs à la coque, hors-d'œuvre, ragoût, rôti, salade ou gaspacho (2), deux desserts, verre d'eau-de-vie, pain et vin à discrétion.

5° Le lit sera formé d'une couche, d'une paillasse, d'un matelas, de deux draps propres, de deux oreillers propres dans leur taie, d'une courte-pointe et d'une couverture pour l'hiver.

Lettres de recommandation. — On se ferait une bien fausse idée de l'Espagne, si l'on admettait, d'après des récits faits à vue de nez, qu'aussitôt que l'on s'écarte des grandes routes il n'y a plus que saleté, vermine et misère. Les Espagnols sont généralement très-propres chez eux; leurs meubles

---

(1) Sorte de pot-au-feu indigène.
(2) Mélange d'oignons, de lait, de vinaigre, de poivre, de sel, de safran, etc.

de bois blanc, leurs casseroles de fer battu, leur vaisselle en terre, dont les formes rappellent souvent les formes grecques et romaines, laissent loin derrière eux nos paysans Bas-Bretons et nos paysans du Limousin ou de la Lorraine allemande. Nous avons été bien couchés, passablement nourris, mais, par dessus tout, reçus d'une manière cordiale dans maints villages des provinces de Léon, de la vieille Castille, des Asturies et de l'Estramadure, réputées si retardataires.

Mais, pour voir l'Espagne avec fruit, pour ne point être en butte aux mille contrariétés que subit un touriste ordinaire, tombé des nues, sans connaissance dans le pays, il faut avoir soin de se procurer des lettres de recommandation. L'Espagnol est méfiant, soupçonneux, grave; il ne se livre pas; il aime à connaître son monde; il craint surtout les inconséquences, les critiques dont quelques voyageurs légers ont flagellé ce peuple qui les avait accueillis sans méfiance; aussi la première entrevue a-t-elle ordinairement un caractère de froideur; mais dès qu'une fois on croit vous connaître, toutes les portes vous sont ouvertes, tous les services vous sont rendus, sans arrière-pensée, sans calcul. Lorsque j'ai visité l'Espagne, j'étais muni de lettres pour des grands du royaume, pour des fermiers et de simples bergers. Je conserve un souvenir non moins doux de la table hospitalière qui me fut dressée sous le chaume, que de la table splendide d'une aristocratie que je n'ai vue nulle part plus aimable.

Logements garnis. — Pensions bourgeoises. — Si l'on avait l'intention de demeurer quelque temps à Madrid ou dans telle autre grande ville, je conseillerais de chercher une *casa de huespedes*, c'est-à-dire une maison dont le propriétaire cède des chambres ou des appartements meublés. L'annonce de ces locations temporaires se fait moyennant un écriteau suspendu à l'une des extrémités du balcon, tandis qu'on met au milieu l'écriteau des appartements non meublés, dont la location doit être annuelle.

Les *Casas huespedes* sont de deux sortes : celles-ci ne procurent que le logement; celles-là fournissent de plus la nourriture, c'est-à-dire une table bourgeoise, une famille qui vous accueille, et qui, faisant avec intelligence les honneurs de sa ville, vous en signale les curiosités. La dépense, dans une maison de cette nature, ne dépasse guère un douro, 5 fr. A Barcelone, à Malaga, c'est plus cher. Les droits d'octroi y sont considérables et l'affluence des étrangers fait hausser beaucoup le prix des objets de consommation, quoique les provenances soient multipliées et le territoire fertile. Une *casa de huespedes* n'offre jamais grand luxe d'ameublement. Il ne faut pas s'attendre d'y trouver tapis somptueux, rideaux soyeux, pendules et meubles incrustés. Tout y est d'une simplicité presque spartiate, et les propriétaires semblent pénétrés de cette idée que les lits les plus durs sont les meilleurs pour la santé. Alexandre Dumas, Théophile Gauthier, se sont trouvés fort bien de certaines casas huespedes. Dans les divers séjours que j'ai faits à Madrid, je me suis mis alternativement à ces divers modes d'existence : comme de toutes les choses de la vie, on peut en dire un peu de mal, beaucoup de bien. Je payais ma chambre 10 réaulx, mon café au lait 3 réaulx, mon dîner à la carte, chez Hardy (*carrera de San-Geronymo*), 18 à 20 réaulx, le service 2 réaulx, total : 35 réaulx, 9 fr. environ. Il n'est guère possible de bien vivre à moins, quand on ne prend pas pension entière dans une maison bourgeoise.

Rues et maisons. — Quoique la police se fasse ici très-mal, on n'aperçoit ni l'*immondezaio* des Romains, ni l'inscription *respeto á la casa di Dio*, ni la *défense de faire ou de déposer*, etc. Le respect pour le nez et pour l'ouïe des passants est porté fort loin, et le bon goût des Espagnols autant que leur piété les détourne de l'insulte que nos Parisiens font si gratuitement au pied des édifices publics, voire même des monuments religieux.

Bien que la plupart des rues soient pavées en petits cailloux pointus, les pieds délicats trouvent en certaines villes moyen de cheminer. On a disposé pour eux des dalles qui forment le long des rues, ou de longues bandes plates, ou bien un carraudage fort avantageux. Cette disposition se remarque notamment à Séville.

Au-dessus des maisons de cette grande cité, sont tendues d'immenses toiles appelées *tela, tienda*, qui tiennent à des ressorts, de manière à pouvoir être déployées quand le soleil l'exige, et reployées dès que ses rayons deviennent obliques. Un appareil semblable, nommé *cortile*, existe devant les fenêtres. Ces *cortiles*, au lieu d'être en toile, sont le plus souvent des paillassons, qui s'échauffent beaucoup moins et interceptent bien mieux les rayons calorifères. De chaque côté des fenêtres, de petites glaces, dites *miradores*, permettent à la curiosité nonchalante d'observer, sans dérangement, les gens qui vont et viennent par la voie publique. Semblable chose se trouve en Belgique.

L'ornement obligé d'une maison espagnole, ce sont les balcons, et l'ornement obligé des balcons, c'est le rameau de Pâques-fleuries. Il n'est guère d'habitation qui ne présente son rameau bénit. Figurez-vous une longue palme jaune-pâle, attachée horizontalement aux barreaux; palme composée d'une espèce de nervure centrale ou de tige, de laquelle partent des subdivisions rubanées que l'on tresse entre elles et qu'on dispose de manière à former des couronnes, des croix, des écussons et quantité d'autres choses. Il y a de ces palmes d'une longueur de deux mètres. Je les préfère assurément, comme effet, au bouquet de buis des contrées septentrionales. Le palais même de la reine, à Madrid, porte sa palme préservatrice, véritable chef-d'œuvre des faiseurs émérites.

ITINÉRAIRES

avec indications des distances et tarif des places (asientos) dans les principales directions de la Péninsule.

De Madrid à la Corona. — *Diligence (del Poniente):*

Localités.	Distances par lieues d'Espagne	1ro réaulx.	2o réaulx.	3o réaulx.	4o réaulx.
La Mudarra.	4	12	10	8	8
Rio Seco.	7	21	17	14	14
Ceinos	10	30	25	20	20
Mayorga.	14	42	35	28	28
Matallana.	17	51	42	34	34
Mansilla.	21	62	50	42	42
Leon.	24	70	60	50	50
San-Miguel	26	76	64	54	»
Orvigo.	29	85	68	56	»
Astorga.	31	90	70	60	»

Manzanal	35	102	80	68	»
Bembibre	39	114	90	76	»
Cubillos	42	118	100	82	»
Villa-Franca	46	120	110	90	»
Ruitelan	49	132	118	98	»
Castelo	53	142	128	108	»
Cerezal	57	153	138	120	»
Lobrado	60	163	146	132	»
Lugo	64	170	156	142	»
San-Juan de Valdomar	67	182	168	150	»
Guiteriz	71	194	180	158	»
Montesalgueiro	74	205	196	170	»
Betanzos	77	220	208	180	»
Coruna	82	240	220	200	»

Départs tous les jours à 7 heures du matin, de Madrid et de la Corogne.

Des coches et des galères font chaque jour le même trajet.

De Madrid à Salamanque. — *Diligences ordinaires.* — Départs tous les deux jours.

	lieues	1re réaulx	2e réaulx	3e réaulx	4e réaulx
Las Rozas	3	12	11	10	10
Galapagar	6	24	23	21	19
Guadarrama	8 1/2	34	33	31	28
Espinar	12	48	45	41	38
Campozalvaro	15 1/2	62	60	55	50
Avila	19	70	65	60	50
Abeinte	22	88	83	76	69
Crespos	25	100	94	86	78
Salvadios	27	108	101	93	84
Penaranda	28	112	105	96	88
Ventosa	30	120	113	103	94
Encinas	32	128	120	110	100
Salamanca	35	140	130	120	110

Carrera de Salamanca.

	lieues	réaulx	réaulx	réaulx
Rozas	3	9	8	7

ITINÉRAIRES. LVII

Galapagar	6	18	15	12
Guadarrana	8 1/2	27	23	19
Espinar	12	36	30	26
Cta del Campo	15	45	38	30
Avila	19	50	45	40
Abeinte	22	66	50	44
Crespos	25	78	65	52
Penaranda	30	90	75	60
Encinas	32	98	82	66
Salamanca	35	100	90	80

De Madrid à Valence. — *Diligences.*

	berline	coupé.
Baciamadrid	14 r.	11 r.
Perales	31	24
Juentituena	43	38
Taranon	62	49
Mearar	77	61
Hooajada	96	76
Venta de Cabrejas	110	88
Cuenca	130	103
Vallardelsaz	144	115
Navarmerino	156	125
Almodevar	171	136
Campillo	185	148
Minglanilla	200	159
Villargordo	214	171
Utiel	234	186
Reguena	243	194
Bebollar	253	202
Valencia	300	240

De Madrid à Barcelone. — *Voiture (carrera).*

	1ro réaulx	2o réaulx	3e réaulx
Alcala	21	19	16
Guadalajara	38	34	30
Tarifa	49	45	39
Grasancho	60	55	48
Almadron	67	92	54

GUIDE EN ESPAGNE.

Algora	75	69	60
Torremocha	79	73	63
Alcolea	90	84	72
Lodares	102	94	81
Lugar Malo	111	100	84
Arcos	128	102	88
Huerta	136	118	102
Alhama	139	125	108
Buberca	149	130	111
Ateca	158	136	117
Calatayud	169	148	124
Praino	180	158	133
Almunia	190	168	142
La Mucla	210	185	157
Zaraga	220	200	170
Puelta Alfondia	233	212	180
Osera	246	224	191
Venta San-Encia	259	236	201
Busazaloz	273	248	212
Candarmos	286	260	222
Guars	295	268	229
Draga	304	276	236
Alcaraz	317	288	247
Lerida	326	297	254
Beulloc	337	307	263
Cholmes	348	317	271
Tanega	364	331	284
Cerbera	370	337	289
Panadella	381	347	297
Gancho	392	351	306
Igualada	401	366	313
Castel-Olé	412	376	322
Bruch	424	386	331
Esparraguera	428	390	334
Martorell	439	398	341
Moline del Rey	446	406	348
Barcelone	460	420	360

ITINÉRAIRES. LIX

De Madrid à Séville et de Séville à Madrid. — *Diligences du milieu du jour (del medio dia).*

1er jour. Départ de Madrid par le chemin de fer, à 9 h. 1/2 du m.
 à Ocana, dîner vers midi,
  à Puerto Lapisse, souper, à 9 h. du soir.
2e jour. à Valdepenas, déjeuner, à 4 h. du matin.
  à la Caroline, second déjeuner, vers midi.
  à Audujar, souper vers 8 h. du soir.
3e jour. à Cordoue, déjeuner, à 9 h. du matin.
  à Ecija, dîner, vers 3 h. de l'après-midi.
  à Carmona, souper, vers minuit et le plus souvent déjeuner à 4 h. du matin.
4e jour. à Séville, arrivée à 11 h. et le plus souvent entre 1 h. et 3 h. de l'après-midi.

De Séville à Madrid. — *Diligence du milieu du jour (del medio dia de España), stations ordinaires.*

	lieues	1re réaulx	2e réaulx	3e réaulx	4e réaulx
Alcala de Guadaira	2	9	8	7	7
Mairena	4	18	16	13	13
Carmona	6	27	24	20	20
La Portuguesa	8 1/2	45	35	29	29
La Lusiana	12 1/2	59	55	42	42
Ecija	15 1/2	73	63	52	52
La Carlota	19 1/2	91	79	65	65
Mangonegro	22 1/2	105	91	75	75
Cordoba	25 1/2	119	102	85	85
Casablanca	28	128	110	91	91
Carpio	30 1/2	141	122	101	101
Aldea del Rio	34	155	134	111	111
Sta Cecilia	36 1/2	165	146	120	120
Andujar	39	178	154	127	127
Casa del Rey	45 1/2	192	165	137	137
Baylen	43 1/2	201	173	143	143
Guarroman	45 1/2	210	181	150	150
Carolina	47 1/2	219	189	156	156
Sta Elena	49 1/2	228	197	163	163
Venta de Cardenas	51 1/2	237	205	169	169
Almuradiez	53 1/2	246	213	176	176

Venta Cruz de Mudela	55 1/2	256	221	182	182
Valdepenas	58	265	228	189	189
Cunsolacion	60	274	236	195	195
Manzanarès	62	283	244	202	202
Venta de Quesada	64 1/2	297	256	251	251
Villarta	67	306	264	218	218
Puerto Lapiche	69	315	272	224	224
Madridejoz	72	329	284	234	234
Canada de la Higüera	74	338	291	241	241
Tambleque	76	347	299	247	247
La Guardia	78	356	307	254	254
Ocana	81 1/2	374	323	267	267
Aranjuez	83 1/2	376	325	269	269
Madrid	91 1/2	420	360	300	300

De Madrid à Santander. — La *Castellana*, diligence avec coupé, intérieur et banquette, part chaque deux jours de Madrid et s'arrête 3 ou 4 heures à Burgos. Il en est de même de la voiture correspondante venant de Santander. Cette dernière arrive vers midi; l'autre vers 10 heures du matin.

Nous recommandons la Castellana aux voyageurs pressés qui ne peuvent consacrer que peu d'instants à leurs plaisirs et qui regretteraient de traverser Burgos sans visiter sa cathédrale.

Messageries pour l'Aragon et la Catalogne, rue d'Alcala, nº 24. — Elles partent les mardi, jeudi et samedi pour Guadalajara, Alcala, Medina-Cœli, Banos de Alhama, Calatayud, Almunia, Zaragoza, Barbastro. — Mêmes jours, pour Fraga, Lérida, Cervira, Ygualada, Barcelona, Vichs, Tarragona, Reus, Valls.

De Madrid à Ségovie. — *Diligences.*

Berline . . . . 60 r.
Intérieur 50
Rotonde 40
Banquette 40

Départs jours impairs, 7 h. du matin, arrivée à 6 h.

ITINÉRAIRES.

De Madrid à la Granja.

Berline.	60 r.
Intérieur.	50
Rotonde.	40
Banquette	40

Départs tous les jours à une heure *non précise*.

De Madrid aux bains de Trille (*Banos de Trillo*).

Berline.	100 r.
Intérieur	80
Rotonde	70
Banquette.	60

Départs à dater du 20 juin à 3 h. de l'après-midi, arrivée le lendemain dans la soirée.

De Madrid à Alcala.

Alcala.	18 r.	14 r.	12 r.	10 r.	8 r.
Torrejon.	14	12	10	8	6
Puente de Vivero. . .	12	10	8	6	4
Canillepas.	8	6	4	4	4

Même Service pour Guadalajara.

SERVICE D'ÉTÉ.

De Madrid à Torrelaguna. — *Coche*.

Berline	20
Banquette	18

Départ tous les 2 jours le matin à 8 h. Le trajet se fait en 5 h.

De Madrid à Fadraque. — *Diligence*.

Berline	60 r.
Intérieur.	50
Rotonde.	40
Banquette	40

Départ jours impairs à 7 h. du matin, trajet en 10 h.

GUIDE EN ESPAGNE.

De Madrid aux bains d'Alhama. — *Voiture.*

Berline . . . . 160 r.
Intérieur 120
Rotonde 120
Banquette 110

Le service commence le 22 juin, et le trajet se fait en 24 h.

De Madrid à Guadalajara.

Canillejas	6 r.	5 r.	4 r.	4 r.
Puente de Vivero	10	9	8	8
Torrejon de Ardoz	14	12	10	10
Alcala	18	14	12	12
Parador del Encin	20	18	14	10
Guadalajara	26	20	14	10

Cette voiture part tous les 2 jours à 8 h. du matin. Le trajet se fait en 5 h.

DILIGENCES DU NORD
(*Del norte de España*).

Départs de Madrid à 6 h. du matin.

1er jour. Lozoyuela, déjeuner à la fourchette à 11 h. du matin.
        Aranda, souper à 10 h. du soir.
2e jour. Burgos, café ou chocolat à 5 h. du matin.
        Briviena, second déjeuner à 10 h. du matin.
        Vitoria, dîner à 6 h. du soir.
3e jour. Bayonne, arrivée à midi.

Vice versâ.

Départ de Bayonne à 6 h. du matin.

1er jour. Saint-Sébastien, dîner à 1 h.
        Vergara, dîner à 6 h. du soir.
2e jour. Burgos dîner à 5 h. du soir.
        Aranda, souper à 11 h. du soir.
3e jour. Lozoyuela, déjeuner, à 10 h. du matin.
        Madrid, arrivée à 4 h. du soir.

ITINÉRAIRES. LXIII

De Valladolid à Madrid. — 34 lieues d'Espagne.

Les diligences générales ont deux départs tous les 2 jours.
1ᵉʳ départ à 8 h. du matin.
2ᵉ départ à 6 h. du soir.

Berline.	140 r.
Intérieur	120
Rotonde	90
Banquette.	80

Le courrier part tous les jours à 8 h. 1/2 du matin.
La diligence Burgalienne (*Burgalesa*), départ tous les deux jours, dans la matinée.
Les messageries accélérées de MM. Gonzalès et compagnie. Trajet en 48 h., sans jours fixes.

De Valladolid à Madrid.

Service des diligences (*del Poniente*), départ tous les jours, à 9 ou 11 h. du matin (selon la saison).

	lieues	1ʳᵉ	2ᵉ	3ᵉ	4ᵉ
Bucillo	2 1/2	10	8	7	7
Mojados	5	18	13	10	10
Olmedo	8	30	22	18	18
San-Cristobal . .	11	38	30	24	24
Martin Munoz . .	14	48	38	32	32
Labajos	17	60	50	42	42
Villa-Castin . . .	19	70	58	42	42
San Rafaël . . .	23	80	64	58	50
Guadarrama . .	26	90	76	64	64
Galapagar . . .	29	100	84	70	70
Las Rozas . . .	32	115	96	76	76
Madrid	34	140	110	90	80

Une autre voiture part tous les jours à 3 h. de l'après-midi pour la même destination.

De Valladolid à Palencia.

Diligence nouvelle dite *la Mercantil*, départ journalier à 3 h. 1/2 du soir, 8 lieues d'Espagne.

Berline	48 r.

Intérieur. 14
Banquette (*cupe*). 12

La *Union*, départ chaque 2 jours pour Palencia, place Ste-Anne.

De Valladolid à Bilbao.

La Castellana, départ tous les deux jours dans la matinée.

De Valladolid à Medina del Campo.

Une bonne diligence partant tous les jours, dans la matinée, place Ste-Anne.

Route de Séville à Badajoz.

Diligences de D. Benito Jerrer, place du Duc, n. 11, à Séville.

Auberges ou stations.	lieues	réaulx	réaulx	réaulx
Pajonosa.	3 1/2	21	16	11
Venta del Alto	1 1/2	34	25	17
Ronquillo	2	42	32	21
Sta Otalla	4	66	50	33
Monasterio.	4	90	68	45
Fuente de Cantos . . .	3	108	81	54
Los Santos	4	132	99	66
Sta-Marta	5	162	122	81
Albuera	3	180	135	90
Badajoz	4	204	153	102

34 lieues.

Route de Grenade à Baylen.

Service particulier des galères. — De Grenade à Baylen, les galères à trois mules mettent deux jours. On part à 2 heures du matin et on ne fait que 9 lieues d'Espagne par jour. On couche à mi-chemin, dans une petite ville dont les auberges ne possèdent rien. Le chemin est affreux. Prix : 120 fr. et le pourboire.

Les diligences ordinaires sont infiniment préférables, mais souvent elles se trouvent pleines et l'on est réduit à passer par les galères.

Sur ces deux lignes, on a la ressource du courrier, qui pré-

ITINÉRAIRES.

sente deux places disponibles. C'est un moyen expéditif, mais coûteux et fatigant.

CHEMIN DE FER (*Ferreo-Carril*).

De Madrid à la ville d'Aranjuez. — Distance, 8 lieues 1/2 d'Espagne. — Service d'été.

Départs de Madrid :
Matin.... 7 h. 30 m. 9 h. 11 h. 12 h. 15 m.
Après-midi 4 6 30 m.

Départs d'Aranjuez :
Matin...... 6 h. 9 h. 30 m. 11 h. 30 m.
Après-midi ... 4 30 m. 6 15 8

Prix des places : 1re . . . . 20 réaulx.
2e 14
3e 8

Les trains qui partent de Madrid à 6 h. du soir, et d'Aranjuez à 9 h. 1/2 du matin n'ont que des places de 1re et de 2e classe.

Stations : 1 Getafe.
2 Pinto.
3 Valdemoro.
4 Cienpezuelos.
5 La Reina.
6 Aranjuez.

Chemin de fer de Barcelone à Mataro.

Trajet en une heure ; plusieurs départs par jour.

Prix des places : premières places, 110 réaulx.
deuxièmes, 88
troisièmes, 72

Ces prix varient selon les saisons.
On accorde 20 kilogrammes de bagages.

CANAL DE CASTILLE.

Coche d'eau (*Barco de pasage*).

De Valladolid à Palencia. — 8 lieues d'Espagne.

Départ tous les jours : 1re . . . . . . 12 réaulx.
2e 8

On peut dîner fort bien sur le bateau moyennant 5 réaulx. On vous donne 5 plats (cuisine française) du dessert et du vin excellent.

A Valladolid, bureau d'administration de l'autre côté du pont.

On part à 9 heures du matin en hiver, à 7 heures en été ; on arrive à 1 heure ou 11 heures.

SERVICE DU LITTORAL.

ILE DE LÉON.

De Bonanza à San-Lucar, et *viceversâ*.—*Omnibus*, 4 réaulx.

De San Lucar à Port Ste Marie. — *Gondoles*.

Coupé . . . . 16 r.
Berline 16
Intérieur 13
Rotonde 11
Cabriolet 10
Dessus (*Vaca*) 8

NAVIGATION A LA VAPEUR SUR LA MÉDITERRANÉE ET L'OCÉAN.

La navigation est réglée de telle sorte que, par les temps ordinaires, il sort chaque cinq jours du port de Marseille un bateau à vapeur qui se rend à Cadix. D'autres paquebots se rendent de Southampton, de Cadix et de Gibraltar à Marseille. Les 5, 15 et 25 de chaque mois part de Gibraltar un pa-

NAVIGATION A LA VAPEUR. LXVII

quebot anglais qui relâche un jour à Lisbonne, et qui de là gagne Southampton.

La durée et le prix de cette navigation varient. En été, on paye :

		1re	2e	3e
De Marseille à	Barcelone.	88 fr.	70 fr.	42 fr.
	Valence.	146	112	55
	Alicante.	177	135	73
	Cartagène.	205	159	81
	Almeria.	229	172	91
	Malaga.	260	192	107
	Algesiras.	286	205	120
	Cadix.	317	234	133
	Lisbonne.	448	314	170
De Lisbonne à	Southampton.	375	300	«
	Oporto.	50	40	»
	Vigo.	75	50	»
	la Corogne.	125	100	»

Les troisièmes places sont inabordables pour des gens comme il faut. On n'y voit absolument que les paysans et les domestiques, et l'on n'y jouit d'aucune des commodités si précieuses en voyage, principalement sur mer.

Il existe aussi un service de Barcelone aux îles Baléares. Deux ou trois fois la semaine, part pour Minorque un élégant petit navire qui fait la traversée en 12 heures. C'est le navire-poste de ces parages. Sa levée d'ancre est réglée d'après l'arrivée des paquebots qui viennent de Marseille et de Southampton.

NAVIGATION A LA VAPEUR SUR LE GUADALQUIVIR.

De Séville à San Lucar et Cadix (et *vice versá*).

Les départs sont subordonnés au temps; les journaux de la localité les annoncent et l'administration prend soin de faire afficher tous les mois le programme de ces partances tant pour Séville que pour Cadix.

Prix des places : *de Séville à San-Lucar.*

Chambre de la poupe . . . . 40 r.
Chambre de la proue 25

De San-Lucar à Cadix.

Poupe . . . . 20 r.
Proue 15

De Cadix à Séville.

Poupe . . . . 60 r.
Proue 40

On peut occuper, moyennant 40 réaulx, une chambre de récréation à la proue, pouvant contenir 6 personnes, et à la poupe une autre chambre de même grandeur, dont l'entrée coûte 80 réaulx.

Le *Rápido*, le *San-Telmo* et l'*Adriano* présentent les mêmes conditions.

Ils font trois escales dans leur trajet, pour recevoir des voyageurs.

Voici quelles sont les dispositions de partance de l'*Adriano* et du *San-Telmo*, relativement à Séville et relativement à Cadix. Ce sont les mêmes dispositions pendant toute la saison d'été.

ANDRIANO Y SAN-TELMO

Barcos de vapor. Viajes que harán en el mes de mayo de 1852
(si el tiempo lo permite).

De Sevilla à San Lucar y Cadix.

Andriano	Sábado	1	8 h. de la mañana.
S. Telmo	Mártes	4	8
Andriano	Miércoles	5	8
S. Telmo	Viérnes	7	8
Andriano	Sábado	8	8
S. Telmo	Mártes	11	8
Andriano	Miércoles	12	8
S. Telmo	Viérnes	14	8
Andriano	Sábado	15	8
S. Telmo	Mártes	18	8

NAVIGATION A LA VAPEUR.

Andriano	Miércoles	19	8
S. Telmo	Sábado	22	8
Andriano	Liénes	24	8
S. Telmo	Miércoles	26	8
Andriano	Juéves	27	8
S. Telmo	Sábado	29	8

De Cadix á San-Lucar y Sevilla.

Andriano	Lúnes	4	10 h. de la mañana.
S. Telmo	Miércoles	5	10
Andriano	Juéves	6	11
S. Telmo	Sábado	8	12 h. del dia.
Andriano	Lúnes	10	6 h. de la mañana.
S. Telmo	Miércoles	12	7
Andriano	Lúnes	17	10
S. Telmo	Miércoles	19	10
Andriano	Viérnes	21	11
S. Telmo	Lúnes	24	12 h. del dia.
Andriano	Mártes	25	12
S. Telmo	Juéves	27	6 h. de la mañana.
Andriano	Viérnes	28	7
S. Telmo	Lúnes	31	9

Trois grandes voies conduisent de Paris en Espagne et en Portugal.

La première, est celle de **Paris** à **Madrid** par **Bayonne** (*V*. p. 11);

La seconde, de **Paris** à **Madrid**, par **Perpignan** (*V*. p. 85);

La troisième, par **Marseille** et navigation à vapeur.

Cette dernière voie est particulièrement suivie par les personnes dont les affaires commerciales se rattachent aux ports d'Espagne, situés sur la Méditerranée (*V*. Introduction, p. XLIII, XLIV et XLVI).

GUIDE DU VOYAGEUR
EN ESPAGNE.

Voyages d'agrément. *En quelle saison faut-il visiter l'Espagne?* —Townsend, voyageur expérimenté, qui connaissait fort bien la Péninsule, conseille de ne visiter les provinces méridionales de l'Espagne que l'hiver, à cause des grandes chaleurs; mais nous ne partageons pas cette opinion. D'abord, pendant l'été, le soleil est bien autrement insupportable dans les plaines de la Manche, des deux Castilles et de l'Estramadure qu'il ne l'est vers les côtes méridionales où les vents de mer mitigent l'ardeur brûlante du ciel et où les nuits se montrent presque toujours fraîches. Au surplus, les pluies d'hiver, très-fréquentes au midi de l'Espagne et les neiges qui couvrent les Sierras, la brièveté des jours, l'état brumeux de l'atmosphère, sont autant d'obstacles qu'on fera très-bien d'éviter. Les mois de mai, d'août et septembre nous semblent les plus convenables pour parcourir les provinces méridionales; les mois de mai, de juin et de septembre pour explorer celles du nord. Du 15 juin au 15 du mois d'août règne souvent le sirocco, qui, joint à la poussière, rend les voitures publiques d'un usage très-incommode; mais pour qui voyage sur une mule, *à cavallo*, le matin et le soir cette incommodité n'est point à craindre.

1° Voyage dans les provinces septentrionales et centrales de l'Espagne. — 35 à 36 jours.

Passe-port avec le visa.	30 fr.
De Paris à Bayonne, par les Berlines Parisiennes (1).	110
A reporter.	140

(1) Nous désignons de préférence ces excellentes voitures parce qu'elles sont conçues dans un système fort avantageux aux voyageurs et qu'elles marchent convenablement.

Report.	140 fr.
Deux jours de route et séjour à Bayonne	30
Un jour et demi de route	15
Séjour à Burgos	10
Trajet de Burgos à Valladolid (2 jours)	20
Frais d'hôtel	10
Séjour à Valladolid	10
Trajet de Bayonne à Burgos	50
Trajet de Valladolid à Madrid (1 jour)	30
Frais d'hôtel	10
Séjour à Madrid pendant 5 jours	50
Voyage de Madrid à Tolède et séjour (3 jours)	40
Voyage de Madrid à l'Escurial (2 jours)	20
Voyage de Madrid à Ségovie (3 jours)	50
Voyage de Madrid à Alcala (1 jour)	10
Voyage de Madrid à Aranjuez (1 jour)	15
Voyage de Madrid à Valence par Cuenca (3 jours)	75
Frais d'hôtel	30
Séjour à Valence (2 jours)	20
Voyage de Valence à Marseille	140
Station à Barcelone de 3 jours et 3 jours de navigat.	50
Retour de Marseille à Paris (1 jour)	100
Frais imprévus	25
Total	950 fr.

2° Voyage dans les provinces méridionales. — 35 à 36 jours.

Passe-port avec visa	30
Trajet de Paris à Marseille et séjour (2 jours)	120
Trajet de Marseille à Cadix, avec séjour à Barcelone, Valence, Alicante, Malaga, etc. (10 jours)	320
Séjour à Cadix et visite de l'île de Léon (2 jours)	25
Trajet de Cadix à Séville par le paquebot (1 jour)	15
Séjour à Séville (3 jours)	30
Séjour à Cordoue (1 jour)	10
Voyage de Séville à Cordoue (1 jour)	30
Frais d'hôtels	10
Voyage de Cordoue à Baylen (1 jour)	30
A reporter	610

Report. . . .	610 fr.
Séjour à Baylen (1 jour).	10
Voyage de Baylen à Grenade, par Jaën (2 jours) . .	50
Voyage de Grenade à Alicante par Cadix et Murcie. Ce trajet ne doit se faire qu'à dos de mulet . . .	100
Frais de route pendant 5 jours.	50
Retour par la mer d'Alicante à Marseille (4 jours). .	150
Retour de Marseille à Paris (1 jour).	100
Faux frais.	30
Total.	1,100 fr.

Voyages artistiques et archéologiques. — Il faut les faire à cheval ou de pied, avec un guide. Les trois régions qui présenteraient le plus de résultats, sont les Pyrénées, depuis la frontière de France jusqu'à l'Elbe ; les anciens royaumes de Valence et de Murcie que les Mores ont occupés si longtemps ; la Sierra Morena ; Tolède et ses environs ; le royaume de Léon ; la Galice et les Asturies. Chacune de ses subdivisions exigerait six semaines à deux mois ; encore ne faudrait-il pas perdre son temps. Pour procéder avec économie, rien de mieux que de conclure d'avance un marché avec un guide, qui vous fournira le mulet et se chargera de pourvoir à votre nourriture. Cela ne peut coûter plus de 15 fr. par jour, et il serait facile de s'arranger à moins. Un mulet suffit, car les guides marchent bien. Ainsi, moyennant 750 à 800 fr., un artiste pourrait, pendant deux mois, étudier convenablement des ruines, des sites, des monuments divers, comme il ne s'en trouve point ailleurs.

Il y a telles villes qu'un archéologue ou un artiste ne doit pas se dispenser de voir : Avila, pour ses sculptures primitives en granit, auxquelles nous ne pourrions assigner une date positive ; Mérida, Valence, Tarragone pour leurs antiquités romaines ; Cordoue, Grenade, Séville et Ségovie pour leurs débris moresques ; Burgos, Tolède, Salamanque, Avila, Zamora pour leurs antiquités chrétiennes. Ignorer les cathédrales de Léon, de San-Iago, de Séville et de Tolède ; de Léon et de Tolède surtout, c'est méconnaître les plus brillants anneaux qui, dans la Péninsule, lient entre elles les grandes époques de l'art ; n'avoir vu ni l'Alcazar de Ségovie, ni la Mezquita de Cordoue, ni la Casa de Pilatos de Séville, ni l'Alhambra, c'est s'exposer à placer trop haut le génie architectural des Arabes et beaucoup trop bas la délicatesse merveilleuse de leur ornementation ; laisser inaperçus le Musée de Valladolid, et les grandes églises de Burgos, d'Avila, de Léon, de San-Iago, de Séville, c'est encourir le risque de méconnaître la part réelle, la part immense qu'ont eue les imagiers en bois dans le mouvement de naïveté gracieuse de la sculpture chrétienne. La grande statuaire tient aussi sa large place parmi les églises d'Espagne, et quoique les guerres civiles aient beaucoup détruit, il reste assez de choses des XIIe, XIIIe, XIVe, XVe et XVIe siècles pour que ce royaume occupe une place fort honorable dans le domaine de l'expression idéalisée. Ce n'est point ici le lieu de citer des exemples ; ils se pressent sous ma plume et je choisis presque au hasard, en signalant les figures mouillées du chœur métropolitain de Tolède, divers bas-reliefs du chœur de la cathédrale de Séville ; quelques tombeaux oubliés çà et là par le badigeon, et les magnifiques monuments tumulaires de Miraflores.

Les ciselures, les nielles, les tapisseries des cathédrales de Tolède, de Léon, de San-Iago, de Séville et de Saragosse ; les objets réunis à l'Armeria de Madrid, montrent dans quelles voies l'amour de Dieu et le goût des combats conduisaient le peuple le plus fervent et l'un des plus braves du monde.

Enfin, la peinture espagnole ancienne, celle qui précéda Murillo, il faut l'aller chercher dans les vieilles églises, dans les cathédrales de Barcelone, de Cadix, de Saragosse, de Léon, d'Avila, de Zamora, etc. ; dans quelques cloîtres déserts, plutôt que dans les collections royales. On en a généralement méconnu leur mérite, de sorte que beaucoup d'entre elles sont détruites, et qu'ils ne s'en trouve presque point dans les asiles que la munificence des villes et des princes a ménagés aux produits de l'art. Les peintres de la fin du XVIe siècle et du XVIIe se trouvent dans des conditions beaucoup plus favorables. Vélasquez, au musée de Madrid, se produit avec toutes ses qualités et ses défauts ; à Séville, on apprend à bien connaître le génie de Murillo ; la cathédrale de Grenade, le musée de Valence, respirent sous la palette et le ciseau d'Alonzo Cano ; Zurbaran, Morales, Ribéra, tous les autres maîtres des différentes écoles provinciales répondent, par quelques œuvres sauvées de l'oubli, à l'appel que leur fait la curiosité ; il suffit de cheminer d'une église à l'autre pour les rencontrer.

Je me suis laissé dire qu'étant à Séville, M. Thiers avait acheté pour plus de cent mille francs de tableaux, parmi lesquels des Ribéra, des Zurbaran et des Murillo d'une incontestable originalité. A ce propos, sans contester le moins du monde la valeur des acquisitions que font chaque jour les amateurs qui traversent l'Andalousie, je rappellerai que Murillo se copiait très-souvent lui-même et se faisait copier par ses élèves, dont il corrigeait ensuite l'œuvre avec un soin proportionné au prix qu'on donnait du tableau. On ne saurait donc dire, d'une manière positive, que telle toile est la toile primitive, le résultat de la pensée première ; jamais, du grand jamais, s'il n'en avait été de la sorte, Murillo n'eût répondu aux demandes multipliées qu'on lui adressait.

Voyages médicaux. — De tous les voyageurs qui parcourent l'Espagne, les médecins sont, après les artistes, les plus nombreux, et bien qu'ils rencontrent des confrères zélés disposés à les renseigner, je ne sache pas qu'aucun d'entre eux ait retiré de ses peines le fruit qu'il pouvait espérer en obtenir. Cela se conçoit facilement : les savants espagnols sont plus préoccupés de ce qui se passe en France que de ce qui se passe chez eux ; et telle école provinciale demeure parfaitement ignorée de telle autre école ; tel professeur de tel autre professeur.

Les grands foyers d'instruction médicale sont, dans leur ordre d'importance relative : Madrid, San-Iago, Valence, Barcelone, Cadix, etc. Madrid possède une faculté dont les collections augmentent chaque jour, et dont les cours se font assez bien ; des hôpitaux aussi vastes que bien tenus et un établissement de sourds et muets, où la méthode d'instruction, à en juger par les résultats, semble plus avancée, plus heureuse que ne l'est celle de Paris. San-Iago est renommé pour sa bonté de ses cours d'anatomie descriptive, d'anatomie pathologique et de médecine opératoire. Valence, qui se glorifie d'avoir inspiré le goût de la chimie à M. Orfila, brille plutôt dans les sciences accessoires que dans la médecine et la chirurgie proprement dite. Il en est de même de Barcelone, qui a presque toujours eu d'excellents cours de chimie, de physique, de matière médicale et de botanique. Enfin nous signalerons comme méritant d'être vus, l'hospice de la Charité de Cadix, l'Hospice de la Sangre de Séville, le grand hospice de Barcelone ; les hospices de Saragosse et de Malaga. Ces institutions et toutes celles qui se rapportent au bien-être de la classe indigente sont fort soignées en Espagne, le pays philantrope par excellence. Nous y avons vu des associations de dames, organisées depuis deux siècles, opérant des merveilles avec de faibles ressources qu'elles agrandissent par le travail de leurs mains.

Voyages des naturalistes. — La Catalogne, la Navarre, l'Aragon, le pays basque, les Asturies, les royaumes de Valence, de Murcie, de Grenade, l'Estramadure, les rives de l'Elbe, du Tage et du Douro ; la Sierra-Morena et la Sierra-Nevada sont les points que le naturaliste devra parcourir de préférence. Pour s'orienter, il fera bien de se rendre d'abord à Madrid dont le cabinet d'histoire naturelle (*calle d'Alcala*) est fort riche, surtout en minéraux et fossiles. Don Mariano de la Paz Graellos (*calle Fungarral*), qui s'occupe beaucoup d'entomologie, pourra lui fournir de bonnes indications pour explorer le pays. Dans toutes les grandes villes existent, parmi les médecins et les pharmaciens, quelques naturalistes, et comme les amateurs de la nature forment véritablement entre eux une sorte de parenté, l'étranger trouvera sur son chemin toute l'obligeance, toutes les sympathies désirables.

Il faut se procurer en France le papier, les bocaux, les cartons, les épingles nécessaires aux collections. On s'exposerait à ne pas en trouver de convenables, même dans les localités de 30 à 40 mille habitants. L'alcool, pour la conservation des insectes, ne peut non plus être acheté que dans les villes populeuses.

La manière dont le naturaliste doit s'y prendre pour visiter l'Espagne est la même que celle indiquée précédemment à l'artiste.

Voyages industriels. — La Catalogne, le pays basque, la Navarre et tout le littoral maritime sont les points de l'Espagne où l'industriel et le négociant trouvent le plus de ressources. Valladolid, Mataro, Barcelone, Reuss, Valence, Alicante, Malaga, Cadix, Xérès, Séville, présentent une activité notable et quantité d'établissements que dirigent des Français ou des Anglais. Il est fâcheux qu'un livre manuel n'existe pas sur cet objet ; mais en certaines localités, comme Barcelone et Cadix, se publient chaque année des *Guia de fo-*

rasteros, guide pour les étrangers, sorte d'almanachs, très-pauvres en indications historiques, dépourvus de détails scientifiques, mais remplis de renseignements utiles. A Barcelone, on cite la manufacture de *Tegidos de Algodon, pintados y estampados*, dirigée par un Français; la manufacture de *Tegidos de Seda*, également sous la direction d'un de nos compatriotes.

Malaga, d'où s'exportent des raisins, des figues, du vin, des olives, etc., pour une somme d'environ cinquante millions, présente aux mois d'août et de septembre une animation extraordinaire. Chaque jour, cinq à six mille bêtes de somme emportent quarante à cinquante mille caisses de raisin, et les navires n'en reçoivent pas moins.

Entrepôt des provenances de l'Orient et du Nouveau-Monde, Cadix, quoique bien déchue de son ancienne prospérité, jouit encore d'une certaine opulence commerciale; la librairie, les objets relatifs à la marine, les soieries, les productions du sol, principalement l'huile et le vin, forment la base des spéculations de Cadix et des villes voisines, telles que Xérès et Puerto-Santa-Maria. Dans cette dernière localité, qui compte déjà vingt-cinq ou trente mille âmes, qui grossit chaque jour d'une manière notable, tout respire l'activité, l'aisance. On y voit un terrain immense, divisé en plusieurs compartiments, où se groupent des constructions qui ressemblent à des églises. Ces édifices, que soutiennent intérieurement plusieurs rangs de piliers, de manière à former des nefs d'une étendue d'environ cent mètres, sont remplis de tonnes (*botas*) superposées. Chacune des tonnes peut contenir cinq à six hectolitres de vin. Le paxarète, le xérès de la Fronteira, le rota et quantité d'autres liquides des meilleurs crus, remplissent les tonnes précitées, dont la valeur s'élève à huit ou dix millions. Pour déguster tel ou tel vin, un sommelier de l'établissement vous présente un plateau chargé de petits verres en cristal; il tient à la main une longue tige de baleine, à l'extrémité de laquelle se trouve un fragment de roseau dont la coupe figure une sorte de petit vase cylindrique. On enlève la petite planche qui ferme l'ouverture de la *bota*, on plonge vivement la tige dans le liquide et on en ramène une faible quantité qui se verse avec adresse dans les verres précités.

La couleur, la saveur du vin, diffèrent selon l'espèce. Le

xérès est jaune-clair, limpide comme le madère sec, d'une amertume qui ne plaît pas à tout le monde ; le paxarète, le rota, sont bruns, quelquefois violacés ou nuancés de jaune et d'une consistance presque sirupeuse. Ces différentes espèces de vins, au reste, diffèrent entre elles d'après leur âge, leur provenance, les conditions de leur récolte et de leur préparation. En général, avant de fouler le raisin, on l'expose pendant plusieurs jours au soleil, afin de diminuer la partie aqueuse du jus, de sorte qu'il faut une énorme quantité de fruit pour obtenir le moindre baril de vin. Dès qu'il se trouve en tonne, il reçoit une foule de soins traditionnels dans le pays, et subit avec lenteur la fermentation modérée dont il a besoin.

Les tonnes ou *botas*, faites en bois de chêne, ne reçoivent le vin qu'après avoir été, pendant deux ans, arrosées, abreuvées, séchées, éprouvées. On n'y dépose le vin que quand on est bien assuré de leur qualité. Beaucoup de *botas* sont mises au rebut et consacrées à des vins d'un prix médiocre. Plus elles vieillissent, plus elles deviennent salutaires au liquide qu'elles reçoivent. Nous en avons vu qui datent de plus d'un siècle.

Séville, espèce de succursale maritime de Cadix, tenant à l'Océan par son fleuve, entourée d'un territoire d'une fertilité remarquable, est encore, quoique bien déchue, un centre commercial important. Les affaires y sont plus sûres qu'en bien d'autres localités. Beaucoup de Français méridionaux sont établis à Séville et tiennent la haute-main des affaires. Au xvie siècle, tous les négociants se réunissaient sous les parvis de la cathédrale, et dans la fameuse cour des Orangers, *patio de los Aranjos ;* mais un évêque ayant trouvé mauvais que la voix stridente d'une spéculation sordide vînt se mêler aux voix de la prière, chassa, comme Jésus-Christ, les vendeurs du Temple. Ce fut pour les recevoir que l'on construisit la Lonja; mais, tel est l'empire des habitudes, qu'obligés de déserter le *patio*, les spéculateurs ne purent jamais se réunir en grand nombre dans le local désigné. A Séville, nous avons vu différentes manufactures, des usines, des fabriques marchant d'après les procédés anglais et français; mais l'établissement qui nous a présenté le plus d'intérêt, c'est la manufacture des tabacs, où fonctionnent trois mille ouvrières. Cet établissement, unique dans son genre, a coûté quatre ou cinq millions, ce qui reviendrait à dix millions de notre monnaie actuelle, puisqu'il fût achevé vers l'année 1757. Figurez-vous une sorte de forteresse, entourée de larges fossés, ayant deux cents mètres de façade et comprenant divers édifices rectangulaires. La pulvérisation du tabac s'effectue dans des auges, moyennant d'énormes pilons armés de lames en fer, mus par des chevaux. C'est un mécanisme digne des temps mérovingiens. L'air se trouve si chargé de poussière et d'odeur *nicotines*, que les visiteurs en suffoquent. Les cigares se font en d'immenses salles, où deux ou trois mille Andalouses, jeunes, vieilles, moitié nues, babillent, gesticulent et opèrent, avec une dextérité merveilleuse, l'enroulement des feuilles humides du tabac. Une ouvrière habile peut faire mille cigares en un jour. Il s'en fabrique, terme moyen, douze à quinze cent mille en 24 heures. Ces femmes, *cigarreras*, forment un type particulier qu'il importe d'étudier. On leur a joint une division de *cigarreros*, confectionnant les mêmes objets.

DERNIERS RENSEIGNEMENTS.

Passe-ports, douanes. Partant de Bayonne, il faut :
1° Le visa de la sous-préfecture (gratis) ;
2° Le visa du consul espagnol (5 fr.).
Arrivé à Béhobie, visa du commissaire de police (gratis).
Ici se trouve la Bidassoa, qui sépare les deux pays et que l'on traverse sur un pont de bois. — Du côté de la France, et à la tête du pont, est établi un poste de soldats français ; l'autre extrémité du pont est gardée par des carabiniers espagnols qui demandent les passe-ports. — On est en Espagne.

A Irun, première visite de la douane, qui dure de une à deux heures. — On a ordinairement le temps de visiter la ville. La visite des douanes espagnoles est minutieuse et tracassière. Les bijoux payent des droits fort élevés, et il faut avoir soin de les déclarer, autrement ils peuvent être saisis et confisqués. — Les livres reliés payent aussi des droits assez élevés. — Règle générale, il faut déclarer exactement tous les objets autres que ceux destinés à son usage personnel, et dans tous les cas les bijoux. — Ici, il est bon de faire plomber ses bagages après la visite, afin d'éviter les ennuis d'une nouvelle visite à la douane de *Miranda.*

Quelques piècettes données avec discernement abrégeront de beaucoup les formalités de la douane.

A *Irun*, nouvelle exhibition du passeport et nouvelle contribution de 2 fr., ou 2 piècettes, prélevée par le gouvernement espagnol.

Partant de *Perpignan*, mêmes formalités dans cette ville qu'à Bayonne.

Au *Perthuis*, extrême frontière, visa du commissaire de police français (ce commissariat est momentanément supprimé).

A *La Junquière*, première ligne de douane espagnole, mêmes formalités et mêmes précautions qu'à Irun. — Visa du passeport, et 2 fr. comme à Irun.

A *Figuières*, deuxième ligne de douane, où les bagages seront visités de nouveau comme à Miranda, s'ils n'ont pas été plombés à La Junquière.

De Perpignan à Barcelone.

Nouveau service journalier de diligences, trajet en 22 heures, sans coucher en route.

Départ de Perpignan à 4 heures du matin.

A Figuières on change de voiture pendant la visite de la douane et le déjeuner.

On repart de Figuières à 1 heure après midi, et l'on arrive à Mataro à 4 heures du matin.

De Mataro, *chemin de fer* jusqu'à Barcelone, en 1 heure. La diligence est placée sur le chemin de fer, et l'on part par le premier convoi.

On accorde 20 kilog. de bagages.

Prix des places :

Coupé.	110 réaux.
Intérieur.	88
Banquette	72

Les heures de départs et les prix sont sujets à variation.

ITINÉRAIRE

DESCRIPTIF ET HISTORIQUE

DE L'ESPAGNE.

ROUTE Ire.

DE PARIS A MADRID.

Par **Orléans, Tours, Bordeaux, Bayonne, Vittoria et Burgos.**

CHEMIN DE FER ET ROUTE DE POSTE.

En *France*, 841 kil.; en *Espagne*, par *Burgos*, 94 l. 3/4; par *Valladolid*, 107 l. 1/2.

De Paris à Bordeaux.

Chemin de fer.

Stations : Choisy-le-Roy	10 kil.
Juvisy	20
Savigny	22
Épinay	24
Saint-Michel	28
Brétigny	31
Marolles	36
Bouray	40
Lardy	43
Étrechy	49
Étampes	56
Monnerville	70

Stations: Angerville . . . . 75 kil.
Toury 89
Artenay 102
Chevilly 108
Cercottes 112
ORLÉANS 122
La Chapelle 129
Saint-Ay 136
Meung 142
Beaugency 149
Mer 161
Ménars 172
Blois 181
Chousy 190
Onzain 196
Limeray 207
Amboise 213
Noizay 220
Vouvray 226
Mont-Louis 227
Tours 237
Monts 250
Villeperdue 259
Sainte-Maure 271
Port-de-Piles 282
Les Ormes 287
Dangé 290

Ingrandes 293
Châtellerault 310
Les Barres 313
La Tricherie 318
Dissais 322
Clan 326
Chasseneuil 329
POITIERS 338

De Poitiers à Angoulême
Par Ruffec (*service de diligence*).

ANGOULÊME 446

ROUTE 1re. — DE PARIS A MADRID.

Correspondance de chemin de fer entre Poitiers et Angoulême par les voitures les *Inversables*. Les places doivent être prises à l'avance dans ces Bureaux ou dans ceux de l'entreprise aux gares de Paris et de Bordeaux.

Les Voyageurs de ces voitures reçoivent à la gare de départ des billets pour tout le parcours du chemin de fer, et leurs bagages sont enregistrés pour le trajet entier.

Avis important. Il est accordé 30 kilogr. de bagages (*franco*) à chaque voyageur. Tous les trains contiennent des voitures des trois classes. Les chevaux et les voitures de poste sont transportés par tous les trains.

A Angoulême et à Bordeaux, des omnibus spéciaux desservent le départ et l'arrivée de tous les trains pour amener les voyageurs à la gare et les conduire dans l'intérieur de la ville.

D'Angoulême à Bordeaux.
Chemin de fer.

Stations : La Couronne. . . . . 454 kil.
Monthiers. 461
Charmant 468
Montmoreau. 481
Chalais. 497
Laroche-Chalais. 511
Coutras. 528
Saint-Denis 537
Libourne 544
Vayres 553
Saint-Sulpice 559
Saint-Loubès. 562
Lagrave d'Ambarès. 572
Lormont 575
BORDEAUX 579

De Bordeaux à Bayonne.
Service de malle.

Le Bouscaut. 590
Castres (Gironde) 602

Cerons.	614
Langon.	626
Bazas	641
Captieux	658
Les Traverses	673
Roquefort.	688
Caloy	700
Mont-de-Marsan	710
Campagne.	723
Tartas	737
Pontoux.	748
Saint-Paul-les-Dax	760
Saint-Geours.	775
Les Cantons	788
BAYONNE	807

Pour la description de cette route, voyez le *Guide du Voyageur en France* de Richard.

BAYONNE (Basses-Pyrénées) (*Baïonna*). — *Hôtels :* Saint-Étienne, où l'on trouve tous les renseignements pour voyager en Espagne et en Portugal ; — du Commerce. — Cette ville, située au confluent de l'*Adour* et de la *Nive*, est partagée en deux parties par ces rivières ; elle possède une sous-préfecture, un évêché et un séminaire.

CURIOSITÉS. La *citadelle*, construite par Vauban, et qu'on peut visiter avec un permis du commandant ; elle s'élève sur la rive droite de l'*Adour* et commande le fleuve et la ville ; plusieurs rues, comme celles d'*Uzès*, avec arcades ; la place de *Grammont* et les édifices qui la décorent ; le *port*, le flux et le reflux des rivières, les *Allées-Marines* et la vue dont on y jouit ; les travaux de la barre, au *Boucaud ;* la *cathédrale*, édifice de mince apparence à l'extérieur, mais dont l'intérieur offre une belle église élevée dans le style gothique ogival du XIIIe siècle ; les *cloîtres* qui se trouvent derrière, dans le style fleuri, sont peut-être les plus vastes qui existent en France. Du haut de la tour, on jouit d'un beau panorama : dans le lointain, les Pyrénées ; à vos pieds, la ville, la citadelle, le port, l'arsenal, la place d'Armes, la salle de spectacle, etc.—
COMMERCE. Entrepôt et commission avec l'*Espagne*, le Nord

ROUTE 1re.—DE PARIS A MADRID.

et les *Colonies*, en vins, eaux-de-vie, pêche de la morue, laine d'Espagne, bois de sapins, jambons estimés, etc. — Pop. 15,500 hab.

MOYENS DE LOCOMOTION. Départ de Bayonne pour Madrid tous les jours.

Malle-poste, départ et arrivée tous les jours, en 52 heures. Prend 6 voyageurs.

Diligences del norte de España, place d'Armes, n° 9, trajet en 56 heures environ, sans coucher en route.

Diligences péninsulaires, bureau en face de l'hôtel du Commerce, trajet en 60 heures environ.

Un autre service part tous les deux jours pour Pampelune, Saragosse et Barcelone ;

Un autre, tous les deux jours pour Bilbao et Santander.

PRIX MOYENS : pour *Vittoria*, 182 réaux (48 fr.).
Pour *Burgos*, 305 réaux (81 fr.).
Pour *Aranda*, 388 réaux (102 fr.).
Pour MADRID, 540 et 490 réaux (142 et 129 fr.).

Relais : De Bayonne à Bidart. . . . . . 11 k.
Saint-Jean-de-Luz. 20
Urrugne 25
Behobie (douane française). . . . 33
Irun (Espagne). 34

Poste espagnole.

D'Irun, une nouvelle communication ouverte en 1849 passe par :

Renteria. . . . . 1 l. 1/2
San-Sebastian. 1
Lasarte 1
Andoain. 1

Ici nous reprenons la route des malles-postes qui d'Irun conduit à

Hernani. . . . . 6 l. 1/2
Urnieta 0 1/2

GUIDE EN ESPAGNE.

Andoain	0	1/2
Villabona	1	
Tolosa	1	1/4
Alegria	0	3/4
Legoretta	1	1/2
Isazondo	0	1/2
Villafranca	0	1/2
Beasain	0	1/4
Ormastegui	0	1/2
Villareal et Zumarraga	1	1/2
Anzuola	2	
Vergara	0	1/2
Mondragon	2	
Arechavelata	0	3/4
Ascoriaza	0	1/2
Castanares	0	1/2
Salinas	0	1/2
Ulibarri	1	1/2
Arroyabe	0	3/4
Mendivil	0	1/4
Durana	0	1/4
Betoño	0	1/4
Vittoria	0	3/4
Ariñez	1	
La Puebla	2	
Armiñon	1	
Miranda de Ebro	1	1/2
Ameyugo	2	
Pancorvo	1	
Santa Maria de Rivaredonda	1	
Cubo	0	1/2
Bribiesca	2	1/2
Pradanos	1	1/4
Castil de Peones	0	3/4
Monasterio	1	
Quintanapalla	1	
Rubena	0	3/4
Villafria	1	
Gamonal	0	3/4
Burgos	0	1/2

ROUTE 1re. — DE PARIS A MADRID.

Sarracin	1	1/2
Cogollos	1	1/2
Lerma	4	
Quintanilla	1	
Bahabon	2	3/4
Oquillas	0	3/4
Gumiel	1	1/2
Aranda	2	
Milagros	2	
Pardilla	0	1/2
Honrubia	1	
Fresnillo	2	1/2
Boceguillas	1	
Castillejo	1	1/2
Cerezo	1	1/2
Somosierra	1	1/2
Roblegordo	0	1/2
Buitrago	1	1/2
Lozoyuela	1	1/2
La Cabrera	1	1/2
Cabanillas	1	
San-Agustin	3	
Alcobendas	3	
Fuencarral	1	3/4
MADRID	1	1/2

Après *Urrugne*, on suit, pendant environ deux lieues, une jolie route à pente douce qui conduit à la vallée dans laquelle coule la *Bidassoa*, rivière qui sert de limite aux deux pays, et que l'on traverse sur un pont de bois près de l'île des *Faisans*, célèbre par le traité de 1659, entre Mazarin et don Louis de Haro, et par l'entrevue de Louis XIV avec l'infante Marie-Thérèse d'Autriche. Avant de traverser cette pittoresque rivière nous trouvons

BEHOBIE, petit village avec pauvre auberge, *la Poste*, qui donne au voyageur un avant-goût des *Posadas* espagnoles. C'est la dernière localité française, et la station d'un poste de douane, où les voyageurs qui viennent d'Espagne sont rigoureusement visités; les objets qu'on recherche le plus sont le tabac et les lettres cachetées. Le voyageur fera bien de faire plomber ses bagages à ce bureau de douane.

Un long pont de bois peint, jeté sur la *Bidassoa*, nous conduit en Espagne, où nous pénétrons par les provinces *Vascongades* ou *Basques*.

Coup-d'œil sur les provinces basques.

S'il est un spectacle digne de fixer l'attention du philosophe et de l'observateur, au milieu du morcellement du globe en tant de nations, d'origines et de races différentes, c'est sans contredit la présence, à l'extrémité occidentale de l'Europe, de ce peuple bizarre qui, jeté comme un monument antique entre la France et l'Espagne, entre les Pyrénées et l'Océan, semble, par ses mœurs, sa langue et ses usages, séquestré du monde entier, étranger au bouleversement des empires, et stationnaire à côté des progrès de la civilisation.

DESCRIPTION PHYSIQUE. — On désigne sous le nom commun de *Biscaye* les trois seigneuries de *Biscaye*, d'*Alava* et de *Guipuzcoa*, qui forment les provinces *vascongades* ou *basques*, situées au nord de l'Espagne, entre la *Bidassoa*, la *Navarre espagnole*, le golfe de *Biscaye* et la *Vieille-Castille*. Leur plus grande étendue est de 17 lieues du nord au sud, et de 20 de l'est à l'ouest; leur superficie est d'environ 450 lieues carrées. Elles sont traversées par les *monts Cantabres*, qui sont le prolongement de la haute chaîne des Pyrénées, et qui étendent leurs ramifications dans tous les sens, surtout dans le *Guipuzcoa*, partie la plus montagneuse. De ces cimes élevées, les eaux s'écoulent d'une part dans l'Océan, de l'autre dans la Méditerranée. Les circuits de la côte, hérissée presque partout de rochers, et garnie d'une grande quantité de ports ou baies, embrassent près de 30 lieues.

Le sol est très-accidenté, pittoresque et de la plus grande fertilité dans certaines parties; quelques portions du territoire offrent cependant des terrains entièrement incultes, comme aux environs de *Bermeo*.

Les vallées sont en général étroites et profondes. Le seul bassin qui ait quelque étendue est celui de *Vitoria*.

Les montagnes donnent naissance à plusieurs rivières et à une grande quantité de ruisseaux ou torrents dont les eaux se rendent directement à l'Océan ou vont grossir l'Èbre. Les principaux cours d'eaux sont l'*Ansa*, l'*Oria*, l'*Ega*, l'*Urola*, la *Deva*, la *Bidassoa*, l'*Urumea*, l'*Araxès*, la *Zadorra*.

De la chaîne élevée des *monts Cantabres* se détachent de nombreuses ramifications qui forment les versants des bassins dont les profondes et fertiles vallées sont arrosées par de jolies rivières.

Le climat est tempéré; l'air, humide et nébuleux sur la côte, est plus sec en avançant dans l'intérieur; les hivers sont assez rudes.

STATISTIQUE. — *Mines*. — Le pays est extrêmement riche en mines de fer, dont la qualité est très-estimée. On y trouve une mine de cuivre à *Salvatierra*; des marbres de diverses couleurs à *Oyarsun*; de la chaux, du plâtre, de la tourbe. Les mines sont principalement dans la Biscaye et le Guipuzcoa, à *Sommorostro*, *Bilbao*, *Salvatierra*, *Mondragon*, *Hernani*.

EAUX MINÉRALES ET THERMALES. — On trouve aussi un grand nombre de sources minérales, froides ou chaudes, ferrugineuses, sulfureuses ou acidules; toutes sont très-peu fréquentées. Les plus connues sont à *Villaréal*, *Urribari*, *Berriatua*, *Thelleria*, *Arralia*, *Lequeitia*, *Bergara*, *Arteaga*, *Aulestia*, *Ceahuti*, *Armentia*, *Mondragon*, *Ascoytia*.

Sur plusieurs points, des sources d'eau salée donnent, en assez grande quantité, du sel marin.

POPULATION — La population des provinces vascongades est considérable, proportionnellement au reste de l'Espagne, et par rapport au peu d'étendue du territoire et à la configuration du sol; on compte environ 350,000 habitants, parmi lesquels les nobles doivent être évalués à plus de la moitié.

On trouve dans les bois des ours, des loups, des cerfs, des chevreuils. La côte fournit de très-bons poissons, entre autres la sardine, la raie, le saumon.

Les grandes routes sont dans le meilleur état possible, parfaitement bien tracées.

Un moyen de transport commode et particulier au pays est le *cacolet*, sorte de panier double dont on charge les mulets, et qui supporte deux personnes voyageant de compagnie et en équilibre.

AGRICULTURE, PRODUIT DU SOL.—L'agriculture est très-productive et généralement mieux entendue que dans plusieurs autres parties de l'Espagne ; les vallées sont d'une grande fertilité ; de vastes pâturages couvrent les hauteurs. Les terres, extrêmement fortes, ne peuvent être travaillées qu'avec beaucoup de peine ; on obtient d'excellents résultats de la marne qu'on y mêle comme engrais. Le mode de culture a grand besoin de perfectionnement.

C'est en froment et en maïs que les terres sont ordinairement ensemencées ; on recueille en outre de l'orge, de l'avoine, beaucoup de fruits, d'excellentes châtaignes, beaucoup de pommes à cidre, du lin, du chanvre, un petit vin faible appelé *chacoli* ; les arbres les plus communs sont le chêne, le sapin, le noyer et tous les arbustes du centre de l'Europe. Les montagnes sont, dans certaines parties, couvertes de superbes forêts ; mais la grande quantité de forges et d'usines les ont beaucoup dégarnies. La *Biscaye* et le *Guipuzcoa* ne produisent point assez de blé pour la consommation des habitants ; on en fait venir de la Castille, d'Alava et par mer. On élève des moutons en assez grand nombre, mais peu de bêtes à cornes.

INDUSTRIE, COMMERCE.—Ces provinces n'ont pas encore acquis tous les perfectionnements que les relations commerciales et la facilité des communications auraient dû y introduire.

On y trouve un nombre considérable de forges, de hauts-fourneaux et de martinets ; des fonderies de canons et de boulets, à *Elgoibar* et à *Eybar* ; plusieurs fabriques d'ancres et d'armes blanches ou d'armes à feu ; à *Andoain*, *Zubietta*, *Tolosa*, *la Sarte*, *Ernani*, *Arrazubia*, *Saint-Sébastien*, *Ampuero* ; d'autres fabriques, en grand nombre, d'objets de quincaillerie en fer ou d'ustensiles de cuivre et laiton, à *Penteria*, *Bergara*, *Azpeitia*, *Tolosa*, *Balmaseda*. On confectionne aussi des chapeaux, des cordes, des toiles, des voiles, des étoffes de laine, de la faïence, des cuirs, des agrès de vaisseaux, du papier, du sucre, de la bière, du cidre.

Le fer est renommé par sa ductilité, qui lui permet d'être forgé à froid comme à chaud ; il est d'une pureté remarquable ; il est très-propre à la clouterie, aux fers de mules, aux armes blanches. On fabrique annuellement près de 50,000 fusils simples ou escopettes. Les canons de fusil faits avec de vieux fers de mulets sont très-estimés.

Le commerce d'exportation consiste principalement en fer, en laines, châtaignes, en quincaillerie, en armes blanches et à feu, en cuirs et en agrès de vaisseaux.

Les relations maritimes sont faciles, par le grand nombre de ports que la côte présente. Les principaux débouchés sont *Bilbao*, *le Passage*, *Saint-Sébastien*, *Fontarabie*, *Portugalette*, *Léquicitia*, pour la mer ; et sur la terre, *Vitoria*, *Orduña*, et la route de France.

ADMINISTRATION.—Les provinces *vascongades*, autrefois presque indépendantes, ont beaucoup perdu de leurs anciens privilèges ; il leur reste cependant encore une partie de leurs lois antiques et de leurs vieilles coutumes, qu'elles conservent et défendent avec toute l'énergie et persévérance du caractère national.

Elles furent pendant longtemps régies par les lois des Goths, mêlées au droit romain. (En 1394, il en fut fait un recueil particulier, avec le titre de *Fueros franquezas y libertades de Viscaya*. Ce code, revu et approuvé en 1493 et 1526, est encore en vigueur.) Elles sont administrées par des *juntes nationales*, nommées directement par le peuple ; ces *juntes* se réunissent, à des époques déterminées, en assemblées générales, en plein air, sous l'arbre de *Guernica*[1]. Chaque ville, chaque commune choisit ses officiers municipaux, et concourt à la nomination des députés aux *assemblées provinciales*. Pour être député, il

---

[1] Cet arbre, monument vénérable des temps anciens, auquel se rattachent tant de souvenirs et de traditions, est un vieux chêne situé sur la paroisse *del Luno* ; c'est sous son feuillage qu'à diverses époques fut juré par les rois d'Espagne le maintien des lois et des franchises de la province.

faut être né dans le pays, et être propriétaire d'un bien-fonds de 3,000 fr. de capital au moins. Des *juntes nationales* sortent les députés généraux investis du pouvoir exécutif, avec une autorité au moins égale à celle du gouvernement, et qui ont leur résidence dans les villes principales de chaque province.

La haute administration déléguée par le roi comprend un capitaine-général ou gouverneur militaire, un intendant et plusieurs gouvernements particuliers. La police est faite par les *alcaldes*, qui jugent de tous les faits en première instance, et en réfèrent au *corrégidor*, juge civil et criminel, nommé par l'autorité royale, président les assemblées générales et particulières, et siégeant successivement dans chaque résidence des députés généraux. Tous les Biscayens d'origine directe étant considérés comme nobles, ne sont justiciables, hors de la province, que du grand-juge de *Biscaye*, qui siège à *Valladolid* : c'est une prérogative qu'ils sont jaloux de conserver.

Quant à l'administration municipale, elle est douce, paternelle et pleine de prévoyance. Il n'y a pas un village qui n'ait une vaste place, une belle fontaine, une église ornée avec soin, un hôtel-de-ville dont s'honorerait plus d'une cité, et un emplacement destiné au jeu de paume, pour lequel tous les Biscayens ont un goût très-vif.

Les divisions administratives sont formées en *partidos*, *uniones alcaldias*; viennent ensuite les *merindades* et *ayuntamientos*; la portion de territoire dépendante de chaque paroisse s'appelle *ante-iglezia*.

Ces trois provinces se sont toujours refusées à admettre les douanes, le papier timbré, les agents du fisc, les levées d'hommes pour l'armée et la marine, qu'elles appellent *contribucion de sangre* (contribution du sang), les prohibitions pour le tabac, la poudre et les autres objets soumis ailleurs au monopole; en cas de guerre, elles doivent se lever en masse; elles paient leurs impôts sous forme de dons gratuits, et en font elles-mêmes la répartition (ils se nomment *alcabala* dans l'Alava et le Guipuzcoa, et *donativo* dans la Biscaye); elles ont leurs finances particulières, et même une dette inscrite.

CARACTÈRE, CONSTITUTION PHYSIQUE. — Les Biscayens

ont conservé en partie le caractère moral et physique des anciens *Cantabres*, dont ils descendent. Ils sont comme eux robustes, agiles et braves, propres à tous les exercices gymnastiques, marcheurs infatigables plutôt que très-forts coureurs. Ils sont pleins de fierté, de franchise, d'esprit d'indépendance et d'amour-propre. Ils sont opiniâtres, brusques, irritables, d'une fermeté inébranlable et d'une fidélité à toute épreuve; en même temps laborieux, adroits, industrieux, gais, moins sobres peut-être que les autres Espagnols.

Ils ont la taille ordinaire, le teint frais, la physionomie ouverte et riante. Ils parviennent fréquemment à une longue vieillesse. Ils sont assez grands mangeurs et bons buveurs sans cependant s'enivrer souvent. L'idée de noblesse, qui leur est commune à tous, influe sensiblement sur leur manière d'être, même dans les fonctions les plus ordinaires.

Le courage des Basques n'a point de date. Tous les auteurs anciens s'extasient sur leur valeur et leur amour de la liberté.

Cantabrum indoctum juga ferre nostra,

dit Horace. Ce sont en effet d'excellents soldats pour la guerre des montagnes. Ils ont donné des preuves nombreuses de leur intrépidité native sous les ordres d'Harispe et d'Harlet, durant les hostilités de 93, 94 et 95 avec l'Espagne, sur la frontière des Pyrénées; mais leur indépendance naturelle les rend difficiles à retenir sous les drapeaux; pendant les trêves ils désertent en masse, vont embrasser leurs parents, leurs amis, revoir la chaumière où ils ont vu le jour, et ne reparaissent que la veille d'un combat: on dirait qu'ils sentent l'odeur de la poudre.

Les femmes partagent toutes les qualités et quelques-uns des défauts des hommes. Elles se livrent avec ardeur aux travaux les plus rudes, et y déploient une force étonnante. Elles sont généralement grandes, sveltes et enjouées.

MŒURS, COUTUMES, LANGUE, COSTUMES. — Les provinces basques ont, de temps immémorial, l'habitude de la vie fédérative, des assemblées populaires, des pouvoirs élus. Par leur constitution écrite, par leurs lois civiles, commerciales et criminelles, par un langage qui leur est particulier, elles forment une sorte d'Etat indépendant, qui ne s'est jamais considéré comme entièrement incorporé à la monarchie espagnole. Aussi loin de la servitude qui suit le despotisme que de l'égalité républicaine, elles offrent tous les éléments du gouvernement représentatif ; il leur faut un roi, mais un roi qui les protége sans les asservir.

Presque tous les Biscayens sont nobles ou prétendent l'être, se regardant comme les descendants directs des *Cantabres* et des *Goths*, et purs de tout mélange de sang maure ou juif; aussi se disent-ils les plus anciens et les seuls vrais Espagnols. Sous Philippe II, ils furent tous admis à jouir des prérogatives de la noblesse. Ainsi vit-on, sous Philippe V, un hidalgo signant son contrat de mariage, écrire: *Don X. X. noble como el rey, e aun..... aun.....* (noble comme le roi, et même..... même.....). Ils font pourtant des *Infanzones* une caste à part.

Doués d'une grande activité, ils se livrent, dans l'intérieur, aux travaux agricoles ou industriels ; sur la côte, ils sont presque tous marins et pêcheurs.

Hommes et femmes ont un égal entraînement pour la danse, les courses de jeunes taureaux (*corridas de novillos*) et le jeu de paume (*la pelota*), auquel ils sont tous d'une grande adresse ; les parties qui s'engagent de village à village donnent lieu parfois à des paris considérables. L'instrument de musique le plus en usage chez eux pour danser est une petite flûte, dont on joue en s'accompagnant d'un tambourin ; on se sert aussi communément de la guitare et des castagnettes ; mais le manque d'instrument n'est point un obstacle à la danse villageoise, la voix des spectateurs y supplée ; les danseurs, en faisant claquer leurs doigts, remplacent les castagnettes, et marquent la mesure en frappant du talon contre terre.

La plus grande propreté règne généralement dans les habitations, que l'on blanchit tous les ans.

On parle dans les trois provinces le *castillan ;* mais elles ont aussi conservé, plus particulièrement dans les parties élevées des montagnes, le *basque* ou *vascon*, langue fort ancienne, sans aucun rapport avec l'espagnol moderne ni avec aucune langue connue, et que l'on croit avoir été commune à toute la Péninsule *hispanique*, à en juger par les étymologies d'une grande quantité de noms de villes, rivières, montagnes ou provinces d'Espagne. Le basque est très-difficile à apprendre ; la prononciation en est vive, heurtée ; elle semble dure à ceux qui n'y sont pas habitués. Comme toutes les langues primitives, il abonde en expressions tirées d'images et d'observations prises dans la nature; toutefois on a cru y trouver quelques traces d'une civilisation antérieure à tout ce que les traditions apprennent sur le premier âge des peuples qui en faisaient usage, et des analogies assez remarquables ont donné lieu à quelques savants de penser qu'il venait de l'hébreu; par exemple, *Sem*, en basque, veut dire *issu de* : *Ararath*, nom de la montagne où s'arrêta l'arche de Noé, signifie *le voilà*; *Jehova*, qui de toute antiquité fut le nom de Dieu, se retrouve dans la langue basque, et se prononce *Quekoua*.

Le costume, pour les hommes, se compose généralement d'une culotte courte avec des espèces de guêtres, d'un gilet rouge, d'un surtout très-large, d'un bonnet pointu ou d'un chapeau; quelquefois le *beiret* ; de plus, la cape, la ceinture et les *espartilles*. Quelques-uns portent encore la *rédézille*, pour enfermer les cheveux.

Le costume des femmes consiste en une jupe assez ample, avec un corsage juste à la taille et des manches étroites. Leurs cheveux, dont elles ont beaucoup de soin, sont tressés, et flottants sur les épaules ; sur leur tête est la *montera*, chapeau de feutre, qu'elles remplacent quelquefois par un mouchoir de mousseline coquettement arrangé, et dont les bouts retombent par derrière. Les jours de fête, leur mise très-propre est composée le plus souvent de vêtements blancs, ornés de rubans roses.

HISTORIQUE. — Les habitants actuels des *Asturies* et des *provinces vascongades* descendent directement des *Cantabres* (dont ils prennent encore le nom), que ni les Carthaginois ni les Romains ne purent jamais complétement soumettre, qui surent se soustraire au joug des Maures, et avec lesquels les Goths, après de vaines tentatives pour dominer sur eux par la force, contractèrent une longue et paisible alliance.

Ces anciens *Cantabres* sont dépeints comme des hommes agiles, robustes, intrépides, passionnés pour l'indépendance, affrontant avec audace les plus grands dangers et préférant la mort à l'esclavage. Les femmes n'étaient pas moins éprises de l'amour de la liberté; elles excitaient, dans le combat, le courage des hommes, et n'hésitaient pas à plonger un poignard dans le sein de leurs enfants, plutôt que de les voir tomber entre les mains de l'ennemi. Elles se livraient, dans les champs, aux travaux les plus pénibles, et ne manquaient pas, à ce que disent les historiens, sitôt accouchées, de se lever et de servir leurs maris, qui venaient se mettre à leur place. On affirme aussi que l'usage était de faire mourir les vieillards, lorsque ceux-ci ne pouvaient plus aller à la guerre et à la chasse. L'histoire ne donne que des notions fort incertaines sur la religion de ces peuples : selon les uns, sans culte, sans aucune cérémonie extérieure, ils adoraient un Dieu inconnu, leur *Jehovah*; selon d'autres, ils pratiquaient le culte druidique, avec les pierres consacrées et les sacrifices humains dans le fond des bois; mais il paraît certain qu'ils ne furent jamais idolâtres, ni sous les Carthaginois ni sous les Romains. Le voyageur trouvera plus d'un point de ressemblance entre les *Cantabres* de nos jours et ceux des anciens temps[1].

Description de la route.

Après avoir franchi la *Bidassoa* sur un long pont d'où l'on jouit d'une vue romantique sur les bords du fleuve, la ville se présente, et derrière elle s'élève une haute chaîne de montagnes aux formes sévères : nous sommes à

IRUN, la première ville espagnole. *Hôtel* : la *Posada de las Diligencias* (Hôtel des Diligences), confortable, et dont le maître est obligeant. On y trouve des voitures commodes pour visiter les environs.

Irun (Irunia), signifie en basque la bonne ville; mais

[1] Cette statistique historique des provinces basques est extraite de l'excellent ouvrage intitulé l'*Espagne*, par M. le baron LA MOTTE, officier en retraite.

pour parler vrai et sans métaphore, ce n'est qu'une mauvaise et misérable place, peuplée d'environ 4,000 pauvres habitants, mal bâtie en général, mais dans une position assez pittoresque, ayant au N. les monts *Jaitzquivel*, et au S. les *monts Aya*.

CURIOSITÉS. L'*église paroissiale*, édifice assez remarquable, situé sur la place; la *casa de ayuntamiento* (hôtel-de-ville), d'une bonne architecture. Irun possède un relais et un bureau de poste, une douane, un commissariat de police, un hôpital. — INDUSTRIE. Forges, clouteries, tuileries, briqueteries, etc. Ici règne un mélange de mœurs françaises et espagnoles.

En 1813 et 1814, les environs de cette ville furent témoins de sanglants combats entre lord Wellington et le maréchal Soult.

MOYENS DE LOCOMOTION. — *Malles-postes* et *diligences* pour *Madrid*, par Vitoria et *Burgos*, ou par *Valladolid*, route que ne suit pas la malle-poste, mais que nous recommandons comme la ligne la plus intéressante; pour *Pampelune*, et de là par *Tudela* à *Saragosse*, d'où des diligences partent pour Barcelone. On peut encore se rendre dans la capitale de l'Aragon par la diligence de *Tudela*, passant par *Tolosa*.

D'Irun, au moyen d'un léger détour, on peut visiter à 1 lieue N., et par une belle route, la petite et historique ville de

FONTARABIE, nom corrompu du latin *Fons rapidus*, en espagnol *Fuente-rabia*. Petit port de mer qui s'élève à l'extrémité nord d'un promontoire escarpé, qui se détache de la *Sierra de Jaitzquivel*, que baignent les eaux rapides de la *Bidassoa*. Bien que petite, cette ville est importante pour l'Espagne. En outre de ses bonnes fortifications, elle est défendue par les monts Jaitzquivel qui la protégent du côté de la terre, et par le fort de *San-Elmo*, du côté de la mer. Son port est sûr; mais, dans les basses eaux, il reste presque à sec. Cette ville a beaucoup souffert des siéges qu'elle a soutenus à différentes époques. François Ier s'en empara en 1524; Charles-Quint augmenta ses fortifications; les Français s'en rendirent maîtres en 1719, 1794, 1808 et 1823. Ils y soutinrent aussi un siège mémorable contre les Anglais, en 1813. Fontarabie possède un gouverneur et une garnison assez forte. Vue de l'embouchure de la Bidassoa, son aspect est très-pittoresque. Les seuls édifices remarquables sont : Le palais du gouverneur et l'hôtel-de-ville.—Pop. 2,200 hab. environ.

A Irun, la plupart des voyageurs quittent la route de poste pour prendre une nouvelle voie, ouverte depuis 1849 ; cette route incline vers la droite et conduit à *San-Sebastian*; de sorte qu'on évite les collines brusques d'Urnieta, d'Hernani et d'Oyarzun.

En sortant d'Irun, la route traverse une riante contrée jusqu'à

*RENTERIA (*Guipuzcoa*), petite ville sur la rivière de son nom, autrefois importante, mais n'ayant maintenant que 1,600 hab., et un *ayuntamiento*. Elle possède une assez belle église paroissiale, et de bonnes fabriques de tissus.

Un peu sur la droite, avant d'arriver à Renteria, se trouve *Lezo*, petite localité située à la base du Jaizquivel, et où la nature avait creusé un port, que la négligence de l'homme a laissé combler. C'était autrefois un chantier de construction très-renommé ; aujourd'hui cet endroit est encore célèbre par son *Santo-Cristo*, image qui attire chaque année, le 16 septembre, un grand nombre de pèlerins. Le voyageur qui se trouvera ici à l'époque de ce pèlerinage ne devra pas manquer de s'y rendre, pour étudier les mœurs et coutumes des Basques.

Si nous descendons la vallée de Oyarzun, à travers laquelle coule la petite rivière de Renteria, qui se jette dans la baie du Passage, nous arrivons au

PASSAGE, jadis port excellent, mais qui a beaucoup souffert par suite de l'abandon dans lequel on le laisse. Sa baie profonde, presque entourée de terre, est un des meilleurs ports de cette côte hérissée de rochers escarpés. L'entrée étroite de la baie est défendue par l'*Arando grande* et *le Chico*. A l'extrémité de cette baie se trouve *Puntas de las Cruzes*; et vis-à-vis le château de *Santa-*

Isabel.—La petite ville de ce nom est située à l'extrémité S. de la baie ; elle n'a qu'une seule rue, et sa situation est très-pittoresque. Si le voyageur ne veut pas revenir à *Rentería*, il peut prendre le bateau pour *San-Sebastian*, ou bien suivre le littoral par *Hererea*.

La route que nous suivons est admirable ; on traverse le nouveau *Puente* (pont) de *Santa-Clara*, sur la rivière d'Astigarraga. Plus loin, à droite, se trouve la belle Casa de *la Misericordia ;* et continuant au milieu de belles scènes, nous entrons à *San-Sebastian* (Saint-Sebastien).

SAN-SEBASTIAN, ville et port de mer, bâtie sur un isthme à la base de la montagne conique l'*Urgull* ou *Orgullo*, qui l'abrite du côté du midi et s'élève assez brusquement à une hauteur d'environ 400 pieds au-dessus de la mer. Cette montagne est couronnée par le château de la *Mota*. La ville est arrosée par la rivière *Urumea*, renommée par ses saumons. San-Sébastian peut être considéré comme le *Havre* et le *Dieppe* de Madrid, par le grand nombre des habitants de la capitale qui y vient prendre des bains de mer. Pendant la haute-mer, les marais étant en partie inondés, cette ville semble sortir du sein des eaux. On traverse l'*Urumea* sur un long pont de bois, qui doit sous peu faire place à un pont en pierre ou bien dans de petits bateaux à rames, conduits par des femmes. — Les *Posadas*, en général, sont bonnes ; les meilleures sont : celles de M. Lafitte ; — le *Parador Real* ; — la *Posada de Santa Isabel* et *el Campamento*, nouvellement construite hors la ville et proche des bains.

San-Sebastian était autrefois la capitale du Guipuzcoa ; maintenant c'est Tolosa qui jouit de ce titre : la ville est moderne, l'ancienne ayant été brûlée et saccagée en 1813 par les Anglais. Cette horrible catastrophe fit disparaître non-seulement un grand nombre d'habitants, mais encore les anciens édifices et les archives qui auraient pu en conserver le souvenir. La ville actuelle présente un plan plus régulier que l'ancienne. Ses rues sont droites et assez larges ; mais les maisons hautes et uniformes, ornées de balcons, n'ont rien du caractère espagnol qui se remarquait dans l'ancienne ville.

Cependant *la Plaza*, avec ses magasins et ses arcades est d'une belle construction; le théâtre est assez beau; la douane est un bel édifice; la *Casa des bains* est remarquable; la *Citadelle*, sur le sommet de la montagne, est d'une construction irrégulière, mais sa position est formidable.

Cette nouvelle cité possède deux *églises* paroissiales, un *hôpital* militaire et un civil, et un couvent de moines; elle est la résidence de toutes les autorités locales; sa population totale se monte à 10,000 hab., dont la plupart se livrent à des transactions commerciales importantes. Son port est très-fréquenté par des navires français, anglais, hollandais, etc.; on y trouve des consuls de différentes nations; elle possède plusieurs manufactures françaises et anglaises; la branche la plus considérable du commerce consiste dans l'importation des denrées coloniales, et dans l'exportation des fers, ancres, cordes, chanvres et autres produits du sol. — Des *diligences* partent régulièrement pour *Tolosa*, *Irun* et *Bayonne*. Un *bateau à vapeur* fait le service entre ce port et *La Teste* (France), d'où le *chemin de fer* conduit le voyageur à *Bordeaux*.

San-Sebastian est célèbre par les siéges qu'elle a soutenus à diverses époques; en 1719, pendant la guerre de la Succession, les Français s'en emparèrent; en 1808, les Français la prirent de nouveau et la gardèrent jusqu'en 1813, époque où les Anglais la saccagèrent et la réduisirent en cendres.

Le *Randido* de San-Sebastian est un mélange de collines et de vallées; l'*Arobbi* ou *Iqueldo* s'élève à 3,000 pieds environ et commande un vaste panorama sur l'Océan et sur les landes sablonneuses de la France; du côté de la mer, les pentes sont en quelque sorte dénudées; mais du côté de la terre, elles sont revêtues de chênes, de châtaigniers, de noyers et de taillis parfumés. Dans certains endroits bien abrités on fait du mauvais *chacoli* (petit vin); mais le cidre est meilleur; la pomme *papanduja* est excellente, le poisson de mer délicieux, abondant et à bon marché; la pêche est l'occupation de la classe pauvre.

Le voyageur ne doit pas quitter les pittoresques alentours de San-Sebastian sans les visiter. C'est surtout la

ROUTE 1re. — DE PARIS A MADRID.

vallée où naquit, en 1494, Inigo, depuis *saint Ignace de Loyola*, qui, après avoir été page de Ferdinand V, et blessé au siège de Pampelune contre les Français, se fit chevalier de la vierge Marie, et fonda la compagnie de Jésus, si connue depuis sous le titre de *l'ordre des Jésuites*. On s'y rend en sortant par la porte de France, et remontant la claire et pittoresque *Urola*, surnommé *l'eau des forgerons*, tant ses bords sont couverts de forges, de martinets, d'usines en tous genres où l'on travaille le fer. Au haut de cette délicieuse et verte vallée se trouvent les *bains ferrugineux de Cestona*, très-fréquentés depuis juin jusqu'en septembre; ils sont bien tenus et peuvent recevoir 140 personnes.

Nous reprenons la route de Tolosa qui nous conduit à travers un riant et pittoresque pays jusqu'à

Lasarte (Guipuscoa), petite localité de 450 hab., n'ayant rien de remarquable que son site, et le nouvel établissement de construction de machines, qui promet de devenir un des premiers de ce genre, non-seulement dans la Péninsule, mais même en Europe.

A trois quarts de lieue environ de Lasarte, on trouve la magnifique fabrique de tissus et la filature de coton de MM. José et Francisco Brunet. Toutes les machines sont mues par les eaux de l'*Oria*. — La route continue d'être alpine et pittoresque jusqu'à

Andoain, où nous retombons dans la route de poste de Bayonne à Madrid, que nous avions quittée à Irun, pour prendre celle de San-Sebastian.

D'*Irun*, reprenant la route de poste de Madrid, qui traverse un pittoresque et industrieux pays, on arrive à

OYARZUN, gros bourg, chef-lieu du canton, avec un relais de poste, une église paroissiale, deux ermitages et un ayuntamiento (conseil de ville). Son territoire produit peu de blé, mais assez de maïs, de légumes, de fruits, etc. On trouve dans les environs des mines de cuivre, d'étain, de plomb, de fer, et des carrières de jaspe. — Pop. 3,400 hab.

En sortant d'Oyarzun, la route traverse le *Chaparrea*,

dont les eaux ont la limpidité du cristal, et bientôt on arrive à

ASTIGARRAGA, petite ville située sur un sol accidenté et baignée par le rio *Urumea*. On y trouve une église paroissiale, un ayuntamiento, une assez jolie place, et sur cette place une *posada*, un bon *parador*, un relais de poste, et une *posada* de diligences.—Pop., 1,050 hab.

La route traverse une contrée riche et pittoresque jusqu'à

HERNANI, petite ville située dans une riante vallée au pied de la colline de *Santa-Barbara*, baignée par l'*Urumea*. Cette place possède quatre faubourgs, des rues droites et bien pavées et des maisons bien bâties. On y trouve un couvent de moines, trois ermitages, une ayuntamiento, un hôpital, deux auberges et une population de 2,600 hab.

CURIOSITÉS. L'*église* paroissiale et la maison de ville. — INDUSTRIE. Ancres de vaisseaux, ouvrages en fer, bois de construction, rames de navires, etc. Ces objets sont transportés sur des barques qui partent régulièrement pour Saint-Sébastien et le port du Passage.

Dans les environs, on trouve des forges assez importantes. C'est la patrie du capitaine Jean de Urbieta qui, en 1525 fit prisonnier François Ier à la bataille de Pavie.

D'Hernani, une bonne route conduit à San-Sebastian, à 1/2 l. N.

Quelques instants après avoir quitté Hernani, on arrive à

URNIETE, petite ville de la juridiction civile et militaire de San-Sebastian, dans un beau pays, avec 1,600 hab., une église paroissiale, un alcalde constitutionnel, deux ermitages, un hôpital, deux posadas.

Avant d'arriver à Tolosa, nous parcourons une contrée fertile en produits agricoles, jusqu'à

ANDOAIN, petite ville sur l'*Oria*, juridiction civile et militaire de San-Sebastian, avec 1,500 hab., une belle *église* paroissiale, un ayuntamiento, un relais de poste, et *Parada de la silla-correo;* patrie du célèbre jésuite Manuel Larramandi, auteur d'un dictionnaire en langue latine, castillane et vascongade.

De là jusqu'à *Tolosa,* le pays offre aux voyageurs une riante suite de coteaux, de vallées et de bouquets d'arbres se dessinant en jolis amphithéâtres.

TOLOSA. *Hôtels:* le *Parador,* grande hôtellerie qui ressemble assez aux *auberges* de France. C'est ici que s'arrête la diligence. Il y a aussi plusieurs *posadas* assez bien tenues, et beaucoup de tables d'hôte.

Cette jolie petite ville est située dans une agréable vallée sur les rivières d'*Oria* et d'*Arages.* On traverse cette dernière sur un beau pont défendu par une tour. Tolosa fut fondée par un roi de Castille, Alphonse-le-Sage; les Français s'en emparèrent sous les ordres du général Frégeville, le 5 août 1794; elle est la capitale de la province du Guipuzcoa, dont elle occupe le centre. Ses rues sont propres et bien pavées, et très-convenablement éclairées pendant la nuit.

CURIOSITÉS. Deux belles églises, surtout celle de *Santa-Maria,* dont on admire le beau portique et le retable; la nouvelle *plaza;* les promenades le long de la rivière, et la montagne de *Aldaba,* que couronnent les ruines d'un vieux château.—Tolosa possède un couvent de religieux et un de religieuses, un hôpital, une maison de miséricorde, un relais et bureau de poste. Il s'y tient un fort marché tous les samedis.

INDUSTRIE. Fabrique de clous, de fers à cheval, ustensiles de cuisine de toute espèce : pots et marmites en fer battu et étamé, grils, poêles, chaudrons, tourne-broches, couteaux, grilles de fenêtres, cadres de lits en fer poli; manufactures de sabres et armes à feu; cuirs, peaux et corroieries; les travaux agricoles occupent une grande partie des habitants. —Pop. 5,100 hab.

Diligences pour *Saint-Sébastien,* 4 l. et demi; mais il vaut mieux faire un léger détour, et prendre par *Azpeitia.* Bonne diligence pour *Pampelune, Bilbao* et autres localités.

La *malle-poste*, venant de *Bayonne*, descend à l'hôtel de M. Sistiage; elle repart une demi-heure après son arrivée.

Après avoir quitté Tolosa, on traverse de belles et riches campagnes qui conduisent à *Alegria*, petite ville de 900 hab. qui possède une église paroissiale, un ayuntamiento (conseil de ville), quelques manufactures de fusils et d'armes blanches.

LOGOBRETO, petite ville située dans une plaine unie et fertile; avec 600 hab., une église paroissiale, un ayuntamiento et deux *posadas*.

ISAZONDO, petite localité située sur le penchant d'une colline, qu'arrose le rio *Oria*: elle a 1,000 hab., une église paroissiale, une basilique patronale, un ermitage, un ayuntamiento et trois *posadas*.

VILLA-FRANCA. *Auberges :* Trois *posadas*, mauvaises comme le sont toutes celles des petites localités espagnoles. — Petite ville solide et bien bâtie, située sur une hauteur. Elle possède une *église* paroissiale, un *ermitage*, un *hôpital*, un ayuntamiento et une maison de poste d'où partent les diligences de la Compagnie péninsulaire. Pop. 900 hab. — *Extra muros* se trouve le *palais* du marquis de Valmediano, renfermant une galerie de peinture.

Ici l'on quitte la riante vallée de l'Oria. En tournant à droite et après avoir franchi une chaîne de montagnes qui divise les vallées de *la Deva* et de l'*Oria*, on arrive à

BEASIN, petite ville dépendante du commandement militaire, de l'évêché et du *pardido* judiciaire de Tolosa. Elle est située sur un sol inégal, possède 1,000 hab., une église paroissiale, une basilique, quatre ermitages, un ayuntamiento et deux *posadas* et une *parada* de diligences.

Après une demi-heure de marche nous arrivons à

ORMASTEGUI, petite ville dépendant de la juridiction militaire et civile et de l'évêché d'*Azpeitia* ; elle possède

600 hab., une église paroissiale, un ayuntamiento, deux *posadas* et plusieurs fontaines. C'est dans cette ville que naquit, le 29 décembre 1788, le célèbre Zumalacarregui.

Nous voyageons toujours dans une contrée fertile jusqu'à

ZUMARRAGA, petite ville située sur le penchant d'une éminence, que baigne l'*Urola;* elle a 1,000 hab., une église paroissiale, trois ermitages et un ayuntamiento.

Après avoir traversé l'Urola sur un bon pont de pierre d'une seule arche, nous entrons dans

VILLARÉAL, petite ville séparée de la précédente par l'Urola; elle fait partie de la juridiction civile et militaire de l'évêché de Pampelune; elle a une église paroissiale, trois ermitages et un ayuntamiento, un hôpital, trois *posadas*, une maison de poste et une *parada de la silla-correo* (station ou relais de la malle-poste).

Villaréal est réuni par un pont à *Zumarraga*, petite ville qui possède une belle *église*, trois ermitages, un hôpital, une école gratuite et un relais de poste. — INDUSTRIE. Ustensiles en fer, toiles et chapeaux. Il s'y tient une foire tous les ans pendant les huit premiers jours de mars.— Pop. 1,000 hab.

Après avoir parcouru une montée assez longue, puis une descente assez rapide, et joui de quelques beaux points de vue, on traverse un pont en pierre d'une seule arche, et l'on entre à

ANZUELO, petite ville de Guipuzcoa, évêché de Calahorra, et juridiction de Vergara; elle est située dans un vallon, dominé de tous côtés par des hauteurs; elle possède 1,200 hab. une église paroissiale, quatre ermitages, un ayuntamiento et une station de diligences.

VERGARA. *Auberges*. Parador de las Diligencias, passable, et plusieurs autres moins bonnes. —Cette ville, vue de l'extérieur, ressemble à une ville suisse. Elle est située sur la *Deva*, dont le riant bassin est couronné de pittoresques montagnes.

CURIOSITÉS. Sur la plaza, la *casa consistorial;* trois églises et un *collége*, fondé en 1765 par la Société patriotique : l'enseignement s'y divise en plusieurs classes ou écoles dans lesquelles on enseigne à lire et à écrire, la grammaire latine, les langues espagnole et étrangères, l'arithmétique, les mathématiques, la chimie, la physique, l'histoire naturelle, la rhétorique, la philosophie, la poésie, le dessin, la musique et la danse. Cette ville n'offre, en général, qu'un médiocre intérêt au voyageur sous le rapport monumental. On y trouve un relais, une belle *casa de postas*, et un bureau de loterie. Toutes les semaines il s'y tient un fort marché. — INDUSTRIE. Ouvrages d'acier et produits agricoles.— Pop. 4,000 hab.

C'est à Vergara que fut conclue, le 31 août 1839, la fameuse capitulation entre Maroto et Espartero. — Les *environs* sont très-pittoresques.—On trouve tous les jours à Vergara un *courrier* pour *Madrid*, *Bilbao*, *Bayonne* et les villes situées sur le parcours; plusieurs diligences desservent les mêmes points. De nouvelles *carreteras* (routes carrossables) conduisent maintenant aux lieux les plus intéressants circonvoisins, tels que les *baños* (bains) de *Cestona*, d'*Oñate*, etc. Ces bains méritent une visite, et leurs sources possèdent des vertus d'une grande efficacité dans une foule de maladies chroniques; mais ils laissent beaucoup à désirer sous le rapport de leur organisation intérieure.

Au sortir de la ville, le voyageur doit visiter un antique manoir qu'on cite comme type de l'ancienne architecture espagnole.

Après avoir suivi une route de la plus grande beauté, traversé une riante et fertile vallée baignée par la sinueuse *Zadorra*, on arrive à

MONDRAGON. *Auberges :* plusieurs, dont la meilleure est celle des diligences. — Cette ville, entourée de murailles, agréablement située sur la *Deva* et l'*Aramoyano*, au pied des hautes et pittoresques montagnes d'*Arranbiscar*, est le chef-lieu de *Partido ;* elle possède plu-

ROUTE 1re. — DE PARIS A MADRID.

sieurs églises, couvents et ermitages, un hôpital, un relais et un bureau de poste, les ruines d'un vieux château, etc. — INDUSTRIE. Forges alimentées par de riches mines de fer qui se trouvent dans les environs. Productions minérales et végétales très-variées; ouvrages d'acier, cuivre, serrurerie, etc.—Pop. 2,500 hab.

A 1 l. se trouvent les *bains* renommés d'eau sulfureuse de *Santa-Agueda*, où l'on arrive par une belle route.

A 1/2 l. de là, se trouve un chemin qui conduit à *Villaréal de Alava*.

A peu de distance, au S.-O. de *Mondragon*, est le gros bourg d'*Oñate*.

OÑATE, chef-lieu d'un ancien comté enclavé dans le *Guipuzcoa*, mais avec une administration particulière; il possédait une université assez fréquentée. La population est de 4,000 hab. Il y a une très-jolie *église*, trois couvents, trois ermitages, un hôpital, une université. On y fabrique beaucoup de toiles. Un bel aqueduc amène du mont *Aloña*, situé à une heure de chemin, les eaux nécessaires aux habitants. Le territoire est très-bien cultivé et très-productif; on remarque surtout une grande quantité de jardins et de vergers remplis d'arbres fruitiers et de fleurs rares. Les plantes médicinales sont très-communes, surtout la *bourrache*, qu'on vend dans toute l'Espagne sous le nom de *jarrillas de Oñate*. On vient aussi y chercher des mouches cantharides. — Dans la montagne de *Artia* est le beau couvent de *Aranzazu*, à deux heures de chemin.

De *Mondragon*, une route de poste conduit à *Bilbao* et à *Santander*, par le littoral.

Reprenant la direction de Vitoria, la route suit la riante vallée de la sinueuse Deva, dont les eaux nourrissent d'excellentes truites. Bientôt, à notre gauche, après avoir traversé cette jolie rivière sur un beau pont, se présente

ARECHAVALETA, petite localité, où l'on trouve une *posada* passable, une église paroissiale, un ayuntamiento et 750 hab.—Tout près sont les *bains d'Arechavaleta*, avec un magnifique hôpital. Ces bains, très-fréquentés, sont efficaces dans les maladies cutanées.—Ensuite le sol s'élève.

On gravit la chaîne de *Salinas* ; bientôt nous trouvons

ESCORIAZA, joli bourg de 1,800 hab., avec une belle *église* paroissiale, qui possède une jolie nef et un transept qui ne manque pas d'élégance. Son *hôpital*, fondé dans le XVe siècle par Juan de Mondragon, est maintenant abandonné. Le pont d'une seule arche, jeté sur la poissonneuse *Deva*, est assez beau.

Avant d'atteindre le sommet des monts Cantabres, on rencontre

SALINAS DE LENIZ. Pittoresquement située sur le penchant de la montagne dont la naissante Deva arrose la base, cette localité offre l'aspect d'une ville de guerre, car la plupart de ses maisons sont crénelées. On y trouve une église paroissiale peu curieuse, deux ermitages, un ayuntamiento, un bureau et un relais de poste, et 850 hab.

La *Deva*, aux belles rives, prend sa source dans les environs. La température est généralement très-froide en hiver dans cette localité, plus qu'on ne devrait le supposer d'après sa position géographique. — INDUSTRIE. Préparation du sel qu'on extrait en grande quantité des sources salées qui se trouvent dans les environs, à un quart de lieue du village.

Le sommet de la chaîne franchi, on entre dans l'*Alava* ; les hauteurs sont couronnées de jolis villages qui s'élèvent du sein de verts bocages de marronniers ; ensuite le sol s'abaisse graduellement jusqu'à la plaine de Vitoria, qu'on traverse au milieu de riants villages, où règnent l'aisance et la propreté. Au milieu de la vallée, on aperçoit la *Zadorra*, qui promène son cours sinueux pendant environ 15 lieues, et va se perdre dans l'*Èbre*, au-dessous de *Miranda*.

C'est au centre de ce joli panorama que nous traversons le village de

ULLIBARRI DE GAMBOA, avec 240 hab., une église paroissiale d'une assez bonne construction, un hôpital, un ayuntamiento.

Continuant notre route, nous traversons un pont de

pierre d'une seule arche, jeté sur la *Zadorra*, pour atteindre

ARROYABE, petite localité sur la Zadorra, avec 140 hab., une église paroissiale, un ayuntamiento, une maison de poste et *parada de la silla-correo*.

DURANA, petite localité de 140 hab., située sur la Zadorra, avec un ayuntamiento ; voyez son église paroissiale sur une éminence.

BETONO, est une autre petite localité de 170 hab., avec une église paroissiale, un ermitage, un ayuntamiento.

VITORIA. *Hôtels* : Les meilleurs sont *el parador viejo* (la vieille hôtellerie) ; — *parador nuovo* (la nouvelle hôtellerie) ; — *parador de postas* (hôtellerie de la poste). — Il y a plusieurs autres hôtels et de nombreuses *posadas* que nous croyons inutile d'indiquer. Dans ceux ci-dessus cités, si vous adressez au maître de l'hôtel cette question : *Que tiene usted de buono ?* (Qu'avez-vous de bon ?) l'on ne vous répondra pas d'un air indolent, comme dans beaucoup de posadas : *Lo que usted hantraido* (Ce que vous avez avec vous). — Cependant nous recommanderons au voyageur qui n'a jamais visité l'Espagne le *parador de postas*. La situation de cet hôtel, à l'embranchement de plusieurs routes, venant de diverses provinces qui furent jadis des royaumes, lui amène chaque jour une multitude d'hôtes différents de costume, de caractère, et on pourrait même dire de langage, ce qui donne le soir à cet établissement l'aspect animé d'un caravansérail d'Orient, dans les grandes foires de *Damas* ou de *Smyrne*.

Vitoria est une ville florissante par sa situation sur la principale grande voie entre la France et l'Espagne ; c'est le centre de nombreuses diligences pour différentes directions ; c'est aussi dans cette ville que l'on trouve les meilleures hôtelleries.

Vitoria est située sur une éminence à pente douce, au milieu de la jolie plaine dont nous avons traversé une partie en descendant la chaîne de *monts Cantabres*. Cette ville, qui fut, dit-on, fondée par don Sanche, peut être divisée en *ville neuve* et en *ville vieille*. Cette dernière partie est la moins habitée ; elle est entourée d'une double enceinte de murailles, et est en général mal bâtie et mal percée. — Mais ce n'est pas sans intérêt que le voyageur visitera sa *plaza Nueva*, formant un carré long de 220 pieds : un *portique* de 76 arcades, l'*hôtel-de-ville*, deux riches *couvents*, une *église*, une belle *fontaine*, et des édifices de l'aspect le plus original, forment l'enceinte de cette place, vraiment curieuse, où se tient le marché public, et où se rassemblent les cultivateurs sans ouvrage, munis des instruments de leur profession, et cherchant à utiliser leurs bras.

La *ville neuve*, moins pittoresque et moins originale, offre des rues assez larges, assez bien bâties, ornées d'arbres et arrosées par des ruisseaux d'une eau fraîche et limpide. — Vitoria possède un chapitre collégial, quatre paroisses, trois couvents d'hommes et trois couvents de filles, six ermitages et un hospice. L'administration civile se compose de un alcalde, un substitut, deux régidores-municipes, dix députés de la ville et deux des villages, un syndic, deux députés de la communauté, un alguazil major, deux alcaldes de la Hermandad et un greffier.

CURIOSITÉS. — Monter au beffroi de *Santa-Maria*, d'où l'on découvre la vaste plaine de Vitoria, peuplée de 168 riants villages. Le *portique* de cette tour, orné de statues dans des niches, est digne d'admiration. Dans la sacristie est, ou était encore il n'y a pas longtemps, une *crucifixion de Ribera*, dit l'*Espagnolet*, et dans le *noviciat*, au haut de l'escalier, un *saint Pierre* et un *saint Paul* du même maître. Voyez encore la *maison consistoriale*, l'hospice de Sainte-Prudence, où l'on entretient 150 personnes gratuitement ; on y enseigne à lire et à écrire, ainsi que le catéchisme à des enfants pauvres. — Ses quatre *églises*, presque toutes dans le genre gothique, surtout celle des *Carmes déchaussés;* dans les églises de *San-Vincente* et de *San-Miguel*, des tableaux de maîtres et la belle statue de la Conception. — Les *almedas publiques* (promenades plantées de peupliers) sont charmantes, principalement la *Florida* et el *Prado*, hors de la ville. Là, sous de belles avenues touffues, se rassemble la classe moyenne de la société, c'est-à-dire la population industrieuse et active, où elle se livre aux jeux et à la danse. Sur toutes les figures, on remarque un air animé et satisfait. — USAGES. Tous les ans, à des époques fixes, on célèbre la fête des époux, la fête des garçons et la fête des jeunes filles. Ces trois fêtes sont simples et touchantes : la pureté des mœurs antiques les fit instituer.

Nous citerons encore, comme digne de quelque attention, la *bibliothèque*, l'*école de dessin* et le *cabinet des médailles*. — INDUSTRIE. Fabrique d'armes blanches, de cuirs, d'ustensiles de ménage, d'ébénisterie. — COMMERCE très-actif en fer brut et ouvragé, en denrées coloniales, en laines, draperie, poterie, etc. Ses environs fournissent des vins nommés *Pedro-Ximenez*, assez estimés. — Cette ville est la patrie de Jean d'Alava, célèbre architecte; de Jean de Marietta, auteur d'une histoire ecclésiastique d'Espagne; du docteur Martin d'Olave, professeur de théologie et de philosophie; de J.-B. Larrea, fameux jurisconsulte du XVIIe siècle, etc. — Ce fut dans les environs de Vitoria que se donna, au mois de juin 1813, une des plus mémorables batailles de la guerre de l'indépendance, puisqu'elle força les troupes françaises d'évacuer la Péninsule. — Pop. 12,000 hab.

Vitoria offre au voyageur l'avantage d'être un point central d'où se détachent plusieurs routes : vers l'E. est la route de *Pampelune*, par la Salvatierra; au S. celle de *Logroño*; au N. celle de *Bilbao*. Vers le S.-O., celle que nous suivons conduit à *Burgos* et à *Valladolid*. — DILIGENCES pour *Irun*, *Burgos*, *Madrid*, *Pampelune*, *Bilbao*, etc. De *Vitoria* à *Burgos*, 123 réaux (33 fr.), et secondes places, 113 réaux (31 fr. 50 c.).

La *diligence* de Bayonne descend, à *Vitoria*, chez M. Jallares; elle arrive à trois heures après-midi, et repart à quatre heures.

Au sortir de la ville, la plaine continue d'être riante et bien cultivée; elle est couverte de nombreux villages et hameaux. Le premier qu'on rencontre est

ARINEZ, village situé sur un sol plat, avec 120 hab.;

2

une église paroissiale, un ayuntamiento, deux ermitages et un péage.

On arrive alors à

PUEBLA, joli village situé sur la Zadorra; ensuite se trouve le village de

ARMINON, peu important, mais fait pour attirer l'attention du voyageur tant par sa situation que par l'air d'aisance et de propreté qui y règne.—Pop. 400 hab. Non loin de là, on suit un chemin étroit, mais joli, qui conduit à un pont sur l'Èbre; avant ce pont, se trouve une colonne de marbre, avec une inscription qui indique les limites d'*Alava* et de la *Vieille-Castille*.

Toute cette route, que le voyageur a parcourue depuis les frontières d'Espagne, et qui peut passer pour un modèle du genre, a été construite aux frais des trois provinces de la Biscaye, d'Alava et du Guipuzcoa.

Après avoir traversé le pont sur l'Èbre, le voyageur se trouve dans

LA VIEILLE-CASTILLE, contrée aussi variée dans ses aspects que dans son climat. Ici se déroulent de vastes plaines, et là de nombreuses chaînes de montagnes, ramifications des Pyrénées; les principales sont celles de *Molina*, de *Santander*, d'*Oca* et de *Piquera*. Ces diverses chaînes renferment des mines de cuivre, de jais, pyrite, chaux, quartz, marbre, etc. Les *rivières* les plus remarquables sont: le *Xalon*, le *Douro*, l'*Èbre*, le *Carrion* et la *Tormes*.—Cette province a été dépouillée de ses bois, les habitants supposant que les arbres attiraient les oiseaux, et favorisaient ainsi les ravages que ces animaux pouvaient faire sur leurs blés, leurs raisins et leurs fruits.—Les manufactures sont en général peu importantes; l'agriculture peu avancée; mais le sol est si riche que les récoltes de froment, d'orge, etc., sont très-abondantes. Depuis quelque temps, la culture de la garance a pris un certain développement, principalement près de Valladolid, de Burgos, de Ségovie et dans les territoires de Cuellar et de Portillo. Tous les ans, ces districts fournissent plus de huit mille quintaux d'excellente garance au commerce d'exportation.

Le vaste plateau qu'offrent les deux Castilles est à 2,000 pieds environ au-dessus du niveau de la mer; il est entouré des montagnes que nous venons de citer, et dont l'aspect est magnifique. Le botaniste et le géologue pourront y faire d'utiles excursions. Les vallées que forment ces romantiques *sierras* rappellent assez les vallées de la Suisse, et sont arrosées par de limpides cours d'eau qui nourrissent d'excellentes truites; aussi le voyageur est-il frappé du contraste qui existe entre cette contrée alpine et l'aspect silencieux et monotone de la plaine.

CARACTÈRES ET MŒURS. Les vieux Castillans, dit un auteur digne de foi, sont « silencieux et tristes; ils por- « tent sur leurs visages rembrunis l'image de l'ennui et « de la pauvreté. » A dire vrai, ils ne sont point parleurs, sont sérieux, tristes, réservés, fiers; ils sont lents dans tout ce qu'ils font, mais ils sont simples dans leurs mœurs, ingénus dans leurs actions, vrais dans leurs procédés et sans détours. La probité est leur partage; ils sont obligeants avec noblesse et sans affectation. On peut les appeler les *bonnes gens* de l'Espagne. Ils ne sont point riches; leur province est une des plus pauvres de la monarchie espagnole; le peu de moyens qu'ils entrevoient pour sortir de leur misère, les décourage et les retient dans l'indolence qu'on leur reproche.

Avant de traverser l'*Ebre*, arrêtons-nous un moment pour admirer son pont antique, et jeter un coup d'œil sur la ville de

MIRANDA DE EBRO. *Auberge* de la diligence (assez bonne).—Petite ville sur l'Èbre, et la première de la Vieille-Castille qu'on rencontre après avoir traversé le beau pont de six arches dont nous venons de parler. L'intérieur de la ville n'est pas renommé pour sa grande propreté; les habitants eux-mêmes sont en général sales et insouciants, et des myriades d'insectes, ailés ou non ailés, de la famille des suceurs, envahissent, pendant son sommeil, la peau du pauvre voyageur que le malheur a forcé de passer la nuit dans cet endroit.—CURIOSITÉS. Excepté la *place*, ornée de fontaines, les restes d'un *château* et de plusieurs tours qui en défendaient les approches, et l'ancienne *église*, cette petite ville n'offre rien de bien intéressant. Elle possède le premier bureau de douane qu'on rencontre en allant en Espagne.—INDUSTRIE. Vins excellents récoltés dans ses environs, qui sont très-fertiles.—Patrie du cardinal Lopez de Mendoza y Zuniga, et de Catarenza de Miranda.—Pop. 2,400 hab.

Après Miranda, le voyageur laisse l'Èbre derrière lui, et arrive à

AMEYUGO, petite ville située au pied de montagnes qui la dominent au S. et au N.; elle a 350 hab., une église paroissiale, un ayuntamiento, une casa de postas et une parada de la silla-correo.

On traverse une chaîne de montagnes par une route coupée à pic que l'œil n'aperçoit pas d'abord; ce passage est remarquable par son aspect sauvage et romantique: on le nomme *Gosier de Pancorbo*.

En 1813, ce passage devint le théâtre d'événements militaires d'une grande importance. Les débris de l'armée française, quoiqu'en pleine retraite devant la supériorité numérique de l'ennemi, se retranchèrent si bien à l'entrée de la gorge, que lord Wellington fut contraint d'abandonner la grande route de Biscaye, et d'opérer sur la gauche avec toutes ses forces.

PANCORBO, petite ville située sur le ruisseau *Oroncillo*; elle possédait un magnifique château fort qui fut démoli en 1823, par ordre du duc d'Angoulême. Elle possède 1,700 habitants, deux églises paroissiales, deux ermitages, un ayuntamiento, un hôpital, une prison, deux posadas et une parada de diligences.

Au sortir de cette ville, on rentre dans la plaine, et, après avoir parcouru environ 4 l., on traverse le joli et fertile pays de *Bureña*, couvert d'ormeaux, de noyers et de riches vignobles, ce qui n'empêche pas les habitants de ressembler à autant de mendiants, grâce à la paresse, à l'ignorance et à l'orgueil dont ils sont doués; car c'est ici que commencent ces préjugés traditionnels et les absurdes coutumes héréditaires de cette vanité castillane passée en proverbe. C'est ici que s'observe déjà le type de l'*Hi-*

dalgo [1] droit, grave et sec, qui, n'ayant d'autre occupation que de secouer sa vermine et de se draper dans ses haillons, craindrait de se rendre coupable, et périrait d'inanition devant un tas de blé plutôt que d'y toucher, ou croirait déroger en se débarbouillant et en changeant de linge. Pour donner une idée de ces prétentions ridicules à une noblesse sans pareille, nous citerons la devise de la famille *Vellasco* :

Antes que Dios fuese Dios,
O que el sol illuminab los
Peñascos,
Ya era noble casa de los Vellascos.

« Avant que Dieu fût Dieu, ou que sur les rochers le soleil eût brillé, la maison de Vellasco était déjà noble. »
Mettons de côté ces vanités castillanes, et continuons notre marche dans le district de *Bureña* ; nous passons par

SANTA MARIA DE RIVAREDONDA, petite ville de 360 hab., avec une église paroissiale, un *ayuntamiento*, un hôpital. Ensuite vient

CUBO, petite localité peuplée de 600 hab., et possédant une église paroissiale, un *ayuntamiento*, un bureau de poste et une *parada de la silla-correo*. Une bonne route conduit de *Cubo* à *Oña*. 5 l.

BRIBIESCA. *Auberge* où les diligences s'arrêtent (bien tenue).—Ville bien bâtie, entourée de murailles, et dans laquelle on pénètre par quatre portes qui se correspondent. Elle est située sur l'*Oca*, et Isabelle la prit pour modèle quand elle fit construire *Santa-Fé*, près Grenade.—Les annales historiques rapportent que Jean Ier y tint les Cortès vers l'an 1388.

CURIOSITÉS. Dans la *colegiata*, le tableau du maître-autel, représentant *Santa-Casilda*; on y admire les figures de saint Pierre et de saint Paul, par *Becerra*. Il faut aussi

[1] Issu, né de quelque chose, noble.

visiter le maître-autel gothique, et le beau tableau de l'église de *Santa-Clara*.—Pop. 1,900 hab.

Le voyageur qui peut disposer d'un jour fera bien de visiter, à 4 l. N. sur la route qui conduit à *Santander*, le célèbre *couvent de Bénédictines*, situé près de l'Èbre, et dédié à *Sun-Salvator*. Ce couvent possédait jadis toute la riche vallée qu'arrosent les jolies rivières la *Besga*, l'*Omino*, l'*Oca* et la *Bureba*. Rien de plus pastoral et qui ressemble davantage à la Suisse que cette jolie contrée.

A 1 l. d'Oña, est la *Horadada*, pont très-élevé d'une seule arche, jeté sur l'Èbre, et qu'on suppose être l'ouvrage des Romains. Le couvent, qui malheureusement tombe en ruine, fut fondé en 1044 par le comte don Sanche, pour lui servir de sépulture. L'extérieur de cette sainte habitation est d'un style simple, mais sévère; les richesses de l'architecture gothique se déploient à l'intérieur. Les tombes royales que renferme la chapelle se composent de quatre *urnes* d'une grande richesse, avec cette épitaphe : « Ici reposent l'infante Garcia, Sanche de Navarre et sa femme, et Sanche II, qui fut assassiné à Zamora. » Les anciennes peintures et les travaux d'art qui entourent ces mausolées sont remarquables. Dans la guerre de l'indépendance, cet antique monastère fut pillé, et sa riche bibliothèque brûlée. En 1835, Gordova en fit une caserne, les cloîtres servirent d'écuries, et ses soldats mutilèrent les sépultures.

D'*Oña*, une belle route savamment percée à travers les montagnes conduit à *Villacayo*; environ 6 lieues.

Après avoir parcouru pendant quelque temps une contrée fertile en grains et en fruits, nous traversons

BRADANOS, village de 400 hab., avec une église paroissiale et un relais de poste. Ensuite

CASTIL DE PEONES, village de 350 hab., avec une église paroissiale, un ayuntamiento et un relais de poste, au-delà duquel on atteint bientôt

MONASTERIO DE RODILLA, village de 650 hab., situé sur une chaîne d'âpres montagnes, dont le principal sommet passe, pour le plus haut plateau de l'Espagne. On y jouit du singulier coup d'œil d'un torrent fougueux qui, après s'être brisé contre une masse de roches granitiques, se divise en deux branches, dont l'une se dirige vers l'Atlantique, par le *Douro*, et l'autre vers la Méditerranée, par l'*Èbre*. De cette sommité, la vue s'étend sur la vaste vallée qu'arrose l'*Arlanzon* ; de là, 1 l. de marche nous conduit à

QUINTANAPALLA, localité de 360 hab., avec une église paroissiale où fut ratifié, en 1682, le mariage du roi Don Carlos II. On y trouve un bureau de poste.

A gauche, avant d'entrer à Rubena, on trouve une fontaine abondante d'eau ferrugineuse médicinale appelée *del Rey*.

RUBEN, village situé dans une campagne fertile en grains, légumes, etc., possède 400 hab., une église paroissiale, un ayuntamiento, un hôpital, une *posada* et une station des diligences péninsulaires.

VILLAFRIA est un petit village situé dans une plaine qu'arrosent les rivières Peco et Vena ; il a 250 habit., une église paroissiale et un alcalde constitutionnel. Le dernier endroit que nous rencontrons est

GAMONAL, village situé sur l'Arlanson, avec 250 hab., et une église paroissiale.

Alors Burgos, avec sa forme de croissant, ses tours et ses clochers à jour, apparaît dans le lointain. Mais à mesure que nous avançons, le concours des piétons, des cavaliers, des chariots et des mules pesamment chargés est plus fréquent, et tout annonce qu'on approche de la capitale de la *Vieille-Castille*.

BURGOS. C'est une ville de passage, au centre de six grandes voies : celles de *Bayonne, Pampelune, Madrid, Valladolid, Léon* et *Santander*. Par cela même, le voyageur est assuré d'y trouver d'assez bonnes auberges. Les meilleures sont : le *parador de las diligencias* et le pa-

rador de postas. — On trouve aussi de bons *paradors* sur la plaza où s'élève la fontaine de Flore, en bronze. Le *parador Nuevo*, dans *Barrio de la Vega*, est également bon et très-tranquille. Bien que très-peu de voyageurs s'arrêtent à Burgos, les uns parce qu'ils sont pressés d'aller à Madrid, les autres parce qu'ils sont encore plus pressés de quitter les Castilles, nous conseillons au savant, à l'antiquaire et à l'artiste de consacrer un jour ou deux à l'exploration de tout ce que renferme cette antique et curieuse cité, ainsi que ses environs.

Burgos, capitale de la Vieille-Castille, est une ville ancienne et grande, située sur une colline au confluent de la *Vega* et de l'*Arlanzon*; quelques auteurs prétendent que c'est le *Brahum* ou *Bravum* de Ptolémée. Elle fut longtemps le séjour des rois de Castille, et cessa d'être résidence royale sous Charles-Quint, qui alla habiter Madrid. Burgos est entourée d'anciennes murailles; elle est en général mal percée; ses rues sont étroites, inégales et tortueuses. On doit cependant distinguer celle qui conduit à l'église métropolitaine, qui est belle et bien bâtie.

CURIOSITÉS. Parmi ses nombreux édifices, le voyageur visitera l'*hôtel-de-ville*, le *palais de Valasco*, construit avec goût et magnificence; l'*arc de triomphe* érigé par la ville de Burgos en l'honneur du premier comte de Castille, Fernand Gonzalez, mort en 968; la porte de Santa-Maria, la *grande place*, avec son portique et ses édifices élégants; les nombreuses fontaines, le joli faubourg de *Vega* réuni à la ville par trois ponts en pierres de taille, et renfermant une belle promenade et des jardins charmants. Mais ce qui attire surtout l'attention du voyageur, c'est l'imposante et majestueuse *cathédrale*, ouvrage précieux du XIIIe siècle. Cette merveille du moyen-âge, son portail et ses deux clochers d'architecture gothique excitent et produisent sur l'âme une impression indéfinissable. L'intérieur de cette immense basilique répond à la magnificence de l'extérieur. Il est orné de tableaux, statues, corniches, colonnes, pendentifs, bas-reliefs, encadrements, le tout s'harmonisant merveilleusement, et recevant, par les vitraux coloriés des hautes fenêtres en ogives, des torrents de lumière, dont les rayons décomposés produisent un effet magique. Malheureusement cette cathédrale, sans contredit l'une des plus belles de l'Espagne, est masquée par de vilains édifices. Vue d'un peu loin, elle s'élève alors dans toute sa majesté. La grande entrée du portail de l'O. est placée entre deux tours couronnées de flèches pyramidales d'un travail si léger, qu'on dirait d'une dentelle en pierre, et l'on a peine à concevoir comment elles ont pu résister aux ouragans si fréquents dans cette contrée.

La principale entrée porte le nom de *Santa-Maria*, à laquelle ce temple est dédié, et où l'on voit, sculptés, sa Conception, son Ascension et son Couronnement. On admire aussi la belle fenêtre à rosace et tous les ornements du portique. La porte du nord est élevée d'environ 10 m. au-dessus du sol de la cathédrale et est également enrichie de belles sculptures et de beaucoup de statues placées dans des niches d'un beau travail. Il faut aussi visiter la porte appelée *Pellegeria* et la tombe de Bernardino Gutierrez, d'une riche architecture. La porte opposée est ornée de piliers et d'ouvrages gothiques. On y admire un saint Pierre, un saint Paul, la Vierge et l'enfant Jésus, et un prélat à genoux. Les amateurs de gothique mixte devront visiter la *puerta de los Apostolos*. En quittant la *puerta del Pardon*, on voit deux grandes statues du Sauveur d'un beau travail.

L'intérieur de ce vaste temple se trouve un peu déparé par le chœur et sa grille massive; mais son dôme, dont l'élévation est de 60 mètres, est d'une rare élégance et si bien éclairé, que ce défaut d'harmonie est bientôt oublié. Le grand orgue, avec le double escalier qui y conduit, est un ouvrage magnifique qu'on admire, mais qui ne peut se décrire. Le maître-autel, ou *capilla real* (chapelle royale), parce que plusieurs membres de la famille royale y reposent, possède des ornements et des sculptures d'un beau fini.

Les diverses chapelles de cette cathédrale méritent toutes un examen particulier. Elles sont ornées de bonnes sculptures, de jolis monuments et de curieux vitraux peints. La plus majestueuse de toutes ces chapelles est celle *del Condestable*, érigée pour servir de sépulture à la famille Velasco. Cette chapelle, d'un gothique riche, est aussi grande que beaucoup d'églises; les sculptures admirables qu'on

3

attribue à Juan de Borgoña représentent Notre-Seigneur portant sa croix, son crucifiement, son agonie, sa résurrection et son ascension. Devant le rétable repose le fondateur Pedro Hernandez de Velasco, mort en 1492, et sa femme Marie Lopez de Mendoza, morte en 1500, aux pieds de laquelle est couché un chien, emblème de sa fidélité. Ces deux beaux monuments furent sculptés en Italie, et méritent toute l'attention de l'ami des arts, qui ne doit pas oublier d'examiner la haute et superbe grille que couronne *Santiago* ; c'est un chef-d'œuvre de Cristobal de Andino (1523), natif de Burgos.—Parmi les autres objets curieux que renferme cette chapelle, se trouvent un énorme bloc de jaspe poli, une belle Purification dans le rétable et les statues de saint Sébastien et de saint Jéronimo, attribuées à *Becerra*; les stalles sont belles ; le portrait de sainte Madelaine, attribué à *Léonard de Vinci*, est une belle toile ; la sacristie qui tient à cette chapelle renferme aussi des objets précieux. A gauche de cette chapelle, se trouve le superbe monument élevé à la mémoire de Juan de Orteaga Velasco, abbé de Saint-Quirice, mort en 1559. Dans la chapelle gothique de *Santa-Ana*, visitez le tombeau de l'archevêque Luis de Acuña y Osorio, riche en sculptures et en belles statues ; l'autel est d'un gothique parfait ; le rétable contient la rencontre de san Joaquin et santa Ana, parents de la Vierge ; examinez surtout une belle peinture attribuée à *Andrea del Sarto*, représentant la Madonna avec un enfant sur ses genoux, accompagnée de saint Jean et de saint Joseph. La *Chapelle de Santiago* est la paroisse de la cathédrale ; elle renferme des sépultures admirables de plusieurs archevêques.—Dans la *Chapelle de San-Enrique*, qui est contiguë, se trouve un magnifique monument de marbre d'Italie, avec la statue à genoux, en bronze, du prélat fondateur de cette chapelle, Enrique de Peralta y Cardenas, mort en 1679.—Dans la *capilla de la Visitacion*, se trouvent aussi de curieux monuments et six peintures représentant la vie de Jésus-Christ, par un artiste allemand. — Demandez aussi à voir l'image de Nuestra Señora de Oca, représentée sur un trône avec l'enfant Jésus tenant une pomme.—La *capilla de la Presentacion*, la seconde à droite, en entrant par le portail O., contient une des plus belles peintures de la Vieille-Castille, représentant la Vierge assise, plus grande que nature, avec l'enfant Jésus qui donne la bénédiction. Ce chef-d'œuvre est attribué à *Michel-Ange ;* mais il est plus probable qu'il est de *Sébastien del Piombo.* Cette chapelle renferme aussi des tombeaux d'un travail fort remarquable ; sa fenêtre est large et grandiose. — Dans la chapelle qui suit celle *del Cristo en agonia,* est une Crucifixion par *Mateo Cerezo,* le Van-Dyk espagnol. — La *capilla de Santa-Tecla* offre un spécimen complet de décors de mauvais goût.

La *Maison du Chapitre* est contiguë à la cathédrale. Lorsque les yeux s'égarent dans cet amas de clochers à formes coniques, à flèches dentelées ; parmi ces faisceaux de piliers grêles, montant comme des roseaux le long des tourelles pyramidales qui s'élancent des angles de la magnifique tour octogone qui occupe le centre ; à la vue de cette riche architecture où la grâce et la légèreté sont unies à la solidité, on éprouve un sentiment profond d'admiration. De la plate-forme de la grande tour, on jouit du panaroma complet de Burgos ; la ville s'étend sur la pente d'une colline qui domine l'ancien palais des comtes et plus tard des rois de Castille. La rivière d'Arlanzon arrose le pied de cette colline, sépare la ville de ses jolis faubourgs, et continue son cours à travers une campagne beaucoup mieux boisée que le reste de la province.

L'intérieur de cette basilique est rempli de statues, de monuments, de peintures, en général assez médiocres ; dans la sacristie, se trouve, *el cofre del Cid* : c'est un coffre vermoulu qu'on montre aux étrangers comme curiosité, et auquel se rattache la légende suivante :

Il arriva qu'un jour ce preux des preux, ce fameux vainqueur des Maures, manquait d'argent pour armer ses vassaux contre les ennemis de la foi ; Rodrigue imagina de remplir de sable et de ferraille un vieux coffre qu'il affirmait contenir sa vaisselle plate ; puis ayant invité à dîner deux honnêtes israélites, il leur fit part de sa pénurie et du désir qu'il avait de leur emprunter une certaine somme d'argent, en garantie de laquelle il offrait le vieux bahut contenant sa prétendue vaisselle. Nos deux juifs, Rachel et Bidas, crurent le *Cid* sur parole, prêtèrent l'argent, et n'eurent pas lieu de s'en repentir, car au jour dit, le coffre fut dégagé et l'argent rendu, capital et intérêts.

La *sacristia vieja* (vieille sacristie) contient des portraits de plusieurs prélats de cette cathédrale, d'une assez pauvre exécution ; de là on passe dans les beaux *cloîtres*, d'un travail admirable ; on y voit une tête de moine qu'on dit être le buste de san Francisco, d'une jolie sculpture ; les fenêtres, les escaliers, la tombe de Diégo de Santander, et le bas-relief représentant la Vierge et l'enfant Jésus sont d'un beau travail ; remarquez aussi les sépultures de Gaspar de Illescas et Pedro Sarde Ruilobo, avec un Sauveur mort.

Si, de là, nous nous dirigeons vers la colline du château, nous verrons sur la route l'ancienne *église de Santa-Gadea*, qui était une des trois *iglesias juraderas*, ou églises de la purgation par l'abjuration. La pierre de touche de la vérité est une espèce de serrure, *el Correjo*, qu'on appelle *del Cid*, parce que ce héros obligea Alonso VI de jurer deux fois sur elle qu'il était étranger au meurtre de son frère Sancho, assassiné à Zamora. Cette serrure est maintenant fixée dans la paroi du mur. Il faut voir aussi les fonts baptismaux, le tombeau du chanteur Alonso Delgadille, et les statues de la Vierge et de Saint-Pierre.

Continuant à monter la colline, nous atteignons l'*arc de triomphe* érigé par Philippe II à Fernand Gonzalez. Il est de style dorique et d'un joli effet. C'est dans cette haute rue (calle Alta) qu'est situé l'emplacement de la *maison du Cid*. On s'étonne de voir combien était exiguë la demeure du grand homme. Du point culminant de la colline du château, on jouit d'un vaste et riche panorama : d'abord la cathédrale avec ses gracieux clochers se laisse voir dans toute sa majesté ; au-delà, et à quelque distance, vers le N., s'élèvent les monastères de *Miraflores* et de *Cardeña*, tandis que vers l'E., hors de la ville, on aperçoit le couvent royal de *Las Huelgas*, avec les vertes plantations de l'*Isla* et de la *Vega*.

Le *Château*, jadis séjour des rois et princes de Castille, n'offre maintenant que de belles ruines pleines de grands souvenirs historiques, dont le dernier fut l'échec qu'y essuya, en 1812, le duc de Wellington, de la part des Français.

Parmi les quatorze églises que renferme Burgos, nous citerons l'église gothique de *San-Esteban* (Saint-Etienne), décorée d'une riche façade. On admire dans l'intérieur une arche élégante surmontée d'une galerie ; la jolie rosace de la fenêtre, plusieurs tombeaux, la chaire et des bas-reliefs, dont l'un représente la cène, composition qui n'est pas sans mérite.

L'église *San-Pablo* (Saint-Paul) mérite une attention particulière ; elle appartient aux Dominicains ; elle est grande, majestueuse et construite dans le genre gothique ; le sanctuaire renferme le mausolée en marbre de Paul de Santa-Maria, de sa femme et de ses enfants : ce personnage, né juif, se convertit au christianisme en 1390 et devint évêque de Burgos.

Comme Valence, Burgos a son crucifix miraculeux, appelé *el Cristo de Burgos*. D'après l'*España sagrada* (Espagne sacrée), un marchand de Burgos trouva cette sainte figure voguant vers la baie de Biscaye ; il la recueillit et la fit placer dans le couvent des Augustins, où elle opéra tant de miracles que l'archevêque la fit transporter dans la cathédrale ; mais, deux fois de suite, dit-on, elle retourna seule au couvent. Le maréchal Bessières est accusé par les Anglais d'avoir emporté la couronne d'or qui ornait la tête du Christ. Quelle que soit d'ailleurs l'origine de ce crucifix, il n'en est pas moins un ouvrage d'art admirable.

Le voyageur trouvera encore plusieurs beaux tombeaux dans l'*église de Santa-Ana*. L'église *San-Gil* est remplie de mausolées gothiques. On y admire celui de Castros, de 1529.— Dans la *calle de San-Juan* (rue Saint-Jean), jadis habitée par les personnes riches, et maintenant par la classe pauvre, se trouve l'*Hospicio* (l'hospice), dont la façade et les portiques, ainsi que la porte *San-Juan*, à gauche, sont remarquables. Dans *San-Nicolas*, sont les tombeaux de la famille Polanco, de 1412-1503. On trouve encore à Burgos neuf couvents de femmes et dix de moines, trois palais, deux collèges, une bibliothèque et un *musée* provincial, quatre hôpitaux, et toutes les administrations civiles et militaires de la province.

Parmi les édifices civils de Burgos, visitez la Maison-de-Ville ou *Casa de Ayuntamiento*, non pour les statues mutilées de juges, de rois, de reines, qui s'y trouvent, ni pour voir celle du Cid, qui est lourde et d'un travail médiocre, mais parce que les cendres de cet homme illustre y reposent dans une modeste chapelle. Une petite urne de noyer renferme tout ce qui reste du grand guerrier.

Près de l'*Isla*, belle promenade à une courte distance de la ville, se trouve le monastère de l'ordre de Citeaux *de Santa-Maria le Real*, communément appelé *Las Huelgas*. Ce pieux édifice fut commencé en 1180 ; ses détails offrent un spécimen intéressant des différents styles de l'architecture espagnole, pendant un intervalle d'environ sept siècles. L'abbesse était une princesse palatine et ajoutait à son titre : *Par la grâce de Dieu*. Ce couvent possédait plus de cinquante villages avec tous les droits féodaux. L'intérieur offre des souvenirs historiques d'un haut intérêt ; mais il est malheureusement dans un déplorable état de conservation.

Burgos est le siége d'un archevêque dont le diocèse, très-étendu, comprend un chapitre de cathédrale, 6 chapitres de collégiale, 8 archiprêtres et 1,693 paroisses ; elle est également la résidence de l'intendant de la province, d'un corrégidor, d'un alcalde-major, et d'un nombre déterminé de régidors qui forment la municipalité.—INSTRUCTION. On compte dans Burgos un collége, une école des beaux-arts entretenue aux frais du commerce ; une école de chirurgie et plusieurs institutions pour la jeunesse.—INDUSTRIE. Les manufactures sont presque nulles ; il y en a cependant une de drap qui peut occuper une cinquantaine de personnes, une douzaine d'autres où l'on fabrique des couvertures de laine, des bas de laine fine, appelés *bas d'étame*, des flanelles, molletons et des laines qui sont estimées.—Les Français prirent cette ville en 1808, et, dans ses environs, Napoléon remporta une victoire mémorable sur les Espagnols ; en 1812, elle fut assiégée par l'armée anglaise, qui perdit 6,000 hommes et fut forcée de se retirer.—C'est la patrie du fameux Rodrigue Diaz, surnommé le Cid, et de Mathieu Cerezzo, bon peintre qui excella dans le coloris, vers l'an 1675.—*Pop.* 12,000 hab.

Excursions près de Burgos.

Nous conseillons au voyageur de disposer d'un jour pour faire un pèlerinage à la

Chartreuse de Miraflores et au *tombeau du Cid*. — On traverse la rivière, et, tournant à gauche, la route gravit bientôt des collines d'où la vue se porte à demi-lieue de distance sur le couvent qui s'élève majestueusement avec sa nef et ses arcs-boutants; il fut fondé, en 1441, sur l'emplacement d'un palais de Enrique III, pour servir de sépulture royale, et fut tout à fait terminé par Isabelle, en 1488, d'après les dessins de *Juan de Colonia*; il est du plus beau style gothique fleuri qu'on puisse voir. Ce fut aussi cette princesse qui éleva le magnifique retable, le chœur, et le mausolée sur lequel on lit cette inscription : « Ici repose Juan II et sa seconde femme Isabelle, avec son fils l'infant Alonso, qui mourut à Cardenosa, le 15 juillet 1470, âgé de 16 ans. » Ces tombeaux sont en albâtre et d'un travail achevé qui met au défi la plume et le crayon ; l'œil peut à peine saisir les mille détails de ce merveilleux ensemble. Rien ne peut surpasser la perfection du travail de toutes les parties de ce monument. Les effigies royales furent placées sur le retable, richement décoré de sujets tirés de la vie de J.-C. ; mais malheureusement ces magnifiques ouvrages ont été mutilés pendant la guerre de l'indépendance, et une foule de belles peintures ont été enlevées par les vainqueurs.

Continuant notre route sur des dunes tout à fait nues, on aperçoit bientôt, au fond d'un vallon boisé entouré par de longues avenues, le couvent de *San-Pedro de Cardeña*, sur le portail duquel on voit le Cid monté sur son cheval Babieca, taillant les Maures en pièces. Ce noble cheval de bataille fut honoré pendant la vie et après la mort de son maître, car personne ne le monta plus.

Ce couvent a beaucoup perdu de son style primitif par l'effet de réparations modernes et des discordes civiles.

C'est dans l'église du couvent que furent déposés les restes du Cid et de sa femme Ximena, cette Chimène tant aimée. Aux pieds du noble couple, reposent aussi ses deux illustres filles, Maria Sol, reine d'Aragon, et Elvira, reine de Navarre, avec leurs maris, ainsi que son fils unique, qui fut tué à la bataille de *Consuegra*, et plusieurs de ses plus fidèles serviteurs. Les effigies qui ornent cet historique monument sont habilement sculptées et empreintes d'une expression qui donne l'idée parfaite du sommeil éternel. Quand les couvents furent séquestrés, ces précieuses cendres furent, comme nous l'avons dit plus haut, déposées dans une urne de noyer et transportées à la maison de ville de Burgos, où elles sont aujourd'hui [1].

Il est encore dans les environs de Burgos un intéressant pèlerinage que le touriste ne doit pas oublier de faire, c'est aux

RUINES DU COUVENT DES CARMÉLITES; rien de plus pittoresque que cette forte végétation surgissant parmi les ruines, sortant par les ouvertures et s'entrelaçant capricieusement sur une architecture tout à la fois riche et bizarre ; rien de plus splendide et de plus original que l'arche principale qui reste encore, ces figures variées de saints, d'apôtres et de divers personnages dans des niches ou sous des tabernacles; toutes ces sculptures, plus ou moins bonnes, mais toujours remarquables, font de ces ruines un objet d'admiration pour le touriste ami des arts et de la nature.

MOYENS DE LOCOMOTION. La *malle-poste de Bayonne* arrive à *Burgos* à 2 h. du matin, et repart pour *Madrid* à 3 h.; elle s'arrête 1 h. à l'hôtel de la Poste.

Diligences générales d'Espagne (Diligencias generales de España), pour *Valladolid*; prix : 90, 80 et 70 réaux.— Pour *Madrid*, 199, 163 et 135 réaux.

Diligences pour *Bayonne, Madrid, Santander, Vitoria, Logroño*, et de là à *Tudela, Pampelune, Saragosse* et *Barcelone*.

A Burgos, la route de Madrid se bifurque; la branche que suit la malle-poste se dirige au S. par *Aranda;* elle est

---

[1] Le lecteur qui voudrait faire plus ample connaissance avec ce *Honra de l'España*, ainsi qu'avec les romans et ballades dont il fut le sujet, pourront consulter avec fruit le bel ouvrage : *L'Espagne historique, littéraire et monumentale*, par GAUZENCE DE LASTOURS. Toulouse, 1846.

un peu moins longue que l'autre branche, qui incline vers le S.-O. et passe par *Valladolid* et *Ségovie*. C'est cette ligne que nous suivrons pour éviter le pays le plus triste et le plus monotone qu'on puisse imaginer.

De *Burgos* à San Mamès.	1	legua.
Quintanilleja.	0	1/2
Buniel.	0	1/2
Estepar.	1	1/2
Celada.	0	1/2
Villanueva.	1	
Venta de Villazopeque.	1	
Venta del Pozo.	1	
Villodrigo.	1	
Venta de Revilla.	0	1/4
Venta del Moral.	0	3/4
Quintana la Puente.	1	
Torquemada.	2	
Magaz.	2	
Venta de Baños.	1	
Venta de san Isidro.	0	3/4
Dueñas.	0	1/2
Venta de Trigueros.	1	3/4
Venta de Vista Alegre.	1	1/2
Cabezon.	0	1/2
VALLADOLID.	2	
	22	

On sort de Burgos par la porte de Valladolid, en suivant la vallée de l'Arlanzon, riante et assez bien cultivée, couverte de nombreux villages sur les clochers desquels on remarque un nid de cigogne, ces oiseaux étant en grande vénération dans la contrée. Les maisons sont, pour la plupart, construites en briques séchées au soleil et grossièrement faites. Les localités les plus importantes de cette route sont :

CELADA, joli village dans un territoire abondant en blé. Pop: 459 hab. On passe ensuite à

VILLODRIGO, village peu remarquable, mais dont les

alentours sont très-fertiles en blé. Ensuite on trouve la Venta del Moral, *auberge* passable pour le pays ; elle est située au confluent des rivières d'Arlanza et d'Arlanzon. Non loin de là, on traverse la rivière *Pizuerga*, sur un beau pont de pierre de dix-huit arches ; on passe *Quintana*, assez jolie petite ville située sur cette rivière et on arrive à

TORQUEMADA, assez jolie petite ville, sur la Pizuerga, que le voyageur repasse sur un pont de vingt-cinq arches.— CURIOSITÉS. L'église paroissiale et ses trois nefs, dans le genre gothique.—COMMERCE. Grains. *Pop.* 2,400 hab.

Tout le pays qu'on parcourt alors offre une plaine absolument nue, où l'on n'aperçoit ni arbres, ni arbrisseaux, ni arbustes un peu gros ; on en est réduit à brûler de la paille, des sarments et du fumier desséché. C'est au milieu de cette triste scène qu'on atteint, avant d'arriver à Duena, un peu à droite, *el Puente*, le pont suspendu de l'Union, terminé en 1845.

DUENAS, petite ville triste et sale, située agréablement au pied du coteau baigné par la rivière *Pizuerga*, et sur le beau *canal de Castille*. Son territoire produit du vin que l'on garde dans des caves ou espèces de grottes creusées dans le sol. Les bords du Carrion et de la Pizuerga sont couverts de belles prairies. Elle possède une église paroissiale deux couvents, un hôpital.

CURIOSITÉS. Le *canal*, modèle d'architecture hydraulique, dont les travaux furent terminés en 1832, par Epifanio Estaban. Ce canal est remarquable par sa magnifique et savante exécution. Le voyageur ne quittera pas *Dueñas* sans monter sur la place du Château. De ce point, la vue s'étend sur toute la contrée dont il vient de parcourir une partie, et qu'on appelle *Parameras* ou *Tierras de Campos*. Immédiatement au-dessous de soi, l'on aperçoit la Pizuerga qui a abandonné son ancien lit et laissé son haut pont à sec.—Dans le lointain, se dessine *el Monte de Torozos*, maintenant presque nu, mais jadis couvert de vertes forêts. Sur le plateau de ce mont s'élève le beau couvent de Bénédictins dit *Covento de la Espiña*, dont le portail est d'ordre ionique, et les cloîtres d'un ordre classique. Devant l'ancien retable se trouvent les statues agenouillées de la reine Eléonore et de Doña Sancha.—COMMERCE. Grains, vins, fruits, cuirs corroyés, etc. — C'est la patrie de l'infante Doña Isabel, qui épousa le roi Don Alonso de Portugal. — *Pop.* 4,300 hab.

C'est à Dueñas que se trouve l'embranchement des routes de *Valladolid* à *Santander* et à *Bayonne*. — En quittant Dueñas, la route parcourt un pays aride et sablonneux ayant à gauche le beau canal de Castille et la Pizuerga jusqu'à

CABEZON, petit village de 700 hab., entouré de vignes qui donnent un vin rouge léger et assez estimé. Son pont, de huit arches, qui date de 1586, et sur lequel on traverse la rivière, est assez curieux.—Nous avons alors le canal de Castille et la Pizuerga à notre droite jusqu'à Valladolid, où nous entrons après deux heures de marche

VALLADOLID. — HÔTELS. Le meilleur est *el Parador de las Diligencias generales*, plaza Santa-Ana, tenu par *La Bilbaina*, et le parador de *las Diligencias peninsulares*, calle de la Boariza, qui est bien moins bon.

VALLADOLID, la *Pincia* des Romains, la *Belad-Walid* des Maures (la *Ville* ou la *Terre de Walid*), et le *Vallisoletum* des Latins, est située sur la rive gauche de la *Pizuerga*, à laquelle se joint l'*Esgueva*. Ces deux rivières quittent quelquefois leur lit et inondent des rues entières. Les *Alamedas* (lieu planté de peupliers), sur les bords de la rivière, forment une promenade charmante. — Vers le N.-E. est *el Prado de la Magdalena* (Promenade de la Madeleine), sur l'Esgueva, qu'on traverse sur le pont central de *las Chirimias*. — Sur les bords de la Pizuerga s'élèvent les riantes et ombrageuses promenades de *el Espolon nuevo* et *el Plantio de Moreras*, conduisant au beau pont. Valladolid est située dans une vallée concave; la pente des collines sur la rive droite de la Pizuerga est calcaire et gypseuse, et d'un aspect triste.— C'est dans cette ville que se termine le canal de Castille, qui communique à *Alar del Rey*, et qui, si jamais il s'achève, contribuera beaucoup à rendre à Valladolid son ancienne splendeur, car peu de villes de la Péninsule sont aussi favorablement placées que celle-ci pour le commerce intérieur et extérieur. A l'aide de ce canal et des rivières qui arrosent son district, elle correspondrait avec la Méditerranée, la baie de Biscaye, et par le Douro, avec l'Atlantique.

Valladolid est la capitale de la province de ce nom, et la résidence du capitaine général de la Vieille-Castille, d'un évêché suffragant de Tolède, d'un corrégidor, d'un alcalde-major, d'une subdélégation de police; elle possède 15 paroisses, une université dont les cours sont suivis par près de 2,000 étudiants, et qui peut passer aujourd'hui pour la première de la Péninsule; une académie des beaux-arts, un nouveau muséum, une bibliothèque publique, 4 hôpitaux, un hospice, un oratoire, 9 chapelles, une salle d'exposition, un beau théâtre, un palais royal, une caserne de cavalerie, 3 d'infanterie, beaucoup d'institutions savantes et philantropiques, et une population de 20 à 24,000 habitants. — La ville offre peu d'attraits aux étrangers sous le rapport de la société. Le climat, humide et froid pendant l'hiver, résultat de l'élévation du sol au-dessus de la mer, est brûlant pendant l'été; cependant il n'est pas mal-sain comme celui de Madrid. Cette ville est célèbre dans les annales espagnoles, par la multitude des événements historiques qui se sont passés dans ses murs. Notre cadre ne nous permet pas d'en donner la description; nous dirons seulement que Christophe Colomb y mourut le 20 mai 1560, et que Philippe II y naquit le 24 mai 1527 [1].

Notre excursion dans Valladolid partira du *pont de las Chirimias*, jeté sur l'*Esgueva*, en suivant la rive droite de cette rivière.

Dans la première rue, se trouve l'emplacement qu'occupait l'inquisition; c'est maintenant la *chancellerie* et la *prison*. C'est là que réside l'*audiencia* ou cour d'appel,

---

[1] Pour plus amples renseignements sur l'histoire et les beaux-arts, voyez le *Compendio Historico descriptivo*, publié à Madrid, par Julian Pastor. 1823. — L'*Espagne historique, littéraire et monumentale.*—Delsol, libraire, Toulouse. 1846.

dont la juridiction s'étend sur une population de 965,300 âmes. Le nombre des individus jugés en 1844 était de 3,266.

De là, nous entrons dans la *plaza de San-Benito el Viejo*, et ensuite dans celle *del Palacio*, qui est plus vaste et où se trouve le *palais royal* de Philippe III. Bien que l'extérieur de cet édifice n'ait rien de majestueux, l'intérieur renferme des objets assez curieux, tels que les bustes des rois d'Espagne, etc. — Napoléon logea dans ce palais lors de son séjour à Valladolid. — Non loin de là, se trouve le couvent des Dominicains de *San-Pablo*, un des plus beaux spécimens du style gothique religieux qu'on rencontre peut-être dans le monde ; après avoir été transformé en magasin à fourrage, il sert maintenant de prison. On admire sa riche façade et la beauté du portail orné d'une quantité considérable de figures, et dont la portion supérieure est couronnée des armes du cardinal duc de Lerma, dont le magnifique tombeau est maintenant au muséum. L'église est remarquable et de grandes proportions, mais elle a été gâtée par un maître-autel moderne qui remplace l'ancien, d'une grande richesse, lequel fut détruit pendant la guerre de la Péninsule. — La peinture représentant saint Paul devenu aveugle est de *Bartolomé Cardenas*. On cite encore les beaux portails de chaque côté de l'autel, et la grande élévation de la voûte. — Les jolies statues par *Hernandez*, un splendide sépulcre, les peintures, la bibliothèque, objets précieux qu'on admirait autrefois, ont aussi disparu pendant cette guerre déplorable.

Contigu à San-Pablo, se trouve le *collége dominicain de San-Gregorio*, fondé en 1488, par l'évêque Alonso, de Burgos. Sa façade gothique est encore plus riche que celle de San-Pablo ; mais les trésors de tous genres que renfermait ce collége ont également disparu, et l'édifice luimême semble toucher à une destruction finale comme la plupart des édifices de ce genre. Derrière le palais est la *calle de Leon* (rue du Lion), qui tire son nom d'un lion sculpté sur la maison n° 2 ; de là, on trouve la *plaza de los Leones*, et, remontant une rue étroite, on arrive à celle de *el Admirante*, vis-à-vis de laquelle s'élève *el Penitencial de las Angustias*, ou *Santa-Maria de las Angustias*. D'après une inscription placée au-dessus du chœur, cet édifice fut construit par Martin Sanchez de Aranzamendi, en 1604 : la façade, d'ordre corinthien, est ornée de bonnes statues représentant saint Pierre, saint Paul et une Piété. L'intérieur renfermait beaucoup d'objets d'art qui ont été transportés au muséum. Visitez la *chapelle* où vous trouverez encore la célèbre *Mater Dolorosa*, par Juan de Juni. Cette composition respire la douleur la plus profonde et la plus vraie ; mais les habitants, chez lesquels le sentiment des arts paraît peu développé, n'attachent que peu d'importance à ce morceau remarquable. Nous nous raprochons ensuite de l'Esgueva, que nous traversons sur le *puente de Magaña*, pour entrer sur la place de l'Université. — L'université, fondée en 1346, par Alonso XI, est maintenant l'une des plus fréquentées de l'Espagne, principalement pour ses cours de jurisprudence, qui ont toujours été renommés. — Le voyageur remarquera, dans la *sala del Claustro*, quelques portraits de second ordre des rois d'Espagne.

Près de l'université, se trouve *el Colegio mayor santa Cruz*, l'un des six grands colléges du royaume, fondé en 1494. Le style est d'un beau gothique ; la façade est magnifique, et au-dessus de la porte on voit le fondateur agenouillé devant la Vierge.

Cet édifice a été récemment disposé pour servir de *muséum*, dans lequel on réunit les peintures, les sculptures, les gravures et autres objets d'art des couvents supprimés.

Les peintures médiocres sont rangées dans le *patio* (cour) en trois galeries ; celles qui sont un peu meilleures sont placées à l'intérieur dans des salons séparés. Dans la seconde *galerie* se trouve la *bibliothèque du collége*, consistant en 14,000 vol. Cette bibliothèque est très-riche en ouvrages sur les lois civiles et en topographie ; on y trouve aussi quelques cartes et des médailles.

Il serait très-difficile de donner une analyse exacte de tous les objets que renferme cette curieuse collection[1]. Les toiles les plus remarquables sont dues à des peintres étran-

[1] Consulter le *Compendio* de Julien Pastor, Madrid. 1843. Dans notre visite à ce musée, nous suivrons l'ordre adopté dans ce savant ouvrage.

gers, tels que *Vincente Carducci*, *Rubens*, *Arsenio-Mascagni*, Florentin ; *Bartolomé Cardenas*, portugais. Les peintures qui attirent l'attention sont celles de *Rubens*, de *Diego Valentin* et de *Diego Frutos*, ces deux derniers espagnols. Les autres objets dignes d'intérêt sont les bronzes de *P. Leoni*, et les sculptures sur bois peint, dont les meilleures sont de *Berruguete*, *Juan de Juni*, et *Hernandez*.

Au bas de l'escalier, sont placés la sculpture et les portraits de Rubens ; les peintures sont en haut. — En commençant à la ENTRADA DEL MUSEO (entrée du musée)[1], se trouve le portrait du fondateur, le grand cardinal Pedro Gonzales Mendoza, qui fut longtemps le « *Tertius Rex* » de Castille. — Dans la GALERIA PRIMERA se trouvent de médiocres peintures provenant des couvents de Franciscains ; les stalles du chœur, en noyer sculpté, sont rangées autour du salon, ainsi que plusieurs statues d'une assez bonne exécution. — Ensuite, entrant dans le SALON GRANDE, on trouve au n° 4 une Vierge et l'Enfant, par *F. Menesses*, l'élève favori de Murillo. — *Le Escalera principal* est tapissé de portraits de vénérables moines tout à fait oubliés maintenant. — Dans la GALERIA SEGUNDA, jetez un coup d'œil sur les n°s 1 et 2, représentant des chapitres tenus à Valladolid et à Rome, peints par *Diego Frutos*. Les n°s 3 à 24 représentent divers passages de la vie de *fray Pedro Regalado*, le saint tutélaire de Valladolid. — Dans le ESCALERA SEGUNDA, voyez le n° 15, saint François nourrissant 6,000 moines dans le désert, en imitation de Jésus-Christ, par *Diego Frutos* ; au n° 4, le même saint ressuscitant 30 morts à la fois. — Dans la GALERIA TERCERA, se trouve 30 autres toiles représentant les miracles étonnants de *Regalado*, et une série de mauvais portraits de moines bénédictins.

Quittant cette masse confuse de bonnes et médiocres productions, mais toutes curieuses pour l'artiste et le penseur, nous entrons dans le GRAN SALON, qui a 42 mètres de long sur 8 de large et 16 1/2 de hauteur. C'est dans cette salle qu'on admire les toiles célèbres de *Rubens*, qui

---

[1] Voyez page 85 du catalogue du *Compendio de Pastor*.

furent longtemps l'orgueil des nonnes de *Fuen Saldaña*, lesquelles étaient si pauvres, qu'elles manquaient de moyens pour les faire encadrer ; de là, elles furent envoyées à Paris, où elles ornèrent le musée du Louvre ; mais, après la bataille de Waterloo, elles retournèrent en Espagne, et depuis la suppression des couvents, elles sont dans ce muséum. N° 1, une assomption de la Vierge, grande et belle composition ; n° 12, saint Antoine-de-Padoue ; n° 14, saint François recevant les stigmates : le paysage de ce tableau est d'une grande beauté ; n° 4, san Diego, par *Vicente Carducci* (1585-1638) ; n° 5, une annonciation, par *Jose Martinez*, qui habitait Valladolid dans le xvie siècle, et qui était imitateur de l'école florentine ; le n° 6 représente un *Bodegon* (taverne), attribué à *Velazquez* ; n° 13, la Cène, par *Ant. Pareda*, né à Valladolid, en 1599, et mort en 1678 ; n° 16, san Elias, par *Diego Diaz* ; n° 24, une conception.—Au centre du salon, on voit les bronzes dorés du duc et de la duchesse de Lerma, par *Pompeio Leoni*, de Milan, provenant de San Pablo, lors de sa destruction.—N°s 3 et 4, les deux anges placés près de l'Assomption, de *Rubens*, sont sculptés par *Hernandez*.— Les n°s 5 et 6, san Miguel et san Juan, sont sculptés par *Berruguete*, ainsi que les stalles qui entourent ce salon, et qui proviennent du chœur de san Benito. L'artiste fut aidé dans ce beau travail par son digne élève et émule Gaspar de Tordesillas. Le saint et les armoiries qui surmontent chaque stalle indiquent la place qu'occupait chaque supérieur des couvents de Bénédictins, lorsqu'ils s'assemblaient en grand chapitre à Valladolid.

Dans la SALA PRIMERA, les n°s 5 et 9, san Francisco, deux belles toiles par *V. Carducci*. — N° 8, le jubilé de la *Porciuncula*[1], par *Diego Valentin Diaz*.—N° 15, saint Dominique faisant l'aumône, par *Bart. Cardenas*.— N° 33, une descente de croix, par *Leandro Bassano*. — Dans la SALA SEGUNDA, n° 2, saint Pierre, par *Ribera*. — N°s 4 et 10, adoration des rois et des bergers, par *B. Cardenas*.—Dans la SALA TERCERA, observez le n° 29, la Vierge et l'enfant, et le n° 33, sainte Anne et l'enfant,

---

[1] Fête religieuse parmi les Bénédictins, en Espagne.

ainsi que d'autres toiles également curieuses par leur antiquité. — Dans la SALA CUARTA, n° 1, une sainte famille provenant de san Benito, vraie peinture florentine, et le chef-d'œuvre de l'auteur ; il est signé Didacus Dizas Pictor, 1624, et non 1671 comme l'annonce le catalogue. — Les n°s 4, 5 et 6 sont attribués à *Rubens*. — Sur une table, on admire le modèle du *convento del Prado*, fait en petites écailles par le col. *Leon Gil de Palacios*, dont Madrid possède aussi des ouvrages admirables du même genre.

La SALA QUINTA contient quelques pauvres productions de *Bayeu* et *Palomino*. — Les n°s 20 et 22 représentent des passages de la vie de saint Dominique, par *B. Cardenas*. — Remarquez un beau crucifix en bronze, par *Pompeio Leoni*. — Dans la SALA SESTA, le n° 3 représente un saint Joaquin et un enfant, attibué à *Murillo*. — N° 8, saint Pierre, par *Ribera*. — Dans la SALA SETIMA, n° 24, un retable sculpté, avec d'anciennes peintures représentant saint Jean, la Vierge et saint Benoît. — Dans la SALA NOVENA, n° 16, un saint Bruno, par *Zurbaran*. — N° 18, une annonciation, par *Alessandro Bronzino*. — Dans la SALA DECIMA, n° 13, la légende du cep de vigne, ouvrage curieux et par le travail et par le sujet — N° 24, le Christ, la Vierge et Madeleine, par *Ribalta* (douteux).

Nous recommandons surtout au voyageur les sculptures que renferme ce curieux muséum ; car l'artiste ne peut nulle part ailleurs étudier mieux la grande école castillane. — Il faut commencer par la SALA PRIMERA, n° 1, trois petites statues, par *Berruguete* ; n° 2, santa Teresa de Jesus, provenant du couvent d'el Carmen, chef-d'œuvre de *Hernandez ;* n° 3, par le même, saint François; n° 7, du même, le Christ portant sa croix, superbe exécution ; n° 11, sépulture du Christ, très-bel ouvrage, par *Juan de Juni* ; n° 14, une autre sainte Teresa, par *Hernandez ;* n° 16, san Antonio, par *Juni ;* n° 18, une Vierge dans le genre de *Murillo*, donnant le scapulaire à Simon Stock, par *Juni ;* n° 20, saint Bruno, belle exécution, par *Juni* ; n° 22, une belle Vierge, par *Hernandez*, provenant du Carmen ; n° 24, saint Antonio, le premier ermite, par *Juni*. — Observez aussi toutes les charmantes statuettes par *Berruguete*. — SALA SEGUNDA, nº 5, un bas-relief gothique très-curieux; nº 28, San Dimas, le bon larron, par *Hernandez;* nº 29, la mort du Sauveur, par le même, belle composition. — SALA TERCERA, nº 23, la Pieta, par *Hernandez*, beau travail ; du même artiste, les nºs 26 et 27 provenant des Augustins ; le bon et le mauvais larrons, par *Léon Leoni* ; nº 36, le baptême du Christ, par *Hernandez*, beau travail ; nº 37, du même, l'ensevelissement du Christ.—Dans la SALA DE JUNTAS, nº 16, le portrait du cardinal Mendoza.—Remarquez aussi les statuettes et les crucifix, ainsi que les nºs 34, 35, les *escritorios* (bureaux), les tables et divers ornements d'autels.

Quittant le muséum, et retournant par l'université, nous visitons la *cathédrale*. Cet édifice fut commencé sous Philippe II, qui chargea, en 1785, Herrera d'en faire les plans et d'en surveiller l'exécution ; mais, après la mort de ce prince, les travaux furent discontinués, et ce temple ne fut jamais terminé tel qu'Herrera l'avait projeté. On peut voir les plans primitifs et un modèle en bois dans les *archives*, collection qui mérite d'être visitée.

La façade de cette métropole est dorique. La belle arche de l'entrée principale a 16 mètres de hauteur, sur 8 de largeur. Des quatre tours qui devaient orner l'édifice, une seulement était terminée. Sa hauteur était de 92 mètres, et elle était couronnée d'une coupole ; mais malheureusement elle s'écroula le 31 mai 1841, et n'a pas été reconstruite. — L'intérieur de l'église est simple, sans ornements, et respire la vraie grandeur architecturale. Sa forme présente un quadrangle oblong de 137 mètres de long, sur 134 de large. On y remarque les stalles du chœur, qui appartenaient à la vieille collégiale gothique, ainsi que celles de *San-Pablo*, faites sur les dessins d'Herrera, pour le duc de Lerme, et qui coûtèrent alors 30,000 ducats.— Sur le maître-autel est une assomption par *Zacarias Velazquez*. — On admire la belle peinture florentine représentant la crucifixion, ainsi que la transfiguration, qui se trouvent en face, par *Luca Giordano;* mais qui a été restaurée par Pedro Gonzalez. — Il faut visiter la *chapelle* du comte Pedro Ansurez, seigneur et bienfaiteur de Valladolid, qui vivait dans le xiie siècle ; son mausolée est beau. — Le *cloître*, d'ordre dorique, est tout à fait terminé. Voyez aussi les *archives* ; elles sont complètes à partir de 1517. On y conserve les plans et dessins de la cathédrale, ainsi qu'une collection de mauvais portraits des évêques de cette métropole. — On admire encore dans le trésor un magnifique *custodia* (tabernacle) en argent, chef-d'œuvre de *Juan d'Arphe*, de 1590 ; il a 2 mètres de haut, et le sujet principal représente Adam et Eve dans le paradis terrestre. C'est un chef-d'œuvre de l'orfévrerie qui se fabriquait autrefois en grand dans cette ville des orfèvres. On remarque encore quelques calices et autres vases sacrés qui ont échappé à la dévastation.

Le voyageur devra aussi s'informer où se trouve maintenant la célèbre relique miraculeuse qui était autrefois dans le couvent de *San-Benito*, et qu'on appelle *el Cristo de la cepa*, le Christ du cep de vigne, parce qu'il est fait d'une racine de vigne, et conservé dans une châsse d'argent magnifique.

Après avoir quitté la cathédrale, nous pénétrons au centre de la cité, à la *Fuente Dorada*, et de là à *el Ochavo*, d'où une multitude de petites ruelles conduisent à la *Plaza Mayor*. — Le *pont de la Plateria* part de l'Ochavo, et est peuplé d'orfèvres, véritables artistes, dont on admire encore aujourd'hui les ouvrages. Cependant cette belle fabrication n'est plus aujourd'hui que l'ombre de ce qu'elle était sous Charles V.

Ensuite, le voyageur observera la façade élégante et classique de *la Cruz*, qu'on attribue aux dessins de *Herrera*. L'intérieur est en vérité un petit muséum de *Hernandez*. — On y remarque l'*Ecce Homo*, le Christ au jardin des Olives, le Christ au Pilier, colorié dans le genre de Morales, la magnifique descente de croix, et spécialement les draperies de saint Jean ; la *Mater dolorosa* ou la *Virgen de Candelas*. Toutes ces peintures sont fort curieuses.

La *Plaza Mayor* est d'un style et d'une grandeur très-imposants ; elle fut construite sous Philippe II, et servit de modèle à celle de Madrid ; elle est ornée de portiques spacieux soutenus par plus de 400 colonnes de granit.

Cette place est l'endroit le plus fréquenté de la ville et où se trouvent les plus beaux magasins. Le côté S., *la Acera de San-Francisco*, est la promenade d'hiver des flaneurs C'est dans cette place qu'ont lieu les exécutions et les combats de taureaux. C'est ici que fut décapité, en juin 1453, cet enfant gâté de la fortune, *Alvaro de Luna*, favori de Juan II, abandonné, après de longs services, par son maître, caractère faux et faible, et ombre de roi [1]. Ici encore, le froid et sanguinaire Philippe II célébra, le 6 octobre 1559, un mémorable *auto-da-fé*, dont les détails attristent l'âme.

Maintenant, traversons un petit pont près duquel était *San-Benito*, autrefois l'un des plus beaux couvents de l'ordre de saint Benoît, et véritable sanctuaire de piété où brillaient d'un vif éclat les arts et la littérature ; mais aujourd'hui cette ancienne résidence royale marche rapidement vers sa ruine Le portail, ainsi que les cloîtres, étaient d'ordre dorique et fort beaux ; l'église, d'un beau gothique, fut convertie en forteresse pendant la dernière guerre civile, et toutes les richesses artistiques qu'elle renfermait furent déposées au nouveau *muséum*, où nous les avons déjà admirées. La bibliothèque et le tabernacle d'argent (*custodia*), pesant 22,000 onces, ont tout-à-fait disparu. — Nous pénétrons ensuite dans la fameuse

Place Campo Grande, que traverse la route de Madrid à Valladolid, par la belle porte de trois arches, *Puerta del Carmen*, sur lequel s'élève la statue de Charles III ; mais nous visiterons d'abord la maison de *Juni* et d'*Hernandez*, située à l'encoignure, à droite de la *calle de san Luis*. Petit et bas est le berceau d'où sortirent tant de merveilleux ouvrages. Cette modeste habitation fut bâtie par *Juan de Juni*, qui y mourut dans le commencement du XVIIe siècle. La fille de ce grand artiste la vendit ensuite à un aussi grand artiste, Hernandez, le 15 juin 1616. — Tout près se trouve la noble Alameda, le *Campo Grande*, sur laquelle, lors des glorieux jours de Valladolid, avaient lieu les *auto-da-fé*, les joûtes, les tournois et se célébraient les

---

[1] Voyez la *Chronique de Luna*, publiée par FLOREZ. Madrid, 1784.

fêtes royales. Cette vaste place est entourée de couvents, d'hôpitaux et de palais, dont plusieurs ont été démolis depuis peu, et presque tous dans un état complet de délabrement. C'est sur cette belle arène que les Castillans proclamèrent pour leur roi saint Ferdinand, lorsque sa mère abdiqua la couronne. — Napoléon y passa la revue d'une partie de son armée. Elle est disposée en avenues, promenades, parterres couverts de fleurs et garnis de bancs. C'est là que le voyageur doit aller pour se former une première idée de la société de Valladolid, pour y connaître les modes, les costumes et les usages. Parmi les édifices qui bornent la place, se trouve *San-Juan de Latran*, qui mérite quelque attention.

Non loin de là on peut visiter la *Casa de la Misericordia*, ou *Colegio de Niñas Huerfanas*, fondée par le peintre Diego Valentin Diaz, pour de jeunes orphelines. Sa femme et lui furent enterrés dans la chapelle où l'on voit leurs portraits, peints dans le style de *Pantoja*, et qui sont dignes d'attention. Le *retable* de cette chapelle est peint aussi par ce même Diaz dans le genre florentin, et mérite quelque attention. Observez aussi une *Charité* avec des enfants et une *Vierge* travaillant dans le Temple: peintures excellentes. — Le *Cimborio* (lanterne du Dôme) est peint en stuc, ayant une des Vertus Théologales à chaque angle. Le petit *retable* contient des sujets relatifs à *san Nicolas*, ce bienfaiteur des jeunes filles pauvres, et à saint Louis le rédempteur des malheureux captifs. — Tout près se trouve l'*Hospital de la Resurreccion*, ou *el General*, qui possédait un marbre représentant la résurrection, de 1579, et, dans l'intérieur, la *Virgen del Escapulario*, par *Hernandez*, avec une peinture représentant la résurrection, par *Pantoja*, de 1609. — Contiguë à cet édifice, se trouve la petite mais naguère encore magnifique *Portaceli*, fondée par Rodrigo Calderon, fils d'un simple soldat de Valladolid et l'infortuné favori du duc de Lerme. Le *retable* et le *maître-autel* de la chapelle sont splendides et composés de marbres et de bronzes dorés. Les belles peintures représentant saint François et saint Dominique sont attribuées à *Caballero Maximo* (Stanzioni). Le corps du fondateur repose dans une belle urne. — A côté de la Portaceli se trouvé la *Mission des Augustins*, édifice élevé, en 1768, par Ventura Rodriguez.

Le couvent de *Carmen Calzados* était jadis l'ornement du *Campo-Grande*. Hernandez s'était efforcé de l'embellir, et il aimait, ainsi que sa femme, à venir s'y reposer. Cette sainte habitation, après avoir servi d'hôpital pendant la guerre de l'indépendance, époque où toutes ses richesses artistiques disparurent, est maintenant transformée en caserne.

Plusieurs édifices religieux ont heureusement échappé à la destruction. Le voyageur visitera avec intérêt : la gothique *parroquia de la Magdalena* ; dont la façade est décorée des armes du fondateur, Pedro de Gasca, évêque de Palencia. Cette église fut bâtie, en 1570, par Rodrigo Gil. Le grand retable, d'ordre corinthien, est un chef-d'œuvre d'*Estaban Jordan*; on y remarque surtout les apôtres saint Pierre et saint Paul et la Madeleine, ainsi qu'une Ascension de la Vierge et une Adoration. Le corps du fondateur repose dans cette église ; sa statue, en marbre blanc, revêtue de la robe épiscopale, est couchée sur un beau sarcophage, ouvrage de Jordan.

L'église *San-Lorenzo* possédait quelques peintures de *Matias Blasco*, de 1621 ; on y remarque une Sainte Famille et une copie de la *Virgen de las Candelas*, par Hernandez ; dans la sacristie se voit un singulier tableau, représentant la procession qui eut lieu lorsqu'on apporta cette Vierge à Marie, épouse de Philippe III.

L'*Antigua* est une église paroissiale gothique du IIe siècle ; sa tour est romaine et ressemble beaucoup, ainsi que plusieurs parties de l'extérieur, aux églises lombardes. On admire, dans l'intérieur, un *retable* par Juan de Juni ; c'est une des sculptures les plus remarquables de Valladolid. On remarque aussi le crucifix placé au-dessus de la niche où se trouvent santa Barbara et santa Ana.

L'église *San-Miguel* appartenait jadis aux Jésuites et sert maintenant d'église paroissiale ; elle a une belle nef et de beaux piliers d'ordre corinthien ; le *retable* est orné de sculptures représentant la Nativité et la Circoncision, que quelques personnes attribuent à Becerra, mais qui est plutôt un ouvrage de Jordan. Le *San-Miguel* est de Pompeio

Leoni. Dans la chapelle à droite, observez la statue agenouillée de Pedro de Vivero, mort en 1610, et de sa femme, morte en 1625. La sacristie présente une belle salle.

Las Huelgas Reales est un édifice d'ordre corinthien dans le style de Herrera ; on y admire le beau tombeau d'albâtre de la fondatrice, Marie de Molina, femme de Sancho el Bravo. Le *retable* est un superbe ouvrage de Hernandez : on y remarque l'Ascension de la Vierge, san Bernardo agenouillé et deux saint Jean, qui datent de 1616 ; les peintures sont attribuées aux Zuccaros.

Le *retable* de la *Delscalzas Reales* est enrichi de plusieurs peintures, par Vicente Carducci, à la manière de Caravaggio ; le Mariage de santa Ana et san Joaquin est beau de ton et orné de magnifiques draperies. L'Assomption et le Couronnement, qui se trouvent au centre, sont de Matias Blasco ; la Vierge avec ses mains jointes est tout-à-fait dans le style de Michel-Ange. Pour compléter l'inspection de ces belles peintures, remarquez dans *las Colaterales* une santa Clara, avec une Vierge gracieuse et l'Enfant Jésus, et un san Francisco en extase, richement encadrés en bois sculptés ; toutes ces compositions sont grandioses et peintes d'une manière hardie, par *Arsenio Mascagni*, en 1610.

L'église peu élégante de *Santa-Ana* est la plus moderne de Valladolid ; les peintures de l'intérieur semblent y être placées pour prouver que les deux arts ont une égale part dans la décadence de l'époque à laquelle ils appartiennent, et cela dans la patrie d'Herrera, de Diaz et d'Hernandez !

La tour en briques du beffroi de *San-Salvador*, et le retable, qui ressemble à un portail, sont d'un meilleur travail. La sculpture représente l'Incarnation, la Transfiguration, etc. Dans l'intérieur, se trouvent quelques tombeaux de la famille Alba Real. L'église de *San-Martin* possède une tour très-intéressante, de style lombard.

L'église des *Agustinos Calzados*, jadis si splendide, servit de magasin à fourrage pendant la guerre de l'indépendance ; le *Cimborio* (lanterne du dôme) était superbe ; la chapelle dans laquelle est enterré Fabio Nelli était ornée d'arabesques italiennes ; mais tout a été détruit, édifice et peintures ; seulement un fragment d'Adam et Ève a seul échappé au vandalisme moderne.

L'antiquaire et l'artiste feront bien de jeter un coup-d'œil sur quelques anciens palais de nobles familles, jadis édifices somptueux et imposants, servant aujourd'hui de demeure à la pauvreté affamée, dont la misère actuelle offre un contraste frappant avec ces magnificences passées.

En sortant de la *Plazuela Vieja*, et en entrant dans la *Calle de San-Martin*, la première maison à droite est celle où l'on dit que Alonso Cano tua sa femme. Berruguete, statuaire célèbre, demeurait près de San-Benito el Real. Les premières années de sa vie s'écoulèrent dans les modestes fonctions d'écrivain à la chancellerie; mais bientôt, quittant le pupitre de la chicane, il passa dans l'atelier de Michel Ange. Ses concitoyens, au lieu d'élever un monument à sa gloire, ont converti sa maison en caserne!

Fabio Nelli, le Mécène de Valladolid, demeurait dans la *plaza* qui porte encore son nom; on y remarque sa belle et antique maison, dont le *patio* (cour), d'ordre corinthien, est orné de médaillons. — Ce fut dans la *Casa de las Angollas* qu'Alvaro de Luna fut enfermé avant son exécution; le plafond lambrissé de son donjon est (ou peut-être était[1]) magnifique. — La *Casa de Villa-Santes*, dans la rue del Rosario; et le *patio* de la *Casa Revilla*, au coin de la rue de la Ceniza, méritent d'être visités : cette dernière est ornée d'arabesques et d'un riche escalier. — La *Diputacion provinciale* est logée dans l'ancien palais des amiraux de Castille. — La *Casa del Sol*, en face San Gregorio, possède un beau portail et sert maintenant de caserne pour les recrues; c'était jadis la maison de Diego Sarmiento de Acuña, dont la bibliothèque était une des plus belles d'Espagne; mais ce que les vers avaient épargné a été consumé par le feu des modernes vandales, et il n'en reste nulle trace.

EXCURSIONS. A 2 l. de Valladolid, sur la route de Zamora, se trouve *Simancas*, petite ville dont les archives sont d'un haut intérêt. (*V.* à la table.)—A 4 l. N. de Valladolid est le village de *Fuen Saldaña*, qui a perdu toute

---

[1] Ces notes remontant à 1847, il serait possible que le plafond eût subi des dégradations, comme tant d'autres objets d'art en Espagne.

son importance depuis que les belles toiles de *Rubens* qu'il possédait ont été transportées au Muséum ; cependant le château mérite d'être visité : il offre un spécimen des anciens châteaux forts de la Castille. Cet antique manoir, riche de souvenirs historiques, sert maintenant de grenier,

MOYENS DE LOCOMOTION. Ils sont nombreux. De Valladolid, partent régulièrement des *diligences* pour la *Corogne*, *Palencia*, *Santander*, *Léon*, *Burgos*, *Salamanque*, *Ségovie* et *Madrid*. — Il y a aussi des *galeras* (chariots couverts) et des *ordinarios* (ordinaires) pour *Zamora* et *Avila*, ainsi que des bateaux sur le canal qui conduit à *Palencia*. Il est question d'améliorer les routes pour *Olmedo*, pour *Salamanque* par Tordesillas, et pour *Léon* par Mayorga. On parle aussi d'un *chemin de fer*, communiquant avec Santander, Léon, Aviles et Madrid.

La route que le voyageur suit de Valladolid à Olmedo a été réparée ; les sables qui l'obstruaient parfois ont disparu, mais la monotonie du pays qu'elle traverse est toujours la même. Bientôt on atteint *Puente del Duero*, petit village où l'on traverse le *Duero* sur un pont de pierre très-solide ; on traverse ensuite *Boecillo*, *Mojados*, *Puente de Mediana* ; et de là on continue jusqu'à

OLMEDO. La meilleure auberge est celle où descendent les diligences, le *Parador de los Vizcainos*, tenu par San-Martin. — Cette petite ville, aux murailles en ruines, est située au milieu d'une plaine arrosée par l'Adaja et l'Eresma ; elle possède 2,200 hab., cinq églises paroissiales et deux hôpitaux.

Depuis la suppression de ses nombreux couvents, son animation a tout à fait disparu. Sa plaine abonde en blé, orge, seigle, avoine et en vin assez estimé. Olmedo est célèbre par les sanglants combats dont elle fut le théâtre en 1445 et en 1447, pendant les guerres civiles, sous les règnes de Juan II et de Enrique IV.

A Olmedo, la route de Madrid se bifurque : la branche de gauche suit la vallée de l'Eresma et le canal de Castille jusqu'à Ségovie. Celle que nous suivons incline vers la droite et conduit, à travers un pays de plaines, à la *Venta de San Cristobal*, puis à

MARTIN MUNOZ DE LAS POSADAS, petite ville de la province de Ségovie, située dans une plaine, avec 1,000 hab., et une foire célèbre qui s'y tient tous les ans, le 24 septembre.

Après avoir dépassé, sans nous en apercevoir, *San-Chidrian*, nous arrivons à la *Venta de Almarza*, ensuite on traverse *el rio Voltoya*, sur un pont, puis on arrive à

LABAJOS, petite ville de 900 hab., située sur l'Almarza, qu'on traverse sur un bon pont; on y trouve de bonnes *posadas*, et une *casa de postas*.

C'est après cette petite localité que commence la chaîne granitique des monts *Carpéteniens;* la contrée prend alors un aspect de plus en plus alpin jusqu'à

VILLACASTIN, petite localité, avec une église paroissiale d'une assez bonne architecture, une casa de postas et un relais.

Bientôt nous commençons à gravir cette imposante chaîne du *Guadarrama*, qui divise les bassins du Tage et du Duero; nous passons *Navaz de San-Antonio, Cristo del Coloco, Venta del Cojo, Fonda de San-Rafael, Venta de Juan Calvo*, et nous atteignons, en suivant la belle route terminée en 1749 par Ferdinand VI, le point culminant de ce passage, appelé *el Puerto*, où l'on a érigé un lion en marbre qu'on dit être à 1,600 mètres au-dessus du niveau de la mer, et qui indique la limite entre la Vieille et la Nouvelle-Castille. Ici nous conseillons au voyageur de s'arrêter un moment, puis de porter ses regards sur la Vieille-Castille, qu'il vient de quitter, et sur la Nouvelle, où il va entrer. Rien de plus magique que ce vaste panorama des deux provinces déroulant sous vos yeux des plaines, des coteaux, des vallées, dont l'ensemble forme un immense plateau.

La route que nous suivons est belle et construite avec beaucoup d'art; mais elle est parfois impraticable dans l'hiver par la grande quantité de neige qui la couvre. Les vents noirs des deux Castilles produisent une intensité de froid vraiment extraordinaire pour une telle latitude.

Napoléon en éprouva les tristes effets; ce fut la veille de Noël 1808, que, partant de Madrid, il conduisit son armée sur ces montagnes, séjour ordinaire des tempêtes et souvent de la mort. La neige était alors si épaisse, et son impatience si grande, que l'Empereur descendit de cheval et marcha à pied pour encourager ses troupes, en s'écriant: « Une taupinière en Espagne arrêtera-t-elle le vainqueur du Saint-Bernard ? Il s'appuya sur le bras du général Savary, et arriva épuisé de fatigue à Espinar.

Après avoir franchi *el Puerto*, on atteint

GUADARRAMA, petit village de 400 hab., situé sur la pente méridionale du passage.

De Guadarrama, une route de poste conduit à 2 l. 1/2 à l'Escurial (*Escorial*).

Nous voyageons maintenant dans la plaine solitaire qui entoure Madrid. On passe *Galapagar, Portazgo del Caño de los Moros.*

LAS ROZAS, village de 400 hab., avec une église paroissiale et une casa de postas.—Il est situé sur la rive orientale du Guadarrama, dans un district très-fertile.

Une heure de marche nous conduit à la *Venta de Aravaca*; ici tout annonce l'approche d'une grande cité. Bientôt nous traversons un pont d'une grande antiquité jeté sur le Manzanarès, et nommé San Fernando; non loin de là, nous passons *Puerta de Hierro*; une demi-heure après, on entre à Madrid par la porte de Ségovie.

MADRID (*V.* route 2).

De Valladolid, beaucoup de voyageurs quittent à *Olmedo* la route que nous venons de suivre, pour prendre par *Ségovie*.

De Valladolid à Olmedo (*V.* route ci-dessus). 8 l.
Villequillo. 2
Coca. 1
Santa-Maria de Nieve. 3

Gareillan................ 2 1/2
SÉGOVIE. 2 1/2
De Ségovie à Madrid. 13 1/4

Bientôt on pénètre dans une contrée inculte et sablonneuse plantée de pins aux têtes arrondies. La route est mauvaise et à peine carrossable. Ce pays, naturellement aride et peu habité, présente le triste tableau de villages ruinés pendant la guerre de l'indépendance, et qui n'ont pas encore été reconstruits. On entre dans la Vieille-Castille à

VILLEQUILLO, petite localité sans importance.—Bientôt on atteint

COCA. *Auberge :* Posada de la Cruz, petite mais décente.—Cette petite ville, située entre les rivières *Eresma* et *Voltoya*, possède un curieux *château* gothique de la période moyenne, dont l'hôtelier de la posada fait à merveille les honneurs. Les tours de ce castel à moitié ruiné s'élèvent majestueusement comme l'Alcazar de Ségovie ; elles servirent longtemps de prison. Les habitants de la localité viennent en aide au temps dans son action destructive ; car ils enlèvent journellement de cet édifice les pierres dont ils ont besoin.

On remarque aussi dans l'église paroissiale de beaux piliers de marbre.

A Coca, se réunit l'autre route de Valladolid à Ségovie, par Portillo et Iscar.—Bientôt on arrive à

SANTA-MARIA DE LA NIEVE, petite localité située sur la rive droite de l'Eresma.—Ensuite la route s'élève et offre des sites charmants jusqu'à *Ségovie*.

De Valladolid, nous avons encore une troisième route à notre choix, pour nous rendre à Madrid par Ségovie.

De Valladolid à Tudela del Duero. . 3 l.
Monte Mayor............ 3
Cuellar................ 2
Sancho Nuño............. 2

Navalmanzano..	2
Escarabajosa.	2
SÉGOVIE.	3

Le pays que traverse cette route est riche en céréales et entrecoupé de vignobles et de sapins.

TUDELA DEL DUERO est une petite ville située sur la rive droite du *Duero*, qu'on traverse sur un beau pont en pierre. L'église paroissiale possède une magnifique façade de style ionique et romano-grec, ornée de trois rangs de sculptures représentant des sujets tirés de la vie de notre Sauveur et des apôtres. Au centre, se voit l'ascension de la Vierge. L'artiste, nommé *Martin*, termina son œuvre en 1614, et il mérite d'être cité avec éloges. Dans l'intérieur, on remarque un beau retable que son caractère grandiose fait attribuer à Hernandez. On y voit aussi, du même maître, une Vierge avec l'Enfant, et une autre Vierge dite du Rosaire. Cette église fut commencée en 1515, et terminée en 1555 ; mais la tour ne fut achevée que 60 ans plus tard.—Pop. 1,400 hab.

La route continue au milieu de jolies plantations de sapins, et nous trouvons entre *Montemayor* et *Cuellar* le sanctuaire célèbre et très-fréquenté de la *Vierge del Henar*.

CUELLAR, ville située au milieu de bois de sapins, sur la pente d'une colline couronnée par un vieux château entouré d'anciennes murailles. Les rues sont très-escarpées et mal pavées; les environs sont très-fertiles, et le gibier et les dindes très-renommés.—Cuellar avait dix églises paroissiales et trois couvents, ce qui était une ample richesse spirituelle pour une population de 3.000 âmes. La façade du couvent de *San-Francisco* est d'un bon style ionique. — C'est ici que furent déposés dans de splendides tombeaux les membres de la famille d'Albuquerque, à laquelle le château appartenait. Franchissez la colline et faites une visite au manoir : là, votre vue s'étendra sur des plaines sans limites, et dans le lointain, sur la *Sierra*, magnifique panorama. Avant la guerre de l'indépendance, cet

4.

antique manoir était un des mieux conservés de toute l'Espagne, et possédait d'anciens ornements, une salle d'armures et une galerie de peinture, etc. Le *patio* est très-beau et entouré de deux corridors, dont le supérieur est soutenu par une solide colonnade de granit.

De Cuellar à Ségovie, rien ne mérite l'attention du voyageur.

De Cuellar, une route conduit à *Peñafiel*, située à 4 l. N., passant par Moraleja. — *Peñafiel* se trouve à moitié route entre *Valladolid* et *Aranda del Duero*, dont la distance totale est de 15 l. 1/2.

La route que nous suivons n'offre rien de remarquable jusqu'à l'ancienne et pittoresque

SÉGOVIE (*Secuvia, Segovia*, Esp.), ancienne ville, chef-lieu de la province du même nom, et que plusieurs écrivains espagnols regardent comme ayant été fondée par Hercule. Cette ville est d'une forme singulière, située sur un rocher immense, au milieu de deux profondes vallées, l'une au S. et l'autre au N., arrosées par un ruisseau nommé *Clamores* et l'*Eresma*, jolie petite rivière aux rives riantes et sur laquelle on trouve cinq ponts; à l'O. sont les monts de Fuenfria et de Guadarrama, connus des anciens sous le nom de *Montes Carpetoni*. Son climat est d'une température froide, à cause de sa grande élévation au-dessus du niveau de la mer (3,300 p.); son nom est d'origine celtique, et on y trouve beaucoup d'inscriptions et autres antiquités romaines; ses rues sont étroites, tortueuses et inégales.

Ségovie est la capitale de la province et du *Pardido* de son nom, la résidence des autorités civiles, militaires et ecclésiastiques; elle possède une belle cathédrale, huit églises paroissiales, une *Casa de Moneda*, pour la monnaie de cuivre, un *Alcazar* ou château, un séminaire une société économique et un hospice. Sa population, qui était jadis de 30,000 âmes, est tombée aujourd'hui à 9,400 hab.

ÉDIFICES REMARQUABLES. Les monuments qui nous restent de l'antiquité, dit un savant et judicieux voyageur, ne sont plus que des témoignages de leur grandeur passée, s'ils ne sont d'aucune utilité à la postérité présente; mais lorsque ces grandes constructions conservent encore l'usage pour lequel elles furent créées, elles acquièrent alors l'admiration des hommes éclairés. Tel est

L'*aqueduc de Ségovie*, qui depuis deux mille ans n'a pas cessé un moment de remplir les fonctions auxquelles il était destiné. Il commence à trois lieues de Ségovie, près des montagnes de Fondria, à la source du *Rio-Frio;* sa construction commence à être vraiment imposante à la venta de Santillana. Là s'offre à vos regards un des monuments les plus majestueux de l'antiquité, tant par la force, l'élévation de ses piliers, la noble simplicité de ses arcades, que par l'abondance des eaux qu'il apporte. Cet aqueduc a cent neuf arches, dont trente sont modernes, mais construites sur l'ancien plan ; la hauteur des arches varie, selon la disposition du terrain, depuis 5 jusqu'à 40 pieds ; sa longueur totale est de 2,530 pieds, qu'on divise en quatre parties, coupées par les accidents du sol. C'est une chose digne de remarque, qu'on ne trouve dans toute cette belle construction ni mortier ni ciment ; les pierres, posées les unes sur les autres, adhèrent parfaitement entre elles.

Ségovie possède encore une autre antiquité romaine assez remarquable ; c'est une statue d'*Hercule* avec un sanglier colossal à ses pieds, laquelle se trouve sur le mur de la grande tour de *Santo-Domingo el real*. Ce couvent était autrefois appelé *la Casa de Hercules*, et fut donné aux religieuses en 1513. Cette antique statue a été blanchie et n'occupe guère l'attention des habitants ; on ne sait rien de bien positif sur son origine.

La *cathédrale*, noble édifice d'un gothique fleuri, est construite en pierres colorées qui lui donnent un aspect original. C'est une des plus belles églises de l'Espagne et qui mérite une grande attention. Ses trois nefs ont 126 mètres de longueur sur 60 de largeur ; sa tour carrée, couronnée d'une coupole, s'élève à 110 mètres de hauteur ; de son sommet, un magnifique panorama se déroulera sous vos yeux : la cité, les couvents, l'aqueduc gigantesque et les montagnes au loin forment un tableau magique. Cette basilique fut commencée, en 1525, par Juan Gil de Ontañon et son fils Rodrigue, qui venaient de terminer la belle cathédrale de Salamanque. Le maître-autel est entouré d'une grille de fer doré, à la manière de Certosa, de Pavie ; le grand *retable* est composé de marbres précieux, et fut érigé, par *Sabatini*, sous Charles III ; le *Trascoro* (derrière du chœur) est enrichi de marbres colorés dont une partie forme le beau pavement en mosaïque. Parmi les anciens monuments sépulcraux, on distingue celui de *Rodrigue Gil*, mort en 1577. Près de la porte de San Frutos, on admire un magnifique *retable*, par Juni, exécuté en 1571 ; les personnages sont plus grands que nature, et le sentiment qu'ils expriment, celui de la Vierge surtout, est une douleur profonde.

Les riants cloîtres gothiques, triomphe de l'art, furent érigés, en remplacement des anciens, par *Juan Campero*, en 1524. Au nombre des monuments funèbres, on remarque celui de Diego de Covarrubias, mort en 1576. Le prélat est représenté les yeux fermés, les mains jointes et revêtu de ses habits pontificaux. — Le tombeau de l'infant don Pedro, fils de Enrique II, que sa nourrice laissa tomber, en 1366, d'une des fenêtres de l'Alcazar ; à en juger par sa statue, ce devait être un joli enfant d'environ neuf ans. On remarque encore le monument de Maria Saltos, délicate et belle juive de naissance, mais chrétienne dans le cœur. Condamnée, pour crime d'adultère, à être précipitée du haut d'un rocher, elle invoqua la Vierge, qui lui apparut immédiatement et la fit descendre doucement au fond de l'abîme. Elle fut ensuite baptisée sous le nom de *Maria del Salto* (du saut), devint sainte, et mourut en 1237.

Après l'aqueduc, un des monuments les plus remarquables de Ségovie est certainement

L'*Alcazar*, où, d'après Le Sage, Gilblas fut renfermé. Il s'élève comme la proue d'un vaisseau au-dessus des eaux qui baignent sa base. Cet édifice, d'origine et de style mauresques, situé sur une roche escarpée et dont l'aspect est des plus pittoresques vu de la ville, fut pendant longtemps le palais des princes maures, dont on trouve encore quelques appartements décorés de mosaïques et de peintures bien conservées. Cette antique résidence royale présente plutôt l'aspect d'une prison ou d'une forteresse que d'un séjour royal ; c'est une série de tourelles crénelées et à toits coniques, du milieu desquelles s'élève une majestueuse tour carrée, dont la plate-forme est flanquée de tourelles également tronquées et crénelées, et qui servit pendant longtemps de prison d'État; elle est maintenant transformée en école d'artillerie. L'intérieur de cet édifice gotho-mauresque est du plus haut intérêt historique et offre, de quelques-unes des fenêtres des étages supérieurs, des points de vue fort beaux; ce fut dans la salle appelée *Pieza del Cordon*, qu'Alonso le Sage, d'après ses tables astronomiques, osa douter du mouvement du soleil autour de la terre ; mais un éclat de tonnerre étant survenu, le roi interrompit ses travaux, croyant voir dans cet événement un avertissement du ciel. Le cordon de saint François fut institué, et ce prince le porta jusqu'à sa mort en expiation de sa témérité. La *chapelle* contient encore quelques belles arabesques. Le voyageur ne doit pas quitter ce romantique palais sans visiter la salle des statues des anciens rois d'Oviedo, de Léon et de Castille, depuis *Froyla* ou *Fruela I*er, en 760, jusqu'à la reine *Jeanne*, morte en 1553, après laquelle commença la dynastie autrichienne. Ces statues, que nous ne recommandons pas comme œuvres d'art, mais bien comme monuments historiques, sont au nombre de 52; elles sont de bois peint et de grandeur naturelle, chacune avec une inscription.

Si nous descendons alors vers l'Eresma par la *Puerta Castellana*, nous voyons au-dessus de nos têtes l'élégant Alcazar s'élever dans toute sa splendeur. — Les cyprès qui se trouvent en face de la *Carmelitas descalzas*, indiquent l'endroit où Maria Saltos descendit si doucement du haut de cette roche tarpéienne sans être blessée, et dans la chapelle se voit l'image de la Vierge qui la sauva miraculeusement. — Maintenant, tournons à gauche, et remontons la vallée de l'Eresma jusqu'à la *Casa de Moneda* (la Monnaie), fondée par Alonso VII et reconstruite, en 1455, par Enrique IV; cet établissement fut muni de machines allemandes par Philippe II, en 1586. Autrefois toute la monnaie nationale était frappée dans cet hôtel, parce que la rivière offrait une puissante force motrice et l'Alcazar une excellente trésorerie. Ce fut en 1730 que la fabrication des pièces d'or et d'argent fut transférée à Madrid; maintenant on ne frappe ici que la monnaie de cuivre. — Sur une pente voisine s'élève la *Vera-Cruz*, église très-curieuse, bâtie en 1204, par les Templiers, mais tombant aujourd'hui en ruines. Ses formes octogones et sa tour carrée sont remarquables.

Un peu plus haut se trouve le *Parral*, jadis riche couvent de hiéronimites, qui s'élevait au milieu des vignes et des jardins. On remarque le portail ; le superbe *coro* (chœur) élevé par Juan de Resga ; les stalles de noyer, délicatement sculptées par Bartolomé Fernandez, en 1526 ; le *retablo mayor* (grand retable) peint, en 1526, par Diego de Urbin, pour la famille Pacheco.

Les superbes mausolées de Juan, fondateur du couvent, et de sa femme Marie, ont été maladroitement badigeonnés. Le cloître et les plafonds de la bibliothèque et du réfectoire sont dignes d'attention.

Le *Museo provinciale* est placé dans le palais épiscopal, en face de *San-Esteban ;* il ne contient que de mauvaises peintures, consistant en portraits de moines, de religieuses, avec leurs légendes ; mais Ségovie est elle-même un muséum pour l'antiquaire et l'amateur d'archéologie religieuse : il faut visiter la *Santa-Cruz*, ou couvent des Dominicains, fondée par Ferdinand et Isabelle, dont la reja (la grille de fer) et le retable furent donnés par Philippe II, en 1557. — Dans *San-Juan* se trouvent les tombeaux de plusieurs guerriers ségoviens, ainsi que celui de l'historien de Ségovie, Colmenares, mort en 1651. — Le portail de *San-Martin* est curieux. Remarquez dans cette église les monuments de Gonzalo Herrera et de sa femme. — La *Casa de Ségovie*, avec sa jolie fenêtre. — Le palais de l'Évêque, offre une belle façade de granit décorée de figures d'Hercule. — La tour, dans la *plaza de San-Esteban*, avec ses arches saxonnes et son corridor ouvert ; la *Puerta mauresque de Santiago* et celle de *San-Andres* méritent aussi l'attention du voyageur. Les Français prirent cette ville le 7 juin 1808.

COMMERCE ET INDUSTRIE. Ses manufactures étaient les plus renommées de toute l'Espagne pour les draps fins et la manière de préparer les laines ; quoique l'importance de ses produits soit plus de moitié réduite, la qualité n'en est pas moins belle et moins estimée ; ses papeteries sont assez actives, ses toiles, ses verres à vitre et ses ouvrages d'or et d'argent, sont les principales richesses industrielles. Son territoire fournit des grains, vins, fruits, et de bons pâturages avec de beaux troupeaux. C'est la patrie de l'*historien Solis*, des poëtes *Alonso de Ledesma* et *Alonso de Valasco*; du dominicain Domingo *de Soto*, bien connu par ses écrits; de François de Ribera, jésuite, etc.

De Ségovie, le voyageur peut regagner, à la *Fonda de San-Rafael*, la première route de *Valladolid* à Madrid; ou bien, au sortir de Ségovie, prendre la route qui passe par *San-Ildefonso*.

NOUVELLE-CASTILLE.

LA NOUVELLE-CASTILLE, grande province d'Espagne, au sud de la Vieille-Castille, occupe le centre du royaume et s'étend depuis *Segura de la Sierra* (Manche), jusqu'à *Parades*, extrémité nord (Guadalaxara), ce qui donne cent lieues du nord au sud, et de l'est à l'ouest, depuis *Avellanedo* (Tolède), jusqu'au nord-ouest de *Dalayuelas* (Cuença), 87 lieues et 2,800 lieues carrées. Cette capitainerie est aujourd'hui divisée en cinq provinces, savoir:

Madrid, dont la population est de. .	297,812
Guadalaxara.	157,338
Tolède.	487,203
Cuença.	382,577
Ciudad-Real.	257,240
Total de la population. . .	1,582,140

répartie ainsi qu'il suit :

Dans 6 cités, 754 villes et 382 villages.

Nous ne donnons point ces chiffres comme nombre absolu, mais comme approximatifs, les renseignements exacts sur cette partie de la statistique étant fort rares dans la péninsule.

Quoique dans une latitude peu élevée, les hivers, dans cette province, sont quelquefois assez rigoureux, surtout à Madrid; les vents qui soufflent d'une manière violente des montagnes du Guadarrama et de toute cette chaîne qui la sépare de la Vieille-Castille, occasionnent une grande variété dans sa température, mais en général le climat est sain et le sol très-fertile : ici des montagnes, là de belles plaines et de profondes vallées, qui produisent des vins excellents, beaucoup de grains, de bonnes huiles, du safran. Les terres pourraient produire toute espèce de végétaux, si elles n'étaient pas autant brûlées du soleil, ou si l'agriculture, plus perfectionnée ou plus encouragée par le gouvernement, utilisait les nombreuses et jolies rivières qui baignent cette contrée, pour arroser et rafraîchir le sol : le *Tage*, le *Xarama*, le *Henarès*, le *Trajuna*, la *Guadiana* et leur nombreux affluents, fourniraient un moyen facile d'irrigation, et donneraient une nouvelle vie au pays. Cependant les pâturages sont admirables, ils nourrissent de nombreux troupeaux de bœufs, de mérinos appelés *transhumantes* (errants), parce que dans l'hiver on les conduit à travers toutes les propriétés qui se trouvent sur leur passage, vers les parties les plus chaudes de la contrée. Ce sont ces moutons qui donnent la laine la plus fine et la plus recherchée de toute l'Espagne.

Cette province renferme des mines de cuivre, de fer, de charbon de terre, etc., mais peu sont exploitées; elle offre également des sources minérales chaudes et froides, et sur différents points on rencontre beaucoup d'habitations souterraines nommées *cryptas*, dont plusieurs sont très-curieuses [1].

Les nouveaux chemins de cette province sont très-bons, fort larges, bien soignés, et la plupart bordés de beaux arbres. C'est surtout aux approches de Madrid que ces plantations sont remarquables. Les auberges des grandes villes sont assez bonnes, mais les *posadas* y sont malpropres et dégoûtantes, sans provisions, sans lits, ou avec des lits dans lesquels on ne peut coucher. L'industrie est devenue presque nulle; on y fabrique cependant encore des draps et autres étoffes de laine, de soie, des velours, des chapeaux, du savon, de la faïence, des toiles de coton, des bas et des gants de laine; une belle manu-

---

Nous indiquerons leur situation, en parlant des villes qu'elles avoisinent.

facture de glaces dont nous parlerons, de la coutellerie, etc. Le voyageur se sent involontairement attristé à la vue de cette province qui, réunissant tous les éléments de force et de richesse, c'est-à-dire des terres capables de fournir abondamment à tous les besoins de la vie, et les moyens d'alimenter de nombreuses fabriques, ne sait ou ne veut utiliser les trésors que la Providence lui a prodigués

MŒURS, CARACTÈRES. « L'habitant de la Nouvelle-Castille, dit un savant et spirituel touriste qui a parcouru et habité l'Espagne pendant plusieurs années, paraît fier, et il ne l'est point ; grave et sérieux, et il aime la grosse gaîté ; il est réfléchi, pense beaucoup, démontre peu et agit encore moins ; lorsqu'il le fait, c'est de tout son cœur, de toute son âme. » Il est en général doux et honnête, et il a le mensonge en horreur ; il est sobre et vit de peu.

MADRID (*V.* route suivante).

ROUTE 2.

DE PARIS A MADRID.

Par **Perpignan, Gerona, Barcelone,** et **Saragosse.**

2ᵉ ROUTE.

87 myr., en *France*, et 138 lieues 1/4 en *Espagne*.

De Paris à Perpignan	84 m.	8 k.
Perpignan à Boulou	2	2
Boulou à la Junquere (poste étrangère)	21.	1/4
Pont de Molins	1	1/4
Hostalets	0	3/4
Figueras	0	3/4
Santa-Ana	1	3/4
Bascara	0	3/4
Coll d'Orriols	0	3/4
Mudia	2	1/2

Mujor.	0	3/4
Gerona.	0	3/4
Granola.	2	1/2
Tordera.	2	1/2
Calella.	2	1/2
Canet.	1	3/4
Areñys.	0	3/4
Caldetas.	1	
Mataro.	1	3/4
Vilasar.	1	
Premia.	1	
Masnou.	0	1/2
Mongat.	0	1/2
Badalona.	0	1/2
San-Andria.	0	1/2
BARCELONE.	1	

La section de cette route, à partir de *Gerona* jusqu'à *Barcelone*, n'est pas celle que suit la poste; mais comme elle est beaucoup meilleure, moins ennuyeuse, et qu'on y trouve des *posadas* moins mauvaises que sur l'autre route, le plus grand nombre des voyageurs la préfère aujourd'hui.

Voici l'itinéraire de la poste partant de *Gerona* à

La Tioña, *auberge*.	2 1.	
Las Mallorquinas, *petit village*.	1	
Une petite rivière.	1	1/4
Hostalrich.	1	
La Vafarria, *ferme*.	0	3/4
Batlloria, *village*.	0	1/2
San-Celoni, *ville*.	1	
Lliñas, *village*.	1	
La Roca, *village*.	1	
Le Tordora, *riv. et pont*.	0	
Monmola.	1	
Els Holstals, *quelques maisons*.	1	
Moncada, *village*.	1	
Saint-André.	1	
BARCELONE.	1	

ROUTE 2.—DE PARIS A MADRID.

A Barcelone, les deux routes se rejoignent.

De Barcelone à Sans.	0 1.	1/2
Esplugas.	0	1/2
San-Feliu de Llobregat.	0	3/4
Molins de Rey.	0	1/2
Palleja.	0	1/2
San Andres de la Barca.	0	3/4
Martorell.	0	3/4
Abrera.	1	
Esparraguera.	1	
Bruch.	1	1/2
Castelloli.	1	
Igualada.	3	
Jorva.	1	
Santa-Maria.	1	
Porquerises.	0	3/4
Panadella.	1	
Hostalets.	1	
Bezgos.	1	
Cervera.	0	3/4
Tarrega.	2	
Villagrasa.	0	1/2
Bellpuig.	1	1/2
Golmes.	1	
Mollerusa.	0	3/4
Sidemunt.	1	
Bell-Lloch.	0	3/4
Lérida.	2	1/2
Alcarras.	2	
Fraga.	3	
Venta de Fraga.	2	
Candasnos.	2	
Peñalba.	1	
Bujaraloz.	2	
Venta de Santa-Lucia.	3	
Osera.	3	
Alfajarin.	2	
Puebla.	1	
Saragosse (*Zaragoza*).	3	

Garrapinillos............	2	
La Muela...............	2	
Venta de la Romera........	2	
Almunia...............	3	
Frasno................	3	
Calatayud..............	3	
Ateca.................	2	
Bubierca..............	2	
Alhama...............	1	
Cetina................	1	
Ariza.................	2	
Huerta de Ariza..........	1	
Arcos.................	2	
Lodares...............	2	1/2
Alcolea del Pinar.........	3	1/2
Sauca.................	1	1/4
Torremocha............	1	1/2
Algora................	1	1/2
Almadrones............	1	1/2
Venta del Puñal..........	1	1/2
Granjanejos............	1	
Trijueque..............	2	
Torija................	1	
Valdenoches............	1	1/2
Taracena..............	0	3/4
Guadalajara............	0	3/4
Arroyo de Benalaque......	1	
Venta de San-Juan........	0	3/4
Parador del Conde........	1	
Casa de Postas..........	0	1/4
Parador del Emin........	0	1/4
Alcala de Henares........	1	1/4
Arroyo de Torote........	1	1/4
Torrejon de Ardoz........	1	
Puente de Viveros........	1	1/4
Canillejas.............	1	
Venta d'el Espiritu-Santo....	0	1/2
MADRID...............	0	1/2

Description de la route.

De *Paris* à *Perpignan*, voyez le *Guide du Voyageur en France*, de RICHARD.

PERPIGNAN (Pyrénées-Orientales).—*Hôtels* : de l'Europe, du Petit-Paris, du Luxembourg, du Midi.— Ville du Xe siècle, construite sur les ruines du *Flavium Eprusum*. C'est le chef-lieu du département, avec préfecture, évêché, séminaire, université fondée en 1340, collége, musée, jardin botanique, pépinière, bergerie nationale, haras, tribunaux, bibliothèque publique, théâtre. Elle est située sur la rive droite de la *Tet*, partie dans une plaine, et partie sur une colline peu élevée.—CURIOSITÉS. La citadelle, assise majestueusement sur une éminence qui domine la place ; l'ancienne bourse ou loge de Perpignan, qui porte le caractère du gothique fleuri. On remarque l'église Saint-Jean, la cathédrale gothique, dont la voûte est d'une hardiesse admirable ; l'ancien local de l'université, le palais de justice, l'hôtel-de-ville, les places de la Loge, d'Armes, de la Liberté, les hôpitaux Saint-Jean, et de la Miséricorde, les fortifications. etc.—COMMERCE. Vins de *Rivesaltes*, d'*Espéra*, de *Malvoisie*, de *Maccabeu*, de *Grenache*, huile, eaux-de-vie, etc.—*Pop.* 23,000 hab.

EXCURSIONS.— RIVESALTES, renommé par ses vins muscats, est à 1 myr. N. de Perpignan.—*Pop.* 3,800 hab.

CÉRET, à 2 myr. S.-O., a un pont magnifique d'une seule arche, et possède une sous-préfecture, tribunaux, caserne et une jolie fontaine.—*Pop.* 3,600 hab.

FORT-LES-BAINS, petit fort à 7 kil. de Céret, au pied duquel se trouve le village des

BAINS D'ARLES.— C'est un établissement fréquenté par les personnes affectées de rhumatisme, de sciatique, de paralysie. Les bâtiments sont grandioses ; le gouvernement y a fait construire un bel hôpital militaire.

MOYENS DE LOCOMOTION. De *Perpignan*, diligences tous les jours pour *Barcelone*.—Départ, 3 h. du matin.—Temps du parcours, 27 heures.

Prix des places : Coupé. . . . . 34 f. 20 c.
Intérieur. . . 25   80
Banquette. . . 18   40

En sortant de Boulou, on passe le *Tech*, dont le lit est fort large, et quelquefois dangereux. Quand la saison n'est pas orageuse, les voitures et les bestiaux peuvent le passer à gué, et les piétons sur des espèces de radeaux, ou bien dans des barques. Alors, on commence à gravir les Pyrénées, par une pente douce, mais dont l'escarpement augmente à mesure qu'on avance ; cependant le chemin continue d'être beau, large, et bien garanti le long des précipices par de bonnes murailles.—Après trois heures de marche, on atteint le sommet de la montagne, qu'on passe en traversant le *col du Pertus*, l'ancien *Pertus* des Romains ; le *château de Bellegarde*, bâti sur une haute montagne isolée, en défend le passage. Il y a là un bureau d'inspection pour les passeports, et un corps-de-garde.— Non loin, on trouve un pont qui sert de séparation entre la France et l'Espagne : les limites des deux États étaient marquées par des colonnes qui ont été abattues pendant la guerre de 1793. Quand vous avez passé ce pont, vous êtes en Catalogne.

CATALOGNE.

Aperçu géographique, statistique et agricole de la Catalogne.

La principauté de Catalogne (*Cataluña, Gothalunia*) occupe la partie N.-E. de la péninsule ; sa forme est triangulaire, ayant la Méditerranée pour base ; c'est une des plus belles et des plus riches provinces de la monarchie espagnole ; elle contient environ 1,200 l. carrées et une population de plus d'un million d'habitants. — Son littoral peut avoir une étendue de 68 l., mais on y rencontre peu de bons ports. L'aspect du sol offre des montagnes et des plaines ; les hautes chaînes se trouvent vers le N.-O., et sont couvertes de neige; les autres, moins élevées, sont couvertes de bois, et les vallées d'une riche verdure, qu'entretiennent de jolis cours d'eau. Cette partie des Pyrénées, qui sert de limites entre la France et l'Espagne, offre des passages très-pittoresques et bien connus des contrebandiers. Une seule grande route conduit à *Perpignan* par *Gerona*; des deux autres, qui sont bonnes, l'une mène à Madrid par Saragosse, et l'autre à *Valence*. Il est maintenant question de faire une nouvelle route carrossable de *Barcelone* à *Madrid*, par *Mora del Ebro* et *Molina de Aragon*, en sorte que le chemin se trouverait considérablement raccourci. On a également construit un chemin de fer entre Barcelone et *Mataro*. Il aboutira plus tard jusqu'à la frontière de France.

AGRICULTURE. De toutes les provinces de l'Espagne, c'est la Catalogne qui offre le plus d'activité et d'industrie, soit qu'elles se portent sur le commerce, sur les manufactures ou sur l'agriculture. Un sol ingrat, coupé par des montagnes et des rochers, devient productif, même fertile, sous les mains des laboureurs catalans. Ils portent la culture jusque sur des rochers escarpés, et peu à peu on y voit paraître des champs fertilisés. Les paysans catalans excellent surtout dans l'art de l'arrosage; les canaux, qu'ils multiplient, secondent merveilleusement leurs travaux. Plus que tout autre, le cultivateur de cette contrée sait tirer parti des nombreux cours d'eau qui baignent son sol.

Les principales rivières, qui toutes vont se perdre dans la Méditerranée, sont la *Fluvia*, près de Figueras; le *Ter*, près de Gerona; le *Llobregat*, près de Barcelone; le *Francoli*, près de Taragona, et enfin l'*Ebre* et ses nombreux tributaires, près d'Amposta.

La Catalogne abonde en vins très-estimés, en fruits de toute espèce, huile, blé, maïs, chanvre, lin, légumes, riz, amandes, avelines, châtaignes, figues, oranges, etc. Les oliviers y sont très-nombreux; ils rendent, année commune, plus de 140,000 fr. de revenu. Le produit des noix peut s'élever à la même somme.

MANUFACTURES ET FABRIQUES. Les Catalans ne se contentent pas de bien cultiver la terre; de plus, ils savent mettre en œuvre les matières premières que cette mère nourricière leur fournit : aussi trouve-t-on dans cette province de florissantes et nombreuses fabriques d'*étoffes de soie, de taffetas, mouchoirs et ceintures de soie, gaze de soie, bas de soie, coton et laine, ceintures et couvertures de laine, ratine, gros draps, serge, bure, draps fins, toile, dentelles et blondes, rubans et rets de fil, rubans et galons en soie, rubans de filoselle, filatures de coton, indiennes, chapeaux, verres blancs, eau-forte, armes à feu, papier*, dont on porte le produit à 480,000 rames; le prix moyen est de 8 fr. la rame. On estime que le produit total est de 3,840,000 fr. Les eaux-de-vie donnent 35,000 pipes tous les ans, ce qui, à raison de 180 fr. la pipe, produit 6,300,000 fr.

Le commerce de cette active province n'offre pas de résultats moins heureux ; le superflu de son produit territorial et de ses nombreuses manufactures est exporté en France, en Angleterre, en Italie, en Hollande, en Amérique, etc.

Ces notions statistiques sur la Catalogne, extraites des derniers calculs, ne sont peut-être pas d'une rigoureuse exactitude, mais ils suffisent pour donner au voyageur une idée juste de l'importance agricole et industrielle de cette province.

ROUTES, VOITURES ET AUBERGES (*posadas*). D'après le riant tableau que nous venons de tracer des richesses territoriales et industrielles de la Catalogne, on devrait s'attendre à trouver de l'harmonie dans tout ce qui peut contribuer aux progrès soit de l'agriculture, soit du commerce et du bien-être général ; cependant les routes sont toutes, sauf quelques améliorations opérées depuis ces dernières années, généralement mauvaises et mal entretenues. Les chemins vicinaux sont encore plus mauvais, souvent même impraticables. Mais si le voyageur a à se plaindre des routes, il trouve au moins une compensation dans les auberges qui, en général, sont très-multipliées et assez bonnes, chose rare dans les autres parties de la péninsule.

On voyage en Catalogne, comme dans le reste de l'Espagne, dans des carrosses (comme nous l'avons indiqué dans l'introduction) traînés par six mules, appelés *coches de Calleras*, dans des *calechas*, cabriolets tirés par deux mules, et dans des *volantes* tirées par une seule mule. Ces voitures font environ huit lieues par jour.

SCIENCES ET ARTS. Les sciences et les arts libéraux sont peu cultivés en Catalogne. Le génie des habitants s'est dirigé principalement vers les arts utiles, et vers ceux qui sont relatifs aux manufactures et au commerce maritime. Ils n'ont jusqu'ici rien inventé ; ils sont d'actifs imitateurs de ce qui se fait dans les autres pays.

CARACTÈRE, MŒURS ET COUTUMES. Les Catalans ne sont ni Français ni Espagnols. Ils forment un peuple distinct, tant sous le rapport du langage que sous celui des mœurs et des coutumes.

Les Catalans ont de l'âpreté dans le caractère, de la rudesse dans l'expression, de la véhémence dans les actions, de la brusquerie chez ceux qui n'ont point été polis par l'éducation ; ils sont d'infatigables travailleurs, et ont horreur de l'oisiveté ; l'activité de leur génie les porte partout où il y a quelque chose à gagner. Ils sont braves, courageux et même téméraires. Leurs navires couvrent presque toutes les mers, et portent leur commerce jusqu'aux pays les plus lointains ; la pêche aussi leur procure de grands bénéfices.

La langue catalane est dure, âpre et sèche dans sa prononciation ; elle exprime souvent avec peu de grâce et de délicatesse les sentiments les plus doux et les plus passionnés. Les Catalans ont aussi une monnaie locale, des poids et mesures différents de ceux des autres parties de l'Espagne, ce qui embarrasse fort l'étranger.

Après avoir franchi le *Col de Pertus*, la route suit la pente sud des Pyrénées, et traverse une plaine dans laquelle est située

LA JUNQUERA, bourg, avec une église paroissiale assez jolie, et une *posada* peu confortable. — C'est dans cette localité que se trouve le premier poste de la douane espagnole.

Au sortir de La Junquera, la route, de bonne qu'elle était, devient tortueuse, remplie de gorges plus ou moins profondes, et couverte de pierres.—Après deux heures de marche, et avoir cinq ou six fois traversé le cours sinueux du *Llobregat*, on arrive à

HOSTAL-NOU, c'est-à-dire la maison neuve ; on passe alors la rivière de *Muga* sur le pont de Molins. Ici, une plaine immense s'offre aux yeux des voyageurs ; des arbres à fruits, des oliviers, y forment une épaisse forêt ; le blé, le riz, les légumes couvrent le sol ; tout est beau, riant et fertile.

A l'extrémité de cette belle plaine, qu'on parcourt pendant une lieue, on arrive à

FIGUERAS, ville et place forte située au milieu d'une plaine couverte d'oliviers, d'arbres à fruits, riz, blé, etc.; ses rues sont assez larges, et sa place carrée, entourée de galeries couvertes, serait très-belle si les maisons qui la forment étaient mieux bâties.

C'est dans l'église paroissiale de Figueras que Philippe V épousa, le 3 novembre 1701, Marie-Louise de Savoie ; mais Figueras est surtout célèbre par sa citadelle ou château de *San-Fernando*, superbe édifice qui peut être comparé, soit sous le rapport de la magnificence, soit sous celui de la solidité, aux plus beaux ouvrages des Romains. Cette forteresse, peut-être unique en son genre, fut construite en 1786, sous le règne de Ferdinand VI, dont elle porte le nom.—De forme pentagonale, elle est taillée dans la roche vive, et élevée d'après les principes de Vauban. Tous les bâtiments sont à l'épreuve de la bombe, et les avenues qui y conduisent sont minées. On y trouve un arsenal, des casernes qui pourraient contenir 16,000 hommes, un hôpital, une église, etc. Elle tomba au pouvoir des Français, en 1808 ; les Espagnols la reprirent en 1811 ; le 19 août même année les Français s'en emparèrent de nouveau, et la conservèrent jusqu'en 1814 ; et le 29 septembre 1823, l'armée, sous les ordres du duc d'Angoulême, y entra après un blocus de cinq mois. Cette forteresse, située au point central des voies de communication, devrait être la clef de la frontière ; mais, comme on vient de le voir, il n'en est rien ; aussi les Espagnols remarquent-ils avec beaucoup de justesse que cette belle citadelle ne leur appartient qu'en temps de paix. — Popul. 7,500 hab.

L'argent de France a cours à Figueras ; on le reçoit dans toutes les boutiques, ou si le voyageur perd, ce n'est le plus souvent qu'un réal ou 22 centimes 1/2 par napoléon ; mais à mesure qu'il avance dans le pays, la perte devient plus considérable ; il doit changer son argent de France contre celui d'Espagne.

Nous lui rappellerons que la monnaie espagnole la plus commode est le *duro*.

COMMUNICATIONS. De *Figueras*, une route solitaire et pittoresque conduit à *Rosas*, sur le golfe du même nom, passant par

    Castellon de Ampuras. . . . 2 l. 1/2
    D'Ampuras à Rosas. 1 1/2

En quittant Figueras, la route suit une direction E. le long du littoral du golfe de *Rosas*, et après environ deux heures de marche au milieu d'un pays riche en beaux sites, on arrive à

Castillon de Ampuras, autrefois colonie importante, fondée par les Phocéens 550 ans avant Jésus-Christ, et descendue maintenant au rang d'un misérable village occupé par de pauvres pêcheurs.

En quittant cette localité, une jolie route, qui longe le riant rivage du golfe, conduit à

ROSAS (Roses), l'ancienne Rhodos des grecs, petite ville assez mal construite, avec une longue rue formée de maisons blanches, une citadelle, un port heureusement situé pour le cabotage et la pêche ; son église est assez jolie, et ses chantiers assez renommés pour la marine marchande.

Les Français se rendirent maîtres de cette place en 1794, sous les ordres du général Pérignon, et en 1808 sous les généraux Reille, Souham et Saint-Cyr.

De Rosas, en traversant le promontoire *Cabo de Creux* et l'emplacement du temple de Vénus, une route solitaire, qui longe le littoral, conduit, par *Cervera*, en France et à

Port-Vendres, port où touchent les bateaux à vapeur qui vont de Marseille à Cadix et réciproquement.

Reprenant la grande route de Madrid, nous arrivons, après une heure de marche, par un chemin assez mauvais, au village insignifiant de *Santa-Llogaya*, et plus loin à la rivière de la *Fluvia*, qu'on traverse à gué, ou dans un mauvais bac quand les eaux sont fortes. Le roi Ferdinand traversa cette rivière, le 24 mars 1814, à son retour de France, lorsqu'il rentra dans ses États.

Laissant le bourg de *Bascara*, on arrive au col d'*Orriols*, ensuite aux villages de *Villa-de-Muls* et de *Medina*; de là, au pont *Mayor*, sur lequel on passe le *Ter*. Deux longues files de maisons forment ici ce qu'on appelle le village de *Pont-Mayor*, mais qu'on pourrait considérer comme un des faubourgs de Gérone.

GÉRONE ou GIRONE, ville et place de guerre, située sur le versant et au pied d'une montagne escarpée. Le Ter arrose la partie basse, et y reçoit l'Oña. Cette ville, qui était entourée de très-fortes murailles, est protégée par deux forts, dont le plus important, appelé Mont-Jouy, occupe le sommet de la montagne. Le plan de Gérone est d'une forme presque triangulaire. Les rues sont étroites, tortueuses, mais propres et bien pavées; les maisons sont en général bien construites.—*Auberges* : la meilleure est la Poste.

Gérone offre un séjour triste et monotone. On n'y trouve ni société, ni spectacle, ni aucun genre d'amusements.

Cette cité est le siége d'un évêque suffragant de Tarragone; elle possède une cathédrale, un hospice, un collége, un séminaire, une bibliothèque publique, un théâtre, etc. Popul. 6,500 hab.

Parmi les édifices religieux, on remarque la cathédrale, reconstruite en 1316; l'extérieur de ce temple est magnifique : un superbe escalier de 86 marches conduit au portail de style gréco-romain; la tour du beffroi, de forme hexagonale, est seule terminée, et de son sommet la vue s'étend sur un riche panorama. Avant de pénétrer dans l'intérieur, il faut visiter la *Puerta de los Apostoles* (Porte des Apôtres) : les statues en terre cuite dont elle est ornée datent de 1458. L'intérieur de l'église est simple et grandiose. Il ne se compose que d'une seule nef. Les *silleria del coro* (stalles du chœur), datent du commencement du XVIe siècle. On y remarque le trône épiscopal, l'autel isolé, qui appartenait à l'ancienne église, les peintures de l'autel, et quelques figures émaillées, de 1038. Le beau retable et le tabernacle à colonnes, de *Pedro Benes*, qui étaient d'argent massif, et enrichis de matières précieuses, ont disparu dans les diverses invasions. Les tombeaux de Ramon Berenguer II et de sa femme Ermesendis datent de 1058, ainsi que celui de l'évêque Bernardo de Amplasola. Il faut aussi visiter la *sala Capitular* et les cloîtres. Le *cementerio de los Negros* renferme quelques anciennes inscriptions, et les archives quelques vieux manuscrits et une bible écrite en 1374 par Bernardin Mutina, pour Charles V de France, qui est à tort attribuée à Charlemagne.

La Colegiata de San-Feliu (Collégiale de Saint-Félix). On y arrive par un bel escalier flanqué de deux tours polygonales, dont l'une est surmontée d'une flèche gothique d'une grande légèreté. Cet édifice, qui servait autrefois de forteresse, renferme deux reliques, l'une est la tête de san Feliu et l'autre le corps de san Narciso; qui fut évêque de Gerona de 304 à 307. La légende de ces deux saints est fort curieuse. (Voyez Padre Roig et Ribad.)

San Narciso est enterré dans une superbe chapelle moderne construite en 1782, par l'évêque Lorenzana ; mais son tombeau, avec son histoire en relief sur les quatre côtés, date de 1328.—A droite du presbytère, se trouve un sarcophage fort simple érigé à la mémoire de Mariano Alvarez, qui défendit vaillamment Gerona, en 1809. Le tombeau de san Feliu, près de l'autel, paraît être un sarcophage romain grossièrement taillé; il est orné d'un groupe de figures. La tête du saint est renfermée dans une boîte d'argent. San Feliu, martyrisé dans le IVe siècle, fut honoré du temps des Goths ; il est encore appelé l'apôtre de Gerona. Ne quittez pas ce lieu sans jeter un coup d'œil sur quelques anciennes inscriptions de style lapidaire, qui datent des XIIe et XIIIe siècles, et sur deux bas-reliefs romains représentant l'un une chasse au lion, l'autre une naissance de l'Aurore.

Visitez aussi le *couvent des capucins*, où se trouve un bain moresque dont l'architecture est de la plus grande beauté. C'est un pavillon léger s'élevant d'un stylobate octangulaire.

COMMERCE. Gerona est peu commerçante; son industrie consiste dans quelques fabriques de bas, de grosse toile et d'étoffes de laine et coton; mais elle est fameuse par les sièges nombreux qu'elle a soutenus vaillamment à différentes époques, surtout ceux des années 1808 et 1809. Le dernier, dans lequel elle succomba, coûta à l'armée française neuf mois de travaux pénibles et beaucoup d'hommes. La ville ne se rendit que lorsqu'elle eut sept brèches ouvertes et que la garnison, de 14,000 hommes, se trouva réduite à 4,000. — On estime que les Français lui envoyèrent 60,000 boulets, 22,000 bombes, et perdirent au moins 15,000 hommes.

De *Gerona*, deux routes conduisent le voyageur à *Barcelone* : l'une, qui est la route de poste, est appelée route d'en haut; l'autre, qui se rapproche de la mer, est appelée route d'en bas ou de la Marine. Celle-ci est beaucoup plus pittoresque que l'autre; elle présente une suite délicieuse et non interrompue de plaines, de collines, ayant d'un côté la mer aux ondes azurées, et de l'autre un pays riche et varié. C'est un paysage charmant, où l'aloès encadre d'une haie impénétrable le jardin de chaque ferme. Les chaumières sont propres et commodes. La pauvreté et la paresse sont inconnues dans ce riant district. Toute la population est occupée, les femmes à tricoter, le paysan à bêcher la terre, et le pêcheur à préparer ses filets et son pittoresque bateau. L'activité les rend tous heureux, et l'industrie les enrichit.

Mais si vous quittez ce petit district maritime pour avancer dans l'intérieur, la scène change : le sol est toujours riche, mais rien de plus triste que l'aspect des habitations de la campagne. La moitié a été démolie pendant les dernières guerres, et elles n'ont pas encore été reconstruites; la misère des habitants ne leur a pas permis jusqu'à ce jour de réparer celles que le canon avait démantelées.

ROUTE 2.—DE PARIS A MADRID.

La première section de cette route est la moins attrayante, on passe à

GRANOTA, petit et pauvre hameau, avec une médiocre posada.—Sur la gauche, on aperçoit

BLANIS, petit port à l'embouchure de la Tordera, défendu par un château. Son église est assez bien bâtie. On y trouve des fabriques de cuirs et des tanneries. C'est la patrie de l'historien Gasper Roig y Yalpi, qui a écrit l'histoire de Gerona, et la vie et les miracles de san Feliu et san Narciso.

Ensuite on traverse la Tordera, que l'on peut quelquefois passer à gué; mais pour peu qu'il pleuve il faut la passer en bateau.

Cette rivière franchie, on entre dans

TORDERA, bourg situé sur la rivière de ce nom. On y fabrique des ancres et de l'eau-de-vie. Les femmes et les filles font de la dentelle. Popul. 1,900 hab. environ.

La route continue à suivre une direction S. jusqu'à

CABELLA, petite ville qui fait partie de la province de Barcelone, partido judiciaire de Arenys et du diocèse de Gerona, avec 3,100 hab.

ARENYZ DE MAR, petite ville assez bien bâtie, avec un bon port pour les petits bâtiments, chef-lieu de partido, diocèse de Gerona.—Voyez son église paroissiale.—INDUSTRIE. Glaces, miroirs, savon, eau-de-vie, tissus de coton, vert-de-gris, dentelle. Popul. 4,800 hab.

La route suit toujours les riants et fertiles rivages de la mer jusqu'à

MATARO, où nous entrons par une jolie route, dans laquelle se trouvent presque toutes les auberges de la ville; celle de la *Diligence* est la meilleure.

Mataro, ville ancienne ayant le titre de cité depuis 1801, s'élève dans une belle situation, sur les bords de la mer, à l'extrémité d'une petite plaine très-fertile, entourée d'une chaîne de montagnes couvertes de bois. Mataro peut être divisé en deux parties distinctes : la ville vieille, placée sur une éminence, conserve encore son enceinte, ses murailles et ses portes. Ses rues sont étroites, mais moins tortueuses que celles de beaucoup d'anciennes villes d'Espagne : la plus grande, qui la traverse, et qu'on nomme *la Riera*, est belle, large, droite, assez bien bâtie, et arrosée par un petit ruisseau bordé d'un rang d'arbres. Cette partie est habitée par la classe la plus élevée de la société.

La nouvelle ville, qui fut peut-être un faubourg de l'ancienne, est beaucoup plus considérable, mieux percée, et mieux bâtie. Elle s'étend jusqu'à la mer. Ses rues sont larges, longues et droites, ses maisons agréables, simples, et la plupart ornées de peintures à fresque. Son étendue augmente tous les jours. Cette partie est peuplée de marins et habitée par la classe dont l'industrie se rattache au commerce maritime. Des savants croient que cette ville est l'antique *Illuro* de Ptolémée et de Pomponius Mela. Son nom actuel lui vient des Maures. Les campagnes qui l'entourent sont très-fertiles et bien cultivées.

CURIOSITÉS. L'*église paroissiale*, où se trouve (où du moins l'on voyait il n'y a pas longtemps) deux beaux tableaux de *Viladomat*, dont l'un représente saint Jacques à cheval terrassant les Maures ; deux pavés en mosaïque, et plusieurs tombeaux, sur l'un desquels est une lampe sépulcrale très-curieuse, représentant OEdipe devinant les énigmes du sphinx, aux pieds duquel on voit épars les membres des malheureux qu'il a immolés.—La vieille église de *San-Miguel de Mata*, d'où quelques auteurs font dériver le nom de la ville.—Cette antique cité est propre, bien arrosée et défendue par un bon château construit sur une éminence hors de la ville.

INDUSTRIE ET COMMERCE. L'agriculture occupe le premier rang, tant par son importance que par les savants travaux auxquels elle a donné lieu. Mataro possède des manufactures d'indiennes, de cotonnades, de dentelles, de savon, de bas de soie, de coton, de toile à voiles, des distilleries d'eau-de-vie, des tanneries, et des fabriques de tout ce qui concerne la navigation. Son port, déjà très-bon, pourrait encore recevoir de grandes améliorations.

On trouve dans les environs de cette industrieuse cité des eaux médicinales très-salutaires et très-renommées, mais peu fréquentées. Popul. 13,400 hab.

La route qu'on suit en sortant de Mataro est aussi belle que celle qui nous y a conduits ; elle ne quitte presque pas le rivage de la Méditerranée, qui se trouve à notre gauche. A droite, s'étend une contrée verte et fleurie que bornent de jolis coteaux couverts d'arbres à fruits et parsemés d'habitations champêtres. Nous passons par les villages de *Cabrera*, de *Vilasar de dalt*, et de *Premia de dalt*, qui se dessinent de loin sur les hauteurs ; bientôt on arrive à *Vilasar de baix*, situation charmante, sol fertile et bien cultivé.—Continuant au milieu de riches paysages, nous arrivons à

MASNOU, petite ville située sur la Méditerranée, diocèse de Barcelone, et partido judiciaire de Mataro ; sa fondation est très-ancienne. Sa population, qui s'élève à 3,400 hab., se livre principalement au commerce maritime.

Vient ensuite *Mongat*, village avec un château situé sur une éminence, qui protége la côte.

Continuant toujours à longer la mer, sur une belle route et à travers un beau pays, le voyageur arrive à

BADALONA, petite ville maritime, défendue par une citadelle. Le comte de Peterborough et l'archiduc Charles y abordèrent en 1704.—CURIOSITÉS. L'église paroissiale, fort ancienne, construite sur des fondations romaines ; beaucoup d'antiquités ont été trouvées dans cette localité, mais bien peu ont été conservées.—INDUSTRIE. Cabotage, pêche, eau-de-vie, dentelles, etc. Popul. 3,800 hab.

Bientôt vient le *Bezos*, qu'on traverse ordinairement à gué. Ici le voyageur doit agir avec beaucoup de précaution, car le passage de cette rivière est souvent dangereux.

A mesure que nous avançons vers Barcelone, le panorama s'agrandit ; le pays offre toutes les richesses que la nature accorde aux terrains que l'industrie humaine sait féconder ; la scène est animée ; des cultivateurs actifs sont répandus dans les champs, et les routes sont couvertes de voitures et de bestiaux.

Une suite nombreuse de jolies maisons de campagne annonce qu'on approche de Barcelone, et bientôt cette noble et riche cité déploie majestueusement ses beaux et nombreux édifices; dans le fond de ce tableau magnifique, on aperçoit la montagne de Montjouich. On entre dans la ville par la porte neuve dite *Porte de France*.

BARCELONE (*Barcelona*) est certainement la ville la plus belle, la plus manufacturière et la plus commerçante d'Espagne; elle est, selon quelques auteurs, supérieure à Madrid. La *Rambla* sépare la vieille ville de la nouvelle: c'était autrefois un petit cours d'eau appelé la *Reira den Malla*; maintenant c'est une charmante promenade, ombragée par de beaux arbres, le rendez-vous de la haute société, et le *Corso* du carnaval si renommé de Barcelone. C'est sur cette riante promenade, qui rappelle les boulevarts de Paris, que se trouvent les meilleurs hôtels; c'est donc là que le voyageur doit prendre son logement : on y trouve le théâtre, l'administration des postes, les diligences, le bureau des passeports, et les plus beaux magasins.

Peu de jours suffisent au voyageur pour visiter Barcelone. C'est à Noël et au jour de l'an qu'on s'y amuse davantage. A cette époque, on danse partout; on mange des espèces de gaufres appelés *neulas*, et des gâteaux d'amandes (*turrones*), fort renommés. Le 17 janvier, fête de san Antonio Abad, patron des Bas-Catalans, les muletiers et les ânes accomplissent la *tres toms*, procession qu'on fait trois fois autour de l'église de ce saint. Le costume des muletiers est singulier et fort curieux. Le 12 février a lieu la fête célèbre de santa Eulalia; alors toute la population quitte la ville pour aller dîner à *Sarria*, et se livre ensuite aux plaisirs de la danse et du jeu de bague (*sortija*).

Le carnaval de Barcelone (*las carnes tolendas*) est à l'Espagne ce qu'est celui de Rome à l'Italie; alors la *Rambla* est couverte de masques. Le premier jour de carême, la population sort de la ville pour aller célébrer les funérailles du carnaval. Il faut aller le soir à la *Puerta del Angel*, pour jouir d'un spectacle vraiment curieux, du retour de cette joyeuse troupe : ici le costume et les mœurs des Catalans, hommes et femmes, se dessinent d'une manière pittoresque.

Toutes les autres grandes fêtes de l'église et des saints patrons de la ville sont célébrées avec la plus grande magnificence, et présentent un puissant intérêt à l'étranger, parce que dans ces belles solennités le caractère, le costume et les usages nationaux se montrent sous toutes leurs formes.

BARCELONE (*Barcelona*), capitale de la principauté de Catalogne et de la province de ce nom, est l'une des principales villes de l'Espagne ; elle existait déjà du temps des Romains : elle avait été fondée par les Carthaginois, qui lui donnèrent le nom de leur général *Amilcar Barca*. Sa situation, son étendue, sa nombreuse population, qui dépasse 120,000 hab., la richesse de ses campagnes, l'industrie de ses habitants, son commerce et son opulence, la rendent célèbre. Elle est située au bord d'un bassin formé par un prolongement des Pyrénées, dans une position favorable au commerce étranger. Son port, vaste et commode, est un des plus fréquentés de l'Europe ; on y compte quatorze consuls étrangers.—La ville est divisée en deux parties inégales par un cours orné de quatre rangs d'arbres (la *Rambla*). Son enceinte est défendue, du côté de la mer, par une muraille de 380 pieds de long, 50 de haut, et 48 d'épaisseur ; elle forme la belle promenade nommée *Muraille de la Mer*. Du côté de la terre, elle est protégée par une citadelle située à la pointe N.-E., et par le fort de *Montjouich*, construit sur le sommet d'une montagne, à la pointe S.-E. La citadelle et le fort peuvent contenir une garnison de 9 ou 10,000 hommes. Les fossés sont larges et profonds.

Dans l'ancienne ville, les rues ne sont point belles ; la plupart sont étroites et tortueuses ; mais la démolition d'un grand nombre de couvents et les reconstructions changent chaque jour l'aspect de cette antique cité.

La nouvelle ville possède de belles rues ; nous citerons la *Carrera ampla*, large et bien bâtie ; la *Puerta Ferissa*, le *Riera* de *San-Juan*, de *San Pere me baix*, de *San-Pere me salt*, de *la Canu da del pi*, de *Saint-Paul*, des *Carmes*, de *Saint-Antoine*, et principalement la nouvelle rue du *Conde-del-Assalto*, qui, bien alignée et très-longue, conduit de la *Rambla* au rempart.

Barcelone est le siége d'un évêque suffragant de l'archevêché de Taragone, la résidence du capitaine général, de l'intendant politique, le siége des royales audiences, d'un gouverneur civil et militaire, et de toutes les administrations civiles et militaires de la province.

Autrefois Barcelone possédait 82 églises, 26 couvents d'hommes, 18 de femmes, et plusieurs autres confréries ; mais beaucoup de ces maisons religieuses ont entièrement disparu, et les édifices qui leur étaient affectés ont changé de destination.

ÉTABLISSEMENTS D'UTILITÉ PUBLIQUE. Parmi le six hôpitaux que renferme cette riche cité, nous mentionnerons l'*Hôpital général*, où l'on reçoit les pauvres et les enfants. On y occupe les femmes et les filles à tricoter et à faire de la dentelle, et les hommes à carder ou à peigner le chanvre, la laine, le coton, et à fabriquer des tissus. On y compte ordinairement 13 à 1,400 pauvres. Cet établissement est très-bien dirigé.

Un autre établissement, quoique très-différent du premier, n'en mérite pas moins d'être cité ; c'est la *Carcel nueve* (nouvelle prison), construite dans les années 1838 et 1840. Cet édifice, vaste et bien distribué, renferme les jeunes condamnés auxquels on apprend à lire et à écrire. Dans la *Sala de Declaracion*, le juge, placé derrière une grille, écoute sans être vu la confrontation du prisonnier avec l'accusateur, qui seul connaît la présence du juge.—La *Casa de Caridad* (maison de charité), fondée en 1799, où plus de 1,000 pauvres, hommes, femmes et enfants, sont utilement occupés.—Le *Presidio*, maison de détention établie sur une large échelle et bien préférable aux établissements du même genre qu'on trouve dans d'autres pays. Pendant leur détention, les prisonniers apprennent différentes professions et reçoivent la moitié du bénéfice que procurent leurs travaux, une partie de suite, qu'ils dépensent en tabac et autres petites nécessités ; l'autre, qui leur est remise au moment où ils deviennent libres, en sorte qu'ils peuvent rentrer dans le monde, à défaut de bonne réputation, avec quelques moyens d'existence, ce qui les met à même de devenir honnêtes en leur évitant la nécessité de commettre de nouveaux délits. L'autre moitié de leurs bénéfices reste pour défrayer l'établissement ; mais, nous devons le dire, on fait peu de chose pour améliorer le moral des prisonniers ; les punitions corporelles sont plus employées que le raisonnement et les enseignements religieux, de sorte que moitié de ces malheureux à peine revient à de bons sentiments.

INSTITUTIONS SAVANTES. L'université, le séminaire, l'académie des belles-lettres, une académie de médecine, une faculté de médecine et une de pharmacie, une académie historique, une de jurisprudence, un cabinet de physique, un lycée, une salle de lecture, un casino, une bonne bibliothèque nationale formée des débris des bibliothèques des couvents (ouverte au public tous les matins); la bibliothèque épiscopale, moins considérable que la première, et située sur la *Rambla* : elle renferme les archives de l'Aragon, qui se composent de 8,000 vol. in-folio, 20,000 manuscrits, 900 bulles papales, et un très-grand nombre de papiers authentiques et curieux.—Le nouveau *théâtre* est un assez bel édifice.

Pour se former une idée générale de Barcelone, il faut monter au sommet de la tour de la cathédrale. De ce point élevé, l'œil domine sur le vaste et riant panorama qu'offre l'antique cité. Ce sont d'abord les belles promenades si nombreuses à Barcelone, et surtout la Rambla, dans l'intérieur, qui se distingue entre toutes. Du côté de la terre, s'élève la *Muralla de Tierra*. Partant de la *Puerta de Santa-Madona*, et un peu au-dessous, sont situés les riches jardins de *San-Beltran*, ainsi que la route de Monjouich et les fontaines si fraîches de Trobada, Satalia del Gat, et de Pesetas. La route de Madrid débouche à la *Puerta San-Antonio* ; au-delà de cette porte, s'étendent des jardins et un terrain couvert d'une riche végétation, jusqu'à Sarria. De la *Puerta del Angel* part une belle promenade construite en 1824, par Campo-Sagrado, et qui conduit à Gracia. La route de France commence à la *Puerta*

Nueva. A gauche, s'étend un vaste terrain couvert de jardins et habité par une population nombreuse et active. A droite, s'élève la citadelle, et plus loin se trouve le *cementerio* (cimetière), avec ses monuments et sa chapelle bâtie par un Florentin nommé Ginessi. Près de la Puerta Nueva commence *el Paseo Nuevo*, ou *el Lancastrin*, du nom de son fondateur le duc de Lancaster. Toutes ces avenues sont couvertes d'un frais ombrage et garnies de bancs de pierre propres et commodes. Mais les néréides, les tritons, les bustes royaux qui ornent ces belles promenades, sont en général d'un travail médiocre. A l'autre extrémité, se trouve le jardin *del General*, tracé par Castaños, en 1816, orné de plates-bandes de fleurs, et d'étangs sur lesquels voguent majestueusement de superbes cygnes. La promenade sur le bord de la mer, espèce de terrasse appelée la *Muralla del Mar*, est la promenade à la mode; la haute société s'y réunit le matin et le soir. Dans l'hiver, le soleil du midi la réchauffe, et pendant les ardeurs de l'été, les douces brises de la Méditerranée la rafraîchissent.—La moderne *Plaza del Mar* s'ouvre au môle jusqu'à la *Plaza de Toros*. La *Plaza del Palacio*, est le rendez-vous des employés, des militaires et des commerçants.—Tous les environs que l'on aperçoit sont délicieux. —Visitez ensuite la *Platería* (rue des Orfèvres). Examinez la forme tout à fait classique et antique des bijoux et des ornements que portent les paysans; bien que d'un travail grossier, ils n'en sont pas moins très-curieux.—Le botaniste, l'ornithologiste et l'artiste ne manqueront pas de visiter le *Borne*, ou marché, situé derrière la *Santa Maria del Mar*. Là, des *payesas* (paysans), au costume pittoresque, leur vendront toutes sortes de fruits, de végétaux et d'oiseaux terrestres et aquatiques.—L'ichthyologiste n'oubliera pas de faire une visite au *Pescadería*, vis-à-vis la douane, où se vend une riche variété de poissons. —Le nouveau marché *Bocaría* est bâti sur un plan moderne, et occupe l'emplacement du couvent *San-José*.

ANTIQUITÉS ROMAINES. Celles qu'on rencontre encore se trouvent dans la vieille ville. La plupart ne consistent qu'en fragments plus ou moins défigurés depuis quinze siècles par le Goth, le Maure et l'Espagnol. On voit dans la *calle del Paradis* plusieurs colonnes qu'on suppose avoir appartenu à un aqueduc, dont il reste encore une arche dans la *calle de Capellans;* une seule maison en renferme jusqu'à six : on en voit une dans la cour, trois dans une chambre, et deux dans un grenier, où l'antiquaire devra monter. On prétend que ces colonnes ont appartenu aux tombeaux d'Hercule, Ataufus, etc.—La maison n° 15, qui se trouve en face de la *Puerta de Santa-Lucia* de la cathédrale, possède quelques inscriptions romaines et un beau sarcophage bien conservé, sur lequel sont sculptés des sujets de chasse ; ce sarcophage sert maintenant de fontaine. —On trouve encore dans la *Casa del Pinos*, place Cucurella, un beau marbre représentant une femme romaine, qu'on appelle ici Priscilla, et une tête de Bacchus. Les ornements de cette ancienne habitation méritent d'être visités, mais ils ont été badigeonnés d'une manière bien barbare.—Dans la maison du señor Bails, *calle San Pedro Baja*, se trouve un beau sarcophage servant aussi de fontaine.—Dans la *Academia de buenas-letras* existe une collection d'antiquités mutilées, de peintures médiocres, parmi lesquelles on distingue cependant une Proserpine.— La *calle de la Boqueria*, et celle de *Junqueras*, possèdent encore des égouts et des cloaques du temps des Romains.—Sur l'escalier de la *Gefatura Politica* est un pied de femme colossal, qu'on dit être celui d'une statue de Junon.

Dans l'église *San-Miguel*, se voit un pavé en mosaïque, bleu et blanc, provenant sans doute d'un temple de Neptune, et représentant des tritons et autres sujets marins ; mais cette mosaïque a été mutilée de la manière la plus barbare, en la couvrant d'escaliers, de pierres sépulcrales et autres constructions modernes. Cette église, d'une grande antiquité, a été restaurée en 1002. La façade paraît avoir fait partie d'un ancien *candelabrum*. Le portail principal, orné de la statue du saint titulaire, offre un mélange des styles normand et mauresque. On remarque les piliers carrés ornés de fleurs et de vases, ainsi qu'une inscription romaine qui se trouve dans l'un des murs.— Dans la *Fonda del sable*, se trouve un marbre sculpté qui date de la période de la décadence.—Dans la *calle de los*

Baños, on voit quelques vieux bains mauresques malheureusement aujourd'hui convertis en écuries.

ÉGLISES. Les églises de Barcelone sont en général très-anciennes ; quelques-unes sont d'un style gothique bizarre et élégant ; d'autres ont leur beffroi carré et polygonal.— La *cathédrale* (la Seu) s'élève sur la partie la plus vivante de la vieille ville ; elle occupe l'emplacement d'un ancien temple païen. Cette basilique offre un type de l'architecture religieuse catalane ; ses caractères prédominants sont l'élévation de son perron, les tours du beffroi, la hauteur de son toit, soutenu par de légers et élégants piliers, ses splendides vitraux peints, la colonnade semi-circulaire qui ceint le maître-autel, au-dessous duquel se trouve la chapelle souterraine. Tous ces détails offrent un ensemble très-remarquable. La principale façade, avec son hardi fronton peint en stuc, n'est pas encore terminée, quoique depuis trois siècles le chapitre prélève un droit sur chaque mariage pour son achèvement. Cette cathédrale, qui remplace celle bâtie par Ramon Berenguer I, fut commencée en 1298. Le chœur et les chaires sont d'un beau gothique ; le *retablo mayor* (grand retable) est composé d'une pierre à nuance sombre, avec des arches pointues et des ornements bleus et or ; les piliers qui l'entourent forment un encadrement ouvert semi-circulaire, produisant un effet élégant et gracieux ; de chaque côté, s'élève une colonne torse de marbre rouge supportant un ange avec une torche à la main. Les chapelles qui entourent l'autel, ainsi que cette suite d'arches dorées, sont à la fois délicates et originales. Dans la crypte qui est sous le maître-autel, se trouve la chapelle où l'on dit que repose le corps de sainte Eulalie, patronne de la cité.

« *Esta es Eulalia, la de Barcelona,*
« *De la rica ciudad, la joya rica!* »

Cette sainte fut mise à mort le 12 février 304, par Dacien ; alors son âme monta vers le ciel sous la forme d'une colombe, et en 878, son corps fut miraculeusement révélé à l'évêque Frodoyno, par le parfum qui s'en exhalait. Il prit ces précieux restes qui furent, à cette époque, transportés dans la cathédrale, et lorsque la chapelle dont nous venons de parler fut terminée (1339), ils y furent religieusement déposés le 6 juillet. Deux rois, trois reines, quatre princesses, des cardinaux, etc., assistaient à cette cérémonie; leurs têtes sculptées ornent l'entrée de cette chapelle. Les lampes d'argent qui éclairent cette sainte demeure, les vases sacrés de la cathédrale, qui étaient précieux par leur antiquité et le fini du travail, ont disparu par suite du malheur des temps. Une seule de ces richesses a échappé au naufrage; c'est le beau tabernacle ou saint-sacrement qui se trouve dans la sacristie, et qui mérite d'être visité.

Ramon Berenguer et sa femme reposent près de la sacristie. Leurs tombeaux furent restaurés en 1545.—A droite, en entrant, se trouve la chapelle de *san Oldegar*, où reposent les cendres de ce saint. Son tombeau est orné de bas-reliefs représentant le martyre de sainte Eulalie. San Oldegar était français et mourut en 1137. Son corps fut miraculeusement découvert 500 ans après dans un état parfait de conservation. Il fut canonisé par le pape Innocent XI, en 1675, et a toujours été depuis le saint tutélaire des Catalans.

Les deux tours de l'horloge et la grosse cloche de la cathédrale méritent d'être examinées.—Près de la porte d'entrée, se trouve le cloître, d'un gothique léger, orné de fresques un peu fanées, et dont la jolie cour est plantée d'orangers. Pénétrez dans l'intérieur, vous y trouverez des pierres sépulcrales très-curieuses datant des xiie, xiiie et xive siècles. Remarquez aussi les effigies sculptées des tailleurs avec leurs ciseaux, et celles des cordonniers avec leurs bottes; la *casa* de la corporation de ces derniers, couverte de symboles et ornée de l'image de san Marcos, leur patron, est au bas du grand escalier de la cathédrale. A droite de cet escalier est la gothique *Almoyna* (aumônerie).—De la cathédrale, deux pas vous conduisent à la *Plaza del Rey* et à l'ancien palais des rois goths, cédé à l'inquisition en 1487, par Ferdinand, et qui devint ensuite le palais du viceroi, puis un couvent, et enfin une prison.

Tout près de la cathédrale, s'élève la belle église de *Santa-Maria del Mar*, le second édifice religieux de Barcelone, érigé sur l'emplacement d'une chapelle des Goths. L'inscription qu'on lit près de la porte S. indique la date de sa reconstruction en 1328. Elle fut terminée en 1483. Son architecture est d'un style en général très-élégant, les piliers sont dégagés et élevés. Les vitraux peints sont très-riches en couleurs vertes, bleues et rouges. La stalle royale est en face de l'orgue surchargé d'ornements. Les légers piliers, qui forment un demi-cercle autour du maître-autel, méritent de fixer l'attention ; malheureusement ils ont été gâtés par de mauvaises décorations modernes.—A droite se voit une bonne statue de san Alejo, et derrière le chœur, quelques peintures par *Viladomat*, représentant la passion de Jésus-Christ.

L'église *San-Pablo del Campo* (Saint-Paul-des-Champs), ainsi appelée parce qu'elle était autrefois située hors la ville. Ce temple fut construit en 913, par Wilfrid II, comme l'indique une inscription placée dans le mur, près du cloître. Les détails d'architecture des piliers et des arceaux, de styles composite, normand et roman, sont d'un bel effet.

L'église *San-Pere de las Puellas* fut construite en 980, par le comte Sunario, dans le même style que San-Pablo, sur l'emplacement de l'ancienne église élevée par Louis-le-Débonnaire, et détruite par Al-Mansur. Les chapiteaux des piliers présentent des détails fort curieux. Il faut visiter cette sombre église pendant la messe pour y voir les femmes enveloppées dans leurs blanches *mantellinas* (mantilles), et qui produisent l'effet de morts dans leurs linceuls. —L'archéologue visitera l'église *Santa-Ana*, bâtie en 1146, par Guilermo II, patriarche de Jérusalém. Sa forme est celle d'une croix et une imitation de l'église du Saint-Sépulcre ; malheureusement le transept et le sanctuaire ont subi des transformations modernes.—Dans l'église *San-Jaime*, bâtie en 1394, on admire une belle nef.—L'église *San-Cucufat* fut reconstruite en 1297, à l'endroit où ce saint fut martyrisé. Son corps ayant été transporté à Saint-Denis, Louis-le-Débonnaire le rendit à Barcelone. Cette église a été reconstruite en 1827.—L'église *San-Just y Pastor* n'a qu'une seule nef, mais est fort belle : elle fut construite en 1345 sur l'emplacement d'une ancienne église. —L'église *San-Agustin*, bâtie en 1750, offre peu de richesses artistiques ; mais elle est l'objet d'une grande vénération de la part des habitants.—L'église *Santa-Maria del Pi*, surmontée d'une tour, est remarquable par sa nef et son beau portail; elle date de 1380.—Dans la *Capilla San-Miguel* repose Antonio Viladomat, le seul peintre dont la Catalogne puisse se glorifier ; il naquit en 1678 et mourut en 1756. Son style est simple, son dessin correct, et son coloris naturel et riche. On ne trouve guère ses ouvrages qu'à Barcelone, encore ne jouissent-ils pas d'une grande faveur dans cette cité mercantile. Les plus beaux ouvrages de ce peintre sont au nombre de vingt, représentant la vie de saint François; ils furent placés dans les cloîtres du couvent qui porte son nom, et brûlés par la populace en 1835. Ces beaux cloîtres étaient ornés de tombeaux curieux des XIIe, XIIIe et XIVe siècles. On y voyait aussi les sépultures de la famille royale d'Aragon, placées de chaque côté de l'autel; mais elles furent détruites par les constitutionnels en 1823.

Parmi les édifices publics et particuliers, l'architecte et l'antiquaire feront bien de visiter la *casa de Dusai*, située dans la calle del Regomir; on y admire la cour entourée de jolies colonnes et les riches sculptures qui sont attribuées à Daniel Forment.—La maison de *Cardoñas*, près de la Bajada de San-Miguel (descente de Saint-Michel), renferme aussi une fort belle cour (patio), un magnifique escalier, un plafond richement travaillé, des piliers élégants et des fenêtres surchargées d'ornements. *El Palau*, calle del Templaris : cet édifice appartint d'abord aux Templiers et ensuite devint le palais des femmes des comtes de Barcelone. L'*Audiencia* ou *Diputacion*, fondée en 1365 et reconstruite en 1609, dans le style de Herrera ; on admire sa façade, malheureusement défigurée par d'horribles fenêtres carrées. Le régent, ou chef de la justice, y tient sa cour. Sa juridiction s'étend sur 1,471,950 individus. Sur ce nombre, 3,903 furent jugés en 1844; ce qui donne à peu près par année une moyenne de 1 sur 377. Le plafond et les portraits des comtes, qui se trouvent dans la salle, méritent d'être visités. C'est aussi dans cette résidence que sont renfermées les archives d'Aragon, qui passent pour les plus riches d'Espagne : elles se composent de plus de 8,000 volumes; elles sont bien disposées et offrent de précieux documents historiques. Le public est admis à visiter, sans rétribution, les salles le jour de Saint-Georges ; mais une clef d'argent ouvre les portes en tout temps.—La *casa Consistorial*, construite en 1369-73, a un beau *patio*. On y admire les colonnes torses, les riches détails des fenêtres, des portes, et la façade d'ordre dorique qui domine le jardin.—Les tours du palais de l'évêque datent, dit-on, des Phéniciens.—En face de *San Augustin*, on voit un portail dorique très-élégant, dans le genre de Herrera.—Le *Aljama*, ou quartier des juifs, s'étendait autrefois depuis la plaza de la Constitucion, jusqu'à la calle del Call ; les riches habitants de cette partie de la ville furent massacrés par la populace en 1391.

Le *real Palacio* (palais royal) est situé sur la place du même nom ; il sert de résidence au capitaine-général. Cet édifice fut élevé par la ville en 1444, pour servir de halle aux draps, et après une série de destinations diverses il a été restauré et embelli tel qu'on le voit aujourd'hui. Cette belle place fut très-maltraitée par le bombardement de septembre 1843, principalement la *casa Lonja*. Cet édifice, reconstruit en 1772, est lourd ; on y voit plusieurs façades, un portail d'ordre toscan, une jolie terrasse, et dans l'intérieur un beau salon gothique à colonnes. Le *patio* contient quelques statues de marbre de second ordre représentant l'Europe, l'Asie, l'Afrique et l'Amérique, par *Bover* et *Olive*. Le Neptune et les dauphins de la fontaine sont par *Traves* et *Sola*, et les statues qui ornent le bel escalier, représentant le commerce et l'industrie, sont de *Gurri*. On voit dans le grand salon un Laocoon et un soldat aragonais, par *Campeny*, et deux gladiateurs, par *Bover*; mais ce sont en général des œuvres médiocres. Les fresques de la sala des sesiones, le portrait de la reine, et les statues de *Campeny*, ne sont guère meilleurs. Tout, dans cet édifice, tant à l'intérieur qu'à l'extérieur, respire la médiocrité.—La *Junta de Comercio* y a ouvert à ses frais des cours gratuits sur les diverses branches des connaissances humaines.

Un nouveau palais royal est en construction sur cette place ; son style ne paraît pas être des plus purs.

On y voit aussi la *Aduana* (douane), édifice lourd où le style toscan domine.

A l'opposé de cette place se trouve le *port*, toujours couvert de vaisseaux; il est spacieux, mais il ne rendit jamais de grands services, exposé qu'il est aux engorgements causés par les dépôts de la rivière. Ce fut dans ce port qu'en 1543 le premier steamer jusqu'alors connu fut lancé, par Blasco de Garay, en présence de Charles V; mais son intendant, nommé Ravago, repoussa cette invention, qui resta sans résultat. Le port est défendu, à gauche, par la citadelle et le fort San-Carlos; cette première fut construite par les Français, sous Philippe V, pour tenir les habitants en respect. Sous le point de vue militaire, son importance est médiocre, puisqu'elle est dominée par Montjouich. Sa forme est pentagonale, construite d'après le système de Vauban : on y trouve une vaste esplanade, des casernes, une chapelle d'après les dessins de Roncali ; elle peut contenir une garnison de 8,000 hommes. *Les cortinas del Rey y de la Reyna* (les courtines du Roi et de la Reine), furent démolies en 1844.

Le faubourg submarin, appelé *Barceloneta*, fut construit par le marquis de la Mina, en 1755-75. Les rues courent en lignes droites; les maisons sont basses et peintes en rouge, et habitées par des constructeurs de vaisseaux, des marchands de denrées et objets propres à la marine, et par des blanchisseuses. L'église de ce faubourg (*San-Miguel*) est d'un mauvais goût, et peu digne de san Telmo, le patron de la marine espagnole, auquel elle est dédiée.

Le fort de Montjouich, sur la droite, commande et défend Barcelone : c'est le *Mons Jovis* des Romains, et *Mons Judaicus* du moyen-âge, époque à laquelle il était la résidence des juifs. On atteint le plateau de cette colline rougeâtre par une belle route en zig-zags construite par Roncali. Les fortifications sont superbes, très-fortes et bien pourvues de citernes et de casemates. De ce point, le panoroma qui se déroule est magnifique : à vos pieds est la ville comme prosternée et demandant merci, car ce fût de ces fortifications que furent lancées les bombes qui abîmèrent Barcelone en 1842 et 43. Sur le second plan, s'étend un beau pays, riant et bien cultivé.—Visitez aussi l'*Atarazanas* (arsenal), la fonderie de canon, et la *Sala de las Armas* (salle d'armes).

6.

RENSEIGNEMENTS. *Hôtels :* Bien que ville espagnole, Barcelone possède de nombreuses et bonnes auberges, au nombre desquelles sont la *Fonda del Grande Oriente*, excellente ; les prix sont de 5 pesetas par jour. L'hôte est italien, parle anglais et a de bons domestiques de place.—Les *Cuatro Naciones*, bonne, et tenue aussi par un italien très-poli ; prix : 35 réaux par jour.—Le *Falco*, en face du théâtre.—Les *posadas* de second ordre sont appelés *hostals*. Parmi ces dernières, on distingue les *Casas de Huèspedes* ou *Pupilos*, peu propres à recevoir des dames et peu fréquentées par les étrangers.—Les *Bains chauds* de la *calle de San-Francisco* sont bien tenus ; on en trouve d'autres également bien tenus et rendus à domicile, dans la *calle Cordal*.—Pour les excursions autour de Barcelone, le voyageur trouvera toujours des voitures à la *Puerta del Angel*.

INDUSTRIELS. *Tailleurs :* Bolinger, Amigo, Constenceaux, demeurant sur la Rambla, et Ribera, dans la calle Escudillers.—*Coiffeurs :* Villalonga, même rue.—*Modistes :* Maria Chavany, Ferraris et Mme Dotti, sur la Rambla. —*Libraires :* Sauri, dans la calle Ancha ; Brusi, dans la calle Libreteria ; Piferrer, plaza del Angel, et le cabinet littéraire, calle del Principe, n° 25. — *Bijoutiers :* Ortels, Soler et beaucoup d'autres, demeurant tous dans la Plateria, que le touriste ne doit pas négliger de visiter.—Les cuisinières de Barcelone sont excellentes ; nous recommandons au voyageur, s'il va à Valence, de ne pas oublier d'en acheter une chez Amigo y Sauri, calle Corders.

MOYENS DE LOCOMOTION. *Chemin de fer* inauguré le 28 octobre 1848 entre *Barcelone* et *Mataro*. C'est la première ligne construite dans la Péninsule ; l'exécution en est belle, et tout porte à croire qu'elle aura un grand succès : on estime à 1,500 le nombre des voyageurs transportés chaque jour, et à 5,000 les dimanches ; parcours, environ 5 lieues.

Bateaux à vapeur qui établissent une communication constante entre : *Marseille, Port-Vendres, Valence, Alicante, Carthagène, Gibraltar, Cadix* et le *Portugal* ; administration, *calle de la Merced*.

Diligences, sur la Rambla, n° 101, pour toutes les

grandes directions, ainsi que pour les excursions aux petites villes dans un court rayon. Chaque localité a son *hostal* ou auberge particulière, où l'on est assuré de trouver des *galeras* (chariots couverts), des *carrabas* et des muletiers.

BIBLIOGRAPHIE. Les meilleurs ouvrages sur Barcelone sont : l'*Historia de los Condes*, par Francisco de Diago, in-folio, Barcelone, 1603 ; — les *Tropheos y Antigüedades*, par Juan de Dioz Lopez, in-4°, Barcelone, 1639 ; — les admirables *Memorias* et *Libro del consulado*, par Capmany. On trouve aussi un *Guide de l'étranger dans Barcelone*, publié par Sauri, calle Ancha, et une grande carte des rues de la ville et des environs, publiée en 1848 par Antonio Montfort.

EXCURSIONS. Dans un rayon d'environ 3 lieues, et depuis la rivière Bezos jusqu'au Llobrégat, la campagne offre une multitude de jolies habitations que le voyageur étonné prend de loin pour des hameaux. Ces maisons se nomment *Torres*; beaucoup sont belles, mais presque toutes sont agréables et ornées de jolies peintures à fresque; tout ce paysage se dessine avec une admirable harmonie, et le sol, comme nous l'avons déjà dit, présente une grande fertilité et l'empreinte de l'incessante activité des habitants.

A l'extrémité de cette riante plaine, et à 1 lieue de Barcelone, est situé le village de *Sarria*, sur le penchant de la colline ; sa position est des plus pittoresques ; ici le voyageur promène ses regards sur un tableau magnifique. Ce village est renommé pour ses jolies maisons, pour la pureté de ses eaux et pour ses beaux et vastes jardins ornés de terrasses. Sarria est le rendez-vous de la bonne compagnie de Barcelone.

Nous quittons Barcelone par la *Puerta de Santa-Madrona*, et continuons de suivre la grande route de Madrid. Le chemin est beau, mais malheureusement trop couvert de poussière, pour peu que le vent souffle. Le pays que nous traversons produit du blé, des légumes, du vin et des fruits; les femmes se tiennent généralement à la porte de leurs maisons et font de la dentelle ; les paysans sont dans leurs charrettes, ronflant, chantant ou buvant.

SAN-FELIU, joli bourg, avec une belle rue bien bâtie et dont les maisons sont en général décorées avec élégance. Le pays est toujours riant. Nous atteignons bientôt le *Llobrégat* (Rubricatus), qui roule ses eaux bourbeuses et rougeâtres sous un long et lourd pont de pierre, garni de trottoirs pour les piétons ; nous arrivons ensuite à

MOLINS DEL REY, petite ville de 1,100 hab., avec des maisons blanches et des collines couvertes de vignes. Elle fut incendiée par les Français en 1808, dans la retraite qui suivit la perte du combat de Bruch.

En sortant de Molins del Rey, nous laissons à gauche la route qui conduit à *Valence*, par le littoral passant par Tarragona.—La route que nous suivons est O. jusqu'à

MARTORELL (*Tolobès des Romains*), petite ville sale, mal percée et mal bâtie ; située au confluent de la *Noya* et du *Llobregat*; elle possède une église paroissiale, des fabriques de dentelles et une population d'environ 1,700 hab. La *Posada de la Cruz* est assez bonne. Martorell possède un *pont* jeté sur le Llobregat, pont très-ancien, que les savants attribuent à Annibal, et le vulgaire au diable ; mais il est probablement d'origine mauresque. L'arche centrale, à voûte ogivale, est très-escarpée, fort étroite et peut avoir 130 pieds d'ouverture. L'*Arc-de-Triomphe*, qui s'élève à l'extrémité du pont, est certainement de construction romaine : d'après une inscription trouvée lors de sa restauration, en 1768, par Charles III, il fut construit par Annibal, 535 ans avant Jésus-Christ, en l'honneur de son frère Amilcar.

En quittant Martorell, et après avoir traversé la *Noya*, qui vient d'Iqualada et se perd dans le Llobregat on voit le *Monserrat* s'élancer noblement de sa base couverte de bois d'une riche verdure, et bientôt, à mi-côte, se dessine le *Couvent*, avec ses cyprès et ses jardins.

Le voyageur doit quitter la grande route à Martorell et se diriger sur la droite pour arriver à cette montagne vraiment extraordinaire et difficile à décrire. On peut aussi, de Barcelone, faire cette jolie excursion, soit à cheval, soit en voiture; le pays qu'on traverse est accidenté, pittoresque et couvert d'une riche végétation, jusqu'à

ESPARRAGUERA, petite ville, sombre et sale, avec des maisons d'une construction solide, dont les fenêtres et la gracieuse projection des toits ont un caractère particulier. Cette localité, de 2,700 habitants, est célèbre par les combats qui se livrèrent dans ses environs, et par les désastres qu'elle éprouva pendant la guerre de l'indépendance, en 1808 : toute la contrée n'offrait alors qu'un vaste champ de carnage où les deux partis faisaient preuve d'un égal acharnement. Le touriste détournera ses regards et sa pensée de cette triste époque, pour aller visiter l'*Eglise paroissiale*, avec sa belle tour. Cette église renferme la statue miraculeuse de la Vierge, où elle a été récemment apportée du Monserrat, qui la possédait depuis environ 1,000 ans. Ouvrages à consulter tant sur l'histoire de cette image que sur celle du pays : *Compendio Historico*, par Juan de Villafane; in-fol., Madrid, 1740 ; — la *Coronica*, d'Antonio Yepes; — le *Compendio Historial*, par Manuel Texero; Barcelona; — l'*Historia de la Perla*, par Agraiz; Barcelona, 1511 et 1627 :— l'*Historia Verdadera*, de Juan Guarin; Barcelona, 1778; — *Libro de la Historia y Milagros*, par Pedro de Burgos ; Barcelona, de 1512 à 1530 et 1605, 27 et 71.—La statue de la Vierge fut faite par saint Luc et apportée à Barcelone dans l'année 50 par saint Pierre; la Mère divine est représentée tenant son enfant sur ses genoux : c'est une sculpture grossière, d'un bois sombre, mais elle est richement ornée par la munificence des empereurs, des rois et des personnes pieuses. En 717, les Goths la cachèrent dans la montagne (Monserrat), pour la soustraire aux Maures qui envahissaient alors l'Aragon ; elle y resta jusqu'en 880, époque à laquelle des bergers attirés par des lumières célestes et le chant des anges, s'attroupèrent vers ce lieu; c'est alors que l'évêque de Vich vint en personne, trouva l'image miraculeuse dans une caverne, où l'on construisit une petite chapelle dans laquelle la statue resta pendant 160 ans. Après quoi, on fonda dans cet endroit un monastère qui fut, en 976, converti en couvent de Bénédictins. La sainte image resta sur l'autel primitif à peu près 700 ans. En 1599, après la construction d'une nouvelle chapelle, le 11 de juillet, l'image sainte y fut portée, accompagnée de Philippe II en personne ; elle y résida depuis lors vénérée et honorée par des milliers de pèlerins qui y accouraient chaque année de toutes les provinces de l'Espagne, jusqu'en 1835, époque où le couvent fut supprimé, et où elle fut transportée dans l'église d'*Esparraguera*, où nous la voyons aujourd'hui. — Telle est l'origine de cette vierge et du couvent que nous allons bientôt visiter.

En sortant d'Esparraguera, la route continue sa direction N.-O. au milieu d'une contrée alpine ; enfin nous arrivons à la base du

MONSERRAT ou MONT-SERRAT. Cette montagne extraordinaire affecte la forme d'une réunion de cônes cylindriques immenses séparés les uns des autres, et posés sur une base solide de rochers isolés élevés à plus de 3,000 pieds au-dessus du sol ; c'est d'après cette forme qu'il a pris le nom de *Mont-Serrat* ou mont denté en scie. D'après la légende, ces imposantes déchirures eurent lieu au moment où l'on crucifiait notre Seigneur. Sa composition géologique est du calcaire de différentes couleurs, avec du quartz blanc veiné de rouge ; quelques grès qui se lient au calcaire inférieur, forment une espèce de pouding. Le plateau intermédiaire est composé de pierres poreuses, rougeâtres, disposées par couches horizontales, plongeant de l'est à l'ouest. La disposition extérieure n'est pas la seule singularité de cette montagne ; il semblerait que le mineur a pénétré dans ses flancs et y a creusé de vastes souterrains en sens divers, qui forment de belles grottes ornées de stalactites.

Partout où la terre végétale n'a pas été emportée par l'action des eaux, cette montagne déploie la plus magnifique végétation ; on y compte au moins 500 espèces de plantes que la nature semble y avoir jetées avec profusion ; les buis surtout sont magnifiques. C'était de leur bois que les moines faisaient ces cuillers qu'ils vendaient aux pèlerins pour aider la digestion et empêcher qu'aucun aliment ne pût nuire à la santé. Le nombre des personnes qui visitaient la châsse de la Vierge, le 8 septembre, se montait à plus de 3,000.

La circonférence totale de la base peut avoir de 8 à 10 lieues ; les rochers coniques ont, depuis leur base jusqu'à leur sommet, de 7 à 50 mètres de hauteur.—Plus nous montons, plus le panaroma grandit. Bientôt nos regards se portent sur la mer, sur les belles et pittoresques ramifications des Pyrénées et sur une vaste étendue de pays.— Nous arrivons au lieu vénéré : ce vaste monastère est situé sur une espèce d'esplanade, abrité par une roche immense qui commande la vallée profonde où coule le Llobregat. De Barcelone, on compte pour faire cet intéressant voyage 10 ou 12 heures. Les personnes qui viennent en voiture trouveront à *Colbata* une auberge (la *Fonda de Monserrat*), où elles pourront louer de mules pour faire l'ascension du couvent ; le prix pour chaque mule, aller et venir, est de 2 *pesetas*. Autrefois, les étrangers et les pèlerins étaient reçus par les moines avec une noble hospitalité, et logés dans un corps de logis séparé. Aujourd'hui, la réforme, en détruisant le principe d'autorité, a tout balayé, moines et hospitalité.—« *Apportez votre provende.* » —Cependant on peut se procurer quelques rafraîchissements, argent en main, de la personne qui vous montre cette scène de désolation.

En entrant dans le *patio*, d'un côté se trouve une partie de l'ancien édifice, et quelques sépultures tombant en ruine. Les cloîtres, les jardins, les promenades, jadis si brillants, sont maintenant couverts d'orties, et présentent l'image de l'abandon et de la solitude. La chapelle de la Vierge, naguère encore si riche et si vénérée, est aujourd'hui profanée et déserte. Le *retable* fut sculpté par Estéban Jordan. La magnifique *reja* fut construite par Christobal de Salamanque, en 1570. Lisez l'inscription murale de 1522, indiquant que Loyola veillait devant l'image de la Vierge avant de s'être déclaré son chevalier, et d'avoir fondé l'ordre des jésuites ; il déposa son épée sur l'autel.

Nous conseillons au voyageur de consacrer une matinée à explorer cette montagne et à examiner avec attention sa constitution géologique, sa botanique et les scènes pittoresques qu'elle offre à chaque pas. Au delà du monastère, se trouvent les treize ermitages situés séparément au milieu de rochers escarpés et d'un accès difficile ; tous sont actuellement silencieux et dévastés ; car cette montagne, comme beaucoup d'autres entroits de la Catalogne, fut le théâtre de combats sanglants entre les Français et les Espagnols, en 1811. Il ne faut pas oublier de visiter les ermitages en ruine de *Santa-Ana*, *San-Benito* et la *Roca Estrecha*, fissure naturelle très-singulière. Mais le point le plus élevé et le plus intéressant c'est le *San-Jeronimo*. Ici l'œil plane sur la Catalogne comme sur une carte géographique. Les monuments religieux élevés par la main de l'homme ont disparu ou présentent l'image de la ruine et de la désolation. L'œuvre seule de la nature a résisté aux outrages du temps et des hommes : la masse rocheuse de la montagne est toujours imposante ; les levers et les couchers du soleil continuent d'offrir un spectacle sublime.

Du couvent, le voyageur pourrait faire une excursion à *Manresa*, distante de 4 l. La route, des plus pittoresques et tout à fait alpestre, serpente au milieu de rochers escarpés, de bois de pins, d'arbrisseaux aromatiques. Après avoir pénétré dans un district couvert de vignes, nous remontons le Llobregat. A *Castelgali*, petite localité située près de la jonction du Llobregat et du Gardener, se voit *Torre de Breny*, beau monument romain dont l'origine et l'usage n'ont jamais été connus ; la maçonnerie est solide et bien conservée. On remarque la richesse des ornements de la frise et de la corniche, ainsi que deux lions tenant une figure humaine dans leurs griffes. Bientôt on arrive à *Manresa* (*V.* route 66).

Cette intéressante excursion terminée, le voyageur qui se dirige vers Madrid doit regagner la route royale soit à *Codul*, soit à

CASTELLOLI, petit village situé sur un sol alpin, avec une population de 400 hab. Son territoire est fertile en blé, légumes et vin. On y voit les ruines d'un ancien château.

La route continue toujours vers l'ouest, traverse une contrée riante et fertile jusqu'à

IGUALADA, ville très-industrieuse et très-commerçante, située sur une éminence qu'arrose la Noya. Dans les anciens quartiers, les rues sont étroites et tortueuses; mais la *Rambla* est une belle rue, et le nouveau faubourg est régulièrement bâti. On y voit une belle arche servant au conduit des eaux, un hôtel-de-ville, un collège et un petit théâtre.—*Pop.* 7,800 hab. C'est dans cette ville que, pendant l'été de 1840, la reine Christine eut une entrevue avec Espartero, et que, par sa persistance à vouloir abolir les *fueros* provinciaux, elle perdit la régence et fut obligée de se réfugier en France.

La route, en quittant Igualada, traverse une contrée boisée coupée de ravins, et offrant quelques-unes des riches scènes de la Suisse; nous trouvons sur notre passage *Jorva, Santa Maria, Porquerises, Panadella, Hostalets, Bezgos*, petites localités dans de pittoresques situations; ensuite

CERVERA, ville bâtie sur une éminence, en venant de Barcelone et à l'entrée d'une riche et vaste plaine, du côté de Lérida; sa population se monte à 4,600 hab.—L'université de Lérida fut transférée dans cette ville par Philippe V, et depuis à Barcelone. L'édifice est lourd, sans apparence, avec des toits pointus et des tours massives. Visitez l'église gothique avec sa belle chapelle de *Santa-Cruz*, le couvent des dominicains. On y compte quatre places et quelques rues assez bien bâties et bien pavées.—INDUSTRIE. eaux-de-vie, huile, vin, fruits, papiers, etc.

Quittant Cervera, la route traverse une partie de la plaine d'*Urgel;* bien que couverte de belles vignes, d'oliviers, et d'une superbe végétation, cette plaine n'en paraît pas moins longue et très-monotone au voyageur, surtout s'il la traverse à cheval. On passe par les ventas de *las Roquetas* et de *Cugullada*, et bientôt on entre à

TARREGA, petite ville située à l'extrémité de la plaine d'Urgel. Elle possède une église paroissiale, un hôpital, une société économique, et un alcalde major pour l'administration de la justice, deux casernes hors de la ville.—PRODUITS ET INDUSTRIE. Eaux-de-vie, vins, commerce considérable en grains, vins, huile, légumes, chanvre, soie, etc. Il s'y tient deux marchés par semaine, qui sont très-fréquentés. C'est la patrie de Gabriel de Tarrega, médecin du XVIe siècle.—Pop. 4,100 hab.

Voyageant toujours dans la même plaine, nous laissons à droite et à gauche de la route les deux petites villes de *Verda* et d'*Anglesola;* la première, au S. de Tarrega, est célèbre par sa foire pour la vente des mulets, qui est très-fréquentée. —Pop. 1,700 hab. —La seconde, à l'O., possédait un couvent de trinitaires. — Pop. 1,000 hab.

Ensuite on traverse le petit village de *Villagrasa*.

Toujours même richesse du sol, mais aussi même monotonie jusqu'à

BELLPUIG, petite ville mal bâtie, au milieu d'une contrée fertile. A une petite distance, se trouve, ou se trouvait il n'y a pas encore longtemps, le *couvent des franciscains*, avec deux beaux cloîtres, une vaste église de 1507, renfermant le magnifique mausolée de Ramond de Cardona, vice-roi de Sicile, élevé par Isabelle, sa veuve : c'est une noble composition de marbre blanc et l'un des plus beaux morceaux de sculpture de la renaissance. Sur le côté gauche, se trouve le nom du sculpteur napolitain : *Joannes Nolanus, faciebat,* 1522.

Aussitôt que le voyageur a quitté Bellpuig, il continue sa marche dans un pays à peu près semblable à celui qu'il a parcouru. Il traverse le village de *Golmes*, et ensuite celui de *Mollerusa*, dont les maisons sont construites en terre, et l'auberge fort mauvaise, puis ceux de *Vall-Fogona*, et de *Bell-Lloch*, tout à fait insignifiants. Ici, la campagne commence à être dépourvue d'arbres, stérile et accidentée ; mais une heure après, le pays s'embellit, les arbres se multiplient, et l'activité du cultivateur se laisse apercevoir dans toute cette plaine, et au milieu de cette culture soignée, qui de loin semble n'offrir qu'une suite non interrompue de beaux jardins. On voit bientôt s'élever Lérida, où l'on arrive par une belle avenue d'un quart de lieue; avant d'entrer dans la ville, on passe la *Sègre* sur un beau pont de pierre de sept arches.

LÉRIDA, en latin *Ilerda*, capitale de la province de ce nom, ville ancienne, située sur la *Sègre*, dans un canton des plus riants. On en attribue la fondation, dit M. Bory-Saint-Vincent, aux « Carthaginois, dont un général appelé Hannon fut vaincu dans les environs par Scipion, l'an 537 de Rome; sur ce même champ de bataille, 168 ans après, c'est-à-dire 46 ans avant l'ère chrétienne, César y triompha des lieutenants de Pompée; enfin, le maréchal Suchet, couronné à son tour par la victoire, y reçut les marques les plus affectueuses de l'estime et de l'affection qu'il avait su inspirer aux habitants du pays : ceux-ci lui donnèrent, le 28 juillet 1811, une grande fête, etc. »

Lérida est une ville longue, étroite, mal percée et mal bâtie, avec une population de 13,500 hab. Ses rues sont tortueuses, pavées avec des blocs pointus enfoncés plus ou moins ; elle n'a qu'une rue passable d'un quart de lieue de long; cependant le nouveau quartier, du côté de la rivière, et le quai, sont beaux.—Cette ville est le siége d'un évêque suffragant de Tarragone. Bien que seconde ville de la Catalogne, Lérida est dépourvue d'intérêt; néanmoins le voyageur doit visiter la *vieille cathédrale*, avec sa haute tour occupant un plateau très-élevé, et servant aujourd'hui de magasin. La nouvelle *cathédrale*, de style corinthien sans pureté, fut construite sous Ferdinand VI; elle contient quelques sculptures de second ordre, par Juan Adam.—La *citadelle* offre une imposante ligne de fortifications. La partie O. de la ville est défendue par les *forts Garden, el Pilar* et *San-Fernando.*— *Auberges.* Les meilleures sont: *La Posada del Hospital* et la *Posada de San Luis.* On trouve encore plusieurs autres *posadas* très-confortables.

Lérida soutint un long siége dans la guerre de la succession, en 1707, et fut obligée de se rendre aux Français. Dans la guerre de la Péninsule, les Français s'en emparèrent sous les ordres du maréchal Suchet, le 14 mars 1810, et elle eut beaucoup à souffrir.

De Lérida, une route remontant la vallée de la Sègre conduit à *Balaguer*, et une autre route se dirigeant vers le S.-E. conduit à *Reuss* et à *Tarragone*.

A peine a-t-on quitté Lérida qu'on entre dans un long et ennuyeux défilé de montagnes incultes et d'une nudité complète. Après deux heures d'une route monotone, on arrive au pauvre et misérable village de

ALCARRAS, le dernier de la Catalogne, sur cette route; quelques auteurs prétentent que c'est l'*Orcia* de Ptolémée; c'était autrefois une place forte, conquise sur les Maures, en 1149, par Guillaume Raymond de Moncada.

A demi-quart de lieue, on trouve deux blocs en pierres de taille qui marquent les limites entre la Catalogne et l'Aragon. Dépassez ce point, vous entrez dans cette grande et belle province d'Aragon, qui porta longtemps le nom de royaume, et qui fut si célèbre dans l'histoire par ses anciennes lois, ses franchises, ses libertés et surtout par la bonté de son gouvernement, ainsi que par la valeur et les conquêtes de ses rois.

ARAGON.

Aperçu général.

Comme la Catalogne que nous venons de quitter, l'Aragon est un pays sillonné de hautes montagnes qui sont toutes des ramifications du grand système des Pyrénées, dont les sommets sont couverts de neige. Ces monts sont entrecoupés par de belles et riantes vallées dans lesquelles bondissent de nombreux et magnifiques troupeaux, et au-dessus de ces vallées s'étendent de vastes plaines produisant tout ce que l'homme peut demander à la terre pour satisfaire à tous ses besoins ; son climat est chaud dans les vallées, tempéré dans les plaines, mais froid dans les montagnes. Sa longueur est de 72 lieues, sur 48 de large, et de 1,558 lieues carrées ; sa population est d'environ 900,000 hab., nombre bien minime pour l'étendue de son sol ; aussi le voyageur rencontre-t-il souvent de vastes étendues de terrain fertile dépeuplées et sans culture.

Actuellement cet ancien royaume est divisé en trois provinces ou départements, savoir :

1° SARAGOSSE, capitale, ayant *Daroca*, *Calatayud* et *Tarragone*, comme sous-préfectures ;

ROUTE 2.—DE PARIS A MADRID.   125

2° HUESCA, capitale, ayant *Jaca, Barbastro, Ayarbe* et *Méquinenza;*

3° TERUEL, capitale, ayant *Alcoñiz, Albaracin.*

L'Aragon est arrosé par l'*Èbre* au cours majestueux, qui le traverse du N.-O. au S.-E., et par plus de 44 autres rivières plus ou moins considérables; mais qui toutes portent avec elles la fécondité. Le sol, fertile et varié, produit avec abondance des vins, grains, huiles, fruits exquis, légumes, safran, kali, soie, lin, chanvre excellent, des laines d'une grande beauté. Les montagnes fournissent des bois de construction, des bois à brûler, beaucoup de gibier, et sont très-riches en plantes aromatiques et médicinales. Le mont *Cayo* est célèbre non-seulement par son élévation et ses orages, mais encore par la grande variété de ses productions. Les rivières abondent en bons poissons, surtout en truites et en anguilles. La terre renferme dans son sein des minéraux précieux, tels que cobalt, cuivre, fer en grande quantité, plomb, jais, alun, sel gemme, asphalte, etc.

Les plus belles portions des Pyrénées sont situées dans cette grande province, et jusqu'ici le géologue et le botaniste, l'artiste et le chasseur, n'en ont exploré les richesses diverses. Du côté de la France, au contraire, les pentes et les vallées sont couvertes de beaux établissements de bains, de mines et d'usines qui impriment une certaine grâce à leurs âpres beautés naturelles, et les vivifient. La pente espagnole offre un aspect rude et sauvage : c'est le repaire du contrebandier, de l'oiseau de proie et de la bête sauvage. Tout voyageur qui se hasarde à pénétrer dans ces mystérieux replis doit se pourvoir d'un guide local, et porter avec lui des armes et toutes les provisions nécessaires.

COMMERCE ET MANUFACTURES. D'après ce que nous venons de dire sur les productions en tout genre que fournit l'Aragon, on devrait supposer un grand développement dans son industrie et son commerce ; il n'en est rien : ses fabriques, aujourd'hui en petit nombre, produisent des draps communs, des chaussures, des cordes, de grosses toiles, des ouvrages en fer; il y a quelques tanneries, etc.

CARACTÈRES, MŒURS, COUTUMES, USAGES. L'Aragonais, fier et sérieux, parle peu et défend son opinion avec fermeté; il élève son pays au-dessus de tous les autres. Sa fierté, son accueil sec, son air sérieux, ses manières froides, son ton brusque, ont quelque chose de rebutant pour ceux qui ne le connaissent point. Mais si les Aragonais sont froids et sérieux, ils sont réfléchis, prudents et pourvus d'un jugement solide et d'un sens droit.

CONSTITUTION. Tout le monde connaît cette célèbre constitution octroyée par le pape Léon IV, et qui date d'Iñigo Arista, comte de Bigorre, premier roi d'Aragon. Elle contribua puissamment à répandre en Catalogne et dans le reste de l'Espagne l'esprit de liberté que les monts asturiens avaient soufflé sur la péninsule. Bien que la couronne fût héréditaire, le roi ne pouvait monter sur le trône avant d'avoir juré solennellement de respecter les lois et les priviléges du royaume. Son titre devait être ratifié par les états de la noblesse et du clergé. On élisait dans ce but un haut magistrat appelé *justizia mayor*, comme personnification de la puissance populaire. Au moment du couronnement, ce dépositaire de la loi suprême se plaçait sur un siége élevé. Il se découvrait pendant qu'autour de lui se rangeaient en silence, dans une attitude hautaine, avec la fière noblesse d'Aragon, les membres du clergé et les députés des villes. Le prince était ensuite introduit; il s'avançait, tête nue, au milieu de l'assemblée, et puis s'agenouillant, il jurait, la main sur l'Évangile, de régner conformément aux lois établies, pendant que le *justizia* tenait une épée nue sur sa poitrine. Après cette formalité, qui était suivie des applaudissements de l'assemblée, le *justizia* prononçait d'une voix ferme la fameuse déclaration suivante.

Nosostros que cada uno por si somos tanto como vos, y que juntos podemos mas que vos, os hacemos nuestro rey, con tanto que guardeis nuestros fueros; si no no.

Nous qui valons chacun autant que vous, et qui, réunis, pouvons plus que vous, nous vous faisons notre roi à condition que vous respecterez nos *fueros*; sinon, non.

COSTUMES.—Le gilet, le manteau, le chapeau rond, forment le costume des classes moyennes entre la noblesse et le peuple. La noblesse, la magistrature, les employés portent l'habit à la mode française ; le peuple porte un gilet, une camisole par dessus, attachée avec une courroie, un grand chapeau rond et quelquefois deux, lorsqu'il doit s'exposer au soleil. Cette simplicité dans le costume s'est conservée davantage en Aragon que dans les autres provinces limitrophes des Pyrénées.

Après avoir quitté la frontière de la Catalogne, la route devient assez pénible, bien qu'elle traverse une riche plaine. Après 2 h. de marche nous arrivons à

FRAGA, ancienne ville des *Ilergètes*, la *Gallica-Flavia* de Ptolémée : c'est la première ville qu'on rencontre sur cette route de l'Aragon. Elle est située sur deux collines et sur la rive gauche de la rivière *Cinca*, qui baigne ses murailles. Les rues sont étroites, tortueuses, toujours en montées et en descentes et mal pavées ; les maisons, mal bâties, sont d'une triste apparence. Elle possède une église paroissiale d'une assez bonne construction, un vieux château démantelé, une belle promenade et un superbe pont suspendu sur la *Cinca*. Ses environs abondent en fruits, mais surtout en grenades et en figues qui sont excellentes. —Pop. 5,000 hab.

On sort de Fraga par son beau quai, on passe le pont dont nous venons de parler, et à 200 pas du chemin on aperçoit sur la droite un couvent de Capucins dont l'enclos est immense, et dont le voyageur pourra visiter le vaste et beau jardin. La route qu'on suit pendant une 1/2 l. dans un joli vallon bien cultivé présente à l'œil une longue suite de riants jardins. Cette scène de vie et d'activité change, on parcourt un défilé de montagnes nues et arides ; on atteint ensuite une plaine immense, aussi nue, aussi aride que le défilé qu'on vient de quitter, n'ayant pour toute habitation qu'un mauvais cabaret portant le nom de *Venta de Fraga*.

Après avoir franchi cette plaine on arrive à

CANDASNOS, petit village de 900 hab., où l'on commence à ne plus trouver d'auberge ; il n'y a qu'une *posada* pour tout gîte ; ce canton n'offre aucune espèce de provisions. Cette triste plaine conduit au village de

PENALBA, situé entre deux vallées, avec une pop. de 700 hab., et n'étant remarquable que par la bataille sanglante qui se livra dans ses environs, le 15 août 1710, entre les troupes de l'archiduc Charles et celles de Philippe V.

Plus loin on trouve la *Venta de los Fierros*, et après avoir traversé un territoire d'une grande fertilité on arrive à

BUJARALOZ, grand village sans importance, situé au centre d'un des plus fertiles districts de l'Espagne, avec une pop. de 2,000 hab., et une vaste maison construite par le gouvernement et servant de *posada* aux voyageurs. C'est la patrie de Martin Cortès.

Ensuite nous trouvons la *Venta de Santa-Lucia* et relais de poste ; c'est une auberge isolée, située sur une hauteur. On y trouve quelquefois des provisions, mais il est plus prudent d'en apporter avec soi. On traverse le petit et insignifiant village de

OSERA, qui possède un relais de poste, une pop. de 300 hab, et une pauvre *posada*. A partir de cet endroit on ne perd plus de vue les riants bords de l'Èbre, ni l'aspect pittoresque des hautes montagnes qui séparent l'Aragon du royaume de Valence. Si le voyageur peut disposer de quelques moments, il se dirigera, en prenant à gauche, vers le petit village de *Villa-Franca de Ebro*; son église, dont le dôme noble et élevé est terminé par une lanterne hexagone percée de six croisées, et son portail flanqué de deux tours rondes à lanterne, le dédommageront amplement de sa peine.—Nous arrivons bientôt à

ALFAJARIN, village de 1,000 hab.; puis à la PUEBLA DE ALFINDEN, et à 1/4 de l. plus loin, on traverse le *Gallego* aux eaux limpides, sur un nouveau pont suspendu, qui remplace l'ancien pont de bois. Une belle route nous conduit bientôt dans le faubourg où se tient tous les jeudis un marché aux chevaux, fréquenté par des maquignons au costume pittoresque. Nous traversons l'Ebre et nous sommes à

SARAGOSSE (*Zaragoza*).—*Auberges* : Las *Cuatra Naciones*, casa de Ariño ; *el Leon de Oro*, calle de Coso ; *el Turco*, calle Areocineja ; on trouve de bons *bains* à la *Casa de Baños*.—Outre ces auberges de premier ordre, le voyageur trouvera encore beaucoup de *posadas* où l'on est en général bien traité.

Bien que Saragosse ne soit plus la capitale d'un royaume, mais seulement de la province d'Aragon, elle présente encore un noble aspect ; il lui reste toujours un air de royauté qui impose. – Située au centre d'une plaine vaste et féconde, un silence majestueux l'entoure, comme si jamais le cri de guerre n'avait troublé le calme de ses demeures. A voir ses campagnes couvertes de riches moissons, on pourrait croire que jamais la trompette n'appela aux armes l'intrépide Aragonais ; cependant l'histoire élève sa puissante voix et proclame la gloire militaire de cette noble cité ; les décombres de ses temples, les ruines de ses édifices attestent encore aujourd'hui qu'elle eut souvent à souffrir de la fureur des hommes.

Saragosse était la *Salduba* des Celtibériens ; mais sous Auguste, en l'an 25 de l'ère vulgaire, elle prit le nom de *Cesarea Augusta*, avec le titre de *Colonia immunis* ; elle fut ensuite érigée en *Conventus juridicus*, ou siége des assises judiciaires. Il ne reste plus rien de la cité romaine : les Maures et ensuite les Espagnols en employèrent les pierres pour leurs constructions, et si par hasard, en creusant pour de nouvelles fondations, on trouve quelques souvenirs de l'antiquité, ils sont enfouis de nouveau comme de vieilles pierres inutiles, ou employés à des constructions modernes.

Saragosse est une ville ancienne, d'un aspect triste et sombre, dont la pop. peut s'élever à 63,000 hab. Comme capitale de la province, elle est la résidence du capitaine général et des principales autorités civiles et militaires et le siége d'une *audiencia ;* elle possède un Théâtre, un Musée, une Université, une Junte de charité, appelée *Casa de la Misericordia*, une Académie des Beaux-Arts, une bonne Bibliothèque, plusieurs Colléges et Ecoles, et les établissements civils et militaires de la province ; elle est le siége d'un archevêché depuis 1348, dont les suffragants sont *Hues-*

ca. Barbastro, Jaca, Tarragone, Albaracin et *Teruel.*

Cette antique cité est située dans une plaine fertile qu'arrose l'Ebre qui la sépare de son faubourg et qu'on traverse sur un beau pont de pierre de 7 arches, dont la plus grande a 60 mètres d'ouverture, les autres diminuant insensiblement. Vue de loin, cette ville, avec ses tours élégantes, ses flèches élancées, présente un caractère imposant; mais une fois dans l'intérieur tout change d'aspect : la plupart des rues ne sont que des ruelles tortueuses, mal pavées et encore plus mal éclairées; cependant il faut excepter le *Coso* ou *Pozo*, qui est la principale artère de la ville et le grand centre de la circulation. Presque toutes les maisons, construites en pierre de taille, ressemblent à de petits forts; malheureusement l'accroissement de Madrid a enlevé à Saragosse une foule de nobles familles dont les palais sont maintenant déserts, dans un état de dégradation complet, ou loués à des agriculteurs qui les transforment en fermes sales et puantes.

A Saragosse l'architecte peut acquérir une connaissance parfaite du style et des ornements de l'architecture aragonaise. L'artiste peut y étudier une Ecole de peinture peu connue en Espagne et tout à fait inconnue hors de ce pays. Les principaux artistes de cette Ecole sont : *Ramon Torrente*, mort en 1323, et son élève *Guillen Fort*; *Bonant de Ortiga*, qui brillait en 1437; *Pedro de Aponte*, de 1479, peintre de Ferdinand et élève en Italie de Signorelli et de Ghirlandajo; *Thomas Pelegret*, condisciple de Polidoro Carravagio; *Damien Forment*, le Berruguete de l'Aragon; *Antonio Galceran*, qui exécuta de nombreux travaux à Barbastro en 1588; *Geronimo de Mora*, qui étudia en 1587, sous F. Zuccaro, dans l'Escurial; *Francisco Ximenez*, mort en 1666, qui peignit, dans la *Seu*, la vie de san Pedro Arbues, etc.

En dehors de l'enceinte de la ville, 18 promenades, dont 13 sont plantées de beaux arbres, se développent gracieusement dans diverses directions; les plus fréquentées de ces *Alamedas*, sont : *santa Engracia*, qui est fort belle; le *Torero* et la *Casa Blanca* : cette dernière est particulièrement fréquentée le 24 juin, le jour de *san Juan* et le 29, jour de *san Pedro*.

Saragosse ne nous retiendra pas longtemps pour visiter ce que les guerres civiles et étrangères et les réformes de ces derniers temps lui ont laissé. Le premier objet qui frappe notre vue est le superbe pont de pierre, que nous avons traversé et dont nous avons déjà dit un mot ; il date de 1437. Viennent ensuite les deux cathédrales. Le chapitre réside alternativement pendant six mois dans chacune d'elles. Ces deux édifices ne se ressemblent en rien, soit à l'extérieur, soit à l'intérieur, ni sous le rapport du culte. L'un est d'un style sévère, élevé à la gloire de notre Sauveur ; l'autre est un temple moderne qu'on pourrait s'imaginer être dédié à Diane. Le premier de ces deux temples, vu du pont, s'élève sur la gauche et est appelé la *Seu* (cathédrale). C'est une noble architecture gothique, divisée par de hautes colonnades en cinq nefs ; sa façade est tout à la fois majestueuse et simple ; le portail, plus moderne, est décoré de trois statues des apôtres, par Manuel *Giral*. Sur un des côtés, s'élève la Tour du beffroi, construite en 1683, d'après les dessins de *Contini*, et décorée d'un grand nombre de statues sorties du ciseau d'*Araldi*. Le Temps et la Vigilance soutiennent le cadran de l'horloge, tandis que les figures emblématiques des Vertus théologales couronnent le sommet : malheureusement les restaurations modernes que ce temple a subies ne s'harmonisent guère avec le style primitif.

En entrant, observez le pavé de marbre rouge, divisé par des rayons noirs divergeant de la base du trumeau, sur les différents points de la surface ; examinez aussi la voûte couverte de rosaces dorées et autres ornements. Le *Retable* du maître-autel fut érigé en 1456 par B. P. Dalman de Mur ; la mosaïque, représentant des anges portant des boucliers, l'Adoration, la Transfiguration et l'Ascension, est de 1350, par *Martinez de Donatelo*.—Tout près se trouvent le beau monument et la statue couchée de l'archevêque Juan, mort en 1534, et celui de l'archevêque Alfonso, mort en 1520. Vers la gauche repose le cœur de Don Baltazar, fils de Philippe IV, qui mourut à Saragosse de la petite-vérole, le 9 octobre 1646, âgé de 17 ans, et dont Velazquez fit si souvent le portrait.—Le *Cimborio* (lanterne) octangulaire fut commencé par Benoît III et terminé en 1520.

—C'est dans ce temple que Ferdinand le catholique, né à Sos, en 1456, fut baptisé.—Le chœur est gothique; on y remarque le trône de l'archevêque, et, derrière le chœur, les sculptures exécutées en 1538 par Tudelilla de Tarragone qui avait étudié à Rome, et qui mêla dans cette composition des faunes avec des saints, des satyres avec des inquisiteurs, et des cupidons avec des martyrs. Les matériaux de cette œuvre sont l'argile, le stuc et le marbre; le travail est en général grossier, mais l'ensemble produit un riche effet. —Sous un tabernacle de colonnes saloniques noires et blanches se trouve un crucifix sculpté, qui parla au chanoine Funes, dont la statue est agenouillée à ses côtés.

Plusieurs des portails intérieurs de cette cathédrale ont un caractère tout à fait mauresque; les chapelles sont en général fermées par une grille en fer (reja). Celle de *San-Gabriel* est sombre, mais d'un bon travail; c'est dans cette chapelle que repose son fondateur Gabriel de Zaporta, qu'on voit dans son costume de marchand (mort en 1579); la grille est d'un beau travail. La chapelle *San-Bernardo* renferme un beau retable orné de riches sculptures, surtout celle représentant la Circoncision. Le superbe sépulcre surmonté de la statue couchée du fondateur, l'archevêque Ferdinand, petit-fils de Ferdinand-le-Catholique, est par Diégo Morlanes, fils de Juan, excellent sculpteur biscayen. La Résurrection, en albâtre, est de Becerra; vis-à-vis de ce monument se trouve celui d'Aña Gurrea, mère du prélat, d'un riche travail, également par Diego.—La *Capilla Santiago* est dans le genre de Chirruguera et forme un contraste étrange avec la précédente; principalement le tombeau du fondateur, l'archevêque Herrera; les ornements de stuc sont ridicules et les peintures mauvaises.—Dans la *Capilla Maria la Blanca* se trouvent réunies les tombes des premiers prélats; le saint titulaire est san Pedro Arbues de Epila, qui fut, le 15 septembre 1495, massacré devant l'autel par Vidal Duranso; son corps est enterré sous le baldaquin de colonnes noires saloniques, et décoré de flammes blanches et de lampes d'argent; la statue du saint agenouillé est de José Ramirez, et les peintures par Francisco Ximenez de Tarragona.

Il nous reste à visiter la *sacristia* dont la porte d'entrée est remarquable; on y voit quelques ornements d'église d'une grande richesse et des vases sacrés d'un beau travail et d'une grande valeur qui ont échappé à la rapacité des conquérants; remarquez surtout un *Calice* émaillé, qui date de 1655; une *Custodia* d'argent surchargée de détails, de 1537; quelques bustes d'argent, avec des inscriptions gothiques émaillées, données par Benoît XIII.—Dans la *Capilla del Nacimiento*, on voit un *Retable* de style tout à fait classique et quelques peintures par Juan Galvan, qui peignit les fresques de la coupole. La *Seu* est encore enrichie de beaux marbres, mais malheureusement des changements eurent lieu dans un moment où l'argent était plus commun que le goût, et d'anciens portiques et retables furent enlevés pour faire place à des ornements dorés de mauvais goût, qu'on peut voir dans les chapelles de *san Vicente, san Valero* et *santa Elena*.

En sortant de la *Seu*, nous trouvons sur la droite le vaste *palais Archiépiscopal;* tout près sont les restes de la belle *Casa de Diputacion*, ou maison du parlement, construite en 1437 et 40 par Alonso V : les salles étaient magnifiques et contenaient une riche collection des archives nationales, ainsi qu'une bonne bibliothèque et les portraits des hommes les plus distingués de l'Aragon ; mais toutes ces richesses ont disparu dans les dernières guerres.—Vis-à-vis s'élève la *Lonja* ou bourse, bâtie en 1551 : c'est un bâtiment carré, construit en brique, orné des bustes de rois et de guerriers placés dans des encadrements dans le goût de *Holbein*. Les tours sont couvertes de carreaux de Hollande blancs et verts et méritent l'attention du voyageur. L'intérieur ne manque pas de noblesse ; jetez un coup d'œil sur les colonnes doriques, sur l'escalier et sur les plafonds, hélas! le vénérable édifice marche à grand pas vers sa ruine ; quand nous le visitâmes, en 1846, il servait d'atelier pour les charpentiers.

La seconde cathédrale est appelée *el Pilar* (Notre Dame du Pilar), nom qui lui vient de la colonne sur laquelle la Vierge descendit du ciel. Les dômes groupés ensemble ont pour toiture des verres blancs, jaunes et verts, à travers lesquels le soleil produit de splendides effets de lumière. L'édifice a été restauré de 1677 à 1753, mais d'une manière qui n'a pas été toujours heureuse. Ce temple, de forme quadrangulaire, a 160 mètres de longueur environ, avec trois nefs; la colonne et l'image de la Vierge qui l'accompagne sont placées au centre de la nef principale et entourées d'une grille. L'intérieur de la cathédrale est en général peu gracieux; une moitié des murs est dépourvue d'ornements et ne présente à l'œil que des pierres blanchies et de lourds piliers, barbouillés de couleurs sombres; la plupart des fresques qui ornent les coupoles sont de pauvres peintures, par *Bayeu* et *Moya*; le tombeau de Montemor, général de Philippe V, est également d'un mauvais goût. Le *retable* de la chapelle San-Lorenzo, par Ventura Rodriguez, est aussi d'une médiocre exécution; mais l'ancien *coro* (chœur) est très-beau. La *silleria*, contenant 115 stalles en chêne, offre des sculptures admirables par Juan Moreto, de Florence, de 1542. La superbe *reja* (grille) est un chef-d'œuvre de Juan Celma, de 1574. Le maître-autel gothique est construit en albâtre, tiré des carrières d'Escatron; le tableau principal représente l'*Assomption de la Vierge;* le fini des formes et des figures est au-delà de toute description. Ce chef-d'œuvre de Damien Forment est assurément le morceau le plus précieux de ce genre qui existe dans tout l'Aragon; mais les nouvelles et détestables couleurs dont on a barbouillé plusieurs parties de la cathédrale donnent à cette belle production un reflet triste et sombre.

Saragosse est le grand centre des pèlerins de l'Aragon, qui y accourent de tous les points de la province pour visiter le *pilar* et l'*image de la Vierge*.— Ce *sanctum sanctorum*, ou chapelle du Pilar, est placé au centre de la cathédrale, entouré d'une grille dorée et orné de lampes; son plafond, percé à jour, laisse apercevoir la coupole, sur les parois de laquelle Antonio Velazquez peignit en 1793 la Descente de la Vierge, fresque plus que médiocre. Le pavé est formé des marbres les plus riches : le *retable* est beau, mais un peu trop chargé de sculpture et de détails; parmi les médaillons de cet *adytum*, remarquez celui où se trouve la Descente de la Vierge et la Vision de Santiago, par José Ramirez, et d'autres, par Manuel Alvarez; l'image de la Vierge est de petite dimension, sculptée sur un bois résineux et presque noir; elle tient l'Enfant Jésus d'une main et de l'autre soutient sa draperie; comme ouvrage d'art, c'est une composition de second ordre. L'adoration de la Vierge a lieu tous les jours; mais la fête solennelle se célèbre le 12 octobre, jour anniversaire de son apparition. A cette époque, on compte dans Saragosse jusqu'à 50,000 pèlerins; c'est alors que la châsse vénérée est entourée par une multitude d'individus de tout âge, de tout rang, de tout sexe et aux costumes les plus pittoresques; c'est un spectacle tout à la fois curieux et imposant. Tout autour de la châsse sont suspendus des *ex-voto*, qui consistent en modèles d'yeux, de nez, de jambes et autres membres affligés et guéris par l'intervention de la Vierge.

Il faut visiter la *Sagrario*, qui renferme la splendide garde-robe de la Vierge. Les trésors de tout genre, en or, argent et rubis, jadis si considérables, ont disparu presqu'entièrement.

Après avoir visité le *pilar*, transportez-vous à la *Plateria* (rue des Orfèvres), pour y voir les différents genres de bijoux que portent les gens de la campagne, surtout les boucles d'oreilles qui sont d'un goût tout à fait antique. Le voyageur, amateur d'anciennes armes, pourrait trouver dans cette rue de vieilles et excellentes rapières dont les meilleures lames sont celles marquées de l'ours et du petit chien (*el oso y el perrillo*).

La principale rue de Saragosse est celle *el Coso*, dont la plupart des maisons portent encore les traces des siéges mémorables que cette ville a soutenus. On voit dans cette rue plusieurs spécimens de l'architecture aragonaise, entr'autres le n° 168 et la *casa de los Gigantes*. On remarque aussi : la maison *del Comercio*, calle (rue) Santa Maria, avec de beaux plafonds en carreaux de Hollande, et dans le *Patio*, de jolis piliers torses; les maisons de *Castel Florit*, du duc de Hijar, et celle du n° 26, calle Zaporta; il faut surtout visiter celle de l'*Infanta*, n° 77, calle de San-Pedro, bâtie par l'opulent marchand Gabriel Zaporta dans le style aragonais le plus riche; son beau *Patio* est orné de colonnes torses et cannelées et de jolis médaillons; l'escalier est magnifique, et le plafond, couvert de peintures représentant des groupes de musiciens, est grandiose; mais, hélas! tous ces trésors de l'art marchent à grands pas vers une destruction complète.

ÉGLISES.—Il faut commencer par visiter celle de *San-Pablo*, avec sa belle façade et ses colonnes ; le maître-autel est un beau spécimen d'orfévrerie, exécuté par le fameux Damien Forment.—Dans la *capilla de San-Miguel* se trouve le tombeau de Diego de Monréal, évêque de Huesca, mort en 1607. Les peintures de la coupole sont de Géronimo Secano.— *San Pedro Nolasco*, qui servait naguère de magasin de bois, renferme le nouveau *Museo nacional* qu'il ne faut pas oublier de visiter.—S'informer où l'on peut voir maintenant le superbe retable d'ordre dorique exécuté à Gênes pour le couvent des Dominicains, et orné de la *Señora del Rosario*.

Un objet non moins curieux est la *Torre nueva*, plaza San Felipe ; c'est une tour octangulaire, bâtie en 1504, et dont le sommet s'écarte considérablement de la perpendiculaire, ce qui semble contraire à tout principe de bonne architecture. Cette tour étonnante se dresse de toute sa hauteur solitaire au milieu de la place, et l'on y monte par un escalier intérieur de 284 marches. Du sommet de l'édifice se déroule un horizon magnifique : l'œil embrasse distinctement tous les points de cette campagne, si vaste et si variée. L'inclinaison de cette tour n'est pas sensible dans l'ascension, mais elle devient effrayante lorsqu'on est parvenu au sommet. On ignore si cet étrange effet provient d'un caprice de l'architecte, d'un tremblement de terre ou d'un affaissement des fondations. On ne connaît pas d'une manière précise sa destination primitive ; les gens du peuple pensent qu'elle fut élevée dans les temps de guerres, afin de donner, au moyen de la cloche d'alarme qu'elle renferme encore aujourd'hui, le signal du danger aux habitants des campagnes.

L'ancienne *Université* et sa précieuse bibliothèque furent détruites dans la guerre de la Péninsule ; mais l'édifice a été reconstruit depuis. Le *patio* forme un vaste quadrangle d'une bonne architecture.—Le grand *Hospital, el general*, dédié à la Vierge, peut passer pour un des plus vastes d'Espagne.—La *Casa de Misericordia* est une espèce d'hospice et de dépôt de mendicité, dans lequel sont admis 6 ou 700 malheureux de tout âge.—Tout près se trouve la *plaza de Toros*.

Hors la porte N. O. (el *portillo*), s'élève l'*Aljaferia*, citadelle antique et irrégulière, bâtie, comme l'Alcazar, par le Maure Abu Giafar Ahmed, roi de Saragosse; cette forteresse royale fut donnée à l'inquisition par Ferdinand-le-Catholique. Pendant la guerre de la Péninsule, les Français en firent une caserne, puis un hôpital militaire; et, pendant les guerres civiles de ces derniers temps, elle servit de prison. Toutes ces métamorphoses l'ont réduite à la triste condition où vous la voyez aujourd'hui. Ne quittez pas cette résidence sans visiter le splendide escalier orné des chiffres et des armes d'Isabelle, ainsi que le salon de Santa-Isabel, dans lequel la sainte reine de Hongrie naquit, en 1271. Ce qui reste encore aujourd'hui des splendeurs de cette chambre forme un contraste frappant avec son état de dégradation.—C'est à *el Portillo* qu'Augustina, la vierge de Saragosse, arracha la mèche des mains d'un artilleur mourant et fit feu sur les Français.

Les autres portes de Saragosse qui méritent quelque attention sont : celle de *Tolède*, qui sert de prison, et *la Ceneja*, ainsi nommée d'après les cendres des martyrs qu'on y trouva, en 1492.—Cette portion de la ville est ornée de promenades plantées de peupliers.—Un peu au-delà des murs de la ville se trouve la *Casa blanca*, auberge ou *fonda* passable, située sur le canal et très-fréquentée par les habitants de Saragosse les jours de la saint Jean et de la saint Pierre.—El *canal de Aragon* (canal d'Aragon) fut un des premiers commencés en Europe et il sera probablement un des derniers terminés; il fut conçu sous Charles V, afin de joindre la Méditerranée à l'Atlantique, projet magnifique paralysé dans son achèvement. Ce canal lie maintenant Saragosse avec Tudela; un service journalier de bateaux est établi entre ces deux villes. Les travaux hydrauliques de ce canal méritent l'attention du voyageur.

Saragosse est aussi célèbre par ses savants et ses artistes que par ses illustrations militaires. Nous citerons d'abord saint *Valère*, saint *Braulio*, saint *Lambert*, et saint *Angracia*, qui tous naquirent dans ses murs. Après ces gloires religieuses, il convient de signaler le savant Antonio Agostino, archevêque de Tarragone, que de Thou appelle la lumière de l'Espagne et le prince des jurisconsultes ; le poëte Prudentius ; les historiens Garcia Santa Maria, Geronimo Zurita, mort en 1570, et son continuateur Argensola ; Foncalda, qui fut orateur, poëte et historien ; le fameux marquis de Villena, etc. Les annales militaires glorifient les noms de Palafox, de Melii et de la célèbre Augustina, la Jeanne d'Arc de Saragosse, dont l'héroïsme sauva la ville.

Le voyageur sort de Saragosse par une belle route et traverse un pays bien cultivé ; bientôt tout change d'aspect : une succession de collines, de gorges, de montagnes, de terres riches et d'autres incultes, s'offre à la vue.

Après avoir traversé la Muela, on arrive à

GARRAPINILLOS, où se trouvent la *Venta de Léon* et un relais de poste ; vient ensuite :

La MUELA, village de 800 hab., qui produit du blé en abondance, de l'orge, du miel et nourrit de nombreux troupeaux. De cet endroit, en se retournant du côté de Saragosse, qu'il a quitté il y a environ 2 heures, le voyageur jouit du plus beau panorama qui se puisse imaginer ; la cité entière lui apparaîtra dans toute sa magnificence.

Nous atteignons bientôt la *Venta de la Romera*, la *Posada del Molinero*, et nous entrons par la puerta de Cabañas à

ALMUNIA DE DONA GODINA, ville située dans une grande plaine, au milieu de jardins, de cyprès et d'oliviers, avec une pop. de 4,600 hab. On y trouve une maison de poste, un hôpital et deux églises.—Voyez la tour du Beffroi, édifice triangulaire richement sculpté.

Le pays que nous traversons est couvert de vignes qui produisent un vin assez estimé, et d'oliviers dont l'aspect est monotone ; nous passons la *Venta Morata*, et après avoir suivi les versants de *las Sierras de Vicor*, on atteint

FRASNO, petite localité située dans une jolie vallée où

l'on récolte du bon vin ; elle a un relais de poste et une pop. de 1,400 hab

Nous trouvons à droite et à gauche de la route plusieurs couvents supprimés ; nous atteignons le *Rio Jalon*, qu'on traverse sur un pont ; puis on entre à

CALATAYUD.—*Auberges* : la meilleure est celle de la Diligence ; le *Parador de Llover* est décent et bien tenu. —La population de cette ville, d'après la statistique, ne serait que de 9,000 hab.; mais l'opinion générale la porte à 16,000 âmes environ.—Cette cité est la seconde de l'Aragon ; vue du dehors, son aspect est imposant ; elle est entourée de rochers et dominée par un beau château : son nom arabe, *château d'Ayud*, indique assez son origine mauresque ; Job, neveu de Musa, la construisit avec les matériaux de l'ancienne *Bilbilis*, qui était située à 3/4 l. E., à l'endroit où se trouve aujourd'hui *Bambola*. Bilbilis fut célèbre pour avoir vu naître Martial, et c'est sous ses murs que Quintus Metellus remporta une grande victoire sur Sertorius, l'an 680 de Rome.—Elle était aussi renommée pour la qualité supérieure et la trempe de ses aciers.

Calatayud est une ville tout à fait aragonnaise, baignée par le *Jalon* et la *Giloca* qui fertilisent ses environs, de sorte que les fruits, les légumes et les provisions s'y trouvent en abondance et à bon marché ; on y voit 22 places de différentes grandeurs et plus ou moins jolies ; 44 rues principales, 9 portes, plusieurs beaux édifices, 3 faubourgs, 3 ponts et 1 belle fontaine de 11 tuyaux ; de riantes promenades plantées d'arbres et arrosées par plusieurs ruisseaux règnent autour de ses murs. Elle possède un commandant militaire, 1 ayuntamiento constitucional, 2 beaux colléges, 11 églises paroissiales, 5 couvents de moines et 6 de femmes, 1 palais épiscopal, 1 hospice, 3 hôpitaux, 1 Plaza de Toros, 1 théâtre et 2 collégiales : l'une appelée *el Santo Sepulcro*, est située sur une petite place ; elle fut construite en 1141 et appartint dans l'origine aux Templiers ; la façade de cette église est simple, mais d'un bel effet ; l'intérieur, avec ses trois nefs, est d'un aspect majestueux. Le sépulcre de Notre Seigneur en marbre jaspé de la province est d'un beau travail.—La seconde église, dite de

Santa-Maria, est ornée d'un portail très-élégant, érigé en 1528, mais l'intérieur a été défiguré par des ouvrages en stuc d'un fort mauvais goût, elle renferme quelques peintures de second ordre, œuvre d'artistes aragonais. Le pavé, qui date de 1639, est d'un marbre appelé *claraboya* qui ressemble au Parian. La tour du Beffroi est octangulaire, comme toutes celles de l'Aragon et de la Catalogne.

— Le *couvent des Dominicains* a un beau patio avec trois étages de galeries ; une partie de l'extérieur est enrichie d'un ouvrage pseudo-mauresque qui, vu d'un peu loin, frappe et produit un bel effet, bien que défectueux dans le dessin et l'exécution.

EXCURSION. — De *Calatayud* une assez bonne route conduit au monastère de Piedra (4 l.) où l'on voit de belles cascades ; celle appelée la *Cola de Caballo* (queue de cheval), la plus imposante, tombe d'une hauteur de plus de 100 mètres. De cet endroit la vue est magnifique.

Après Calatayud la route se poursuit au S.-O et traverse une riche contrée, passant par *el Parador del Rosario, le village de Ferrer, casa Blanca de Ateca, l'Ermitage de San-Blas, el Parador de San-Ignacio*, et, de là, nous conduit à

ATECA, petite ville située sur le *Jalon*, avec 2,000 hab. Elle fut conquise sur les Maures par le Cid. On montre encore sur la route de Valence une tour qui porte le nom de ce fameux conquérant. Ateca possède un hôpital et une école primaire.

On peut aussi d'Ateca faire une visite aux jolies cascades et au monastère de Piedra, dont nous venons de parler ; c'est une excursion de quatre heures de marche.

A partir d'Ateca, une chaîne de petites collines bien cultivées se succèdent pendant deux lieues jusqu'à

BUBIERCA, ancienne ville romaine, maintenant petite localité sans importance, mais dans une jolie situation, sur le Jalon et au pied d'une colline. Son territoire est très-fertile en grains, fruits, vins, etc.— Pop. 900 hab.— C'est dans les environs de cette localité que se donna, le 29 novembre 1808, un combat sanglant entre les Français et les Espagnols.

Une heure de marche dans une riche plaine qu'arrose le Jalon conduit à

ALHAMA, petit village situé sur la rive gauche du Jalon, au pied d'une belle roche escarpée. A deux lieues, se trouvent les *Bains d'Alhama (Aquæ Bilbilitaneæ* des Romains), eaux thermales très-efficaces, dit-on, contre les rhumatismes et les douleurs invétérées ; la saison commence en juin et finit en septembre.

Bientôt on traverse le Jalon sur un petit pont et de là, en une heure de marche, on gagne

CETINA, village de 1,400 hab., situé dans une plaine très-fertile.

On parcourt ensuite un chemin montueux couvert d'arbres, et éloigné de toute habitation. On ne franchit point ce passage sans une terreur secrète ; enfin on débouche dans une plaine au milieu de laquelle on trouve

ARIZA, dernier village de l'Aragon, sur cette route, sur le Jalon. Sa population est de 1,300 hab. C'est en général une pauvre localité n'ayant à montrer que quelques fragments d'anciennes murailles et de ses fortifications.

Après une marche d'environ demi-heure, on aperçoit une petite tour carrée qui indique les limites de l'Aragon et de la Nouvelle-Castille. Cette tour dépassée, nous jetons un regard d'adieu à cette noble terre d'Aragon, et déjà nous touchons la première localité castillane.

HUERTA DE ARIZA, pauvre petite ville engourdie et à moitié gelée par les vents du nord, qui soufflent des froides montagnes de *Moncayo*. Bien que dans une triste situation, elle possède un des plus beaux couvents de bernardins qui soient en Espagne. Élevés de 1142 à 1147, sur l'emplacement d'un palais d'Alonso VIII, ses murs furent témoins des amours de ce monarque et de la belle juive Rachel, de la mort tragique de cette dernière, et du repentir de son royal amant.

Une partie des écuries existe encore ; mais elles ont été converties en magasins. L'édifice tout entier a subi de grandes altérations modernes d'un mauvais goût. Il faut cependant visiter les deux cloîtres dont l'un est orné d'une double colonnade d'une grande élégance. Ce couvent servit de sépulture aux chevaliers des XIII⁰ et XIV⁰ siècles qui moururent en combattant les Maures. Les *silleria del coro* (stalles du chœur), offrent une série de dessins capricieux dans le genre de Berruguete, mais d'une grande élégance ; la stalle de l'abbé est surtout remarquable. C'est près du maître-autel que fut enterré Rodrigo Ximenez de Rada, qui combattit à *las Navas de Tolosa*; mais ses cendres ont été depuis transportées à Tolède. L'église était autrefois couverte de peintures représentant cette brillante victoire. La *bibliothèque* a subi le sort de celles de la plupart des couvents d'Espagne. Ce monastère est digne de la visite du voyageur.

Tout ce district abonde en grains, légumes et fruits excellents. Nous suivons toujours depuis *Calatayud* la riante vallée du Jalon jusqu'à

ARCOS, petit village de 600 hab. Nous traversons le Jalon et nous arrivons à *Lodares*, hameau de 50 hab., avec relais de poste.

MEDINACELI, ancienne capitale des ducs de ce nom. C'était antérieurement la cité non du ciel, mais de Sélim, forteresse frontière des États du Maure de ce nom, humble résidence de 15 à 1,600 hab., et située sur une éminence escarpée qui domine le Jalon aux eaux poissonneuses et surtout abondantes en truites. Cette ville possède une collégiale, un palais délabré, avec une jolie cour d'ordre dorique, et les restes d'un arc romain.

Du relais de poste de *Bujarrabal*, une assez bonne route conduit à, environ 4 l. O.,

SIGUENZA, ville peu remarquée, mais dont nous recommandons la visite à notre voyageur. Cette petite cité, chef-lieu du *Partido* (district de son nom), est entourée de belles plaines bien arrosées, qui pourraient, grâce à une culture plus intelligente et de meilleures routes, devenir un des greniers de l'Espagne. *Sigüenza*, dont la population se monte à 5,000 hab., autrefois ville forte, sur la frontière de la Castille et de l'Aragon, fut reconquise en 1086, par Alonso VI ; elle conserve encore une partie de ses anciens murs et de ses portes. Bâtie en forme d'amphithéâtre, sur la pente d'une colline qui domine la vallée du Henarès, la haute ville est escarpée et couronnée par le palais épiscopal ou *Alcazar*. La *cathédrale* est un bel édifice d'une grande solidité; la façade, flanquée de deux tours, est d'une belle simplicité; le portail central est orné d'un médaillon de la Vierge donnant la chasuble à san Ildefonse. Dans l'intérieur, on admire les 24 piliers qui soutiennent la nef centrale, la plus haute des trois. Le beau *trascoro*, enrichi de marbre rouge et noir, fut élevé en 1685, pour recevoir une image de la Vierge qui avait été miraculeusement préservée des Maures. Les *silleria del coro* (stalles du chœur), sont d'un riche gothique; elles furent sculptées en 1490. L'orgue est d'une date plus récente. Le retable du maître-autel est simple et sévère ; examinez surtout les statues représentant la Foi, l'Espérance et la Charité. Parmi les tombeaux des prélats que renferme le *presbyterio*, on remarque, près la porte Sagrario, la statue couchée du premier évêque Bernardo, né en France, et qui devint ensuite primat de Tolède.—La partie du transept où se trouvent les reliques de *santa Librada*, patronne de la ville, est d'une architecture admirablement travaillée. Examinez surtout les détails du retable et la niche où repose le corps de cette sainte. Au-dessus, une sculpture où elle est représentée montant au ciel. L'ensemble et les détails de cette belle composition sont d'un excellent effet. Dans une niche d'un riche travail, on aperçoit le fondateur, l'évêque Fabrice de Portugal, agenouillé.

Dans la chapelle de *Santa Catalina*, située près de la porte qui ouvre sur la place du Marché, se voit un portique d'autel et une grille d'un travail fini, ainsi que plusieurs beaux sépulcres, entre autres ceux de Martin Vasquez de Sosa, de Sancha, sa femme; de Martin Vasquez de Arce, de 1486, et celui d'un chevalier de Santiago, qui y est représenté armé de pied en cap. Le plus remarquable de tous est celui de l'évêque de Canarie, Fernando de Arce; il est dan le genre de Berruguete, orné de statues d'enfants, de boucliers et d'une foule de décorations, au milieu desquelles le prélat est couché sur l'urne. Un mausolée d'une date plus ancienne occupe le centre. Le retable actuel de cette chapelle est dans le genre de Churriguera ; mais le précédent se voit encore dans la sacristie avec une excellente peinture florentine représentant une crucifixion ; malheureusement elle est très-endommagée.

La chapelle *San-Francisco-Xavier* possède aussi un très-beau portique d'autel, et le tombeau de l'évêque Bravo, avec un précieux crucifix. Le portail de la sacristie est du meilleur goût. Le reliquaire est rempli de petites statues et de sculptures d'un travail très-délicat. La grille en fer est aussi un ouvrage d'une remarquable exécution. Les cloîtres gothiques, avec leurs élégantes fenêtres et leurs ornements délicats, furent terminés et 1507.

Ensuite visitez le *Collége des géronomites* fondé par un membre de la famille Medinaceli, qui est enterré dans le transept, mort en 1488. Observez le monument de l'évêque Bartolome de Risova, et le cloître classique d'ordres toscan et dorique. L'aqueduc mérite aussi une visite : c'est un ouvrage digne des Romains, en ce qu'il réunit les trois conditions qu'on retrouve dans toutes les constructions de ce peuple-roi : solidité, utilité et grandeur.

Cette intéressante excursion terminée, le voyageur n'aura pas besoin de reprendre la route royale ; il peut laisser, sans les visiter, les villages de

ALCOLEA DEL PINAR, avec sa population d'environ 400 hab., et sa haute position ;

TORREMOCHA DEL CAMPO, avec sa population de 300 hab., et enfin

ALGORA, village avec une population de 500 hab. ; sol fertile en grains, légumes, etc. Voyez le maître-autel de l'église paroissiale et la prison.

Une route directe d'environ 4 lieues nous ramènera sur la route de Madrid à

ALMADRONES, avec une population de 500 hab., et une *parada de postas*. Pays fertile en grains.

De ce village, la route continue au milieu d'une vaste plaine fertile en grains, mais d'un aspect très-monotone. On passe à *Venta de Punal*, et de là à *Granjanejos*.

Encore quelques relais sur le plateau élevé de cet immense plaine et l'on arrive à

TRIJUEQUE, village de 900 hab., assez industrieux, patrie de don Antonio de Véga, auteur d'un dictionnaire universel de géographie.

TORIJA est une ancienne ville forte sans importance maintenant, située dans la riche plaine de son nom, sur un sol élevé. On y trouve un relais de poste, et les restes de ses vieilles murailles.—Pop. 800 hab.

A 2 l. E. de *Torija*, se trouvent les plaines de *Brihuega* ou *Alcarria*; ce beau bassin, si riche en blé, était originairement un vaste lac. Il doit sa fertilité à une riche couche de marne rouge et aux nombreux cours d'eau qui l'arrosent. L'élévation de ce district au-dessus du niveau de la mer est d'environ 1,300 mètres. Ses vertes collines sont couvertes d'arbrisseaux aromatiques, ce qui donne au miel qu'on y recueille une qualité supérieure. La capitale de ce joli district est

BRIHUEGA, ville ancienne, autrefois entourée de murs, avec 4,500 hab., au milieu d'une campagne fertile, mais n'offrant rien à la curiosité. Le duc de Vendôme y vainquit le général anglais Stanhope, le 9 décembre 1710, dans la guerre de la Succession.

Trois heures de marche, toujours vers l'E., nous conduisent à *Solanillos*, et deux heures de marche de plus à

TRILLO, ville de 800 hab., de la province de Guadalajara, située non loin de la rive droite du Tage; elle possède des bains excellents d'eau minérale très-fréquentés du 15 mai au 15 septembre. Les bains sont situés à 1 kil. 1/2 environ de Trillo; on y arrive par une jolie promenade bien plantée. Un des bains est appelé *la Piscina*, et est destiné aux affections de la peau. On y trouve aussi un hôpital où l'on reçoit les pauvres, mais, comme on dit, très-pauvrement.

A quelques lieues S. de *Trillo*, se trouvent les bains, également très-fréquentés, de *Sacedon*, doués des mêmes vertus curatives que ceux de Trillo.

Pour gagner Guadalajara, nous venons reprendre la route de Madrid à Torijo.

A Torijo passe une route nouvelle qui se dirige vers le N. par *Soria*, *Logroño* et *Pampelune*, et va de *Pampelune* à *Bayonne*.

Ensuite nous traversons les villages de *Valdenoches* et de *Taracena*, situés sur le Henarès, avec une pop. de 500 hab.; une demi-heure de marche nous conduit à

GUADALAJARA, la *Wádá-l-hajarah* des Maures (Rivière-de-Pierre), où nous entrons par la *Puerta de Saragosse*.—*Auberges* : Les *posadas* y sont en général mauvaises; celle de la Diligence est passable. — C'est une ancienne cité romaine qui ensuite passa aux Goths, en 714 aux Maures, et leur fut arrachée par Alvar Fañez de Minaya, dont la ville a pris l'effigie pour armoiries. La pop. se monte à 6,800 hab. Vue du dehors, principalement de *San-Antonio*, cette ville offre un aspect vaste et pittoresque; mais une fois dans l'intérieur, vous n'apercevez que des rues tristes et pauvres. La belle plaine où elle est située serait plus fertile si l'agriculture était moins négligée. Elle est arrosée par le Henarès, qu'on traverse sur un pont de pierre bâti en 1758, sur les fondations d'un pont romain; elle était autrefois entourée de murailles dont on voit encore aujourd'hui quelques restes.

Parmi les illustrations de *Guadalajara*, il faut citer les Mendozas, qui furent les Mécènes de la péninsule. Visitez leur palais, *el palacio de la Casa de l'Infantado*, dans lequel naquit le grand cardinal Mendoza. C'est un vaste édifice d'un style recherché et offrant une sorte de transition du mauro-gothique au greco-romain[1]. Les dessins capricieux sont grossièrement exécutés, cependant l'ensemble

---

[1] Ordre composite.

en est original et imposant. La façade est noble et chargée d'ornements. Le portail est couronné d'un grand écusson aux armes de la famille, que supportent des satyres : il est surmonté d'un rang d'élégantes fenêtres mauresques, d'où François Ier, roi de France, contempla le tournoi que lui donna le duc de l'Infantado. A l'intérieur, vous admirez le *patio*, riche et curieux ; au-dessus des arches, se trouvent des lions sculptés aux formes bizarres, avec des têtes de hérissons. Toute cette partie du bâtiment est couverte d'une immense quantité de boucliers, de rouleaux et autres sculptures. Cette demeure princière est bien déchue : les riches et vastes salons aux plafonds dorés et sculptés sont divisés par des cloisons en torchis, et changés en misérables cabanons. Le contraste de ces magnificences et de ces dégradations rend l'aspect de ce palais singulièrement triste et lugubre. La *sala de Linajes*, autrefois salle des généalogies des orgueilleux Mendozas, est devenue un magasin. Le jardin, jadis si bien tenu, est couvert aujourd'hui d'herbes parasites ; tout dans cet édifice, jadis si pompeux, offre l'image de la misère et de l'abandon.

Ensuite visitez le couvent de *San-Francisco*, avec son extérieur simple mais imposant. Il est situé sur une éminence qui domine la ville, c'est pourquoi on en fit une forteresse pendant les guerres civiles ; fondé d'abord en 1200, par *Doña Berenguela*, pour les Templiers, il fut reconstruit en 1393 par l'amiral Mendoza. Observez dans la *Capilla de los Davalos* une gracieuse statue représentant une jeune femme endormie : ici la jeunesse et la beauté trouvèrent une fin prématurée.

Visitons maintenant le *Pantéon* où reposent les cendres des braves, des pieux, des savants et magnifiques Mendozas. Le sépulcre est digne de tels hôtes, il rivalise pour la beauté des marbres avec celui des Médicis à Florence, et avec celui de l'Escorial ; il fut commencé en 1696 et terminé en 1720, ayant coûté environ 4 millions et demi de francs.

On descend dans ce palais des morts par un escalier de 55 marches dont les murs et les voûtes sont incrustés de marbres de différentes couleurs et d'une grande beauté.

L'intérieur se compose d'un caveau où l'on renferme les corps des seigneurs de la maison de l'Infantado, et d'une vaste salle ornée de marbres et de dorures ; le contour est divisé en compartiments et chaque compartiment en 4 niches, toutes garnies de marbres de différentes couleurs ; chaque division renferme un grand tombeau de marbre rouge-violet. Il y a 28 tombeaux, dont un reste toujours ouvert, en attendant le corps du premier membre de cette famille qui décédera.

Tous ces monuments souffrirent beaucoup pendant la guerre de la Péninsule.

Près du palais Mendoza se trouve un bâtiment en briques de style pseudo-mauresque, qui sert maintenant de prison.

Vis-à-vis se trouve la manufacture royale de draps, fondée par Philippe V, établissement qui a coûté des sommes immenses et a fort peu rapporté au pays.

De là, nous gagnons la *Plaza Santa-Maria* ; observez les arcades pittoresques de *San-Miguel*, jadis mosquée, avec son entrée à colonnettes et son architecture riche et variée ; visitez ensuite l'église de *San-Esteban*, curieux assemblage de divers styles ; l'intérieur renferme les cendres de plusieurs chevaliers des meilleures familles de la ville.

Guadalajara est la patrie des célèbres écrivains Gonzalez de Mendoza, Gomez, Cabrera, Ortiz, Lucio, Lopez de Haro, Alcazar, du peintre Ricon, etc.

A 2 l. environ de Guadalajara et sur la route de *Cuenca* se trouve *Lupiana* avec son célèbre monastère de *San-Bartolomé*, qui fut le premier fondé en Espagne, pour l'ordre de Saint-Jérôme, par Diego Martinez, en 1330. Les beaux cloîtres gothiques furent bâtis en 1472 par le primat Carrillo, l'église par Herrera, et la grande salle du chapitre par Mora, en 1598.

On sort de Guadalajara par la porte de *los Martires*, après avoir passé par *Arroyo de Venalaque, Venta de San-Juan, Parador del Conde, Casa de Postas, Parador del Emin,* on arrive à

ALCALA DE HENARES (le château de la rivière), en arabe *el Nahr*.—*Auberges :* la meilleure est *Parador de las Diligencias*.—Vue de loin cette cité offre un aspect imposant par les murs et les tours qui environnent la ville ; mais l'intérieur est triste, désert et les rues mal percées.—Pop.

4,500 hab.—Elle possède un théâtre, une *Plaza de Toros*, deux jolies promenades (*alamedas*) appelées *el Sal* et *el Chorillo*.

Son université, fondée par le cardinal Ximenez, fut jadis illustre dans toute l'Europe ; elle eut dans ses écoles les maîtres les plus célèbres de leur siècle, et elle compta dans son sein jusqu'à 11,000 étudiants, qui fêtèrent François Ier pendant les trois jours qu'il passa dans cette ville lors de sa captivité ; mais depuis que ce sanctuaire des connaissances humaines a été transféré à Madrid, Alcala n'est plus qu'une ville pauvre et ignorante, n'offrant que l'ombre du passé : ses imprimeries, jadis si florissantes, ont presque toutes disparu. Ce fut ici que s'imprima en 1514-15 la célèbre Bible polyglotte, en 6 vol. in-folio ; le cardinal Ximenez, qui en avait conçu le projet, n'épargna ni peines ni argent pour la réussite de cette noble entreprise, et fut assez heureux pour voir la dernière feuille du texte imprimée ; mais elle ne fut publiée qu'en 1522, seulement au nombre de 600 exemplaires ; la dépense de cette édition dépassa 52,000 ducats, somme énorme pour cette époque ; trois exemplaires seulement furent tirés sur vélin : l'un pour le Vatican, l'autre pour Alcala, et le troisième fut acheté par M. Standish, au prix de 522 l. sterl. (13,050 fr.). Ce dernier fut légué, il n'y a pas encore longtemps, au roi Louis-Philippe ; le texte est en hébreu, en grec, en latin et en chaldéen.

Le voyageur doit visiter le *Colegio mayor de San-Ildefonso*, que le cardinal Ximenez commença en torchis ; alors le roi Ferdinand lui demanda pourquoi il employait des matériaux si modestes ; il répondit qu'il convenait à une créature de poussière comme lui de laisser le marbre pour ses successeurs. Cet édifice fut terminé en 1533 par Rodrigo Gil ; il contient trois *patios* : l'un est de style dorique, l'autre ionique et le troisième dans le genre de Berruguete ; celui qu'on appelle *el Trilingue* fut complété en 1557 ; la chapelle, construite par Gil de Ontañon, est magnifique ; le riche gothique se marie aux ornements mauresques brillants et coloriés. Examinez les arcades qui supportent un plafond lambrissé d'une grande beauté. Le fondateur repose devant le *retablo*, d'un travail merveilleux ; la statue

8.

le représente revêtu de ses habits pontificaux et couché sur une urne superbe, chef-d'œuvre de Dominico el Fiorentino; la *Reja* est l'œuvre des Vergaras, père et fils, de 1566-73. Peut-être notre voyageur ne trouvera-t-il plus ici ce magnifique sépulcre, car il était question de le transporter à Madrid (1848). La *Paraninfo*, ou salle des anciennes cérémonies, est ornée d'une belle galerie élevée et d'un beau travail richement doré; le plafond lambrissé est également beau et riche. Le cardinal Ximenez mourut à *Roa*, près de Valladolid, le 8 novembre 1517, dans sa 81e année, le cœur brisé par l'ingratitude de Charles V.

Le *palais Épiscopal*, à la construction duquel ont contribué plusieurs primats, est encore inachevé; il occupe le site du vieux Alcazar, dont il reste encore une tour très-solide; son aspect, simple à l'extérieur, contraste beaucoup avec les belles cours et les riches décorations de l'intérieur. Les fenêtres du premier *patio* ressemblent à celles de Berruguete, dans l'*Alcazar* de Tolède; le second *patio* est orné de corniches et de balustrades.

Alcala eut beaucoup à souffrir des guerres étrangères et intestines, aussi ses églises et ses couvents sont sans trésors, sans peintures et dans un état de misère. Voyez dans l'église *San-Diego*, le grand sépulcre avec la statue couchée du primat Alonso de Carrillo, mort en 1482. La principale église, *el Magistral*, est gothique, avec une excellente *reja* et des stalles de chœur d'un travail fini.

Les saints tutélaires d'Alcala sont *san Justo* et *san Pastor*, mis à mort le 6 août de l'an 366 de notre ère, à l'âge de 7 et de 9 ans. La pierre sur laquelle ils furent exécutés porte encore l'empreinte de leurs genoux, comme on peut le voir à *El Paredon del Milagro*, à 1/2 l. environ d'Alcala.

Mœurs et coutumes: Alcala est une ville triste où l'on ne trouve ni plaisir ni société; lorsque l'Université y résidait, elle était presque peuplée de prêtres, de moines, de professeurs, d'étudiants et d'employés de collège; un air de morgue et de pédanterie y est le ton dominant; les vivres y sont chers, quoique sa plaine soit très fertile; mais elle est sans arbres et ne produit que du blé.

Alcala fut la patrie des martyrs saint Just et saint Pastor,

ROUTE 2.—DE PARIS A MADRID.

dont on conserve les corps dans l'église de la collégiale ; d'Antoine Solis, l'élégant historien de la conquête du Mexique, et du plus grand romancier qui ait encore écrit dans aucune langue, de l'immortel Michel Cervantes, auteur de *Don Quichotte*, et d'une foule d'autres hommes célèbres.

A 2 l. S. d'Alcala on trouve

LOECHES, avec un couvent de Dominicains où se retira le Conde Duque après sa disgrâce sous Philippe IV. Il fut enterré dans la chapelle du couvent qu'il avait ornée de dix peintures de Rubens ; toutes ont disparu : le *Triomphe de la religion* se trouve maintenant dans la galerie du Louvre ; les autres sont en Angleterre.

En quittant Alcala on parcourt un pays nu et sans intérêt, bien que fertile ; on arrive à

ARROYO DE TOROTE, petite localité sur la rivière de son nom, qu'on traverse sur un pont.

Une heure de marche nous conduit à

TORREJON DE ARDOZ, petite ville située sur la Jarama, qu'on traverse sur un pont ; elle a 4,500 hab., deux hôpitaux et une casa de Postas.

Ensuite on rencontre *Puente de Viveros, Canillejas. Venta de spiritu santo*, enfin

MADRID. *Hôtels* : Ils ont été pendant longtemps et sont peut-être encore les plus mauvais des grandes villes de l'Europe ; mais le nombre des voyageurs ayant beaucoup augmenté par suite des récentes améliorations dans le service des diligences, les entrepreneurs fondèrent eux-mêmes des auberges, ou *Paradores*, où les voyageurs sont assez bien ; de plus, des étrangers ont établi aussi des cafés et des restaurants tolérables ; ajoutons qu'il vient d'être fondé un grand hôtel, monté et tenu sur le pied de ceux des autres capitales de l'Europe, unissant le comfort anglais à la cuisine française.

Nous indiquerons donc la *Fonda de San-Luis*, 27, calle de la Montera ; bien que petite elle est bonne ; elle est au-dessus d'un pâtissier où vous pouvez dîner très-bien ; la

Fonda de las Diligencias, avec une table d'hôte décente à 5 heures; la *Fonda de Europa*, calle de Peregrinos; la *Fonda de Genies*; *Fonda de Paris*, calle del Carmen, etc.

RESTAURANTS. On dîne très-bien à la *Pasteleria de la carrera de San-Geronimo*, à deux portes du cabinet de lecture de Monier; vous êtes servis à la carte; un dîner coûte avec le vin de 20 à 30 réaux. On est bien aussi à la *casa Viviana*, calle de las Tres Cruces, où on a établi une table d'hôte pour huit personnes seulement. La célèbre *Fontana de Oro*, appelée longtemps l'*hôtel de Madrid*, et l'un des plus mauvais de l'Europe, a été convertie en établissement de bains, en appartements garnis et en cabinet de lecture [1]. Le voyageur qui voudra juger la véritable cuisine

---

[1] M. Monier, Français, établi depuis longtemps à Madrid, carrera San-Geronimo, n° 10, réunit dans la *Casa Fontana de Oro*, plusieurs établissements d'utilité publique, qui sont:

1° Une belle *librairie*, avec laquelle il a, le premier en Espagne, donné l'élan à l'étude de la littérature étrangère, non-seulement à Madrid, mais encore dans les provinces, grâce à ses nombreuses relations.—Il est l'éditeur du *Boletin bibliografico de España*, qui est à sa 10e année, et du *Manual de la Libreria española*, ouvrage qui est à l'Espagne ce qu'est à la France celui de Brunet.—La galerie de M. Monier ne serait pas remarquable seulement en Espagne; elle a 58 catalogues différents, méthodiquement classés, tous composés d'ouvrages étrangers.

2° Un *cabinet de lecture* considérable, dans lequel on trouve les journaux espagnols et étrangers, un choix nombreux de bons ouvrages tant espagnols qu'étrangers, divisés en deux catalogues. Cet établissement, aussi complet du temps de Ferdinand VII qu'à présent, faisait dire alors que la tolérance de cette époque équivalait à toutes les libertés.

3° *Bains de toutes classes.*—Lorsque M. Monier s'occupa de ce dernier établissement, il n'y avait à Madrid que deux maisons de bains peu fréquentées, qui n'ouvraient qu'en juin et fermaient en septembre. M. Monier, en ouvrant son établissement pendant toute l'année, rendit un grand service au public d'abord, puis aux médecins qui n'avaient pu, jusqu'alors, bien étudier les effets des bains pris à propos et avec commodité. Il établit successivement les *bains à domicile*, *les bains de vapeur*, *les bains d'eau minérale, artificielle et aromatiques.*

Il en résulte qu'il existe aujourd'hui à Madrid vingt-cinq mai-

espagnole pourra aller dîner à la *Pasteleria*, dans la *calle del Desengaño*. Cette maison est très-fréquentée par les agents de change, à cause de sa proximité de la *Bolsa* (bourse); les *chuletas à la española* (espèce de grillade), et les *empanadas de pescados* (pâtés de poisson), sont toujours fort à la mode et très-recherchés.

APPARTEMENTS GARNIS ET PENSIONS BOURGEOISES. Le nombre de ces établissements est assez considérable à Madrid; ils conviennent beaucoup mieux que les hôtels au touriste qui désire vivre tranquille, avec économie et s'initier aux usages nationaux. Les situations les plus avantageuses sont dans les rues qui avoisinent la *Puerta del Sol*; le voyageur reconnaîtra facilement ces établissements, parce qu'ils ont toujours pour enseigne une feuille de papier blanc sur les fenêtres ou sur les balcons; il faut se rappeler que si ce papier est placé au centre, cela signifie *logements à louer*; si au contraire il se trouve à l'une des extrémités, il signifie *pension bourgeoise*.—Nous indiquerons à notre voyageur la petite mais très-confortable *Casa de los Baños*, de *David Purkiss*, n° 23, *caballero de Gracia*, mais comme la maison est petite, nous lui conseillons d'écrire d'avance afin de s'assurer un logement. Le *Cuarto principal* est aussi une bonne maison, on y trouve des bains; prix : 1 ou 2 dollars par jour; on peut y faire un bon déjeuner à l'anglaise : l'hôte, qui est anglais est fort obligeant, connaît très-bien l'Espagne. Le voyageur trouvera aussi de bons logements meublés chez *Doña Ramona Beldarrain*, vulgairement appelée *Lavizcaina*; la maison

sons de bains, dont trois seulement, y compris celle de M. Monier, sont ouvertes toute l'année.

Il y a dans l'établissement des chambres pour la commodité des voyageurs et des baigneurs.

Ces divers établissements, que nous nous faisons un devoir de recommander, communiquent entre eux; ils sont d'ailleurs si connus qu'il n'est pas d'étranger qui n'y arrive naturellement, et d'autant plus que M. Monier, dont l'obligeance est parfaite, met spontanément à la disposition de chacun ses conseils et des renseignements précieux, ce qui fait véritablement de sa maison un centre d'utilité publique.

se nomme *casa del Cordero*, calle mayor, jolie position. Si le voyageur a l'intention de passer l'hiver à Madrid, nous lui conseillons de choisir un appartement faisant face au midi et pourvu de cheminées, car le feu est un grand comfort dans les beaux climats où l'hiver est détestable.

A l'égard des *casas de Populos* (pensions bourgeoises), les meilleures sont dans la calle de Alcala et calle de Carretas ; la *casa de la Maragata*, n. 1, calle Mayor, une autre nº 9, calle de Hortaleza, etc.; mais ces établissements changent journellement : le prix moyen pour le lit et la table est d'environ 30 réaux par jour.

CAFÉS. — Ces établissements sont très-nombreux et presque tous tenus par des étrangers, et disposés à la mode de Paris. On prend peu de café en Espagne, excepté dans les grandes villes : c'est le chocolat qui le remplace; mais depuis le choléra c'est le thé qui est le plus en faveur. Les meilleurs établissements de ce genre, sont : *la Iberia*, carrera de san Jeronimo ; *café Suizo*, calle de Alcala ; *del Espejo*, calle de Carretas ; on peut encore citer : *el de los Dos Amigos, el Nueva, el de Cervantes, de la Aduana* et de *la Estrella*, tous situés dans la calle de Alcala ; celui de *Lorenzini*, puerta del Sol, et *el principe y la Venecia*, calle del principe.

La cuisine à Madrid est en général de second ordre, bien qu'elle fasse des progrès assez rapides depuis quelques années. Le plat fondamental, ou le fond de la cuisine, est toujours le *puchero* : c'est une espèce d'étuvée composée de bœuf et de pois chiches, mets fort peu agréable au palais. Mais si la cuisine n'est pas très-savoureuse, on peut dire que Madrid est renommé pour ses asperges, qui croissent à Aranjuez, et pour sa *Hojaldre* (pâte feuilletée). La plupart des confiseurs sont des étrangers ; parmi les meilleurs, nous citerons la *Pasteleria Estrangera*, plaza Santa Ana; celle de la calle del Principe, et la *Pâtisserie française*, dans Carrera San-Jeronimo, sont aussi très-recherchées : plusieurs de ces établissements donnent à dîner.

BOISSONS. Les meilleurs vins qu'on boit à Madrid sont les vins rouges de *Valdepeñas* et d'*Arganda* ; mais malheureusement la plupart sont falsifiés par une décoction de bois de campêche et autres ingrédients malfaisants. Les vins français et étrangers sont chers et mauvais. Les neiges perpétuelles de la chaîne du Guadarrama fournissent abondamment la base des liqueurs rafraîchissantes et des glaces que des Valenciens vendent dans les rues de Madrid. Parmi ces boissons, nous citerons la *agua de cebada* (eau d'orge), très-rafraîchissante, ainsi que le *Orcahta de Chufas*, liqueur composée d'orge et de dragées pilées ; mais rien n'approche de l'*Agraz* (verjus clarifié). Cette liqueur rafraîchit le corps et l'esprit de l'homme, et est délicieuse à boire lorsqu'elle est mêlée au vin de camomille. Le *Cerbeza con limon*, ou espèce de bierre en bouteille, mêlée avec du jus de citron, est aussi une boisson fort en vogue l'été à Madrid.

CLUBS ET CABINETS DE LECTURE. Outre l'ancien *Casino*, un nouveau club, *el Circulo del Comercio*, s'est établi dans la calle Angosta de Peligros, sur le site de la maison du duc de Fernando ; on y trouve un café et une pâtisserie. Chaque membre paie pour son admission 250 fr. et 40 réaux par mois. Il y a beaucoup de cabinets de lecture à Madrid : un des meilleurs est dans la calle de la Montera, et *el cabinete literario*, calle del Principe.—Le voyageur qui voudrait se procurer des livres étrangers peut s'adresser à M. *Casimir Monier*, qui possède un important cabinet de lecture, Casa fontana de Oro, et un autre à Paris, n° 7, rue de Provence, où se trouvent beaucoup de livres espagnols. M. Monier père parle français, son fils parle anglais ; ils sont l'un et l'autre très-polis et très-obligeants.

Maîtres de langue. On parle généralement bien la noble langue espagnole à Madrid ; mais on prétend que c'est à Tolède que se parle le plus pur castillan ; nous recommanderons donc avec toute sécurité *don Gregorio de Prado*, comme un éminent professeur. C'est un ecclésiastique qui a habité la France pendant trente ans comme émigré. S'adresser au *Palacio de Lérida*.

BAINS ET VOITURES. Outre les bains de l'hôtel de Purkiss, on cite encore ceux de *Corderos*, calle Mayor, qui sont très-bien tenus ; d'autres, dans la calle de *Hortaleza*, et ceux d'el *Oriente*, plaza de Isabel II ; de *la Estrella*, calle de Santa-Clara ; de *San-Isidro*, calle Mayor ; et surtout ceux de la *Fontana de Oro*.

C'est dans la calle *de Alcala* que tous les chevaliers du fouet semblent s'être donné rendez-vous; car c'est dans cette rue que se trouvent presque toutes les administrations des diligences et autres voitures publiques, telles que le *Coche de Colleras* et le *Calesa*. Une voiture de place coûte par jour de trois à quatre dollars. Dans la *calle del Lobo,* on trouve des cabriolets à 6 réaux l'heure; dans la *calle del Infante,* on a des voitures à glaces à 56 réaux par jour, 28 pour la matinée, et 30 pour l'après-midi. On trouve aussi des omnibus publics à forme assez bizarre, traînés par des mulets. Dans la *calle de las infantas*, se trouvent les *Citadinas*, introduites à Madrid, en 1846, par le col. Partington.—Le marché aux chevaux se tient tous les jeudis dans la *plaza del Rastro.*—Les marchés pour les comestibles de toute espèce sont généralement bien approvisionnés. Les plus considérables sont ceux de *San-Ildefonso*, de *San-Felipe Neri*, de la *plaza de Cebada*, et de *plazuela del Carmen.*

COMMERÇANTS. Les plus beaux magasins de Madrid sont situés dans le voisinage de la *Puerta del Sol.—Libraires.* Les livres sont généralement rares et chers à Madrid. Les touristes amateurs d'ouvrages sur la topographie et la géographie en trouveront une vaste collection dans la *Biblioteca nacional,* plazuela de Oriente. Au nombre des libraires les plus renommés sont : *Monier,* Casa fontana de Oro ; *Ranz,* calle de la Cruz; *Sojo, Perez, Sanz,* calle de Carretas ; *Mijar,* calle del Principe ; *Dennie y Hidalgo*, calle de Montera; et *Dionisio Caraini,* calle de la Paz. Les pièces de théâtre se trouvent chez *Cuesta y Rios*, calle Mayor, en face la *casa de Correos.* Nous conseillons au voyageur qui veut acquérir quelque teinture de langue et de littérature espagnoles de lire avant d'aller au théâtre la pièce qu'on y joue.—Parmi les marchands de cartes géographiques, nous citerons *Manuel Pereda,* dans la Trinidad ; *Lopez,* calle del Principe.—Tailleurs : *Hernandez,* plaza del Sol; *Borel,* calle del Principe ; *Rouget,* calle Jacomo Trezo ; *Vensilla,* calle de San-Jeronimo ; *Wartelet,* Red de San Luis; *Pascual,* calle de Fuencarral.—*Modistes.* Mmes *Nicanora,* et *Victorina,* calle del Carmen.—*Magasins de nouveautés* : *Gines y Narciso, Garcia Ca-*

ROUTE 2.—DE PARIS A MADRID.

chera, calle del Carmen ; *La Francesa*, calle de la Montera ; et *Las Novedades de Paris*, calle Mayor. Depuis peu, on a ouvert un nouveau bazar appelé *la Ville de Madrid*. Les meilleurs *changeurs* sont dans la calle Montera et dans celle de Tolède.

SITUATION, ÉTENDUE, TEMPÉRATURE. Madrid est presque au centre de l'Espagne, situé sur plusieurs collines inégales, basses, rapprochées et sablonneuses, au milieu d'une plaine immense et très-élevée au-dessus du niveau de la mer. Cette plaine est sèche, aride, nue, absolument sans arbres et désagréable ; mais malgré la stérilité de ses environs, on trouve toujours à Madrid d'abondantes provisions, du bon pain, d'excellents fruits, des plantes potagères de toute espèce, et beaucoup de poissons ; le vin naturel y est exquis, et l'eau qui coule de ses belles fontaines est d'une pureté parfaite.

Comme point politique, la situation de cette belle métropole est très-heureuse ; elle est à 100 et quelques lieues des frontières de France, du côté de Bayonne ; à quelques lieues de plus du côté de Perpignan ; à 75 lieues de la frontière du Portugal, à 100 lieues du littoral du golfe de Biscaye, et à peu près à la même distance de la frontière sud, vers Gibraltar. La figure de Madrid est presque carrée ; elle a environ 2 l. de circonférence ; elle est baignée à l'ouest par une petite mais célèbre rivière, le *Manzanarès*, dont les deux rives sont plantées de beaux arbres, et sur laquelle sont deux beaux ponts dont nous parlerons, assez grands pour livrer passage aux eaux du Danube ou du Rhin. Pour faciliter le transport des provisions, on a percé un joli canal s'embranchant au pont de Tolède et allant communiquer au *Xamara*.

Madrid renferme, selon *la Noticia topografica-estadistica*, par Caballero, environ 200,000 hab. ; d'autres portent la population à 216,740 hab. ; elle est divisée en 10 districts et 16 paroisses, 10 commissariats de police, 89 quartiers, et contient 8,194 maisons, tant *intrà* qu'*extrà muros*; 512 rues (calles), 70 places, tant grandes que petites ; 5 portes principales, 34 fontaines publiques et 700 particulières. Elle possède 18 hôpitaux, une *casa de espositos* (maison pour les enfants exposés), une université,

9 académies, 4 bibliothèques publiques, 3 muséums, un musée d'artillerie, un splendide palais, 6 théâtres, une *plaza de Toros*, etc.

Le voyageur qui voudrait connaître parfaitement les droits, les privilèges et les gloires de cette riche cité, pourra consulter avec fruit, le *Manual de Madrid*, par Ramon de Mesoneros Romano ; voir aussi du même auteur *Panorama Madrilense*, nouvelle édition, Madrid, 1846. L'amateur de topographie espagnole devra se procurer le *Teatro de las grandezas*, par Gil Gonzalez d'Avila, fol. Madrid, 1623. *La Historia de Madrid*, par Geronimo Quintana, fol. Madrid 1629 ; et le *Dialogo de la Antigüedad*, par Rod. Mendez Silva, 4to. Madrid, 1637, etc.

ADMINISTRATION LOCALE ET PROVINCIALE. Comme capitale de la province, *Madrid* est le siége du chef politique et de la députation de la province, d'une intendance et de l'administration des rentes, d'une chambre des comptes, du bureau des hypothèques, d'un capitaine-général et d'un conseil de guerre, d'un gouverneur de place, d'un sergento mayor et des adjudants, de seize commandants de quartier. Un ayuntamiento, qui règle toutes les affaires de la cité, se compose d'un alcalde, de dix lieutenants d'alcalde et de trente-sept régidors, parmi lesquels se trouvent les procuradors, sindicos, etc.

Madrid, capitale de la monarchie espagnole, est le siége de la cour, des ministres et secrétaires d'État, des cortés de la nation et de toutes les administrations civiles et militaires.

PANORAMA DE MADRID. Avant de commencer notre brillante exploration, nous dirons au voyageur qu'il trouvera à la *Court* un valet de place ou cicérone, chose assez rare et dont on a le plus grand besoin dans les anciennes capitales de l'Espagne ; de plus, comme beaucoup d'objets curieux ne sont visibles que certains jours de la semaine, il faut bien s'assurer de ces jours, afin d'éviter des courses inutiles. Comme certains lieux ne peuvent être visités qu'avec des permissions, il est urgent d'en faire la demande à l'autorité compétente quelques jours d'avance. Ne pas oublier non plus de se lever de bonne heure, ce qui est l'habitude à Madrid ; car la plupart des lieux publics et des boutiques sont fermés depuis midi jusqu'à trois heures; pendant ce temps, tout le monde dîne ou fait la *siesta*, alors on ne peut rien voir ni rien faire. Le *museo* de sculpture est ouvert les lundis; les *museos* de peinture, d'artillerie et de topographie, les dimanches et mardis; les parties réservées du *Buen Retiro*, les mercredis; la *Casa del Campo*, les jeudis; le *Casino de la Reina*, le palais et les écuries, les vendredis; l'*Armeria* (musée du génie), les mardis et samedis; mais quelques pièces d'argent et un valet de place adroit font ouvrir les portes les autres jours; de plus, il faut avoir soin de prendre toujours son passeport avec soi, parce que les étrangers sont toujours favorisés à Madrid, ainsi que dans toutes les capitales de l'Europe.

Notre première visite sera pour la *Puerta del Sol*, qui se trouve au centre de cette belle cité, quoique jadis elle fût à l'extrémité E.; mais la ville s'étant agrandie de ce côté, la porte a disparu, et il ne reste que son nom, qu'elle a légué à la place qu'on voit aujourd'hui. Cette petite *plaza* est comme le cœur de Madrid, d'où s'échappent en divers sens les grandes artères de la circulation. Vers l'O., la *calle de Alcala* conduit au *Prado*. Vers l'E., la *calle Mayor* conduit à la rivière. Deux autres rues très-importantes, partant également de cette place, et coupant celle-ci en angles droits, se dirigent vers le N. et vers le S.: ce sont la *calle de la Montera*, et la *calle de las Carretas*. Ces rues sont le centre des affaires, le rendez-vous de la bonne société, et contiennent les plus beaux magasins; mais ces établissements sont bien loin de ceux de Paris ou de Londres par l'élégance, la beauté, la richesse et la variété des objets qu'ils renferment; les marchands eux-mêmes sont peu prévenants, et semblent dédaigner tout effort pour s'attirer les acheteurs. En général, l'esprit du commerce est tout à fait étranger à ce pays.

C'est pendant la *feria*, ou foire, qui commence le 21 septembre et finit le 4 octobre, que l'étranger pourra juger du bien-être et de l'opulence d'une partie de la population de Madrid; alors le *Corte* seul se trouve changé en un grand bazar, où tous les objets que l'on veut vendre sont apportés tels qu'ils se trouvent et mis en vente étalés sur la voie publique, ce qui présente un triste spectacle à l'œil. Cependant l'amateur y rencontre parfois un bon livre, un bon tableau, une vieille bonne lame de Tolède, etc.

Le côté S. de la *Puerta del Sol* est occupé par la *Casa de Correos* (l'administration des postes). C'est un grand édifice carré construit en 1768 par Charles III. L'édifice contigu, à droite, est la *Casa de Postas*, où se trouve l'établissement des malles et de la poste aux chevaux. Le centre de cette place était, il n'y a pas encore longtemps, occupé par une fontaine de mauvais goût surmontée d'une statue de Vénus, que le peuple appelait *Mariblanca*; cette fontaine a été transférée à la *plaza de las Descalas*. Sur le côté E. de cette place s'élève l'église de *Nuestra Señora del buen Suceso*, pauvre édifice, avec une horloge éclairée pendant la nuit. Le cimetière renferme plusieurs monuments des victimes de la guerre avec l'Empire français et des discordes civiles; voyez les inscriptions. L'église de *Buen Suceso* jouit d'un privilège qui n'appartient qu'à elle, c'est qu'on puisse y célébrer la messe jusqu'à deux heures après midi, ce qui en fait le rendez-vous des élégants, des curieux et des désœuvrés d'une capitale où le travail et l'industrie sont peu actifs.

C'est à la *Puerta del Sol* que l'observateur trouvera de riches sujets pour sa plume, l'artiste des scènes variées pour son crayon. Là se trouve la mosaïque humaine la plus curieuse, l'assortiment le plus bigarré de toutes les provinces du royaume, dont pas une n'a les mœurs, les usages, le caractère, ni même l'habillement des autres.

La *Puerta del Sol* est aussi le rendez-vous des mendiants, des paresseux et des loteries en tout genre. Quittons cette place et entrons dans la *calle de Alcala*, une des plus belles rues de l'Europe. Sa position sur une pente douce et la courbe légère qu'elle décrit ajoutent une certaine grâce à sa beauté. Cette noble rue est assez large pour donner passage à dix voitures de front; elle est plantée depuis quelques années d'acacias. Son extrémité est couronnée par le *Prado*. Le premier édifice qui attire nos regards à gauche est la ci-devant *Aduana* (douane), transportée maintenant à *la Casa del Posito*, paseo de los Recoletos. Cet édifice, construit en 1769, présente un carré-long; les côtés E. et O. sont peu gracieux ; mais la façade qui donne sur la rue est belle. Il est occupé aujourd'hui par le ministre des finances, le ministerio de la hacienda (ministre des domaines) et *direcciones del ramo*.

A la suite se trouve l'Académie royale de *San-Fernando*, fondée en 1744 ; le *Museo* contient une collection d'histoire naturelle. Cette Académie possède environ 300 peintures, presque toutes de second ordre, une douzaine environ exceptée, qui sont de bons ouvrages ; on y remarque aussi une série de petites figures en terre cuite, coloriées, représentant le Massacre des Innocents, etc.; mais elle a été récemment enrichie de la galerie confisquée de Don Carlos. qui mérite d'être visitée. On vend à la porte le catalogue imprimé, contenant tout ce que renferment les dix salons. La galerie est ouverte au public les lundis et vendredis, et tous les jours aux étrangers. Au haut de l'escalier se trouvent des salles réservées, mais qu'on peut visiter au moyen d'une légère rétribution ; au rez-de-chaussée est une collection de plâtres, par *Mengs*, pour fournir des modèles de la sculpture antique, dont l'Espagne est si pauvre.

La salle d'entrée de la galerie de peintures a des décorations d'un mauvais style ; la salle dite du trône est ornée des portraits des rois et reines de la maison de Bourbon, depuis Charles III jusqu'à Ferdinand VII ; tous ces portraits, surchargés de détails de la toilette tels que plumes, dentelles, diamants, etc., sont en général médiocres comme œuvre d'art.

Cependant l'Académie renferme plusieurs belles toiles par *Ribera* et *Moya* ; voyez dans le premier salon un *Christ crucifié* et un *Christ couvert de pourpre*, par Alonso Cano ; un *Christ devant Pilate*, par Morales ; remarquez la belle toile de Murillo représentant *santa Isabel de Hongrie* soignant la tête galeuse d'un pauvre enfant: l'attitude de la sainte respire la tendresse ; les plaies sont peintes d'une touche si vraie que son œil semble ne pas oser les regarder, mais ses royales mains ne laissent pas de les soulager de la manière la plus douce et la plus charitable. Cette composition orna le Musée du Louvre jusqu'en 1815.—Tout près observez une belle *Minerve* en bronze. Dans le second salon se trouvent deux superbes *Murillo*, qui vinrent aussi au Musée du Louvre et furent rendus à l'Espagne comme le précédent, en 1845. Ces deux chefs-d'œuvre ont pour sujet le *songe de el Patricio Romano*, lequel donna lieu à l'érection de *santa Maria la Mayor* à Rome, sous le pape Liberius, vers l'année 360. Malheureusement ces beaux morceaux ont beaucoup souffert des restaurations qu'on y a faites en France. Observez ensuite un *Hercule avec Omphale*, qu'on attribue à Rubens. Les bronzes de Charles V et de Philippe II sont de *Leon Leoni*; ceux du Conde Duque et de Jean d'Autriche, par *Pedro Tacca*.—Dans la troisième salle on voit une copie du *Spasimo de Sicilia*, par Juan Carrena (1644-1685).—Dans la quatrième, quatre *moines* d'une belle exécution, par Zurbaran.—Dans la septième, une jolie *Pieta*, par Morales. C'est là qu'a lieu l'exposition des peintres vivants, tous les ans au mois de septembre.—Dans la serre chaude de l'Académie croissent chétivement des plantes exotiques qui sont loin de la riche et luxuriante végétation du sol espagnol.

Le second étage contient le *Cabinete de Ciencias naturales*, fondé par Charles III. Il occupe huit salles, et est riche en minéraux et en marbres d'Espagne; la zoologie, l'ornithologie et l'histoire naturelle ont été trop longtemps négligées en Espagne pour que ce sanctuaire de la science puisse offrir aujourd'hui de riches échantillons; mais on doit attendre beaucoup de la direction que lui imprime M. Graells, le conservateur actuel. Les spécimens des marbres sont magnifiques et montrent quelle richesse recèle encore le sol de la Péninsule. Observez entre autres le vert antique, provenant de *el Barranco de San-Juan*, proche *Grenade;* les jaspes bruns de *Lanjaron;* les agates d'*Aracena;* les soufres cristallisés de *Conil;* les minerais de plomb de toutes nuances de *la Sierra de Gador;* le cuivre, de *Rio-Tinto;* quant au fameux morceau d'or natif de la mine de *Sonora*, pesant 16 livres 1/2, ne le cherchez pas, il a disparu depuis peu, mais voyez la masse d'argent natif du poids de 250 livres, et une masse de cuivre du poids de 200 livres; ce qui attire le plus l'attention des Espagnols, c'est la grande pierre d'aimant (*la Piedra Iman*) qu'ils s'imaginent être un philtre d'amour, un talisman contre les gens de police, les receveurs des contributions, et même contre le diable.

Le règne animal est moins riche que le règne minéral, cependant on y admire *el Megaterio*, le squelette d'un Megathérion, trouvé en 1789 près de la rivière Lujan, à 13 l. de *Buenos-Ayres*; c'est le semi-fossile le mieux conservé qu'on connaisse aujourd'hui, c'est aussi le plus grand; l'éléphant qui est à côté n'a l'air que d'une miniature; il y a de plus trois salles qui sont fermées au public, mais qu'une petite clé d'argent peut ouvrir; elles renferment des curiosités indiennes, chinoises, mauresques et américaines du Sud, objets d'un médiocre intérêt pour les savants; cette collection renferme aussi quelques préparations anatomiques.

En face, sur le côté opposé de la rue, se trouve la *casa de los Heros*, grand magasin de cristaux, et tout près, le *Deposito Hidrografico* fondé par Charles III, et renfermant une assez bonne bibliothèque et des instruments astronomiques et nautiques. Un peu plus bas, du même côté de la rue, est la maison du comte de Parsent, qui depuis 1814 sert de résidence à l'ambassadeur anglais. A l'opposé, au coin N.-E., s'élève le remarquable palais, *la Buena Vista*, construit vers la fin du dernier siècle; c'est un vaste édifice carré, avec de beaux appartements, qui servit pendant quelque temps de musée militaire, et ensuite de résidence à Espartero, pendant sa régence. A l'extrémité de la rue sont les promenades publiques, ombragées par de beaux arbres; sur la droite ouvre le Prado, tandis qu'à gauche une avenue moins fréquentée conduit à la *puerta de los Recoletos* et à une nouvelle promenade (*alameda*) appelée la *Fuente Castellana* et *Delicias de Isabel II*. Hors la porte se trouve le cimetière anglais.

En continuant notre promenade nous arrivons à la *puerta de Alcala*, construite en 1778 en l'honneur de Charles III; c'est une des plus belles portes de Madrid, ne figurant que comme monument; car un homme doué d'un peu d'agilité pourrait fort bien franchir les murs de terre qui entourent la ville de ce côté.

Vers la gauche se trouve la *plaza de Toros*, construite en 1749 et dont le revenu appartient aux hospices; elle peut avoir environ 1,000 à 1,100 pieds de circonférence et contenir de 12 à 15,000 spectateurs. Sous le point de vue architectural, c'est un ouvrage bien médiocre; c'est là qu'ont lieu les combats de taureaux, ou, comme on dit, les courses de taureaux. Quiconque n'a pas assisté à ce spectacle, où le sang de l'homme se mêle à celui d'un animal furieux, ne peut en avoir une idée exacte; on peut encore moins se figurer l'ardeur avec laquelle toutes les classes de la société, riches, boutiquiers, artisans, hommes, femmes du plus haut rang se pressent dans l'enceinte destinée à ces sanglantes luttes; l'ouvrier quitte son travail et, à défaut d'argent, il engage ses vêtements et parfois ses meubles pour assister à la *corrida* (course). Ces courses commencent en avril et finissent en novembre; c'est généralement le lundi qu'elles ont lieu.

En face de cette arène se trouvent les jardins du *Buen Retiro* et leur porte la *Glorieta*. Si nous revenons vers le *Prado* nous jouissons d'une vue très-belle.

Le *Prado* (prairie), tant vanté par les romanciers et les auteurs dramatiques espagnols, est une des plus belles promenades de l'Europe; des allées plantées de beaux arbres hauts et touffus, garnies de chaque côté de chaises et de bancs de pierre, décorées de grandes et superbes fontaines en marbre avec une prodigieuse diversité de jets d'eau, offrent un ensemble admirable. Cette promenade est la plus fréquentée de Madrid. Sa longueur, depuis le couvent d'*Atocha* jusqu'au *Portillo de Recoletos*, est d'environ 9,600 pieds; la partie la plus fréquentée, appelée *el salon*, s'étend de la calle d'Alcala à la calle de San-Jeronimo et peut avoir 1,400 pieds de long sur 200 de large. A l'extrémité du salon se trouve la fontaine de Neptune, dont la sculpture est de Juan de Mena; parmi les sept autres fontaines que renferme ce paradis terrestre, nous devons citer celles d'Apollon et de Cybèle; mais ces beaux morceaux d'art sont d'un mince intérêt à côté du vivant tableau que présente cette promenade l'hiver depuis trois heures jusqu'à cinq de l'après-midi, et l'été de huit heures du matin à midi; là, se meuvent en tous sens des groupes de tout rang, de tout sexe, de tout âge et de toute couleur, formant un spectacle unique au monde.

La partie du Prado qui se rapproche de la *plaza de Atocha* est la plus ombragée, la plus tranquille et le théâtre des rendez-vous intimes. En nous dirigeant vers la gauche nous trouvons un monument simple, à forme pyramidale, *le Dos de Mayo,* élevé à la mémoire des patriotes qui tombèrent le 2 mai 1808, pendant la guerre de la Péninsule; le site sur lequel il s'élève s'appelle *el Campo de la Lealdad;* il fut commencé en 1814, ensuite interrompu sous Ferdinand VII.

Tournons maintenant vers la gauche et entrons dans le *Buen Retiro*; cette grande étendue de bâtiments en ruines contenait un Palais, un Théâtre, de beaux jardins, un Muséum, un observatoire; mais lors de la guerre de la Péninsule, les Français en firent un poste militaire; il est resté depuis dans le triste état où la guerre l'a réduit. En entrant dans ce palais par la porte *Pelota*, on trouve les restes du couvent de *San-Jeronimo*, fondé par Enrique IV. C'était un des plus beaux édifices gothiques de Madrid; il était rempli de sépulcres de marbre élevés à des guerriers et à des hommes d'État, mais tout a disparu ou est délabré; c'est dans la salle du banquet de Buen Retiro que Ferdinand VII assembla les Cortès en 1833 pour leur faire agréer Isabelle II comme reine après lui; des restaurations ont eu lieu depuis quelques annés dans ses vastes salles et on y a placé le *Gabinete topografico* et le *Museo militar.* On ne visite ces établissements qu'avec une permission (*esquela de entrada*); le *Museo militar* contient d'assez bonnes collections ayant rapport à l'artillerie et au génie militaire; *el Gabinete* est beaucoup plus intéressant et renferme des modèles d'une exécution admirable; remarquez principalement un plan exact de Madrid, vue prise en ballon, par le colonel Léon Gil Palacio; examinez aussi le modèle d'un palais projeté par Jubara, et qui a coûté autant d'argent que la construction d'une maison ordinaire. Visitez dans le *Museo* les beaux modèles des citadelles et des ports, principalement ceux de Cadix, Gibraltar, Gerona et Figueras.

Près de ce quartier se trouvait *la China* ou manufacture royale de porcelaine, fondée par Charles III; mais cet établissement ayant été fortifié par les Français et ensuite occupé par les Anglais, la manufacture a disparu; le Guide anglais de Murray, avec sa charité ordinaire, attribue aux soldats français cet acte de vandalisme ; les Espagnols, au contraire, l'imputent à la jalousie anglaise, et le señor Mellado dit dans son *Guia*, 1846 : *la China destruida por los Ingleses, en* 1812. A la restauration de Ferdinand VII, la China fut réorganisée à la *Moncloa*.

Pénétrons maintenant dans ces riants jardins restaurés et embellis par Ferdinand VII. A l'extrémité supérieure se trouve un monticule, couronné d'un *belvidere* d'où la vue embrasse un beau panorama de Madrid ; mais plusieurs parties de ce beau parc étant exclusivement réservées pour la famille royale, il faut demander à *l'administrador*, qui l'accorde volontiers, la *esquela* (permission) de les visiter.

Retournons maintenant au *Prado* et visitons le *Museo de pinturas*. L'édifice qui renferme ces chefs-d'œuvre de la riche école espagnole est lourd, sans grâce et orné sans goût ; il fut commencé sous Charles III et destiné à être le siège de l'Académie et du Muséum d'histoire naturelle ; comme beaucoup d'autres édifices, il eut à souffrir pendant la guerre de la Péninsule, mais Ferdinand VII et la reine le firent restaurer, et, dès 1819, trois salons, contenant 311 tableaux, furent ouverts au public, et depuis, le nombre des salles s'est accru chaque année.

Le *Museo* est ouvert au public le dimanche et le lundi, et tous les jours aux étrangers sur la présentation du passeport. Un nouveau catalogue a été publié et se vend à la porte ; il contient plus de 2,000 tableaux, mais tous ne sont pas exposés faute de fonds pour préparer les salles. Quelques-unes des meilleures toiles ont été gravées ; elles sont marquées C. N., ou *calcografia nacional*; dans la calle Caretas, on peut se les procurer ; les lettres C. L. signifient *calcografia litografica* et indiquent celles qui ont été lithographiées pour la collection commencée en 1826 par José Madrazo, président de l'Académie royale de peinture.

En général on remarque peu d'ordre dans l'arrangement et dans la classification du Museo. On n'y voit aucun ouvrage de Fra-Bartolomeo, du Perugin, de Michel-Ange, Jules Romain, Louis Carrache, Caravage, Carlo Dolci, et autres maîtres italiens et allemands et même espagnols. Nous bornerons notre examen aux principaux ouvrages de chaque maître, principalement ceux des espagnols, en nous référant aux numéros du catalogue officiel. Cependant, pour donner une idée générale de ses richesses, il nous suffira de dire qu'on y compte 27 Bassano, 49 Breughel, 8 Alonso Cano, 40 Claude, 22 Van Dyck, 46 Guide, 55 Luca Giordano, 43 Antonio Moro, 46 Murillo, 3 Parmigianino, 24 Poussin, 10 Raphaël, 53 Ribera, 62 Rubens, 23 Snyders, 52 Teniers, 43 Titien, 27 Tintoretto, 62 Velazquez, 24 Veronese, 10 Wouvermans, 14 Zurbaran!!

Les galeries sont mal disposées pour une exposition de tableaux ; il faut cependant louer leur décoration simple, qui ne détourne pas l'attention du visiteur.

La *Rotunda*, ou salle d'entrée, ne contient que des médiocrités : le n. 27 est une allégorie par J. Baptista Mayno, qui vivait de 1569 à 1649, c'était un imitateur de P. Veronèse et un ami de Lope de Vega. A droite et à gauche s'ouvrent les salles destinées aux vieux maîtres espagnols. Nous voici dans le salon central destiné aux artistes modernes. La plupart des toiles de ce salon sont d'élèves de David ou de ses imitateurs. Le n° 554 nous représente un *Rachat d'esclaves*, 1815, par Aparicio, élève de David ; le n° 577, *les Gloires de l'Espagne*; le n° 584, une *Famine à Madrid*, de Madrazo, qui fut aussi élève de David ; on trouve sous le n° 564 la *Mort de Viriartus* ; n° 570, *Ferdinand VII à cheval* ; n° 574, l'*Amour divin et l'amour profane;* n° 551, *Maria Luisa*, par Goya ; n° 595, du même, *un combattant de taureaux* ; toutes ces toiles sont admirées des Espagnols, mais très-critiquées par des connaisseurs étrangers.

Ensuite pénétrons dans le salon à droite ; nous y trouverons les vieux maîtres espagnols, avec leur touche vraie et hardie et leur coloris national ; c'est ici que brille Vélazquez dans toute sa gloire ; ici seulement on peut l'étudier sous toutes ses formes ; ce grand peintre naquit à Séville en 1599, et mourut à Madrid le 7 août 1660 ; on le surnomme l'Homère de l'école espagnole, dont Murillo est le Virgile.

Nous recommandons au voyageur les toiles inimitables

de ce grand artiste : n° 81, le portrait présumé d'*Alonso Cano*, plein de vérité et de force ; 87, C. L., *Saint Antoine* et *saint Paul*, ermites, toile dont Wilkie fait un si bel éloge ; 109 et 114, portraits de *Philippe IV* et de sa seconde femme *Marie* d'Autriche ; 117, belle esquisse qu'on dit être celle du *Marquis de Pescara* ; 127, C. N., portrait qu'on dit être celui du corsaire Barberousse ; 138, C. N., *Los Bebedores* ou *los Borrachos*, groupe d'hommes ivres, tableau qui réunit la gaieté de Teniers et la hardiesse de Caravage; n° 142 représentant *Philippe IV* déjà sur l'âge : c'est la nature elle-même ; 145, C. L., une *Fontaine à Aranjuez*, tableau plein de couleur locale et d'une grande vérité ; les n°s 101, 102, 118, 119, 128, 132, 143 ; examinez attentivement le n° 155, C. N., *Las Meninas* ou *la Teologia :* Luca Giordano appelait ce tableau l'*évangile de l'art*. Cette belle toile représente la triste *Infanta Margarita*, que ses pages s'efforcent d'amuser, tandis que ses deux nains, Maria Borbola et Nicolacico Pertusano, tourmentent un pauvre chien patient qui surpasse en beauté ceux de Snyders. Le n° 156, *Philippe IV*; 177, C. L. C. N., le *Conde duque de Olivarès*, à cheval ; 155, toile pleine de naturel.

Passant alors dans le salon à gauche, nous trouvons le n° 195, C. L. C. N., la *Forge de Vulcain*; 198, l'*Infanta Maria*, en costume de cour ; n° 200, C. L. *Philippe IV*, en habit de chasse ; 209, une *Vieille dame*, portrait plein de vigueur ; 230, C. L. C. N., *Philippe III*, à cheval, prodige de l'art : la tête surtout exprime bien l'imbécillité de ce roi qui mit douze ans à apprendre son alphabet ; 245, C. N., un vieillard appelé *Maenipo*; n° 254, C. N., *Esope*, bien peint, mais ressemblant plutôt à un savetier qu'à un philosophe ; 255, C. N., un *Nain* assis et dans une position telle que nul autre que Velazquez n'aurait osé peindre ; n° 267, un *Pretendiente*, attitude admirable ; 270, C. L., le *Jeune prince Balthasar*, âgé de six ans, avec son chien et son fusil ; remarquez particulièrement les nombreux portraits de princes de la maison d'Autriche, tous très-curieux ; n° 279, C. N., portrait admirable d'un *Nain*, grandeur naturelle : le costume, les plumes et le chien sont d'un travail achevé ; n° 284, C. N., *el*

Niño de Vallecas, merveilleuse composition ; n° 289, portrait peint d'une manière toute à la fois simple, et d'un effet merveilleux; n° 294, C. N., *el Bobo de Coria*, composition spirituelle ; n° 295 ; la *Surprise d'Io* : rien de plus vrai que le profond sommeil d'Argus et la dextérité de Mercure ; n° 299, C. L. C. N., *Philippe IV*, à cheval, toile qui ne le cède en rien aux autres compositions du grand maître, le cheval surtout est vivant; n° 303, C. N., la *Reine Isabelle*, montée sur un superbe coursier blanc, accompagnée de plusieurs autres dames également à cheval, composition digne de Velazquez ; n° 319, C. L., la *Reddition de Breda*, ou *las lanzas*, un des chefs-d'œuvre de ce grand peintre : physionomies, costumes, armures, etc., toute cette grande scène historique est d'une vérité frappante ; dans un des coins, se trouve la noble tête de Velazquez, couverte d'un chapeau garni de plumes. De là, passez au n° 332, C. L. C. N., *don Balthazar*, à cheval, qui galope à toute vitesse ; n° 335, C. N., *las Filanderas* (les fileuses) : ici Velazquez a tourné la tête de la dame de côté, laissant deviner sa beauté à l'imagination du spectateur. Dans une autre salle, voyez le n° 527, portrait de *Gongora*, composition peu digne de ce grand maître; n° 62, C. L., le *Couronnement de la Vierge*, également faible ; n° 63, le *Dieu Mars*, ressemblant à un portier galicien ; n° 467, C. L., une *Adoration des Mages*, style un peu dur : il en est de même du célèbre tableau représentant *Jacob et ses enfants*, plein de force et de vérité ; mais tous les personnages ne sont qu'un groupe de Galiciens.

Après Velazquez, Murillo doit réclamer notre attention. Ce n'est pas ici pourtant qu'on le voit dans toute sa gloire, mais à Séville, sa patrie; néanmoins les spécimens de ce grand maître sont nombreux ici. Malheureusement presque tous ont été restaurés, c'est-à-dire gâtés ; cependant ses sujets sont si dramatiques, si locaux, si variés, et d'un coloris si riche, qu'il ne laisse pas de repos à l'admiration de l'observateur. Voyez spécialement le n° 43, C. L., une *Sainte-Famille*, scène touchante d'amour conjugal et paternel ; n° 46, C. L., belle représentation de l'*Enfant Jésus*; n° 52, *Conversion de saint Paul* ; n° 54, la *Por-*

ciuncula ; n° 56, C. L., l'*Annonciation* : la joue de la Vierge a été restaurée ; n° 65, la *Conception*, une de ces suaves scènes que Murillo seul pouvait peindre ; n° 82, C. L., une *Madeleine*, grandeur naturelle, dans le style de Ribera ; n° 174, *Saint François de Paule*, avec une tête et une barbe magnifiques, avant d'avoir passé par les mains du restaurateur Bueno ; n° 182, la *Mort de saint André*, œuvre magnifique encore, malgré sa restauration ; n° 189, C. L., *Santiago*, tête vulgaire ayant quelque chose d'un Flamand ; n° 191, C. L. C. N., l'*Adoration des bergers*, chef-d'œuvre de dessin et de coloris ; n° 202, C. L., le *Sauveur enfant et saint Jean*, peinture riche et délicieuse ; n° 208, C. L., *Rébecca au puits* : les femmes ont quelque chose de flamand ; n°s 211, 2, 6, 7, la *Parabole de l'Enfant prodigue*, très-belle composition, mais dont tous les détails s'écartent du texte évangélique ; n° 219, *Conception*, riche ; 220, *Saint Augustin et la Vierge* ; n° 229, une autre *Conception* : c'est l'innocence elle-même ; n° 310, C. L., *Sainte Anne* enseignant la Vierge ; n° 315, C. N., la *Vision de saint Bernard* : la tête du saint est belle et pleine d'expression ; n° 326, C. N., le *Miracle de la Vierge* donnant la *casuella* (chasuble) à saint Ildefonse. Dans une autre salle, est le n° 423, la *Vierge avec le rosaire*, beau, mais un de ses premiers travaux.

Nous visiterons ensuite les ouvrages de Juan Juanès, le Raphaël espagnol, bien que nous lui destinions une plus ample visite à Valence, sa patrie. Le n° 73, *Visite de sainte Elisabeth à la Vierge*, style italien ; n° 75, la *Mort de santa Ines*, dans le style de Jules Romain ; n° 150, le *Sauveur tenant la coupe et l'eau* ; n° 158, même sujet ; n° 165, le *Christ portant la croix*, beau morceau ; n° 169, *portrait de Luis de Castelvi* ; n°s 196, 7, 9 et 336, 7, C. L., sujets tirés de la vie de *saint Etienne* ; n° 225, la *Cène* : la tête du Christ est très-belle ; n° 259, le *Sauveur au jardin des Oliviers* ; n° 268, une *Descente de croix* : une des meilleures toiles de ce maître.

Passons maintenant à un maître non moins éminent, José Ribera, plus connu sous le nom de Spagnoletto. Ce grand peintre naquit à Xativa, le 12 janvier 1588 ; il quitta jeune son pays pour aller étudier à Naples, où les

Italiens le surnommèrent *lo Spagnoletto* (le petit Espagnol ou l'Espagnolet). Il devint le chef de cette sombre école si pleine de vérité et de terreur. Le *Museo* de Madrid est assez riche en toiles de cet homme de génie pour que nous puissions l'étudier dans toute sa gloire. Le n° 42, C. L., le *Martyre de saint Barthélemy*, un de ses sujets favoris, que l'on admire d'abord comme œuvre d'art, mais dont la vue fait frissonner ; n° 44, la *Vierge* : Raphaël l'aurait choisie jeune et belle ; celle de Ribera est âgée et ridée ; n° 53, un autre *Saint Barthélemi* ; n° 72, C. N., l'*Ermite saint Paul*, copie du tableau de la cathédrale de Grenade ; n° 116, C. L., l'*Échelle de Jacob*, grande et belle composition, et d'un riche coloris ; n° 121, *Prométhée*, admirable comme peinture, mais qui ne peut plaire qu'à un peuple dont les amusements sont rudes et sanglants ; n° 125, le *Martyre de saint Sébastien* ; n° 204, C. L., la *Trinité*, peint dans le genre de Caravage ; n° C. N., 243, la *Madeleine*, composition dure ; remarquez aussi plusieurs apôtres bien peints ; n° 285, un autre *Saint Barthélemi*.

Dans d'autres salles, observez le n° 415, *Saint Jérôme*; n° 419, bon portrait d'un *Sculpteur aveugle*; n° 473, *Saint Jérôme* ; n° 480, *Saint Joseph et l'Enfant sauveur* occupé de ses outils; n° 484, *Ixion sur la roue*, ou plutôt un juif torturé par l'inquisition espagnole ; n° 542, un *Christ mort*, groupe admirablement peint; n° 545, C. L., *Deux Femmes gladiateurs*.

Les deux salles suivantes renferment les œuvres des autres maîtres espagnols. Nous y distinguons les n°s 40, C. L., *Saint Pierre apparaissant à saint Pierre-Nolasco*, par Francisco Zurbaran (1598-1662), dont le style tient à la fois de Ribera, du Dominiquin, et du Titien : ses meilleures peintures sont à Séville ; n° 47, *Portrait de Murillo*, par Alonso Miguel de Tobar (1678-1758) : c'était un des meilleurs élèves de Murillo ; n° 48, *Saint Jérôme*, par Mateo Cereo, de Burgos (1635-1685), imitateur de Rubens et de Van Dyck ; n° 57, C. L., une *Assomption*, du même ; n°s 45 et 49, une *Vierge et le Sauveur*, par Luis de Moralès, appelé *el Divino*, que nous aurons occasion de mieux étudier dans l'Estramadure ; n° 64, C. L., des *Enfants jouant*, œuvre remarquable de Pedro Nuñez de Villavicencio de Séville (1635-1700), élève de Murillo; n° 67, C. L., le *Baptême du Christ*, par Vincente Carducci, Florentin d'origine ; n° 69, des *Fleurs*, par Juan de Arellano (1614-1676); n° 79, C. L., *Vue de Saragosse*, par Juan Bautista del Mazo, de Madrid (1630-1687) : il fut disciple de Velasquez ; sa touche est un peu sombre ; n° 85, *Portrait de la femme de Philippe IV*, par Juan Carreño de Miranda d'Aviles (1614-1685), le dernier des vieux peintres espagnols, faible imitateur de Velasquez ; n° 88, C. L., *Saint Jean à Pathmos*, par Alonso Cano de Grenade (1601-1667), composition pleine de noblesse ; n° 90, du même, un *Roi goth*, faible imitation de Velasquez ; n° 95, *Moïse frappant le rocher*, par Juan de las Roelas, de Séville (1558-1625), toile faible et sombre, peu digne de ce grand peintre, que nous connaîtrons mieux à Séville ; n° 96, C. L., l'*Adoration des bergers*, par Pedro Orrente, natif de Murcie, et imitateur du Bassan ; n° 100, C. L., un *Christ mort*, par Francisco de Ribalta, de Valence (1597-1628) : dans cette ville, nous pourrons voir ce grand artiste dans toute sa splendeur ; n° 108, *Vision d'Ezéchiel*, par Francisco Collantes de Madrid (1599-1656), sujet horrible, mieux fait pour un cloître de moines que pour une galerie de tableaux ; n° 124, une *Grosse Femme*, par Careño ; n° 134, la *Vocation de saint Mathieu*, par Juan de Pareja, de Séville (1606-1670), d'abord esclave et ensuite élève de Velasquez ; sa touche est vraiment espagnole ; n° 146, *Saint Bernard*, par Antonio Palomino (1653-1726); il fut le Vasari de l'Espagne, mais faible; n° 151, C. L., le *Siége de Cadix*, par Eugenio Caxes, de Madrid (1577-1642); belle composition ; n° 152, C. L., *Portrait de don Carlos*, fils de Philippe II, par Alonso Sanchez Coello, Valencien, mort en 1590, toile historique très-intéressante ; n° 153, *Portrait de Marie de Portugal*, première femme de Philippe II, par Juan Pantoja de la Cruz, de Madrid (1554-1610), élève de Coello, et, comme son maître, excellant à peindre les riches costumes de cette époque ; n° 154, *Portrait d'Isabelle*, fille favorite de Philippe II, par Coello, riche peinture; n° 157, la *Vierge et l'Enfant*, par Moralès; n° 166, C. L., C. N., un *Christ mort*, par A. Cano, beau, mais d'une teinte trop sèche : on dirait un dessin de sculpteur; n° 170, une *Vierge et des Saints*, par Blas del Pardo, de Tolède (1497-1557), élève de Berruguete, mais florentin de style et de coloris; n° 175, la *Naissance de la Vierge*, et 181, la *Naissance du Christ*, tous les deux par Pantoja, qui excellait dans les portraits; n° 188, un *Coucher de soleil*, sur une scène sauvage, par Mazo.

Maintenant passons dans le salon à gauche; n° 206, *Portrait*, qu'on dit être celui du fameux Antonio Perez, ministre de Philippe II, par Coello; n° 224, une *Madeleine*, par Jacinto Geronimo de Espinosa, natif de Valence, où se trouvent ses meilleurs ouvrages; n° 222, *Marguerite*, femme de Philippe III, par Pantoja; n° 226, C. L., la *Divina pastora*, par Tobar; composition froide et pauvre comparée à celle de Murillo; n° 227, *Saint Jérôme*, par Cano; n° 237 et n° 8, des *apôtres*, par Francisco Pacheco, de Séville (1571-1654), peintre faible; n° 277, *Philippe II âgé*, tableau historique et curieux, par Pantoja; n° 283, C. N., *Santa-Casilda*, par Zurbaran; n° 287, *Saint Jérôme*, par Antonio Pereda, de Valladolid (1599-1669), imitateur de Ribera; n° 290, *Charles V*, âgé de quarante ans, couvert d'une armure, par Pantoja; n° 297, *Combat naval*, par Juan de Toledo de Lorça (1611-1665), le Bourguignon espagnol; n° 305, *Vue de Campilla*, proche l'Escurial; n° 307, C. L., *La Vierge et le Christ mort*, par Cano, un des meilleurs tableaux de ce peintre dans cette galerie, et d'une belle et riche couleur; n° 314, C. L., le *Baptême du Christ*, par Juan Fernandez Navarrete, de Logroño (1526-1579) : ses plus beaux ouvrages sont dans la chapelle de l'Escurial; n° 317, *Le Christ dormant*, avec une draperie d'un bel effet, par Zurbaran.

Visitons ensuite la *Bajada*, et remarquons le n° 357, le *Portrait de Charles II*, par Carreno; n° 362, *Charles IV*, allégorie par Lopez; n° 368, *Charles V et Philippe II*, par Pereda; n° 375, un *Christ mort*, par Domenico Teotocupuli.

Entrons dans LAS ESCUELAS VARIAS, collection de différentes écoles, contenant de belles choses provenant de l'Escurial; la galerie centrale est divisée entre les maîtres espagnols modernes, les vieux maîtres italiens, allemands et français; nous ne citerons que les ouvrages les plus notables : d'abord, RAPHAEL (1483-1520); les n°s 723, C. L., une *Sainte Famille*, appelée de l'*Agnus Dei*, riche composition mal restaurée à Paris ; n° 726, E. C. N., la célèbre *Perla*, composition magnifique qui appartenait à Charles Ier d'Angleterre, et que Cromwell vendit à Philippe IV d'Espagne avec les autres tableaux de cet infortuné monarque; malheureusement cette toile précieuse a subi un nettoyage à Paris, puis un second plus cruel encore en 1845 à Madrid; n° 741, E. C. N., *Tobie et le poisson*, *la Virgen del Pez*, composition noble et simple; n° 784, le *Christ portant la croix*, ou *el Pasmo de Sicilia*, parce que ce tableau avait été peint pour une église de Sicile : malgré ses tristes restaurations, cette toile n'en est pas moins encore un ouvrage admirable ; observez le n° 794, E., une douce et sainte famille, appelée *De la Rosa*; n° 798, E., une petite *Sainte-Famille*, peinte en 1507 ; n° 834, E., *Sainte Elisabeth visite la Vierge*, composition très-simple, avec un beau paysage ; n° 901, portrait de *Bartolo*, d'après quelques personnes, et, selon d'autres, d'*Andrea Navagiero* : il est d'un bel effet ; n° 905, C. L., portrait du *cardinal Jules de Médicis*, riche d'exécution ; n° 909, portrait qu'on suppose être celui d'*Agostino Beazano*.

De toutes les écoles italiennes, celle de Venise est la plus richement représentée : le Titien surtout s'y fait remarquer et par le nombre et par la beauté de ses ouvrages, ce qui s'explique par l'amitié toute particulière dont Charles V et Philippe II comblèrent ce grand artiste et par une résidence de trois années à Madrid.

Le Titien donc nous apparaît ici dans toute sa puissance de composition et de coloris.

De GIOVANNI BELLINI, de Venise (1426-1516), observez les n°s 665, la *Vierge et l'Enfant*, curieux; 414, *Jésus donnant les clefs à Pierre*; ce riche tableau vient de l'Escurial, où il faisait le pendant du n° 792; la *Vierge avec des saints*, riche composition de Giorgione (1477-1511); n° 780, *David tuant Goliath*, belle peinture.

De Titien (TIZIANO VECELLI, de Cadore) (1477-1576) : n° 43, toiles capables de former elles seules un musée ; les n°s 421, E., la *Vierge*; 428, E. le *Christ au jardin*, très-endommagé ; 437, E., *Saint Jérôme*; 465, E., la *Vierge*,

ROUTE 2.—DE PARIS A MADRID.

une *Mater dolorosa*; 492, E., *Saint Jérôme*; 680, *Portrait*; 682, *dito*; 685, C. L , *Charles V à cheval*: avant d'avoir été restauré, ce tableau était la plus belle peinture équestre du monde : c'est la nature elle-même ; 695, portrait du *Titien*, vénérable et plein d'intelligence ; 724, un *Portrait*; 728, C. L., *Diane et Actéon*; 729, C. L., *Diane et Calisto*, deux esquisses charmantes que le Titien fit à l'âge de quatre-vingt-quatre ans; 740, un *Portrait*; 752, E., la célèbre *Gloria*, ou l'apothéose de Charles V et de Philippe II, qui, rois sur la terre, paraissent maintenant suppliants devant le Roi du ciel et de la cour céleste ; plusieurs en font le chef-d'œuvre du Titien.

Observons ensuite les nos 756, la *Punition de Sisyphe*, peint pour la reine Marie d'Angleterre; 765, C. L., *Charles V avec son chien favori*; ce tableau appartenait à Charles Ier d'Angleterre ; 769, C. L., *Philippe II*, jeune et couvert d'une armure et d'un riche costume ; 775, E., *Sainte Marguerite*, très-beau, mais mal retouché; 776, C. L., *Salomé avec la tête de Jean-Baptiste*: on dit que cette tête délicieuse est le portrait de la fille du Titien ; 787, *Prométhée captif et torturé*, tableau peint pour la reine Marie d'Angleterre; 804, C. L., *Vénus et Adonis*, riche composition ; 805, E., la *Foi catholique* allant réclamer la protection de l'Espagne; 812, *Adam et Eve*: remarquez l'expression de repentir dans la tête d'Adam ; 813. E., un *Christ placé dans le sépulcre*, beau ; 821, le *Marquis del Vasto* inspectant ses troupes, riche de coloris, mais déplorablement restauré : ce tableau appartenait aussi à Charles Ier d'Angleterre, vendu par Cromwell à l'Espagne ; 822, E., une *Sainte Marguerite*, répétition des nos 843-851, belle toile qui appartenait aussi à l'infortuné Charles Ier d'Angleterre; 852, C. L., *Offrande à la fécondité*, groupe admirable d'enfants jouant et folâtrant, mais malheureusement gâté par les restaurateurs; 854, la *Victoire de Lépante*, peinte par le Titien à l'âge de 94 ans : la composition est un peu faible, mais le coloris est toujours riche; 864, C. L., *Ariane dans l'Ile de Naxos*, *abandonnée par Thésée*, une des plus belles peintures du monde avant sa restauration ; 868, un *Repos en Egypte*, paysage superbe; 878, C. L., portrait *d'Isabelle*, femme de Charles V, costume admirablement peint; 882, *Adoration des Rois ;* 915, *portrait* magnifique; 926, portrait d'*Alphonse, duc de Ferrare*; riche costume.

De Jacobo Robusti il Tintoretto de Venise (1512-1594) : nous trouvons les n°s 490, E., une *Madeleine* presque nue ; 602, *Minerve*, allégorie ; 607, un *portrait*, dans le genre du Titien ; 626, *dito* ; 628, *dito* ; 645, *dito*, tous très-beaux ; 672, *Judith et Holopherne* ; 679, toile singulière, représentant le *Doge* assis dans un salon magnifique : ce tableau fut pendant longtemps attribué à Tintoretto, mais on pense aujourd'hui qu'il est de Pietro Malombra, de Venise (1556-1618), œuvre d'un haut intérêt, tant par elle-même qu'à cause des portraits originaux et des costumes ; 704, la *Gloria* : l'esquisse originale de ce tableau est dans le palais des doges à Venise ; on lui reproche d'être un peu lourd de couleur ; 830, *Saint Jérôme* ; 839, la *Mort d'Holopherne* ; 904, un *Cardinal*, très-beau ; 913, un *Sénateur vénitien* ; 919, portrait de *Sebastien Veniero*.

De Paul Véronèse (1528-1588). Ce grand peintre paraît ici dans toute sa splendeur de portraits, de costumes et de riches détails : remarquez les n°s 453, E., les *Noces de Cana*; cette toile appartenait aussi à Charles Ier d'Angleterre; 497, E., le *Christ à la colonne* ; 625, E., le *Christ et le centurion*, belle toile ; 661, *Rébecca à la fontaine* ; 694, *Moïse sauvé des eaux*, composition charmante; 710, *Naissance d'un prince*, allégorie ; 764, portrait de *femme* ; 793, *dito* ; 825, E., *le Christ et le Centurion*, beau; 843, C. L., *Vénus et Adonis*, tableau très-beau et d'un grand effet ; 876, la *Vertu et le Vice*, allégorie ; 896, *Caïn et sa famille*, composition magnifique montrant le désespoir de l'homme consolé par une femme fidèle qui ne veut pas abandonner le père de ses enfants ; 897, E, un *Martyre de San-Gines*, beau tableau ; 898, C. L., *Suzanne et les vieillards*, belle toile ; 899, le *Christ disputant avec les docteurs*, jolie composition, mais péchant un peu par le coloris.

Nous trouvons des *Da Pontes* appelés ordinairement du Bassano, de beaux morceaux, mais dont nous ne décrirons que les plus remarquables. Les n°s 615, *Orphée et des animaux*, par Leandro ; 620, par Jacobo (1510-1592), le

Mauvais riche et Lazare; 632, E., le *Changeur d'argent au temple*, riche de coloris; 673, *Adam et Ève*, par Jacobo; 675, la *Cène*, par Francisco; 704, *Chaudronniers à l'ouvrage*, par Leandro, beau morceau; 730, *Jacob voyageant*, par Francesco; 841, par *Jacobo*, son portrait; 877, le *Paradis*, par Francesco, bon specimen de ce maître; 880, la *Forge de Vulcain*, belle toile par Leandro; 910, *Venise*, le *Doge s'embarquant*, par le même.

Notre tribut d'admiration payé aux maîtres d'Espagne et d'Italie, jetons maintenant un regard rapide sur le reste de la galerie. Dans la *bajada a varias escuelas*, n° 382, un *Christ injurié*, par le directeur du *Museo*, señor Madrazo; dans *escuelas varias*, le n° 407, par Rubens (1577-1640), le *Souper à Emmaüs*, belle et riche peinture; 409, le *Mariage de la Vierge*, une des premières peintures de Rubens; 422, E., une *Conception*, aussi de ce grand maître, mais bien inférieure en grâce au n° 229 de Murillo; 439, E., un *Christ mort*, par Rubens; 475, E., une *Madeleine*, par Luis de Carbajal, dont les meilleures peintures sont à l'Escurial; 496, E., le *Christ couronné d'épines*, par Van Dyck; 515, un *paysage*, par Ignacio Iriarte (1620-1685), dont Murillo fait l'éloge; les n°ˢ 526 et 532, *paysages* du même peintre; 530, *Isabelle*, troisième femme de Philippe II, par Sancho Coello; 531, *San-Hermenegildo*, par Francisco de Herrera el Mozo, de Séville (1622-1685); 533, portrait de *doña Juana*, par Pantoja: 543, une *Madeleine*, par Antonio Antolinez, de Séville (1639-1676); 549, *Charles V*, par Pantoja.

Visitons rapidement les médiocres peintures modernes espagnoles, et pénétrons dans la magnifique galerie italienne, où les maîtres, les écoles, les périodes, les dimensions et les sujets sont confondus, et où tout est beau. Remarquez d'abord le n° 603, C. L., *Saint Pierre en prison*, par Giovanni Francisco Barbieri le Guerchin (1590-1666); 609, *San-Cayetano, encore enfant, offert à la Vierge*, par Andre Vaccaro, de Naples (1598-1670); 611, *Samson détruisant les Philistins*, par Giulio Cesare Procaccini, de Bologne (1548-1626); 612, *Paysage* par Gaspard Poussin; le *saint Jérôme* est de Nicolas; 630, *Saint Jérôme visité par les anges*, belle toile par Domenico Zampieri (le Dominiquin), de Bologne (1581-1641); 633, portrait d'une *dame*, par Cristofano Allori, de Florence (1577-1621); 634, *Saint Sébastien*, par Guido Reni, de Bologne (1575-1642); 636, *Cléopâtre*, du même, teinte un peu verte; 637, C. L., la *Naissance du Sauveur*, par Federigo Fiori Baroccio, d'Urbin (1559-1613); 643, *Saint Jean prêchant*, par El Caballero Maximo (Massimo Stanzioni), de Naples (1585-1656), dont les ouvrages méritent attention; 644, *Isaac et Rébecca*, par Salvator Rosa, de Naples (1615-1673); 647, le *Génie de la peinture*, dans une riche draperie orange, par Guercino; 648, le *Sacrifice d'Abraham*, par Salvator Rosa; 651, portrait curieux, de *Péjeron*, bouffon du comte de Benavento; 653, *Paysage et animaux*, par Gaspard Poussin; 660, C. L., *Vénus à sa toilette*, par Francesco Albano, de Bologne (1578-1660); 664, C. L., par Andrea Vannucchi del Sarto, de Florence (1488-1530); le portrait de sa femme *Lucrezia Fede*, chef-d'œuvre affreusement restauré en 1833; 666, C. L., portrait de *Mona Lisa* : il y a au Louvre une copie de ce tableau de beaucoup meilleure, par Léonard de Vinci (1452-1519); 671, le *Jugement de Pâris*, par Albano; 670, une *Conception*, par Giovanni Baptista Tiepolo, de Venise (1693-1770) : ce tableau est bien inférieur au tableau espagnol; 681, C. L., la *Vierge et des Saints*, par A. del Sarto; comparez-le avec le n° 911; 683, *paysage*, par G. Poussin; 689, *Jésus portant sa croix*, par Sébastien Luciano, dit Sébastien del Piombo, élève de Michel-Ange (1483-1547), petit tableau peint sur ardoise, malheureusement retouché; 693, portrait d'une *dame*, par Paris Bordone (1500-1570); 705, *Saint François contemplant une vision céleste*, par Augustin Carrache (1558-1601), sombre et sans effet : quelle différence avec le même sujet traité par Murillo! 706, le *Sacrifice d'Abraham*, par le Dominiquin; 711, un *Sacrifice à Bacchus*, par Carlo Maximo, beau morceau; 724, le *Christ au pilier*, par Michel-Ange (1474-1663); 734, un beau portrait d'un *jeune Italien*, plein de pensée, par Angiolo Bronzino (1501-1570); 737, le *Message à Zacharie*, par Caballero Maximo; 743, C. L., *Vue dans la baie de Salerne*, par Salvator Rosa; 751, E., la *Vierge sur un trône*, par le Guide, peinture magnifique, riche de coloris et d'expression; 759, E., *Jésus dans les limbes*, par Sébastien del Piombo, grande et sublime conception des mystérieuses apparitions du Sauveur après la résurrection : ce grand artiste était le Dante de la peinture. Observons maintenant le n° 764, *santa Veronica*, par Alessandro Allori (1535-1607); 771, une *Charité*, par Giorgio Vasari, d'Arezzo (1512-1574), exécution dure et affectée; 772, C. L., une *Sainte-Famille*, toile très-belle et d'un noble effet, par A. del Sarto : ce tableau appartenait aussi à Charles Ier d'Angleterre; 778, E., une *Sainte Famille*, par L. de Vinci, mais que plusieurs artistes attribuent à Luini; 779, E., *Jésus portant sa croix*, grande composition de Sébastien del Piombo; 786, une *Adoration des bergers*, par Jacobo Palma, tableau d'un riche coloris; 788, E., le *Repos en Égypte*, par A. del Sarto; 789, une *Sainte-Famille*, par Jacobo Carucci, de Pontormo (1493-1558); 790, la *Décollation de saint Jean-Baptiste*, par Caballero Maximo; 795, la *Naissance de saint Jean-Baptiste*, par Artemisia Lomi Gentileschi : la draperie de satin est très-belle et dans le genre de Zurbaran; 797, un *mariage*, qu'on pense être celui de Ferdinand et d'Isabella, par Lorenzo Lotto, tableau curieux pour les costumes; 799, *Salomé avec la tête de saint Jean-Baptiste*, par Bernardo Luini : la sainte a l'air d'une belle coquette italienne; comme beaucoup d'autres, ce tableau a été tristement restauré; 809, E., *Jésus et Marie-Madeleine*, par Antonio Allegri Corréggio (1494-1534) : on doute que ce tableau soit réellement de ce grand maître; les n°s 814 et 816 sont attribués au Corréggio; 847, un *Crucifiement*, par Baroccio, beau et peint d'une manière très-délicate, avec une expression d'une douce résignation; 833, la *Madeleine*, par Luïgi Cardi il Cigoto (1559-1613); 837, le *Sacrifice d'Abraham*, par A. del Sarto, curieux comme répétition du tableau envoyé à François Ier par l'artiste; 840 et 844, deux beaux portraits du *Duc et de la Duchesse de Toscane*, par Bronzino; 847, une *Madeleine*, par le Guerchin, peu agréable; 849, la *Mort d'Abel*, par Giovanni Antonio Licinio Regillo de Pordenone (1484-1539); 855, une *Madeleine*, par le Guide; 861, un *Joueur de violon*, par Bronzino, beau portrait; 867, par Francesco

Mazzuoli le Parmesan (1503-1534), *Portrait* superbe : le costume est merveilleusement peint et la tête pleine de dignité ; 871, une jolie *Sainte-Famille,* par A. del Sarto, charmant regard d'enfant ; 879, C. L., une autre *Sainte-Famille,* par le Parmesan, morceau remarquable ; 883, E., une *Assomption de la Vierge*, par An. Carrache (1560-1609) ; 884, par Giovanni Lanfranco (1581-1647), les *Funérailles de Jules-César,* toile vaste, mais faible ; 890, une *Allégorie de la Paix,* par Lucas Giordano, tableau également grand et médiocre ; 894, *Suzanne et les vieillards,* par le Guerchin, belle peinture ; 900 et 903, beaux tableaux par G. Poussin ; 914, peinture par A. del Sarto, attribuée par quelques-uns à Squazetti ; 917, par L. de Vinci, cette toile a été retouchée ; 920 et 916, tableaux superbes, pleins de ton et de vie, par C. Poussin ; 929, une *Dame avec trois enfants*, par Bronzino.

Examinons maintenant les écoles allemande, française et flamande, réunies dans un salon circulaire.

Le premier objet qui nous frappe, c'est le n° 942, C. L., par Claude Lorrain (1600-1682), représentant des *Ruines à Rome, avec le Colisée,* les figures sont de Philipo Laura ; 945, par Nicolas Poussin (né en Normandie, 1594-1665) ; 947, C. L., un *Coucher de soleil,* par Claude Lorrain, plein d'un repos exquis : les figures, excepté le berger, sont par Courtois ; 848, *Bacchus et des Nymphes,* par N. Poussin, groupe classique dans un paysage splendide ; les n°s 963 et 964, par Antonio Rafaël Mengs (1728-1779), représentent *Charles V et sa femme,* deux ouvrages médiocres ; 967, l'*Hostie miraculeuse à Bolsena,* peinture allemande ; 971, une *Noce de village,* par Antoine Watteau (1684-1721), composition charmante comme presque toutes celles de ce peintre ; 972, *Portrait d'Albert Dürer,* peint par lui-même à l'âge de 26 ans (1470-1528) ; 975, C. L., un *Coucher du soleil,* par Claude Lorrain, la figure est par Francisco du Gubbio ; 976, C. L., belle toile par N. Poussin ; 982, C. L., *David et Goliath,* par le même ; 983, une *Bacchanale,* dito ; 988, un *paysage avec une cascade,* par Claude Joseph Vernet (1714-1789) ; 989, le *Mont Parnasse,* par N. Poussin ; 991, *Jolie scène à Saint-Cloud,* par Watteau ; 992, un beau *portrait,* par A. Dürer ; 1003, un *Claude*

ROUTE 2.—DE PARIS A MADRID.

Lorrain; les nos 1004, 1005, 1025 et 1026 petits J. van Ostade; 1006, 1020, deux *scènes de chasse très-curieuses*, par Lucas Cranach (1472-1552), représentant l'électeur Jean de Saxe, donnant une fête à Charles V, qu'on reconnaît à sa toison d'or; les édifices et les costumes, sont du véritable vieux allemand; 1009, une *allégorie musicale*, par A. Dürer; 1013 et 1014, par N. Poussin; 1017, une *allégorie*, et 1019, une *Sainte-Famille*, tous deux attribués à A. Dürer; 1023, *Santa-Cecilia*, et 1024, *Rome ancienne*, tous les deux par N. Poussin; 1033, *Ruines* et *tentation de saint Antoine*, par Claude Lorrain; 1040, *Diane*, par N. Poussin; 1042, par Quintin Matsys (1450-1529), un *Chirurgien de village*; 1044, 1045 et 1047, trois bons ouvrages de *Vernet*; 1049, *Scène du matin avec une Madeleine*, par Claude Lorrain; 1050. *Méléagre chassant*, par N. Poussin, composition vraiment classique; 1054, *Silène*, dito, 1057, l'*Adoration des bergers*, par Mengs, toile académique et un peu prétentieuse; 1062, une très-belle *Sainte-Famille*, attribuée à Lucas de Leyde; 1067 et 1070, N. Poussin; 1069, *Adam et Ève*, par A. Dürer; 1080, splendide *Coucher de soleil en Italie*, par Claude Lorrain, les figures de Tobie et de l'ange sont par Courtois; 1081, C. L., un superbe *Lever du soleil sur la mer*, par Claude Lorrain; les groupes s'embarquant sont de Courtois; 1082, C. L., une *Scène du matin, dito*, composition un peu sombre, les figures sont de P. Laura; 1086, C. L., *Paysage avec un gué, dito*, les figures par P. Laura.

Visitons maintenant les écoles flamande et hollandaise. Dans la *Galeria de Paso*, nous trouvons les nos 1088, *Hercule* par Lucas Giordano; 1090, *Persée*, 1094, une *Suzanne*; 1096, le *Repentir de saint Pierre*; 1098, *Rinaldo et Armida*; 1100, *Erminia cherchant un refuge parmi les bergers*; 1124, *Tancredi et Clorinda*; 1128, *Jacob luttant avec l'Ange*; 1138, *Turnus vaincu par Énée*; 1168, le *Christ portant la croix*; 1175, *Andromède*; 1186, *Flore*, tous grands ouvrages du même artiste; nous passons sur les petits.

Dans la *Sala del descanso*, salle où se repose la famille royale après avoir visité le *Musée*, se trouve une peinture représentant le débarquement de Ferdinand VII à *Puerto de Santa-Maria*, par Aparicio, très-médiocre. Cependant on vend à la porte du Musée une notice particulière pour ce barbouillage, comme pour un chef-d'œuvre.

Passons ensuite dans la salle à gauche, remarquons les nos 1199 et 1205, *Portrait de l'archiduc Albert et de sa femme Isabelle*, par Rubens : les paysages sont attribués à J. Breughel ; 1210, *Fête rustique*, par D. Téniers (1610-1694) ; 1213, *Saturne dévorant ses propres enfants*, par Rubens ; 1216, le *Combat des Lapithes*, dito, belle et noble composition ; 1217, par F. Snyders (1579-1657), une *Grande Chasse au sanglier* ; 1220, une *Sainte-Famille avec saint Georges*, par Rubens, très-belle ; 1229, C. L., l'*Enlèvement de Proserpine*, dito ; 1230 et 1247, *Groupes de chiens*, par Snyders ; 1333, *Portrait du peintre Richard*, par Van Dyck ; 1241, par Antonio Moro (1512-1568), un superbe *portrait de Catherine*, femme de Jean III de Portugal ; 1242, *Portrait d'un cardinal*, par Van Dyck ; 1245, C. L., le *portrait de la comtesse d'Oxford*, dito, exquis ; 1251, C. L., *Moïse arrêtant la peste en élevant le serpent d'airain*, par Rubens ; 1258, *portrait de doña Juana d'Autriche*, par Antonio Moro, grandeur naturelle et très-beau ; 1269 et 1270, *Sujet pastoral et fête champêtre*, par D. Téniers ; 1272 et 1273, portraits de *Henri de Nassau et de sa femme Amélie*, par Van Dyck ; 1274, par Van Dyck, cet artiste montre une galerie de peinture à l'archiduc Albert ; 1282, C. L., *Charles I à cheval avec son armure*, dito ; 1285 et 1288, deux jolis tableaux représentant du gibier, par Snyders ; 1292, C. L., l'*Adoration des Mages*, par Rubens, où se trouve son portrait ; 1294, la *Graciosa fregatriz*, par D. Téniers, un des plus beaux ouvrages, sans contredit, de cet artiste ; 1296, une *Tentation de saint Antoine*, dito ; 1300, le *Banquet de Térée*, par Rubens : tout le talent du peintre n'a pu rendre le sujet agréable ; 1305 et 1335, deux *Intérieurs d'églises*, par P. Neefs, joliment peints ; 1308, par T. Porbus (1570-1622), beau *portrait d'une dame en noir* ; 1314, Van Dyck, *portrait de femme* ; 1320, C. L., *Mercure et Argus*, par Rubens ; 1328 et 1329, des *Singes artistes*, par D. Téniers ; 1330, de Rembrandt (1606-1674), *Artémise*. sur le point d'avaler les cendres de son mari ; 1336, par Wouvermans ;

ROUTE 2.—DE PARIS A MADRID.

un *Chasseur à cheval se rafraîchissant à une auberge*, beau ; 1338, C. L., *Minerve et Cadmus*, par Rubens ; 1339, *Grande Fête rustique*, où se trouvent l'archiduc Albert et sa femme, par J. Breughel, belle toile ; 1344, *Coucher de soleil au milieu de rochers*, par J. Both ; 1345, *portrait de Marie de Médicis*, par Rubens; 1350, *portrait équestre de Ferdinand d'Autriche*, par Rubens ; 1354, le *Passage de la montagne*, par Both, jolie toile ; 1358, *portrait d'une princesse en costume noir*, par Rubens ; 1361, *figures allégoriques d'arts et de sciences*, par Breughel ; 1373, un *Groupe de danseurs*, par Rubens, peinture belle et agréable ; 1374 et 1375, deux beaux *intérieurs d'églises*, par P. Neefs, les figures sont attribuées à Franck ; 1376, superbe portrait de *doña Maria, infante de Portugal*, par Antonio Moro ; 1377, *Scène de chasse*, avec des femmes et des hommes à cheval, par Wouvermans, toile délicieuse; 1378, un Snyders; 1380, une *Danse rustique*, par Téniers; 1382, un beau *portrait de femme*, par A. Moro; 1383, *Chasseurs traversant une rivière*, très-joli tableau.

De là, pénétrant dans la salle à droite; examinez le n° 1392, beau portrait d'un *chevalier armé, avec une écharpe rouge*, par Van Dyck ; 1393, un *musicien*, dito; 1394, un *Cavalier vêtu de satin noir*, dito, très-beau ; 1400, *Philippe II à cheval*, par Rubens, faible d'exécution ; 1401, par van Eyck (1370-1448), *Henry Werlis s'agenouillant dans sa cellule*, peinture de la vieille école, très-curieuse ; 1402, *Peintures allégoriques*, comme le n° 1361, par Breughel ; 1405, un beau *lion dans un filet*, par Snyders ; 1407, par Van Dyck, *son portrait et celui du comte de Bristol*, beau et intéressant ; 1410, par J. Ruisdaël (1640-1684), *Petite Scène dans un bois* ; 1418 et 1419, deux petits *Intérieurs d'église*, par P. Neefs ; 1422 et 1423, deux grands *paysages, au moment du marché*, par J. Breughel ; 1425 et la série des onze petits tableaux de Téniers, sujets tirés du Tasse ; 1440, *Bois avec un lac et un bac*, par Ruysdaël ; 1442, *saint Georges délivrant la jeune fille du dragon*, par Rubens ; 1443 et 1444, deux grandes *Fêtes rustiques*, par J. Breughel ; 1446, *portrait de la reine Marie d'Angleterre*, par A. Moro, qui a été bien gravé par Vasquez, C. N.; 1447, *portrait de Liberti*, organiste à Anvers, par Van Dyck; 1448, une *Fête rustique*, par Téniers, jolie toile; 1449, *Ulysse découvrant Achille*, par Rubens; 1451, C. L., une autre *Tentation de saint Antoine*, par D. Téniers; 1457, *Scène de montagne et de bois*, par Both; 1461, *Jérémie dans sa caverne*, par Rubens; 1463, un *Groupe passant une rivière*, par T. Wouvermans; 1465, *Silène*, par Rubens; 1467, un *Repos après une Chasse*, avec des chevaux buvant, par T. Wouvermans, peinture de premier rang; 1470, C. L., un beau *Paysage avec des ermites*, par Both; 1474, *Cérès et Pan*, grand sujet peint par Rubens et Snyders; 1487, des *Dames jardinant*, par J. Breughel; 1488, des *Ermites*, sur une grande dimension, par D. Téniers; 1504, des *Bohémiennes disant la bonne aventure à un vieillard*, par D. Téniers; 1507, *Mercure*, par Rubens, ainsi que les séries des apôtres; depuis les nos 1509 jusqu'à 1514, et depuis 1534 jusqu'à 1536, tous peu remarquables; 1515, C. L., splendide *portrait de Thomas More*, est aussi de Rubens; 1528, *Atalante et Méléagre*, dito; 1546, C. L., une belle *Pieta*, par Van Dyck; 1551, G. Metzu; 1556, *Archimède*, par Rubens; 1573, *Départ de l'auberge*, par P. Wouvermans, très-beau; 1575, C. L., *Rodolphe de Hapsbourg* place sur son cheval un prêtre qui va porter les sacrements, par Rubens; 1576, C. L., des *Galants et leurs maîtresses*, par Rubens : c'est un chef-d'œuvre de peinture; 1578, un *Vulcain*, dito; 1587, *Ganymède*, dito; 1588, l'*Enlèvement d'Europe*, tableau, dit-on, copié de celui de Titien, par Rubens, et destiné à Charles Ier d'Angleterre, mais on ne peut le comparer à la délicieuse peinture de l'artiste italien : 1591, des *Volailles se querellant*, par Snyders, bonne peinture; 1598, la *Mort de la Vierge* par M. Coxcis : ce tableau fut apporté de la cathédrale de Bruxelles par Philippe II; 1599, les *Pèlerins d'Emmaüs*, qu'on attribue à Rubens; 1602, *grand paysage* par Monper, et les figures par J. Breughel; 1607, C. L., la *Trahison de Judas*, par Van Dyck; 1610, C. L., une *Halte de dames et d'hommes*, à une auberge de campagne, par Wouvermans, charmant tableau; 1615, un D. Téniers.

Descendons au rez-de-chaussée où sont les nouveaux salons flamands ; toutes les peintures qui garnissent la *Bajada* sont de second ordre. Nous y voyons au n° 1620 des *Enfants jouant*, par L. Giordano ; c'est une faible imitation de Murillo ; 1623, des *Gladiateurs*, grand de dimension, petit de mérite, par P. de Cortona ; 1625 une *tête énorme*, par V. Carducci ; 1636, les *Vertus*, par Séb. Bourdon, ainsi que le n° 1644, une immense *Décollation de saint Jean ;* 1642, une *Arche de Noé*, par Rosa de Tivoli ; les n°s 1646 et 1647 sont plus remarquables ; ce sont les portraits d'*Isabelle* et de *Ferdinand*.

Arrivons aux nouvelles salles flamandes, où nous remarquons les n°s 1654, *Persée délivrant Andromède*, par Rubens ; on trouve la dame par trop flamande ; 1662, *Cérès et Pomone*, par Rubens ; 1666, *Adam et Ève*, par Rubens, jolie peinture imitée du Titien ; 1670, *Flore*, par Rubens et Breughel ; 1679 et 1683, *deux vues de Tivoli*, par Both ; 1684, des *Nymphes surprises par des satyres*, par Rubens, beau tableau ; 1685, *Diane et Endymion*, par Van Dyck, très-jolie peinture ; 1686, des *Nymphes et des satyres*, par Rubens, œuvre magnifique, et un de ces sujets où l'artiste-poëte aimait à se révéler et où il n'a pas d'égaux ; 1689, *Orphée et Eurydice*, par Rubens ; 1696, C. L., *Junon dans son char traîné par des paons, allaitant Hercule*, par Rubens ; 1699, *beau portrait d'un chevalier de Santiago*, par Rubens ; 1704, le *Jugement de Pâris, dito,* médiocre ; 1710, C. L., les *Grâces, dito,* jolie toile : les n°s 1714, 1717, 1719, tous par Antonio Moro, renferment quelques beaux portraits de femmes ; 1716, *Diane et Calisto*, par Rubens, riche coloris ; 1720, C. L., *la Fortune glissant sur les eaux, dito*; 1721, *Saint François en extase*, par Van Dyck, belle toile ; 1727, l'*Enfant Jésus avec saint Jean*, par Rubens ; 1729, *du Gibier mort dans une cuisine*, par Snyders ; 1739, *une Chèvre allaitant un jeune loup*, dito ; 1743, 1746, *Deux grands Paysages*, par J. Breughel ; 1745 et 1753, *des Fruits et des animaux en vie*, par Snyders ; 1767, un beau *Coucher de soleil, Saint Jacques baptisant l'eunuque*, par Both ; 1768, *portrait de Marie de Médicis*, par Porbus ; 1772, *portrait de la marquise de Leganès*, par Van Dyck ; 1774; un *Lever de soleil, avec des vaches*, par Both ; 1778, un

10.

Jardin à Frascati, dito; 1782, *Scène de rochers* où se trouve sainte Rosalie de Palerme, dito; 1784, la même scène avec saint Bruno ; 1786, même scène avec saint François, dito; les figures sont de P. de Laar; 1788, par Swanevelt (1620-1639), une *Campagne où prêche saint Paul*; 1792, *portrait de Marie, femme de Maximilien II*, par A. Moro; 1803, du même, *Portrait de Maximilien jeune*; 1793, un *Coucher de soleil*, par Swanevelt; 1794, beau *portrait d'une des filles de Charles V*, par A. Moro; 1799, un beau *Coucher de soleil*, par Swanevelt; 1804, *Portrait d'une dame richement habillée*, par A. Moro; 1826, *portrait d'une jeune dame*, par Porbus; 1827, *Paysage avec cascade et des pêcheurs*, par Both, figures par J. Miel.

La galeria reservada, espèce de pénitentiaire où sont reléguées toutes les nudités dont l'aspect ne doit pas être permis à tout le monde, s'ouvre à l'étranger très-facilement. Nous y remarquons les nºs 72, 75 , par A. Dürer, peints en 1507, représentant *Adam et Ève*, plus grands que nature ; *Adonis allant à la chasse*; *Vénus et Cupidon*, par A. Carrache, très-beau; un *Jugement de Pâris*, par Albano, clair et transparent ; un *Groupe de huit femmes tirant de l'eau*, par Tintoretto ; nº 192, un sujet de *bacchante*, par Poussin ; 53, une *Femme sur un lit*, avec un jeune homme jouant de l'orgue, par Titien; 58, une *Femme s'amusant avec un chien*, par Titien, chef-d'œuvre de carnation; une *Course d'Atalante*, par Guido; 112, *Putiphar et Joseph*; 51, *Danaë*, par Titien, esquisse parfaite ; *Suzanne et les vieillards* , par Tintoretto. On trouve aussi quelques copies d'après Correggio; *Léda et le cygne*; le tableau représentant un *harpiste* a été repeint; *Adam et Ève*, d'après Raphaël; 107, une *Femme nue* donnant à boire à un aigle , dans un splendide paysage.

Il est question d'ajouter au *Museo* une galerie de portraits.

Les amateurs de l'ancienne orfévrerie visiteront la superbe collection réunie depuis peu au Musée; elle contient plus de cent coupes, tasses, vases, etc., d'un travail exquis.

La *galerie de sculpture* est située au bas de l'escalier, et est très-incomplète; on n'y rencontre aucun maître; la meilleure sculpture antique qu'on y trouve appartenait à Christine de Suède. Quelques-uns des bronzes gréco-romains et des têtes antiques sont encore beaux, mais en général mal restaurés. Remarquez une petite *Flore* en marbre, avec une tête moderne; un *hermaphrodite* en bronze coulé, et quelques belles tables de *pierre dure*; voyez les deux statues assises de *Charles IV et de sa femme Luisa*; un *Castor et Pollux*, ouvrage délicat; *Isabelle, femme de Charles V*, avec un riche costume; une *Tête grecque colossale*, très-belle; un beau bronze *de Charles V*, dans un riche goût gréco-romain; un *buste d'albâtre de Philippe II*; un *bon torse de femme*, probablement une Muse; une *tête de bronze d'Antinoüs*; *Alexandre mourant*; un *Méléagre*, le torse est antique; un *Mercure*, un *Cupidon*; mais ce qu'admirent le plus les habitants de Madrid, ce sont les ouvrages des señores Sala et Alvarez, principalement un groupe de deux personnages en bottes et en pantalons, appelés *el grupo de Garagoza*, par Alvarez (1768-1826). Cet artiste doit moins sa popularité à son mérite qu'à son patriotisme, ayant refusé de faire le buste de Napoléon.

Continuons nos artistiques visites par le nouveau Muséum ouvert au public par Espartero, le 2 mai 1842, calle de Atocha; il s'appelle le *Museo de la Trinidad*, parce qu'il est établi dans le couvent supprimé de ce nom. Ce musée, encore en voie de formation, renferme aujourd'hui plus de 1,500 tableaux tant bons que mauvais, provenant des couvents et des galeries de don Carlos et de l'infant Sébastien. En attendant le catalogue et une classification définitive, voici ce que nous y trouvons de plus remarquable : d'abord la série de peintures représentant les souffrances des chartreux persécutés par Henri VIII d'Angleterre, œuvre de Carducho; le *Miracle de la manne*, par Herrera el Viejo; un joli portrait d'un *Letrado*, avec des lunettes, et une *Concepti n*, par Spagnoletto; une *Descente de cro x*, par D. Volterra; des *Avares*, par Q. Matsys; quelques *caprichos* (caprices), par Goya; un *portrait de Mélendez*, par lui-même; *l'abbé Socinas* administrant le sacrement à *santa Maria Egypciaca*, qui vécut 47 ans seule et nue dans un désert, par Francisco Camillo, mort en 1671, tableau qu'on considère comme son meilleur ouvrage; *saint Bernard agenouillé devant la Vierge*, par Alonso Cano; *Charles II*, par Careño; une copie de la *Transfiguration*, par Julio Romano, provenant de l'Escurial; une *jolie peinture*, par Penni il Fattore; une *Femme surprise en adultère*, Titien; *Samson et le lion*; portrait de *l'archidiacre Albert*, par Rubens; observez particulièrement *el Jubilio de Porciuncula*, grande toile longtemps attribuée à Murillo, tableau curieux; une *Contestation entre un pape et un grand-prêtre juif*, vieux tableau allemand; un beau *Christ devant le grand-prêtre*, par Gerardo della Notte; un *portrait de Ferdinand III*, par Murillo; un *Christ mort* par Pereda; on trouve aussi plusieurs bons tableaux des Rizi, père et fils, principalement de Francesco; examinez aussi ceux de Pantoja de la Crux. La série représentant la *vie et la passion de notre Sauveur*, peinte en 1550 par don Correa, mérite une notice particulière.

Parmi les autres choses précieuses, arrachées des mains d'une populace en fureur, examinez les sculptures sur bois par Rafaël de Léon, surtout les belles *silleria del coro*, exécutées en 1561-1571 pour le couvent des Bernardins; beaucoup d'autres jolies sculptures provenant de *San-Felipe el Real*, et autres couvents supprimés. Tous ces morceaux curieux d'art se trouvent maintenant dans la nouvelle université, où on les mit en ordre dans l'ancien noviciat des jésuites; la situation est admirable, mais peu avantageuse pour l'exposition de ces sculptures, dont les sujets sont pour la plupart les *mystères de la Passion*. N'oubliez pas l'admirable *statue de saint Bruno*, par Manuel Pereyra, mort en 1667, qui occupait jadis la niche au-dessus de la *Hospéderia de los Cartajos*, rue d'Alcala.

Continuons notre promenade, et allons vers le *Prado*. Un peu au-delà du *Museo*, sur la gauche, se trouve le *jardin botanico*, entouré d'une jolie grille en fer; établi dans ce lieu depuis 1781, il était d'abord au Prado; ce jardin est magnifique, et présente un ordre parfait sous le point de vue botanique. En avançant vers la porte d'Atocha se trouvent sur l'éminence de San-Blas le *Campo santo* ou cimetière et el *Observatorio astronomico*, d'où on a une belle vue de Madrid. Au-dessous de cette colline est le *couvent d'Atocha*, fondé en 1523, pour les Dominicains, par Hurtado de Mendoza, confesseur de Charles V, et enrichi par la piété de plusieurs princesses. Les plafonds étaient peints par L. Giordano, et les chapelles remplies de vases d'or et d'argent; mais toutes ces richesses ont disparu pendant la guerre de la Péninsule, et une partie des bâtiments sert aujourd'hui de caserne.

Dans la chapelle qui a été restaurée par les soins de Ferdinand VII, se trouve la célèbre *Vierge*, patronne de Madrid, et la protectrice principale de la famille royale, qui ne manque jamais de venir l'honorer tous les dimanches. Quand la reine d'Espagne se marie, son habillement de noces est offert à cette Vierge.

Beaucoup de volumes ont été écrits sur les miracles de cette sainte image; consultez, outre les sonnets de Lope de Vega, la *Patrona de Madrid*, par Francisco de Pereda, Valladolid, 1604; *Historia de la santa imagen*, par Juan de Marieta, Madrid, 1604, etc.

Les autres *pasos* et images remarquables à Madrid sont: le *Santo Cristo de la Lluvia*, à San-Pedro, sur la place de ce nom; le *Santo Cristo de la Fé*, à San-Sébastien, calle Atocha; le *Santo Cristo de las injurias*, à San-Millan, plaza de la Cebada; et les *pasos* ou saintes images qu'on promène dans les rues le jour de Pâques, renfermées dans San-Juan de Dios, plaza de Anton-Martin; il y a encore les *pasos de Nuestro Señor de los Azotes*, par Pedro Hermoso; *Nuestro Señor en el sepulcro*; la *Soledad*, par Becerra, et *Santo Tomas*, par Miquel Rubiales.

En continuant notre marche vers la droite, nous trouvons au coin de la calle d'Atocha le vaste hôpital appelé *el General*, fondé par Philippe II en 1582, et placé ici en 1748 par Ferdinand VI. A sa suite se trouve el *colegio de San-Carlos*, fondé en 1783 par Charles III; comme école de chirurgie, il possède un musée d'anatomie et quelques préparations en cire.

Nous nous dirigeons vers la porte *de los Embajadores*, et nous entrons dans des avenues appelées *las Delicias*, où se trouve le *Casino*, que la municipalité de Madrid donna à Isabelle de Portugal, seconde femme de Ferdinand VII, charmant séjour, avec des jardins délicieux ; c'est une espèce de Trianon ; on appelle aussi ce casino *las Vacas*, parce qu'il renferme la laiterie des vaches de Sa Majesté.

Du rond-point au-dessus du Casino, trois avenues se détachent ; les deux de l'ouest conduisent au Manzanarès, que par courtoisie on appelle rivière, parce qu'à défaut d'eau il est pourvu de ponts, contrairement à beaucoup d'autres rivières en Espagne où l'eau coule réellement. Ces énormes *puentes* servent plutôt de viaducs, sauf pendant les pluies torrentielles qui descendent du Guadarrama, et qui sont bientôt écoulées. Dans l'été, le cours d'eau est à peine aussi large que son nom est long ; cette pseudo-rivière, au-dessous du Palais Royal, est peuplée de laveuses dont les groupes sont parfois très-pittoresques.

On compte quatre ponts sur le Manzanarès : un de bois à l'extrémité E. conduit à l'*Ermitage de San-Isidro del campo*. Le grand pèlerinage de ce saint patron de Madrid a lieu le 15 mai, spectacle national où s'offrent réunis à l'œil du voyageur la plupart des costumes, des chants et des danses des diverses provinces espagnoles. N'oubliez pas de vous y rendre *la vispera* (la veille), ou le 14 dans l'après-midi.

San Isidro a une légende pleine d'intérêt et très-miraculeuse. (Voir sa biographie, par *Alonso de Villegas*, vol. in-8, Madrid, 1592. — *Juan Diacono*, 1622. — *Gregorio Argaiz*, in-fol., Madrid, 1671, etc.

Revenons au Manzanarès, et suivons ses bords jusqu'au *puente de Toledo*, construit en 1735 par Philippe V. Sa longueur est d'environ 385 pieds sur 36 de large ; c'est une vaste construction d'un mauvais goût, bien qu'il soit orné des statues de san Isidro et de sa femme, dont les regards semblent chercher une rivière. La porte de la Cité, qui s'élève au-dessus, fut commencée en 1813 par la municipalité de Madrid, et finie en 1827. C'est là qu'ont lieu les exécutions publiques, généralement par la *garrote*, sorte de machine à étrangler ; l'amateur, en visitant cette porte, le matin de bonne heure, y rencontre des divers groupes de paysans, qui amènent au marché leurs marchandises et leurs bêtes : tableau vraiment curieux et pittoresque.

Le pont suivant, *le puente de Segovia*, fut construit par Philippe II, sur les dessins de Herrera; c'est aussi un imposant viaduc ayant 635 pieds de long sur 34 de large; les sables accumulés à sa base nuisent à ses belles proportions; au-dessus, le Palais-Royal étale toute sa splendeur au sommet de l'éminence dont la pente, au lieu de former de riants jardins, est tout-à-fait négligée.

Vers la gauche se trouvent les clôtures de *la Casa del Campo*, maison de chasse de Charles III, et liée au Palais par un pont et un tunnel. La reine Christine y a formé une ferme-modèle : les jardins sont agréables et bien pourvus d'eau; on y voit une belle fontaine en marbre italien et une superbe statue équestre en bronze de Philippe III, fondue par Juan de Bologna, d'après le dessin de Pantoja. Des courses de chevaux y ont lieu.

Au-delà du Manzanarès, on trouve les *Avenues* et *la Florida* qui se prolongent jusqu'à *l'Escuriale* : le voyageur qui voudra visiter l'ermitage de *San-Antonio* pourra suivre cette avenue. Une autre promenade monte vers la droite, jusqu'à *San-Bernardino*, et au-delà on gagne la porte de Fuencarral, conduisant au *cimetière*; ces jolies avenues vous mènent en suivant les misérables murailles de la ville jusqu'au *Prado*, en passant par les portes *San-Fernando*, *Santa-Barbara* et *Los Recoletos*, où on a élevé une fontaine, *la Castellana*. Le terrain d'alentour a été converti en promenades, jardins, et en un nouveau *Paseo*, appelé *de la Independencia*.

Le voyageur qui voudrait éviter cette ennuyeuse marche pourrait laisser de côté *la Florida* à la porte de San-Vicente, et monter vers le Palais. Entrant par *le Portillo*, nous trouvons à gauche le vaste *Séminario de Nobles*, bâti en 1725 par Philippe V; tout proche se trouve la noble résidence de la famille Alava. Parmi les peintures remarquables que renferme ce palais, nous trouvons un *portrait de C. Colomb*, *Marie reine d'Écosse*, le grand *Alava*, par Titien; une *Bataille d'Amazones*, par Rubens; un beau *Jeune homme* en velours rouge, par Velazquez; une splendide *sainte Rose*; une *Cène*, un *Cupidon et un lion*, par Titien; *Moncade à cheval*, par Van Dyck, très-beau : il a été gravé par R. Morghen; une *Tempête*, par Beerstraten, 1649; *Hérodiade avec la tête de saint Jean*, par Guido ; et un beau carton florentin, *la Vierge et l'Enfant*.

De là, dirigeons-nous vers le *Palais-Royal*, un des plus magnifiques du monde ; on y pénètre par deux *Plazas* ouvertes ; celle de l'Est, *del Oriente*, est une espèce de place du Carrousel, sur laquelle Ferdinand VII, après sa restauration, avait commencé à élever un théâtre magnifique et une colonnade majestueuse.

Au centre d'un jardin circulaire, se trouve une des plus belles statues équestres qu'il y ait au monde ; elle provient des jardins de *Buen Retiro*, et fut apportée ici en 1844; elle représente Philippe IV monté sur son cheval de bataille; Montanes sculpta le modèle en bois sur un dessin de Velazquez, et le bronze fut coulé à Florence en 1640, par Pedro-Tacca : elle a 18 pieds de hauteur et pèse environ 18,000 livres.

Les *Cortès*, ou chambre des députés espagnols, tiennent leurs séances dans une des salles du Théâtre, encore inachevé, en attendant que l'édifice qui leur est destiné, *Plaza de las Cortès*, soit prêt. L'intérieur est une pauvre imitation de la Chambre des Députés de Paris; les noms des patriotes et des martyrs de la Liberté sont inscrits sur les murs. On donne aussi dans ce théâtre des bals publics.

Le Palais-Royal, dont l'ensemble est si majestueux, vu de près, ne satisfait pas l'amateur du style pur et élégant. Il occupe le site de l'ancien Alcazar des Maures, dont Enrique IV fit sa résidence. Cet édifice fut brûlé la veille de Noël 1734.

Philippe V voulait en faire le rival de Versailles, et le reconstruire sur les dessins grandioses de F. Jurbara; mais la reine s'y opposa par économie.

Ce palais forme un carré, dont chaque côté a 470 pieds sur 100 pieds de haut, mais les ailes et les jardins en terrasse ne sont pas encore terminés. La principale entrée est vers le S. Elle conduit dans un immense *Patio*, d'environ 240 pieds carrés avec une galerie vitrée. Entre les arcades se trouvent de très-médiocres statues, par de Castro, Olivieri, et représentant les empereurs romains Trajan,

Adrien, Honorius et Théodose. La statue de Charles III, en perruque, orne le grand escalier, qui est majestueux et facile à monter, mais, comme dans les autres palais, moins fréquenté que les escaliers dérobés. En le montant, Napoléon dit à son frère Joseph : *Vous serez mieux logé que moi!* et posant sa main sur un des lions de marbre blanc : *Je la tiens enfin, cette Espagne si désirée!* César en avait dit autant. L'ornementation intérieure est tout-à-fait digne d'une habitation royale, les marbres les plus riches s'étalent à profusion sous toutes les formes possibles, surtout dans le salon principal, appelé *de los Embajadores*, ou salle du trône. C'est là que les souverains espagnols reçoidans les grandes occasions, et qu'on les expose sur des lits de parade après leur mort. Là, nous contemplons Ferdinand VII habillé et complétement équipé, un chapeau militaire sur sa tête et sa canne à la main. Le plafond est très-médiocrement peint par Tiepolo. Les plafonds les plus admirés sont ceux représentant l'Apothéose de Trajan et l'Aurore, dans la 24e chambre, par Mengs, le restaurateur de la fresque.

La vue dont on jouit des fenêtres de ce palais donnant sur la rivière offre un paysage vraiment castillan ; mais les pentes incultes qui se trouvent au-dessous de l'œil du spectateur attristent ce curieux tableau. On admire aussi un salon chinois, par Casparin. La chapelle royale, située au N., au niveau des appartements royaux, bien que petite et ayant souffert pendant la guerre de l'Empire, est encore splendide : les murs sont revêtus de marbres riches et de stuc doré. Le plafond fut peint par Giaquinto; on y voit figurer saint Isidore, le patron de Madrid, et saint Jacques, le patron de l'Espagne; les jours de fête, on y admire encore de très-belles tapisseries.

La Reale-Cochera, et *Las Caballerezas*, vastes remises et écuries du palais, sont situées au N.-E. On y voit des voitures de toutes formes et de tout âge.

La *Bibliothèque Nationale*, placée au coin de la Calle de la Bola, sur la Plaza del Oriente, contient environ 200,000 volumes ; elle est ouverte au public depuis dix heures du matin jusqu'à trois heures après midi ; elle est très-bien tenue; le calme et la fraîcheur dont on y jouit sont très-favorables pour l'étude. Elle est riche en littérature espagnole, principalement en théologie, topographie; on y remarque aussi quelques camées, des antiques et des mss. précieux. Cette bibliothèque s'est beaucoup augmentée numériquement, depuis la réforme des couvents, en livres anciens et peu intéressants; mais, comme dans les autres bibliothèques espagnoles, les bons livres modernes manquent faute d'argent pour les acheter : du reste elle est fort bien disposée, et les *empleados* sont très-civils et fort complaisants. Dans *la Sala del Trono*, sont les médailles et les monnaies, au nombre de plus de 150,000 ; il y a de curieux spécimens d'anciennes monnaies espagnoles, gothiques et mauresques.

Au côté S. du palais, nous trouvons *la Armeria reale*, un des plus beaux *musées d'artillerie* du monde; pour le visiter il faut se procurer une *esquala del director-general de Reales Caballerizas* (grand écuyer du roi). Cette belle galerie, qui forme le front S. du palais, a 227 pieds de long sur 36 de large ; elle fut bâtie en 1565, par Gaspard de la Véga pour Philippe II. On a publié à Paris, sur cette riche collection, un très-bel ouvrage en français, orné de gravures, par *Gaspard Sensi*, Paris, 1838.

L'entrée offre un aspect imposant et digne de la terre du Cid et de la chevalerie. La partie centrale de la salle est coupée par une ligne de figures équestres, et les murs sont garnis de chevaliers armés dans un grand appareil de guerre et de tournois ; au-dessus sont appendues des bannières prises sur l'ennemi, et des cottes d'armes par trop brillantes pour le véritable amateur. Examinez la collection de 19 armures ayant appartenu à Charles V : sur le devant de chacune d'elles est gravée l'image de la Vierge, la patronne de ce roi, et par derrière, sainte Barbe, patronne de l'artillerie espagnole. Les armures de Philippe II sont splendides. On y voit aussi la litière grossière qui servait à porter Charles V, lorsqu'il souffrait de la goutte, et la vaisselle de campagne de cet illustre prince. Quelle simplicité dans ce service de fer ! Remarquez la voiture qu'on dit être celle de Jane Juana, *la Loca*, la première dont on fit usage en Espagne ; elle est en bois noir, et fut sculptée en 1546, dans le style de Berruguete; comparez-la avec un autre véhicule en fer, fait en Biscaye en 1828, et offert à Ferdinand VII. On remarque aussi une suite de belles armures allemandes et italiennes. On a gravé sur l'armure de Philippe II, lorsqu'il n'était que prince, les armes d'Angleterre. Sur la prétendue armure de Philippe de Bourgogne se trouve inscrit : *Philippus Jacobi et frater Negroli faciebant.* On trouve sur un élégant canon en acier l'inscription suivante : *Hizo me en Ricla, Christobal Fr. Isleva, año 1565.* Ici, comme dans beaucoup d'autres collections, on attribue à de grands personnages des armures qui sont certainement d'une date plus moderne, telles que les casques d'Annibal et de Jules-César; l'armure du Cid est également très-douteuse, mais il n'en est pas ainsi de celle qu'Isabelle portait au siége de Grenade. Ferdinand, son mari, couvert d'une armure noir et or, est monté sur un cheval de bataille, tandis que saint Ferdinand se trouve dans un encadrement. Quelques-uns des boucliers suspendus aux murs sont très-beaux, surtout celui qui porte une tête de Méduse, et un autre garni de camées, donné à Philippe II par un duc de Savoie. Les quatre ou cinq armures qui suivent sont aussi fort belles. Remarquez aussi le casque du Rey Chico et une armure complète en filigrane d'argent, donnée à Philippe II par la ville de Pampelune; les armures de Gusman el Bueno, de Fernand Cortès, de Jean d'Autriche à Lépante; de Colomb, noire et blanche, avec des médaillons d'argent, toutes fort curieuses. Ensuite se trouvent les armures de plus petites dimensions destinées aux enfants et aux jeunes héros, charmants hochets militaires. La plupart des bannières turques furent prises à Lépante. La collection des fusils appartenant à Charles III et à Charles IV est digne de ces deux chasseurs royaux : plusieurs sont incrustés de pierres fines; un surtout, présent de Napoléon, qui bientôt après s'en fit payer par la couronne et le royaume de son ami.

La collection des épées est encore plus intéressante, car l'Espagne a toujours été renommée pour la beauté et la bonté de ses lames; examinez avec vénération les cimeterres de Bernardo del Carpio et de Rolando (Roland); observez aussi le formidable *montante* (espadon) de Garcia de Parades, avec lequel il tint en respect toute l'armée française ; les épées de saint Ferdinand, de Ferdinand et d'Isabelle, et du grand Capitaine ; celle-ci servait lorsqu'on conférait le titre de chevalier à quelques gentilshommes ; ensuite, celles de Charles V, de Philippe II, de Fernand-Cortès et de Pizarre, dans un fourreau d'acier ; ne cherchez pas l'épée que François Ier portait à la bataille de Pavie, elle fut donnée au roi Murat par le marquis d'Astorga. Les appareils de tournois et les équipages de chasse sont très-curieux et très-complets. Remarquez également la hallebarde de Don Pedro-le-Cruel et les *hastas de gallardete* : les selles et les boucliers en cuir des Maures, etc.

Maintenant, visitons la *casa de los Ministerios*, construite pour les secrétaires d'État par Charles III ; cet édifice est occupé par les ministères de la guerre, de la marine, de la justice et des finances ; malheureusement il a beaucoup souffert de l'incendie du 31 octobre 1846.

La *casa de los Consejos* qui se trouve à côté est un bel édifice dans le style de Herrera ; sa principale façade regarde le N. En face se trouve l'église de *Santa-Maria de la Almudena* ; c'était jadis une mosquée mauresque ; elle fut purifiée par Alonzo VI et dédiée à la Vierge. Ensuite, traversons la calle de Segovia, pour aller à *las Vistillas*, jadis résidence du duc de l'Infantado, et où vécurent aussi Ferdinand et Isabelle. Un peu plus loin se trouve le vaste couvent de *San-Francisco ;* l'édifice sert maintenant de caserne, et la chapelle d'église paroissiale : c'est une des plus jolies de Madrid, elle a la forme d'une rotonde entourée de chapelles ; le dôme a 163 pieds de haut, il est orné d'une peinture médiocre, par *Bayen*, représentant le *Jubileo de la Porciuncula ;* les peintures des chapelles, par Maella, Calleja, Goya, Velazquez (non Diégo), sont également médiocres. — Pénétrons ensuite dans ce labyrinthe de ruelles, la vieille *Moreria*, qui formait autrefois l'ancienne Cité, aujourd'hui la honte de Madrid ; mais il est question d'y ouvrir une large rue qui aboutirait à la calle de Segovia. Continuons vers la *Puerta de los Moros*, et de là à *San-Andres*, église que fréquentaient habituellement Ferdinand et Isabelle. Une petite grille en fer qu'on aperçoit dans le *presbyterio*, indique le lieu où fut le tombeau de *san Isidro*, dont l'effigie en bois est curieuse pour le costume : la chapelle, dans le mauvais goût de Churriguerra, fut élevée par Philippe IV et Charles II. Les miracles du saint patron sont peints par *Carreño* et *Rizzi*; observez le tableau dans lequel Alonso VIII reconnaît dans le corps de san Isidro le paysan qui conduisit ses armées à la victoire, à *Navas de Tolosa*. Tout près de cette église se trouve la *Capilla del Obispo*, vieux morceau gothique égaré au milieu du moderne Madrid; il date de 1547. Voyez le joli *Retablo* ainsi que les sculptures dans le style de *Berruguete*, et dans la *sacristia* l'effigie en bois du saint prélat, son fondateur, et les superbes tombes du prélat et de sa famille.

Nous voici sur la *Plaza de Cabada*, le marché aux fourrages et aux légumes, où la bigarrure des costumes et les riches produits du sol attireront l'observateur et l'artiste. Jetez un regard sur le portail de la *Latina*, ou *Nuestra Señora de la Concepcion*, hôpital fondé en 1499, par Beatrix Galindo, qui enseigna le latin à la reine Isabelle. Pour connaître le vieux Madrid et le quartier de la *Populacho*, il faut prendre alors les rues del Duque de Alba, Jésus y Maria, jusqu'aux *Lavapies*; celles de Zurita, de la Camadre, de Campille, de Manuela, etc., l'asile traditionnel des courtisanes, des *manolos* et *manolas*, des *chisperos*, des *gitanos*, *chalanes* et autres, aux costumes les plus originaux. Le voyageur qui n'aime pas ces sortes de scènes laissera la Latina et se dirigera vers *San-Isidro el Real*, dans la calle de Toledo; cet ancien collège des Jésuites, construit en 1651, est maintenant une église paroissiale appelée *la Colegiata*. Examinez la *Capilla Mayor* qui a été réparée par Rodriguez: ici reposent *san Isidro* et sa *santa esposa*; la statue du saint est par Pereira; les chapelles et les sacristies sont surchargées d'ornements de mauvais goût. Ce temple renferme aussi les cendres de plusieurs patriotes morts pendant la guerre de Napoléon. La bibliothèque des Jésuites existe encore, elle est ouverte au public.

En tournant à gauche, nous gagnons la *Plazuela de la Villa*, où est la *casa del Ayuntamiento*, ou Hôtel-de-Ville, édifice du XVIe siècle, avec des portails plus modernes, mais de mauvais goût. En face se trouve ce qu'on appelait la *casa de Lujanes*, dont la tour, qui sert maintenant de télégraphe, servit de prison à François Ier.

Traversons maintenant la belle *calle Mayor* pour gagner *San-Gines*, située dans la calle del Arenal ; église bâtie vers l'an 1358. Elle souffrit beaucoup d'un incendie en 1824. Dans l'intérieur, remarquez le *Paso de Santo-Cristo*, sculpté par Vergaz, et un beau *Christ assis et dépouillé de ses vêtements*, par Alonso Cano ; descendez dans la *boveda* ou crypte, où pendant le Carême les flagellants se fouettent parfois jusqu'au sang.

Portons ensuite nos pas vers la *Plaza Mayor*, érigée en 1619 par Juan de Mora. Là se célébraient les *auto-da-fé* et les *fiestas reales* (combats de taureaux royaux) ; sa disposition est parfaitement appropriée à ces sortes de spectacles, elle a 434 pieds de long sur 334 de large. La loge royale se trouve sur le côté appelé *la Panaderia*, dont les salles, peintes par Claudio Coello, furent destinées par Charles III à l'Académie Historique, qui y possède une assez bonne bibliothèque. A l'extrémité S.-E. nous trouvons la *Carcel de Corte*, construite en 1634 sous Philippe IV, séjour, comme dit Cervantes, du crime et de la misère. Depuis 1808 ces tristes donjons ont reçu tour-à-tour les victimes des divers partis politiques. C'est dans cet édifice que se trouvent les tribunaux de la *Audiencia* ou Cour suprême de justice.—La prison de la ville, appelée la *casa del Saladero*, est près de la porte de Santa-Barbara ; l'amateur des prisons pourra aussi aller dans la calle de Hortaleza, visiter *Las Recogidas* ou *Santa-Maria Magdalena* (maison des repenties). Nulle femme ne peut quitter cet asile que pour prendre le voile ou se marier.

Nous trouvons dans la calle de Fuencarral l'*Hospital de San-Fernando*, fondé en 1688 pour les pauvres des deux sexes, qui y travaillent ; la façade est dans le mauvais goût de la période de Philippe V.

L'*Hospital San-Antonio*, dans Corredera de San-Pablo, fut fondé en 1606. Il a une belle chapelle ovale ornée de fresques par Rizzi, Carreño et Giordano ; examinez surtout la *Santa-Isabel* et *Santa-Engracia*, peintes par Eugenio Caxes, et la statue du saint patron par Pereyra. L'Hospice des Enfants-Trouvés, *La Inclusa*, situé dans la calle de los Embajadores, renferme plus de 1,200 petites créatures. L'*Hospice de la Maternité*, pour les mères de ces enfants, est dans la calle del Rosal; on l'appelle *Nuestra Señora de la Esperanza;* mais plus vulgairement, et avec plus de raison, *el Pecado Mortal* (le péché mortel).

Hors la Porte-San-Bernardino se trouve le *Dépôt de Mendicité*, fondé en 1834 par le marquis de Pontejos, le même qui fonda en 1839 la première *caja de Ahorros*, ou caisse d'épargne. Ce dépôt est bien administré.

La *Imprenta Real* (imprimerie royale) est située dans la calle de Carretas; cet édifice lourd renferme l'Imprimerie Royale et les ateliers de gravure. La typographie doit quelques beaux ouvrages à cet établissement.

La *casa de Moneda* ou la monnaie, est dans la calle de Ségovia; les machines sont médiocres et la fabrication lente.

La *Bourse*, ou *Bolsa de Comercio*, établie en 1831; elle se tenait alors dans San-Martin, aujourd'hui elle est à *los Basillios*, calle del Desengaño; elle est ouverte depuis dix heures du matin jusqu'à trois heures de l'après-midi.

La *Banque Nationale*, appelée de *San-Fernando*, est dans la calle de la Montera.—Madrid possède encore plusieurs autres banques, qui toutes sont dans un état prospère, l'intérêt de l'argent étant très-élevé.

La *Plateria*, fabrique royale d'orfévrerie, est située dans la calle San-Juan; l'atelier est fort beau, mais on y fabrique peu de vaisselle, car l'âge d'or et d'argent est passé pour l'Espagne.

Depuis peu il s'est formé à Madrid des sociétés littéraires et artistiques, telles que *el Ateneo*, espèce de club; *el Liceo artistico y literario*, espèce d'athénée où on fait des lectures tous les jeudis; l'*Académie Philharmonique;* le *Conservatorio des Artes*, calle del Turco, avec quelques modèles de mécaniques et une bibliothèque; le *Conservatorio de Musica*, fondé en 1830 par la reine Christine.

THÉATRES.—Madrid renferme sept théâtres, qui sont *el del Circo, el del Principe, de la Cruz, del Instituto*, de *Variedades, del Museo*, et *del Buena-Vista*.—Le théâtre *del Principe*, construit en 1806, peut contenir 1,200 spectateurs; il est sale et mal éclairé; une partie est exclusivement réservée aux dames, et on la nomme la *Tertulia de las Mugeres*, loge des femmes.—Le *Théâtre de la Cruz* est également un pauvre édifice construit en 1737. La salle contient environ 1,300 places. On joue à ces deux théâtres les pièces de Calderon, Cervantes, Lope de Vega, et les tragédies et drames modernes.—Le *Circo* est destiné à l'opéra italien et aux ballets français.—Les autres petits théâtres, l'*Instituto*, calle de las Urosas ; *Variedades*, dans la calle de la *Magdelena* ; *Museo*, calle de Alcala ; *Buena-Vista*, calle de la Luna, sont destinés aux sujets légers, et surtout à un genre de pièces qu'on appelle *sainetes* ou farces, dont le style est grossier, mais qui sont fort amusantes et très-bien jouées.—Madrid possède aussi un *Diorama*, un *Néorama*, un *Cosmorama*, etc.

Madrid n'offre aucun palais de grand seigneur qui mérite l'attention du voyageur. Cependant le vaste hôtel du duc de Médina-Céli et la *Casa de San-Geronimo* sont de beaux édifices ; celui-ci contient quelques antiques conservés avec la plus coupable négligence. Examinez un *Faune*, un *Mercure* et un *Apollon*. On y voit aussi deux canons très-anciens. La bibliothèque, autrefois ouverte au public, sert maintenant de pâture aux vers. Les habitations du *comte de Oñate*, du *duc de Hijar* et du *marquis de Astorga*, sont d'assez beaux édifices.

Dans la calle de las Infantas, plazuela del Rey, n° 2, se trouve la *Casa de la Siete Chemineas*, où Charles Ier d'Angleterre logea lors de son voyage à Madrid. En suivant cette rue, on trouve *las Salesas*, édifice immense, mais de mauvais goût, un second Escurial, construit en 1758, pour servir de retraite à la reine Barbara, femme de Ferdinand VI, et de pension pour de jeunes dames nobles. La façade est surmontée d'un bas-relief représentant *Nuestra señora de la Visitacion* ; la chapelle imposante, d'ordre corinthien, sert maintenant d'église paroissiale. Sous des tombes magnifiques reposent les rois et les reines qui ne voulurent pas que leurs cendres françaises fussent mêlées aux cendres autrichiennes ; remarquez-y les figures de l'Abondance et de la Justice, ainsi que les marbres du maître-autel ; les colonnes vertes viennent des carrières de *San-Juan*, pès Grenade ; la façade donne sur le jardin.

Les *Descalzas Reales*, sur la place de ce nom. Cet édifice fut fondé par Juana, fille de Charles V. Remarquez sa statue en marbre agenouillée sur sa tombe, par P. Léoni; les fresques furent peintes en 1756 par Velazquez (non Diego). L'abbesse de ce couvent avait le rang de grand d'Espagne.

Madrid renferme peu de monuments funéraires dignes d'intérêt. La plupart ont été détruits dans la guerre de l'Empire. Notons en passant que *Herrera* l'architecte fut enterré dans San-Nicolas; *Lope de Vega*, mort le 27 d'août 1637, calle Francos, n° 11, dans Saint-Sébastien; *Vélazquez*, mort le 7 août 1660, dans San-Juan : en 1811, sa tombe fut profanée et ses cendres jetées au vent, aussi bien que celles de *Cervantes*, mort le 23 avril 1616, dans la calle del Leon, n° 20. *Manzana*, qui mourut dans la même rue, n° 228, fut enterré dans la *Trinitarias Descalzas*, calle del Humilladero; là les filles de Cervantes et de Lope de Vega prirent le voile.

L'Espagne, qui avait refusé du pain à Cervantes pendant sa vie, vient de lui ériger, *plaza de las Cortès*, une statue modelée par Antonio Sola, de Barcelone, et coulée en bronze par un Prussien nommé Hofgarten : le noble écrivain est revêtu du vieux costume espagnol; son manteau cache son bras mutilé à Lépante. Les bas-reliefs du piédestal représentent les principales scènes de son admirable *Don Quixote*. Les fonds qui ont servi à payer ce monument proviennent de *la Bula de Cruzada* : les moines de la Miséricorde, qui avaient racheté Cervantes captif chez les Barbares, sauvèrent sa mémoire de l'ingratitude non moins barbare de la postérité. La rue qu'il habitait est maintenant appelée *calle de Cervantes*.—Les cendres de *Calderon de la Barca* ont été, le 19 avril 1841, transportées du monastère de Calatrava et déposées dans le *campo santo de San-Andrea*.

L'église de *Santo-Domingo el Real* fut fondée en 1217; le portail et le chœur furent ajoutés, en 1599, par Herrera. Don Carlos y était enterré avant qu'il fût transporté à l'Escurial. Remarquez la statue agenouillée de don Pedro.

Madrid n'a guère de monuments religieux dignes d'intérêt. L'église de *San-Ildefonso* fut rebâtie en 1827; *San-*

11.

Marcos, dans la calle de San-Leonardo, fut élevée par Ventura Rodriguez, qui y est enterré.

ENVIRONS DE MADRID. Les environs immédiats de Madrid en général n'offrent que peu d'intérêt. On n'y trouve ni ces jolies villas, ni ces villages florissants qui entourent Paris et Londres. Le plaine aride et vaste dont Madrid occupe le centre n'offre rien qui attire les habitants hors des murs ; il faut excepter pourtant quelques demeures royales, dont une des plus jolies est

La Moncloa, à droite de la route de l'Escurial et dominant le lit du Manzanarès ; Ferdinand VII l'acheta de la famille Alva et y rétablit la manufacture de porcelaine détruite par les Anglais à *la China*. Les objets qu'on y fabrique coûtent fort cher et sont d'un travail médiocre.

El Pardo est une maison royale de chasse, à 2 l. de Madrid, sur le *Manzanarès ;* elle fut construite par Charles V. Les bois s'étendent sur une circonférence de 15 l. ; les appartements royaux sont commodes, avec des plafonds peints à fresque par Galvez et Ribera. On y remarque plusieurs grands et beaux chandeliers de verre.

La Alameda, villa située sur la route de Guadalajara, bâtie par feu la comtesse d'Osuña, qui y dépensa beaucoup d'argent. Dans les belles soirées des dimanches d'été, les habitants de Madrid se hasardent hors la porte d'Alcala jusqu'à la *Quinta del Spiritu-Santo ;* ou bien à *Chamberi*, qui se trouve hors la porte de Bilbao. Là on boit, dans de modestes guinguettes, du vin à bon marché, mais frelaté.

Sur une éminence à 3/4 de l., sur la route de Tolède, sont les deux villages de *Caravancheles*, rendez-vous d'une partie de la ville les dimanches et fêtes. L'hôtel de la *Vista Allegre* est le plus fréquenté, par la vue prétendue *riante* (comme dit son nom) dont on jouit sur une vaste plaine tout-à-fait nue. La reine-mère Christine y a fait bâtir une *villa* où l'on donne à la cour des fêtes champêtres.

INDUSTRIE, COMMERCE. Comme nous l'avons dit déjà, Madrid ne peut se comparer, sous ces deux points de vue, ni à Paris, ni à Londres, ni même à d'autres villes de l'Europe ; non que cette jeune et belle cité soit aussi pauvre sous ce rapport que certains touristes affectent de l'affirmer après un séjour d'une semaine ou deux : loin de là, l'industrie et le commerce de cette capitale sollicitent tout autant l'attention du voyageur que ses richesses monumentales et artistiques.

Au commencement de 1848, Madrid possédait, outre ses importantes manufactures de *tabacs*, de *tapis*, de *porcelaine* de la Moncloa, de *bougies* de la Estrella, les grands ateliers de construction de *voitures* des Récollets, des *brosseries*, des *étamages de glaces*, des fabriques de *tissus de gomme élastique*, 58 fabriques notables d'*orfévrerie* et de *pierres taillées* en tous genres, 67 *imprimeries*, 7 *lithographies*, 55 *chapelleries*, 41 fabriques de *chaux*, de *plâtre*, de *briques* et *tuileries*, 55 fabriques de *poêles* et *cheminées*, 15 de *bougies de suif et stéariques*, 12 de *filets et rubans de soie à larges bandes*, 6 de *fournitures et équipements militaires*, 11 de *tapis de haute lice* et autres *tapisseries*, 20 de *savons odorants et parfumeries*, 45 magasins de *modes*, 4 de *plumes*, 10 ateliers de *tireurs d'or*, 127 associations d'*ébénistes et menuisiers*, 27 ateliers de construction de *voitures*, 4 fabriques d'*instruments de chirurgie*, 12 d'*instruments de musique*, 6 d'*optique* et de *lunettes*, 22 de *gants*, 19 de *cierges et bougies de cire*, 6 de *dents artificielles*, 42 d'*objets en perles, nacre et coquillages*, 6 de *coutellerie*, 13 d'*armes à feu et armes blanches*, 6 de *bretelles, jarretières et corsets*, 17 manufactures de *passementerie*, 13 grands établissements de *roulage*, 5 de *marbrerie*, 4 fabriques de *nattes et de sparterie*, 4 de *toiles cirées* de différents genres, 4 d'*épingles et pointes de Paris*, 5 de *cordes d'instruments*, 5 d'*amidon, céruse, litharge et ocre*, 6 de *boutons de métal et de corne*, 10 de *fleurs artificielles*, 27 fabriques de *parapluies et d'éventails*, 37 ateliers de *bourreliers ou selliers*, 34 de *chaises de paille*, 85 de *peinture en bâtiments et de dorure*, 45 d'*horlogerie*, 82 *maîtres tailleurs*, sans compter les *magasins d'habillements*, 226 *maîtres cordonniers*, 12 *brodeurs*, 12 *chaudronniers*, 57 *serruriers et forgerons*, 179 chantiers de *charpentiers*, 34 ateliers de *tourneurs*, 40 de *relieurs*, 102 de *vitriers et ferblantiers*, 31 *maîtres maçons*, 34 *cordiers*, fabricants de *alpargatas* (souliers ou sandales de cordes), et *jalmeros* (faiseurs d'arçons), 7 fabricants de *formes*, 44 boutiques de *perru-*

quiers, 5 fabriques de *cuirs* et *outres*, 40 de *lampes*, de *bronzes* et de *laiton*, 5 de *boissellerie*, 5 de *vannerie*, 16 de *passementerie* et *boutonnerie*, 5 de *tonnellerie*, 2 fabriques de *couleurs fines*, 11 de *pains à cacheter*, de *cire d'Espagne* et de *phosphore*, 26 de *nattes de Valence*, 21 de *nattes de Madrid*.

Cette énumération, dans laquelle sont omis quelques établissements industriels, suffira pour apprécier l'importance de cette place comparée à celle de Paris et même à plusieurs de nos grandes cités françaises.

MOYENS DE LOCOMOTION.—Avant de quitter Madrid, nous recommandons au voyageur de mettre son passeport en règle, et de bonne heure, et de se précautionner contre la lenteur des employés.

C'est de Madrid, situé au cœur de la Péninsule, que toutes les grandes artères de la circulation s'échappent et divergent sur tous les points de l'Espagne. Il est toujours question d'un chemin de fer qui de Madrid irait à Barcelone, et de là en France, en passant par *Alcala, Guadalajara, Saragosse* et *Barcelone,* et de beaucoup d'autres qu'on ne voit que sur le papier. En attendant cette belle conception, les *malles* et les *diligences* continuent toujours de voyager sur les vieux *caminos reales*.

PRINCIPAUX ÉTABLISSEMENTS DE VOITURES PUBLIQUES. — L'administration de la compagnie de *diligencias postas generales* est dans la calle de Alcala, dans la casa *de Torrecilla*, et d'où partent des voitures à heures fixes pour *Valence, Bayonne, Tolosea, Vitoria, Bilbao, Burgos, Santander, Séville, Valladolid, Palencia, Leon, Oviedo, Perpignan, Barcelone, Girona, Lérida, Saragosse, Pampelune, Tudela, Jaen, Grenade, Guadalajara, Aranjuez.*

DILIGENCIA DE FRANCIA, compagnie formée tout nouvellement, qui a établi un service régulier de voitures entre *Madrid* et *Bayonne.*

DILIGENCIAS A SALAMANCA, administration calle del Correo, n° 4, casa de cordero; partent les jeudis et les dimanches à 2 heures du matin, et arrivent les mardis et samedis à 3 heures après midi.

ROUTE 2. — DE PARIS A MADRID.

DILIGENCIAS A TOLEDO, service de deux jours l'un et même lieu que les précédentes.

DILIGENCIAS A ARANJUEZ, partant tous les jours de la même administration.

DILIGENCIAS ESTACIONALES, calle d'Alcala, n° 11. — Ces véhicules desservent pendant la belle saison les châteaux royaux et les bains des environs de Madrid.

POUR CUENCA PAR TARANCON, de deux jours l'un, départ à 7 heures du matin, et arrivée de 2 à 3 heures de l'après-midi.

POUR TOLEDO PAR CEDILLO, départ à 7 heures du matin, arrivée entre 3 et 4 heures après midi.

DILIGENCIAS POUR GUADALAJARA, service journalier, départ de la calle de Alcala, n° 27, à 8 heures et 1/2 du matin, et arrivée à 2 heures après midi.

DILIGENCIAS POUR ALCALA, service journalier, départ de la calle del Barquillo, n° 4, à 2 heures de l'après-midi, et retour à 10 heures 1/2 du matin, calle de Alcala, n° 27.

DILIGENCIAS POUR NAVALCARNERO, sale de la Cava-Baja, n° 1. Départs les mardis, jeudis et samedis, à 2 heures du matin.

DILIGENCIAS POUR LOS CARABANCHELES. Deux départs par jour ; un à 8 heures du matin, et l'autre à une heure après midi, calle de Toledo, proche les portes.

TARTANA POUR LEGANES ; départ tous les jours à 3 heures après midi, de la Cava-Baja, Posada de la Parra.

TARTANA DE VILLAVICIOSA DE ODON ; départ tous les jours de 3 à 5 heures après midi, de la station de la Posada de San-Isidro, Cava-Baja.

TRASPORTES DE LA UNION DE ECHEANDIA Y COMPANIA, service accéléré de Madrid à Vitoria ; partant les jours pairs à 7 heures du matin, et arrivant les jours impairs de 1 à 3 heures après midi. De Vitoria, correspondance pour Logrono, Pampelune, Bilbao, Vergara, Tolosa, San-Sebastian, Irun et Bayonne, calle de la Montera, n° 24.

TRASPORTES MENSAGERIAS ACCELERATAS, pour Baylen, Grenade, Malaga, Cordoue, Séville et Cadix ; prend marchandises et voyageurs. Administration, calle de Alcala, n° 16.

TRASPORTES DE CANALES CORCHAO Y COMPANIA, prend marchandises et passagers pour Bilbao, Burgos, Vitoria, Vergara, Tolosa, San-Sebastian, Irun et Bayonne; départs de la calle de Alcala, n° 22.

MENSAGERIAS DE LOS SENORES FERRERS, pour Cordoue, Ecija, Séville et Cadix, calle de Alcala, au coin de la Angosta de Peligros; quatre départs par semaine.

GALERAS DE JOSÉ BOTELLA, pour Albacete, Hellin, Archena et Murcie; admet voyageurs et marchandises. Bureau, Parador de Ocaña, calle de Tolède.

GALERAS POUR ALICANTE, de Juan Bautista Pastor; admet voyageurs et marchandises; bureaux chez los señores Canal, Corchao et compagnie, calle de Alcala, n° 22.

GALERAS POUR ZAMORA, passant par Médina et Toro; admet voyageurs et marchandises; bureau del Parador de los Huevos, calle de la Concepcion-Géronimo.

GALERAS DE JOSÉ POSAS, pour Aranda, Burgos, Villarcayo, Lanestosa, Valle de Caranza, Santoña, la Cavada et autres lieux situés sur cette route; admet voyageurs et marchandises; départ del Parador de Zaragoza, calle Ancha de Peligros.

GALERAS POUR LA NAVARRE, de Martin, Chivite et Chori, allant à Pampelune, Tafalla et Tudela, et autres villes situées sur le parcours; prend voyageurs et marchandises; bureau, calle de Alcala, n° 22.

GALERAS DE VICENTE VENTURA, pour la Coruña (la Corogne) et autres villes situées sur cette route; reçoit voyageurs et marchandises; départs de la calle de Alcala, posada de la Encomienda.

CARRUAGES DE FRANCISCO RAPOSO, service ordinaire de Caceres, passant par Trujillo et toutes les villes sur la route; admet voyageurs et marchandises; départ del Parador de los Huevos, calle de la Concepcion-Géronimo.

MESSAGERIAS POUR BARCELONE; départ toutes les semaines de la casa de los señores Balada et Sobrinos, calle del Caballero de Gracia, n° 27. Admet voyageurs et marchandises.

CARRUAGES DE EVARISTO CERCEDA, pour Malaga, Grenade, Almeria, et toutes les villes du parcours; bureaux, calle de Toledo, posada de la Torrecilla.

ROUTE 2.—DE PARIS A MADRID.

GALERAS DE UGARTE, service ordinaire pour la Rioja, passant par Aranda, Burgos, Briviesca, casa de la Reina, Santo-Domingo de la Calzada, Haro, Logrono et la Rioja; prend voyageurs et marchandises.

GALERAS DE SAURA Y COMPANIA, pour Carthagène, Lorca, Orihuela, Murcie, Baños de Archena, Albacete, etc.; bureaux rue de Toledo, posada de la Torrecilla.

GALERA DE VICTOR GONZALEZ, ordinaire pour Tarancon et Cuenca; transporte voyageurs et marchandises; bureau, Parador de San-Bruno, calle de Alcala, n° 40.

GALERA-MENSAGERIA DE PADRIZ de Barcelone, et toute cette route jusqu'à Figueras; admet voyageurs et marchandises; bureau, calle San-Miguel.

GALERAS DE LA VIUDA DE SALAS, pour Badajoz et toute la route; admet voyageurs et marchandises; va aussi à Valence; bureau, calle d'Alcala, posada de la Encomienda.

GALERA DE FERNANDO GARCIA FALDRIQUERAS, pour Albacete, Chinchilla, etc., calle de Toledo, Posada de la Torrecilla.

GALERA DE JOSÉ PORTO PANTORRILLAS, pour la Coruña (la Corogne) et villes sur la route; prend voyageurs et marchandises; bureau, calle de Alcala, Posada de la Encomienda.

MATEO RAMIREZ, service ordinaire de Huete; prend voyageurs et marchandises; départ toutes les semaines de la Posada de Monroy, calle de Toledo.

GALERAS DE SALUSTIANO ALARCON, pour Cuenca et villes sur la route; prend voyageurs et marchandises. Bureau, Parador de San-Bruno, calle de Alcala, n° 40.

GALERA DE MANUEL ORNEDO, service ordinaire de Logroño; prend voyageurs et marchandises pour Aranda, Burgos, Briviesca, casa de la Reina, Santo-Domingo, de la Calzada, Haro, Pampelona (Pampelune), et toutes les villes sur cette route. Bureau, Parador de San-Bruno, calle de Alcala, n° 40.

GALERA POUR BADAJOZ, calle del Correo, n° 4, un départ chaque semaine; prend voyageurs et marchandises.

GALERA DE PUERTA, service ordinaire de Burgos; prend voyageurs et marchandises. Bureau, Parador de San-Bruno, calle de Alcala, n° 40.

GALERA DE ANDRE GARCIA, pour la Coruña (la Corogne) et villes sur la route ; prend voyageurs et marchandises. Bureau, Posada de la Encomienda, calle de Alcala.

VINCENTE ALEGRE, service ordinaire de Teruel ; prend voyageurs et marchandises. Bureau, del Meson del Peine, calle de Postas.

GALERA DE PEDRO MOAR, pour la Coruña (la Corogne); prend voyageurs et marchandises, calle de Alcala, Posada de la Encomienda.

GALERA DE MARCELLINO OCLO, service ordinaire de Vitoria, passant par Buitrago, Boceguillas, Aranda, Lerma, Burgos, Briviesca et Vitoria ; prend voyageurs et marchandises. Bureau, Parador de San-Bruno, calle de Alcala, n° 40.

GALERAS DE LEANDRO HERNANDEZ, service ordinaire de Talavera ; départ du Parador de los Huevos, calle de la Concepcion Geronimo.

GALERA DE JOSÉ ARENAS, pour Aranda, Burgos, Villarcayo, la Nestosa, Valle de Carranza, Santoña, Laredo, et toutes les villes sur la route ; part de la Posada de Zaragoza, calle Ancha de Peligros.

DESPACHO DE TRASPORTES, calle de Alcala, n° 4, pour Grenade, Malaga, Jaen, et Almeria ; prend voyageurs et marchandises.

CARRO POUR TORRIJOS et villes intermédiaires, part de la calle del Olmo, n° 4 ; prend voyageurs et marchandises.

A ces moyens de transports il faut ajouter un très-grand nombre d'ORDINARIOS qui viennent de tous les points du royaume vers Madrid ; il n'est presque pas de ville un peu importante qui n'ait son *ordinario*.

Tous ces modes de locomotion, trop lents pour l'homme d'affaires et pour le voyageur pressé par le temps, conviennent au savant, à l'artiste, et au véritable touriste, ordinairement peu difficiles sur le comfort. Celui qu'on rencontre sur les routes espagnoles souvent est bien mince ; mais en revanche les hommes et le pays offrent une mine d'observations piquantes et originales, de scènes pittoresques et saisissantes.

ROUTE 3.

DE MADRID A BURGOS.

Par **Somosierra** et **Aranda**, 41 l. 3/4.

Voyez route 1re, page 16, de *Burgos* à *Madrid*, et lisez en sens inverse.

ROUTE 4.

DE BURGOS A VITORIA.

Par **Briblesca** et **Miranda de Ebro**, 19 l. 1/2.

Voyez route 1re, page 16, de *Vitoria* à *Burgos*, et lisez en sens inverse.

ROUTE 5.

DE BURGOS A BILBAO.

Par **Pancorvo** et **Orduna**, 27 l.

De Burgos à Pancorvo, *voyez* route 1re, page 16, et *lisez en sens inverse*.

De Pancorvo à Burgos.	11 l.
Pancorvo à las Ventas de Encio.	1 1/4
Santa-Gadea.	1 1/8
Puentelarra.	0 5/8
Berguenda.	0 5/8
Espejo.	1 1/8
Venta de Santa-Lucia.	0 1/4
Venta Nueva ou Blanca.	0 1/4
Venta del Monte.	0 1/4
La del Cojo ou Burguillos.	0 1/8
La Venta de la Herradura.	0 1/8
Venta de Carcamo.	0 1/8
Venta del Sastre ou Fresneda.	0 1/8
Osma.	0 1/2
Berberana.	0 1/2

Venta del Hambre.	1	
Tertanga.	0	3/4
Orduña.	0	1/4
Saracho.	0	1/2
Amurrio.	0	3/4
Lurjando.	0	3/4
Venta de l'Espiritu-Santo.	0	1/2
Llodio.	0	5/8
Barrio de Areta.	0	1/2
Venta de los Nogales.	0	1/4
Arrancadiaga.	0	1/4
Miravalles.	0	1/2
Arrigorriaga.	0	3/4
San Miguel de Basauri.	0	1/2
BILBAO.	1	1/8

En quittant Burgos, le voyageur reprend jusqu'à Pancorvo la route qu'il a parcourue en venant de Bayonne à Madrid, par Burgos. (*Voyez* Route 1re.)

A 2 h. de marche de Pancorvo, nous trouvons sur les bords de l'Ebre la petite localité de

PUENTELARRA, dans une riante situation. — *Pop.* 250 hab.—Laissant l'Ebre derrière nous, et suivant une direction N., nous atteignons BERGUENDA, petite ville de la province de Burgos, située sur un sol inégal, arrosé par el rio *Omecillo*, et non loin de l'Ebre.—*Pop.* 500 hab.— Contrée riche en céréales et en bétail.—A 1 h. de Berguenda, on traverse sur deux ponts le rio Monzoncillo, puis la route est sans intérêt jusqu'à

BERBERANA, village situé sur la pente de la montagne qui divise la vallée de Ayala ; on y trouve un vieux château et une nouvelle et grande *posada*.—*Pop.* 200 hab.

En sortant de ce village, on gravit la Sierra de Salvada, au sommet de laquelle se trouve la *Venta* del Hombre, pauvre et dénuée de tout. La route que nous suivons sur la *Peña de Orduña* est bonne et bien percée ; de ce point élevé la vue est magnifique.

La pente que nous descendons peut avoir 3/4 de l. et conduit à *Tertanga*, village où se trouve l'Ermitage de

ROUTE 5. — DE BURGOS A BILBAO.

Nuestra Señora de Orduña la Vieja. Bientôt on est à
ORDUÑA, l'une des dernières villes de la Vieille-Castille; située dans la belle plaine de son nom, près de la Nervion ou Nervia, rivière qui de là coule vers Bilbao, pour se perdre dans la mer. Cette cité, qui fut longtemps l'unique ville des provinces basques, conserve encore ses anciennes murailles avec leurs tours, une jolie *plaza* entourée d'arcades et de boutiques; une belle fontaine élevée en 1745; deux églises paroissiales, plusieurs ermitages et couvents, mais sans intérêt. Pendant les guerres civiles, Orduña fut le théâtre de combats sanglants, en 1835 et 1836. Le 24 mai 1839, le général Espartero y entra en vainqueur, et fut créé duc de la Victoire. La plaine est fertile en fruits, légumes, grains; la pêche de la truite y est abondante. L'ancien *Orduña* était situé bien plus près de cette célèbre chaîne appelée la *Peña de Orduña*, et dont les pics, presque toujours couverts de neige, servaient de barrière aux réfugiés ibériens,—*Pop.* 3,400 hab.

Notre route suit alors la jolie et poissonneuse rivière la Nervion, à travers une contrée charmante bien cultivée; ses nombreux villages annoncent l'industrie, le bien-être et la prospérité champêtre, et contrastent heureusement avec les habitations misérables et désolées des contrées centrales des deux Castilles.

Cette jolie vallée eut beaucoup à souffrir pendant la guerre civile en 1839. *Bario de Arela*, que les carlistes avaient fortifié, fut enlevé d'assaut par Espartero. De là, 3 heures de marche nous conduisent à

BILBAO (*bello vao*) « la *belle baie* ou *golfe* » (*Paradors*: le meilleur est celui de San-Nicolas), capitale de la province de Biscaye et résidence des autorités civiles et militaires; elle est située sur la Nervion, qui sépare la nouvelle de la vieille ville, et va se jeter dans la mer à *Portugaletta*, petite localité à 2 lieues N. de Bilbao. La gorge est entourée de montagnes à l'aspect pittoresque, mais qui rendent le climat humide et malsain. Bilbao est purement commerçante, et n'offre rien d'intéressant sous le rapport de l'architecture ou des arts; on y compte quatre églises paroissiales, très anciennes, et plusieurs couvents qui ont souffert dans les derniers siéges qu'elle a soutenus; les principales rues sont droites, bien bâties, très-propres et très-tranquilles, car aucunes charrettes ni voitures n'y circulent; on transporte les marchandises sur des camions à roulettes. Les maisons sont hautes et solides; les toits, s'avançant sur la rue, forment des auvents qui vous abritent du soleil et de la pluie. Bilbao est abondamment fourni de poisson, viande, volaille, légumes et fruits. —Visitez le *café Suizo*, lieu très-fréquenté, où les Biscayens vont prendre des glaces, jouer aux dominos et à la *Mus*, jeu de cartes.—Le *Campo-Santo*, ou nouveau cimetière, est beau; l'*Arenal* est la promenade publique favorite. Le *nouveau pont suspendu*, en fil de fer, est un bel ouvrage, mais l'ancien pont en pierre, qui se trouve aussi sur la Nervion, est plus intéressant sous le rapport de l'architecture; l'*hôpital*, commencé en 1818, encore inachevé, est un assez bel édifice; la *douane* et le *théâtre* sont peu intéressants sous le rapport de l'art; n'oubliez pas de visiter la *Punta de Banderas*, d'où les marchands signalent les navires qui entrent dans le port; c'est un lieu fort agréable et fort animé, orné de jardins, et dominé, d'un côté par de pittoresques montagnes, de l'autre, borné par l'Océan.

Bilbao possède plusieurs fabriques assez importantes : celle de faïence de la *Casa de Misericordia*, très-renommée pour la perfection de ses produits; les forges et constructions de machines de *Santa-Ana de Vulueta*, près du nouveau pont; la nouvelle manufacture de cristaux; celle d'ouvrages en fer, des tanneries, des fabriques de papiers, de fer coulé, de savon, de tabac, etc.—Les environs, très-pittoresques, sont fertiles en blé, maïs, châtaignes, noix, *vin chacoli*, fruits et légumes.—Cette ville fut fondée en 1300 par don Diégo Lopez de Haro, seigneur de Biscaye; elle souffrit beaucoup en 1813, pendant la guerre de l'Empire, et dans les guerres civiles de 1835, 1836 et 1837, où elle soutint plusieurs siéges contre Espartero et autres généraux de la reine.—*Pop.* 15,000 hab.

MOYENS DE LOCOMOTION.—Tous les jours, il part un courrier pour *Madrid* et la France.—*Diligencias* pour Bayonne, par Vergara, pour Tolosa, Vitoria, Burgos,

Valladolid et Madrid; — *mensagerias aceleradas*, *galeras* et *corros*, pour Madrid, Bayonne et autres villes sur la route; des bateaux à vapeur et d'autres bâtiments font le service de la côte.—Il est aussi question d'un *chemin de fer* entre Bilbao et Madrid, s'embranchant à Burgos.

ROUTE 6.

DE BURGOS A LOGROÑO.

Par Pancorvo et Haro, 22 l.

Burgos à Pancorvo (*voyez route* 1re, page 16)..	11	l.
Venta de Altable.	0	3/4
Angunciana.	3	
Haro.	0	1/2
Gimileo.	0	1/2
Briones.	0	1/2
Montalvo.	2	
Cenicero	0	1/2
Fuenmayor	1	1/2
LOGROÑO.	1	3/4

Cette route, bien que la plus fréquentée, n'est pas la route directe; celle-ci passe par *Santo-Domingo de Calsada*, et elle est de 2 l. plus courte, mais moins bonne et moins agréable.

De Burgos les diligences de Vitoria conduisent à *Pancorvo*; non loin de cette localité, la route se divise en deux branches: celle de Vitoria continue sa direction N.-E., et celle que nous suivons tourne brusquement vers la droite jusqu'à

VENTA DE ALTABLE, d'où un courrier, des *diligencias* et *carros* conduisent à

ANGUNCIANA, petite localité de 400 hab., située sur les bords du rio *Tiron*, à son confluent avec la Glera;—1/2 h. de marche conduit à

HARO, ville située dans une plaine, au milieu d'une chaîne de montagnes qu'arrose l'Ebre ; elle est le chef-lieu du *partido* judiciaire de son nom, province de Logroño et évêché de Calahorra, pays riant et fertile en fruits excellents, vins, légumes et grains.—INDUSTRIE : Faïence, chapeaux, tanneries, eaux-de-vie et liqueurs.—*Pop.* 7,500 hab.

BRIONES, petite ville située sur la rive droite de l'Ebre, entourée de bonnes murailles, et dominée par un vieux château ; son climat est humide, mais le sol est fertile en vins, grains et quelques fruits.—*Pop.* 3,300 hab.

MONTALVO, petite localité insignifiante, mais dans une jolie situation sur la rive droite de l'Ebre. Une 1/2 h. de marche nous conduit à

CENICERO, petite ville de 2,400 hab., faisant partie de la province et du partido judiciaire de Logroño, et célèbre par sa défense contre les carlistes. Elle possède un bon hôpital, de belles rues et des maisons bien bâties. On y voit une assez jolie fontaine. — Son territoire produit des grains, du vin, des olives et nourrit de nombreux troupeaux. — La route côtoye le fleuve à travers un beau pays, et nous conduit à

FUENMAYOR, petite ville de 2,300 hab., à 1/3 de l. de l'Ebre, même *partido*, même province et même évêché que Cenicero. Sa position est très-heureuse ; le sol est fertile en vin, olives et fruits. — Voyez son *église paroissiale*, édifice bien construit, avec trois nefs et un beau retable. Ermitage dédié à Santo-Cristo. — De Fuenmayor, 1 h. 1/2 de marche toujours dans la vallée de l'Ebre nous conduit à

LOGROÑO (*Juliobriga*), où l'on trouve une bonne *posada*, celle des Diligences. — Cette ville est située sur la rive droite de l'Ebre, dans une riche plaine entourée de montagnes, sur les confins de la Navarre, de l'Alava et de la Vieille-Castille. Capitale de la province et du *partido* de son nom, et résidence des autorités civiles et militaires. *Théâtre, maison de bienfaisance, hôpital d'enfants-*

ROUTE 6.—DE BURGOS A LOGROÑO.

trouvés, institut d'enseignement secondaire, séminaire, lycée artistique et littéraire, société économique des Amis de la Paix.

Cette ville, qui n'a que 10,000 hab., était jadis d'une grande importance; elle est entourée de murailles et de fossés, qu'on peut remplir d'eau à volonté.—Visiter son *vieux château*, belle ruine; la *plaza del Cozo*; les jolies promenades et principalement celle dite *Alameda de los Muros*; la *rue Centrale*, ornée de portiques : les autres rues ne sont que des ruelles tortueuses et sales; l'*église Colegiata*, dédiée à *Santa-Maria la Redonda* : les deux flèches de l'O. sont trop surchargées. Le nouveau *Trascoro* renferme quelques fresques médiocres de Joseph Vexes, mort en 1782, qui a peint la *Passion de Jésus-Christ* pour le cloître de l'église paroissiale del *Palacio imperial*. Visitez aussi le couvent des *Carmelitas Descalzas*, célèbre dans les annales monastiques; examinez surtout le fameux *pont* sur l'Èbre, long de 716 pieds, érigé par l'ermite San-Juan de Ortega, en 1138, d'après Murray, et, selon l'auteur du *Guia del Viagero en España*, en 1770.

Logroño souffrit beaucoup dans la guerre de la Péninsule en 1808. En 1838, Espartero y établit son quartier-général. Villalonga y fit fusiller, en 1845, le redoutable Zurbano, général christino.

VOITURES PUBLIQUES. De Logroño partent plusieurs routes qui sillonnent en tous sens cette partie de l'Espagne. La plupart sont en médiocre état; mais on est sûr d'y trouver des voitures pour tous les lieux où l'on veut aller. Des *courriers* partent trois fois par semaine pour les divers points du royaume; une *diligencia* pour Burgos, deux fois la semaine, sans compter les *ordinaires* et *carros* pour Calahorra, Alfaro et autres lieux de la province.

De Logroño, une route de cheval et à charrette conduit à *Soria*, 17 l.; — à *Miranda de Ebro*, par *Haro*, 10 l.; — à *Vitoria*, par *Peñacerrada*, 10 l.; — la route pour *Pampelune*, par *Estella*, 14 l. 1/2, est carrossable.

La nouvelle route qui, de *Madrid*, doit conduire en France par *Pampelune*, passera par *Logroño*.

ROUTE 7.
DE BURGOS A LOGROÑO.
Par **Santo-Domingo de Calzada**, 20 l.

Zalduendo.	3 l.
Villafranca	3
Belorado	2
Villaypun	2
Santo-Domingo de Calzada.	2
Najera.	3
Navarrete	3
LOGROÑO	2

Cette route, bien que la plus directe, n'est pas celle que suivent aujourd'hui les diligences. En quittant Burgos, celle-ci se dirige vers l'E., franchit les montagnes d'*Oca*, pénètre dans la vallée de Atapuerca, où, près de ZALDUENDO, se donna en 1053 la bataille entre Ferdinand Ier de Castille et son frère Garcia de Navarre, qui fut tué et enterré à *Najera*.

La riche et riante vallée que nous traversons alors s'appelle *La Rioja*, du nom de sa rivière *el rio Oja*. Ce pittoresque district, long de 24 l. sur 10 de large, est coupé par la chaîne de montagnes qui sépare le bassin de l'Ebre de celui du Douro ; mais rien, excepté sa fertilité, n'intéresse ici le voyageur jusqu'à

SANTO-DOMINGO DE LA CALZADA, ville située sur l'*Oca*, avec une population de 5,000 hab. et un évêché. La *cathédrale*, édifice simple, massif et de style gothique, fut commencée en 1180, par Alonzo VIII, et terminée en 1235 ; elle souffrit beaucoup d'un incendie en 1825. Le *coro*, le maître-autel et la chapelle patronale sont dans le style de Berruguete. Cette église, comme beaucoup d'autres en Espagne, possède une légende fort curieuse. Voyez les ouvrages de *Luis de Vega*, in-4°, Burgos, 1606, et *Andrea de Salazar*, in-4°, Pampelune, 1624, ainsi que l'*Historia*, par Gonzalez de Tejada, in-fol., 1702.

Il faut 2 h. 1/2 de marche pour atteindre

NAJERA, ville de 3,000 âmes, jadis cité importante de la Navarre et où fut couronné saint Ferdinand.—Visitez le couvent de bénédictins de *Santa-Maria* : trente-cinq membres des familles royales de Castille et de Navarre y reposent; le beau *coro* gothique fut sculpté par el maëstro Andres et Nicolas en 1495, et le cloître fut orné de statues par A. Gallego en 1542-46. Quand nous visitâmes ce couvent, il possédait un superbe portrait de Ruiz-Perez de Ribera, par Pantoja, de 1596. Examinez les *retables* de Juan Vascardo et Pedro Margoledo, de 1631, ainsi qu'une ancienne toile de maëstro Luiz, de 1442. Ce fut entre *Najara* et *Navarrete* que le prince Noir replaça sur son trône le cruel don Pedro. Tout ce pays eut beaucoup à souffrir dans la guerre de la Succession et dans celle de la Péninsule.— 2 h. 1/2 de marche nous conduisent à

NAVARRETE, petite localité sans importance, mais célèbre par les nombreux combats dont ses environs furent le théâtre à diverses époques.

LOGROÑO. (V. route 6.)

ROUTE 8.

DE BURGOS A SANTANDER (1re ROUTE).

Par **Penas-Pardas** et **Ontaneda**, 29 l.

Villatoro.	0 l.	1/2
Vivar del Cid.	1	1/4
Soto Palacios.	0	1/4
Venta de Quintana Ortuño.	0	1/4
Quintana.	0	1/4
Ubierna.	0	3/4
Mata.	1	1/4
Quintanilla sobre Sierra	0	3/4
Portazgo de Massa	1	
Tobilla de Agua.	2	
Cobanera	0	3/4

San-Felices	0	1/2
Quintanilla Escalada	0	3/4
Escalada	0	3/4
Parador de Urbaneja	1	
Turzo	0	3/4
Campino	1	
Parador de Barrio	0	3/4
Villanueva de las Ollas	0	1/2
Bezana	0	1/2
Cillaruelo	0	1/2
Cabanas de Virtus	0	1/2
Venta del Escudo	0	3/4
La del Cirujano	0	1/4
Los Perales	1	
San Andres de Luena	0	3/4
Entrambasmestras	1	3/4
Alceda	0	3/4
Ontaneda	0	1/4
San-Vicente	0	1/4
Villegar, prases y cillero	1	1/4
Corvera	0	3/4
Es	0	1/4
Viesgo	0	1/4
Vargas	0	3/4
Carandia	0	1/4
Renedo	0	1/4
Camargo	1	
Peña Castillo	1	
SANTANDER	1	

De Burgos à Santander il y a deux routes ; nous prenons la plus nouvelle, située à droite; c'est aussi la meilleure, la plus courte, et elle est desservie par des diligences. Les principales localités qu'elle traverse sont :

VILLATORO, village insignifiant. — A 1 heure de marche est VIVAR DEL CID, petite localité, la patrie présumée du Cid, Rui Diaz. Un petit quart d'heure de marche, et nous sommes à QUINTANA ORTUÑO, village de 300 hab.,

ROUTE 8.—DE BURGOS A SANTANDER.

avec *ayuntamiento*, situé dans une plaine fertile en grains, province, *partido* judiciaire et évêché de Burgos.

A la sortie de cette localité, on traverse el rio *Ubierna*, sur un pont de pierre calcaire d'une seule arche, puis

UBIERNA avec son faubourg de *San-Martin*, située au pied de montagnes dépendant de la sierra Atapuerca et des sierras Llamadas, Ciudad, la Pedrosa, et el Cano.— Pop. 400 hab.—A 1 heure de marche est

META, village insignifiant. — Tout ce pays est riant et fertile; nous passons par *Quintanilla sobre sierra*, avec 400 hab.—Bientôt on passe el rio *Ubierna* sur deux ponts de pierre. Rien d'intéressant ensuite jusqu'à

COBANERA avec un très-beau pont de pierre calcaire à grain fin, et d'une seule arche elliptique de 50 pieds. Bon *parador* à *San-Felices*.—Après on arrive à *Quintanilla de la Escalade*, où l'on passe l'Ebre sur un pont suspendu de 336 pieds de long : deux bons *paradors*.

ESCALADA, est une petite localité très-pittoresque entre deux montagnes dont l'Ebre arrose la base.—Pop. 200 hab. La route continue toujours dans une contrée fertile et riche en jolies scènes, jusqu'à

ENTRAMBASMESTRAS ou MESTAS, village de 700 hab., dans une riante position. ALCEDA, village de 440 hab. Bonne source d'eau minérale.—A un quart d'heure de marche se trouve

ONTANEDA, ville située au centre de la pittoresque vallée de Toranzo, qu'arrose el rio *Pas*, et célèbre par ses *bains d'eau minérale*, avec une magnifique hospederia où rien ne manque aux malades et aux voyageurs.

En suivant le rio Pas qui arrose ce riant et fertile pays, nous traversons les insignifiants villages de *Corvera*, avec 200 hab.—*Vargas*, 400 hab., beau pont suspendu sur le rio Pasego.—*Camargo*, avec 500 hab.—*Peña Castillo*, situé dans un sol humide, climat peu sain.—Pop. 450 hab. —Une heure de marche sans intérêt nous conduit à

SANTANDER (*Portus Blendium*). (*Hôtels:* les meilleurs

sont : la *Fonda de Bogio*, *de Cristou* et *el parador de moral*, *Calle de Becedo*; le meilleur café est celui *el Suizo*.) Cette ville est dans une position très-pittoresque à l'extrémité d'une presqu'île de 40 milles de circonférence ; et une colline l'abrite des vents de la mer ; son port pourvu d'un phare est d'un accès facile, et d'un bon ancrage. Capitale de la province, du partido et de l'évêché de son nom, suffragant de Burgos, elle est la résidence de toutes les autorités civiles et militaires de la province.—*Pop.* 16,000 hab. Elle possède un *institut cantabrique* où l'on enseigne le latin, la philosophie, la littérature, les mathématiques, la musique, le français, l'anglais, le dessin, le commerce, etc. C'est un des meilleurs établissements de ce genre en Espagne ; on y trouve aussi un *circulo de recreo*, un *liceo*, un *théâtre* et deux belles *casas de baños*. Voyez le beau quai avec ses maisons neuves, occupées par les principaux marchands, et dont l'aspect est plus français qu'espagnol ; les magasins abondent en articles de Paris et en pauvres images de sainteté : l'activité qui règne sur ce quai contraste beaucoup avec l'autre portion de la ville habitée par de pauvres pêcheurs, surtout le quartier San-Pedro. Ici, comme à Bilbao, ce sont des femmes qui font l'ouvrage des portefaix dans les rues. Visitez les riantes et fraîches promenades sur la colline, une belle vue sur la *Ria*, le *Muelle de los Naos*, couvert d'une forêt de navires, et sur le *Castillo de San-Felipe* : les *Alamedas de Becedo* et de los *Barcos* sont les plus à la mode.

A *Santander* on vit à très-bon marché ; toutes les provisions de bouche y sont abondantes et de qualité supérieure. Le poisson de mer et de rivière y est excellent. La verte et fertile vallée de la Pas fournit de bon beurre, qu'apportent dans des paniers les *pasiegas*, comme les suisses des districts alpins. Le vin du pays n'est qu'un pauvre *chacoli*, et l'eau n'est pas meilleure ; mais à 3/4 de lieue se trouve une source d'eau minérale, la *salud*, très-fréquentée de juin en octobre, pour son efficacité contre les affections viscérales.

Ce fut de Santander, qu'en 1248 partit la flotte de saint Ferdinand pour aller bloquer Séville ; son port jouissait alors d'une haute réputation, mais bientôt après son importance maritime diminua et il ne fut plus qu'un simple port de pêcheurs; mais après qu'il eut reçu le titre de *puerto habilitado*, ou port trafiquant avec l'Amérique du sud, il reprit sa première importance et l'a conservée jusqu'aujourd'hui. Commerce considérable avec l'île de Cuba, qu'il alimente de blé provenant des deux Castilles en échange des denrées coloniales qu'il expédie dans l'intérieur, surtout à Madrid, ce qui fait dire que Santander est le *puerto* de cette capitale; mais il le deviendra d'une manière plus réelle quand le canal de Castille et le chemin de fer *Reinosa* seront terminés. Le 16 juillet 1522, Charles-Quint y débarqua pour prendre possession de l'Espagne. Santander fut prise d'assaut en 1808 par le maréchal Soult.

MOYENS DE LOCOMOTION. *Diligencias* et *galeras* pour Burgos, Palencia et Valladolid, correspondant avec celles de Madrid; galeras pour toutes les villes situées sur les mêmes routes. Des *vapeurs* desservent tous les ports de la côte.

ROUTE 9.

DE BURGOS A SANTANDER (2ᵉ ROUTE).

Par **Reinosa** et **Molledo**, 30 l.

De Burgos à Quintaña Dueñas....	1 l.	
Huermeces	3	
Urbel del Castillo.	2	1/2
Basconcillos.	3	
Llanillo.	1	1/2
Canduela	2	1/2
Luenvellida.	2	1/2
Reinosa.	1	1/2
Barcena pie de Concha	3	
Melledo.	1	
Cartes.	3	1/2
Arce	2	
SANTANDER	3	

Cette seconde route se trouve à gauche de celle que nous

venons de suivre; elle offre les plus belles pêcheries de saumons et de truites de toute l'Espagne.

En quittant Burgos, la route pénètre dans la vallée formée par l'Urbel; sur la droite on voit *Vivar*, où naquit le Cid, et à gauche les montagnes de Villadiego; ensuite nous montons pour atteindre

URBEL DEL CASTILLO, ville, jadis le siége de l'évêché de Burgos, et maintenant bien déchue; elle est située sur la Pinza, peuplée d'excellentes truites.—De là, franchissant la chaîne de montagnes qui divise le bassin de l'Ebre de celui de la Pizuerga, nous atteignons *Canduela* et ensuite *Reinosa*. Les montagnes qui nous entourent sont très-élevées et souvent couvertes de neiges; c'est le noyau d'où divergent las *Montadas de Santander* et celles de Burgos, dont les sommets sont couronnés de chênes magnifiques et de châtaigniers, dont on ne tire presque aucun parti. Le botaniste et l'amateur de pêche visiteront les environs de *Liebana*; nous leur conseillerons de prendre pour point central

POTES, petite localité située au centre de quatre vallées charmantes, resemblant à celles de la Suisse, ce sont : le *Val de Prado, Cereceda*, *Val de Baro* et *Cillorigo*. Bonne pêche dans les rivières Deva, Nanza et Sal. *Potes* fut une des premières villes qui reçurent le maréchal Soult.

Cette pittoresque excursion terminée, on reprend la route pour

REINOSA, ville de 1,500 hab., chef-lieu du partido de son nom, et dans la province de Palencia; elle est située sur l'Ebre, dans une plaine unie entourée de las *Montañas de Burgos*; il y a quelques passages très-élevés dans ces hautes régions, surtout vers le N.-O.; le *Portillo de Bedore* est à près de 3,800 pieds au-dessus du niveau de la mer, et celui de *Lunada*, à 3,400 pieds.

Reinosa est une ville agréable; l'Èbre qui la baigne prend sa source dans les *Fuentes de Ebro*, au milieu de rochers sauvages; ensuite il traverse la *Rioja*, puis l'Aragon, et après s'être grossi de nombreux ruisseaux, se jette dans la Méditerranée.

Reinosa est une place active de commerce, fréquentée par de nombreux voituriers qui transportent par le *Puerto* les blés et les vins des plaines, et rapportent, des côtes de la mer, du fer, du poisson et autres denrées : on y trouve une assez jolie rue, un bon pont et une école de latinité. Dans quelque temps, le canal de Castille et le chemin de fer de Santander lui donneront une grande importance.

Les foires qui ont lieu à Reinosa le 25 juillet et le 21 septembre sont curieuses par l'aspect pittoresque des costumes que portent les paysans et les *pasiegas* qui y viennent en foule.—L'amateur trouvera de bonnes chasses dans les montagnes des environs, principalement dans les *Montes* et *Breñas*, près du Val d'Arroyo et du couvent de Dominicains de *Monte Claros*.

En quittant Reinosa, la route franchit la montagne *el Puerto*, puis redescend dans la plaine en suivant la poissonneuse rivière la *Besaya*. Cette haute chaîne, d'environ 12 lieues d'étendue, est une des plus froides de l'Espagne : son sol est intéressant à étudier pour le géologue et l'ingénieur.

Rien d'intéressant sur la route jusqu'à *Somaoz*, village situé dans la vallée de *Buelna*, à moitié chemin de Reinosa et de Santander, contrée alpestre dont l'aspect rappelle la Suisse. Là, on traverse *La Pas*, et par le salubre pays des *Pasiegas*, on arrive à

SANTANDER (*V.* route 8).

ROUTE 10.

DE MADRID A VITORIA.

Par **Burgos** et **Miranda de Ebro**, 61 l. 1/4.

(*Voyez* route 1re, page 17, et lisez en sens inverse.)

ROUTE 11.

DE VITORIA A VERGARA.

Par **Arechavaleta** et **Mondragon**, 8 l.

(*Voyez* route 1re. page 16, et lisez en sens inverse.)

ROUTE 12.

DE VITORIA A BILBAO.

Par **Ochandiano** et **Duarango**, 11 l. 3/4.

Gamarra Mayor............	0	3/4
Minano...................	0	3/4
Luco.....................	0	1/4
Urbina...................	0	1/4
Villareal de Alava........	0	1/4
Ochandiano...............	1	
Urquiola.................	1	
Manaria..................	1	
Izurza...................	1	
Durango..................	0	1/2
Zornoza..................	2	
Hermita de Herleche......	0	3/4
Urgoiti..................	0	1/2
Galdacano................	0	1/4
Al Ajo de Ariz...........	0	1/2
BILBAO...................	1	

Cette route est bien construite, bien entretenue et bien servie par les diligences. La contrée qu'elle parcourt offre des sites riants et très-variés, peuplés de jolis villages. Nous passons d'abord par

GAMARRA MAYOR, dans la province d'Alava, avec 200 hab.; ensuite on traverse *el rio Zadorra*, sur un pont de huit arches. Après avoir passé *Minano*, on arrive à LUCO ou LUCIO, village de 200 hab. situé entre deux collines. Le sol produit toute espèce de grains.—A un quart d'heure de marche se trouve URBINA, petite localité de l'Alava avec 200 hab., une église paroissiale et un ermitage dédié à *santa Lucia*.

VILLAREAL DE ALAVA, localité de 700 hab. située dans les montagnes sauvages de *Albertia*—A une portée de fusil de la ville, se trouvent quatre ermitages, savoir : *San-Roque, Santa-Marina*, avec une source d'eau sulfureuse ; *Santa-Maria Magdalena* et *San-Jorge*.

En 1839, aux environs de Villareal, Espartero et Maroto se livrèrent plusieurs combats sanglants.

A 2 lieues, sur la droite de Villareal, se trouve le village de *Aramayona*, avec les bains de *Santa-Agueda*.— Une heure de marche conduit à

OCHANDIANO, petite ville de 1,700 hab. située sur la limite S. du Vizcaya ; elle possède un *hôpital* fondé en 1770, un hôtel-de-ville, deux rues, une centaine de maisons très-anciennes, et une source d'eau minérale.

La route suit toujours une direction N. dans une contrée charmante jusqu'à

URQUIOLA, sanctuaire célèbre, sous l'invocation de *San-Antonio-de-Urquiola*. C'est un pèlerinage très-renommé où l'on accourt de tous les points des provinces Basques. En visitant ce saint lieu le 13 juin, le voyageur jouira de la vue des divers costumes nationaux.

MANARIA, localité de 600 hab. ; carrière de marbre aux environs ; les colonnes de la chapelle *del real palacio de Madrid* en proviennent.—Une heure après, on traverse *Izurza*, village de 300 hab., et ensuite on entre à

DURANGO, ville de 3,100 hab., située sur la rive gauche de la rivière de son nom, qu'on traverse sur trois ponts de pierre ; son aspect est celui d'une ville suisse ; elle possède une vieille muraille avec cinq portes, quatre rues presque rectangulaires et d'assez jolies *Alamedas*; elle fait partie de la province de Biscaye et de l'évêché de Calahorra; c'est le chef-lieu du partido de son nom. On y compte quatre églises paroissiales, dont deux *extra-muros*, une *casa de Misericordia*, un hôpital et deux couvents. Dans l'église de *Santa-Ana*, remarquez le maître-autel, élevé en 1774, par Ventura Rodriguez.

En approchant de *Bilbao*, on trouve *Arrigorriga*, où Espartero et Evans furent battus par les carlistes, le 11 septembre 1835. Le *Puente Nuevo*, qui se trouve près du champ de bataille, mérite d'être visité.

BILBAO (*V*, route 5).

ROUTE 13.

DE VITORIA A SANTANDER.

Par **Miranda de Ebro** et **Villarcayo**, 32 l.

Miranda de Ebro (v. route 1re).	5 l.	1/2
Ameyugo.	2	1/2
Valderama.	4	
Frias.	1	1/2
Trespaderne.	2	
Monco.	2	1/2
Villarcayo.	2	
Espinosa.	3	
Salcedillo.	1	
San-Roque.	2	1/2
Lierganes.	2	
SANTANDER.	3	

De Vitoria nous suivons la route royale de Bayonne à Madrid jusqu'à

AMEYUGO (*V*, route 1re). Ici une branche de la route incline vers la droite et nous conduit à *Valderama*, et une heure après nous sommes à

FRIAS, ville ancienne et délabrée, située sur l'Ebre, qu'on traverse sur un pont attribué aux Romains. C'est du château en ruines de cette ville que la famille du grand Velasco tire son titre ducal.

La route suit toujours une direction N.-O. à travers une belle contrée, jusqu'à *Villarcayo* (v. route 29); ici la route se divise en trois branches : celle du S. conduit à Burgos, celle de l'O. à Reinosa, et celle que nous suivons incline vers le N.—A 1 l. E. de Villarcayo se trouve la vieille ville castillane de

MEDINA DE POMAR, dans une riante situation, sur les deux jolis cours d'eau, la Trueba et la Nela, où l'on pêche d'excellentes truites. Cette ville possède plusieurs ponts bien construits, une jolie fontaine sur la *plaza*, et quelques grands tombeaux de la famille Velasco, dans l'église de *Santa-Clara* : voyez celui d'un duc de Frias, couvert de son armure, ayant sa femme près de lui, avec des animaux à leurs pieds. Pop. 1,200 hab.

De Villarcayo, deux routes conduisent à Santander, l'une par *Soncillo*, 3 l. 1/2 O., et de là, remontant vers le N., par le *Camino real de la Rioja*, 12 l.; l'autre que nous suivons est plus courte, mais moins fréquentée par les voitures.—Le pays qu'on parcourt est toujours riant jusqu'à

ESPINOSA, petite localité située dans une charmante vallée, baignée par la Trueba et la Nela, non loin de leur embouchure dans l'Ebre. Espinosa, comme beaucoup d'autres lieux de ces provinces, souffrit beaucoup dans la guerre de la Péninsule : le 10 et le 11 novembre 1808, le maréchal Victor mit en déroute les corps d'armée des généraux Blake, Mahy et Mendizabal.

Un peu avant *Salcedillo*, nous entrons dans la Biscaye.

La route continue vers le N., franchit la chaîne des monts Cantabres, puis descend vers de jolies plaines et conduit le voyageur dans une riante vallée à

LIERGANES, petite localité située sur la poissonneuse Miera, renommée pour l'activité et l'habileté de ses forgerons et de ses couteliers. C'est la patrie du fameux Francisco de Vega Caz. Cet Espagnol, *hombre pez*, homme-poisson, comme l'appellent ses compatriotes, commença sa pérégrination nautique en 1674, âgé de quatorze ans seulement, et fut pris dans des filets de pêcheurs, proche Cadix, en 1679. Amené à bord du bateau et dégagé des filets, le señor Caz s'écria : *Pan, vino, tabaco*, du pain, du vin, du tabac; mais bientôt ce montagnard amphibie, tel qu'un poisson hors de l'eau, devint malade, et un beau jour disparut de nouveau pour retourner vivre avec les poissons ses amis.

Nous pénétrons maintenant dans une contrée métallifère, dont les meilleures mines sont celles de : *Pamanes*, *Vizmaya*, *Montecillo*; celle de *Somorrostro*, la plus importante de toutes, est à 12 lieues de là. Les forêts de chênes et de hêtres donnent un mauvais combustible pour les fourneaux; cependant le port de Gijon pourrait fournir une certaine quantité de charbon. Charles III avait établi une fonderie de canons à la *Cavada*, sur la *Miera*.

SANTANDER (*V.* route 8).

ROUTE 14.

DE VITORIA A PAMPELUNE.

Par **Salvatierra** et **Erice**, 15 1.

Elorriga.	0 l.	1/4
Ilaraza.	0	1/4
Matamo.	0	1/2
Salvatierra.	3	
Alsazua.	3	1/2
Echarriaránaz.	3	
Erice.	2	1/2
PAMPELUNE (Pamplona).	2	

Le riche bassin que nous allons parcourir est situé entre les *Sierras* de *San-Adrian* et de *San-Andia*, et présente une scène fraîche, animée et d'une belle culture.

Nous traversons successivement les insignifiants villages de *Elorraga*, avec 200 hab., *Ilarraza*, 200 hab., et *Matamo*, 200 hab. Ensuite se présente

GUEVARA, petite ville située sur la Zadorra, et qui était une des places fortes des carlistes ; le château, sur la colline, devait être une imitation du château Saint-Ange, à Rome. Dans la ville visitez la *Casa Solar* ou *Casa Fuerte* des ladrones de Guevara, maison illustre.—Notre route suit toujours la vallée de la poissonneuse Zadora jusqu'à

SALVATIERRA, petite ville de 1,600 hab., chef-lieu de l'*hermandad* et du *partido* judiciaire de son nom, province d'Alava, évêché de Calahorra ; elle est située proche la Zadorra, sur le penchant des montagnes qui dominent une belle plaine richement cultivée ; ses anciennes murailles sont encore bonnes ; les portes furent réparées par Charles-Quint ; elle renferme deux églises paroissiales et un couvent de moines. Ses rues sont larges et bien pavées, ses maisons bien bâties ; on y compte cinq fontaines publiques donnant abondamment de bonne eau. On trouve huit ermitages aux environs.

Au sortir de Salvatierra, nous pénétrons dans la vallée de *Burunda*, où nous trouvons

ALSAZUA, petite ville de la province de Navarre, *partido* de Pamplona (Pampelune), située sur les bords du rio *Burunda* : elle possède une douane, une administration des tabacs et 1,100 hab. Hors de la ville se trouve un sanctuaire très-ancien et très-vénéré, sous l'invocation *del Santo-Cristo*.

La vallée de Burunda, que nous continuons de parcourir, fut longtemps le théâtre d'une guerre acharnée entre les Carlistes et les Christinos.

ECHARRIARANAZ, village situé près de l'Arbuza, dans une plaine qui produit du blé, du maïs, du vin ; il a 2 foires renommées, le 24 juin et le 29 septembre. *Pop.*, 900 hab.

Un peu plus loin on traverse le petit village de *Erice*, situé dans la partie N. de la vallée. *Pop.*, 200 hab.

Nous parcourons un pays charmant et couvert de fermes d'un aspect tout-à-fait champêtre jusqu'à

PAMPELUNE (*V.* route 31).

ROUTE 15.

DE VITORIA A LOGROÑO,

Par **Peñacerrada** et **Laguardia**, 11 l.

Uzquiano............	2 l.
Peñacerrada..........	2 1/2
Laguardia...........	3 1/2
LOGROÑO...........	3

A la sortie de Vitoria, la route se dirige au S. jusqu'à

UZQUIANO, petite localité de 200 hab., et province d'Alava; la plaine est riche en grains jusqu'à

PEÑACERRADA, petite ville de 400 hab., de la province d'Alava, située sur la pente d'une chaîne de montagnes qui sépare cette province de la Rioja. Elle renferme une *église paroissiale*, une des plus belles de la province; remarquez ses retables, ses ornements, son trésor et ses diverses reliques. On y trouve de plus quatre ermitages. L'agriculture et l'industrie de cette localité ont une certaine importance : on y récolte blé, orge, légumes et prairies; transports et échanges assez actifs. On trouve dans le voisinage une source abondante d'eau excellente, ainsi qu'une source d'eau minérale très-importante. Les montagnes produisent une grande variété de plantes médicinales et beaucoup de minéraux.

Cette ville fut, dit-on, fondée par don *Garcia Iniguez*, second roi de Navarre, en 765, sur l'emplacement du château et de l'église de *Nuestra señora de Urizarra*. Plusieurs combats eurent lieu dans les environs pendant les années 1833 et 1838 entre les Christinos et les Carlistes. —Notre route incline un peu vers l'E. jusqu'à

ROUTE 18.—DE VERGARA A BILBAO.

LAGUARDIA, ville de 2,300 hab., située sur un des monts Cantabres, d'où la vue embrasse toute la province de *Rioja*; elle dépend de la province d'Alava, de l'évêché de Calahorra, et elle est chef-lieu de *partido* judiciaire. On y trouve deux églises paroissiales, une école de *primeras letras*, et une autre de grammaire ; elle a conservé ses anciennes murailles ainsi que son *Castillo*.

Bientôt, après avoir quitté La Guardia, nous traversons l'Ebre pour entrer à *Montalbo* ; 2 h. de marche sur la rive droite du fleuve conduisent à *Logroño* (*V*. route 6).

ROUTE 16.

DE MADRID A VERGARA.

Par **Burgos** et **Vitoria**, 71 l.

(*Voyez* route 1re, et lisez en sens inverse.)

ROUTE 17.

DE VERGARA A TOLOSA.

Par **Villafranca** et **Alegria**, 8 l.

(*Voyez* route 1re, et lisez en sens inverse.)

ROUTE 18.

DE VERGARA A BILBAO.

Par **Elorrio** et **Durango**, 9 l.

Elqueta.	4 l.
Elorrio.	1
Abadiano.	1
Durango.	1

De Durango à Bilbao, voyez route 12 (5 l.).

A la sortie de Vergara, par le chemin de gauche, on traverse un pays pittoresque et peuplé jusqu'à

ELQUETA, petite localité du Guipuzcoa et du partido judiciaire de Vergara, située dans une contrée fertile et pittoresque, qui renferme beaucoup de sources d'eau minérale. Les montagnes sont couvertes de riches pâturages qui nourrissent de nombreux troupeaux de bœufs et de moutons. Une végétation riche et variée couronne ses beaux plateaux; les plaines produisent en abondance des céréales et des fruits. 1 h. de marche nous conduit à

ELORRIO, petite ville de la province de Biscaye, partido judiciaire de Durango; 2,400 hab., deux églises paroissiales, un couvent de moines, un ayuntamiento, un hôpital et une école primaire. Cette localité, entourée de montagnes, est arrosée par un limpide cours d'eau; ses environs, alpins et pittoresques, possèdent un bon établissement d'eau minérale, avec une *hospederia* bien tenue.—La route suit une direction N.-O., au milieu d'une riante et riche nature jusqu'à

ABADIANO, petite ville de 1,600 hab., bien située; c'est dans son ermitage de *San-Antolin* que les généraux Espartero et Maroto posèrent les bases de la convention de Vergara, en 1839.—1 h. de marche nous conduit à *Durango*, et de là à *Bilbao*. (*V.* route 12).

ROUTE 19.

DE VERGARA A DEVA.

Par **Elgoibar** et **Alzola**, 4 l.

Placencia.	1 l.
Elgoibar.	1
Alzola.	0 1/2
Al Convento de Sasiola.	1
DEVA.	0 1/2

ROUTE 19.—DE VERGARA A DEVA.

En quittant Vergara, on laisse à droite la route de France ; on se dirige vers le N. en descendant la vallée de la Deva jusqu'à

PLACENCIA, ville du Guipuzcoa, partido judiciaire de Vergara, diocèse de Calahorra, avec une population de 1,700 hab. Sa situation est peu agréable.—Une église paroissiale, une école nautique dotée par la corporation des marchands, une école primaire, un couvent de moines (*convento de Monjas*) et six ermitages ;—beau pont jeté sur la Deva, rivière qui divise la ville en deux parties.—Son territoire produit des grains et des légumes ; *commerce* considérable de bestiaux ; on y fabrique des métiers à tisserands, des armes blanches et à feu, etc.—Belle foire très-fréquentée le 15 août.

Continuant notre marche vers le N.-O., nous trouvons la *Venta de Malzaga*, sur l'emplacement de laquelle était le célèbre sanctuaire d'Arrati ; ensuite on traverse la Deva, et on entre à

ELGOIVAR ou ELGOIBAR, ville de 2,200 hab., avec une église paroissiale, un couvent de moines, un hospice et quatre posadas ; elle est située dans une plaine arrosée par la Deva, que nous traversons bientôt pour entrer à

ALZOLA, hameau de 300 hab., avec une église et un hôpital.—Dans les environs se trouvent des sources d'eau minérale. A 2,000 mètres environ, à l'O., on a élevé tout récemment un bel établissement de *baños*, bien construit et très-bien tenu ; les eaux sont recommandées dans beaucoup de maladies, celles surtout des voies urinaires.

A 10 minutes de cette localité, on rencontre une source d'eau ferrugineuse très-abondante ; bientôt on atteint le couvent de Franciscains, appelé de *Sasiola;* ensuite la route se bifurque, la branche de gauche conduit à *Motrico*, au bord de la mer ; l'autre, que nous suivons, mène à

DEVA, charmante petite ville et port de mer du Guipuzcoa, avec 3,000 hab., presque tous pêcheurs ; elle est située sur la pente des monts *Anduz*, *Izarra* et *Izarriz*;

sa forme est quadrangulaire, avec des rues coupées à angle droit; on y trouve deux *plazas*, une église paroissiale, l'une des plus belles de ces provinces ; un hôtel-de-ville, avec un assez beau portique et une tour d'horloge. Quelques vestiges de vastes chantiers et d'arsenaux attestent qu'elle était jadis une ville considérable et commerçante. Les alentours sont charmants : l'orange et l'olive y mûrissent bien.—Visitez le mont Izarriz ; de son sommet on jouit d'un magnifique horizon.

ROUTE 20.

DE VERGARA A CESTONA.

Par **Azcoitia** et **Azpeitia**, 6 l.

De Vergara à Elgoivar (*V. r.* ci-dessus)..	2 l.
Azcoitia.	2
Azpeitia.	0 1/2
CESTONA.	1 1/2

La contrée que traverse la route continue d'offrir le même aspect et les mêmes produits jusqu'à

AZCOITIA, ville du Guipuzcoa, partido judiciaire d'Azpeitia, avec 3,600 hab. et 260 maisons environ ; elle est située sur les bords de l'*Uriola*.—Visitez la *casa de ayuntamiento*, d'une bonne architecture. Cette ville possède un couvent de moines et une maison de la *Misericordia*.—A 1/2 l. N. s'élève le mont Izarriz, qui produit de bonnes pierres de taille et du jaspe de diverses nuances.

A 1/4 d'h. de marche, on trouve sur la droite un beau et grand édifice, jadis collége des jésuites, et érigé sur l'ancienne résidence de la famille de Loyola; sa situation est charmante : de belles hauteurs l'abritent, et une riche et fertile plaine s'étend devant cet édifice, construit en 1671 par Mariana d'Autriche, d'après les dessins de Carlo Fontana ; l'édifice n'est maintenant habité que par un chapelain qui sert de cicerone. L'église est belle et enrichie de jaspes provenant du mont Izarriz; le *Cimborio* ou Dôme, supporté par des piliers, est très-élégant : observez les marbres et les mosaïques avec attention, et surtout le vestibule et le corridor du monastère. Au premier étage, se trouve la grande chambre où naquit saint Ignace, en 1491, et elle est ornée comme la maison de la Vierge à Lorette, surchargée d'ornements et en grande vénération. La chapelle où Loyola fut guéri des blessures reçues au siége de Pampelune est divisée par une grille et ornée de sculptures hardies, dont quelques-unes sont peintes et dorées, représentant les principales actions de sa vie. A une très-courte distance du couvent se trouve

AZPEITIA, ville du Guipuzcoa, chef-lieu du partido judiciaire de son nom, avec 4,800 hab., un couvent de moines, un hospice, trois *paseos* et un très-bon *parador*. Elle est agréablement située au milieu de riants jardins, au pied du mont *Izarriz*, qui la garantit des vents du N., et entourée de murailles avec quatre portes.—Voyez la façade dorique de l'église *San-Sebastian*, dont le plan fut dressé en 1767 par Ventura Rodriguez, et la massive statue sculptée par Pedro Michel.

La diligence de *Tolosa* à *Bilbao* passe par Azpeitia, et, pendant la saison des bains, un coche conduit tous les jours les voyageurs à *Cestona*.—La nouvelle route d'Azpeitia à *Cestona* traverse une contrée alpine et pittoresque : à une petite distance, sur les bords de l'*Urola*, se trouvent les importantes fonderies et forges, ainsi que le château des marquis de Milan; de là, après 3/4 d'heure de marche, nous arrivons à la ville et aux bains célèbres de

CESTONA (*Santa-Cruz de*), petite ville située à l'entrée de la vallée d'Azpeitia, qui possède des bains ferrugineux très-fréquentés depuis juin jusqu'en septembre, dont l'établissement peut recevoir environ 140 personnes. Cette localité possède en outre deux églises paroissiales et un hospice; ses maisons sont bien bâties.—*Pop.* 1,200 hab.

Des bains, la même route nous conduit à la *Fundicion d'Iraeta*, où l'on fabrique des milliers de bouteilles.

ZUMAYA est une petite ville du littoral du golfe de Biscaye, située à la base de la montagne de *Santa-Clara;* elle a 1,300 hab., des rues bien percées, des maisons bien bâties, un hôpital, un couvent de religieuses, une école primaire, une église paroissiale d'une assez bonne architecture, une vaste *plaza* et trois *posadas.*

ROUTE 21.

DE MADRID A TOLOSA.

Par **Burgos** et **Vitoria,** 79 l.

(*V.* route 1re, et lisez en sens inverse.)

ROUTE 22.

DE TOLOSA A BAYONNE.

Par **San-Sebastian** et **Irun,** 11 l.

(*V.* route 1re, et lisez en sens inverse.)

ROUTE 23.

DE TOLOSA A PAMPLONA (PAMPELUNE).

Par **Ataun** et **Lecumberri,** 11 l.

Liarza	1	l.
Ataun	1	
Arriba	0	3/4
Betelu	0	3/4
Lecumberri	2	1/2
Irurzun	2	
Berrio-Plano	2	
PAMPLONA (*Pampelune*)	1	

ROUTE 23.—DE TOLOSA A PAMPELUNE.

A la sortie de Tolosa, la route prend une direction S.-E., traverse une contrée montagneuse qui offre des points de vue variés et charmants.

LIARZA (Guipuzcoa), partido judiciaire de Tolosa, possède 700 hab. On y récolte du blé, du maïs, des châtaignes et des fruits.—On continue de suivre la vallée de l'Oria jusqu'à

ATAUN, petite ville de 2,100 hab., située entre une plaine élevée et une vallée formée par le rio *Agaunza*.—Une demi-heure de marche nous conduit à

ARRIBA, village de la Navarre, partido et diocèse de Pampelune, situé au pied du mont Élosua, au confluent de quinze petits cours d'eau. Pop. 500 h. Bientôt on traverse

BETELU, village de 700 hab., dans une riante position.—On trouve dans les environs des sources et des bains d'eau minérale.—La contrée conserve toujours le même aspect pittoresque jusqu'à

LECUMBERRI, charmante petite localité de 400 hab., presqu'au centre de la jolie vallée de Larraun : faire une visite à l'hôte de la *Posada*, Don Sebastian ; c'est un brave et digne homme.—Deux heures de marche nous conduisent à

IRURZUN, un des quatorze villages de la verte vallée d'Araquil, avec 200 hab., et de là à

BERRIO-PLANO, autre village de 200 hab. Ici nous quittons les scènes alpestres pour prendre une mauvaise route à travers des plaines arides et nues qui nous mène à

PAMPELUNE (*V.* route 31).

ROUTE 24.

DE TOLOSA A BILBAO.

Par **Azpeitia** et **Durango**, 15 l 1/2.

Vidania.	1 l.	1/2
Goyaz.	0	1/2
Azpeitia.	2	
Azcoitia.	0	1/2
Elgoibar	2	
Eybar.	0	3/4
Ermua	1	
Durango	2	
Zornoza.	2	
BILBAO	3	1/4

La route que nous suivons traverse une contrée très-accidentée et parfois très-difficile; il faut à la *diligencia* près de quatorze heures pour aller d'une ville à l'autre. Un chemin qu'on doit percer à travers les quatre énormes passages de montagnes abrégera cette route de cinq lieues, et en diminuera les aspérités.

On sort de Tolosa par la route royale de Madrid; on aperçoit à gauche, sur les bords de l'Uriolo, un nouvel édifice, c'est la fabrique de *paños*, de MM. Lesperut, Reverdy et Comp. Bientôt après nous pénétrons au milieu de hautes et pittoresques montagnes jusqu'à

VIDANIA, petite localité du Guipuzcoa, avec 500 hab., une casa de ayuntamiento servant aussi de posada, deux ermitages et plusieurs fontaines. Elle produit des grains, du lin et des châtaignes.

La contrée est toujours montagneuse; bientôt on franchit l'imposante *Puerto* de *Mauria*, au sortir de laquelle est *Goyaz*, avec 200 hab. Ensuite viennent *Azpeitia*, Azcoitia (*V.* route 20); *Elgoibar* (*V.* route 19); mais après cette localité, à la *Venta de Mazaga*, la route se bifurque, une branche se dirige à gauche et conduit en 1/2 heure à

EYBAR, petite ville du Guipuzcoa, partido judiciaire de Vergara, avec 1,800 hab., située dans une vallée du district de Marquina, et arrosée par l'Ega; on y trouve une église paroissiale, deux couvents de moines et une *casa de misericordia*. Fabrique d'armes blanches et à feu.

ERMUA; c'est le premier village de la province de Biscaye sur cette route; il a 500 hab., presque tous occupés à faire des caisses pour la fabrique d'armes d'Eybar.—A la sortie d'Ermua la route monte pendant une heure pour franchir le *Puerto de Ermua*, ensuite elle redescend dans la plaine où est situé *Durango*.—De cette ville à *Bilbao*, voyez route 12.

ROUTE 25.

DE MADRID A SANTANDER.

Par **Burgos** et **Ontaneda**, 70 l.

De *Madrid* à *Burgos*, voyez route 1re, et lisez en sens inverse.

De *Burgos* à *Santander*, voyez route 8.

ROUTE 26.

DE MADRID A LOGROÑO.

Par **Burgos** et **Haro**, 66 l. 1/4.

De *Madrid* à *Burgos* (*V.* route 1re, et lisez en sens inverse).

De *Burgos* à *Logroño* (*V.* route 6).

Il y a une autre route pour gagner Logroño sans passer par Burgos : on prend par *Soria*. Cette route, qui n'est que de 51 lieues, est mal entretenue et n'a pas de diligences.

ROUTE 27.

DE LOGROÑO A PAMPELUNE.

Par **Estella** et **Puente-la-Reina**, 14 l. 1/4.

Viana.	1	1/4
Los Arcos.	3	
Urbiola.	1	1/2
Azqueta.	0	1/2
Ayegui.	0	3/4
Estella	0	1/4
Lorca.	1	
Cirauqui	1	
Mañeru.	1	
Puente la Reina	0	1/4
Legarda	1	
Astrain.	1	
Cirur Mayor	1	
PAMPELUNE.	0	3/4

La route que nous suivons est une section de la nouvelle grande route de Madrid en France par Pampelune, la vallée de Bastan et Bayonne. A la sortie de Logroño, on passe l'Èbre sur un pont de pierre ; la route prend une direction N.-E. jusqu'à

VIANA, ville de la Navarre, de 3,400 hab., partido judiciaire d'Estella ; cette ancienne ville est agréablement située dans une contrée fertile en blé, et baignée par l'Èbre. Elle fut fondée en 1219 par *Don Sancho el Fuerte*, qui en fit une place-forte contre les Castillans ; elle renferme deux églises paroissiales, dont la plus belle, située sur la jolie *Plaza*, est dédiée à *santa Maria*, l'autre à *saint Pierre*. Toutes les semaines il s'y tient un marché considérable des produits agricoles du pays, et une foire annuelle du 19 au 31 juillet. VIANA est la patrie du Père Aleson, auteur des *Annales de Navarre*.—La route suit toujours la même direction à travers une riante et fertile contrée jusqu'à

ROUTE 27.—DE LOGROÑO A PAMPELUNE.

LOS ARCOS, petite ville de la Navarre avec 2,500 hab., située sur une colline et dans une forte position, avec son ancien château et sa *torre de Homenage*.—Ensuite, nous traversons les insignifiants villages d'*Urbiola*, *Azqueta* et *Ayegui*, situés dans la plaine ondulée de l'*Amescoas* supérieur, qui se trouve entre Estella et Salvatierra. Non loin d'Ayegui on traverse l'*Ega* sur un pont, et l'on entre à

ESTELLA, ville de la Navarre, chef-lieu du partido de son nom, diocèse de Pampelune, et située dans une vallée fertile qu'arrosent les rivières *Ega* et *Amezcua*, qui nourrissent de bonnes truites : on y cultive avec succès la vigne, l'olivier, les céréales, et toutes sortes de fruits; sa population s'élève à 7,000 hab. Estella est une ville ancienne où l'on a trouvé quelques antiquités romaines.

Curiosités : Deux vieilles églises ; l'*Alcazar* en ruine et une jolie *Alamada* plantée de noyers. Cette ville fut longtemps le quartier général de Don Carlos, qui y fut proclamé roi en 1832 par Santos Ladron de Guevara. En 1839, Maroto y fit arrêter et fusiller six de ses frères d'armes, comme lui officiers supérieurs.

La route suit toujours une direction N. E. et traverse un pays fertile où nous trouvons *Lorca*; puis 1 h. après avoir passé le rio *Salado* sur un pont de pierre, nous atteignons le petit village de *Cirauqui*, ensuite *Mañeru*, et plus loin

PUENTE LA REINA, petite ville de Navarre, partido et évêché de Pampelune; située dans une plaine qu'arrosent plusieurs jolis cours d'eau. Elle renferme 3,400 hab., deux églises paroissiales et plusieurs couvents. Visitez le couvent de *San-Juan de Crucifijo* qui appartenait jadis aux templiers; la chapelle renferme le monument en marbre du grand prieur Juan de Beaumont. — Les environs de Puente la Reina produisent de bons vins, qu'on expédie dans le nord et en Amérique; son industrie est très-active: fabrique considérable d'eau-de-vie et de bonne huile.—Il s'y tient, outre un fort marché hebdomadaire, deux foires importantes, l'une du 24 au 27 juillet, et l'autre du 18 au

26 de septembre.—Après *Legarda* nous trouvons deux *ventas* tolérables, et bientôt on atteint

ASTRAIN, petite localité de 300 hab. située sur un sol élevé; sur une éminence voisine on voit une chapelle appelée la *Vierge de la Reniega* ou el *Pardon*, très-fréquentée par les gens de la campagne. Un peu plus loin, on voit un ancien hospice. Le pays est couvert de pâturages et bien arrosé jusqu'à *Cirur-Mayor*, village insignifiant, où se trouve une bonne *venta*. Une belle route nous conduit dans la capitale de l'antique Navarre.

PAMPELUNE (*V.* route 31).

ROUTE 28.

DE MADRID A BILBAO.

Par **Burgos** et **Orduña**, 69 l. 1/2.

De Madrid à Burgos, *V.* route 1re et lisez en sens inverse.

De Burgos à Bilbao, *V.* route 5; il existe encore une autre route par *Burgos* et *Balmaseda*. *V.* route ci-après.

ROUTE 29.

DE BILBAO A BURGOS.

Par **Balmaseda** et **Villarcayo**, 26 l.

Castrejana..	1	l.
Sodupe...	1	
Gueñez.	0	1/2
Zaya.	0	1/2
Balmaseda..	1	
Berron..	0	1/2
Santecillas	0	1/4
Quijano.	0	1/4
Tarriba	0	1/4

ROUTE 29. — DE BILBAO A BURGOS.

Ungo	0	1/4
Mantrana	0	1/4
Entrambasaguas	0	1/4
Mercadillo	0	1/4
Villasana	0	1/4
Villanueva	0	1/4
Banasa	0	1/2
Vivanco	0	1/2
Irus	0	1/2
Puerto de Cabrio	0	1/2
Bercedo	0	1/2
Villasante	0	1/2
Villalasara	0	1/2
Baranda	0	1/2
Gayangos	0	1/2
Bocos	1	
Villarcayo	0	1/2
Encenillas	0	1/2
Los Ocinos	1	1/2
Valdenoceda	0	1/4
Pesadas	2	1/4
Villalta	1	1/4
Cernagula	1	1/4
Ontomin	1	1/2
Peñahorada	1	1/2
Villaverde	0	1/2
Soto-Palacios	0	3/4
Vivar del Cid	0	1/4
Villatoro	1	1/4
BURGOS	0	1/2

Cette route offre une suite pour ainsi dire non interrompue de villages et de riantes habitations. A la sortie de Bilbao, la route incline vers le S. E., nous traversons *Castrejana* et *Sodupe* avant d'arriver à

GUENEZ, petite localité de Viscaya, avec cinq églises paroissiales et plusieurs ermitages; son territoire produit grains, légumes, *vin chacoli*, et possède de bons pâturages —Pop. 900 hab.—1/2 heure nous conduit à

ZAYA, petite ville de la même province ayant 1,200 hab., 3 églises paroissiales et plusieurs ermitages ; elle est située sur une plaine qui produit des céréales, du vin *chacoli* et du lin ; on y trouve plusieurs fonderies et forges.

BALMASEDA, qui vient ensuite, est une cité industrieuse, chef-lieu de partido, province de Biscaye et diocèse de Santander ; elle est située sur une colline arrosée par le Salcedon qu'on traverse sur deux ponts. Elle a 1,400 hab. une église paroissiale, une maison de secours, un couvent de religieuses, un hôpital et deux ermitages. PRODUITS : grains, vin *chacoli* et légumes ; on y trouve des martinets à battre le cuivre, des fabriques de chaudronnerie, des tanneries, etc.

Une jolie route construite en 1828 conduit de Balmaseda à *Castro-Urdiales*. Bientôt nous passons sur un pont la *Cadagua*, rivière qui sépare la province de Biscaye de celle de Burgos.—La contrée que nous parcourons est riche et couverte de nombreux villages dans l'espace de 7 lieues, compris entre Balmaseda et *Gayangos*.

GAYANGOS, petite localité de la province de Burgos, avec 200 hab., possède un établissement de bains sulfureux, construit en 1832, et une bonne *posada*.

A 1 l. à gauche de *Bocos*, se trouve *Medina del Pomar* (*V*. route 13). 1/2 heure plus loin est VILLARCAYO (*V*. route 13). Entre Villarcayo et Encenillas est le *Parador de Villalain*, où notre route rejoint celle de Burgos à Santander ; pour la description, voyez route 8 et lisez en sens inverse.

BURGOS (*V*. route 1re).

ROUTE 30.
DE BILBAO A VITORIA.
Par **Orozco** et **Barambio**, 10 l. 3/4.

San-Miguel	1 l.
Arrigoriaga	1

ROUTE 31.—DE MADRID A PAMPELUNE. 245

Miravalles	1	
Arrancudiaga.	0	1/2
Areta.	0	3/4
Orozco	0	3/4
Barambio	1	
Amezaga.	1	1/2
Murguia	0	1/4
Zeitegui	1	
Avechuco.	1	1/2
Arriaga.	0	1/4
VITORIA..	0	1/4

Pour la première section de cette route, de *Bilbao* à *Areta*, voyez route 5, et *lisez* en sens inverse.

OROZCO, ville de 2,200 hab., située dans la vallée de son nom, province de Biscaye, partido judiciaire de Durango, possède une église paroissiale et plusieurs ermitages.—*Produits* : grains, légumes et châtaignes.

Depuis Areta, la route a pris une direction S.-E. qu'elle suit jusqu'à

BARAMBIO, petite localité de 300 hab., située entre les monts *Goriabe*, *Aséqui*, *l'Aguide* et *Itequita*, et sur la rive gauche du rio *Altube*.—*Productions* : blé, maïs, châtaignes et pommes.

Viennent ensuite les insignifiants villages de *Amezaga*, avec 100 hab.; *Murguia*, 300 hab.; *Zeitegui*, *Arriaga*, avec 200 hab.—Encore 1/4 d'heure de marche et nous atteignons la riche cité de *Vitoria*. (*V.* route 1re.)

ROUTE 31.

DE MADRID A PAMPELUNE.

Par **Burgos** et **Vitoria**, 78 l.

De *Madrid* à *Vitoria*, voyez route 1re, et *lisez* en sens inverse.

De *Vitoria* à *Pampelune, voyez* route 14.

PAMPELUNE, capitale de la Navarre.

NAVARRE.

Coup d'œil sur la Navarre.

EL REINO DE NAVARRE, *l'ancienne Vasconia*, est un de ces petits royaumes jadis indépendants, et dont la réunion forme aujourd'hui la monarchie espagnole. Sa forme présente un carré irrégulier de 80 milles environ de long sur 60 de large, et borné au N. par les Pyrénées qui le séparent de la France. Sa population ne dépasse pas 300,000 hab., la plupart pasteurs et agriculteurs. L'*Ebre* qui coule vers le S.-E. et la *Bidassoa*, vers le N.-O., sont ses deux principaux cours d'eau ; grossis dans leur course par de nombreux tributaires venant des montagnes, ils répandent partout la fraîcheur et la fertilité.

DIVISION POLITIQUE. Cet ancien royaume est divisé en cinq *merindades* ou départements, ayant chacun sa petite capitale : *Pampelune* au N., *Tafalla* au S., *Olite*, au centre, *Estella*, à l'E., et *Sangueza*, à l'O. La partie N. est très-montueuse, formée des pentes occidentales des Pyrénées, qui, depuis le *Monte perdido* (Mont perdu), plongent vers l'Océan. Les gorges imposantes et sauvages de ces monts devinrent des refuges assurés pour les habitants lorsqu'ils voulurent secouer le joug des Romains, puis des Maures. Garcie Ximenez s'y défendit contre eux, de concert avec les montagnards aragonais, jusqu'en 842 environ, que Lingo Arista fut élu roi à Pampelune. C'est à cette époque que les libertés nationales furent garanties par les célèbres *fueros de Sobrarbe*. En 1512, Ferdinand-le-Catholique annexa la Navarre à la Castille, excepté la partie située au N. des Pyrénées, qui passa à la couronne de France dans la personne de Henri IV, héritier de Jeanne d'Albret.

ASPECT DU PAYS. La Navarre se relie à l'Aragon, d'un côté, par un pays désert et inculte, au N. de l'Ebre, et de l'autre, au sud des Pyrénées, par des contrées montagneuses où règne la contrebande. Les Navarrais mènent généralement une vie retirée dans leurs vallées qui sont pour eux tout l'univers. Ici, dans de vertes prairies, ou sur les pentes des collines boisées, ils paissent leurs troupeaux ; là, dans les plaines au sol plus échauffé, ils labourent la terre et cultivent la vigne. Les vins de *Peralta*, *Azagra* et *Cascante* sont estimés. Cette contrée, montueuse et pittoresque, présente des sites riches et variés ; les cours d'eau sont peuplés de belles et bonnes truites, et les bois abondent en gibier. Les montagnes de la Navarre ne sont pas aussi hautes que celles de l'Aragon ; cependant l'*Altobiscar* s'élève jusqu'à 5,300 pieds, et l'*Adi*, à 5,200. Les vallées sont belles, surtout celles de *Baztan*, *San-Esteban* et *Cincovillas*.

CARACTÈRE ET MŒURS. Vivant loin des cités, dont ils ignorent les besoins et les vices, les montagnards navarrais ont des mœurs pures, et mènent une vie sobre et patriarcale. On admire la vigueur de leur corps, leur agilité à la course, et la régularité de leurs formes physiques. Leurs habitudes de tempérance les rendent capables d'endurer les fatigues et les privations. La chasse, la contrebande et les trafics qu'elle entraîne, trafic où perce un grain de friponnerie, forment leur éducation morale ; ils ont donc été toujours considérés comme des *guerillas* de premier ordre. Placés sur les limites de la France, de l'Aragon et de la Castille, exploités par ces divers peuples, la nécessité les a habitués à se tenir en garde contre des voisins haïs et redoutés. Un esprit de nationalité exclusif et ardent, la mémoire ineffaçable des injures, qu'ils ne pardonnent pas plus qu'ils ne les oublient, tels sont les traits saillants de leur caractère.

La meilleure saison pour visiter la Navarre, c'est l'été. Les villes, en général, sont dépourvues d'intérêt, mais le chasseur, l'artiste et le naturaliste trouveront des charmes et des sujets d'étude dans les ondulations de ce sol agreste et romantique.

Le district situé au N.-O. de Saragosse est appelé *de las Cincovillas* (des cinq villes), qui sont : *Tauste*, *Ejea*, *Sadova*, *Castillo* et *Sos* ; ces localités furent élevées au rang de *villa*, qui est plus que *pueblo*, et moins que *ciudad*, par Philippe V, en récompense des services qu'il en avait reçus dans la guerre de la Succession.

EJEA DE LOS CABALLEROS, la plus importante de ces villes, se trouve à 12 l. N.-O. de Saragosse ; c'est une ancienne cité, avec 2,000 hab. environ, entourée de murailles. On y voit encore la tour où fut enfermée la reine Urraca, par les ordres d'Alphonse Ier, roi d'Aragon.

PAMPELUNE (*Pamplona*), ville frontière et capitale de la Navarre, est située sur une éminence qui domine la belle *Cuença*, plaine de 7 l., de circonférence, et qu'arrose l'*Arga*, un des principaux tributaires de l'Ebre. Le climat est un peu humide et froid, mais les jardins sont fertiles et les prairies verdoyantes ; sa position est bien choisie comme ville forte ; de l'éminence où elle est assise, elle domine tout le pays sans être dominée. Dans le lointain, les Pyrénées s'élèvent majestueusement, principalement lorsqu'on les regarde de la citadelle d'*el Mirador*, sur la promenade. Les fils de Pompée rebâtirent cette cité l'an 68 avant Jésus-Christ, d'où elle fut appelée *Pompeiopolis*, nom que les Maures changèrent en celui de *Bambilonah*, dont on a fait Pamplona, son nom actuel. Pompeiopolis soutint la cause de ses fondateurs, et fut pour cette raison délaissée par Auguste. Dans le moyen-âge, elle fut appelée *Irunia* « la bonne ville » ; ensuite Euric l'arracha aux Romains en 446, et les Français s'en emparèrent, sous Childebert, en 542, et ruinèrent le pays ; elle fut de nouveau détruite en 778, sous Charlemagne. Dans la guerre de la Péninsule, Pampelune fut prise par les Français, sous les ordres du général Darmagnac, en 1808, et rendue en 1813.

Pampelune prend le titre de *muy noble, muy leal, y muy heroica*, et a pour armes un lion rampant tenant une épée dans sa patte dextre. La ville est propre et bien bâtie, avec une population de 15,000 hab., sans compter la garnison ; elle est la résidence d'un capitaine-général, qui prenait autrefois le titre de vice-roi ; elle possède un évêché, fondé en 1430, et suffragant de Burgos ; une *audiencia*, ayant juridiction sur 230,900 hab., un *théâtre*, un *liceo*, une *casa de espositos*, deux bonnes casas de conversation et de jeux, un hôtel des monnaies, une caserne d'infanterie et une autre de cavalerie, un séminaire, un collége de médecine et de pharmacie, une *casa de ayuntamiento*, une *plaza de Toros*; les *alamedas* qui se trouvent sur les routes de Madrid en France, ainsi que la *Rioja*, sont charmantes; celle appelée la *Taconera*, qui est dans la ville, est la plus fréquentée; les rues sont, en général, bien pavées, mais la disposition uniforme des balcons et des *rejas* rend leur aspect monotone. Des fontaines l'alimentent d'une bonne eau qu'y apporte, des montagnes de *Subiza*, le grand *aqueduc* construit par Ventura Rodriguez, d'un style et d'une solidité vraiment romains. — Examinez surtout l'une de ses parties qui a 2,300 pieds de longueur, et contient 97 arches de 35 pieds d'ouverture et 65 de hauteur. — Pampelune est une ville bien approvisionnée de toutes les choses nécessaires, et la vie y est bon marché. La principale place, *plaza del Castillo*, une des plus belles d'Espagne, est convertie en *plaza de Toros* les jours de grandes fêtes; elle est ornée de jolies fontaines, du nouveau théâtre et de la *casa del ayuntamiento*.—Visitez aussi la *plaza de Abajo*, ou place du Marché, abondamment pourvue de comestibles; —remarquez surtout la physionomie vive et animée des jeunes paysannes, *las paysas*, avec leurs longues *trenzas* (tresses), et le *boyna* ou *bereta* des hommes (espèce de casquette). Le faubourg de *Rochapea* souffrit beaucoup en 1844 du feu de la citadelle.

La cathédrale, édifice gothique élevé en 1397 par Charles III, roi de Navarre, sur l'emplacement d'une autre datant de 1100, possède encore une partie des anciens cloîtres aux doubles galeries, aux piliers élégants; on y voit un trophée de la bataille de *Navas de Tolosa*. Dans le *coro*, d'excellentes sculptures représentant des Saints et des Patriarches, exécutées par Miguel Ancheta; les tombeaux de *Carlos el Mayor* et de sa femme la reine *Leonor* de Castille; la *basilica*, ou chapelle de Ignacio Loyola; la *sacristia* à forme crucifère, lieu qui sert de sépulture aux chanoines; la *sala preciosa*, qui renferme le tombeau du comte de Ganges; dans les cloîtres, une partie de l'ancien réfectoire et de la cuisine des chanoines qui vivaient ici en communauté, avec une bibliothèque assez riche et bien tenue. De la fenêtre, la vue s'étend sur un riant panorama. On voit souvent dans cette cathédrale des pains, du blé, etc., offerts aux trépassés, dont on suppose que les âmes sont sorties du Purgatoire.

La principale entrée de ce temple, d'un style lourd, fut érigée en 1783 par Ventura Rodriguez; le portail représente l'Assomption de la Vierge et l'effigie de saint Firmin, patron de la ville; le 7 juillet, jour de sa fête, *los Gigantes*, images gigantesques représentant les Maures et les Normands, font une visite à l'hôtel-de-ville, et après avoir dansé devant la cathédrale, vont à *San-Lorenzo* faire leurs dévotions à l'image de leur patron. C'est pendant cette *feria* ou foire, qui dure depuis le 29 juin jusqu'au 18 juillet, qu'il faut visiter Pampelune pour y rencontrer une foule de villageois et de montagnards dans leur costume national, que les affaires, la dévotion et le plaisir attirent dans la ville [1].

La *Deputacion*, édifice où les cortès de Navarre tenaient leurs séances, renferme quelques peintures de second ordre représentant des membres de la famille royale. Les ponts sur la rivière, sans être d'une haute architecture, sont pittoresques, ainsi que la citadelle, que nous ne vous conseillons pas d'esquisser sans une permission des autorités : sa forme est pentagone, et ses deux bastions, la *Rochapea* et la *Magdalena*, font face à la rivière; les étrangers n'y sont admis qu'avec difficulté. Ignace de Loyola y fut blessé en 1521, et ce fut pendant sa convalescence qu'il conçut l'idée de fonder l'ordre si célèbre des jésuites. Ce fut aussi dans les fossés de cette forteresse que Santos Ladron de Guevar fut fusillé en 1839 par les christinos.

Les environs des Pampelune sont beaux, intéressants et pleins des souvenirs de la guerre de la Péninsule.

Le *commerce* de cette cité, peu important, a pour objet la soie et la laine, qu'on expédie pour la France et l'Angleterre; on y trouve aussi quelques fabriques, mais l'agriculture y occupe le premier rang.

[1] Voyez *Ribadeneyra*.

De Pampelune, quatre routes conduisent à Bayonne et en France ; celle de *Tolosa* fut longtemps la seule carrossable ; mais depuis peu on a ouvert une nouvelle voie, passant par *Vera*, qui est plus courte et admet des voitures. Les autres ne sont que des chemins pour cheval ou des sentiers de montagne.

MOYENS DE LOCOMOTION. On trouve à Pampelune des courriers pour tous les points de l'Espagne, et des *diligencias* pour *Vitoria*, *Saragosse*, *Urdax* et *Bayonne*, passant par *Tolosa*; plus des *galeras* pour les mêmes localités, ainsi que pour *Logroño* et autres villes de la province.

ROUTE 32.

DE PAMPELUNE A LOGROÑO.

Par **Estella**, 14 l. 1/4.

V. route 27 et lisez en sens inverse.

ROUTE 33.

DE PAMPELUNE A TOLOSA.

Par **Lecumberri et Ataun**, 11 l. 1/4.

V. route 23 et lisez en sens inverse.

ROUTE 34.

DE PAMPELUNE A IRUN.

Par **San-Esteban**, 17 l.

Ostiz.	2 l. 1/2
Latasa.	1 1/2
San-Esteban	4
Sambilla	1
Vera.	4
IRUN.	4

Ostiz. La route se bifurque; la branche qui incline un peu vers le N.-E. conduit à Bayonne par *Maya*; celle que nous suivons se dirige vers le N. à travers les nombreux passages et défilés que sillonnent les Pyrénées de la Navarre. Au bout de quatre heures environ nous entrons dans une riante vallée qu'ombragent de beaux pommiers et dont le principal hameau est

SAN-ESTEBAN DE LERIN.—Ce charmant site est arrosé par deux cours d'eau qui vont se perdre dans l'historique *Bidassoa* : cette délicieuse *vallée de Baztan* est (comme son nom arabe l'indique) un vrai jardin; elle abonde en fruits et en pâturages; les rivières nourrissent beaucoup de truites: les collines sont bien boisées, et les chaumières dans les montagnes, qu'on appelle ici *bordas*, ressemblent aux *chalets* de la Suisse et aux *brenas* des Asturies. Les habitants ont des mœurs douces; leur vie pastorale est heureuse et simple.

C'était dans ces tranquilles retraites que vivaient jadis les *Agotes*, race persécutée et maudite des deux côtés des Pyrénées. En Espagne, cette caste était proscrite; personne ne voulait s'associer avec des êtres d'un « sang impur »; les sacrements même leur étaient souvent refusés, et il ne leur était permis d'entrer dans l'église qu'à la condition de se tenir sur le côté de la porte.

Bientôt nous pénétrons dans le *Merindad de Cincovillas*, composé de cinq hameaux, qui sont : *Echalar, Lesaca, Vera, Yanci* et *Aranaz*. Le flanc des montagnes qui sillonnent le pays contient du fer, qu'on fond et qu'on travaille dans des forges et des ferronneries dont l'aspect rude et pittoresque rappelle celles des anciens Cantabres. La Bidassoa, aux eaux limpides et tranquilles, arrose cette romantique vallée et traverse les villages de *Sumbilla* et de *Yanci*.—Ce fut par cet étroit défilé que le maréchal Soult opéra sa célèbre retraite en 1813.

Quelques heures de marche nous conduisent à l'entrée de la charmante *vallée de Vera*, aujourd'hui si calme, si tranquille, mais si désolée à l'époque que nous venons de citer.

D'ici à Irun nous avons à peu près quatre heures de

marche sur la rive gauche de la belle Bidassoa, où l'artiste et le pêcheur trouveront tout ce qui leur plaît.

IRUN (*V*. route 1re).

ROUTE 35.

DE PAMPELUNE A BAYONNE.

Par la vallée de **Baztan** et **Urdax**, 18 l.

Villalba	0	1/2
Arre	0	1/4
Sorauren	0	3/4
Ostiz	0	1/2
Olague	1	1/2
Almandoz	3	
Berroeta	0	1/4
Iruvita	1	
Elizondo et Elvetea	0	1/4
Urdax	4	
Anoa	1	1/2
BAYONNE	4	1/2

La route centrale que nous allons suivre est bien construite et l'une des meilleures d'Espagne, bien que traversant une contrée accidentée. Chaque pas y rappelle des souvenirs de la guerre de la Péninsule.

A la sortie de Pampelune et avant d'arriver à *Villalba*, nous passons le rio *Arga* sur un beau pont de pierre, avec une bonne posada nouvellement établie. Entre *Arre* et *Sorauren*, villages insignifiants, nous trouvons une médiocre *posada*. La route continue toujours vers le N. jusqu'à

OSTIZ, village de 300 hab. situé dans la vallée d'*Odieta*, province, partido et diocèse de Pampelune.

Ici, nous quittons la route précédente conduisant à *Irun*, pour prendre la branche de droite, qui traverse les insignifiantes petites localités de *Olague, Almandoz;*

entre ces deux villages, nous franchissons après une ascension assez longue *el Puerto de Velat :* toute cette section est bien pourvue de *ventas*, de ponts et de viaducs nouvellement construits.

Avant d'entrer à *Almandoz*, nous passons le ravin appelé *Mavin*, sur un viaduc de pierre magnifique et très-élevé. On trouve à *Almandoz* une bonne posada. — Ensuite, on traverse *Berroeta*, village de 800 hab.; puis *Iruvita*, et immédiatement après,

ELIZONDO, chef-lieu de la vallée de *Baztan*, avec 1,200 hab., une *casa del valle*, un hôpital, plusieurs posadas : la meilleure est celle de *Archea*. — *Elvetea* n'est séparé d'Elizondo que par la Bidassoa, qu'on traverse sur un pont de pierre.

De ce point central de la vallée divergent plusieurs chemins de montagnes souvent rudes et difficiles. En prenant à droite, vous traversez plusieurs fois la Bidassoa, et en sortant de la belle vallée vous gravissez le sentier sinueux taillé dans les rochers jusqu'au *Puerto de Maya ;* de cette haute station, tout le pays vers Bayonne s'étale à vos regards comme une carte géographique. Continuant notre route, nous trouvons à 3 lieues environ d'*Elizondo*, le *Puerto de Onzondo*, d'où la route redescend et conduit à

URDAX, petite ville frontière de la Navarre, avec 600 hab.—A 1/2 lieue au-delà coule une petite rivière peuplée de bonnes truites, c'est la limite entre la France et la Navarre : la douane se trouve à el *Barrio de Landivar*. La richesse de ce district provient des belles forêts de chênes qui le couvrent. En 1839, Don Carlos passa par Urdax, après la *transaction de Vergara*, pour retourner une seconde fois dans les prisons de France.

A *Elizondo*, une autre route nouvelle se détache pour *Irun*, passant par *Vera*, et communique directement entre la France et le N.-E. de l'Espagne, sans faire un détour par *Tolosa*.

D'*Urdax* on compte 6 lieues pour atteindre

BAYONNE (*V.* route 1re).

ROUTE 36.

DE PAMPELUNE A SAINT-JEAN-PIED-DE-PORT
(*France*).

Par **Roncesvalles** (*Roncevaux*), 14 l. 3/4.

Zavaldica	2 l.	1/4
Zubiri	2	1/4
Burguete	3	
Roncesvalles	1	
Valcarlos	4	
St-JEAN-PIED-DE-PORT (France).	2	1/4

La route à voitures cesse à trois quarts de lieue de Pampelune, et n'est plus viable qu'à pied ou à cheval. Les scènes que présente toute cette contrée ressemblent à celles de la Suisse ; les défilés, les collines et les vallées sont magnifiques.—Après avoir traversé l'Arga, et ensuite l'Esteribar trois fois, nous atteignons

HUARTE, village situé dans l'étroite vallée de son nom. Après *Zubiri* on traverse un cours d'eau avant d'entrer à *Zizain*, et un autre au-delà de *Viscarret*; alors on descend dans la pastorale vallée de *Burguete* et de *Roncesvalles* (Roncevaux).

De *Burguete*, une branche du chemin diverge à gauche, et vous conduit aux *Alduides;* une autre branche, partant à droite de Roncesvalles, conduit à *Orbeiceta*.

RONCESVALLES (Roncevaux), petit village avec un grand nom historique, dans la vallée de *Valcarlos*, dont l'aspect offre l'image d'un beau parc. La route passe au pied du couvent des Augustins, maintenant abandonné, et qui était dédié à *Notre-Dame-de-la-Vallée*, au lieu où l'arrière-garde de Charlemagne fut taillée en pièces en 778. L'église, devenue paroissiale, existe encore. En face se trouve une auberge très-fréquentée.

Ces localités, exposées au vent du nord, éprouvent dans l'hiver un froid intense.

Trois routes de montagnes conduisent de *Roncesvalles* à *Saint-Jean-Pied-de-Port*. La meilleure est celle du centre, qui remonte la délicieuse vallée de *Valcarlos*. Ensuite on traverse un petit cours d'eau, tributaire de la *Nive*, qui sépare l'Espagne de la France; la ligne frontière est indiquée par des bornes placées de distance en distance, et par des douanes des deux pays. Une heure de marche nous conduit à

SAINT-JEAN-PIED-DE-PORT (V. *Guide en France*).

ROUTE 37.

DE PAMPELUNE A BILBAO.

Par **Tolosa** et **Lecumberri**, 26 l. 1/2.

De *Pampelune* à *Tolosa*, 11 lieues (*V.* route 23, et lisez en sens inverse).
De Tolosa à *Bilbao*, 15 lieues 1/2 (*V.* route 24).

ROUTE 38.

DE BILBAO A SAN-SEBASTIAN.

Par **Guernica** et **Deva**, 25 l.

Algorta................	2 l.	
Plencia................	2	
Baguio................	2	
Bermeo................	2	
Guernica...............	2	
Elancobe...............	2	
Lequeitio..............	2	
Ondarrea...............	2	
Motrico................	1	1/2
Deva..................	1	
Venta de Ibarrieta.....	2	
Orio...................	2	
SAN-SEBASTIAN..........	2	1/2

ROUTE 38.—DE BILBAO A SAINT-SÉBASTIEN.

Cette route n'est pas carrossable ; le voyageur pressé devra prendre la voie de mer, plus prompte et plus économique ; des *steamers* font un service régulier pendant la belle saison sur tous les points du littoral.

En quittant Bilbao par la voie de terre, la route suit la rive gauche de la *Nervion*, et traverse l'*Asua*, pour atteindre ALGORA, petite ville du littoral, dans la province de Vizcaya, habitée par des pêcheurs. Puis, inclinant un peu vers la droite et suivant la côte, nous arrivons à PLENCIA, où l'on traverse un assez bon pont. Ensuite se trouve *Villano*, avec sa tour de signaux *Atalaya*; alors, laissant à gauche le cap *Machichaco*, nous arrivons à BERMEO (Flavio briga), ville du littoral avec un bon port et 4,000 hab., presque tous pêcheurs. Ce district abonde en gibier. C'est la patrie d'Alonso de Ercilla, poëte épique et soldat.

MUNDACA, petite localité renommée pour sa fabrication de tonneaux.—Ici se trouve la route qui suit la rive gauche de la rivière, et conduit à

GUERNICA, ville située, comme l'indique son nom basque, sur le penchant d'une colline. Au bas s'étend un sol uni et marécageux appelé *el Juncal*, et sujet à de fréquentes inondations ; le chasseur y trouvera beaucoup de bécassines et d'oiseaux aquatiques. Dans cette petite et ancienne cité siégeait jadis le sénat basque. Ces représentants de la nation tenaient leurs séances à l'ombre d'un chêne vénérable qui est encore les armes de la ville. Cet arbre séculaire, sous lequel Ferdinand et Isabelle jurèrent en 1476 de maintenir les *fueros*, fut abattu dans la guerre péninsulaire. Son ombre vénérée était un asile dans lequel nul ne pouvait être arrêté sans une preuve judiciaire.

A 1/3 de lieue environ, se trouve un camp romain qui ne vaut pas la peine d'être visité.

Revenant vers le rivage de la baie de Biscaye, et suivant le littoral, nous arrivons à

LEQUEITIO, localité fortifiée par la nature et par l'art, située sur la rivière de son nom et entourée des monts de *Lumencha* et d'*Otoya*. —Nous entrons dans un canton qu'on peut défendre aisément, et que Iriarte et Cordova abandonnèrent aux carlistes en 1836. Ensuite nous trouvons

ONDARROA (la « Bouche de Sable »), petite ville avec un port bien abrité, mais peu profond ; on y trouve une église décente, un bon pont jeté sur la rivière que nous traversons pour entrer dans le Guipuzcoa ; le premier endroit un peu important sur la route, c'est

MOTRICO, petite ville où l'on pêche beaucoup de turbots et autres poissons qu'on expédie pour Madrid. Ce joli petit port est entouré de collines bien boisées ; la plaine est couverte d'arbres à fruits et de vignes qui tapissent et couronnent les cabanes de pêcheurs. Lorsque nous visitâmes cette charmante localité, l'église contenait une *Crucifixion* attribuée à Murillo, et une *Sainte Catherine* de Johan Boechorst, de 1663 : informez-vous de ces deux toiles.

Une heure de marche, toujours le long du golfe, et l'on arrive à

DEVA (*V*. route 19).

A ZUMAYA, nous traversons l'*Oria*, petite rivière renommée pour les saumons et les truites qu'on y pêche ; elle prend sa source près du *Puerto San-Adrian*, et se jette dans la baie, au village de son nom.

Deux bonnes heures de marche, et on entre à

SAINT-SEBASTIEN (*V*. route 1re).

ROUTE 39.
DE MADRID A BAYONNE.
Par **Burgos**, **Vitoria** et **Tolosa**, 92 l. 1/4.

(*Voyez* route 1re, et *lisez* en sens contraire.)

Par *Valladolid*, 107 l. 1/2. (*Voyez* aussi route 1re.)

ROUTE 40.
DE MADRID A GUADALAJARA.
Par **Alcala de Henares**, 10 l.

(*Voyez* route 2, et *lisez* en sens inverse.)

ROUTE 41.
DE GUADALAJARA A SARAGOSSE.
Par **Torremocha** et **Calatayud**, 46 l. 1/4.

(*Voyez* route 2, et *lisez* en sens inverse.)

ROUTE 42.
DE GUADALAJARA A SORIA.
Par **Almazan**, 31 l. 1/2.

Guadalajara à Alcolea del Pinar. (*Voyez* route 2, et lisez en sens inverse)	14 l.	1/4
Esteras	2	
El Parador de San-Francisco	2	
Miño	1	1/4
Adradas	3	
Bordeje	2	
Almazan	1	
Lubia	4	
Los Rabanos	1	
SORIA	1	

De Guadalajara, on peut prendre la diligence de Madrid à Saragosse, jusqu'à *Alcolea del Pinar*; ici il faut se pourvoir d'un autre moyen de locomotion.

La route traverse six ou sept petites localités sans intérêt jusqu'à

ALMAZAN, ville de 4,500 hab., chef-lieu du partido de son nom, province de Soria, et diocèse de Siguenza ; elle est située sur la rive gauche du *Douro*, qu'on traverse sur un pont antique d'une bonne construction. *Curiosités* : sur la *Plaza Mayor*, le palais des comtes de Altamiria ; une belle et délicieuse *Alameda* (promenade) ; un hôpital, un ancien temple, bien conservé, qui appartenait à l'ordre de San-Juan.—Le district produit des céréales.—La route suit la rive gauche du Douro jusqu'à

LUBIA, petit village de 200 hab., situé sur les bords du Douro, que nous continuons de suivre jusqu'à

SORIA, capitale de la province et du partido de son nom, diocèse de Siguenza, avec une pop. de 5,500 hab. Cette prétendue *Numantia*, située dans une plaine aride qu'arrose le Douro, est la résidence du chef politique et des autres autorités de la province ; on y trouve un hôpital, une *casa de expositos*, une école et une société économique. *Soria* est une ville très-ancienne, encore entourée de murailles qui datent de 1290 et sont très-bien conservées.— Vers l'E. se dresse l'*Alcazar*, jadis château fort, tombant maintenant en ruines.—Visitez le beau *pont* sur le Douro, ainsi que le célèbre sanctuaire situé au milieu de rochers escarpés, et dédié à *san Saturio*, patron de la localité. Cette ville, peu animée, est habitée par des agriculteurs ; les vastes pâturages qui l'entourent, surtout ceux de *Valdonsadero*, sont couverts de troupeaux qui produisent une laine excellente, et nourrissent de bonnes vaches laitières, dont le lait produit un beurre très-estimé. Les plaines à blé sont très-fertiles et bien cultivées, mais le climat en général est froid, et le sol, dépourvu de plantations, est rude et saccadé. On y trouve du charbon de terre, surtout près d'*Oblega* et de *Prejano*. — Le maréchal Ney prit cette ville en 1808. — *Industrie* : commerce de laines, trois lavoirs sur les bords du fleuve, une fabrique de cuirs et une autre de teintures.—Foires célèbres le 24 juin et les quatre premiers jours de septembre.

A 1 l. N. de Soria se trouve l'emplacement où s'élevait, dit-on, la classique *Numantia*.

De Soria, une bonne route pour cheval conduit à *Logroño*. Le pays, au N.-O., est couvert de forêts de pins séculaires. Les Pinares de Soria, rivalisant avec ceux de Cuenca, servaient jadis de matériaux au ciseau des Juni et des Hernandez.

ROUTE 43.

DE GUADALAJARA A TRILLO.

Par **Brihuega**, 12 l.

De *Guadalajara* à Torija. (*Voyez* route 2, et *lisez* en sens inverse). . . . . 3 l.
    Brihuega. 3
    Solanillos. 3   1/2
    TRILLO. 2   1/2

Pour la description des localités, *voyez* route 2.

ROUTE 44.

DE GUADALAJARA A SACEDON.

Par **Tendilla**, 8 l.

    Horche. . . . . 2 l.
    Armuña. 1
    Tendilla. 1
    Salceda. 0   1/2
    Alondiga. 1
    Auñon. 1
    SACEDON. 1   1/2

A la sortie de Guadalajara, la route prend une direction S.-E. jusqu'à

HORCHE ou ORCHE, petite ville de la province et du partido de Guadalajara, située sur le penchant d'une colline.

Le sol produit du blé, de l'orge, du seigle, du vin, et beaucoup d'huile.—*Pop.* 2,500 hab.—Suivant toujours la même direction, nous atteignons

ARMUNA, petite localité de 200 hab. Sol fertile en blé, orge et seigle. — 1 h. de marche, et l'on est à

TENDILLA, petite ville de 1,200 hab., très-salubre, située dans une plaine couverte d'oliviers et de vignes, et dominée par une colline.—Non loin de là, on trouve

SALCEDA (la), ancien couvent de Franciscains, aujourd'hui maison de reclusion. Il est célèbre par l'image de *Nuestra Señora* qu'on y vénère sous le titre de la *Salceda* ; site pittoresque sur une élévation couverte de chênes et de robres.

AUÑON, ville de 1,300 hab., sur la pente d'une colline qui s'élève au N.-O. Voyez l'église paroissiale avec ses trois nefs, et une belle chapelle du XVIe siècle. Les alentours sont couverts de pins et d'yeuses.—1/2 h. de marche nous conduit sur les bords du Tage, que nous passons sur un pont de trois arches.

SACEDON, ville, chef-lieu de partido, province de Guadalajara, et diocèse de Cuenca, située dans une vallée pittoresque entourée de collines, qu'arrose le Tage aux eaux limpides.—Les *bains chauds* sont très-fréquentés, de juin à septembre, par les valétudinaires de Madrid ; à cette époque, une diligence de la compagnie Carsi et Ferrez fait le service entre Madrid et Sacedon en 16 heures. Les eaux, analysées en 1801, ont pour principes les muriates de chaux et de magnésie.—Les *environs*, qui offrent de l'intérêt au minéralogiste, produisent certains cristaux empreints d'oxide de fer qu'on appelle *piedras de san Isidro*, nom du patron de Madrid.—A 200 pas de la ville, se trouve la *casa de baños* élevée par Ferdinand VII, et qu'on appelle maintenant *el real Sitio de Isabel*.—Pop. 2,700 hab.

ROUTE 45.

DE MADRID A SORIA.

Par **Guadalajara** et **Almazan**, 41 l. 1/2.

De *Madrid* à Guadalajara, voyez route 2 et lisez en sens contraire.

De *Guadalajara* à Soria, par Almazan, voyez route 42.

Il y a encore deux routes de Madrid à Soria : l'une par Guadalajara et Sigüenza, dont nous allons parler dans la route suivante ; l'autre, qui n'est que pour cheval, est beaucoup plus courte ; elle n'est que de 34 lieues.

ROUTE 46.

DE SORIA A GUADALAJARA.

Par **Almazan** et **Sigüenza**, 27 l. 1/2.

De Soria à Almazan (voyez route 42).	6 l.	
Bordeje.	1	
Adradas.	2	
Miño.	3	
Mojares.	1	1/2
Sigüenza.	1	1/2
Mundayona.	3	
Venta de Almadrones.	1	

D'Almazan, la route incline vers le S., et traverse quatre ou cinq localités sans intérêt jusqu'à SIGUENZA. (*Voyez* route 2).

Après 3 heures de marche on arrive à *Mundayona*, puis 1 heure après à la *Venta de Almadrones*, sur la grande route de *Paris* à *Madrid* par Perpignan et Saragosse. De cette venta à Guadalajara, il y a 8 lieues 1/2.

GUADALAJARA (*V.* route 2).

ROUTE 47.

DE MADRID A SARAGOSSE.

Par **Guadalajara** et **Calatayud**, 56 l. 1/4.

V. route 2, et lisez en sens inverse.

ROUTE 48.

DE SARAGOSSE A LERIDA.

Par **Fraga**, 24 l.

(*V.* route 2, de Paris à *Madrid*, par Perpignan, Barcelone et Saragosse, et lisez en sens inverse).

ROUTE 49.

DE SARAGOSSE A HUESCA, 11 l.

Villanueva.	2 l.
Zuera	2
Venta de Violada	3
Almudevar	1
HUESCA	3

On trouve à Saragosse une diligence pour Huesca. La route traverse des plaines sans intérêt et presque désertes, bien que le sol soit fertile et le climat sain. La *Huerta*, qui se trouve près de Zuera, était sans doute un jardin du temps des Maures, comme son nom semble l'indiquer.

La route incline vers le N.-E. jusqu'à

VILLANUEVA DEL GALLEGO, localité de 800 hab., située sur la rive droite du *Gallego.*—2 heures de marche conduisent à

ZUERA, petite ville située dans une plaine fertile qu'ar-

ROUTE 49.—DE SARAGOSSE A HUESCA.

rose le Gallego; ses rues sont étroites, et non pavées :—pop. 1,600 hab.—A la sortie de Zuera on traverse le Gallego dans un bac, ensuite la route parcourt la plaine triste et nue de *Violada*, où nous trouvons la *venta* de ce nom. —Nous traversons *Almudevar*, et de là 3 heures de marche nous conduisent à

HUESCA (*Osca des Romains*), sur l'*Isuela*, dans une belle situation, et ressemblant de loin à un vaisseau dont la tour de la cathédrale forme le mât.

HOTELS : *el parador de las Diligencias*; posadas de *Narciso Brualla*; de *San-Miguel*, et de *San-Francisco*.

Cette ville, capitale de la province, est le siège d'un évêché suffragant de Saragosse, datant du VIe siècle, ainsi que des autorités supérieures de la province. Elle possède, en outre, une université, un théâtre, une *Plaza de Toros*, un séminaire, deux colléges, et deux casernes de cavalerie.—Pop. 9,200 hab.

Huesca, quoique peu visitée, offre pourtant un grand intérêt au voyageur par sa haute antiquité. Strabon la désigne sous le nom de *Ileosça*, capitale des Vascitani. Sous Sertorius elle devint une place importante, et Plutarque l'appelle *une grande cité*. Plus tard elle fut détruite par les Maures, qui n'y laissèrent que peu de traces de l'Osca des Romains. Aujourd'hui *Huesca*, offre la vue imposante et pittoresque d'une vieille cité aragonaise; sa principale rue, comme celle de Saragosse, s'appelle el *Coso*.

Curiosités : La belle *cathédrale* gothique, d'une construction excellente, bâtie par Juan de Olotaga en 1400. La principale entrée est ornée de statues d'apôtres, etc., d'un bel effet. Au-dessus, la Vierge occupe le point central, ou place d'honneur, et sur les côtés, on voit l'Adoration des Mages et le Sauveur apparaissant à la Madeleine. Encore plus haut, sous une espèce de dais, se trouve le modèle de la cathédrale telle qu'elle devait être, d'après les dessins primitifs d'Olotaga. L'intérieur a trois nefs; le grand retable d'albâtre qui orne le maître-autel est une des plus belles curiosités de l'Aragon, et le chef-d'œuvre de Damien Forment : commencé en 1520 et terminé en 1533, ce bel ouvrage est divisé en trois parties très-distinctes. On y voit la Passion de Notre-Sauveur, sculptée en plein relief, et des médaillons contenant les portraits de l'artiste et de sa femme. Le cloître renferme le monument élevé en 1522, par ce grand artiste, à Pédro Muñoz, un de ses élèves. Montez sur la tour du beffroi, vous jouirez d'un splendide panorama.

Huesca était jadis la Salamanque de l'Aragon. Son université fut fondée en 1354 par Pedro IV; le *Colegio de Santiago* par Charles V, celui de *San-Vicente* par Jayme Callen en 1587, et le *Seminario* ou *Santa-Cruz* en 1580; les écoles et les bibliothèques ont beaucoup souffert pendant la guerre de la Péninsule.

Visitons ensuite l'ancien *Palacio de los Reynos de Aragon*, et descendons dans la salle voûtée appelée la *Campana* (la cloche), et dont voici l'explication : En 1136, le roi Ramiro II, étant menacé par sa turbulente aristocratie, envoya un message pour consulter Frotardo, abbé de San-Pedro de Tomeras ; celui-ci, pour toute réponse, abattait simplement avec sa canne la tête des choux les plus hauts de son jardin. Ramiro alors appela ses grands vassaux pour les consulter sur la fonte d'une cloche dont le son devait s'entendre par tout l'Aragon, et comme chacun se présentait isolément, il leur fit couper la tête à tous, et jeter leurs corps dans la voûte, d'où ils furent retirés ensuite, et enterrés dans *San-Juan de Jerusalem*, vieille église des Templiers, où l'on trouve encore quelques tombes.

Visitez aussi l'église paroissiale de *San-Pedro*, la maison du comte de Guara, et la *casa del ayuntamiento*, avec ses deux *miradores* et sa galerie ouverte.

On trouve dans les environs de Huesca deux monastères très-remarquables, l'un est l'*Ermita de San-Miguel de Foces*, qui renferme des tombeaux très-anciens, des arches d'une construction singulière et quelques peintures primitives de style byzantin ; l'autre, le *Monasterio real*, est situé sur le *Monte Aragon*, à 1 l. de Huesca. La crypte renferme le tombeau simple mais curieux d'Alonso el Batallador ; remarquez aussi les arches dentelées.

Nous conseillons au touriste de visiter le grand réservoir de *Pantano*, près d'*Arguis*, à 4 lieues N. de Huesca, où l'*Isuela* est emprisonnée dans une gorge, à l'aide d'un énorme mur, construit par Francisco Artigas.

MOYENS DE LOCOMOTION. Tous les jours un *correo* correspond avec la ligne de la Catalogne à Madrid. Il part une *diligencia* et deux *galeras* deux fois par semaine pour Saragosse ; deux *carros pour Barcelone*, etc.

ROUTE 50.

DE SARAGOSSE A TERUEL.

Par **Cariñena** et **Torremocha**, 27 l. 1/2.

Maria............	2	1/2
Muel.............	2	
Longares.........	2	
Cariñena.........	1	1/2
Villareal.........	2	
Lechon...........	2	
Calamocha.......	3	1/2
Caminreal........	1	
Monreal del Campo.	1	
Villafranca del Campo.	2	
Torremocha.......	2	
Villarquemado....	2	
Caude............	2	
TERUEL...........	2	

En sortant de Saragosse, nous laissons à droite la route royale de Madrid, pour prendre une direction plus au sud, jusqu'à

MARIA, village de 600 hab., situé sur un sol un peu montagneux, baigné par le *rio Huerva*, qui va se jeter dans l'Ebre à une petite distance.—Le pays que nous parcourons est très-ondulé ; nous traversons *Muel* et ensuite

LONGARES, petite ville de 1,200 hab., située dans une vaste plaine qui produit du blé, du seigle, de l'orge et du vin assez estimé.

CARINENA, petite localité de 1,100 hab., avec un hospice et un hôpital, située dans une plaine fertile en vin : elle conserve encore ses anciennes murailles avec quatre portes.

VILLAREAL, petit village de 400 hab., situé au pied de montagnes qui le bornent au N. et à l'E.—Toute cette contrée est alpine. Nous traversons LECHON, avec 300 hab. et une fontaine renommée. — Après avoir quitté Lechon, la route atteint la *Jiloca*, qui prend sa source près de *Ceda*, hameau dont l'église possède un beau retable.

CALAMOCHA, ville de 2,700 hab. Plusieurs moulins sur la Jiloca. — En suivant les bords de cette jolie rivière, on arrive à

CAMINREAL, avec 900 hab., petite ville située sur la Jiloca, qu'on traverse pour continuer vers

MONREAL DEL CAMPO, petite ville de 1,500 hab., située dans une plaine fertile qu'arrose la Jiloca ; elle fut fondée par don Alonso Ier d'Aragon, en l'an 1120, pour tenir en échec *Daroca*, qui appartenait encore aux Maures, et qui ne fut conquise que deux ans après.—En continuant cette route, on trouve *Villafranca del Campo*, et deux heures plus loin,

TORREMOCHA, village de 500 hab., situé sur la rive droite du *rio Cella*, dans une plaine unie et fertile.

VILLARQUEMADO, ville de 1,200 hab., située dans une belle plaine qu'arrose la Cella.—PRODUCTIONS. Blé, orge, seigle, fruits, légumes et laine.

TERUEL. Ville de l'Aragon, capitale de la province et du partido de son nom, résidence du gouverneur militaire, du chef politique, de l'administration des routes et des *correos*.—Pop. 4,400 hab. ; *posada* tolérable.

Vue de loin, avec ses vieilles murailles, ses portes et ses tours, cette cité s'élève majestueusement au-dessus d'une plaine bien boisée et qu'arrosent la *Turia* et l'*Alfambra*, rivières très-poissonneuses. A l'intérieur, la ville est bien construite, mais d'un aspect triste.

L'église, érigée en cathédrale en 1577, est sombre et défigurée par des stucs et des ornements de mauvais goût. Les stalles du chœur, de style corinthien, sont belles; mais on remarque surtout le retable, œuvre de Gabriel Yoli, sculpteur français, qui florissait ici vers 1538. Le portail et les colonnes de la splendide *Capilla de la Epifania* méritent l'attention ; à droite du transept se voit une peinture représentant les onze mille vierges, par Antonio Bisquert, de Valence, dont les œuvres sont rares.— Le palais de l'évêque a un joli *patio*. La *parroquia de San-Pedro* possède un beau retable par Yoli, et des peintures de Bisquert représentant san Joaquin et santa Teresa. Les cloîtres renferment les restes des amants de Teruel, si souvent célébrés dans les drames espagnols. Isabelle de Segura et Jean Diego de Marcilla, moururent en 1708 (Voyez *los Amantes de Teruel*, par Perez de Montalban). L'église de *Santiago* possède un beau Christ mort, par Bisquert, artiste qui mourut de chagrin, en 1646, de n'avoir pas été choisi pour peindre l'Adoration des Mages dans la cathédrale. Ses ouvrages sont très-rares et peu connus, même en Espagne.

L'ancien *Colegio de Jesuitas*, servant maintenant de *seminario auxiliar*, est un bel édifice. L'aqueduc de *los arcos de Teruel* est un ouvrage digne des Romains ; il fut élevé en 1555-60, par Pierre Bédel, architecte français.

A *Caudete* et *Concud*, 1 l. de Teruel, on trouve d'innombrables ossements humains. Tout porte à croire que ce lieu a été le théâtre d'une grande bataille dans les temps anciens.—*La Cuva Rubia* mérite aussi une investigation particulière.

A 1/4 de l. de la porte du N. se trouve un établissement de bains dont les eaux sont commandées pour les rhumatismes, les affections de l'estomac et autres maladies.

MOYENS DE LOCOMOTION. Courrier trois fois par semaine, comme centre de communication entre *Saragosse* et *Valence* ; *carros*, *galeras* et *ordinarias* pour les divers points de l'Aragon.

ROUTE 51.

DE TERUEL A CALATAYUD.

Par **Daroca**, 261.

Caudète.	2
Villarquemado.	2
Torremocha.	2
Villafranca del Campo.	2
Monreal del Campo.	2
Caminreal.	1
Calamocha.	2
Vaguena.	3
Daroca.	2
Retascon.	1
Miedes.	3
Belmonte.	2
CALATAYUD.	2

On sort de Teruel par la porte que nous avons prise en y entrant, venant de Saragosse ; nous suivons la même route jusqu'à Calamocha (*V.* route 50), où nous laissons à droite la route de Saragosse, pour en prendre une autre qui incline un peu au N.-O. jusqu'à

VAGUENA, village insignifiant. — Trois heures de marche dans le fertile bassin de la Jiloca nous conduisent à

DAROCA, petite ville ancienne, chef-lieu de la belle et riche vallée de la Jiloca, avec une *posada* passable et 500 hab.

Cette antique cité, pittoresquement située dans une vallée entourée de collines, est défendue par des murs et des tours mauresques qui suivent les accidents du sol. Les points culminants de ces hauteurs offrent des vues charmantes. Mais la ville proprement dite est placée comme dans un entonnoir, de sorte qu'elle est exposée à de fréquentes inondations ; pour remédier à cet inconvénient on a creusé une *mina*, ou conduit souterrain qui sert tour-à-tour à l'écoulement des eaux quand elles sont trop abondantes, et de route quand l'eau n'y séjourne pas. Cet ouvrage, d'une utilité et d'une magnificence vraiment romaines, fut exécuté en 1560 par Pierre Bedel, le même qui construisit l'aqueduc de Teruel. Ce *tunnel* ou viaduc a environ 340 mètres de long, 8 de large et 8 de haut.

Daroca offre encore au voyageur d'autres merveilles. La première est la *rueda*, ou roue de moulin, laquelle se détacha par une cause quelconque, pendant l'inondation qui eut lieu dans la nuit du 14 juillet 1575, heurta et brisa les portes de la ville, ce qui procura un écoulement aux eaux, et sauva les habitants qui étaient plongés dans un profond sommeil. Cet heureux événement arriva le jour de *san Buenaventura*. La roue libératrice, considérée comme une précieuse relique, fut enchâssée dans la *calle Mayor*. —*L'homme de pierre* est considéré comme la seconde merveille de Daroca : c'est le corps pétrifié d'un certain Pedro Bisagra, avec un panier à son bras. La légende rapporte que cet individu avait l'habitude de voler des raisins ; mais un jour il fut pris en flagrant délit, et nia le fait, en ajoutant que s'il mentait il consentait à être changé en pierre, ce qui lui arriva effectivement ; mais il perdit dans cette métamorphose les deux tiers de sa hauteur primitive.— Troisième merveille : Los *Santos Corporales*, ou, comme on les appelle aussi, el *Santo-Misterio*, conservés dans la *Colegiata*. Cette belle église, de style gothique, fut construite par Juan II d'Aragon, qui mourut en 1479 ; elle subit des changements en 1587, époque à laquelle Juan Maron éleva le portail corinthien, et ajouta les bas-reliefs du *Misterio*. La tour est beaucoup plus ancienne ; elle fut construite en 1444, par la femme d'Alonso V. La chapelle qui contient les saintes reliques possède un beau retable orné de colonnes de marbre noir, et une Ascension de la Vierge sculptée en 1682 par Francisco Franco [1].

Voici le résumé de la légende relative aux *santos Cor-*

---

[1] Pour de plus complets détails sur cette légende, consultez : *Historia de los Corporales*, par Gaspar Miguel de la Cueva, Alcala, 1555 ; 2e édition, Saragosse, 1590.—V. aussi *Disertacion Historica*, par Dr Gil Lissa y Guevara, Saragosse, 1690, etc.

porales : « En 1239, un certain Don Berenguer Dentenza assiégeait le château de Chio, près de Bellus, dans le royaume de Valence, lorsque 20,000 Maures vinrent au secours de la place ; alors cet intrépide Espagnol, ne consultant que son courage, s'élança en avant avec cinq autres chevaliers pour les repousser. Avant le combat, le curé de Daroca avait consacré six hosties, mais nos six braves champions furent attaqués par les infidèles avant d'avoir pu communier. Le prêtre, forcé de prendre la fuite, eut le soin d'envelopper les six hosties dans leurs *corporales* (linge qui sert à recouvrir le calice), et les cacha dans des buissons. Or, il arriva que les six Espagnols défirent les 20,000 Maures, et quand les infidèles eurent tout-à-fait évacué la côte, le curé reparut, chercha, et retrouva ses *corporales*, lesquels contenaient maintenant, au lieu de six hosties, six morceaux de chair saignante. Mais il advint que chacun des chevaliers voulait posséder ce trésor, et pour mettre fin à toute discussion, il fut convenu qu'on le placerait dans une boîte dont on chargerait la mule du curé, et que l'endroit où l'animal s'arrêterait serait le lieu où on le déposerait. La mule retourna seule à Daroca (éloigné de plus de trente lieues), traversant des montagnes sans routes tracées, et s'agenouilla à la porte de la Colegiata, qui acquit de ce moment une grande célébrité. »

Daroca possède encore six autres églises paroissiales, parmi lesquelles on distingue *Santiago*, avec sa belle façade, et dont l'intérieur possède un tableau représentant la bataille de *Clavijo*, par Ambrosio Plano, natif de cette ville.

Tout ce pays, encore peu exploré, fournira un vaste champ d'études au botaniste. Les fruits qu'on y récolte sont excellents, surtout les poires appelées *pera pan* et *cuero de sama*, et la pomme de *camuesca*.

Au S. de *Daroca*, se trouve la plaine de *Bello*, avec son lac aux eaux saumâtres, la *Gallocanta*, dont les bords abondent en plantes salines.—Au-delà de ce lac est *Villar del Saz*, avec ses mines de fer, dont la célébrité est fort ancienne.

De *Daroca* on peut rejoindre, par *Cariñena*, la route de Saragosse à *Teruel* (*V.* route 50), ou bien continuer pour Calatayud, où nous arrivons après 7 heures de marche, et après avoir traversé *Retascon*, *Miedes* et *Belmonte*, localités sans intérêt.

CALATAYUD (*V*. route 2).

ROUTE 52.

DE SARAGOSSE A LA FRONTIÈRE DE FRANCE.

Par **Ayerbe** et **Jaca**, 25 l. 1/2.

Villanueva de Gallego..	2 l.
Zuera.	2
Venta de la Camerera	1
Gurrea	2
Venta de Turuñana	3
Ayerbe	2
Venta de Peguera.	1
Venta de Garoneta	1
Anzanigo	1
Bernues	2
Venta de Bernues.	1
Venta de Fontasones.	1
Jaca	0 1/2
Castielo	1
Villanua.	1
Canfranc	1
Venta de San-Anton.	1
URDOS (France).	2

Dans l'été une diligence dessert la première section de cette route, qui est la moins ondulée ; mais c'est à cheval que se fait généralement ce voyage, les chemins de montagne étant ordinairement difficiles.

En sortant de Saragosse nous traversons cette plaine nue que nous avons déjà parcourue pour aller à *Huesca*. A notre gauche coule le *Gallego*. Le voyageur qui quitte Saragosse un peu tard doit passer la nuit à la *venta* solitaire de la *Camarera*, où l'on trouve un gîte passable.— Ensuite on traverse

GURREA, village de 600 hab., situé sur un sol montueux arrosé par le petit cours d'eau le *Soton*, qu'on traverse sur un pont de pierre.

Plus nous approchons d'*Ayerbe*, petite localité de 200 hab., dans la vallée de *Broto*, plus les Pyrénées grandissent, et plus la route devient mauvaise. Ensuite, franchissant la chaîne de montagnes qui sépare le bassin de l'Aragon de celui du Gallego, et traversant plusieurs villages situés dans des vallons bien arrosés, nous arrivons après beaucoup de sinuosités à

JACA, ville et place forte de l'Aragon, avec 3,000 hab., et un évêché suffragant de celui de Saragosse ; elle est assez bien bâtie et située au centre d'une vallée qu'arrosent et fertilisent les rivières, la *Gaz* et l'*Aragon*. On remarque la cathédrale, édifice simple et solide, fondée par Ramiro en 814, dédiée à *santa Orosia ;* le corps de la sainte, déposé dans une chapelle, est en grande vénération.

Près de Jaca s'élève la *Santa-Cruz*, église singulière, de style semi-normand, dont le portail est très-remarquable. Les Romains s'emparèrent de cette ville l'an 195 avant Jésus-Christ ; ils la fortifièrent et en firent la capitale du district. On voit encore aujourd'hui quelques restes du mur romain. Don Asnard l'arracha aux infidèles en 795 ; dans leur fuite, les Maures laissèrent les têtes de quatre de leurs chefs ; ces têtes devinrent les armes de la ville. Aujourd'hui même on visite encore le lieu où se donna la bataille ; il porte le nom de *Las Tiendas*. C'est le premier vendredi de mai que les filles de ces fières Amazones qui avaient combattu si vaillamment à côté de leurs maris pour chasser les infidèles vont glorieusement faire leurs dévotions dans l'église élevée sur le lieu du combat, dédiée à la Vierge de la Victoire. Le vieux *château* de Jaca, situé sur une éminence, fut réparé et fortifié par les Français pendant la guerre de la Péninsule.—Jaca offre aussi de l'intérêt au légiste : son *Fuero* ou charte municipale date de l'expulsion des Maures, et fut confirmé en 1063, par Sanchez Ramirez.

Si le voyageur peut disposer de quelques instants, il visitera les mines et les forêts de pins d'*Oroel*, et les ruines pittoresques du couvent des Bénédictins de *San-Juan de la Peña*, près duquel les Aragonais bâtirent leur première cité, qu'ils appelèrent *Panno;* mais qui fut bientôt détruite par les Maures ; alors les habitants s'enfuirent vers la caverne où l'on éleva le couvent, qui par la suite devint le berceau de la monarchie.

Peu après Jaca, nous pénétrons dans les défilés des Pyrénées; alors la route prend un aspect sauvage. C'est au milieu de scènes grandioses que nous atteignons

CANFRANC, petite et pauvre ville de 800 hab., située sur la rive gauche de l'Aragon, rivière que l'on traverse sur un pont de bois ; son château est situé sur un roc escarpé d'où la vue est magnifique. Derrière s'élève encore plus haut le *Can Gran*, au front neigeux et presque toujours entouré de nuages : c'est un des points les plus remarquables de cette chaîne des Pyrénées. *El Puerto de Canfranc* (porte ou col) est à 2,200 mètres environ au-dessus du niveau de la mer. Les habitants de cette localité font presque tous la contrebande, et cela en face de la douane et des douaniers des deux pays. Canfranc est la dernière ville de l'Aragon. Adieu donc, Espagne affamée! adieu à tes défilés, à tes montagnes, à tes forêts de chênes, à tes plaines odoriférantes, et salut à la France!

URDOS, où nous arrivons, nous offre un triste échantillon de la cuisine française (*V. Guide en France*, par *Richard* et *Quetin*).

De *Puerto de Canfranc*, le voyageur à pied peut prendre à droite, passer sous le *Pico del Mediodia* pour atteindre *Gabas*, où se trouve la douane française, et la continuer pour les eaux chaudes de *Gabas*. On peut faire l'ascension du Pic du Midi dans deux ou trois heures.

ROUTE 53.

DE JACA A EL PUERTO DE SALLENT,

et de là à **Gavarni** en **France**, 8 l.

Larres	2 l.
Biescas	2
Pueyo	2
PUERTO DE SALLENT	2

La première chose à faire, c'est de se pourvoir de provisions et d'un bon guide. Ce guide vous procurera des logements dans les maisons particulières des villages que vous avez à traverser, et ces logements sont beaucoup plus propres et plus tranquilles que les posadas, qui servent ordinairement de repaires aux contrebandiers et à leurs bêtes.

La contrée que nous allons parcourir offre des beautés de toutes sortes. La délicieuse vallée de *Tena*, qui possède les bains d'eau minérale de *Panticosa*, est située entre la vallée de *Canfranc* et celle de *Broto*, séparées par des chaînes de montagnes, contreforts des Pyrénées ; on communique de l'une à l'autre au moyen de sentiers sauvages, qui ne sont guère connus que des habitants du pays. La vallée de Tena peut avoir 4 lieues de long du N. au S., et 3 lieues de large, ce qui lui donne une superficie d'environ 14 lieues : elle est arrosée par le *Gallego*, et son principal village est *Sallent*.—En quittant *Jaca*, nous tournons vers l'E.— Après *Larres*, petit village, nous passons plusieurs fois le *Gallego* avant d'arriver à

BIESCAS, village qui rappelle ceux de la Suisse. *Auberge* décente, près du pont.—Pop. 300 hab.—Cette localité est un point central pour la chasse et la pêche ; elle communique avec la vallée de Tena et celle de Broto, que les chasseurs de chamois considèrent comme les lieux les plus favorables en ce qu'ils sont situés au-dessous des ramifications confuses du *Monte Perdido* (Mont Perdu).

Plus nous avançons vers Panticosa, plus les défilés se rétrécissent, et plus la scène prend un caractère alpestre :

à 1/3 de lieue environ on trouve *Baranco de Estaquer*, ravin sauvage ressemblant au lit d'un torrent ; un peu plus loin, nous pénétrons dans les délicieux vallons de *Taquen* et de *Laciesa*. Visitez la *Fuente Gloriosa*, qui jaillit de la grotte du *Santuario de Santa Elena*, dans laquelle on prétend que la fille de Constantin-le-Grand chercha un refuge.—Il y a sur la colline qui domine cet endroit une fontaine intermittente.

BAINS DE PANTICOSA, pauvre village qui doit sa célébrité aux bains d'eau minérale situés dans son voisinage, à 2 bonnes heures de marche; il faut pour y arriver franchir une chaîne escarpée, à travers la gorge rocheuse *el Escalar*. C'est un paysage tout-à-fait romantique et séparé du reste du monde par des pics granitiques dont les têtes sont cachées sous des neiges éternelles. Comme ce village est un des lieux habités les plus élevés des Pyrénées (2500 m. environ au-dessus du niveau de la mer) il est tout à fait abandonné pendant l'hiver; mais en été on y trouve une *auberge* française très-décente et bien tenue. Les *bains* sont également bien tenus : la saison commence en juin et finit en septembre ; on les recommande dans une infinité de maladies.

De cette localité plusieurs routes mènent en France. Celle qui conduit aux *Eaux-Bonnes* est passable et peut se faire à pied, par un bon marcheur, en 12 heures ; celle qui conduit à *Cauterets* par le *Col de Marcadau*, qu'on préfère ordinairement, est déserte et exige une marche pénible d'environ 8 heures. La crête du col une fois franchie, 1 heure de descente conduit à *Cauteretz*, au Lion d'or, ou à l'hôtel de France (V. *Guide aux Pyrénées*, par Richard et Quetin).

De Panticosa, 2 heures de marche sur un sol escarpé nous conduisent à

SALLENT, chef-lieu de la *vallée de Tena* et siége de la douane espagnole ; la posada est passable.—De cet endroit plusieurs passages, tout-à-fait sauvages, conduisent en France. Celui de l'O., *Puerto de Formigal*, est le plus facile ; ceux de *Cuello de Sova* et de *La Forqueta* conviennent mieux aux contrebandiers et aux chasseurs de chamois.

La route qui conduit aux *Eaux-Chaudes* en France est très-fréquentée et fort pittoresque. Après avoir remonté le cours du *Gallego* jusqu'au *Port d'Anéou*, la première habitation française que l'on rencontre se nomme *Case de Brousette*; c'est une espèce d'hospice, pour abriter les voyageurs égarés par la tempête. On atteint ensuite, au milieu des rochers et des sapins, le *plateau de Bioux-Artiques*, d'où la vue est magnifique. Tout près, le *Pic du Midi* s'élève majestueusement; le voyageur qui voudrait en faire l'ascension devra prendre un guide à *Gabas*, le premier village français, où se trouve un bureau de douane et un petit cabaret.

ROUTE 54.

DE SARAGOSSE A BARBASTRO ET A GISTAIN.

Par **Alcubierre**, 30 l. 1/2.

Villamayor.	1	1/2
Perdiguera.	2	
Leriñena.	1	
Alcubierre.	2	
Poliñino.	2	1/2
Venta de Vallerias.	2	1/2
Peralta.	1	1/2
BARBASTRO	2	1/2
Naval	4	
Ainsa.	6	
Puertolas	3	
GISTAIN.	3	

La première section de cette route, jusqu'à Barbastro parcourt les tristes et désertes plaines de l'Aragon, en suivant une direction E. On traverse *Perdiguera*, village de 400 hab., à l'E. duquel s'élève le *Monte Oscuro*; passé *Leriñena* se trouve l'*Ermitage de la Virgen de Magallon*, si célèbre par sa légende et par les faits d'armes qui y eurent lieu en 1808. Ensuite on franchit la *Sierra de Acu-*

ROUTE 54.—DE SARAGOSSE A BARBASTRO.

bierre, lieu de sinistre mémoire pour les voyageurs à cause des vols nombreux et des assassinats qui s'y commettaient autrefois. De là nous traversons l'insignifiant village de *Alcubierre* (1,300 hab.) pour arriver à

POLININO, village de 400 hab., situé sur les bords du rio *Flumen*, qui descend des montagnes voisines et se réunit à l'*Isuela* qu'on traverse sur un pont de pierre.—Bientôt on passe les rivières *Masizaleme* et *Alcanadre* sur deux ponts de pierre; ces divers cours d'eau offrent d'excellentes pêches à l'amateur.

BARBASTRO, ville, capitale du partido de son nom, province de Huesca, avec une population de 7,200 hab. Elle est située sur les bords du *Vero*, qui la divise en plusieurs parties réunies par des ponts de pierre. Cette ancienne ville contient trois *plazas*, neuf rues principales, trois fontaines publiques, deux prisons et trois promenades; son évêché est suffragant de celui de Saragosse et renferme 180 paroisses; la vieille cathédrale possède des peintures d'*Antonio Galceran* de 1588.

Diligences pour Saragosse; *carros* et *galeras* pour Lérida et Huesca.

De *Barbastro*, la route, qui jusqu'alors avait suivi une direction E., coupe brusquement vers le N., traversant *Naval* et puis

AINSA, ville ancienne et jadis la résidence des rois de *Sobrarbe*, dont l'alcazar ou palais n'est pas encore complétement détruit. Son église est collégiale.—A 1/2 l. environ de la ville s'élève la croix de Sobrarbe placée sur un fût de pierre imitant le tronc d'un arbre, et abritée par une coupole d'ordre dorique; ce modeste temple indique l'endroit où Garcia Ximenez ou Iniguez fixa une croix sur un chêne et adopta ce signe religieux pour étendard, lors de la victoire qu'il remporta sur les Maures, vers l'an 750.

Maintenant nous quittons les plaines pour entrer dans les ramifications des Pyrénées. Nous rencontrons d'abord

PUERTOLAS, village situé dans une étroite vallée, arrosée par le *Bellos* et bordée de chaque côté par une chaîne de montagnes qui la sépare des vallées de *Vio* et de *Vielsa*. De cette dernière, il existe une communication par le passage agreste el *Portillo de Tella*, et de là, à la frontière de France, par la *Puerto de Folqueta*, d'où l'on peut gagner *Arreau* (V. *Guide aux Pyrénées*).—Trois grandes heures d'une marche pénible dans les montagnes nous mènent à

GISTAIN, principale ville de la vallée de *Gistan* qu'arrose le *Ginqueta*. On y trouve des mines importantes de cobalt. *Gistain* communique avec la France : 1° par el *Puerto de la Madera*, 2° par l'*Aura de Plan*, 3° par *La Pez*, élevée d'environ 3,300 m. et praticable seulement pour le voyageur pédestre.

ROUTE 55.

DE SARAGOSSE A PAMPELUNE.

Par **Tudella** et **Tafalla**, 30 l.

Las Casetas	2	
Alagon	2	
Pedrola	2	
Mallen	3	
Cortes	1	
Tudela	4	
Arguedas	2	1/2
Valtierra	0	1/2
Caparosa	3	
Olite	3	
Tafalla	1	
Berasoain	2	
Mendivil	1	
Noain	2	
PAMPELUNE	1	

Si le voyageur n'est pas trop pressé, nous lui conseillons

de prendre les bateaux qui partent pour *Tudela*, sur le canal. Ces embarcations longues et étroites sont tirées par des mules qui font environ 1 lieue 1/2 à l'heure ; on s'embarque à la *Casablanca*. Quelquefois on s'arrête à *Gallur*, qui se trouve à moitié chemin et possède une bonne *posada*; de là on continue jusqu'à *el Bocal*, où des voitures sont toujours prêtes pour recevoir les voyageurs et les conduire à *Tudela*, distant de 1 l. 1/2. On met ordinairement 11 h. à ce voyage, et lorsque le temps est beau il est fort agréable. On trouve à bord une table d'hôte passable : prix du voyage, environ 35 réaux, *omnibus* compris.

Le voyageur qui préfère la voie de terre prendra les diligences de la Compagnie navarraise, qui vont à *Bayonne* par *Tudela* et *Pampelune*.

De Saragosse jusqu'à Tudela la route court entre le canal et l'Èbre, mais le pays offre peu d'intérêt. Au village d'*Alagon* le général Lefèvre-Desnouettes mit en déroute le général espagnol Palafox. — *Mallen*, autre petit village, fut aussi témoin, en 1808, d'une victoire du même général. Un peu au-delà, nous quittons l'Aragon.

CORTES, petite ville de la Navarre, juridiction et partido de Tudela, avec une population de 1,000 hab.

TUDELA, ville de 8,000 hab., chef-lieu du partido (canton) et de la mérindad (juridiction) de son nom ; siége épiscopal suffragant de Burgos. Elle est située sur une langue de terre formée par la *Queiles* et l'*Èbre*, beau fleuve qu'on traverse sur un pont antique en pierre de dix-sept arches dont la longueur totale est d'environ 400 mètres ; ce pont était autrefois défendu par trois tours dont la première fut démolie en 1797 et les deux autres en 1813 par les ordres des généraux Espoz et Mina. *Tudela* est une ville triste, avec des rues étroites, des maisons solidement bâties et très-élevées ; la *plaza* est assez jolie et les promenades sur le bord du fleuve sont très-agréables. Alonso Ier l'enleva aux Maures en 1114. L'ancienne *collegiale* gothique, érigée en cathédrale en 1783, offre un portail latéral orné de bas-reliefs curieux. L'Èbre, en cet endroit, est renommé pour ses esturgeons et ses anguilles ; son île, nommée

Mejana, produit des fruits qui passent pour les meilleurs de la Navarre. Tudela est la patrie du savant juif *Benjamin*, qui florissait dans le XIIe siècle ; ses ouvrages ont été traduits en latin par Arias Montano. En quittant Tudela, on traverse l'Èbre et on pénètre dans la triste plaine de la *Bardena*, qui s'étend vers la droite ; 2 h. 1/2, après, on atteint

VALTIERRA, petite ville du partido de Tudela, avec 1,400 hab. et un vieux château mauresque en ruines. Une contrée tout-à-fait nue nous conduit à

CAPARROSO, ville appartenant au partido de Sanguesa ; on y voit une ancienne église et un alcazar, situé sur une éminence. Après avoir traversé l'*Aragon* sur un beau pont de 11 arches, on voyage au milieu des vignes et des oliviers ; mais bientôt le sol se dépouille de ses plantations et la nudité recommence jusqu'à

OLITE, ville ancienne, située dans une plaine fertile en grains, vins et bons pâturages. L'alcazar, jadis résidence des rois de Navarre, fut détruit par les Français en 1792 ; *Olite* et Tafalla, autrefois les fleurons de la couronne de Navarre (*Olite y Tafalla flor de Navarra*) marchent d'un pas égal vers une ruine prochaine.—A 1 lieue se trouve *Peralta*, renommé pour ses vins, extraits des raisins de *Berbez*. —1 h. de marche dans un pays riche en vignes, olives et grains, conduit à

TAFALLA. La meilleure auberge est le *parador de las Diligencias*, où s'arrête ordinairement la voiture. Tafalla (*Tubalia*), fondée, dit-on, par Tubal, était jadis le séjour des rois de Navarre ; Semen Lezano y construisit en 1419, pour Charles III de Navarre, un palais magnifique, n'offrant maintenant qu'une triste ruine. Les murailles de la vieille cité ont mieux résisté aux ravages du temps. La *plaza de Armas* est sur une éminence. Dans l'église de *Santa-Maria* on voit un beau *retable* gréco-romain de Miguel de Ancheta, représentant les vies de Notre-Seigneur et de la Vierge ; le tabernacle dorique et ionique et les bas-reliefs, spécialement celui représentant Jésus-Christ montrant la blessure de son côté, sont remarquables. Visitez l'ermitage de *Santa-Catalina*, où fut assassiné, le 23 novembre 1469, l'évêque de Pampelune Nicolas Échevarri. Le climat de Tafalla est délicieux et sain ; il y a de bonnes chasses dans le *Montes* près de *Artajona* à el *Plano* et à el *bosque del Condestable*, près desquels coule l'Arga, qui offre une excellente pêche de truites. Cette ville, jadis résidence royale, n'offre plus que l'ombre de son ancienne splendeur.

Après avoir traversé le *Cidacos* aux bords riants, nous trouvons à 4 l. environ, la *venta de las Campanas*, renommée pour ses vins de Navarre.

BERASOAIN, petite ville de 500 habit., située dans la vallée de *Orba*, produit beaucoup de céréales et de bons vins. Elle était jadis célèbre pour ses bains. Le pont et le fort furent emportés d'assaut en 1839, lorsque Diégo Léon défit les carlistes. Après avoir franchi les défilés d'*Olarzy*, nous entrons à

NOAIN, petit village de 200 hab., près duquel s'élève le magnifique *aqueduc de Pampelune* dont nous avons parlé route 31.

ROUTE 56.

DE TUDELA A ARANDA DEL DUERO.

Par **Soria**, 35 l. 1/2.

Cascante	2
Tarazona	2
Agreda	4
Aldea del Pozo	4
Fuen Sanco	2
Soria	2
Villa Cuervos	3
Val de Albillo	4
Burgo de Osma	3

Osma	0 1/2
San-Esteban de Gormaz	1 1/2
Langa	3
Badecondes	2 1/2
ARANDA	2

De *Tudela,* la route suit une direction S. jusqu'à

CASCANTE (*Cascantum*), ville de 3,000 hab., située sur la *Queiles,* qu'on traverse sur deux ponts. L'*église,* dédiée à l'Assomption de la Vierge, fut construite en 1476; le *retable,* l'une des merveilles de la Navarre, fut sculpté en 1596 par Pédro Gonzalès de San-Pedro et Ambrosio de Vengochea ; les trois divisions contiennent des sujets tirés de la vie de la Vierge ; on remarque surtout la Sainte-Croix, et les statues de saint Pierre, saint Paul et de la Madeleine. Le *Sagrario* (tabernacle) représente les mystères de la Passion. Une promenade charmante et bien ombragée conduit à l'ancienne église située sur une éminence et dédiée aussi à la *santissima Maria.* On y voit l'image de la *Virgen del Romero,* qui attire de nombreux pèlerins. *Cascante* renferme une source d'eau minérale, nommée la *Fuente del Matador,* laquelle, malgré son nom, est très-salutaire dans les maladies des viscères. — Après 1 h. de marche environ, nous quittons la Navarre pour entrer dans l'Aragon, et 1 h. de plus nous conduit à

TARAZONA (*Turiaso*), ancienne et jolie ville, d'environ 10,000 hab., située dans une plaine exposée aux vents violents qui soufflent du noir *Moncayo.* Elle est le siége d'un évêché suffragant de Saragosse ; possède une *cathédrale* gothique, un *Alcazar* mauresque, trois ponts sur la *Queyles* et un pittoresque *azuda* ou réservoir. — Ses habitants sont presque tous agriculteurs ou pasteurs ; son district est très-fertile en toutes choses. Cette antique *Turiaso* devint *municipium* sous les Romains, et était renommée pour ses aciers.—Bientôt la route incline vers le S.-O. ; nous pénétrons dans la province de Soria.

AGREDA (*Grœcubis*), ville d'environ 3,500 hab., située

sur la *Queyles*, est très-exposée aux vents orageux du sombre *Moncayo*.— *Curiosités*. La *Plaza*, ornée d'une fontaine ; les *Casas consistoriales ;* les habitations des familles Ayamonte et Velamazan.—Agreda se dispute avec Avila la sainte *Maria de Jésus*, qui était ici abbesse du couvent de l'Immaculée Conception (*Voyez* sa biographie, par Jos. Xim. Samaniego, in-4° Mad. 1720, ouvrage fort rare). — Nous abordons les plaines tristes et nues de la Vieille Castille. Nous traversons rapidement *Aldea del Poso*, et *Fuen Sanco*, pour arriver à SORIA (*V.* route 42). — Une route déserte nous conduit à

OSMA (*Oxoma*), ville ancienne d'environ 1,000 hab. adonnés à l'agriculture ; c'était jadis une place frontière importante. Alonso II, roi de Léon, l'enleva aux Maures en 746 et la détruisit ; elle fut reconstruite en 938 par Gonzalo Tellez, et fortifiée en 1019 par Sancho Garcia, comte de Castille. Elle est située sur les rivières *Ucero* et *Abion*, tributaires du *Douro*. Dans la *cathédrale* élevée en 1232 par Juan, chancelier de Saint-Ferdinand, on admire la *Capilla mayor*, dont le *retable* et le *trascoro* furent sculptés en 1556 par Juan de Juni : ce bel ouvrage représente la Passion de J.-C.—La superbe *Reja* fut exécutée en 1505 par Juan Frances. La façade, la tour et la sacristie ont été restaurées dans le siècle dernier.

L'ancienne cité de *Clunia* est située près de *Coruña del Conde*, à 5 lieues O. d'*Osma ;* on y trouve encore quelques restes mutilés de l'antiquité, l'ancien Théâtre, taillé dans le roc, a résisté jusqu'ici aux efforts destructeurs du temps et des hommes.

D'OSMA il nous reste encore 9 lieues 1/2 à parcourir au travers d'une contrée insignifiante, pour atteindre ARANDA DEL DUERO (*V.* route 1re).

ROUTE 57.

DE TUDELA A LOGROÑO.

Par **Calahorra**, 15 l.

Alfaro	3
Aldea Nueva	2
Calahorra	2
Venta de Ansejo	4
Venta de Tamarices	2
LOGROÑO	2

Pour faire ce voyage de 2 jours, il faut aller à cheval ou louer une *tartana*. La route remonte le bassin de l'Èbre, dont les deux rives sont assez fertiles, jusqu'à

ALFARO, ville assez importante, située sur les limites de la Navarre, au pied d'une colline qu'arrose l'*Alhama*, tributaire de l'Èbre. Voyez son Église collégiale.—La route continue à suivre la vallée de l'Èbre jusqu'à

CALAHORRA (la *Calagurris Nacica* des Vascons et des Celtibériens). C'est une cité très-ancienne, d'environ 6,000 hab., et point central d'excursions intéressantes.— La *posada*, hors des murs, malgré son extérieur simple, offre un bon gîte.—Calahorra, située sur la pente d'une colline, commande une vue très-pittoresque; l'intérieur de la ville est triste comme toutes les vieilles cités castillanes; la montée principale conduit à la *Plaza* : observez les arches arrondies des nombreux portiques, la *casa del ayuntamiento*, et la façade de la *Cathédrale*, dont le temps a rongé les briques.

L'ancienne *Calagurris* rivalisait avec *Numantia*, et toutes deux opposèrent une résistance mémorable aux attaques qu'elles eurent à subir. Pompée assiégea la première l'an 678 avant J.-C., mais Sertorius le contraignit à se retirer après avoir perdu 3,000 hommes; quatre ans plus tard elle fut prise et brûlée par Afranius, après avoir souffert une famine si terrible, que les hommes, dit-on, se nourrissaient de la chair de leurs femmes, et les mères tuaient et salaient leurs enfants; on ajoute que tous les habitants périrent plutôt que de se rendre.

BAINS D'ARNEDILLO. — Les célèbres bains chauds d'Arnedillo sont situés à 4 lieues environ S.-E. en remontant le cours du *Cid;* ils sont très-fréquentés depuis juin jusqu'en septembre, et considérés comme le Barèges de la *Rioja;* ces eaux ont pour principe le muriate de soude.—A 4 lieues de là se trouve *Rejano,* qui renferme des mines de houille.—Un pays plat, sans intérêt, mais d'une grande fertilité, bien que sujet aux inondations, conduit, en remontant l'Èbre, à LOGRONO (*V.* route 6).

ROUTE 58.

DE MADRID A HUESCA.

Par **Guadalajara** et **Saragosse**, 67 l. 1/4.

De *Madrid* à Guadalajara (*V.* route 2, et lisez en sens inverse) 10 lieues.
De *Guadalajara* à Saragosse (*V.* route 2, et lisez en sens inverse) 46 lieues 1/4.
De *Saragosse* à Huesca (*V.* route 49) 11 lieues.

ROUTE 59.

DE HUESCA AUX BAINS DE PANTICOSA, 16 l. 1/2.

Bolea.	3 l.	
Calderenas.	4	1/2
Puente de Fanlo.	1	1/2
Sabiñanigo.	1	1/2
Aurin.	0	1/2
Senegué.	1	
Biescas.	1	
Panticosa.	2	1/2
LES BAINS (Los Baños).	1	

La route que nous parcourons jusqu'à *Senegué* ne peut se faire qu'à pied ou à cheval; elle suit une direction N., et traverse une contrée pittoresque.

Il y a encore une autre route qui conduit de *Huesca* aux *Bains*; on va d'abord à *Ayerbe*, rejoindre la route de *Saragosse* aux *Bains*, passant par *Jaca;* on trouve sur cette route des diligences qui de Saragosse conduisent aux Bains.

Pour la description de la route, depuis *Senegué* jusqu'aux Bains (*V.* route 53). Nous avons dit que ces *Bains* étaient situés dans la vallée de *Tena;* nous ajouterons que l'établissement contient 5 sources médicinales, savoir: *los Herpes, del Higado, del Estomago, del Ibon* et de la *Jaqueca;* le service se fait dans quatre corps de logis qui sont: la *Casa de Abajo*, avec logements et oratoire; la *Casa de los Herpes*, avec 8 bains et logements; la *Casa del Estomago*, avec bains et salon d'amusements pour les baigneurs; la *Casa de la Pradera*, qui est l'*Hospederia* principale des invalides, et contient aussi des logements, un salon de récréation, ainsi qu'une salle de billard.—Le nombre des personnes qui fréquentent annuellement les *Bains de Panticosa* peut s'élever de 5 à 600; la saison commence vers le 20 juin, et finit le 30 septembre.

Non loin de Panticosa se trouvent les *Bains de Tiermas*, près de la petite ville de ce nom: cet établissement renferme une *hospederia* bien tenue; la saison commence le 1ᵉʳ mai, et finit le 30 septembre.

ROUTE 60.

DE MADRID A TERUEL.

Par **Guadalajara** et **Alcolea del Pinar**, 50 l. 1/4.

De Madrid à Alcolea del Pinar (*V.* route 2, et lisez en sens inverse) 24 lieues 1/4.

Maranchon..	4
Anchuela.	2
Tartanedo.	2

Tortuera.. 2
La Junta.. 2
Blancas. 2
Monreal del Campo.. 2
Villafranca del Campo. 2
Torremocha. 2
Villarquemado. 2
Conde. 2
TERUEL. 2

Les six ou sept localités que nous traversons offrent peu d'intérêt jusqu'à MONREAL DEL CAMPO, où nous tombons dans la route de Saragosse à Madrid.—De cette localité jusqu'à TERUEL, voyez route 50.

Une nouvelle route en voie de construction (1850) conduira d'*Alcolea del Pinar* à *Teruel*, d'une manière plus commode, en passant par *Molina de Aragon*.

ROUTE 61.

DE MADRID A LÉRIDA.

Par **Guadalajara** et **Saragosse**, 80 l. 1/4.

De *Madrid* à Saragosse (*V.* route 2, et lisez en sens inverse) 56 lieues 1/4.

De *Saragosse* à Lérida (*V.* encore route 2, et lisez en sens inverse) 24 lieues.

ROUTE 62.

DE LÉRIDA A BARCELONE.

Par **Cervera** et **Igualada**, 28 l. 1/2.

(*V.* route 2, de Barcelone à Saragosse, et lisez en sens inverse.)

ROUTE 63.

DE LÉRIDA A TARRAGONE.

Par **Montblanch** et **Valls**, 13 l. 1/2.

Juneda..................	2 l.	
Borjas de Urgel.......	1	
Vinaija.................	2	
Vimbodi...............	1	1/2
Espluga de Francoli....	1	
Montblanch...........	1	
Lilla...................	0	3/4
Valls..................	1	
Vallmoll...............	0	3/4
TARRAGONE...........	2	1/2

A 1/4 de lieue de Lérida nous trouvons à gauche de la route la *Posada de Garzut*, assez bonne, et plus loin la *Venta Margalef*, célèbre par la bataille sanglante qui se livra dans ses environs pendant la guerre de l'indépendance.

Juneda, que nous traversons, est une petite et insignifiante localité de 500 hab., partido et diocèse de Lérida. — Une heure de marche nous mène à BORJAS DE URGEL, ville de 2,000 hab.

La route traverse les villages de *Vinaija*, *Vimbodi*, Espluga de *Francoli*, et après avoir passé sur un pont le *Francoli*, on entre à

MONTBLANCH, ville de 4,100 hab., chef-lieu de partido judiciaire, appartenant à la province et évêché de Taragone; elle est située dans une plaine très-fertile qu'arrose le Francoli. Cette ville, si florissante sous les rois de Navarre, décline de jour en jour. Ses vieilles murailles, garnies de sept tours et de quatre portes, sont assez curieuses.

A 2 lieues, à gauche de la route, s'élève le *Monastère de Poblet*, de l'ordre de Cîteaux, qui jouissait jadis d'une grande célébrité; il est situé à l'entrée de la riche et riante vallée *La Conca de Barbara*, dont il était l'ornement. Voici, d'après la légende, l'origine de ce monastère : Du temps que les

Maures occupaient tout le pays, un saint ermite nommé *Poblet* se retira dans cette contrée solitaire, pour prier Dieu dans une humble cellule. Un jour que l'émir était à la chasse, il vit le saint homme, le fit arrêter et charger de fers; mais les anges du ciel ayant trois fois brisé ses chaînes, l'émir se repentit de sa cruauté, et lui accorda tout le territoire de *Hardeta*. En 1149, après que les chrétiens eurent reconquis tout le pays, le corps du saint ermite fut retrouvé par une révélation miraculeuse; c'est alors que Ramon Berenguer fit élever ce couvent, demi-forteresse, qui ne fut terminé qu'en 1480. Ce prince accorda au clergé qui avait découvert les restes du pieux cénobite non-seulement le couvent, mais encore la vaste étendue de terrain qu'avait dans l'origine concédée l'émir, en sorte que ce monastère devint prodigieusement riche; il fut depuis l'Escurial de la Navarre, c'est-à-dire le lieu de sépulture des rois d'Aragon, et ensuite des ducs de Cardona, qui restaurèrent les tombeaux et l'église en 1660. Cet édifice eut beaucoup à souffrir pendant la guerre de la Péninsule, et en 1835 de la part des révolutionnaires : aussi marche-t-il à une ruine prochaine. Cependant ses longs murs crénelés sont encore dignes d'intérêt.—Dans la première enceinte, sont ou étaient (1847) les statues de san Bernardo et de ses sœurs Marta et Gracia, martyrs, dont les légendes furent sculptées sur l'autel par Pedro Gueijal en 1529; ce fut aussi à cette époque que ce grand artiste exécuta les sculptures du chœur.—Derrière l'autel se trouve une jolie chapelle ovale, ornée d'anges et de bas-reliefs d'un bon travail; mais les objets les plus remarquables de cette sainte maison étaient les doubles effigies de plusieurs rois défunts, l'une revêtue d'une armure ou des habits royaux, l'autre recouverte d'une robe de chanoine ou de moine. C'était bien le type caractéristique de l'Espagne à cette époque : « Moitié soldat, moitié moine. »

Quelques instants après avoir quitté Montblanch on traverse le petit village de *Lilla*, peuplé de 70 hab.; plus loin on passe le Francoli sur un pont antique d'une seule arche, et bientôt on atteint

VALLS, ville de 11,000 hab., chef-lieu du partido judiciaire de ce nom, province et diocèse de Tarragone, et située sur une petite colline dans un district délicieux et fertile qui produit de bons vins, de l'huile, des avelines, du maïs, des fruits et des légumes. Cette ville fut prise par les Français le 22 février 1809, et, le 25, une sanglante bataille fut livrée sur les bords du Francoli.—Le pays que traverse la route est charmant et bien cultivé jusqu'à

TARRAGONE.—*Auberges* : les meilleures sont : *Parador de las Diligencias*, bien tenue; la *Fontana de Oro*, située sur la *Rambla* ; el *Meson nuevo* ; *Posada del Comercio*, également bonne.—Les meilleurs ouvrages à consulter sur Tarragone sont : *Grandezas de Tarragona*, par Luys Pons de Ycart, in-12, Lérida, 1572. Pour les médailles, voyez *Florez*, et pour les inscriptions romaines, consultez *Cean Ber*.

Tarragone, capitale de la province de ce nom, est le siége du deuxième district militaire et d'un archevêque métropolitain, primat d'Espagne ; elle est située sur une éminence haute d'environ 250 mètres, baignée d'un côté par la Méditerranée, qui forme port, et, de l'autre, par le *Francoli*. Cette antique cité est doublement fortifiée par sa position d'abord, puis par les ouvrages qui la défendent. Elle renferme 11,500 hab. ; du temps des Romains sa population excédait un million d'âmes. Elle est divisée en haute et basse ville : la partie basse est protégée par une ligne de bastions faisant face au Francoli, au port et au môle ; la ligne des ouvrages intérieurs défend les abords de la partie supérieure. De ce point, une rue large, la *Rambla*, court du N. au S. et se trouve défendue du côté de la mer par le bastion *Carlos V*. La haute ville est ceinte de remparts et d'ouvrages avancés. Du rempart nommé *Olivo*, le voyageur jouira du plus beau panorama de Tarragone. — La promenade qui circule autour des remparts élevés est magnifique, et les ruines elles-mêmes portent encore l'empreinte romaine. On pense qu'une partie des bases des murs cyclopéens qui se voient près du *Carcel* ou *Quartel de Pilatos* sont antérieurs aux Romains : cet édifice, dit-on, était le palais d'Auguste ; malheureusement il a beaucoup souffert dans les guerres de la Péninsule et sert aujourd'hui de prison : l'épaisseur de ses murs, dans quelques endroits, excède six mètres.

Comme dans beaucoup d'autres villes de l'Espagne, on découvre constamment à Tarragone de nombreux débris de l'antiquité, mais, comme de coutume aussi, ils sont de nouveau enfouis ou mutilés. Cependant l'académie conserve quelques fragments d'antiques, entre autres un Apollon et plusieurs pierres et inscriptions.

En sortant par la *puerta de Santa-Clara*, près du *bastion del Toro*, sur le rivage de la mer, on trouve quelques débris informes, faisant jadis partie d'un amphithéâtre, et qui depuis longues années servent de carrière où chacun va prendre les matériaux dont il a besoin. On trouve aussi, entre le bastion de Carlos V et *Santo-Domingo* des restes d'un cirque, qui ne devait pas avoir moins de 500 m. de long. Les murs près de la *plaza San-Antonio* sont imposants ; ils dominent la mer. Pour se faire une idée de ce qu'était l'antique *Tarragona*, pénétrons dans l'*Almacen de artilleria*, situé à l'extrémité de la Rambla. Ici et dans beaucoup d'autres endroits, nous trouvons tant d'inscriptions romaines incrustées dans la pierre, qu'on pourrait dire que les murailles parlent latin. Dans la *Calle Escrivanias viejas*, n° 13, se voit une maison dont la fenêtre et le linteau sont faits de débris romains ; on y remarque surtout des inscriptions singulières, ainsi que dans la cour du palais moderne de l'archevêque et dans les cloîtres de la cathédrale.

Excursions. A 1 l. environ, sur la gauche de la route que nous avons suivie depuis *Lérida*, s'élève le superbe *aqueduc* romain jeté sur la dépression d'une vallée, du niveau de laquelle les arches les plus hautes s'élancent à 32 mètres ; elles sont doubles : on en compte 11 dans la partie inférieure, et 26 dans l'étage supérieur ; l'aqueduc, long d'environ 220 mètres, est appelé el *puente de Ferreras* et vulgairement el *Diablo ;* de son sommet la vue est charmante. L'ensemble de cette construction est grandiose et gigantesque.

Tombeau des Scipions. A 1 l. N.O., le long du rivage de la mer, se trouve le sépulcre romain appelé *Torre de los Escipiones*, bien que le véritable lieu où reposent les Scipions soit tout à fait inconnu. La route qui conduit à ce monument est charmante et offre des points de vue très-pittoresques. Le tombeau est situé près de la route : sur la façade sont sculptées deux figures dans une attitude de deuil, mais elles ont beaucoup souffert, ainsi que la maçonnerie, des injures du temps. Des deux inscriptions sur albâtre qui existaient, une seule reste encore, dont on ne peut plus lire que ce mot : *perpetuo* : grande leçon donnée à l'homme qui dans son orgueil croit toujours créer des œuvres éternelles. De ce point, la vue sur Tarragone est magnifique ; ici la poésie du passé vient ajouter au présent un charme inexprimable.—La *cathédrale* de Tarragone est de style normand, mélangé de différents ordres ; elle fut commencée en 1131 par San-Oldogar et Robert Burdet : l'ensemble de l'édifice est noble et majestueux ; on admire sa façade triangulaire, à laquelle conduisent plusieurs marches ; sa fenêtre à rosace est d'une rare beauté. Le portail pointu, dont les côtés sont ornés de figures d'apôtres, dans des niches gothiques, est un ouvrage de Cascales, de 1375. La façade est plus ancienne et fut terminée en 1280. Les portes à plaques de fer ont des gonds singuliers ; les marteaux et clous à tête de cuivre furent ajoutés en 1456 par l'archevêque Gonzalo, dont les cendres reposent sur un des côtés. La porte d'entrée est divisée par une figure de la Vierge avec l'Enfant Jésus, et au-dessus on voit le Sauveur avec des papes et des empereurs qui prient. Ce singulier ouvrage est attribué à Bartolomé, 1278. L'intérieur de l'édifice est simple et grandiose ; la *Pila* ou fonts baptismaux était un bain romain ou un sarcophage trouvé dans le palais d'Auguste ; le grand *Retable* fut construit en marbre de la Catalogne, par Pedro Juan et Guillen de Mota, en 1426-34. Les pinacles gothiques étaient jadis peints et dorés : les principaux sujets des bas-reliefs sont tirés du martyre de santa Técla, patronne de Tarragone, dont la fête, qui tombe le 23 septembre, est très-animée et fort curieuse pour un étranger. Cette sainte fut convertie par saint Paul, entre les mains duquel elle fit vœu de virginité ; alors Tamiro, qui devait l'épouser, la fit condamner à être brûlée vive pour avoir manqué à sa promesse ; mais elle sortit du bûcher sans avoir éprouvé le moindre mal : ensuite on l'exposa à la férocité des lions, qui se contentèrent de lui lécher les pieds ; puis elle fut livrée à la rage de taureaux furieux, et enfin à la brutalité des soldats, qui la respectèrent. Sa chapelle, qui a été réparée en 1778, est enrichie de marbres rouges et ornée de colonnes corinthiennes ; les bas-reliefs, tirés de l'histoire de la sainte, sont d'une pauvre exécution. Le tombeau de l'archevêque Olivella mérite l'attention.

Les splendides fenêtres du transept furent peintes par Juan Guarsh, en 1574 ; les élégants chandeliers, de style gothique, sont modernes et furent exécutés à Barcelone. Les stalles du chœur, de 1478, sont un bel ouvrage, ainsi que le trône de l'archevêque et la *reja* (grille). L'orgue, un des meilleurs de la province, fut construit sur les dessins du chanoine Amigo de Tortose en 1560. On remarque dans cette église plusieurs tombeaux très-anciens, surtout ceux qui sont dans le transept gauche ; ils datent de 1174 à 1215. La *Capilla* (chapelle) *del Sacramento* a un beau portail corinthien ; elle fut construite en 1561-86, par l'archevêque Augustin, sur ses propres plans corrigés par le chanoine Amigo. Le tombeau de ce prélat est l'ouvrage du célèbre Pedro Blay, de 1590 ; cette chapelle servait de réfectoire aux chanoines lorsqu'ils vivaient en communauté.

Dans le transept de droite, près de l'autel del *Santo-Cristo*, se voient, incrustés dans les murs, des vaisseaux et des croix, d'une exécution grossière, mais d'une haute antiquité. La chapelle de la *Virgen de los Sastres* est très-ancienne, ainsi que celle qui se trouve au-dessous de l'orgue, laquelle fut érigée en 1252, par Violante, femme de don Jaime, en l'honneur de sa sainte sœur, Isabelle de Hongrie. La *capilla de San-Juan* et celle de *San-Fructuoso*, patron de Tarragone, furent érigées par Pedro Blay. Les belles peintures raphaëlesques qu'on admirait dans la chapelle de la *Magdalena* ont été détruites dans la guerre de la Péninsule. On y voit de riches tapis flamands dont on entoure les pilastres dans les grandes solennités religieuses. Parmi les monuments funéraires, remarquez près de l'autel celui de Juan d'Aragon, mort en 1334. Près de la sacristie, s'élève celui de l'archevêque Alonso d'Aragon, mort en 1514 ; on remarque aussi celui de l'archevêque Gaspar de Cervantes Gaëte, par Pedro Blay. Les statues allégoriques sont en général d'une belle exécution. Le cloître est un véritable muséum d'antiquités et d'architecture. Du haut de la terrasse de la maison d'un des chanoines, on jouit de la vue des richesses architecturales qui décorent les sommités extérieures de l'église.

Près de la cathédrale se trouve le *quartel del Patriarca*, formé d'un édifice romain, mais qui a beaucoup souffert pendant les guerres.—Derrière la cathédrale se trouve aussi la petite et très-ancienne église de *San-Pablo*, dont la corniche est d'une grande délicatesse; sa fenêtre à rosace et son portique sont très-remarquables.—Les portes de *San-Antonio* et de *Merced* méritent une visite : on y jouit d'une belle vue sur la ville tout entière.

Le *port* n'offre rien de remarquable, mais il y règne une grande activité ; on exporte une quantité considérable de noix recueillies dans la *Selva de Avellanas*.

Tarragone renferme 1 hôpital militaire et civil, 1 maison d'orphelins et 1 d'orphelines, 1 maison de réclusion, 1 théâtre, 4 couvents de religieuses, 1 maison de sœurs converses, 1 école centrale, 1 institut, 1 académie des beaux-arts, où l'on admire une petite statue d'Apollon, 1 école d'architecture civile, 1 d'arithmétique, 1 de mathématiques pures, 1 musée des antiques et 1 bibliothèque.

Une route excellente et commode, en voie de construction, conduira bientôt à Lérida.

Diligences, *Carros* et *Galeras*, pour Barcelone, Valence, Reus, et les diverses localités qui se trouvent sur ces routes.

ROUTE 64.

DE MADRID A BARCELONE.

Par **Saragosse** et **Lérida**, 108 l. 3/4.

(*V.* route 2 et lisez en sens inverse.)

ROUTE 65.

DE BARCELONE A GÉRONA

Par **Mataro** et **Tordera**, 16 l. 1/2.

Voyez route 2, de *Perpignan* à *Barcelone*, et lisez en sens inverse.

ROUTE 66.

DE BARCELONE A MANRESA.

Par **Bruch**, 12 l. 3/4.

De *Barcelone à Bruch* (*V*. route 2).	8 l. 3/4
Casa Masana	0 1/2
Al Meson de Brunet	1 1/2
Ollè del Mas	1
MANRESA	1

A *Bruch*, le voyageur quitte la route royale de Saragosse pour prendre une direction à peu près N., qui le conduit en 4 h. à

MANRESA (la *Minorisa* des Romains). La *Posada del Sol* est tolérable.—Cette ville, de 14,000 hab., est le chef-lieu d'un canton fertile et bien arrosé par les rivières *Cardoner* et *Llobregat*. C'est une des cités les plus pittoresques de la Catalogne; elle possède une *Seu*, laquelle, sans être cathédrale, est cependant plus qu'une *colegiata*, dirigée qu'elle est par un *pavorde*, dont la dignité répond à celle de quatre chanoines. Cette belle église a beaucoup souffert pendant la guerre de la Péninsule. L'édifice est construit en pierre brune et possède un beau beffroi; l'extérieur du chœur est divisé par des niches gothiques, dont les fresques grossières représentent des saints et des évêques. Le *maître-autel*, avec sa crypte de jaspe, et les têtes de Sarrasins qui sont sous l'orgue, rappellent le genre de Barcelone. Les *fonts baptismaux* sont très-élégants ; la belle rosace et les verres peints représentent l'assomption de la Vierge.

Manresa est une ville propre, située sur un sol élevé et inégal, avec des rues tortueuses et des maisons anciennes; elle abonde en beaux points de vue : du milieu du vieux pont étroit, on voit la cathédrale s'élever majestueusement au-dessus de cascades, ravins, roches, jardins, cyprès, murailles, etc., qui l'entourent, tableau magnifique !— Mais la merveille de cette cité est sans contredit la *Cueva de san Ignacio*, de l'esplanade de laquelle les regards embrassent un splendide panorama : dans le lointain s'élève le *Monserrat* au front dentelé. Ce couvent date de 1660 ; il est d'ordre ionique et orné d'anges d'un travail médiocre ; l'architecture manque d'élégance, et son portail n'a pas été terminé. Les murs sont revêtus de marbres et de médiocres sculptures par Carlos. L'autel où le saint est représenté écrivant son livre est remarquable.

D'après la légende, Ignacio Loyola naquit dans le Guipuzcoa, en 1491 ; d'abord soldat et blessé par les Français au siége de Pampelune, en 1521, il lut, pendant sa maladie, les vies et les légendes des Saints, et après avoir fait pénitence durant une année dans sa grotte, il se détermina à embrasser la vie religieuse et se dédia à la Vierge. Il se rendit ensuite à Paris, où il rassembla quelques disciples, et de là se dirigea vers Rome, pour obtenir du pape la permission de fonder la célèbre société de Jésus ; ce qui lui fut accordé par une bulle en 1540. Loyola fut général de son ordre pendant 15 ans, mourut en 1556, âgé de 63 ans, et fut canonisé par Grégoire XV en 1622.

Manresa eut beaucoup à souffrir dans les guerres de la Péninsule ; en 1811, plus de 800 maisons, églises et manufactures furent détruites par le feu de l'armée française ; tous ces désastres sont maintenant réparés ; ses nombreuses manufactures de draps sont florissantes et son commerce en produits variés du sol est très-actif.

ROUTE 67.

DE BARÇELONE A URGEL.

Par **Manresa**, 34 l. 1/2.

De Barcelone à Manresa (*V.* route ci-dessus).	12 l. 3/4
Suria	4
Cardona	3
Solsona	3
Oliana	3
Orgaña	4
URGEL	4 3/4

En quittant Manresa la route remonte les vallées du Llobregat et du Cardener, et elle est assez bonne, traverse une contrée agreste où les pins se mêlent aux vignes, jusqu'à SURIA, petite ville située sur le Cardener. Notre route serpente jusqu'à ce que nous ayons atteint une montée pierreuse qui nous conduit à

CARDONA, ville assez curieuse avec son château, ses tours, ses longues lignes de fortifications, ses jardins de cyprès et ses édifices à arcades.—La célèbre et inépuisable mine de sel est située au-dessus de la ville, vers la gauche, avant d'atteindre le pont. C'est une véritable montagne de sel jaillissant du sein d'une terre brunâtre et s'élevant à une hauteur d'environ 160 mètres. La couleur de ces glaciers salins varie selon que le temps est plus ou moins clair; quand le soleil brille, ils présentent l'aspect de brillantes stalactites. Ce district renferme dans son sein une grande variété de pierres précieuses. Les grottes pratiquées par la nature dans ses formations salines ressemblent aux palais des fées : parmi toutes ces merveilles, il ne faut pas oublier de visiter le *Furad mico*, trou de l'écureuil, qu'on dit avoir 1,600 mètres environ de profondeur.—Après avoir visité les mines et traversé le Cardener sur un bon pont, nous montons à

CARDONA (l'ancienne *Ubeda*), ville d'environ 2,800 hab., bien fortifiée par l'art et par la nature, et qui ne subit jamais le joug étranger.—La gothique *colegiata*, dédiée à *san Vicente*, renferme quelques tombeaux de la famille Cardona, dont l'ancien palais existe encore, mais fort délabré.—Dans la citadelle se trouve la chapelle où san Ramon Nonat, un des plus grands saints de la Catalogne, mourut en 1240.

La route que nous allons suivre maintenant ne convient qu'au chasseur ou à l'amateur des scènes sauvages de la nature ; il faut prendre un guide, et remplir son *alfoja* (besace), car on trouve bien peu de chose dans ces replis alpins, qui ne sont visités pour l'ordinaire que par les contrebandiers. Nous laissons un peu à droite le Llobregat, et ses nombreuses truites, pour atteindre

SOLSONA (*Celsa*), ville de 2 à 3,000 hab., située sur le rio *Negre*, au centre de la Catalogne ; elle fut érigée en évêché en 1595 par Philippe II.—Visitez son vieux *château* carré flanqué de quatre tours rondes, qui domine la ville.—La *cathédrale* gothique fut commencée dans le XIe siècle et brûlée en 1810 par les Français.—Le beau palais épiscopal date de 1779; mais sa principale façade, donnant sur la place, est défigurée par des ornements sans goût.—Commerce considérable en fers. Les femmes, comme presque toutes celles de la Catalogne, sont d'habiles tricoteuses. —En quittant Solsona, nous traversons la *Salada* aux eaux saumâtres, renommée pour ses truites et qui se perd dans la jolie *Ségre*, dont nous remontons la vallée jusqu'à

OLIANA, pittoresque localité où la route se bifurque; la branche du N. que nous allons suivre conduit à *Urgel;* celle du S. O. conduit à *Lérida*.—A la sortie d'Oliana, on traverse un bon pont, et un autre à Organa, petite localité, dans une position pittoresque, à moitié chemin de Solsona et d'Urgel : bientôt la gorge de rochers se rétrécit ; ici la rivière a dû se frayer un passage dont l'aspect est très-romantique ; on le traverse sur trois ponts (*los tres puentes*). De là nous gagnons

URGEL (*la Seu*), petite ville qui possède un évêché fondé en 820 ; elle est située à la base des Pyrénées, entre les rivières *Balira* et *Sègre*, dont la première vient de la jolie vallée d'Andorre. — La citadelle (*las Horcas*) est située sur une éminence et commande la ville. — Cette ville a joué un rôle important dans les dernières discordes civiles.

Urgel peut être considéré comme un point central, d'où l'on peut franchir plusieurs passages fréquentés des Pyrénées pour entrer en France; le plus court est celui qui remonte la Sègre; un autre conduit à *Tarascon* (France) par *Andorre*, 18 l. et un 3ᵉ à *Mont-Louis*, par *Bellver*, 12 l.

ROUTE 68.

DE BARCELONE A VICH.

Par **Monmalo**, 11 l. 1/4.

Clot	0	1/2
San-Andrès de Palomar.	0	1/2
Moncada	0	3/4
Monmaló	1	1/2
Granollers	1	
La Garriaga.	1	1/2
Figueró.	1	
Ayguafreda	1	
Centellas	0	3/4
Balaña	0	1/2
Tona	0	3/4
VICH.	1	1/2

En quittant Barcelone, on prend la route de poste qui conduit à Perpignan. 1 h. de marche nous mène à

SAN-ANDRES DE PALOMAR, ville de la province, du partido judiciaire et de l'évêché de Barcelone, située dans une riche plaine; l'une des cités les plus florissantes du district. —*Pop.* 8,000 hab.

MONCADO et REIXACH, deux petites localités ne formant qu'une seule paroisse de 680 hab., sont situées au pied d'une haute montagne qu'arrose la *Bedos*.

MONMALO, petite localité dans une plaine fertile, avec 400 hab.—Ici nous quittons la route de poste de France, pour prendre à gauche et remonter au N. jusqu'à

GRANOLLERS, ville de 2,400 hab. Ses rues sont régulières et bien percées. Parmi ses places on remarque la *plaza Mayor*, au centre de laquelle s'élève un joli passage soutenu par douze colonnes de pierre.—La route suit toujours une direction N., dans une contrée fertile jusqu'à

LA GARRIAGA, petite ville située à l'entrée de la vallée de Congost, fermée par de hautes montagnes.—Pop., 1,200 hab.—De Garriaga, une route se dirigeant vers l'O. conduit à *Manresa*, passant par *San-Miguel* et *Roquefort*.—1 h. de marche nous conduit à *Figuero*, et 1 h. de plus à *Ayguafreda*, petite localité située sur le rio *Congost*, avec 400 hab.—Les autres lieux que nous trouvons sur ou près de la route ne méritent aucune attention jusqu'à

VICH ou VIQUE (l'ancienne *Auzona*), capitale du partido judiciaire de son nom, province de Barcelone; elle possède un tribunal ecclésiastique, un siége épiscopal, une cathédrale, un séminaire, une administration de rentes, un bureau de poste, un collége, trois couvents de religieuses, un hospice et une pop. de 10,500 hab.—Cette ville est située au centre de son doux et fertile district, sur une petite éminence. Si l'on en croit les annalistes du pays, Vich aurait été fondé par Auso, fils de Briga, petit-fils de Noé. Le nom moderne de *Vich* est une corruption de *Vicus*, ville romaine qui fut rasée par les Maures et rebâtie en 798. On y trouve encore de temps à autre des antiquités romaines, dont on ne fait aucun cas.—L'évêché, l'un des plus anciens de la Catalogne, date de 880.—La *cathédrale* fut rebâtie en 1038 par l'évêque Oliva : les cloîtres de cet édifice renferment des colonnes et des chapiteaux d'un style original, ouvrage de Berengario Portell, de Gerona, 1325.

Vich eut beaucoup à souffrir dans les guerres de la Péninsule; les Français s'en emparèrent deux fois, et dans ses environs, le général Souham, en 1810, mit complétement en déroute par une seule charge, le général O'Donnel; avec 14,000 Espagnols.

Commerce et industrie.—Cuirs, tissus de lin et de coton, beaucoup de fabriques de poterie de terre, etc.

Vich est un point central, d'où partent des routes pour, *Hostalrich*, *Gérone*, *Figueras*, les *Pyrénées* par *Ripoll* et *Puycerda*, pour *Urgel* et *Manresa*.

ROUTE 69.

DE MADRID A TARRAGONE.

Par **Saragosse** et **Lérida**, 93 l. 1/4.

De *Madrid* à *Lérida* (*V.* route 2 et lisez en sens inverse), 80 lieues.
De *Lérida* à *Tarragone* (*V.* route 63), 13 l. 1/4.

ROUTE 70.

DE TARRAGONE A BARCELONE.

Par **Villafranca de Panades**, 13 l. 1/2.

Altafalla	1 l. 3/4
Torre-den-Barra	0 1/4
La Gurnal	2
Vendrel	0 3/4
Arbos	0 3/4
Los Monges	1
Villafranca	1
Cantallop	1
Vellirana	2
Molins del Rey	1 1/2
BARCELONE	1 1/2

Deux moyens réguliers de communication s'offrent au

voyageur pour atteindre Barcelone, l'un par les diligences, l'autre par les steamers.

A 3/4 d'heure de marche nous trouvons sur la droite, non loin du rivage de la mer, le tombeau des Scipions (*V.* page 293), et 3/4 de lieue plus loin, nous traversons la *Gaya* sur un pont de pierre, sous lequel l'eau ne coule presque jamais ; ce pont passé, on voit sur la droite, les ruines pittoresques d'un ancien château. Vient ensuite

ALTAFALLA, avec 200 hab., et une tour carrée, s'élevant sur les bords de la mer.—A 1/4 de lieue plus loin, nous rencontrons

TORRE-DEN-BARRA, ville située a 1/4 de lieue de la mer, avec 2,200 hab., dont beaucoup se livrent à la pêche. On y trouve un hôpital, de bonnes posadas, une maison de poste et une parada de diligences. Ce fertile district produit abondamment olives, vin, blé, orge, huile, et toutes sortes de légumes et de fruits ; des irrigations bien entendues répandent l'abondance et la fraîcheur : l'industrie y est également florissante.

Le premier objet que nous rencontrons ensuite est *el portal* ou *Arco de Baro*, arc de construction romaine ; mais qui a beaucoup souffert des outrages du temps, les statues qui le décoraient ont disparu ; c'est du côté de Barcelone que cet édifice se présente le plus avantageusement. On lit sur la façade l'inscription suivante : *ex testamento L. Licini, L. F. Serg. Suræ consecratum.*— Bientôt après on atteint

VENDREL, ville de 3,700 hab., dans un pays fertile et très-peuplé, où l'on voit de curieux moulins à vent ; l'église paroissiale est d'une construction élégante. Du haut de la belle tour du beffroi, la vue s'étend vers vers l'O. sur de riches et riantes campagnes, vers l'E. sur les ondes azurées de la Méditerranée qui n'est éloignée que de 1/2 l. — 3/4 d'heure de marche nous conduisent à

ARBOS, petite ville de 400 hab., située sur une colline d'où la perspective est fort belle ; elle souffrit beaucoup pendant la guerre de la Péninsule.—Ensuite on traverse *Los Monges*, avec ses 30 maisons. Bientôt le panorama s'agrandit, nous apercevons Villafranca et l'imposante masse du *Monserrat*.—On trouve à *Orledo*, village situé à droite de la route, des tombeaux romains, creusés dans la roche vive.—Avant d'entrer dans Villafranca, nous rencontrons un monument élevé à la mémoire de W. Hanson, tué dans la dernière guerre.—A 2 l. 1/2 sur la droite se trouve, *Sidges*, renommé pour la douceur de ses vins.

VILLAFRANCA DEL PANADES.—*Auberge : Parador nuevo.* La ville entourée de murailles, située sur la limite du fertile district de Panadès, renferme 5,600 hab. Fondée par Amilcar, c'était un des plus anciens établissements carthaginois, en Catalogne ; elle fut reprise sur les Maures en l'an 1000 par Ramon Borel, et en raison de sa situation sur la frontière d'un pays toujours agité elle fut déclarée libre, et obtint d'autres avantages afin d'y attirer des colons. La *parroquia* (église paroissiale) est un beau morceau d'architecture religieuse : la nef est fort belle, et on remarque la haute tour du beffroi, couronnée d'un ange de bronze ; la *Rambla* est une jolie promenade.

Nous parcourons une route délicieuse qui pénètre bientôt dans de riantes collines et nous conduit à la *Cruz* ou *Coll de Ordal ;* de cet endroit, Barcelone brille à nos yeux dans le lointain.—C'est ici que se trouve, jeté sur un ravin, le superbe pont de *Lledones*, formé de dix arches, et point militaire d'une grande importance que les Anglais ne purent défendre en 1813.— Nous gagnons la large et poudreuse route royale qui conduit à BARCELONE (*V.* route 2).

ROUTE 71.

DE TARRAGONE A REUS, 2 l.

Les moyens de locomotion entre ces deux villes sont nombreux et commodes : 2 diligences font un service journalier, sans compter une multitude d'autres voitures de toute espèce, partant à volonté.

REUS, ville moderne, manufacturière et animée, offre un contraste frappant avec la triste et solitaire Tarragone; c'est la capitale d'un pays riche et bien cultivé, nommé le *Campo* ou *Comarca*; elle renferme 26,000 hab. logés dans 4,170 maisons, dont beaucoup sont de construction moderne; 11 places publiques, 50 *fondas* et *mesones*, 55 *posadas*, 13 fontaines et plusieurs aqueducs souterrains. La partie ancienne de la ville date de 1154; la partie moderne s'éleva dans le siècle dernier, époque où des marchands anglais y formèrent des établissements de commerce de vins, eaux-de-vie, cuirs, etc. La nouvelle ville, avec ses places et ses rues larges, éblouissantes dans l'été, pâles et froides en hiver, contraste singulièrement avec les ruelles sombres et tortueuses de la vieille ville. On y trouve un théâtre, des auberges décentes et des cafés passables. —*Industrie*: manufactures de soie et coton, tanneries, pelleteries, savon blanc, etc. C'est le lundi, jour de marché, qu'il faut visiter cette active cité.

A 1 lieue S. environ, sur le bord de la mer, se trouve *Solau*, petite localité qu'on peut considérer comme le port de *Reus*, et dont l'heureuse position, en facilitant les exportations, contribue puissamment à sa prospérité.

De *Reus*, une bonne route conduit à *Lérida*, par *Monblanch* (8 l.), et de *Monblanch* à *Lérida* (*V*. r. 63 et lisez en sens inverse), 8 l.; à *Monblanch* la route se bifurque, une branche se dirige vers le N. et conduit à *Cervera*.

ROUTE 72.

DE MADRID A GÉRONE.

Par **Saragosse** et **Barcelone**, 125 l. 1/2.

(*V*. route 2 et lisez en sens inverse.)

ROUTE 73.
DE GÉRONE A PERPIGNAN.

Par **Figueras** et **la Junquera**, 17 l.

(*V.* encore r. 2 et lisez en sens inverse.)

ROUTE 74.
DE MADRID A ALBACETE.

Par **Ocaña** et **Quintanar**, 33 l. 1/2.

Valdemoro.	4 l.	
Aranjuez	3	
Ocaña.	2	1/2
Villatobas.	2	
Corral de Almaguer	2	1/2
Quintanar.	2	
La Venta del Toboso.	2	
Mota del Cuervo	1	
Pedernoso.	1	1/2
Pedroñeras	1	
Provencio.	2	
Venta del Pinar	2	
Venta Nueva de Minaya.	1	
La Roda.	2	1/2
Gineta	2	1/2
ALBACETE.	2	

Il est question d'établir, de Madrid à *Albacete*, un chemin de fer qui se prolongerait jusqu'à Valence; mais, comme la compagnie anglaise n'a pas encore réuni les 240 millions de réaux nécessaires pour l'exécution de cette vaste entreprise, on continue de voyager dans les *malles*, les *diligencias* et autres véhicules. Les bureaux des malles et diligences sont dans la *Calle de Alcala*, nos 15 et 22.

On quitte Madrid par la porte de *Atocha* ou par celle de

Tolède, et bientôt on passe le pont de ce nom ; la route traverse au S. une contrée peu intéressante jusqu'à

VALDEMORO, ville de 2,000 hab. de la province de Madrid, située sur un sol inégal et dans un district peu pittoresque ; on y trouve un *ayuntamiento*, 1 église paroissiale dont le maître-autel est orné d'une bonne peinture de *Bayeu*, 1 couvent de religieuses, plusieurs posadas et 1 *parada de diligencias* (bureau de diligences).

Au sortir de cette petite ville, la route continue sa direction au S. On traverse la *Jarama* sur le superbe *puente Largo* de 25 arches, tout en pierres de taille ; bientôt nous traversons le Tage sur un beau pont suspendu, de construction moderne, et nous entrons dans la cité royale de

ARANJUEZ (*ara Jovis*). Cette ville n'était dans l'origine qu'une résidence d'été de Lorenzo Suarez de Figuerra, grand maître de Santiago ; elle passa à la couronne sous le règne de Ferdinand et d'Isabelle ; Charles V en fit, en 1536, un rendez-vous de chasse ; Philippe II chargea Herrera d'y faire de nombreuses additions ; mais un incendie ayant beaucoup endommagé l'édifice, Philippe V fit reconstruire le palais à la française, tel que nous le voyons aujourd'hui ; la famille royale l'habite tout le printemps, jusqu'en juin, époque où l'air commence à être moins sain, à cause de l'action de la chaleur sur les nombreux cours d'eau qui arrosent et embellissent ses délicieux jardins. Les habitants de Madrid disent que l'*Escorial* est le triomphe de l'art, la *vallée d'Aranjuez* le triomphe de la nature ; Le palais d'Aranjuez est construit en briques avec des pilastres en pierres de taille ; l'intérieur, bien que décoré avec luxe et élégance, n'a rien de très-remarquable ; les peintures et les fresques des plafonds, par *Conrado Bayeu*, et autres peintres, sont en général médiocres ; mais la vue des fenêtres donnant sur le *parterre*, le *jardin del Principe*, la *Isla* et sur la cascade, est charmante. Cet édifice est situé près du Tage, dont les eaux, divisées en une infinité de jolis ruisseaux, entretiennent cette luxuriante végétation. Le jardinier conduit ordinairement le voyageur vers les lions de l'*Isla*, la dernière fontaine que peignit Velasquez ;

mais les autres sont aussi belles; leurs eaux jouent dans les grandes solennités ; ce sont la *Puerta del Sol*, la *fontaine du Cygne*, la *Cascade*, *Neptune et les Tritons*.

Visitez aussi la *Casa del Labrador* (chaumière du laboureur), construite par Charles IV ; la *Flora* ou jardin anglais dessiné par R. Wall, Irlandais.

Aranjuez, jolie petite ville, située sur la rive gauche du Tage, un peu avant l'embouchure du *Jarama*, est bâtie dans le genre hollandais ; ses rues sont larges, longues et droites, bordées de maisons propres et uniformes.—Sa pop. est de 5,300 hab; mais pendant le séjour de la Cour (*jornada*), elle se monte à 20,000; elle possède deux églises paroissiales, un ayuntamiento, un gouvernement militaire, un hôpital, 1 théâtre, 1 *plaza de Toros*, plusieurs *fondas* et *posadas*, 2 cafés, 1 bureau de poste, 1 *parada de diligencias*.

Cette cité, toute moderne, n'a de remarquable que la belle *plaza de toros*; le joli théâtre, le télégraphe établi par Ferdinand VII, dont la passion était de savoir tout ce qui se passait autour de lui.—La *plaza de San-Antonio* est nue et ressemble un peu à la place du Carrousel à Paris; on la traverse en venant de Madrid; elle est entourée d'une grille et renferme une jolie fontaine, l'église de son nom et une belle galerie.—Les *écuries royales* méritent une visite.—Ce fut à Aranjuez que Charles IV abdiqua la couronne en faveur de son fils Ferdinand VII.

Au sortir d'Aranjuez la route se bifurque ; la branche de droite suit la vallée du Tage et conduit à Tolède, 6 l.— Celle que nous suivons incline vers le S. E. Bientôt se présente sur la droite el *Riajal*, avec son télégraphe, et, vers la gauche, un vaste étang appelé *Mar de Ontigola* ; ensuite on traverse un pont jeté sur un ravin, et on entre à

OCANA, ville de 5,100 hab. située sur une élévation à l'embranchement des deux routes royales d'Andalousie et de Valence : elle a 2 églises paroissiales, 5 couvents de femmes, 3 ermitages, 1 tribunal de première instance, 1 ayuntamiento, 1 hospice, le palais des ducs de Frias, 3 grands paradors, 5 posadas, dont les meilleures sont celle de la *diligence* et la *posada de los Catalanes*; 1 maison de poste et 1 bureau de diligences

Ocaña est renommé pour la bonté de ses eaux, surtout celles du *fuente Vieja*, fontaine qu'on attribue aux Romains. A l'embranchement des routes de *Valence*, de l'*Andalousie*, de *Tolède* et *Tarancon* on voit affluer des voitures, des charrettes et des muletiers. L'artiste visitera le *lavadero* (lavoir public), pour jouir de la vue des groupes pittoresques et bruyants des blanchisseuses.

Entre *Ocaña* et *los Barros*, 25,000 Français, sous le maréchal Soult, mirent en déroute 55,000 Espagnols.— Après une marche de 2 h. on traverse VILLATOBAS, petite ville de 1,400 hab., maisons régulières; hôpital, parada de diligences. Les environs produisent des grains et du vin.

CORRAL DE ALMAGUER, ville de 4,500 hab., presque tous agriculteurs : son territoire fournit une grande quantité de salpêtre, de safran, etc.

Bientôt après on traverse le *Rianzarès*, d'où le señor Muñoz, époux de la reine Christine, prend son titre de duc; puis la *Guijuela*, deux cours d'eau tributaires de la *Guadiana*. Nous quittons alors la Nouvelle-Castille pour entrer dans la *Manche* à

QUINTANAR DE LA ORDEN (*Parador de diligencias*, confortable), ville de 5,000 hab. située sur un sol plat et peu gracieux, mais qui produit du safran, du vin et des grains, etc. La ville est assez bien bâtie ; mais elle a souffert dans les guerres civiles en 1836 et 1838.

A droite de la route, avant d'arriver à Quintanar, se trouve *Toboso*, la première localité de cette province, toute peuplée de souvenirs de don Quichotte de la Manche, de Sancho, de Dulcinée, et autres héros illustrés par l'immortel Cervantes. Nous arrivons à *Venta del Toboso* et de là à la MOTO DEL CUERVO, petite ville de 3,900 hab. où se trouve une *parada de diligencias*.—Ensuite nous traversons EL PEDERNOSO, petite localité de la province et de l'évêché de Cuença, avec 1400 hab. et une *parada de diligencias*.—1 h. de marche nous conduit à l'insignifiante petite ville de PEDRONERAS, pop. de 3,300 hab. — Ensuite on traverse *Provencio*, avec 1,400 hab ; plus loin LA VENTA DEL PINAR, et deux heures après MINAYA, petite ville de

2,600 hab., dans une plaine humide; Charles IV la fit assainir et fertiliser par des travaux hydrauliques : on y récolte des grains, topinambours, safran et vins. Ici se réunit la route de *Madrid* à *Murcie*, *Alicante* et *Valence*, par *Tarancon* et *San-Clemente*.

De Minaya une route inclinant vers le S. O. conduit à *Manzanarès*, à travers un triste pays de plaines sans autre intérêt que quelques souvenirs de la guerre de la Péninsule.

LA RODA est une ville de 4,000 hab., chef-lieu de partido judiciaire, province d'Albacete, district militaire de Valence et évêché de Cuenca. Cette ville se défendit vigoureusement contre une division de carlistes en 1840.

Toujours même monotonie jusqu'à LA GINETA, localité de 3,500 hab., avec une maison de poste et une *parada de diligencias*.

ALBACETE (*Abula*) (le *parador de la diligencia* est la meilleure auberge; les autres sont nombreuses, vastes et très-fréquentées). — Ville de 11,400 hab. Le commerce et la circulation y sont actifs, grâce à sa position centrale sur les routes d'Aragon, Murcie, Alicante, Valence, Madrid et Manzanarès; *audiencia territorial*, haute-cour de justice, maison de poste, *parada de diligencias*. Elle est située dans la vaste et fertile plaine *Al-bacet*, arrosée par un canal d'irrigation ; le blé et le safran y abondent, mais les parties marécageuses sont malsaines et stériles.

Albacete est le Scheffield de l'Espagne, comme Châtellerault l'est de la France. Les objets les plus renommés de sa coutellerie sont les *novajas*, couteaux, rasoirs et canifs; les *cuchillos*, arme offensive et défensive, longue, affilée et pointue, vade-mecum de tout Espagnol de la basse classe; les *puñales*, autres longs couteaux de différentes formes, mais tous bien aiguisés et pointus. Les Espagnols disent : « Le principal usage d'un couteau, c'est de chapeler le pain et de tuer un homme. » Aussi conseillons-nous à notre voyageur d'éviter toute conversation avec eux.

Le *Campo de Montiel*, la Caverne de Montesinos et la patrie de don Quichotte, sont situées à l'O. d'Albacete.

Une route à voitures conduit à Manzanarès, par *Osa de Montiel*. (19 lieues.)

ROUTE 75.

D'ALBACETE A VALENCE.

Par **Almansa** et **Alcudia**, 28 l. 1/2.

Pozo de la Peña.	2	
Villar.	3	
Bonete	2	1/2
Venta de la Vega	2	1/2
Almansa	1	
Venta del Puerto	2	1/2
Venta del Potro.	0	1/2
Venta de la Balsa. . . .	0	1/4
Venta de Mongente . . .	0	1/2
Venta de Boquilla. . . .	0	1/2
Venta de Garraferal. . .	0	1/2
Venta de Mentirola . . .	0	1/2
Venta del Conde.	0	1/2
Venta de Cerda	0	1/4
Cervera.	0	1/2
Venta del Rey.	0	1/2
Venta de Carbonel. . . .	2	
Alberique.	2	
Montartal.	1	1/2
Alcudia.	0	1/2
Alginet.	0	1/2
Torre de Espinosa. . . .	0	1/2
Venta de Santa-Barbara.	2	
Catarroja.	0	1/2
Masarrasa		1/4
VALENCE	0	3/4

MOYENS DE LOCOMOTION. Outre les malles-postes et les diligences, on trouve, d'Albacete à Valence, tous les véhicules propres à l'Espagne.

En quittant Albacete la route incline un peu vers l'E.,

à travers des plaines assez nues jusqu'à POSA DE LA PENA, où l'on trouve deux posadas, une maison de poste et un ermitage : ici la route se bifurque ; une branche va au S., conduit à Murcie et à Alicante, et celle que nous suivons incline vers l'E., à travers une contrée ondulée ; à 2 l. vers la gauche s'élèvent le château et la ville pittoresque de *Chinchilla*, située sur une colline escarpée, entourée de murailles bien conservées, couronnées d'un beau château fort du moyen-âge.

De Pozo de la Peña, nous traversons successivement *Villar, Bonete, Venta de la Vega,* et nous arrivons à

ALMANSA, ville de 7,100 hab., bien bâtie et assez florissante : la meilleure auberge est le *parador de las diligencias;* elle est située dans une plaine bien arrosée et fécondée par des travaux d'irrigation ; visitez le beau et utile réservoir d'eau de *Pantano del Alfera*. Il y a un hôpital et un château. — Dans les environs, les Français commandés par un Anglais, le duc de Berwick, battirent en 1707 les Anglais sous les ordres d'un Français, Henri de Ruvigny.

Après avoir franchi le *Puerto de Almansa,* nous descendons par des défilés charmants vers les jolies côtes de Valence, passant par les ventas del *Potro,* de la *Balsa,* de *Mogente,* vers la gauche ; les villages deviennent plus nombreux ; le sol et le ciel changent. La campagne est gracieuse et couverte de plants de riz et de palmiers.

Nous arrivons à ALBERIQUE, petite ville de 3,200 hab., située sur le Jucar, et qui est citée, comme une *Tierra de Dios—trigo ayer y hoy arroz* (une terre de Dieu où le riz aujourd'hui succède au blé d'hier). Chef-lieu de partido, province et diocèse de Valence ; elle est entouré de canaux pour la distribution des eaux.

Depuis Almansa, la route que nous suivons décrit une courbe vers le N.-E., à travers cette fertile contrée et au milieu des Valenciens, dont le costume bigarré est brillant comme le soleil et les fleurs de leurs champs.

Ensuite nous traversons *Alginete*, ville de 2,500 hab. *Torre de Espinosa, Venta de Santa-Barbara, Catarroja, Masarrasa,* localités situées dans des plaines riches et d'une grande fertilité en toutes choses. 1/2 h. de marche nous conduit dans la capitale du

ROYAUME DE VALENCE.

Étendue et aspect général du pays.

Bien qu'une des plus petites provinces d'Espagne, Valence ne le cède à nulle autre pour la fertilité du sol, la douceur de son climat et la pureté de son ciel. Les Maures y plaçaient leur paradis, s'imaginant qu'une portion du ciel qui était suspendue au-dessus s'était détachée et était tombée sur la terre. Cet ancien royaume présente une superficie de 838 lieues carrées, dont 240 environ sont des plaines unies formant la contrée maritime sur une longueur d'environ 64 lieues; la largeur moyenne est de 12 l.; il est abrité des vents froids par une série de montagnes, entrecoupées de jolies vallées et dont les sommets neigeux rafraîchissent le climat. La province y trouve, outre des bois de construction et à brûler en abondance, du cinabre, du cobalt, des hématites, du mercure vierge, de l'alun, du succin, du fer, du cuivre, des marbres, de toutes couleurs, de l'albâtre blanc, de l'ocre, des cristaux colorés, des madrépores minéralisés avec du fer, du silex, du tripoli, du sel, de la craie et une masse considérable de fossiles.

Le climat de Valence est de beaucoup préférable, pour les tempéraments débiles ou poitrinaires, à celui d'Italie; l'air, bien que très sec, est d'une température peu variable, d'une douceur exquise et que n'égale aucune autre province de la Péninsule. On y connaît à peine les rigueurs de l'hiver; et tous les jours, le matin, il s'élève de la mer une brise caressante qui tempère les chaleurs de l'été; les montagnes offrent des retraites fraîches et couvertes de verdure. Pour le botaniste, la flore de Valence est celle d'une serre chaude naturelle et sans rivale en couleurs et en parfums: tout le sol produit à foison les arbres aux fruits les plus exquis, orangers, citronniers, grenadiers, figuiers, caroubiers, vignes, etc., et une multitude d'autres arbres et plantes qu'on ne trouve ailleurs que dans des serres. Les plaines appelées justement *huertas* (jardins), grâce à un vaste et admirable système d'irrigation légué par les Maures aux Valenciens, produisent en abondance du vin, de l'huile, de la soie, du lin, du riz, cochenille, raisins et miel aussi fort estimé, enfin toutes les plantes potagères; le blé seul ne suffit pas à la consommation, on en tire de la Manche et de l'Aragon.

L'activité des habitants de ce beau pays seconde bien les riches propriétés du climat; les terres même les plus ingrates sont cultivées avec soin; les manufactures, le commerce, la pêche et la marine, multiplient les moyens de travail et répandent le bien-être dans toute la population.

MŒURS ET CARACTÈRES. Les hautes classes de la société passent pour les plus policées de l'Espagne, elles se sont toujours distinguées dans les arts et dans la littérature; sous les Maures, Valence était l'école des sciences théologiques; sous les Espagnols, elle s'honore de san Vicente, et du savant théologien Juan Luis Vivès; du poëte Christobal Virues et de Guillen de Castro; tandis que les Juanes, Ribalta, Ribera, Espinosa, Orrente, et March, forment une école de peintres qui ne le cède qu'à celle de Séville.

Le peuple aime avec passion les plaisirs, la danse, le chant et la musique; mais ces goûts sociaux sont déparés par les vices de leurs ancêtres, Celtes et Carthaginois; rusés, perfides, vindicatifs, sournois et méfiants, leur caractère est un mélange de cruauté et de frivolité; au moindre mot qui les choque, avec un rictus semblable au rire de l'hyène, ils passent du grognement à la morsure : nulle part l'assassinat n'est plus commun, ils assassinent en souriant; aussi nomme-t-on cette province *un paradiso habitado por demonios* (un paradis peuplé de démons). Les Valenciens sont habiles muletiers et écuyers : beaucoup vont à Madrid, où les hommes sont d'excellents *caleseros* (cochers) et les femmes d'attrayantes marchandes d'orgeat et de liqueurs à la glace délicieuses. Le type africain est empreint sur leur visage; seulement le soleil brûlant tanne leur peau, mais excite leur système nerveux, et les rend irritables, imaginatifs et superstitieux; leurs grands amusements sont les fêtes et les processions religieuses. Le costume des hommes a quelque chose d'antique et d'asiatique ; ils portent des sandales de chanvre appelées *espardinies* ou *alpargata* ; leurs jambes sont parfois nues ou couvertes de bas sans pieds ; leurs classiques caleçons de toile blanche sont appelés *calces de traveta* ; leurs vestes sont bordées d'une frange de soie aux vives couleurs ; les hommes du rang élevé portent un justaucorps de velours richement orné, et sur leurs épaules s'étend le *manta*, large morceau de drap de différentes couleurs ; sur leurs têtes aux longs cheveux est fixé un mouchoir de soie, qui de loin ressemble à un turban. L'ensemble de ce costume est exactement celui que décrit Tacite.

Les Valenciennes, surtout celles des classes aisées, sont beaucoup moins basanées que leurs maris ; elles sont généralement bien faites et classées parmi les plus jolies et les plus attrayantes de l'Espagne. Quand on les voit travailler dans les rues, et n'ayant d'autre coiffure que leurs beaux cheveux, roulés et maintenus par une longue épingle et par un peigne doré sur lequel se trouve gravée la sainte patronne de la localité, on est saisi d'admiration.

On trouve à Valence de nombreux ouvrages descriptifs et historiques sur la ville et le pays : les principaux sont : *Coronica* de Pero Anton Beuther, 2 vol. in-fol, Valencence, 1554-63, ou l'édition 4 vol. in-fol., 1604. *Chronica* de Martin de Vicyana, lettres noires, 2 vol. in-fol., Val. 1564 ; *Anales del Reyno de Valencia*, par Francisco Diego, in-fol., Val., 1614 ; *Sagrario de Valencia*, par Alonso de Castillo Solorcano, 1 vol., Val., 1635 ; *Resumen historical de Valencia*, par Pasqual Esclapes de Guillo, in-4, Val., 1738 ; mais les plus intéressants sont : *Escritores del Reyno de Valencia*, par Vicente Ximeno, 2 vol. in-fol. ; Val., 1747-49 ; *Bibliotheca Valenciana*, par Justo Pastor Fustez, Val., 1827 ; *Le Manuel*, par Jose Gazulo, 1841, est un guide très-utile ; pour l'histoire naturelle, consultez l'excellent ouvrage *Observaciones*, par Antonio Josef Cavanilles, 2 vol. in-fol, Madrid, 1795-97, avec une très-bonne carte de la province.

VALENCE (*Valencia*). Auberges : *Fonda del Cid*, Plaza de Arzobispo, proche la cathédrale, petite mais très-confortable, avec une bonne table d'hôte à 2 h. 1/2 et à 5 h. On y parle français et anglais et on y trouve les journaux : *Posada de las diligencias*, plaza de Villaraza ; *Fonda, Francesa*, tenue par M. Laurent, Français, avec une excellente table d'hôte à 5 h., prix 10 réaux ; *Fonda de Europa, de la Paz o Union* ; *Fonda de la Cuatre Naciones*. Les *Casas de Pupilos*, sont passables ; la meilleure est calle Caballeros. Parmi les commerçants les plus renommés, nous citerons : libraires, MM. *Malen, Cabrerizo*, calle San-Vicente.—Modistes, *Tadea Daisi*, plaza Santa-Catalina ; *Lopez Hermanos*, calle Zaragoza.—Cordonniers, *Francisco Alos*, calle de Caballeros.—Tailleurs, *Josef Ortiz*, calle de Zaragoza.—Coiffeurs, *Tiffon*, calle de Mar.—Pâtissiers, *la del Tros alt*. Cafés, *del Sol*, calle Zaragoza. On y trouve d'excellents *orchatas*. Les bains sont bons, principalement ceux de Espinosa et ceux de l'Hôpital. Valence contient beaucoup de jolis magasins, bien garnis de toutes sortes de marchandises; le voyageur doit surtout visiter la *Plateria*, pour y admirer les fleurs d'argent, destinées aux cheveux des femmes ; ainsi que les bijoux de forme antique, que portent les gens de la campagne.

Valence (*Valencia del Cid*), cité et capitale de la province et du partido de son nom, possède un archevêché, un capitaine général autrefois vice-roi, une *audiencia* ou cour suprême de justice, une université, un théâtre, une *plaza de Toros*, un *Museo*, deux bibliothèques, etc. Pour les provisions de bouche, elles y abondent. La société y est aisée et agréable ; on y trouve un bon *casino*, où les étrangers sont facilement introduits, sa situation est charmante et son climat délicieux ; sa population se monte à 115,800 hab. dont 66,000 intra-muros et 49,800 extra-muros ; elle renferme une cathédrale et quatorze églises paroissiales ; ses nombreux couvents ont été supprimés. La figure de cette belle capitale est presque circulaire ; la Turia ou Guadalaviar, baigne au N. la base de ses murailles crénelées ; cette rivière, épuisée par les nombreuses irrigations de la plaine, est traversée par cinq grands ponts qui servent de viaduc dans les inondations. Les murailles de torchis, bâties en 1356 par Pedro IV, sont bien conservées ; elles méritent d'être visitées. On y compte huit portes, dont plusieurs, avec des tours très-pittoresques : celle de *el Sarranos*, commencée en 1349, et de *el Cuarte*, en 1444, servent maintenant de prison ; en dehors de cette dernière, se trouve la belle *plaza de Toros*, et le jardin botanique, d'un haut intérêt. L'intérieur de la ville est tout-à-fait mauresque, les rues pressées, étroites et tortueuses, les maisons hautes et d'un aspect sombre.

Le voyageur qui n'a que quelques heures à y passer doit prendre une *tartana*, en ayant soin de faire son prix d'avance, et prendre la direction suivante : Partez de la grande porte de la cathédrale, descendez la calle de Zaragoza ; de la calle San-Martin et San-Vincente, revenez à la calle San-Fernando, pour gagner le Mercado ; de là, par la calle del Cuarte et Caballeros, en tournant à gauche, par la calle de Serranos, et sortant par cette porte, on atteint les rives de la Turia ; ensuite gagnez la puerta del Real, traversez cette rivière et suivez l'Almeda, retraversez ce cours d'eau à la puerta del Mar, pour aller à la Glorieta, et de là revenir au point de départ, par la jolie et ombreuse route qui conduit au *Grac*.

Valence a beaucoup de rues non pavées, dont la boue sert d'engrais pour la *Huerta*. Pour les excursions on peut louer une *tartana*, ou bien de bons chevaux à *el meson de Teruel*.

Pour voir toutes les beautés de cette noble cité, faites comme le Cid après qu'il leut prise, montez sur la tour de la cathédrale, qui est ouverte de 8 h. du matin à midi, et de 2 h. après midi à 5 h. ; on l'appelle *El Migalete* ou *Del Miguelete*, parce que ses cloches sonnèrent pour la première fois le jour de la Saint-Michel ; cette tour gothique est de forme octangulaire, ei bâtie en pierre brune ; sa hauteur est d'environ 54 mètres. Elle fut élevée de 1381 à 1418, par Juan Franck, et devait avoir 116 ou 117 mètres de haut. C'est dans cette tour qu'est la grosse cloche *La Vela*, laquelle, comme celle de l'Alhambra, donne le signal des irrigations. De la plateforme, le panorama est féerique : le ciel azuré est à lui seul une merveille ; l'air est si clair et si pur que les objets éloignés apparaissent comme s'ils étaient près de vous. Si vous avez le plan de la ville par Francisco Ferrer, vous comprendrez de suite la disposition de cette cité. Les rues sont si étroites qu'à peine peut-on distinguer, parmi les toits serrés et irréguliers, leurs ouvertures.

La cathédrale, *El Sol*, dédiée à la Vierge, fut bâtie sur l'emplacement d'un temple de Diane; elle fut élevée au rang de métropole, en 1492; les suffragants sont : *Segorbe*, *Orihuela*, *Mayorque* et *Minorque*. Cet édifice, commencé en 1262 et terminé en 1482, est un des moins remarquables des grandes cités espagnoles; son style primitif était gothique, mais l'intérieur fut modernisé en 1760. L'entrée principale est d'une mauvaise architecture. L'intérieur gothique a trois ailes qui se terminent, derrière le maître-autel, par un demi-cercle. Le transept et le beau *Cimborio* sont les parties les plus remarquables. Visitez aussi les deux portes gothiques, des apôtres et de l'archevêque, les quatorze têtes qui les décorent sont celles des fondateurs de familles valenciennes, dont le palais se trouve à droite de l'église; derrière l'hémicycle s'élève la célèbre chapelle de *Nuestra Señora de los Desemparados*.

La *Silleria del coro*, en noyer, est bien sculptée, en style italien; le *Trascoro* d'albâtre date de 1466, et en l'examinant il ne paraît pas si âgé : de chaque côté, des reliefs sur des colonnes à chapiteaux corinthiens dorés, représentent des sujets tirés des saintes Écritures; le maître-autel fut malheureusement modernisé en 1682; examinez les panneaux de la porte, peints des deux côtés à la manière florentine, œuvre remarquable de *Leonardo de Vinci*, ou au moins de ses élèves *Pablo de Aregio* et *Francisco Neapole*, en 1506. Cependant il est probable qu'ils sont de *Felipe Paulo de Santa Leucadia*, artiste bourguignon. Examinez la Nativité, l'Ascension, l'Adoration, la Mort et la Résurrection de la Vierge, chefs-d'œuvre trop peu connus en Europe; ici ils sont comme dans un linceul : ensuite portez votre attention sur les portes peintes qui se trouvent derrière l'autel, et sur le Christ assis, grand ouvrage, malheureusement détérioré par la clef qui ouvre et ferme ces portes. On conserve dans cette chapelle les éperons et la bride du cheval de Jaime le Conquérant. Près de la *puerta del Arzobispo*, se trouve la chapelle de San-Vicente que décorent deux belles peintures, l'une de ce saint, et l'autre de saint Dominique. Au-dessus de la porte de la sacristie, on voit un beau *Christ devant Pilate*, d'un style sombre; à l'opposé de cette porte se trouve un autre *Christ portant sa croix*, peinture digne de Sébastien del Piombo; voyez aussi une *Déposition* attribuée à Jean Belino, et tout près une *Conversion de saint Paul*. On trouve dans la sacristie un *Sauveur avec un Agneau*, un *Abraham et Isaac* par Espinosa, et une *Sainte Famille*, digne de Raphaël, par Juanes : remarquez également un *Crucifix* d'ivoire ayant appartenu à saint François de Sales, et la crosse d'ivoire de saint Augustin.

Le *Relicario* (reliquaire), jadis si riche en reliques et en orfévrerie, a beaucoup perdu de ses trésors, cependant il renferme encore beaucoup d'objets dignes de vénération.

Sur l'autel de *san Miguel* se trouve une *Vierge*, par Sassoferrato et dessus un beau *Christ tenant un globe*; n'oubliez pas surtout une autre *Vierge*, et le superbe portrait du prêtre Agnesio, par Juanes; *le Baptême du Christ*, du même peintre, au-dessus des fonts baptismaux. L'expression de patience et de dévotion dans la figure du fils est des plus remarquables. Dans la *Capilla san Luis*, se trouve le tombeau de l'archevêque Ayala, de 1566, les fresques, par Jose Vergara, sont plus que médiocres. La *Capilla San-Sebastian* renferme plusieurs peintures par Orrante, les sépulcres de Diego de Covarrobias et de Marie Diaz sa femme. La *Capilla de san Pedro* fut modernisée en 1703; l'autel est du style de Churriguere; les murs et la coupole ont été récemment peints par Palomino, d'après le chanoine Victoria. Examinez le *Christ en robe violette avec l'hostie*, par Juanes; le salon carré gothique construit en 1358, par Pedro Compte. On y voit quelques fragments d'albâtre de l'ancien retable du maître-autel; voyez le *Christ portant sa croix*, par Ribalta; plusieurs belles peintures ont disparu; *el beato Ribera* et le *Santo Thomas de Villanueva*, tous deux par Juanes. La *Salle capitulaire* a été modernisée. La *capilla de san Francisco de Borja* est peinte à fresque par Bayen et Goya. Sur un autel au N., on trouve sous verre un grand *Ecce Homo*, qu'on attribue à Ribalta.

En quittant la *puerta de los Apostoles*, on trouve adossé à la cathédrale un édifice moderne, en briques, de style ionique, qui contraste singulièrement avec la vieille puerta; un passage cintré conduit à la belle chapelle de *Nuestra Señora de los desemparados*. Bâtie en 1667 sur l'emplacement d'un temple d'Esculape, et embellie en 1823, elle est toujours en vénération parmi les personnes malades qui lui attribuent de nombreuses guérisons. La chapelle est magnifique, ornée de colonnes corinthiennes de marbre, avec des chapitaux dorés; les peintures du dôme, faible travail de Palomino, représentent le *Couronnement de la Vierge par la Trinité;* la *Sagrada Imagen* (image sacrée de la Vierge), richement décorée, est placée sous un superbe *camarin* de jaspe (espèce de châsse) fait en 1410, par l'ordre de l'anti-pape espagnol Luna (Benoît XIII).

Le palais de l'archevêque, proche la cathédrale (*el Seo*), contenait jadis une belle bibliothèque; celle du chapitre était également riche en médailles, antiquités et livres de liturgie; mais tout a disparu pendant la guerre de la Péninsule. Visitez les belles salles de la *Casa consistorial*, ou l'*Audiencia*, édifice dorique; de sa balustrade, la vue est très-belle. Dans l'antichambre de la grande salle au premier étage, les portraits des rois d'Espagne sont appendus aux murs, au-dessous de la corniche; les murs de *el salon de Cortès* sont ornées de vieilles fresques très-curieuses par Cristobal Zarinena, de 1592. Au-dessus s'élève une charmante galerie avec de bonnes sculptures. Les clefs de la ville et l'épée du conquérant Jaime sont renfermées dans un coffre. On trouve dans la bibliothèque un manuscrit précieux sur le commerce de la ville au XVe siècle. Au rez-de-chaussée est le *Secretario del Gobierno* (Secrétariat du Gouvernement), orné d'un beau plafond doré et sculpté.

La plus belle rue de Valence et la plus intéressante, c'est la *calle de Caballeros*, habitée par l'aristocratie; l'aspect des maisons a de la noblesse et de la grandeur; un large portail donne accès dans le *patio*, orné de colonnades; les escaliers sont bordés de riches balustrades, et les fenêtres sont de style gothique ou *ajimez*. Un beau spécimen de ces nobles demeures est la *casa de Salicofras*, avec un beau patio et une colonnade de marbre; le corridor supérieur est charmant; le portail et les portes d'entrée sont vraiment curieux. Visitez aussi la casa du *Marques de dos Aguas*, plaza de Villaraza, avec un portail et des ornements aux formes les plus bizarres.

La vaste habitation du comte de Parsent, calle de *Carniceros*, contient entre autres tableaux l'*Adoration des Bergers*, une *sainte Catherine*, *Jésus-Christ rompant le pain à Emmaüs*, par Ribalta. La collection du *Marques del Rafol*, mérite aussi d'être visitée ; remarquez le *san Pedro Pascual*, une *tête de Christ*, deux *Dominicains cueillant des fleurs*, une *Crucifixion*, *San Bernardo*, *Isaac et Abraham*, tous par *Ribalta*, ainsi que son portrait peint par lui-même : un beau *San Sébastian*, par Ribera ; *San Vicente prêchant*, par Juanes. N'oubliez pas surtout la *collection de Pedro Perez*, plaza San-Vicente. Cet habile perruquier a rempli sa maison d'objets d'art et d'antiquités qui ne sont pas du premier ordre, mais remarquables néanmoins pour un tel propriétaire : les toiles les moins mauvaises sont, au haut de la maison, un *Christ enfant*, qu'il dit être par Leonardo, un *Christ flagellé* par Morales, un *Christ et des soldats* par Velasquez, un *Niño Dios et saint Jean*, toujours d'après cet artiste barbier, par Murillo : les anciennes monnaies celtiques et espagnoles avaient quelque valeur, jusqu'à ce que notre honorable perruquier se mit à les polir et à les raser comme ses vieilles pratiques. Mais de toutes les curiosités de sa maison, ce Figaro amateur serait lui-même la chose la plus amusante et la plus rare, s'il n'avait depuis peu abdiqué la savonnette pour devenir *conserge* (concierge) de l'Académie des nobles arts de san Carlos, *plaza de las Barcas*, où l'on trouve des objets d'art et de médiocres peintures attribuées à de grands noms. L'artiste devra aller *calle San-Vicente*, chez un certain chapelier, *el sombrerero*, qui comme le barbier a aussi sa collection de peintures qu'il montre aux étrangers de la meilleure grâce du monde ; en général elles ne sont que de second ordre.

Le *Colegio de Corpus ou del Patriarca* fut fondé en 1586 et terminé en 1605 par l'archevêque Juan Ribera, appelé depuis sa canonisation *santo Ribera*, mort en 1611. La belle chapelle moderne du collége fut construite par Anton del Rey, sur un plan attribué à Herrera. Son obscurité, due à l'exiguïté de ses fenêtres et à la fumée de l'encens qui imprègne les murs, entrait dans le désir de son fondateur, qui voulait imprimer aux cérémonies religieuses un caractère plus grave et plus solennel; tel est le *Miserere* qu'on y chante le vendredi matin vers dix heures : assistez à cette pieuse cérémonie, il n'est rien de plus émouvant et de plus magnifique!

L'amateur de sculpture devra visiter le crucifix, travail florentin très-curieux. On ignore son origine; il fut placé ici par le fondateur comme souvenir des nombreux miracles qu'il avait opérés.

Dans la première chapelle à gauche, on trouve un des chefs-d'œuvre de Ribalta, *San Vicente de Ferrer, malade, visité par notre Sauveur*, accompagné des Saints; rien de plus suave que ce style qui tient du Titien et de Vandyck. Ensuite visitez le maître-autel, ouvrage superbe de marbre vert et de jaspe; le crucifix se trouve caché par une grande toile représentant la *Cène* par Ribalta; la tête d'un des apôtres, avec sa barbe blanche, égale ce qu'ont fait de plus beau les maîtres vénitiens; on prétend que le Judas qui se trouve sur le premier plan est le portrait d'un cordonnier dénigrant le grand artiste; au-dessus de la *Cène* on admire une charmante *Sainte-Famille*, aussi par Ribalta; l'enfant est dans la manière du Titien : dans les petits compartiments, de chaque côté de l'autel, on voit deux jolis panneaux dans le style de Juanes; à droite notre Sauveur à la colonne; à gauche, il porte sa croix. La coupole, peinte à fresque par Bartolomé Matarana, représente le martyre et les miracles de saint Vincent. Les peintures de la *capilla de las Animas* sont de F. Zuccaro. Le corps du vénérable fondateur est conservé dans un sarcophage, revêtu de ses habits épiscopaux et ayant une crosse entre les jambes; les ornements d'or ont disparu.

La *sacristie* est une belle construction de Géronimo Yavari; dans une salle est le *reliquario*, où les os des saints vénérés sont rangés comme dans un muséum d'anatomie : on les visite après le *Miserere* du vendredi. On y remarque un petit autel peint par Juanes et une autre peinture représentant le prélat mort, dont Satan et un ange se disputent l'âme. Examinez aussi un crucifix ivoire et bronze, bel ouvrage florentin. La *salle capitulaire* renferme aussi quelques bonnes peintures, mais elles sont mal éclairées. Les cloîtres, d'un beau style dorique, ornés d'une belle colonnade de marbre italien, furent élevés par Guillem del Rey, dans le genre de Herrera. Voyez aussi une Cérès antique, mal restaurée, quatre peintures, par Joannès Stradanus, représentant l'*Ascension*, la *Naissance*, la *Cène*, et *saint Jean*. Ces toiles sont toujours couvertes, excepté el *Dia de Corpus* (Tête de Dieu). Ensuite un bel escalier nous conduira à la *bibliothèque*, dont la porte est surmontée d'une statue d'Hercule. Les livres qui ont échappé aux Omars modernes sont rangés dans de belles cases ioniques; on trouve aussi quelques portraits de rois d'Espagne, etc. L'habitation du recteur, située sur le même plan, renferme le portrait de *Clément VIII*, par Juan Zarimena, le *Christ dans le Jardin des Olives*, par Ribalta, et du même maître, un autre superbe *Christ à la colonne*, peint dans le style de Sébastien del Piombo; *Jésus portant sa croix*, par Moralès, et une *beate* (religieuse) en costume brun, par Ribalta; ces objets d'un haut intérêt sont visibles l'après-midi, mais les dames ne sont point admises.

Tout près de ce collége se trouve l'*Universidad* (Université), bel et grand édifice, très-fréquentée par les étudiants : sa bibliothèque est bien disposée, et possède des manuscrits sur vélin, entre autres un Virgile, un Pline, un Tite-Live et un Aristote assez bien illustré.

La belle église de *La Congregacion*, maintenant l'École militaire, construite en 1736, possède, entre autres bons tableaux, une *Vierge* admirable, faussement attribuée à Leonardo.

La suppression des couvents a fourni les moyens d'établir un Musée national, dans le ci-devant *Carmen*, où est richement représentée la grande école valencienne ; il contient 600 ou 700 toiles, peu remarquables en général, mais qui indiquent l'état de l'art. Les meilleurs maîtres qui y figurent sont *Vicente Juanès*, le Raphaël espagnol, puis *Francesco de Ribalta*, qui est tout à la fois le Domenichino et le Sébastian del Piombo de l'Espagne ; puis *Josef Ribera*, dit l'Espagnoletto, élève de Ribalta ; *Jacinto Geronimo Espinosa*, élève de Ribalta, le meilleur d'une famille de peintres; *Pedro Orrente*, le Bassano de l'Espagne; puis les

Zarinenas, autre famille de peintres valenciens, mais tous de second ordre. Pour ses sculpteurs, Valence doit être très-modeste.

Parmi les meilleures peintures de *Juanès*, remarquez trois toiles représentant notre Sauveur, où il porte un vêtement violet; et un magnifique San Francisco de Paula, dans un vêtement brun, s'appuyant sur son bâton. Remarquez aussi, de *Ribalta*, San Vicente prêchant; un San Francisco, un cardinal, par *Espinosa*; une Sainte-Famille, un Saint Jérôme, une Assomption, un San José, et enfin les trois peintures singulières par *el Bosco* (Jérôme Bosch de Bois-le-Duc), représentant le *Couronnement d'épines*, le *Christ au pilier*, et le *Christ au jardin*; voyez aussi l'autel de Jaime Ier, qui a une ancienne peinture très-originale.

Maintenant visitons l'église de *San-Juan*, pour y voir la célèbre *Concepcion* ou la *Parisina*, peinte pour les jésuites en mémoire d'une apparition de la sainte Vierge au jésuite Martin de Alvaro, auquel elle manifesta le désir d'être peinte telle qu'elle lui apparaissait. Immédiatement le Père s'adressa à Juanès, et lui donna tous les détails de sa vision; l'artiste, après beaucoup d'essais, produisit enfin cette peinture; alors la Vierge descendit du ciel et témoigna sa satisfaction. La figure est colossale, mais l'expression est pleine de douceur et d'innocence; de chaque côté sont des devises et emblèmes, symbole de toutes les vertus de la Vierge.

Portons nos pas vers l'église *San-Martin*; voyez sur la porte la statue équestre de bronze du saint patron coupant son manteau; dans l'intérieur nous trouvons un grand *Christ mort pleuré par les deux Maries*, par Ribalta, et une *Crucifixion* sur le retable. Dans l'église *San-Nicolas*, ancien temple mauresque, sont des fresques, par Dionis Vidal, élève de Palomino. Caliste III fut curé de cette paroisse: on voit son médaillon sur la principale entrée; remarquez une *Cène* par Juanès, tableau estimé, dont on prend le plus grand soin : derrière l'autel est un grand Christ et dans la *capilla de San-Pedro*, le martyre de ce dominicain, par Espinosa; c'est un de ses meilleurs ouvrages.

L'*Escuela pia* est un séminaire passable, construit en

1738 ; la rotonde est un beau morceau, mais elle a un peu souffert de la foudre. Les marbres verts de Cervera qui décorent cet édifice sont beaux et riches ; observez aussi un *San Antonio* avec un enfant entouré d'anges, par Ribalta.

La *puerta del Cid*, par laquelle le Cid fit son entrée dans la ville, se trouve maintenant dans l'intérieur près de la porte *el Real;* elle est bâtie dans le *Temple* ou maison des Templiers, où était jadis la tour appelée *Alibufat*, sur laquelle la croix fut posée pour la première fois ; le portique en est beau, ainsi que l'autel circulaire orné de beaux jaspes et de chapiteaux dorés, sous lesquels est l'image de la Vierge : les portes qui conduisent au *presbitero* méritent aussi d'être vues. C'est dans cet édifice que siége le *Liceo artistico*.

La principale plaza, appelée *el Mercado*, située au centre de la ville, est ornée d'une fontaine ; toujours abondamment approvisionnée, le costume des gens de la campagne lui donne un aspect pittoresque. Là est aussi la *Lonja de Sonda*, halle à la soie, bel édifice gothique de 1482. La grande salle est magnifique et supportée par des colonnes torses, c'est la chambre de commerce. Observez le charmant jardin et les belles fenêtres gothiques qui donnent dessus : l'escalier est d'une bonne architecture.

En face de la *Lonja* se trouve l'église des *santos Juanes*, avec de lourds ornements en stuc ; mais on y admire toujours la jolie coupole peinte à fresque par Palomino. San Vicente y est représenté sous la figure de l'ange de l'Apocalypse. Le retable par Nuñez est mauvais, la chaire de marbre fut faite à Gênes par Ponzanelli.

La *plaza de Santa-Catalina* est le centre des commérages de la ville, et le beau sexe revenant de la messe ne manque pas d'y passer, afin de voir et d'être vu. La tour hexagone de l'église, construite en 1688, est, comme beaucoup d'autres édifices de la Péninsule, gâtée par une addition de fenêtres, de colonnes et d'ornements d'un style rococo. L'intérieur gothique de l'église a été gâté par des stucs mal appropriés. Tout proche est la *plaza de los Barcas*, rue large près de laquelle se trouve le *Colegio*, fondé en 1550 par santo Tomas de Villanueva, archevêque de Valence. Voyez le beau tableau de Ribalta représentant le prélat entouré de savants, dont plusieurs sont dignes de Velasquez. Le saint prélat fut enterré dans l'église San-Augustin, où l'on admire son tombeau. Ce temple sert maintenant de *presidio correccional*, ou maison de correction ; établie en 1835, elle est propre et bien tenue ; les prisonniers y sont occupés à divers travaux et obligés au silence.

La partie N. E. qui se trouve entre les portes *el Real* et *del Mar* offre beaucoup d'intérêt. Sur la *plaza de la Aduana*, s'élève un massif édifice de brique rouge, construit sous Charles III en 1760, pour faire une douane ; mais rendue presque inutile par la contrebande, elle est devenue une manufacture de cigares. Le *paseo de la Glorieta* fut tracé et planté en 1817 par Elip, qui convertit en un vaste terrain l'emplacement occupé jadis par environ 300 maisons démolies pendant l'occupation française pour dégager les approches de la citadelle ; mais la révolution récompensa l'artiste en le massacrant comme royaliste en 1820 ; la populace choisit ce jardin pour le lieu de son supplice et voulut même arracher les arbres et les fleurs plantés par des mains royalistes. La citadelle qui est contiguë fut construite sous Charles V pour défendre Valence contre les attaques de Barberousse.

La *Glorieta*, avec ses statuettes, est une promenade délicieuse et fréquentée par la haute société et le beau sexe de la ville ; notre voyageur doit s'y rendre au moment le plus favorable selon la saison. Sur le côté N. se trouve la *plaza de Santo-Domingo* : le couvent de ce nom fut fondé par Jaime Ier. Avant l'occupation française c'était réellement un muséum d'art de toute espèce, et maintenant c'est la demeure du capitaine général ; l'église et les chapelles sont converties en dépôt d'artillerie et de munitions de guerre ; les peintures ont été transportées au muséum. Ce couvent, jadis l'orgueil de Valence, mérite encore la visite de l'archéologue. Remarquez le portail dorique avec ses statues, ainsi que la maison du chapitre, et les cloîtres d'un gothique parfait, dont le centre est planté d'orangers. C'est dans la chapelle *del Capitulo*, soutenue par quatre colonnes aériennes, que san Vicente Ferrer prit le capuchon. La chapelle de ce saint est revêtue de marbres rouges, verts, de jaspe et d'agate. La chapelle de san Luis Beltran était ornée de colonnes d'un marbre vert très-remarquable. La chapelle de la *Virgen del Rosario* était tout or et décoration, et contrastait beaucoup avec le sombre et sévère gothique de la *capilla de los Reyes*, fondée par Alonso V d'Aragon. Ici se trouvent les sépulcres de Rodrigo Mendoza, mort en 1554, et de Maria Fonseca sa femme, par Berruguete.

San Vicente est le patron de Valence. Pour bien comprendre Ribalta il faut connaître l'histoire de ce saint, qui a donné tant d'occupation aux artistes et aux écrivains espagnols. Consultez donc sa vie par Vicente Justiniani, Val. 1582, et ses *milagros* (miracles) par Francisco Diago, in-4º, Barcelone, 1600; *Historia de la vida maravillosa*, par Valdecebro, in-4º, Madrid, 1740; *Vida milagros*, par D. Tomas, merita y Llaza, in-8, Val., 1755. Les peintres le représentent volant dans les airs comme l'ange de l'Apocalypse; son père, dit la légende, était un honnête procureur. Sa mère, lorsqu'elle était enceinte, entendant un enfant qui aboyait dans ses entrailles, se rendit de suite chez l'évêque Ramon del Gasto, qui l'assura qu'elle enfanterait un gros chien qui ferait la chasse aux loups de l'hérésie jusqu'en enfer. L'enfant naquit en 1350 dans la calle del Mar, où se trouve encore un oratoire qui indique la place. Il entra tout jeune dans l'ordre des dominicains, et bientôt après devint un des chefs du tribunal de l'inquisition. Alors commença sa vie errante; il prêcha partout une croisade contre les Juifs, et mourut en France en 1418, âgé de 60 ans; ses miracles surpassent tout ce qu'on peut imaginer, ils sont, ainsi que les principaux événements de sa vie, retracés à chaque pas dans Valence. On les trouve représentés dans les rues, où on lui élève des autels. C'est surtout sur le *Mercado*, *Tros Alt* et *plaza de la Congregacion*, que se voient ces cérémonies extraordinaires et qu'on ne peut s'imaginer sans les avoir vues.

Saint Vincent du cap est aussi un des patrons de Valence, qui fut mis à mort dans *Santa-Tecla*, calle del Mar; son habitation, située dans la *plaza de la Almoina*, a été restaurée en 1832; l'extérieur de cette *Gruta* est ornée de jaspes et de sa statue de marbre. Dans l'église *Santa-Te-*

cla se trouve aussi une image miraculeuse, *el Cristo del Rescate*, qu'on invoque pour obtenir de la pluie.

La nouvelle église de *San-Salvador* possède l'image miraculeuse *el Cristo de Beyrut*, attribuée par tous les écrivains du pays à Nicodemus ; plusieurs juifs ont été convertis par le sang et l'eau qui sortent de ses blessures ; de Syrie, cette image seule traversa la mer et prit terre à Valence ; en 1738 on éleva un monument à l'endroit où elle s'arrêta. Pour les faits et miracles de cette image, consultez l'ouvrage de J. Bau. Ballestor, Valence, 1672.

Valence possède encore d'autres églises dont nous ne parlerons pas. Signalons cependant quelques peintures que renferme l'église *San-Andres;* dans *San-Bartolomé*, le retable est par Juanès, dont on trouve aussi quelques toiles dans *San-Pedro y Nicolas*. Cet artiste est enterré dans *Santa-Cruz*, dans la première chapelle à droite ; on y trouve quelques peintures de sa fille.

Dans l'église *San-Esteban* se trouve le corps miraculeux de san Luis Beltran, né auprès de cette église, à la place qu'occupe actuellement un oratoire.

Valence possède un bon théâtre avec une belle salle, situé dans la calle de *Las Barcas* ; on y joue quelquefois l'opéra italien. On compte deux bibliothèques, l'une à l'Université et l'autre au palais de l'archevêque ; on trouve aussi quelques livres et des objets d'histoire naturelle à la *Sociedad economica*, plaza de *Las Moscas* ; les archives publiques sont aux *Jésuites*. Les hôpitaux de Valence sont bien tenus pour l'Espagne. On trouve des bains à *el General*, etc. La *Casa de la Misericordia* ou bureau de bienfaisance est un joli édifice.

Valence est renommée pour ses *azulejos* (carreaux de faïence colorés) ; les meilleurs magasins sont dans la calle *Nueva de Pescadores*, et près de la calle de *Rusofa*.

Valence est riche en jolies et riantes promenades ; d'abord celle du lit souvent desséché de la rivière. Cependant les ponts massifs et leurs lourdes piles indiquent de fortes et subites inondations, telles que celle de 1776 qui enleva le *puente del Mar*. A la *Pechina* se trouve un tir aux pigeons, amusement favori des Valenciens ; et près de la plaza *Mosan Sorell*, un lieu destiné aux combats de coqs. Le premier pont que vous trouvez ensuite à droite est celui de la *Trinidad*, construit en 1356 ; ensuite le pont *Real*, le *Jerea* des Maures, qui s'affaissa et fut restauré par Charles V; de l'autre côté de la rivière se trouve l'emplacement de *el Real*, ancienne résidence des vice-rois, qui fut démolie pendant la guerre, et forme aujourd'hui de belles plantations : enfin la rivière la *Glorieta* ; puis les longues et ombreuses avenues de la délicieuse *Alameda* qui s'étendent jusqu'à *el Grao*, lieu charmant dont les bains de mer sont le rendez-vous du beau monde en été. Rien de plus gai, de plus animé alors que la rade couverte de *tartanas* (petits bateaux) qui portent les baigneurs. On prétend que les eaux du Grao guérissent de la stérilité.

Il faut se défier des bateliers du Grao ; malgré la fixité du tarif, ils inventent sans cesse des prétextes pour vous soutirer quelque chose de plus : le prix ordinaire est 1 *peseta* par personne, 2 *réaux* pour un porte-manteau, 1 *réal* pour un plus petit bagage, 2 *réaux* pour débarquer vos effets, 2 *réaux* pour vous conduire à bord; une *tartana* coûte 6 *réaux* par heure.

MOYENS DE LOCOMOTION. Tous les jours un *correo* et deux *diligencias* se dirigent sur les divers points de la Péninsule, principalement sur *Madrid, Barcelone, Castellon, Jativa, Murviedro, Alverique, Alcira* et *Requena*, etc.

Bateaux à vapeur établis sur la grande ligne des bateaux à vapeur de *Marseille à Gibraltar*. Valence communique non-seulement avec tous les points de la Péninsule hispanique sur la Méditerranée, mais encore avec *Gênes, Livourne, Civita-Vechia, Naples, Palerme, Malte, Athènes, Smyrne, Constantinople;* et de *Malte à Alexandrie* (Egypte) et *Beyrouth*.

Il est toujours question d'un chemin de fer entre Valence et Madrid.

Excursion. Le voyageur qui pourrait disposer d'un jour ou deux devrait faire une visite à *Denia*, en passant par le lac d'Albufera, et revenir par *Alcira*, les rizières et les canaux d'irrigation. Des villes très-peuplées, la prodigieuse fertilité du sol présentent un haut intérêt; la mer y donne d'excellents poissons.

ROUTE 76.

D'ALBACETE A ALICANTE.

Par **Yecla** et **Elda**, 23 l. 1/2.

Pozo de la Peña	2 l.
Petrola	2 1/2
Montealegre	3
Yecla	4
Sax	5
Elda	1
Monforte	2
ALICANTE	4

D'Albacete, nous suivons la route que nous avons prise, jusqu'à *Pozo de la Peña* pour aller à Valence, et peu de temps après avoir quitté Pozo de la Peña, la route se bifurque; la branche à gauche suit une direction E. jusqu'à Almansa et de là remonte vers le N. jusqu'à Valence (V. route précédente); la branche que nous suivons incline vers le S. E. jusqu'à PETROLA, petite localité de 700 hab., située dans un district fertile mais froid. MONTEALEGRE, petite ville de 2,800 hab., avec une bonne *posada* et quatre *mesones*; un château en ruine, une église paroissiale bien bâtie et un hôpital.

A 1 lieue de cette localité se trouve la célèbre lagune de sel purgatif, appelée la *Higuera*, très-fréquentée pour les maladies de la peau.

La route suit toujours la même direction à travers un pays fertile; on passe par la *Venta Nueva*, pour atteindre

YECLA, ville étendue de 11,700 hab., située sous le *Cerro del Calvario;* des ruines du château la vue est magnifique; on y trouve cinq posadas et beaucoup de restes d'antiquités romaines, qui sont ou négligées ou détruites.

SAX petite ville très-industrieuse, située sur la pente d'une montagne conique, dans un district très-fertile; elle contient des fabriques d'eau-de-vie et de papier, des moulins à huile et à farine.

ELDA, ville de 4,000 hab. située dans une contrée montueuse et fertile ; ses rues sont bien percées et droites.

MONFORTE, ville située dans une charmante vallée, avec un château en ruine ; *pop.*, 3,300 hab., quatre bonnes heures de marche dans un beau et riche pays nous conduisent à

ALICANTE (la *Lucentum* des Romains et la *Hala* des Arabes), située au pied d'une roche que couronne son château, qui ne la laisse voir qu'à ses portes ; port de mer, chef-lieu de la province et du partido de son nom, avec 18,000 hab. : elle est défendue par un ouvrage extérieur *el castillo de Fernando* construit en 1810. *Auberges* : les meilleures sont *el Vapor*, près du débarcadère des steamers ; la *Crux de Malta*, calle de la Princessa ; *el Leon de Oro*, sur la plaza del Mar.

Alicante est une ville purement marchande, où l'on trouve plusieurs maisons anglaises et françaises qui importent du poisson salé et exportent des vins, des amandes, des raisins et de la potasse : sa *Huerta* est très-fertile et offre un bel aspect du haut de la tour a *Augues*. Les oliviers, les caroubiers sont nombreux et d'un bon rapport ; les fermes ont l'aspect tout-à-fait mauresque ; celle du marquis de Beniel à *Peñaferrada*, vaut la peine d'être visitée. Le système d'irrigation de cette Huerta, favorisée par un été continuel, est ingénieux et produit d'incessantes récoltes ; mais les environs sont arides, et stériles et la côte marécageuse, vers Carthagène, engendre des nuées de mouches, des fièvres et des dyssenteries qu'aggrave encore l'usage immodéré du *sandia* (melon d'eau).

Alicante, chef-lieu de l'administration civile et militaire, possède une *Colegiata* qui sert de paroisse et deux annexes, deux couvents de femmes, un palais épiscopal, un château peu important, un hôpital, une fabrique importante de cigares, etc.—La basse-ville est propre et bien bâtie ; le port, ou plutôt la rade est située entre les caps la *Huerta* et *San-Pablo* ; de la pointe du môle où l'on a élevé un phare de 30 mètres de hauteur qui porte la lumière à 15 milles, la vue est très-belle. La *Colegiata* de Saint-Nicolas, bâtie en 1616 dans le style de Herrera, a un beau et sombre portail construit en 1627; l'intérieur serait d'un bel effet s'il n'était pas masqué par le chœur : le palais de l'évêque, la *Casa* dans la calle de Altamira et l'*Ayuntamiento* avec sa façade et ses *Miradores*, méritent d'être visités, ainsi que la galerie de peinture du marquis del Angolfa.

MOYENS DE LOCOMOTION. *Diligencia* pour Murcie, et *Galeras* et *carros* pour Valence, Murcie et Elda. Les *steamers* de Marseille à Cadix relâchent à Alicante et fournissent des moyens de communication avec tous les ports de la Méditerranée.

ROUTE 77.

D'ALBACETE A MURCIE.

Par **Hellin** et **Cieza**, 24 l. 1/2.

Pozo de la Peña	2	l.
Venta Nueva	3	
Tobarra	3	
Hellin	4	
Venta de Vinatea	2	1/2
Puerto de Mala Muger	2	1/2
Cieza	2	1/2
Puerto de Losilla	2	1/2
Lorqui	2	1/2
MURCIE	3	

Le pays que nous allons parcourir est en général triste et peu intéressant, la route est mauvaise, il faut la suivre en attendant la nouvelle projetée depuis longtemps. A *Pozo de la Peña* nous laissons à gauche la route d'Alicante, pour gagner *Venta Nueva*, *Tobarra* et, de là

HELLIN, jolie ville de 8,300 hab., avec huit fondas, dont trois sont très-bonnes, surtout la nouvelle, qu'on cite comme une des meilleures d'Espagne ; les rues en général sont belles, bien pavées, et la façade des maisons pointe à la moderne. L'*eglesia parroquial* est un grand et bel édifice en pierre, avec trois nefs. L'hôpital se trouve au centre de la ville; l'*Ermitage el Rosario* occupe une partie du *Castillo*; il est orné d'un beau portail, d'où la vue s'étend sur la ville et les environs, et forme un joli panorama. — A 3 lieues d'Hellin, se trouvent les fameuses mines de soufre, des plus riches de l'Europe; à 2 lieues sont aussi les eaux minérales d'*Azaraque*.

D'Hellin jusqu'à *Venta de Vinatea*, la route suit les bords de la Ségura; les localités qu'elle traverse n'offrent aucun intérêt jusqu'à

CIEZA, ville de 7,000 hab., située sur un plateau qui domine la Ségura et des plaines d'une fertilité incroyable. On y trouve une caserne, un hospice, une maison de poste, et tous les ans il s'y tient, le 16 août, une foire considérable.

La route s'éloigne de la Segura, et gagne

LORQUI, petite et antique localité située dans une plaine arrosée par la Ségura, et fertile en riz, blé, vin et soie; sa population ne dépasse pas aujourd'hui 700 hab. C'est dans son voisinage que les deux Scipions furent défaits et tués par Massinissa (211 av. J.-C.)

Nous voyageons toujours dans une plaine fertile jusqu'à *Murcie*.

ROYAUME DE MURCIE.

Ce royaume, petit et médiocrement peuplé, a 625 l. carrées de superficie, 25 de long, et 23 de large; il est borné à l'E. par Valence, au N. par Cuença et la Manche; à l'O. par Grenade, et au S. par la Méditerranée. Les contrées où l'eau manque sont désertes, mais celles qu'arrosent les irrigations et les *huertas* sont d'une prodigieuse fertilité; on y trouve des palmiers, des orangers et des caroubiers, de la soie, de la soude, du poivre rouge et de riches vins; sa minéralogie est d'un haut intérêt, principalement dans les districts des mines, proche Carthagène.

ROUTES. Elles sont peu nombreuses et mauvaises. La

ROUTE 77.—D'ALBACETE A MURCIE.

meilleure est celle qui relie Lorco, Murcie, Carthagène, Elche et Alicante. Les meilleures saisons pour visiter ce royaume sont le printemps et l'automne, où tout est fruit, où tout est fleur. Murcie était une des conquêtes les plus précieuses des Carthaginois, à cause de ses mines. Des Carthaginois elle passa aux Goths, puis aux Maures, qui eux-mêmes furent subjugués par les Espagnols en 1260.

MŒURS ET CARACTÈRE. Cette province a produit peu d'hommes célèbres. Les basses classes, à la physionomie africaine, principalement les agriculteurs, sont tour-à-tour paresseux et laborieux; beaucoup émigrent en Algérie : ils sont superstitieux, chicaneurs et vindicatifs : ils disent ordinairement, en parlant d'eux et de leur province que la terre et le climat sont bons, mais que tout ce qui se trouve entre eux est mauvais (*el cielo y suelo es bueno el entre suelo malo*). Les plaines du littoral, principalement vers Carthagène et Alicante, sont très-sujettes aux tremblements de terre, et malsaines à cause des marais salants qui s'y trouvent. Le *kali*, plante marine dont on tire la soude, y abonde.

DIVISION POLITIQUE. Ce ci-devant royaume est maintenant divisé en deux provinces qui sont *Murcie* et *Albacète*.

MURCIE, capitale de la province et du partido de son nom. *Auberges* : la meilleure fonda est sur la *plaza de San-Leandro* : les meilleures posadas sont celles de *San-Antonio* et de la *Alhondiga*; celle *del Comercio* est dans la calle de la *Rambla del Cuerno*. On compte encore six ou sept autres posadas très-médiocres dans la calle *Mayor*, deux pensions bourgeoises très-décentes; l'une tenue par Juan Gutierez, l'autre par dona Maria Romero.

Peu de temps nous suffira pour visiter *Murcie*, située au centre de la fertile *Huerta* (en mauresque, *al bostan*, jardin), longue d'environ 5 l., sur 3 de large et arrosée par la rivière et par le magnifique canal mauresque appelé *Contraparada*.—Murcie (Mursiah, maure) fut construite par les Maures, avec les débris de la Murgie des Romains. Prise en 1240 par saint Ferdinand, elle fut reconquise de nouveau, après une révolte, par Alonso-le-Sage,

C'est une des plus tristes et des plus nues de l'Espagne; les rues, généralement étroites, sont bordées de maisons peintes en jaune et en rouge-œillet; celles des hidalgos sont ornées d'armoiries, telles que la *casa Pinares, calle de la Plateria*; parmi les curiosités, visitez l'*Alcazar*, fortifié en 1405 par Enrique III; montez ensuite sur la tour de la cathédrale, commencée en 1522 par le cardinal Mateo de Langa, et terminée en 1766. Le dôme qui la couronne est le type des autres beffrois de cette province; elle s'élève en plusieurs étages, en diminuant graduellement de largeur. Du haut de la tour, la vue embrasse un horizon immense sur la ville, la huerta et la vaste plaine couverte de jolies fermes et de palmiers; vers l'E., vous apercevez une montagne pointue, c'est le *Monte-Agudo*. La *cathédrale* (1353-1524) a une façade par Jayme Bort, du genre de Churriguère : dans l'intérieur remarquez les niches gothiques qui se trouvent derrière le chœur ainsi que les stalles sculptées, l'orgue et la chapelle avec un haut-relief en pierre, représentant la *Nativité*, sculpture d'un effet frappant; en face, se trouve une bonne peinture richement encadrée, mais médiocre; une autre, représentant la Vierge et l'Enfant : le retable est couvert de sculptures; une urne, non loin du maître-autel, contient les entrailles d'*Alonso el Sabio*, et à l'opposé, un reliquaire d'argent renferme quelques restes de san Fulgencio et de santa Florentina, patrons de l'église ; dans la *sacristia Mayor*, on voit de jolies sculptures sur bois, d'une nuance sombre : elles datent de 1525; la riche argenterie de cette église a disparu pendant la guerre ; la petite *custodia* d'argent, qui a échappé à la destruction, est ornée de raisins et de colonnes en spirale : c'est l'œuvre de Perez Montalto, en 1677. Cette cathédrale, suivant l'habitude en Espagne, a une église paroissiale annexe dédiée à la Vierge et appelée, la *Santa-Maria*. Dans la *capilla del Sagrario*, on admire un excellent *Mariage de la Vierge* par Juanès, peint en 1516. La *capilla de las Velez* contient quelques pierres singulières, représentant les emblèmes de cette famille ; le portail, d'un marbre à veines bleues, est enrichi de statues royales et de divers saints, entre autres, san Hermenigildo, né à Carthagène; l'intérieur, de forme octogone, est d'un mauvais style. Remarquez, dans une autre partie de cette cathédrale, *Saint Luc* écrivant son Évangile, par Francisco Garcia, de 1607. Tout proche la cathédrale se trouve le vaste palais épiscopal (1768), édifice de mauvais goût.

Murcie renferme peu d'objets d'art ; la plupart des sculptures qu'on y rencontre sont de Francisco Zarcillo, mort en 1784 ; l'église *San-Nicolas* possède un joli *San Antonio* en bois sculpté, d'environ 18 à 20 pouces de hauteur, par Alonso Cano : c'est la perle de Murcie.

La rue la plus curieuse est la *Traperia et Plateria*, où sont les meilleurs magasins d'orfévrerie et les marchands de *Mantas y Alforjas*. L'*Almude* des Arabes (grenier) sert encore de magasin à blé ; on trouve encore dans la maison de poste et dans la prison quelques restes mauresques. Murcie a aussi une *plaza de Toros*. Les promenades favorites sont la *Carmen* avec ses siéges bien ombragés, et l'*Arenal*, où se trouve un lourd monument de granit rouge élevé à Ferdinand VII. Le jardin botanique mérite aussi d'être visité.

MOYENS DE LOCOMOTION. *Diligencias*, service pour Lorca, Cartagène et Alicante; pour Madrid, une *galera* va à Albacète, où l'on prend la diligence de Valence ; les voitures les plus usitées sont les *tartanas* valenciennes à un cheval, qu'on loue de 20 à 24 réaux par jour, plus la nourriture du cocher et de sa bête.

Les environs de Murcie possèdent des bains d'eau minérale et sulfureux ; les plus fréquentés sont ceux de *Archena*, *Alhama*, el *Azaraque*, et de *Hellin*; ils sont en général mal tenus, et les médecins locaux vous disent que les eaux sont dangereuses quand elles sont prises sans les avoir consultés. De *Cabo de Gata* jusqu'à *Cartagène*, les tremblements de terre sont très-fréquents.

ROUTE 78.
DE MADRID A VALENCE.

Par **Albacete** et **Almanza**, 621.

Voyez routes 74 et 75.

Par **Taracon, Cuença** et **Requena**, 62 l. 1/2.

Voyez routes 91 et 92.

ROUTE 79.

DE VALENCE A ALICANTE.

Par **Alberique** et **Villena**, 26 l. 3/4.

Masarrasa............	0 l.	3/4
Catarroja............	0	1/4
Venta de Santa-Barbara.	0	1/2
Torre de Espioza.....	2	
Alginet.............	1	
Alcudia.............	1	
Montartal...........	0	1/2
Alberique...........	1	1/2
Venta de Carbonell...	1	1/2
Venta del Rey.......	1	1/2
Mogente............	3	
Fuente la Higuera ...	2	
Villena.............	3	
Elda................	2	
Monforte............	2	
ALICANTE...........	4	

De *Valence* jusqu'à la *Venta del Rey*, voyez route 75, et lisez en sens inverse; un peu au-delà se trouve *Mogente*, puis *Fuente la Higuera*

VILLANA, ville de 7,600 hab. située dans une plaine fertile, au pied du *Cerro San-Cristobal*, avec des rues étroites et tortueuses : son château en ruines, mais curieux, a souffert beaucoup de la guerre en 1812, pendant la guerre de la Péninsule.

Deux heures de marche dans une direction S. nous conduisent à ELDA, et de là à ALICANTE (*V*. route 76).

ROUTE 80.
DE VALENCE A SAN-FELIPE DE JATIVA.
Par **Alcira**, 10 l. 1/4.

Masarrasa.	0 l.	3/4
Catarroja.	0	1/4
Silla.	1	
Almusafes.	1	
Algemesi.	2	
Alcira.	1	
Carcagente	0	1/2
Cogullada.	0	1/4
La Puebla Larga	0	1/2
Manuel	1	
SAN-FELIPE DE JATIVA.	2	

Une diligence fait un service régulier entre ces deux villes ; la route parcourt des plaines couvertes de rizières et de beaux jardins, mais d'un aspect monotone ; un soleil brûlant et des nuées de cousins incommodent le voyageur. De Valence, nous suivons la route 75 jusqu'à *Catarroja*; puis nous inclinons vers la gauche, traversant *Silla*, et une heure après nous sommes à

ALMUSAFES, ville de 1,300 hab. située sur les bords de l'*Albufera* ; le pays produit blé, riz, vin et soie.

A *Almagnese*, que nous traversons ensuite, l'église paroissiale a un beau retable et quelques autres peintures de Ribalta ; une *Cène* et autres peintures, dont *saint Jacques* est le sujet.

ALCIRA, ville de 1,300 hab., située dans une île fertile formée par le *rio Jucar*, dont on traverse les bras sur deux ponts bien construits ; les maisons sont assez régulières, mais les rues sont étroites et tortueuses. Les irrigations sont admirablement entendues dans ce magnifique pays. A 3 l. d'Alcira se trouve une grotte remplie de belles stalactites, appelée *Cueva de las Maravillas*.

CARCAGENTE, ville située à 1 l. des bords du Jucar, au centre d'une fertile plaine couverte de mûriers et d'un réseau de canaux d'irrigation. On y récolte du blé, du riz, des fèves et toute sorte de légumes. *Pop.*, 8,300 hab.

Après trois autres petites localités sans intérêt, dans un pays toujours riche mais monotone, nous arrivons à

SAN-FELIPE. *Auberges* : plusieurs posadas, dont la meilleure est celle de *las Diligencias* : les bains sont très-bons. Cette ville possède un gouverneur militaire, un hôtel des invalides, un hôpital et 15,000 hab. C'était la *Setabis*, puis la *Valeria Augusta* des Romains, célèbre pour son château, et pour ses fabriques de mouchoirs que les Romains estimaient autant que ceux de Tyr, dont elle était d'abord une colonie. Les Maures la nommèrent *Xativa* ou *Jativa*. Elle leur fut arrachée en 1224 par Jaime Ier. Dans la guerre de la succession, elle vit plusieurs faits d'armes. Jativa est située à la jonction des jolis rios Albarda et Guadamar, qui fertilisent la contrée; son climat est délicieux, et la plaine un paradis de fleurs et de fruits. Visitez sa *Colegiata*, dédiée à san Feliu, bâtie en 1414, et son beau dôme ; le portail n'est pas terminé. Le 1er septembre de chaque année, on bénit à l'autel de San-Gil la sainte *hinoja* (famille), qu'on promène en s'arrêtant devant chaque maison. La *Reja del Coro*, noir et or, et le baldaquin de l'autel, d'un marbre rosé, méritent l'attention, ainsi que *Nuestra Señora de la Armada*, peinture très-ancienne, et *Nuestra Señora de Agosto*, sortant d'un sarcophage supporté par des lions dorés. La façade gothique de l'hôpital est très-riche et très-remarquable. On trouve *calle de Moncada* une remarquable et riche *ajimez* (fenêtre), tout à fait dans le style valencien. La *Alameda*, avec ses palmiers et son ombrage, offre un aspect tout à fait oriental. Dans les faubourgs, gravissez les terrasses en zigzag, plantées de cyprès, du *Monte Calverio*, d'où la vue est charmante. De là, montez au *Château*, en prenant par le *Campo-Santo* et l'*Ermitage San-Feliu*, qu'on dit avoir été sous les Maures un temple mozarabe. Voyez les arches en fer à cheval, les anciennes colonnes, les jaspes de l'extérieur et de l'intérieur, et l'inscription romaine près des fonts. Près du couvent *el Monte-*

Santo, se trouve une citerne mauresque. Le château occupe un vaste emplacement; la *Torre de la Campana*, située sur le point culminant, offre un riche panorama embrassant la huerta de Valence, et l'immense plaine verte qui l'entoure; à droite le lac d'Albuféra et l'azur de la Méditerranée : vers le N. apparaît Valence, qui semble s'appuyer sur les tours de Murviedro.

Ce château a renfermé des prisonniers célèbres, tels que les *infantes de Cerda* dépouillés de la couronne par leur oncle Sancho el Bravo, vers l'an 1284; le duc de Calabre, héritier de la couronne de Naples, prisonnier de Ferdinand-le-Catholique, et l'infâme César Borgia, etc.

ROUTE 81.

DE VALENCE A DENIA.

Par **Sueca** et **Gandia**, 14 l.

Silla.	2 l.	
Sollanca.	1	
Sueca	2	
Cullera	1	
Venta de Jaraco	2	1/2
Grao.	1	
Gandia	0	1/2
Oliva	1	
DENIA	3	

En quittant Valence nous suivons la route qui nous a conduits à *San-Felipe* jusqu'à *Silla*, sur le bord du lac d'*Albuféra*, long d'environ 3 l. du N. au S., et d'une circonférence de 10 l. Vers le N. il se rétrécit et n'est séparé de la mer que par une étroite langue de terre. Un canal, qu'on ouvre ou qu'on ferme à volonté, communique avec la mer. Dans l'hiver, ses eaux s'accumulent et deviennent un véritable entrepôt de poisson et de gibier sauvage. Les pêcheurs du littoral habitent des *chozas*, mauvaises cabanes où les fièvres et les musquitos les déciment. On trouve sur ce littoral vingt-sept espèces particulières d'oiseaux, dont beaucoup sont d'un goût délicieux; chaque année on leur donne une chasse publique; le 11 et le 26 novembre, des centaines de petits bateaux remplis de chasseurs couvrent le lac et reçoivent des nuées de ces pauvres volatiles. La langue de terre qui sépare le lac de la mer, appelée la *Dehesa*, abonde en lapins et en bécasses, et offre une très-belle chasse à l'amateur: on obtient facilement la permission des autorités locales. Ce lac et ses dépendances, estimés à plus de 300,000 livres, aujourd'hui propriété royale, avaient été concédés par Napoléon au maréchal Suchet, avec le titre de *duc d'Albuféra*.

De *Silla*, la route côtoie le lac et par une courbe conduit à

SUECA, ville de 7,980 hab., chef-lieu de partido de la province de Valence; elle est située au milieu d'une grande et délicieuse plaine entre le lac d'Albuféra et le Jucar.

La route suit le littoral jusqu'au Jucar qu'on traverse pour entrer à

CULLERA, ville et port de mer de 7,200 hab., située au S. de la montagne de son nom et à l'embouchure du Jucar. Son importance maritime consiste en cabotage et en pêche assez abondante; sa plaine est fertile en blé, riz, vin, etc.

Tout le territoire de la *huerta de Gandia* et d'*Olivia*, que nous parcourons, et où se trouvent les *Ventas de Jaraco* et *Crao*, est un véritable Eden de fertilité; la mer abonde en poissons, dont les plus recherchés sont les *Parejas del Bou*. C'est au milieu de ce riche paysage que nous trouvons

GANDIA, cité, capitale de partido, province et évêché de Valence, située à 1/2 l. de la mer, entre les rios Jucar et Alcoy. Sol fertile en produits variés. — Population 6,100 hab.

De Gandia, la route suit 1 l. 1/2 le littoral et nous conduit en 4 h. à

OLIVIA, ville de 7,000 hab., située dans la riche et

luxuriante *huerta de Gandia,* sur la rive droite de l'Alcoy. Les collines qui l'avoisinent sont couvertes d'oliviers, d'algaroubiers et autres arbres précieux pour le pays.

La route se rapproche du littoral jusqu'à DENIA, cité et capitale du marquisat de son nom, c'est une place d'armes mal défendue. *Pop.*, plus de 3,000 hab.—La mer en se retirant a presque ruiné son port, jadis si célèbre; aujourd'hui près de la *Torre de Carrus*, où flottaient les vaisseaux de Sertorius, s'élèvent de beaux caroubiers. Denia est située près de la côte, au pied du rocher *el Mongo*, haut d'environ 2,600 p. au-dessus de la mer, et du sommet duquel la vue embrasse un riche panorama Cette cité s'appelait jadis *Dianium*, à cause du temple célèbre de Diane d'Éphèse, sur les ruines duquel s'élève à présent la *Virgen de los Desemparados.*—La *huerta* est couverte de vignes, d'oliviers, figuiers et amandiers ; le principal commerce consiste en *denias,* espèce de raisins secs qu'on expédie en Angleterre pour le pudding. Le versant du Mongo s'abaisse jusqu'au cap San-Antonio, et sur le revers de cette montagne, à 1 l. environ de Denia, est la ville pittoresque et curieuse de JABEA. *Pop.* d'environ 3,500 hab.

Au riche et riant tableau que présente la mer se joignent, du côté de la terre, des gorges sauvages, des montagnes hérissées de châteaux et de tourelles du moyen-âge, dont l'heureuse situation complète l'effet pittoresque et harmonieux de cette belle scène.

Au sud de *Denia*, le géologue trouvera de magnifiques grottes de stalactites, surtout celle de *Benidoleig*, à 1 l. S.-O. ; elle est située à 1/4 de l. du village ; son entrée, située au N., présente un grand portail naturel, qu'on ne doit franchir que muni de torches et d'un guide. On y trouve un lac très-curieux.

La côte qui entoure le cap *San-Antonio* est coupée de promontoires intéressants, surtout ceux de *San-Martin*, *Monayra* et *Hifac* ou *Ayfac*. A 3 l. de *Denia*, s'élève au milieu de la baie *Calpe*, espèce de petit Gibraltar, bâti à la place d'une ancienne ville romaine, et où l'on trouve encore beaucoup d'antiquités et de mosaïques, abandonnées ou détruites. *Aux Baños de la Reyna*, on trouve entre deux promontoires les restes d'un étang romain.

De *Calpe* à Gandia, il y a, sur la gauche, une route écartée à travers les montagnes, et passant par *Benia*, *Alcanall*, *Orba* et *Sagra*.

ROUTE 82.

DE VALENCE A TERUEL.

Par **Segorbe** et **Jerica**, 23 l.

Tabernes Blanques...	1 l.	
Albalat..........	1	
Mesones de Puzol....	1	
Gilet............	2	
Estivella.........	1	
Torres Torres......	1	
Segorbe..........	2	
Jerica...........	2	
Barracas.........	3	
Sarrion..........	3	1/2
Puebla de Valverde...	2	1/2
TERUEL..........	3	

De Valence, la route se dirige au N., à travers une riche contrée. Bientôt nous apercevons à droite, au milieu de cyprès, le monastère jadis célèbre de *San-Miguel de los Reyes*, construit en 1544 par don Fernando, duc de Calabre, et destiné à sa sépulture. Les cloîtres doriques et ioniques rivalisent avec ceux de l'Escurial; les statues du fondateur et de sa femme étaient placées de chaque côté du maître-autel. La précieuse bibliothèque fut brûlée dans la guerre de la Péninsule. Aujourd'hui cette sainte demeure est à demi ruinée.—Ensuite on traverse les insignifiants villages de *Tabernes Blanques*, *Albalat*, *Puzol*, *Gilet*, *Estivella* et

TORRES-TORRES, petite localité de 800 hab., avec un château mauresque.—Les montagnes renferment de bons pâturages qui donnent beaucoup de laine.—La route incline vers le N.-O. jusqu'à

SEGORBE (*Segrobriga Edetanorum*), ville épiscopale, chef-lieu de partido, province de Castellon de la Plana, avec une pop. de 6,300 hab., d'assez belles rues, quelques bonnes posadas, et plusieurs places; elle est située sur la rive droite de la Palancia, entourée de jardins d'une fertilité prodigieuse. De la pointe du rocher qui domine la ville, la vue est admirable. — Ségorbe fut arrachée aux Maures par Jaime Ier, en 1245. La *cathédrale*, édifice médiocre, a un retable de l'école de Juanes et un bon cloître. On a démoli une partie de l'ancien château et les murailles, pour construire la *Casa de Misericordia*. La limpide *Fuente de la Esperanza*, près le couvent des Hiéronymites, donne passage à une rivière s'élançant de la roche, dont l'eau a un pouvoir pétrifiant. L'église *San-Martin de las Monjas* a une façade dorique; l'intérieur possède le tombeau de son fondateur, Pedro de Casanova, et la belle toile de Ribalta représentant la *Descente du Christ aux limbes*. On voit dans le *Seminario* le tombeau du fondateur, Pedro Miralles; sa statue est agenouillée sur un sarcophage où sont gravés les événements les plus saillants de sa vie. Proche de la ville se trouve le couvent supprimé de *Val de Cristo*, changé en moulins à papier, d'un aspect pittoresque.

La route continue toujours au N.-O. jusqu'à

JERICA, petite ville de 3,000 hab., sur la Palancia, qui arrose une plaine fertile en toute espèce de fruits, grains, vin, soie, etc. Jerica fut arraché aux Maures, par don Jaime Ier, en 1235. On y trouve beaucoup d'antiquités.—En 2 h. de marche nous atteignons Barracas, petite localité sur un sol montueux et aride, avec 300 hab.;—Sarrion, village de 1,400 hab., avec des eaux thermales,—Puebla de Valverde, petite localité de 1,100 hab.—Trois heures après nous entrons à

TERUEL (*V.* route 50).

ROUTE 83.

DE VALENCE A TARRAGONE.

Par **Murviedro** et **Castellon de la Plana**, 40 l. 3/4.

Tabernes Blanques	2 l.	1/4
Albalat	0	3/4
Venta del Emperador	0	1/4
Masagrell	0	1/4
La Creu de Puch	0	1/2
Puchol	0	1/4
Murviedro	1	1/2
Almenara	1	1/2
Nules	1	1/2
Villarreal	2	
Castellon	1	
Venta de Oropesa	3	1/2
Torreblanca	2	1/2
Alcala de Chisvert	2	1/2
La Magdelena	2	
Benicarlo	1	1/2
Vinaroz	1	
San-Carlos de la Rapita	3	1/4
Amposta	1	1/2
Perello	3	1/2
Hospitalet	4	
Cambrils	2	
Villaseca	1	1/2
TARRAGONE	1	1/4

De *Valence* à la *Creu de Puch*. *V.* ci-dessus.

Cette route, que desservent les diligences de Valence à Barcelone, ne quitte guère le littoral et n'offre au voyageur rien de très-remarquable; la diligence met à peu près 40 heures pour gagner Barcelone, et pour Tarragone 30 heures. Le voyageur peut encore prendre le bateau à vapeur, qui va en 18 heures à Tarragone, et en 24 à Barcelone. La route incline constamment vers l'E. A la *Creu de Puch*, le chemin se bifurque; la branche gauche conduit à Teruel,

ROUTE 83.—DE VALENCE A TARRAGONE.

et celle que nous suivons traverse PUCHOL, village de plus de 700 hab.

MURVIEDRO, avec une pauvre posada et une pop. de 6,300 hab., est le chef-lieu du partido judiciaire de ce nom dans la province de Valence ; elle est située près de l'embouchure de la Palancia dans la mer.—De longues lignes de murs et de tours couronnent l'éminence qui domine l'ancienne *Sagonte*. Cette ville riche et célèbre, fondée en 1384 av. J.-C. par une colonie grecque de Zante, avait un port sur la mer, qui aujourd'hui en est à plus d'une lieue. Saguntum était aussi célèbre par sa défense héroïque contre Annibal, qui s'en rendit maître, et la détruisit de fond en comble. Rebâtie par les Romains qui en firent un municipium, et ruinée de nouveau par les Goths et par les Maures, c'est de ses débris qu'a été en partie construit le couvent de *San-Miguel de los Reyes*.

On trouve encore dans Murviedro des restes de cette pierre rouge jadis si renommée, ainsi que diverses pièces de monnaie, dont on frappait vingt-sept espèces à Saguntum. La moderne Murviedro est une ville triste dont les habitants sont presque tous agriculteurs et vignerons. Le temple de Diane occupait l'emplacement du couvent de la *Trinidad*, où l'on trouve quelques inscriptions romaines ; derrière, il y a un aqueduc avec quelques portions de murs du cirque *Maximus*. En 1745, on découvrit dans le faubourg San-Salvador une mosaïque de Bacchus, qu'on laissa tomber en ruine. Le fameux théâtre, situé sur la pente qui domine la ville, souffrit beaucoup dans la guerre de la Péninsule ; cependant tel qu'il est, il mérite d'être examiné.

On trouve encore près de l'entrée du château quelques vestiges massifs de l'ancienne forteresse de Saguntum. Le château actuel est tout à fait mauresque ; la citadelle, avec les tours de San-Fernando et de San-Pedro, occupe le point culminant de la montagne, d'où la vue est très-étendue.

A la sortie de Murviedro nous traversons la Palancia, et dans *la Sierra de Espadan*, nous atteignons

ALMENARA, en arabe, *la Lanterne* ou lieu de lumière, avec 1,400 hab. et un château en ruine, situé sur le sommet conique d'une colline, qu'occupait jadis le temple de Diane, et dont la mer baignait la base.

La route tournante serpente à travers les montagnes, au milieu de vignes, de caroubiers et d'arbustes aromatiques, jusqu'à

NULES, ville de 4,000 hab., dans une situation délicieuse, entourée de murailles et de portes, et avec des rues régulières et assez bien percées.—En deux heures de marche au milieu de ce beau pays on arrive à

VILLARREAL, ville de 2,700 hab., située non loin des bords del rio Mijares, qui fertilise sa plaine ; elle fut construite par Jaime Ier, comme villa royale, pour ses enfants. L'église paroissiale est un édifice sans goût, mais la tour octogone est très-remarquable.

Un quart de lieue après Villarreal nous traversons le rio Mijares sur un beau pont construit en 1790. En une heure de marche, nous sommes à

CASTELLON DE LA PLANA (de la Plaine), ville ainsi nommée de la plaine où l'éleva Jaime Ier en 1233, à 1/2 l. de la cité mauresque, bâtie sur une éminence. Capitale de la province de son nom, elle a une casa de postas et une parada de diligencias ; le *Parador del Lion* est assez bon. Elle est située à 1 l. de la mer et à 3/4 de lieue N. du rio Mijares ; c'est une ville florissante, entourée de jardins riches et fertiles, arrosés par un magnifique canal ; sa population est de 15,100 hab. Ribalta y naquit en 1551. Les églises et les couvents contenaient jadis quelques-uns de meilleurs ouvrages de cet artiste ; il est question de réunir dans un Musée spécial ses principales toiles, abandonnées maintenant à la poussière et à la détérioration. Visitez *le Sepulcro*, ainsi nommé d'un tombeau qui se trouve au maître-autel et qui fut, dit-on, sculpté par des anges ; dans l'église paroissiale, dont on admire le beau portail gothique et la tour, se trouve un *Purgatoire* par Ribalta. La *Torre de las Campanas*, octogone et haute d'environ 260 pieds, fut construite en 1591-1604.

La *Cartuja de Val'Cristo*, proche d'*Altura*, qui date du

xiv⁰ siècle, et le couvent *Bonifassa*, fondé par Jaime I⁰ʳ, sont deux édifices célèbres, maintenant dans un triste état.

Les principales communications de Castellon sont avec Valence, Tarragone, Reus et Barcelone.

Au sortir de Castellon, la route longe la chaîne aromatique de la *Peña Golosa*. Près d'*Oropesa*, dont le beau château fut démantelé par les Français, se trouvent les restes d'un arc romain.

On passe ensuite par *Torreblanca* et on arrive à

ALCALA DE CHISVERT, ville de 6,000 hab., située sur un terrain inégal, avec des rues tortueuses et de vilaines maisons : belle église paroissiale avec un portail moderne et un bon beffroi, élevé en 1792.

Au sortir d'une gorge de montagnes, le promontoire *de Peniscola* apparaît vers la droite, avec son château carré, sur le sommet, comme une île au sein des ondes.

PENISCOLA, sorte de Gibraltar en miniature, est une ville ancienne, située sur un roc escarpé de 240 pieds de haut, et qui ne tient à la terre que par une langue de sable parfois couverte d'eau. Fondée par les Maures, elle se rendit à Jaime I⁰ʳ, qui la céda aux Templiers. On voit encore une portion de leur église. Le pape Benoît XIII (Pierre de Lune) s'y réfugia après sa déposition par le concile de Constance. Ses fortifications et sa position la rendent presque imprenable. Une fontaine qui jaillit d'un rocher fournit l'eau nécessaire à ses habitants. Grotte appelée *el Bufador del Papa;* les vagues s'y abîment et retombent en pluie abondante à une certaine distance dans les terres. Les Français prirent Peniscola le 2 février 1812.

Après avoir rejoint la grande route, nous arrivons bientôt à

BENICARLO, petit port de mer pour la pêche et le cabotage, renfermant 6,400 hab.; la ville a une ceinture de murs et un vieux château en ruine. Comme la plupart des villes de ce pays, elle est misérable au milieu d'une riche nature; les maisons qui bordent les rues ont un aspect de fermes. Eglise avec tour octogone. Toute cette contrée produit un vin rouge renommé qu'on expédie en France pour enrichir le petit vin de Bordeaux et le rendre agréable aux palais britanniques : on en fait aussi du vieux Porto et de mauvaise eau-de-vie, qu'on expédie à Cadix pour fortifier le petit vin de Xerez. Pendant la vendange, la boue des rues et les jambes des habitants sont comme teintes du jus des grappes : c'est dire que la plus grande négligence préside à la vinification.

En une heure de marche, on est à

VINAROZ, avec une bonne *parador*; 9,100 hab., chef-lieu de partido, province de Castellon, et port de mer à l'embouchure de la Serval, où règne beaucoup d'activité. Les habitants sont moitié marins moitié laboureurs. Vinaroz est une ville ancienne, ayant encore des restes de murailles ; les rues et les édifices n'offrent rien de curieux. Le seul souvenir qu'elle laisse au voyageur c'est celui de l'excellent esturgeon et des délicates lamproies qu'on lui a servis.

Le duc de Vendôme y mourut d'apolexie en 1712, au milieu de ses succès. Philippe V fit transporter ses restes dans le tombeau des rois à l'Escurial.

INDUSTRIE. Chantiers de construction pour le cabotage et la pêche, qui occupent presque toute la population. Ses exportations, en vins excellents et en eaux-de-vie, sont considérables.

Au sortir de cette ville, vous passez à gué la petite rivière de *Serval*, qui est presque toujours sans eau, et une heure après vous apercevez à droite une tour carrée qui marque les limites du royaume de Valence; vous passez la petite rivière de *Cénia* sur un beau pont d'une seule arche, construit sous Charles IV, et vous êtes en Catalogne ; là vous prenez une belle route presque toujours garnie d'arbres et qui côtoie la mer à une petite distance; vous êtes dès lors chez les vrais Ibériens, au langage rude et aux mœurs sauvages, et dont les Espagnols de nos jours diffèrent peu : la route, quoique belle jusqu'à Amposta, n'offre que des souvenirs de vols et de meurtres.

En trois heures de marche, nous atteignons

SAN-CARLOS DE LA RAPITA, petite ville moderne, construite par Charles III, située à l'embouchure de l'Ebre, vis-à-vis la pointe des *Alfaques*, langue de sable qui forme un espèce de petit port; les rues sont, en général, très larges et les maisons uniformes. Jolie petite église de style ionique.

Un petit canal transporte les produits du sol de *San-Carlos* à Amposta.

En quittant San-Carlos, une jolie route nous conduit, en une heure et demie, à travers un pays riche et bien cultivé, à

AMPOSTA, port de mer et ville petite et pauvre, située sur la rive droite de l'Ebre, au-dessus de son embouchure, mais qui pourra devenir importante si on rend l'Ebre navigable.—*Pop.* 1,700 hab.—Posada mauvaise et infestée par les mousquitos.

En sortant d'Amposta, nous traversons l'Ebre dans un mauvais bac.

Pour aller d'Amposta à Perello sans passer l'Ebre, on suit la rive gauche et on gagne Tortose en quatre heures. Autrement, après avoir passé le fleuve, on se rapproche de la mer, en suivant la grande route à travers des gorges de montagnes rocheuses. Des tours placées à certaines distances défendent la côte et les villages de la rapacité des pirates.

Ici, le costume des femmes change : beaucoup garantissent leurs bras de la piqûre des moucherons, dont ce parage est infesté, en les couvrant de longues mitaines; leurs boucles d'oreilles mauresques sont si pesantes, qu'au lieu de les suspendre au lobe inférieur de l'oreille, elles les attachent par un fil autour de la partie supérieure. Pendant les repas, les femmes de chambre, avec des roseaux ou des éventails couverts de peintures représentant des fleurs et des branches argentées, chassent les mouches et procurent un peu de fraîcheur aux convives.

En approchant de Perello, on trouve des plaines incultes et couvertes de plantes aromatiques; une montée à pente douce conduit à la gorge ou *coll de Balaguer*, vrai repaire de voleurs.

PERELLO est une petite ville de 1,100 hab., située à la base d'une montagne appartenant à la cordillère du coll de Balaguer ; sur un sommet de cette chaîne s'élève l'ermitage dédié à *Nuestra Señora de la Aurora*, d'où la vue s'étend sur un riche et vaste panorama : à droite, la Méditerranée étale ses ondes d'azur ; vers la gauche se succèdent des plaines, des montagnes et des vallées dignes du pinceau de Salvator Rosa.

Bientôt nous entrons dans une plaine bien cultivée pour arriver à

HOSPITALET, fondé par un prince aragonais pour recevoir les pauvres pèlerins fatigués ; il est défendu par une tour carrée et crénelée.

Maintenant nous voici dans les vignobles qui produisent des muscats et de forts vins rouges. Les scènes bachiques ne manqueront pas au voyageur qui arrivera pendant les vendanges à

CAMBRILS, ville peuplée de 2,700 hab., tous vignerons; le palmier, l'aloès et les grains se mêlent à la vigne dans cette localité, remarquable par son industrie agricole.

VILLA SOCA, petite localité dans une agréable situation, et d'où on peut apercevoir, à gauche, la ville industrieuse de *Reus*, tandis que devant nous surgissent, comme assis sur une éminence rocheuse, les murs, les bastions et la cathédrale de Tarragone.

Près de la mer, nous voyons à droite les chantiers de constructions ; ensuite, traversant le Francoli, soit à gué ou sur un pont mauresque, nous entrons, par la porte moderne, dans

TARRAGONE (*Voyez* route 63).

ROUTE 84.
DE VALENCE A SÉGORBE.
Par Liria, 141.

Liria.	41.
Chelva.	5
SÉGORBE.	5

En quittant Valence, nous remontons, au N. O., la Turia, qui arrose le riche *Campo de Liria;* à gauche, se trouve le village de *Manises*, d'où se tire l'argile dont on fabrique la jolie poterie appelée *azulejo*.

LIRIA, ville très-ancienne, antérieure aux Phéniciens, située entre les collines de San-Miguel et de Santa-Barbara, passa sous la domination des conquérants successifs de l'Espagne, et, en 1252, tomba au pouvoir de Jacques le Conquérant, roi d'Aragon. Philippe V l'érigea en duché en faveur du maréchal de Berwick. L'église paroissiale est fort belle; on y admire le *coro*, placé autour du *presbiterio;* les nefs, le transsept et le dôme furent bâtis, sur les plans du moine Paolo de Rajas, par Martin de Orinda; la façade, ornée des statues de la Vierge, de saint Vincent, etc., est de Thomas Estevé : dans l'intérieur on remarque une *Conception,* par Espinosa, qui date de 1663. C'est surtout le 29 septembre, fête de la Saint-Michel, que Liria est le plus curieux à visiter : on y rencontre les gens de la campagne aux costumes classiques et pittoresques; visitez l'*Eremitorio*, situé sur la montagne de ce nom.

A BENISANO, village au-dessous de Liria et près de la route, sont les ruines du château où François Ier fut emprisonné après la bataille de Pavie, en 1525. Les montagnes voisines de *San-Miguel* et de *Barbara* renferment des carrières d'un marbre tout à fait singulier. De l'*Ermitage de San-Miguel*, un magnifique horizon, formé des plaines et de la mer, se déroule sous l'œil du spectateur. Une visite non moins intéressante est celle de la chartreuse supprimée de *Porta-Cœli*, située dans les montagnes près d'*Olocan*, à 2 l. 1/2 de Liria et à 4 l. de Valence; une vue admirable s'étend de là sur les plaines et sur la mer. Ce monastère fut fondé, en 1272, par l'évêque Andres de Albalat; c'était jadis un vrai muséum artistique. Alonso Cano, s'y étant retiré après la mort de sa femme, y sculpta un beau crucifix et peignit plusieurs belles toiles, que l'on n'y voit plus. Son superbe aqueduc date de Ferdinand et Isabelle; on récolte dans ce pays d'excellent vin *rancio*.

De *Liria* à *Chelva*, la route directe est par la Llosa, mais nous préférons prendre à gauche et visiter

Chestalgar, petite localité près de la *Turia*, où on trouve des débris d'un aqueduc mauresque.—A *Chulilla*, on voit une belle chute de la Turia, qui arrive à travers des montagnes, d'où elle saute presque perpendiculairement dans le *Campo*.—En suivant la rive gauche de la Turia, nous gagnons

CHELVA, village riche, avec environ 4,500 hab. Visitez la *Rambla de los Arcos*, où vous trouverez un bel aqueduc romain; les arches jetées sur le ravin sont d'un bel effet et assez bien conservées. Toute cette campagne est très-fertile.

De *Chelva*, il vaut mieux revenir sur ses pas jusqu'à *la Llosa* et gagner *El Vivar*, que de faire un long circuit, par *Alpuente et Yesa*, route très-ennuyeuse. A El Villar, on pénètre dans les montagnes de *Lacobas*, fameuses pour la richesse de leurs marbres; nous les parcourons pendant environ 5 l. pour arriver à

SEGORBE. (*V.* route 82.)

A *Alculbas*, village situé au centre de ce district raboteux, la route se bifurque. Une branche nous conduit vers l'O., en trois heures, par *Oset*, à

ANDILLA, village de 700 hab., au milieu des montagnes; il possède une belle église paroissiale et quelques toiles remarquables de *Ribalta*; le *retable*, moderne, est enrichi de statues et de bas-reliefs; les peintures représentent, au dedans des panneaux, la *Visitation de la Vierge*, sa *Présentation*, *Santa Ana* et *San Joaquin*, et la *Circonci-*

sion; au dehors, la *Dispute avec les Docteurs*, un *Repos*, la *Naissance et le Mariage de la Vierge*, toutes exécutées par Ribalta, dans sa manière la plus large.

A 1 l. d'Andilla se trouve CANALES, dont les habitants subsistent du produit de la neige de la montagne *Bellida*, qu'ils vont vendre à Valence, où l'on en fait une grande consommation. En revenant à Alcubas, à mi-chemin environ, au milieu des montagnes, se trouve la *Cueva santa*, grotte profonde, dans laquelle est un sanctuaire de la Vierge; on y descend par un escalier. Cette sainte grotte attire un grand nombre de paysans le 8 septembre.

ROUTE 85.

DE MADRID A CASTELLON DE LA PLANA.

Par Valence et Murviedro.

(*V.* de *Madrid* à Albacete, 33 l. 1/2 (r. 74) et d'*Albacete* à Valence, 28 1/2 (r. 75).

ROUTE 86.

DE CASTELLON DE LA PLANA A MORELLA.

Par Cabanes et San-Mateo, 14 l.

La Puebla..................	2 l.	
Cabanes...................	1	1/2
Las Cuevas................	2	1/2
Salsadella.................	2	
San-Mateo.................	1	
MORELLA..................	5	

La route que suit le voyageur incline vers le N.-O., dès qu'on a passé la *Puebla*. De là on arrive à

CABANES, petite localité de 500 h., située près d'*El*

Rio-Seco, dans une campagne délicieuse.—Ensuite vient Las Cuevas, et puis

SALSADELLA, petite localité mal bâtie, mais sol fertile; *pop.* 900 h.
En une heure de marche nous atteignons

SAN-MATÉO, ville de 2,900 h., dans un pays fertile en grains, vins, fruits et légumes.
Alors la route incline vers l'O. sans offrir rien d'intéressant jusqu'à

MORELLA, ville forte sur la frontière de l'Aragon et de Valence, chef-lieu du montagneux partido de son nom. —Ici tout change d'aspect, la végétation change avec le climat, et les paysans sont rudes et sauvages. Morella est une ville de 6,000 h., dont les constructions sont presque toutes isolées les unes des autres; ses rues escarpées, ses ravins, ses murailles mauresques et ses tours lui donnent un aspect très-pittoresque; elle s'étage sur la pente d'une montagne que couronne son château construit dans le roc, et fortifié par la nature et par l'art. L'aqueduc est un édifice majestueux composé d'arches élevées et de murailles. La disposition du chœur de l'*Iglesia Mayor* est tout-à-fait singulière : il est élevé sur des arches et sur des piliers, et on y monte par un escalier qui tourne autour d'une colonne. Dans *San-Juan-Batista* se trouve une toile, par Ribalta, représentant *San Roque*. Le maréchal Suchet prit cette place sans coup-férir. Devenue en 1838 le quartier-général de Cabréra, elle fut bombardée et prise par Espartero en 1840.

ROUTE 87.

DE MADRID A ALICANTE.

Par **Albacete** et **Yecla**, 58 l.

De *Madrid* à Albacete, 33 l. 1/2 (*V.* route 74). D'*Albacete* à Alicante, 23 l. 1/2 (*V.* route 76).

ROUTE 88.

D'ALICANTE A ALCOY.

Par Jijona, 71.

Il y a deux routes d'Alicante à Alcoy—et de là à San Felipe de Xativa : distance, 13 l. Celle de droite passe par *Busot*, où on trouve des bains minéraux excellents ; les auberges sont mal tenues. En quatre heures on va d'Alicante à

JIJONA, ville de 4,900 h., sur la pente d'une montagne que couronne un beau château ; ses rues sont très-escarpées et forment un espèce d'amphithéâtre : cependant, il s'en trouve deux assez jolies, d'où la vue s'étend sur les jardins ; on y trouve trois posadas et un hôpital. On y recueille du miel délicieux et qui sert à la fabrication du célèbre *mazapanes* (nougat d'Alicante).

Quelques voyageurs préfèrent la route de gauche, qu'on peut suivre à cheval ; à 2 l. d'Alicante, elle pénètre dans des passages de montagnes, d'où, parmi des bocages d'amandiers, on arrive à *Pantano de Tibi*, digue magnifique, construite pour contenir les torrents qui viennent d'une gorge de montagnes, et en former un réservoir qui ressemble à un lac ; du haut de cette vaste construction de 150 pieds de hauteur sur 66 d'épaisseur, on voit à ses pieds des masses de rochers escarpés, entremêlés de beaux sapins. Nous traversons des roches de marbre rouge, et nous arrivons à

TIBI, petite localité avec un château mauresque. De loin Tibi paraît suspendu à une montagne aride. Vers la gauche se trouve *Castalla*, autre petite localité, où, en 1812, le général Delort, avec 1,500 Français, défit 10,000 Espagnols.—Non loin se trouve *Ibi*, petit hameau, niché au milieu d'oliviers, et dominé par un château.—En deux heures de marche en remontant la vallée, et au milieu de sites qui rappellent l'Italie, on est à

ALCOY, ville et chef-lieu de partido, province d'Alicante

et diocèse de Valence, avec 48,000 h. Il est situé dans une espèce de gorge de montagnes, et assis sur une langue de terre, arrosée au S. par *el rio Alcoy*, et au N. par un autre cours d'eau qui se jette dans cette dernière rivière. Alcoy est à 4 l. d'*Albaida* et 6 de *San-Felipe*. La partie supérieure de cette active et commerçante cité est très-pittoresque, ses maisons sont fièrement suspendues au-dessus de jardins en terrasse et de ravins; son industrie est renommée pour les laines communes et les manufactures de papiers.—Les *peladillas de Alcoy* ou dragées faites d'amandes sont excellentes.

Situé au milieu de plusieurs routes, *Alcoy* est un centre de commerce et d'opérations stratégiques. Depuis quelques années on y a élevé des édifices à la moderne, chose rare dans les villes de l'intérieur. Les classes inférieures y sont malpropres et peu sociables.

Une lieue plus loin, sur la route de San-Felipe, en suivant une charmante rivière, nous trouvons

CONCENTANA, ville industrieuse, avec une tour carrée du temps des Maures, et un couvent de Franciscains.— Plus loin s'élèvent les *Sierras de Mariola* et *Miero*, dont la plaine est couverte de villages. En franchissant la chaîne de montagnes à gauche, on trouve *Adzaneto*, et à 3 l.

SAN-FELIPE DE JATIVA (*V*. route 80).

ROUTE 89.

DE MADRID A MURCIE.

Par **Albacete** et **Hellin**, 59 l.

De *Madrid* à Albacete, 34 l. 1/2 (*V*. route 74). D'*Albacete* à Murcie, 24 l. 1/2 (*V*. route 77).

ROUTE 90.

DE MURCIE A CARTAGÈNE.

Par **los Banos**, 9 l.

Los Banos............	3 l.
Lobosillo.............	3
CARTAGÈNE............	3

En quittant Murcie, la route, qui est fort belle et régulièrement desservie par une diligence, incline vers le S.-E. Après avoir traversé deux localités sans intérêt : *Los Banos* et *Lobosillo*, elle gagne

CARTAGÈNE, cité, port de mer, place forte, et chef-lieu du partido judiciaire de son nom, et maintenant *plaza de armas*. Fondée par Asdrubal, général carthaginois, puis détruite par les Goths, elle fut restaurée par Philippe II. Son port passe pour un des meilleurs de l'Europe. Les vaisseaux d'un fort tonnage peuvent y aborder au pied des maisons. Son magnifique bassin, creusé par la nature, est peut-être le seul en Europe où la main de l'homme n'ait rien eu à faire. De riantes et hautes collines défendent la baie contre les vents de terre; des batteries, placées sur les jetées et sur la petite île de *La Escombrera*, l'abritent du côté de la mer.

Bien que riche et opulente, Cartagène est une ville sans animation, et on n'y voit aucun monument d'un haut intérêt; sa plus belle rue est la *calle Mayor*, dont beaucoup de maisons sont ornées de marbre rouge; l'*Arsenal* ne peut être visité sans une permission du commandant de la marine. La ruine, la négligence et l'abandon attristent partout l'œil du voyageur; la place d'Armes et les quais sont silencieux; l'*Ecole de marine*, bel édifice mal employé, les fortifications, les casernes, les hôpitaux, les arsenaux, les vastes corderies, les fonderies de canons, les bassins, les chantiers, sont tous de beaux établissements, mais en décadence. On ne trouve un peu de mouvement qu'au bagne, où cinq ou six cents malheureux, livrés à des travaux pénibles pendant quinze ou seize heures par jour, promènent partout l'image du désespoir et de l'abjection.

Si comme port militaire Cartagène n'est que l'ombre de sa grandeur passée, ses relations commerciales ont eu le même sort depuis la perte des colonies espagnoles; aujourd'hui, le commerce préfère Alicante. On trouve dans cette cité deux fondas assez bonnes, l'une dans la *Calle-Mayor*, et l'autre dans la *Calle de la Jaboneria*, ainsi que trois cafés. On pêche sur la côte d'excellent poisson, surtout le *folado*. La principale industrie des habitants consiste dans la pêche du thon, l'exportation du kali, et l'exploitation des mines des environs, qui sont très-abondantes. Un Anglais y a établi récemment une manufacture de verre.

Cartagène est une ville triste et malsaine; les eaux saumâtres et marécageuses d'*el Almoja* n'ayant pas de rigole d'écoulement, y engendrent des fièvres. Des éminences qui dominent la ville, on jouit d'un panorama riche et varié; sur l'une d'elles, se trouve l'*Alcazar*, bâti en 1244, par Alonso-le-Sage. *Pop.* 13,000 hab., d'après Mélado, 1849. Suivant Murray, elle en avait 60,000 en 1787, et n'en aurait plus que 30,000 aujourd'hui.

ROUTE 91.

DE MURCIE A ALICANTE.

Par **Orihuela** et **Elche**, 13 l.

Orihuela.	4 l.
Albatera.	2
Elche.	3
ALICANTE.	4

En quittant Murcie, la route suit le beau bassin de la Ségura, ensuite franchit la Sierra de Orihuela; bientôt on passe devant un ancien couvent de Bénédictins, dans une situation très-pittoresque. Sur la gauche se trouve une belle et vaste caserne de cavalerie et d'infanterie.

Un peu avant d'entrer dans le royaume de Valence, nous trouvons

ORIHUELA, chef-lieu de partido, dans la province d'Alicante, siège d'un évêché fondé en 1265 et suffragant de Tolède ; on y compte 25,600 hab., une cathédrale, deux hôpitaux, un hospice, deux colléges, une maison de miséricorde, un hospice d'enfants-trouvés, un théâtre, une caserne, une bibliothèque, six posadas et cinq places.

Orihuela (la *Auriwelah* des Maures) a un aspect tout oriental, s'élevant au milieu des palmiers, d'où surgissent des tours carrées et des dômes. C'était l'*Orcelis* des Goths. Ses principaux édifices sont : la *cathédrale*, qui est petite et chargée d'ornements ; *San-Francisco* ; le *colegio de los Predicatores*. Dans *San-Domingo* se trouve une espèce de *Museo*, avec des peintures et des livres plus que médiocres ; l'Université contient une petite bibliothèque. En général, c'est une ville triste et dont les maisons disséminées sont entremêlées d'églises ; elle est habitée par de riches propriétaires et agriculteurs. On y voit encore une portion de ses anciennes et massives murailles ; ses *Alamedas* sont charmantes. On jouit de beaux points de vue du *Monte del Castillo* et du *colegio de San-Miguel*. La Ségura, sur laquelle s'élèvent deux ponts, traverse la ville. La plaine est une des plus riches du monde : sa végétation est gigantesque ; le rivage sablonneux est couvert de lacs d'où on extrait du sel.

Une diligence fait le service entre Murcie et Alicante.

En quittant Orihuela, s'élève sur la droite la montagne métallifère *el Rico Corro de Oro* : cette contrée est très-remarquable et jouit d'un climat tropical ; les paysans au teint basané, vêtus de leurs blanches *brayas* et de leurs *mantas* rayées, ressemblent à des Palicares : les habitations orientales, aux couleurs blanches et aux toits plats, sont ombragées par de beaux palmiers. Un peu sur la droite, on aperçoit *Callosa*, village que couronne un château perché sur une roche escarpée.

Deux heures après Orihuela, nous trouvons *Albatara*, puis, trois heures après, au milieu des palmiers, on atteint

ELCHE (l'ancienne *Elice*), ville de 18,100 hab., chef-lieu de partido, province d'Alicante et diocèse de Valence ; on dit de cette belle cité : « Il n'y a qu'un *Elche* en Espagne. » C'est la ville des palmiers, son climat est celui d'Afrique; on y trouve une bonne posada. Située à 2 l. de la mer, les hivers y sont inconnus et le commerce y est florissant; il est traversé par une rivière qu'on passe sur un beau pont. D'un aspect tout oriental, les maisons rougeâtres, d'un style mauresque, avec leurs toits plats et leurs rares fenêtres, s'élèvent graduellement en amphithéâtre. Vers la gauche, est l'*Alcazar*, servant maintenant de prison, et autour duquel se balancent les têtes de gracieux palmiers. L'église de *Santa-Maria* est bien construite et ornée d'un beau portique; le tabernacle est de marbre précieux. Il faut monter sur la plate-forme de la tour pour admirer les vastes plantations de palmiers qui entourent la cité : les mâles produisent des fleurs blanches qui s'épanouissent en mai; les femelles, des fruits qui mûrissent en novembre; leurs dattes, bien inférieures à celles d'Afrique, sont exportées comme provenant de l'Algérie. Les feuilles de ces beaux arbres sont aussi une source de prospérité pour le pays : on en fait d'énormes expéditions non-seulement en Espagne, mais en Italie, pour la fête du dimanche des Rameaux; on s'en sert encore comme préservatif contre la foudre, en les suspendant aux balcons des maisons.

Une diligence fait un service régulier entre cette place et Murcie et Alicante.

De *Elche*, le voyageur qui ne voudrait pas regagner Madrid sans passer par Alicante, prendra la route à gauche, qui le conduira, par Yecla, à Albacete (24 l.), et, de là à Madrid, en attendant le chemin de fer projeté.

D'Elche, la route se rapproche de la côte que nous suivons environ quatre heures, et nous entrons dans

ALICANTE (*V.* route 76).

ROUTE 92.
D'ELCHE A SAN-FELIPE DE JATIVA.
Par **Elda**, 19 l.

D'*Elche*, il y a une nouvelle route pour gagner *Elda*,

ROUTE 93.—DE MADRID A CUENÇA. 363

sans passer par Monforte. D'*Elche* à *Aspe*, 2 l.; *Novelda*, 1 l.; *Elda*, 1 l.

D'Elda à SAN-FELIPE (*V.* route 79, et lisez en sens inverse).

ROUTE 93.
DE MADRID A CUENÇA.
Par **Tarancon**, 23 l.

Ballecas.	1 l.
Baciamadrid.	2
Arganda.	1
Perales.	2
Villarejo.	2
Fuentidueña	2
Belinchon.	2
Tarancon.	1
Huelves.	2
Alcazar.	1
Carrascosa.	1
Horcajada.	2
Naharros	1
Villa de Olmo.	1
Venta de Cabrejas.	1
Albaladejito.	2
CUENÇA.	1

On quitte Madrid par la porte de Atocha; une heure après, on traverse VALLECHS, village de 1,600 hab.; ensuite *Baciamadrid*, et bientôt la Jarama, non loin de sa jonction avec le Manzanarès, avant d'entrer à

ARGANDA, ville de 3,200 hab., située sur la Jarama, qu'on passe sur un beau pont suspendu. Son territoire est fertile et couvert d'oliviers, de vignes et de moissons; son vin rouge est excellent.

La route suit toujours une direction S. E. jusqu'à

PARALES, ville de 1,300 hab., dans une riche vallée qu'arrose la Tajuna.

VILLAREJO, petite ville de 2,800 hab., située sur la Tajuna ; on y voit les ruines d'un beau château ; son église gothique contient quelques tableaux de Pedro Orante.

Après deux heures de marche, dans une contrée triste, nous traversons le Tage sur un beau pont suspendu, pour entrer à

FUENTIDUENA, petite localité de 800 hab., où se trouve un château mauresque.

La route monotone n'offre à l'œil que des moulins à vent jusqu'à

TARANCON, ville de 4,800 hab., province et diocèse de Cuença ; le *parador de las diligencias* est assez bon ; il est situé sur les bords du *Rianzarès*, dont M. Ferdinand Muñoz prend son titre de duc. Ce nouveau Godoy est né à Tarancon, où son père tenait un bureau de tabac. Muñoz et la reine Christine y ont fait élever un grand palais. Visitez la belle église paroissiale dont la façade O. conserve encore ses anciens et délicats ornements gothiques ; celle du N. a été restaurée sous Philippe II. Située au centre de huit routes, cette ville fait un commerce assez actif.

La contrée reprend son aspect de désolation ; les villages deviennent rares.

A 1/2 l. se trouve le fameux ermitage de *Nuestra Señora de los Rianzarès*, en grande vénération dans ce pays.

A 2 l. *Uclès*, petite localité de 1,500 hab., située au milieu de jardins et d'*alamedas* qu'arrose la Bidija. Sur le sommet d'une montagne s'élève le couvent, jadis magnifique, de l'ordre de Santiago, relevant de la commanderie d'Uclès et dont l'abbé était mitré. Ce couvent avait été bâti, en 1174, sur l'emplacement d'un alcazar mauresque ; la *Torre Albarrana* fut ajoutée au nouvel édifice. La façade de l'E. est construite dans le style de Berruguete, celles du N. et de l'O. sont classiques, celle du S., dans le mauvais style de Churriguere ; la chapelle date de 1600 ; elle est dans le style simple de Herrera. De là, la vue s'étend sur un beau panorama. Uclès souffrit beaucoup de la guerre en 1809 ; il fut pris par le maréchal Victor.

De Tarancon, la route continue au milieu d'une vaste

plaine dont le niveau s'abaisse à de rares intervalles.

HUELVES, village de 400 hab., avec un ancien château, sur une colline très-élevée.

On traverse *Alcazar*, *Carrascosa* (400 hab.), puis deux heures de marche nous conduisent à

HORCAJADA, petite ville de triste apparence avec 1,100 hab.

Maintenant le sol est accidenté, les montagnes sont couvertes de pins et de chênes. Après *Albaladejito*, et le *Jugar*, le pays prend un aspect pittoresque. Nous nous engageons dans une gorge boisée, puis nous débouchons en entrant par l'ancien pont dans

CUENÇA.—*Auberges.*—Les meilleures sont la *Casa de la Administracion de las Diligencias*. La politesse de l'hôte et la bonté de la cuisine rappellent les bonnes maisons de France; l'amateur de la chasse et de la pêche pourra s'y procurer, au prix de 6 réaux par jour, les services précieux d'un brave garçon nommé Fernand. *La Posada del Sol*, également confortable, est située dans le faubourg, sur la route de *Minglanilla*.

Cuença, capitale de la province du partido et de l'évêché de son nom, avec une population de 8,700 hab., dans un site romantique, au confluent du *Huecar* et du *Jugar* ou *Xugar*, et entre le sommités *de San-Cristobal* et de *el Socorro*, à 3,400 pieds au-dessus de la mer. Cette cité fut apportée en dot par Zaïda, fille du roi maure Ben-Abet, à Alonso VI, en 1106; mais les habitants se révoltèrent, et la ville ne fut reprise que par Alonso VIII, en 1177.

Cuença, cité jadis célèbre pour ses arts, sa littérature et ses manufactures, ne possède maintenant que sa position pittoresque. Le *Huecar* et le *Jugar* embellissent de leurs eaux limpides des défilés formant des promenades charmantes, où des ponts, jetés çà et là, sollicitent le crayon de l'artiste; tandis que les vieilles murailles de la cité, ses tours et ses maisons semblent s'y mirer en s'avançant sur des précipices et des roches dénudées, ce qui rehausse le charme des vallées qu'on voit à la base. Vue du faubourg, la ville s'élève en terrasses, jusqu'à la place et à la cathédrale où le sol s'aplanit. Les rues en général sont escarpées, étroites et tortueuses.

Pour bien jouir de la beauté romantique de *Cuença*, il faut passer le pont de deux arches jeté sur le Jugar à l'extrémité O. de la ville, ensuite prendre le passage qui se trouve au-dessous d'une des arches, et alors suivre la rive droite de la rivière. Vous voyez par-dessous le pont une espèce de digue en ruine, à l'aide de laquelle les eaux contenues formaient un réservoir, mais aujourd'hui c'est un petit torrent aux eaux pures et rapides. Après avoir passé les plantations de peupliers et de trembles blancs, vous voyez se dresser devant vous la rocheuse et altière Cuença. Continuez votre marche jusqu'au pont *San-Antan*, à l'autre extrémité de la ville ; avant de le traverser, montez un peu sur la rive droite : de là, la ville et la vallée forment un tableau vraiment admirable par les contrastes. Ensuite, traversez le pont et gravissez le sentier en zigzag dans la roche, conduisant à la petite *Alameda*, vous aurez une vue charmante sur la vallée. Continuez de gravir le sentier jusqu'au sommet de la chaîne où la ville est assise ; traversez le plateau jusqu'à ce que vos regards atteignent la vallée du Huecar ; à 3 ou 400 mètres de la ville, un escalier coupé dans le roc conduit à un charmant cours d'eau qui, après avoir arrosé de nombreux et riches jardins, court entre des roches tapissées de plantes grimpantes et d'une luxuriante verdure, puis court se perdre dans le Huecar. Le sentier qui y conduit n'est pas facile à trouver. Il commence un peu au-delà d'un réservoir où se réfléchissent des groupes pittoresques de blanchisseuses. A mesure que vous descendez, vos regards découvrent de belles vues sur le pont, sur le couvent de San-Pablo et sur les rochers et les montagnes environnantes. Ensuite, prenez un sentier qui mène au pont, traversez-le pour gagner le monastère des Dominicains. Examinez ce viaduc de 50 m. de haut et 116 de long, rival de ceux des Romains en hauteur et en solidité, et joignant deux masses de roches séparées par une vaste déchirure. Ses piles colossales furent construites en 1523 par Francisco de Luna, aux dépens du chanoine Juan de Poso ; malheureusement, cette belle construction a été horriblement réparée. Ne quittez pas cette place sans visiter *San-Pablo*, dont par malheur la belle façade a été refaite ; le retable du maître-autel est corinthien et composé des jaspes les plus riches. Observez les figures de trois moines placées entre les pilastres. L'intérieur de l'église est simple, mais on admire les deux arches hardies qui, de chaque côté de la nef, forment une chapelle. Le toit est aussi d'un bel effet.

Repassant le pont pour monter vers la ville, vous atteignez bientôt la place et la cathédrale, l'une des plus remarquables de l'Espagne ; ses richesses artistiques sont nombreuses. La première pierre fut posée en 1177 par Alonso VIII ; elle fut consacrée par le prélat don Rodrigo Ximenez de Bada ; le style est d'un gothique simple et sévère. La façade, donnant sur la place, fut refaite en 1664, par Josef Arroyo, d'après les dessins du chapitre, qui avait plus d'argent que de goût ; elle a des vitraux peints, des arches semi-mauresques et semi-gothiques qui offrent un ensemble gracieux et hardi. Le chœur, placé au centre, a été gâté sous l'évêque Floris, auquel on doit aussi les orgues et la chaire de jaspe ; mais la splendide *reja* et le *facistol* sont des chefs-d'œuvre de Hernando de Arenas, et datent de 1557. Le maître-autel est riche en jaspes, mais trop surchargé de décorations, défaut habituel de Ventura Rodriguez. La statue de la Vierge, fut sculptée à Gênes ; le *transparente*, espèce de chapelle éclairée derrière l'autel, est lourd et peu agréable ; il est dédié à san Julian, évêque et l'un des patrons de Cuença ; les colonnes vertes, richement travaillées, sont de *Barenco de San-Juan*, de Grenade. *La Urna*, avec les statues de la Foi, de l'Espérance et de la Charité, sculptée à Carrare en 1758 par Francisco Vergara, natif de Valence et établi en Italie, est d'un style académique, froid et sans vie. Comme *Cuença* se trouve au milieu de carrières de jaspe, le voyageur ne doit pas s'étonner de voir dans sa belle cathédrale une telle profusion de ces riches matériaux. Les chapelles sont dignes d'attention ; la troisième à droite, partant de la porte O., *Capilla de los Apostoles*, a un beau portail. A côté du retable classique se trouve un petit autel du temps de Philippe II, surmonté d'une image vénérée de la *Virgen de la Salud*.

Près de la porte du palais de l'Évêque est la *Capilla de San-Martin*, avec un joli autel orné de sculptures et quatre sépulcres épiscopaux très-remarquables. Rien de plus gracieux que l'ornementation de la porte des Cloîtres, haute de 9 m., construite en pierre d'Arcos par *Xamile*, en 1546-50 ; l'arcade seule vaut le voyage de Cuença ; œuvre d'une époque où les symboles païens avaient pénétré dans l'art chrétien. On y voit des saints, des harpies, des lions, des vierges, des tritons, des vases, des fleurs, des vertus allégoriques, tous groupés ensemble et formant un ensemble du plus riche style gréco-romain.

Les cloîtres, construits en 1577-83, par Juan Andrea Rodi, avec la belle pierre de *la Hoz*, sont de différents styles. La chapelle mortuaire des Mendoza, qui forme la croix grecque, couronnée par une coupole, est entourée de tombeaux enrichis de jaspes et de niches en arceaux, observez celui de doña Inez avec ses colonnes de marbre, et celui de Diégo Hurtado, vice-roi de Siéna, mort en 1567. Des cloîtres vous pouvez monter à la *Secretaria* ; de la *Muralla* de la cathédrale, la vue est charmante.

Maintenant, visitez *la capilla de Nuestra Señora del Sagrario*, avec ses superbes jaspes et son image miraculeuse qui conduisit Alonso à la victoire. Voyez surtout la délicate façade de la *sala capitular*. Sur les portes de noyer sont sculptés saint Pierre, saint Paul, et l'Adoration des Mages, attribués à Berruguete, mais la *Transfiguration* est d'une main moins habile ; les stalles de noyer sont un ouvrage de mérite. La chapelle de *San-Juan*, fondée par le chanoine Juan de Barreda, possède une belle *reja* ornée de chérubins et d'armoiries. *La Capilla de Santa-Elena*, en face le *Transparente*, possède un beau portrait et un bon *retablo* en noyer par Cristobal Garcia Salmeron, né en 1603. Dans la chapelle de la famille Muñoz, *reja* d'un beau travail. La *capilla de los Caballeros*, bien que gênant les grandes lignes de l'église, n'est pas moins remarquable ; la porte est ornée d'un fameux squelette en pierre avec cette inscription : *Sacellum Militum*. La *reja* est un bel ouvrage, ainsi que les deux fenêtres de l'extrémité E., richement peintes et décorées de blasons armoriés ; les peintures du retable datent de 1526 et sont de Hernando Yañez, artiste distingué, et dont les ouvrages sont rares en Espagne. Remarquez encore le tombeau du grand cardinal Gil Carillo Albornoz, l'ami du brave Alonso XI, celui de sa mère Térésa de Luna, et la belle figure militaire qui se trouve à gauche du maître-autel. Il y a encore des ouvrages de Xamite dans les chapelles de San-Fabian, San-Sebastian, San-Mateo et San-Lorenzo.

Proche de la Cathédrale est le palais de l'Évêque avec un portail semi-gothique, et dans l'intérieur le beau salon *el de San-Julian.*

La plupart des anciennes églises paroissiales sont appuyées aux murailles de la ville, ce qui ajoute à leur aspect irrégulier et pittoresque; leur intérieur a été malheureusement gâté par le riche clergé d'autrefois. Dans celle de *San-Juan-Bautista* sont les tombeaux des Montemayor; l'un de 1462, un autre, plus orné, de 1528 : on y remarque la statue couchée de Don Juan, en costume sacerdotal.

Les vieilles et curieuses *Casas folares*, ou manoirs des anciennes familles nobles, sont maintenant désertes; leurs armoiries seules, restées sur la façade, en rappellent le souvenir; plusieurs, situées sur des pentes, offrent un aspect très-pittoresque, entre autres, l'Alcazar des *Mendoza*, qui domine le Jugar; visitez aussi celle de Priego, de Carillo et autres, dans la *calle de Correduria*. La Monnaie, maintenant inoccupée, fut construite en 1665, par José de Arroyo. Le couvent des Franciscains fut érigé dans le XIIe siècle par les Templiers. Les couvents des *Carmelitas Descalzas* et de *San-Pedro de Alcantara*, près du Jugar, hors la ville, sont bien situés. Cuença, jadis renommée pour ses colléges, ses imprimeries, manufactures, arts et sciences, et son industrie, n'a plus rien de ces splendeurs. C'est la patrie de nombreux personnages éminents, tels que Mendoza et Gil Albornoz, général et prélat, des artistes Benceril, Xamete, Yañez et Mora, du poëte Figueroa, d'Alonso de Ojeda, ami de Christophe Colomb, et enfin de Lope de Barrientos.

MOYENS DE LOCOMOTION. *Diligencias* et *ordinarios,* pour Valence, Madrid et villes sur la route.

ROUTE 94.

DE CUENÇA A VALENCE.

Par **Requena**, 35 l. 1/2.

Arcas............	2 l.	
Villar del Saz.........	1	
Nava Ramiro.........	2	1/2
Almodovar...........	3	
Campillo...........	3	
Puebla de San-Salvador.....	2	
La Minglanilla........	1	1/2
Villargordo..........	3	
Venta Nueva de la Cruz.....	1	1/2
Cautede............	1	1/2
Utiel..............	1	
Requena............	2	
Venta del Rebollar.......	2	
Venta Quemada........	1	
Venta del Tio Felix.......	0	1/2
Venta del Buñol........	1	1/2
Chiva.............	2	
Venta de los Poyos......	1	1/2
Cuarte............	2	
Mislata............	0	1/2
VALENCE...........	0	1/2

En quittant *Cuença*, la route incline vers le S. E. dans un pays sans intérêt; nous traversons *Fuentes*, village situé dans une vallée qu'inonde souvent le *rio de las Moseas*; ensuite *Reillo*, un peu sur la gauche;—c'est une fondation romaine, que domine un ancien château ruiné.

MINGLANILLA.—AUBERGE : la *Posada del Sol.*—Ville de 2,000 hab., importante pour ses mines de sel, situées, à une 1/2 l. N. E. de la ville, au fond d'un vallon resserré par des montagnes ; c'est plutôt une carrière qu'une mine, car le sel pur y forme des blocs inépuisables dont l'extraction fait vivre tout le voisinage. Pour visiter cette riche

ROUTE 94.—DE CUENÇA A VALENCE. 371

exploitation, il faut se munir d'une permission qu'on obtient sans difficulté. Cette intéressante excursion demande environ trois heures. Des torches allumées produisent un effet magique sur les parois des galeries souterraines, situées à cent mètres de profondeur. Dans ces dernières années, des travaux très-remarquables y ont été exécutés ; on a fait de vastes salles, qui ressemblent à de hautes cryptes avec des toits pointus ; dans les côtés, de massifs piliers carrés supportent des arches conduisant dans d'autres salles, et imitent l'aspect d'une cathédrale dans l'obscurité. L'exploitation de cette mine remonte aux Romains. Le sel qu'on en extrait est aussi dur que du cristal ; on le casse à coups de hache, et non sans difficulté ; il est extrêmement pur, et on y trouve rarement des parcelles de prussiate de cuivre ; l'extraction se fait seulement en hiver, les mineurs se livrent à l'agriculture le reste de l'année. La quantité n'est que de 50,000 fanegas [1] environ, et se consomme dans le pays, faute de routes et de moyens de transport pour de plus grandes expéditions. On trouve près de *Minglanilla* un vaste entrepôt de ce sel.

En quittant Minglanilla, la route traverse la chaîne sauvage et pittoresque des *Contreras* ; le gibier abonde dans les bois dont elles sont couvertes.—Après une marche de deux heures, nous traversons *el rio Cabriel* sur un beau pont de pierre ; dans la plaine, se trouvent les villages de *Villargordo*, *Venta Nueva de la Cruz* et *Caudéte*; puis la route remonte un peu vers le N. jusqu'à

UTIEL, ville d'une certaine importance, province et diocèse de Cuença, partido judiciaire de Requena.—*Pop.*, 6,000 hab.—Après cette ville, la route reprend sa direction S. E. jusqu'à

REQUENA.—AUBERGE : *Posada del Caja*, calle del Poso.—Grande ville, agréablement située dans une plaine bien arrosée par *el rio de Oriano*, affluent du Jucar. Cette ville est chef-lieu du partido judiciaire de son nom, province de Cuença, avec une pop. de 10,000 hab.—Églises

---

[1] *Fanega*, 55 litres 1/2 environ.

paroissiales de *San-Salvador* et *Santa-Maria*, avec jolies façades gothiques.—Une diligence part pour Valence, et revient le jour suivant, ainsi que pour Madrid et Cuença; on y trouve aussi des *carros* et des *ordinarios* pour les localités voisines de ces routes.

Maintenant la route pénètre dans la chaîne de *Cabrillas*, qui sépare la Castille du royaume de Valence. Toutes les collines sont couvertes de pins nains, et les vallées arrosées par de clairs et limpides cours d'eau, qui se perdent dans la *Requena*, tributaire du Jucar. C'est près de la *Venta de Siete Aguas* que nous entrons dans la délicieuse province de Valence, par une série de montées et de descentes entre-coupées de ruisseaux. Des sommets des *Cabrillas*, l'œil se promène sur de brûlantes plaines sans égales pour leur fertilité et semées de villages et de fermes d'un gracieux aspect; dans le lointain, vous apercevez les montagnes qui dominent Denia, et la mer aux ondes bleues encadre ce riche panorama.

Non loin de *Buñol*, petite localité située à la base des *Cabrillas*, on voit des grottes remplies de stalactites, appelées *las Maravillas*, ou les Merveilles. De là, une marche de deux heures conduit à

CHIVA, ville de 4,400 hab., située dans une plaine couverte des plus riches cultures, et qui fut le théâtre de divers combats pendant les guerres civiles.

Après avoir franchi les montagnes, au delà de la plaine boisée *del Cuarte*, la végétation change; le caroubier, le pistachier, le mûrier, le palmier, les hauts et murmurants roseaux annoncent la *Huerta* de Valence, pour laquelle nous renvoyons à la route 75.

ROUTE 95.

EXCURSIONS AUX ENVIRONS DE CUENÇA.

Beaucoup de localités aux environs de Cuença offrent de l'intérêt pour le géologue, le pêcheur et le chasseur; dans les bois du *Val de Cabras*, le chasseur est sûr de rencontrer un ou deux cerfs. On n'y trouve pas de posada, mais on peut loger dans une maison bourgeoise à l'extrémité de la ville ; demandez *Miguel Alvarez* ou *Luis de Morales*, guides actifs et adroits pour la chasse des bois. Si, malgré leur zèle et leur intelligence, le sort est contre vous, pénétrez dans les montagnes, à 5 l. environ de là, près le *Nacimiento del Tajo* ; là votre peine sera amplement payée. Vous pouvez aussi prendre pour centre d'excursions *Poyatos*, près de la rivière Escabas ; mais n'oubliez pas de vous pourvoir de vivres, car, si la contrée est riche en sites sauvages, elle ne l'est guère en provisions. A *Bonache* se trouve la singulière *Cueva del Judio*, et à *Ballestros*, au S. de Cuenca, s'étend un lac aux eaux noirâtres, appelé la *Laguna negra*, qu'on dit avoir une communication souterraine avec celui de *Fuentes* ; quelques bestiaux s'étant noyés dans l'un ont reparu dans l'autre. A 1 l. d'*Almarcha*, on trouve encore un autre lac, appelé *el Poco Ayron*, qu'on prétend être sans fond. D'après la légende, un nommé Don Buesso y jeta vingt-quatre de ses maîtresses tout à fait nues ; mais la dernière, mieux avisée, l'entraîna après elle, et lui fit partager le sort de ses victimes. A 5 l. de Cuenca, près du village de *Montalvo*, il y a une autre nappe d'eau, qui, l'hiver, offre une excellente chasse aux oiseaux sauvages. On trouve une grotte de stalactites appelée *Cueva de Petro Cotillas*, à 3 l. en amont de la délicieuse vallée du Huecar, proche la Cierva ; elle est tapissée de beaux jaspes violets. A 2 l. plus loin sur la route, *Palomera* offre une verdure luxuriante, entretenue par de nombreuses fontaines, entre autres la poétique *Fuente del Frayle*. Les moulins jetés sur ces cours d'eau, les pins et les rochers couverts de fleurs sauvages, forment un tableau très-pittoresque.

Le Jucar offre des ressources précieuses à l'amateur de pêche. Bientôt la vallée s'élargit et prend un caractère suisse ; à un quart de lieue plus haut, vous trouvez les *Fuentes del Rey*, où campa Alonso ; un peu au-dessous est un ruisseau peuplé de bonnes truites, qui féconde la plaine ; à 2 l. plus loin, est le *Val de Cabros*, renommé pour ses sapins, qu'on fait flotter sur le Tage, et qui approvisionnent Madrid de charpente. Le *Pinus Halepensis*, que les bûcherons appellent *Alvar*, est très-abondant. Remontant toujours la vallée, on trouve, à 1 l. 1/2, *Una*, avec sa *laguna*, ou lac plein de truites, et sur lequel se trouve une île, dit-on, flottante; tout proche, il existe des mines de houille, et une de beau jais. Le touriste géologue, l'amateur de pêche, devront retourner à Madrid par la pittoresque route suivante.

ROUTE 96.

DE CUENÇA A MADRID.

Par **Sacedon**, 46 l.

Buenache de la Sierra.	2 l.	
Beamud.	3	
Tragacete.	3	
Checa.	5	
Perallejos.	2	1/2
Cueva del Hierro.	2	
Beteta.	1	
Canizares.	2	
Priego.	2	
Val de Olivas.	2	
Alcocer.	2	
Sacedon.	2	
Auñon.	2	
Tendilla.	3	1/2
La Armilla.	2	
Santorcaz.	3	1/2
Los Hueros.	2	1/2
Puente de Viveros.	1	
MADRID.	3	

La première partie de la route traverse, au N.-O., un pays montagneux, désert et sauvage; le voyageur la parcourt à dos de mulet; il devra se munir d'un guide et de vivres.

ROUTE 96.—DE CUENÇA A MADRID.

BUENACHE, petite localité où se trouvent des carrières de jaspes pourprés qui rivalisent avec *Hoya de Macado*, à 2 l. E. de Cuença. On passe la nuit à

TRAGACETE, village de 900 hab., situé dans une vallée entourée de montagnes et arrosée par le Jucar, dont la source se trouve dans le voisinage, au milieu de roches cristallines.

Le second jour, on traverse les défilés profonds et difficiles des *sierras de Albaracin* et de *Molina de Aragon*, traversant le *Cerro de San-Felipe*, à *Fuente-Garcia*, point central de cette chaîne : c'est de ces neigeuses sommités que descend la source du Tage, appelée *el Pie isquierdo*, dans une situation des plus romantiques. La vallée que nous parcourons est bordée de montagnes appelées la *Muela de San-Juan*, ou Mâchoire de Saint-Jean, où la neige séjourne pendant huit mois de l'année. Outre le Tage, ces chaînes centrales donnent naissance à d'autres jolis cours d'eau, tous peuplés de belles et bonnes truites : sur la chaîne opposée, jaillissent le *Cabriel*, tributaire du *Jucar*; la *Turia* ou *Guadalaviar*, la *Wada-l-Abyadh* des Maures (rivière blanche), qui prend sa source dans la *Muela de San-Juan* et coule vers Valence; la *Mesa*, charmant cours d'eau, abondant en truites, jaillit à l'opposé dans les *Fuentes de Jarara*, et coule vers Molina de Aragon, et, de là, va se perdre dans le Tage. Nous signalons encore à l'amateur de pêche, entre autres charmantes rivières très-poissonneuses, l'*Escobas*, qui prend sa source dans les *Cerro-Canales*, proche *Tragacete*, traverse *Priego*, puis se réunit à la Guadiela. Cette contrée offre des traces irrécusables d'éruptions volcaniques; les divers lacs que nous rencontrons ne sont formés que d'anciens cratères, tels que ceux de *Barbagada*, *Mintrosa*, *Cabdete* et *Valmoro*.

Après avoir quitté *Tragacete*, traversez la *Cerro de San-Felipe*, pour pénétrer dans les bois de pins de *Checa*, dans une jolie situation, sur la *Cabrilla*, et, de là, gagnez *Tremedal*, à droite, proche de *Orihuela*, jadis célèbre pèlerinage. Nous entrons dans une contrée d'eaux minérales. A *Beteda*, n'oubliez pas de visiter la *Cueva de los Griegos*, dont les eaux ont un pouvoir pétrifiant; à *los Baños de Rosal*, une source ferrugineuse chaude, avec une fontaine d'eau douce, sort de dessous l'ermitage de la Vierge du *Rozeburh*. Bientôt nous entrons à

BETELA, en arabe *Splendide*; cette ancienne localité conserve encore des restes de son alcazar et de ses vieilles murailles mauresques. Les principaux bains sont à *Salan de Cabras*, et sont appelés *Real Sitio*, comme ayant été visités par Charles VI et Ferdinand VII, pour lequel on construisit une route commode pour remonter cette vallée raboteuse et crevassée. Cet endroit est d'une forme ovale, entouré de collines couvertes de pins et arrosé par le *Cuervo* aux belles et abondantes truites. Les bains sont près de la source minérale qui sort du pied du *Rebollar*, et l'établissement, placé sous le patronage de la royauté, est dédié à San-Joaquin. La saison des bains va du 15 juin au 15 septembre; on prend aussi ces eaux en boisson; leur goût est acidulé et leur température d'environ 22º cent.; elles sont un peu onctueuses au toucher, comme contenant du pétrole, de l'hydro-chlorate de soude et de la magnésie combinée avec du gaz acide-carbonique.

De cet établissement, une bonne route carrossable conduit à Madrid.

De *Cuença*, on peut se rendre à ces bains par une route plus courte que celle-ci; elle n'est longue que de 10 lieues et passe par

PRIEGO, où vous trouvez une vaste et habitable *posada*; cette localité, d'environ 4,100 hab., est dans une belle situation, sur une éminence qui domine la poissonneuse rivière l'*Escobas*, près de laquelle se trouvent aussi quelques montagnes et varennes abondant en cerfs et en gibier, surtout aux alentours du solitaire *Desierto*, couvent fondé par Charles III.

Priego, situé au pied de la sierra, réunit les productions de la montagne et de la plaine : c'est un bon centre d'excursions pour le chasseur et le pêcheur. Le pain, le mouton et le vin sont excellents et à très-bon marché, ce qui n'empêche pas les paysans d'être très-misérables au milieu de cette abondance. Visitez les ruines de son château, sa vieille église gothique, ainsi que la nouvelle église commencée, avec un beffroi rustique.—La flore de ce pays est du plus haut intérêt, et ses beaux sites sollicitent le crayon de l'artiste.

Après avoir dépassé *Alcocer*, localité déchue, le pays change d'aspect ; on quitte le bassin de la Guadiela, pour se diriger vers SACEDON (*V.* route 44).

A 7 l. environ au S. de Sacedon, se trouve

HUETE, ville mal famée. Le proverbe dit : « *Huete, mirale, y vete,* » Regardez-la, mais évitez-la.

En quittant *Sacedon*, la route s'engage à l'O. dans des défilés sauvages et couverts de pins, puis pénètre dans la gorge du Tage, qu'on traverse au *Puente de Auñon*. De là, après de belles chênaies, nous descendons par une profonde vallée où se trouve un couvent dans une charmante et tranquille situation, à

TENDILLA (*V.* route 44).

De *Tendilla* à *Madrid*, on compte 13 l., mais le voyageur fera mieux, alors, de s'y rendre par la route de *Guadalajara*.

De *Tendilla* à Guadalajara, 4 l. (*V.* route 44).

De *Guadalajara* à Madrid, 10 l. (*V.* route 2, et lisez en sens inverse).

ROUTE 97.

DE CUENÇA A TERUEL.

Par **Frias**, 19 l. 1/2.

Buenache.	3 l.
Tragacete.	5
Frias.	3 1/2
Albarracin.	3
Venta de Falantre.	2 1/2
TERUEL	2 1/2

Cette route est, en général, rude, et traverse une contrée sauvage, inaccessible aux voitures ; mais elle offre des charmes à l'amateur des scènes agrestes, au géologue, et surtout à l'amateur de pêche et de chasse. Avant de vous y engager, n'oubliez pas de vous procurer deux choses essentielles : un bon guide et des provisions.

Pour la première section de cette route jusqu'à *Tragacete*, voyez route 96.

ALBARRACIN est une ville de 2,000 hab., située dans des montagnes désertes ; elle est dominée par une éminence sur laquelle on voit les restes de l'ancienne ville et ses murailles. La chute saccadée de la *Guadalaviar* est très-pittoresque; ici les neiges couvrent les hauteurs, et les hivers sont très-rigoureux. Cette contrée n'est pas très-peuplée, les habitants mènent une vie pastorale ; ils élèvent une espèce de moutons de petite race, mais qui fournissent de belle laine et d'excellentes côtelettes. Les bois de pins alimentent de combustible les nombreuses forges du pays; mais cet utile métal y est encore aussi grossièrement travaillé que du temps des Celtibériens. La senteur parfumée des fleurs sauvages non moins que leurs vives couleurs qui se détachent sur la verdure annoncent une flore très-riche, et pourtant elle attend encore le botaniste. Le miel qu'on y recueille est délicieux. Au milieu de cette riche nature on arrive à

TERUEL. (*V.* route 50.)

ROUTE 98.

DE MADRID A BAYLEN.

Par **Ocaña** et **Manzanares**, 48 l.

Ocaña (*V.* route 74).........	9 l.	1/2
La Guardia...............	3	1/2
Tembleque..............	2	
Cañada de la Higuera......	2	
Madridejos.............	2	

ROUTE 98.—DE MADRID A BAYLEN.

Ventas de Puerto Lapiche	3	
Villalta	2	
Venta de Quesada	2	1/2
Manzanares	2	1/2
La Consolacion	2	
Valdepeñas	2	
Santa-Cruz de Mudela	2	
Almuradiel	1	1/2
Venta de Cardenas	3	
Santa-Elena	2	
Las Navas de Tolosa	1	1/2
La Carolina	1	
Carboneros	1	
Aldea del Rio	0	1/2
Guarroman	0	1/2
BAYLEN	2	

De *Madrid* à *Baylen*, première section de la grande ligne de *Madrid* à *Séville*, que la diligence parcourt en 4 jours 1/2. La route est en général en mauvais état, pleine de trous et d'ornières. Les meilleures auberges sont celles des diligences, mais on ne peut s'y reposer que quelques heures chaque soir.

De *Madrid* à *Ocana* (*V*. route 74). 91. 1/2. A Ocana la route se bifurque; une branche conduit vers le S. E. par Albacete à Valence, à Alicante et à Murcie. Nous suivons la branche qui va au S. jusqu'à

LA GUARDIA, ville de 4,700 hab., s'élevant sur une chaîne de roches et au milieu d'une contrée fertile en blés, vins, laines, etc. Les paysans y battent leur blé d'une façon tout à fait homérique. Les femmes ont un air moitié suisse et moitié hollandais, avec leurs jupons bleus et verts et leurs mouchoirs attachés au menton. Cette ville fut longtemps un poste avancé contre les Maures.

La route continue au milieu de plaines, rendues malsaines par les vastes marécages, jusqu'à

TEMBLEQUE, ville de 4,000 hab., province et archevêché de Tolède, située dans une plaine qu'entourent de hautes collines; on y trouve une église paroissiale, un couvent, un ayuntamiento, une administration et un bureau de loteries, un grand *parador*, un relais de poste, et une parada de diligences. Cette ville froide et raboteuse souffrit beaucoup de la guerre en 1809.

Deux heures après avoir quitté Tembleque, nous trouvons la *Venta* et la maison de poste de la *Canada de la Higuera*, et de là nous gagnons

MADRIDEJOS, ville de 7,000 hab.; il y a une bonne et fraîche auberge, le pain y est excellent, mais l'eau et le fromage détestables. Cette ville, ressortissant à l'archevêché de Tolède et chef-lieu du partido de son nom, est située dans une plaine humide et malsaine. Elle possède deux églises paroissiales, un couvent de religieuses, deux de moines, supprimés, un *ayuntamiento*, un hôpital, une maison de poste et une posada de diligences. Son territoire produit toutes sortes de grains, des légumes, du vin et beaucoup de safran, etc.

Au sortir de Madridejos, en allant au S., nous passons une petite rivière tributaire de la Guadiana, puis nous atteignons

VENTA DE PUERTO LAPICHE, petite localité de 500 hab., située entre deux jolies sierras, couvertes de lin, d'oliviers et de moulins à vent, d'un aspect pittoresque. On y trouve une église paroissiale, un *ayuntamiento*, une maison de poste et une parada de diligences.—Cette contrée est fertile, mais sans beauté; le sol est en général humide jusqu'à

VILLARTA, village de 300 hab., situé sur un terrain montueux. Il a une église paroissiale, un ayuntamiento, une maison de poste et une parada de diligences.

A 1 l. 1/2 environ de Villarta, nous quittons la Nouvelle-Castille pour pénétrer dans

LA MANCHA (*la Manche*), province d'une superficie d'environ 7,500 milles carrés, avec une population de 250,000 hab. seulement. Elle forme un grand plateau as-

ROUTE 98.—DE MADRID A BAYLEN.

sez uni et élevé en moyenne de 2,000 pieds au-dessus du niveau de la mer. Le sol est très-ondulé; de ses dépressions coulent de petits cours d'eau qui y entretiennent la fraîcheur et la fertilité; mais la rareté de l'eau et des arbres y rend l'été très-brûlant et très-sec, et l'expose à toute la rigueur des vents de l'hiver. La terre est nue et aride, et la poussière imprégnée de salpêtre, où miroite la lumière d'un soleil ardent, aveugle l'œil fatigué et ébloui du voyageur. L'aspect de la contrée est triste et monotone, et aucun travail humain n'y supplée à l'indigence de la nature.

Les villes peu nombreuses et pauvres n'offrent ni comfort ni intérêt. Les villages bâtis de boue abritent des paysans mal nourris et mal vêtus; non-seulement l'eau manque dans cette triste région, mais le combustible y est si rare, que le fumier sec le supplée au foyer domestique. Les plaines produisent du blé, du safran, dans quelques endroits de vins riches et des mules très-estimées. Le *Manchego* (habitant de la Manche) est honnête, patient, dur à l'ouvrage et très-attaché à celui qui l'occupe; ses affections sont plus développées que sa raison; il est sobre, brave, moral et confiant, mais réservé et ombrageux. Ses vêtements sont simples, ils consistent en un *paño pardo*, avec un *montera* sur sa tête, coiffure très-incommode, qui ne défend la tête ni de la pluie, ni du soleil, ni du froid. La *Mancha* est la terre classique du chant et de la danse. La première localité que nous rencontrons est la *Venta* et la maison de poste *Quesada*, avec une parada de diligences.

A une heure de marche on trouve *Madara*, appartenant au marquis de Miraflores, et une heure après on entre dans

MANZANARES, ville de 9,100 hab.; *parador del Carrillo*, situé dans une plaine fertile qu'arrose le *rio Annez*. Il possède un tribunal de première instance, une église paroissiale d'une bonne architecture gothique, un couvent de religieuses, deux couvents supprimés de moines, deux ermitages, un hôpital, une administration suppérieure des correos, plusieurs posadas médiocres, une maison de poste et une parada de diligences. Les habitants

21.

du pays ont le teint brun, les femmes pour la plupart sont vilaines. Ils sont mal vêtus ; les souliers de chanvre sont du luxe, et les bas, chose rare, sont faits comme ceux de Valence, sans pieds. Les paysans, couverts de leurs mauvais manteaux, groupés autour de leurs cabanes de boue, semblent des statues du silence et de la pauvreté ; cependant le sol est fertile en blé et en vin.

De *Manzanares*, une route conduit vers le N.-E. à *San-Clemente* ; une autre, vers l'E., à *Albacete*, et de là à *Valence* et à *Murcie* ; une troisième, vers le S.-O., conduit à *Ciudad-Real* par *Almagro*, et de cette dernière ville à *Cordoba* (Cordoue).

A 4 l. de Manzanares se trouve *Argamasilla del Alba*, petite localité, dans la prison de laquelle Cervantes écrivit son *Don Quixote*.

A la sortie de Manzanares, la route traverse un pont sur une petite rivière ; ensuite nous rencontrons la Venta, l'Ermitage et la Casa de poste de *la Consolacion*, où se trouve aussi une parada de diligences.

A gauche de la route, on aperçoit *Membrilla*, puis la *Solana*, petites localités, et bientôt on entre à

VALDEPEÑAS, ville d'une certaine étendue, avec une auberge passable, et une pop. de 10,000 hab., chef-lieu du partido judiciaire de son nom ; on y trouve une église paroissiale, un tribunal de 1re instance, un ayuntamiento, un hôpital, une sous-direction de *correos*, une maison de poste et une parada de diligences. Son territoire produit des vins très-estimés ; celui de la *Vallée des Pierres*, provenant de vignes originaires de Bourgogne, est d'un rouge sanguin, riche, corsé et agréable au palais ; il peut se conserver pendant dix ans avec amélioration. Les meilleurs *bodegas* (crus) appartenaient à Don Carlos, à Juan Puente et au marquis de Santa-Cruz, qui possède un château dans ce district. Le vin pris sur les lieux n'est pas cher, mais, vu la difficulté et le prix élevé des transports, l'étranger en boit peu, encore est-il frelaté. Valdepeñas souffrit beaucoup dans la guerre de l'Empire, en 1808.

A Valdepeñas, qui se trouve à peu près à moitié route entre Madrid et Grenade, deux routes se détachent ; l'une conduit à *Ciudad-Real*, et de là jusqu'à Almaden et ensuite à *Cordova* ou *Cordoba*; par cette ligne, on fait un petit détour, mais, au lieu de la route si peu intéressante de *Baylen* et d'*Andujar*, on traverse une contrée où le géologue et le botaniste rencontrent des richesses fort précieuses.

En suivant notre première ligne, après Valdepeñas, nous traversons le *Jabalon* sur un pont, et bientôt nous atteignons

SANTA-CRUZ DE MUDELA, ville triste et malsaine, avec 5,600 hab., une église paroissiale, un ayuntamiento, trois ermitages, un hôpital, une sous-administration de *correos*, plusieurs posadas, maison de poste et parada de diligences. Il s'y tient une foire célèbre les 8, 9 et 10 septembre. Cette ville fabrique des jarretières renommées, que les femmes de l'endroit viennent offrir aux voyageurs; beaucoup sont ornées de broderies et de la devise *Honni soit qui mal y pense*. Son territoire produit des grains, de l'huile, du vin, du miel; il renferme une mine d'antimoine d'une grande pureté, et beaucoup de sources d'eaux médicinales.—Plus loin, nous traversons la paroisse de *Jeligresia*, et puis nous arrivons à

ALMURANDIEL, petite localité de 700 hab., et la première de la Sierra-Morena. A chaque pas, nous trouvons les souvenirs de l'illustre *Don Quixote* et de son fidèle *Sancho Panza*, vrai type du paysan de la Manche. Nous nous arrêtons à la *Venta de Cardera* pour boire à la santé de Cardenio et de Dorothée; ensuite nous traversons la *Venta de las Corredaras;* pour pénétrer dans la gorge de *Despeñaperros*, et de là on traverse la paroisse de

SANTA-ELENA, petite ville de 700 hab., évêché et province de Jaen, partido judiciaire de la Carolina; on y trouve une église paroissiale, un ayuntamiento, une maison de poste et parada de diligences. Les environs fournissent beaucoup de spath.—Une heure environ de marche nous conduit à

LAS NAVAS DE TOLOSA, localité de 300 hab., avec une église paroissiale et un alcalde constitutionnel; insignifiante par elle-même, mais illustre dans les annales militaires de l'Espagne. En 1212, Mohammed Abdallah, roi des Maures, surnommé le Défenseur de la religion de Dieu, à la tête d'une masse formidable d'infidèles accourus de la Barbarie, menaçait d'anéantir le christianisme en Espagne. Toutes les contrées catholiques s'émurent. A la voix d'Innocent III, qui proclama une croisade générale, 110,000 croisés, la plupart Français et Anglais, accoururent au secours d'Alphonse VIII; mais, ayant trouvé les passages gardés par les Maures, une espèce d'hésitation se répandit dans leurs rangs, lorsque san Isidro (*V.* Madrid) leur apparut en berger et leur indiqua un sentier détourné, par lequel ils atteignirent l'ennemi. Les Maures de l'Andalousie ayant été mis en déroute, les autres suivirent leur exemple, et 200,000 infidèles furent tués, tandis que les chrétiens ne perdirent que 125 hommes. Tel est le récit plus ou moins exact d'un témoin oculaire.

Une heure après nous entrons à

LA CAROLINA; *parador* de la diligence, bonne, mais chère. Ville de 2,900 hab., la principale des *Nuevas poblacions*, ou nouvelles villes du pays. —C'est une cité propre, avec des rues droites, rectangulaires et symétriques, mais monotones et sans intérêt; le calme des habitants, la disposition des maisons, séparées les unes des autres et entourées de belles haies vives, lui donnent un air plus allemand qu'espagnol. L'église paroissiale, moderne comme la ville, avec trois nefs et deux tours, est simple et d'un bel effet. Tribunal de 1re instance, ayuntamiento, administration secondaire des *correos*, un palais, une maison de poste et parada de diligences.—Le pays, couvert de montagnes sauvages, sans routes, sans villages, était autrefois infesté de voleurs et de loups. En 1767, don Pablo Olavidès, Péruvien de naissance, essaya de fonder dans ces lieux déserts une colonie composée d'Allemands, de Suisses, de Français et de quelques Espagnols; cette tentative échoua, et Olavidès lui-même, ruiné et proscrit, se réfugia en France.

La contrée est couverte de fermes et d'oliviers jusqu'à

CARBONEROS, autre petite ville moderne de cette sierra,

avec 700 hab., située sur une petite colline très-fertile; on y trouve une église paroissiale, moderne comme la ville, un ayuntamiento et une bonne fontaine.

Notre route continue d'être bordée de fermes et de beaux oliviers jusqu'à la paroisse de

ALDEA DEL RIO, petite localité de 200 hab. des *Nuevas poblaciones*.—Une demi-heure plus loin, nous sommes à

GUARROMAN, la dernière localité de ces nouveaux établissements. Elle est située dans une plaine qu'arrose le *rio Guadiel* : église paroissiale moderne, ayuntamiento, maison de poste, parada de diligences.—*Pop.*, 1,000 h.

La route que nous suivons à travers toute la sierra fut construite sous Charles III, par Charles Le Maur, ingénieur français; elle est admirable jusqu'à

BAILEN ou BAYLEN (*Betula*), petite ville de 3,100 hab., située sur un sol incliné et assez fertile; on y trouve une église paroissiale, un ayuntamiento, un hôpital, une administration de correos, une maison de poste et parada de diligences.

Le Parador de la Paz, où descend la diligence, est l'hôtellerie la moins mauvaise.—Visitez le vieux château en ruines, avec sa tour crénelée, ayant appartenu à la famille Benevente, maintenant propriété de celle d'Ossuna; on y montre un palmier très-curieux.

Baylen étant le centre des routes royales de l'Andalousie, le voyageur venant de Madrid y trouvera tous les moyens de communication avec *Cordoue*, *Séville*, *Cadix*, *Grenade*, *Malaga*, etc.

ROUTE 99.

DE BAYLEN A CORDOBA (CORDOUE).

Par **Andujar**, 18 l. 1/2.

Andujar.	5 l.
Villa del Rio	4 1/2

Pedro Abad. 3
Al Carpio. 4
CORDOBA (Cordoue). 5

Nous foulons le sol de cette riche et belle Andalousie, si justement surnommée *le grenier, la cave* et *l'écurie* de la Péninsule, parce qu'en effet elle donne à l'Espagne les plus beaux et les meilleurs grains, les vins les plus riches et les plus délicats, et ces coursiers si élégants et si vigoureux, qui ne le cèdent en rien aux chevaux arabes.

Panorama.— Arrêtons-nous sur un des derniers sommets de la *Sierra-Morena*; de là, se déroule devant nous, au S., l'immense et magnifique panorama de l'Andalousie, avec son ciel pur et azuré, son atmosphère chaude et embaumée, ses sites enchanteurs du sein desquels s'élèvent majestueusement des tours romaines, des minarets orientaux, des flèches gothiques et d'anciens châteaux qu'entourent des bosquets d'orangers, de citronniers, de grenadiers et d'aloès, arrosés et rafraîchis par une multitude de fontaines et de gracieux ruisseaux, tous tributaires du majestueux *Guadalquivir*, le *Guâd-el-Kebir*, grand fleuve des Maures.

SITUATION ET ASPECT.— L'Andalousie n'est pas seulement la plus belle et la plus curieuse des provinces espagnoles, elle est encore la plus étendue (228 l. carrées); elle est bornée au N. par la Manche et l'Estramadure, à l'E. par le royaume de Murcie, au S. par la Méditerranée, le détroit de Gibraltar et l'Océan, et à l'O. par les Algarves. Ses principales montagnes sont cette imposante Sierra-Morena, courant de l'E. à l'O., et formant une barrière aux vents du nord; vers le S.-E. s'élèvent les montagnes de *Ronda* et de *Grenade*, couvertes de neiges éternelles à leur sommet, tandis que la canne à sucre et les produits des régions tropicales mûrissent à leur base. La distribution des eaux est admirable; au centre coule, de l'E. à l'O. le *Guadalquivir*, où viennent se jeter plus de deux cents autres cours d'eau de toute grandeur, répandant partout la fraîcheur et la fertilité.

PRODUITS.— Un sol si riche et si heureusement doué réunit les plantes des zones les plus diverses, qui y prospèrent presque sans culture; on y récolte toute espèce de céréales, de l'huile, du miel, de la soie, du coton, la canne à sucre, la datte, ainsi que des vins variés et renommés. Le règne minéral n'est pas moins riche; les flancs de ses romantiques *sierras* renferment de l'or, de l'argent, du cuivre, du fer, du plomb, de l'aimant, de l'antimoine, du cobalt, du mercure, des marbres les plus variés et les plus riches; les salines et les marais salants sont aussi très-importants. Eh bien! au milieu de ces sources de richesses en tout genre, l'Andalou est généralement pauvre, parce qu'il est peu laborieux et peu industrieux. La rareté des voies de communication contribue aussi à perpétuer cet état de misère; car, excepté les routes de *Cadix* à *Madrid* et de *Malaga* à *Grenade*, on y trouve à peine quelques mauvais chemins que parcourent de temps à autre de rares *galeras*; cependant on parle toujours de chemins de fer; mais il en est de ces utiles constructions comme de la proposition qui fut faite, sous Charles II, de rendre beaucoup de rivières navigables; le conseil de Castille répondit : « Si le ciel avait voulu qu'elles le fussent, il s'en serait sans doute chargé, et ce serait aller contre ses décrets que de changer son ouvrage. » Est-il étonnant que plus de la moitié de cette admirable contrée soit abandonnée à l'état de nature, et que le tiers de cette terre, jadis couverte de riches récoltes, soit aujourd'hui inculte, dépeuplé et misérable!

HISTOIRE ET DIVISION TERRITORIALE.—L'*Andalousie* ou *Andalousia*, était la *Bétique* des Romains, qui en avaient expulsé les Carthaginois après la ruine de leur fameuse capitale. Aux Romains succédèrent les Vandales; puis vinrent les Goths, qui s'établirent dans la contrée et y laissèrent des traces honorables d'activité, de goût et d'intelligence. Ils divisèrent l'Espagne méridionale en quatre principautés qu'on appelle encore aujourd'hui *Los Cuatro Reinos*, les quatre royaumes, savoir : SÉVILLE, CORDOUE, JAËN et GRENADE. La nouvelle division comprend maintenant huit provinces ou départements : *Cordoue, Jaën, Grenade, Almeria, Malaga, Séville, Cadix* et *Huelva*.

MŒURS, COUTUMES ET BEAUX-ARTS.—A toutes les époques de l'histoire les Andaloux se sont distingués par leurs qualités intellectuelles et sociales et par leur aptitude aux arts industriels. Dès le premier siècle de notre ère, nous les voyons s'appliquer et donner une nouvelle vie à la littérature. Pendant la plus sombre période de la barbarie en Europe, Cordoue brilla comme l'*Athènes* de l'Occident et devint la métropole des arts et des sciences. Depuis, quand le soleil de Raphaël s'éclipsa dans l'Italie, à Séville la peinture se releva sous de nouvelles formes dans les savantes et riches écoles de Velasquez, Murillo et Cano.

L'imagination tout-à-fait orientale des Andaloux donne de la valeur aux objets les plus minimes, et le génie de l'hyberbole n'a chez eux d'égal que leur crédulité, qui les rend dupes de leurs propres mensonges. En général, ils sont superstitieux, surtout dans leur dévotion à la sainte Vierge ; ils réclament l'assistance divine, et surtout celle de leurs patrons, dans chaque ville, chaque église et chaque paroisse, pour tous les maux et les moindres difficultés de la vie. On dit : *Al Andaluz cata la Cruz; del Andaluz guarda tu capa y capuz*. Même lorsqu'un Andalou fait le signe de la croix, il se préoccupe de son manteau et autres vêtements. Les contrebandiers et les voleurs semblent dans ce pays une race naturelle au sol. En compensation, il n'est pas de province d'Espagne où les relations sociales soient plus douces, plus amicales que dans cette contrée, ennemie de tout travail, mais éprise de tous les plaisirs.

L'Andalou est en général bien conformé, grand, fort et nerveux ; les femmes sont également grandes, bien faites, et leurs manières charmantes ne manquent jamais leur effet sur le voyageur. Le costume des hommes est original et pittoresque, c'est exactement celui que porte Figaro sur nos théâtres.

Si le voyageur désire séjourner quelque temps dans cette province, nous lui conseillons de choisir Grenade pour l'été, Séville et Malaga pour l'hiver ; on trouve dans ces belles cités tout le comfort désirable. Le printemps et l'automne sont les deux meilleures saisons pour parcourir la province ; les étés, excepté dans les montagnes, sont brûlants, et les hivers pluvieux. On peut visiter les villes du littoral avec la plus grande facilité ; des steamers font un service régulier entre Cadix et Malaga, touchant à Gibraltar et Algesiras.

Esquisse d'une excursion minéralogique et géologique.

		Mines.
De *Séville* à Villa-Nueva del Rio, à cheval. .		Charbon.
Rio Tinto.	id.	Cuivre.
Almaden de la Plata.	id.	Argent.
Guadalcanal.	id.	Argent.
Almaden.	id.	Vif-Argent.
Logrosan.	id.	Phosph. de Ch.
Cordoue ou Cordoba.	id.	
Baylen, en voiture.		
Linares.	à cheval. .	Plomb.
Baeza.	id.	Plomb.
Segura	id.	Forêts.
Purchena	id.	Marbres.
Macael.	id.	Marbres.
Cabo de Gata.	id.	Marbres.
Adra.	id.	Plomb.
Grenade	id.	Marbres.
Malaga.	en voiture.	Marbres.
Marbella.	à cheval.	Fer.
Gibraltar.	id.	Fer.

En quittant Baylen, la route incline vers le S.-O., dans un pays d'un aspect oriental, jusqu'à

ANDUJAR (*Andura*), ville sombre et malsaine, sur le Guadalquivir, qu'on traverse sur un vieux pont délabré de quinze arches; province et évêché de Jaen, chef-lieu du partido judiciaire de son nom. *Pop.* 13,100 hab. Sa meilleure auberge est celle de la *Diligence*.— Cette ville est renommée pour ses *alcarazas*, vases d'argile poreuse, destinés à rafraîchir les boissons. Parmi ses cinq églises paroissiales, visitez *San-Mariana*, qui fut jadis une mosquée. On y trouve aussi plusieurs couvents et ermitages, deux maisons de miséricorde, un tribunal de première instance, un hôpital, une sous-administration des correos et loterias, plusieurs posadas et cafés, une maison de poste et parada de diligences. Quelques antiquaires prétendent que cette ville est construite sur les ruines du *Forum-Julium*, d'après une inscription qu'on a déterrée à 1 l. de la ville.

Le territoire d'Andujar est fertile en blé, huile, vins et fruits; les plaines, les vallées et les montagnes sont peuplées d'excellent gibier.

D'Andujar, une route à voiture conduit à *Jaen*, 6 l., et, de là, à *Grenade*.

Nous quittons Andujar par son antique pont; la route alors suit la rive gauche du Guadalquivir; on rencontre la *casa de postas* de Santa-Cecilia, avec une venta de diligences; ce pays est riche jusqu'à

VILLA DEL RIO, petite ville de 3,400 hab., située sur les bords du Guadalquivir, province et évêché de *Cordoba* (Cordoue). On y trouve une église paroissiale, un alcalde constitutionnel, une administration supérieure des correos et loterias et un hôpital; on arrive à

PEDRO ABAD, petite ville peu intéressante, de 2,300 hab., située sur le Guadalquivir, avec une église paroissiale, un alcalde constitutionnel, un hôpital, trois ermitages et un bureau des correos. Une heure après, nous sommes à

CARPIO, où se trouvent la maison de poste et une parada de diligences. Voyez sa tour de style mauresque, construite en 1325. Ici les femmes portent des *sayas* (espèce de jupons) de serge verte, et des mouchoirs et des châles au lieu de mantillas.

De *Carpio*, une assez bonne route nous mène en inclinant vers la gauche à *Bujalance*, ville assez importante, située au milieu de bois d'oliviers. C'est la patrie du peintre Antonio Palomino.

La route, bordée de métairies, traverse plusieurs ponts sur de petites rivières; puis on arrive à la maison de poste de *Casa-Blanca*; ensuite on traverse le Guadalquivir sur un beau pont de vingt arches en marbre noir; tout près, se trouvent la *Venta d'Alcolea* et la belle et vaste écurie royale appelée la *Regalada*, jadis haras fameux pour les belles races de Cordoue; mais depuis les guerres de l'Empire, époque à laquelle ses beaux étalons ont été enlevés, cet établissement ne s'est jamais relevé. Toute la contrée, depuis Baylen, eut alors beaucoup à souffrir.

Du pont que nous venons de traverser, il faut encore deux heures pour gagner Cordoue; mais auparavant, arrêtons-nous un moment sur une des dernières éminences de la Sierra, et regardons, sur la rive droite du Guadalquivir, au milieu des palmiers et des oliviers, Cordoue, la cité orientale des califes, imposante encore, mais bien déchue de son antique splendeur; le temps et les hommes n'ont pu lui ravir sa belle situation, son climat délicieux, ses belles eaux limpides, et cet aspect qui charme le voyageur.

CORDOBA (*Cordoue*). HOTELLERIES: Celle de la *Diligence* est la meilleure, mais chère; près du pont et de la mosquée, se trouve celle *Pea del Sol* ou *del Puente*, très-fréquentée par les muletiers. On trouve aussi un *parador* très-décent, tenu par un Français; le *parador* de la Diligence est également passable: buvez-y du vin de *Montilla*.

Cordoue, capitale de la province et du partido judiciaire de son nom, est la résidence d'un commandant militaire, d'un évêque et de toutes les autorités civiles, ecclésiastiques et militaires de la province; elle est située dans une riche plaine, au pied de la *Sierra-Morena*, sur la rive droite du Guadalquivir, qu'on traverse sur un pont de pierre de seize arches. Elle possède une cathédrale, treize églises paroissiales, beaucoup de couvents, six hôpitaux, une maison d'enfants trouvés, un palais épiscopal, un théâtre, un lycée et plusieurs cafés. Pop. env. 57,000 hab.

Cordoue fut fondée par les Romains; Strabon en attribue la fondation à Marcellus, et dit qu'elle portait le nom de *Cordoba*. Cette ville, comme la plupart des autres cités d'Espagne, passa des Romains aux Goths, qui la défendirent vaillamment contre les Maures. Un berger y ayant introduit les assiégeants par trahison, les défenseurs et leur chef périrent tous par le fer musulman.

Cordoue vit l'apogée de sa gloire vers le neuvième siècle, lorsqu'*Abdérame II* en fit la capitale de son nouveau royaume, qui comptait alors, suivant les historiens du temps, 12,000 villages répandus sur les bords du Guadalquivir ; Cordoue seule comptait un million d'habitants, 300 mosquées, 900 bains, 600 auberges ; 12,000 cavaliers richement armés et équipés servaient de garde au souverain ; son sérail renfermait près de 6,000 personnes, tant femmes esclaves qu'eunuques. Tout le royaume se composait de 80 grandes villes et de 300 autres de moindre importance. Malgré les exagérations naturelles aux Arabes, il est certain que Cordoue était à cette époque la rivale de *Bagdad* et de *Damas* et le centre de la civilisation, alors que le reste de l'Europe croupissait dans l'ignorance et la barbarie ; mais sous les Espagnols toutes ces splendeurs s'évanouirent, et peu à peu elle devint ce que nous la voyons aujourd'hui, la plus déchue, la plus abandonnée, la plus misérable des Espagnes.

Les armes de Cordoue sont un *pont*, allusion à celui qu'elle possède, et dont les fondations sont romaines ; les arches irrégulières furent construites en 749. A l'entrée de la ville, s'élève une porte de style dorique, construite par Herrera, sous Philippe II, sur l'emplacement du *Babu-l-Kanterah* (la Porte du Pont). Tout près, se trouve *el Triunfo*, colonne élevée par l'évêque Martin de Barcia, dans le genre de Churriguere: elle est couronnée par la statue de l'ange Raphaël, patron de Cordoue. Sur la droite, s'élève l'*Alcazar*, construit sur l'emplacement du *Balatt-Ludheric* (château de Rodrigue), le dernier roi des Goths, dont le frère était duc de Cordoue. Ce palais, qui devint résidence de l'inquisition, sert maintenant d'asile aux pauvres soldats invalides. Près de là, s'élève l'évêché, construit en 1745, d'un mauvais style ; l'intérieur est sale, mal entretenu et couvert de dorures, de marbres à profusion et sans goût. Dans la *sala de la Audiencia*, se trouve une collection de mauvais portraits de prélats. Ferdinand VII y fut enfermé en 1823 ; le jardin par où il tenta de s'évader renferme un citronnier gigantesque très-curieux. L'artiste pourra visiter aussi les fraîches plantations et les pittoresques moulins mauresques situés en aval du pont.

La *cathédrale* ou la mosquée, la *Mezquita*, comme l'appellent encore les Cordouans, précieux morceau d'architecture mauresque, aussi remarquable dans ses détails que dans son ensemble et isolé de tout bâtiment, est située entre quatre belles rues, sur l'emplacement d'une ancienne cathédrale gothique, construite elle-même sur les ruines d'un temple romain dédié à Janus. Pour avoir une idée de la *Mezquita*, il faut en faire le tour par dehors; elle a 620 pieds de long sur 440 de large; elle est couverte de mosaïques, sculptures et ornements en stuc, d'un travail très-délicat; elle a 19 portes de bronze d'une riche exécution, mais une seule est maintenant ouverte; elle contient 19 nefs de l'E. à l'O., et 29 du S. au N., dans sa longueur, formées par 854 colonnes, de dimensions et de matériaux divers; plusieurs sont d'un jaspe très-rare, imitant la turquoise; d'autres d'albâtre, et le reste en marbres choisis, blancs, jaunes ou rouges, avec chapiteaux corinthiens pour la plupart. 115 de ces colonnes viennent de Nîmes et de Narbonne en France; 60 de Séville et de Tarragonne en Espagne; 140 furent offertes par Léon, empereur de Constantinople; le reste fut pris aux ruines de Carthage et autres villes d'Afrique.

Cet admirable édifice fut commencé par *Abdu-r-Rhaman*, en 786, sur le plan de la mosquée de Damas, et terminé par son fils en 733. Cette mosquée était presque aussi vénérée que celle de la Mecque, et les musulmans de l'Occident l'honoraient autant que cette métropole de l'Islamisme.

Les objets les plus remarquables de cette cathédrale sont: d'abord ses tours carrées, ressemblant à celles d'une forteresse; dans *la Cour des Orangers, la Puerta del Pardon*, d'un caractère tout oriental. La citerne fut construite en 945 par *Abdu-r-Rhaman;* malheureusement, ce bocage, jadis sacré, est aujourd'hui le rendez-vous des mendiants aux longues barbes, aux manteaux bigarrés et déguenillés. Cette cour construite par Saïd-Ben-Ayub, en 937, a 430 pieds de long sur 210 de large. Dans l'intérieur, observez les colonnes milliaires de la mosquée découvertes en 1532; leurs inscriptions indiquent 144 milles de distance entre le temple de Janus, que remplaçait la mosquée, et Cadix. Mais ce qui doit le plus attirer notre attention, c'est la magnifique porte de la chapelle *del Zancaton*; elle est en marbre blanc, très-délicatement sculptée, et son cintre, en mosaïque fond bleu, est le travail byzantin le plus riche qu'il y ait en Europe. La *Chapelle du Zancaron*, ou Sanctuaire du Coran, était le saint des saints musulman; l'intérieur n'est pas moins magnifique. La parfaite conservation de cette merveille est due à cette circonstance extraordinaire, qu'elle ne fut découverte qu'en 1815, par l'éboulement d'une construction en briques habilement élevée par les Maures, sans doute pour la soustraire aux chrétiens avant de se rendre, en 1236.

Les chapelles latérales ne sont pas d'un grand intérêt. Pablo de Cespedes, peintre mort en 1608, enterré dans celle *de San-Pablo*, est auteur du *Saint Jean*, du *Saint André* et d'une *Cène* qu'on y remarque. Dans la *capilla San-Nicolas* on voit un *retable* de Berruguete, et quelques toiles médiocres de Cesar Arbasia. Sous *la capilla de los Reyes* repose Alonso XI, un des rois les plus chevaleresques de l'Espagne—le héros de Tarifa et d'Algésiras.—Son ingrate patrie n'a pas même consacré une pierre à sa mémoire. Visitez dans la *capilla del Cardenal* le tombeau du cardinal Pedro de Salazar, mort en 1706, dans le style de Churriguere ; les statues sont de Jose de Mora. Le *Panteon*, qui se trouve au-dessous, contient de beaux marbres. Les deux mauvaises toiles qu'on voit dans la sacristie, attribuées à Alonso Cano, ne sont que des copies de ce maître. Le trésor de l'église, jadis si splendide, est réduit de nos jours à quelques croix et calices qui échappèrent comme par miracle à la destruction générale, ainsi que la superbe *custodia* d'argent doré, faite par Enrique de Arphe, en 1517. Il nous reste encore une merveille à visiter avant de quitter cette église , c'est la capilla de Villa-Viciosa, jadis la *Maskurah* ou chaire du kalife ; remarquez le réduit où l'Alcoran était placé, ainsi que les beaux lions, semblables à ceux de l'Alhambra, et les arabesques en stuc, jadis bleues , rouges et or. Cette chapelle forme une espèce de petite cathédrale gothique, assez originale, intercalée dans le vaste vaisseau de la mosquée.

L'addition moderne faite à cette mosquée est le *Coro*, érigé en 1523, par les ordres de l'évêque Alonso Manrique, homme sans goût, et contre le vœu du corps municipal. Lorsque Charles V visita Cordoue, en 1536, et qu'il vit le mal qu'on avait fait, il s'écria, en s'adressant au chapitre : « Vous avez construit dans ce lieu ce qu'on pouvait construire dans un autre lieu; mais vous avez détruit ce qui était unique au monde. Vous avez abattu ce qui était complet, et vous avez commencé ce que vous ne pouvez pas finir. »

Le *Coro*, bien qu'un hors-d'œuvre, fut commencé par Herman Ruiz en 1523 et terminé en 1593. Les ornements, de style gréco-romain, et le plafond sont marquetés de blanc et or. Les *stalles*, par Pedro Cornejo, sont dans le style de Churriguere. Pedro mourut en 1758 et repose près de la capilla mayor. Le *retable* fut exécuté d'après les dessins de Alonzo Matias en 1614; les peintures, assez faibles, sont de Palomino; le tombeau qui est près de *la Epistola* est celui du vénérable évêque Diego de Mardones, mort en 1624.

La promenade qui longe les murs déserts de la ville est très-pittoresque ; ces murs en torchis, d'origine mauresque, doivent être, ainsi que leurs portes et leurs tours, à peu près ceux de l'enceinte primitive bâtie par César. Remarquez un beau groupe de palmiers couronnant le mur du jardin d'un couvent proche la *Puerta de Placencia*. Le premier de ces arbres majestueux fut planté par Abdu-r-Rhaman, en souvenir de Damas, sa ville chérie et toujours regrettée ; voici une des stances que ce prince fit sur ce sujet :

> Dans les airs élancé sur ta tige puissante,
> Ici tu m'apparais et charmes ce séjour
> Comme un rêve béni de la patrie absente....
> Car nos sables brûlants ont gardé mon amour.

La tour octogone que vous voyez près de cette porte, et appelée *la Mala Muerte*, fut élevée en 1406 par Enrique III.

Les Maures et les Espagnols ont ruiné à l'envi toutes les antiquités romaines de Cordoue. Le bel aqueduc fut démoli pour construire le couvent de San-Jeronimo. En 1730, un amphithéâtre, découvert en faisant quelques excavations près de San-Pablo, fut de suite recouvert de terre, comme chose inutile. En construisant les prisons de l'inquisition, on découvrit encore des statues, des mosaïques et des inscriptions ; elles furent immédiatement refoulées dans la terre, comme des objets païens.

Autrefois Cordoue possédait 35 couvents et 13 églises paroissiales, la plupart surchargées de dorures et d'ornemets sans goût. Cependant, visitez l'église conventuelle de *San-Nicolas*, et admirez sa jolie tour arabe octogone. On trouve encore dans le voisinage plusieurs petites mosquées bien conservées et servant maintenant d'habitations particulières ; les antiquités romaines abondent aussi dans ce quartier, mais il faut les découvrir. La *Plaza*, avec ses galeries de bois, et la *calle de la Feria*, ont un aspect original. Au *Colegio de la Asuncion*, vous trouverez réunies, en forme de musée, environ 250 mauvaises peintures.

Les cuirs de Cordoue, jadis si célèbres sous le nom de *cordouans*, ont perdu tout leur prestige. Les Maures, en fuyant au Maroc, ont emporté leur industrie, et on ne trouve maintenant que quelques misérables tanneries le long du fleuve. Les principales manufactures, aujourd'hui, sont celles d'olives, et de barriques pour les contenir.

Si le voyageur voulait disposer d'une matinée, il pourrait faire une excursion au *Val Paraiso* et aux ermitages, situés dans la Sierra-Morena ; solitaires et délaissés, ils n'offrent pas un grand attrait au voyageur, mais les sites dont on jouit et la végétation de cette pittoresque sierra sont toujours d'une remarquable beauté.

De *Cordoue*, une route à cheval conduit à *Grenade*, 22 l. 1/2.

Une nouvelle route carrossable vient d'être ouverte entre *Cordoue* et *Malaga*, par Fernan-Nunez, Monte-Mayor, Montilla, Aguilar, Benameji et Antequera, ce qui met Malaga en communication directe avec Madrid, Séville et Cadix.

ROUTE 100.

DE BAYLEN A JAEN, 6 l.

Menjibar	2 l.
JAEN	4

En sortant de Baylen, la route, peu intéressante, suit la direction S.; une heure et demie de marche nous ramène sur le Guadalquivir, que nous traversons sur un beau pont suspendu, et bientôt nous sommes à

MENJIBAR, petite ville de 4,700 hab., province et évêché de Jaen, partido judiciaire d'Andujar; elle est située dans une plaine fertile, sur la rive S. du *Guadalquivir*. On y trouve un alcalde constitutionnel, une église paroissiale, deux ermitages, un bureau des correos, un hôpital, une maison de poste et parada de diligences ; son territoire est fertile en toute espèce de grains et plantes potagères.

La route passe devant plusieurs fermes, traverse plusieurs cours d'eau, puis arrive à

JAEN. AUBERGES : la meilleure est celle de la diligence, *el café Nuevo*; l'autre est *el Santo-Rostro, calle Matadoro* (la Sainte-Figure, rue du Boucher).

JAEN (*Jayyan*), capitale de la province de ce nom, et, sous les Maures, d'un petit royaume indépendant qui faisait partie de l'Andalousie. C'est la résidence de toutes les autorités civiles, militaires et ecclésiastiques de la province.

La position de cette antique *Aurigi Giennum* des Romains est des plus pittoresques; elle est assise à la base de hautes montagnes, qui la privent en partie des rayons du soleil pendant les jours d'hiver. C'est une pauvre cité au milieu d'un pays riche. Ses 18,000 hab. sont en majeure partie de bons et actifs agriculteurs ; mais les débouchés leur manquent. Les jardins fruitiers, situés hors la ville, sont charmants, rafraîchis et fertilisés par les eaux vives qui jaillissent des rochers voisins.

Jaen se rendit à saint Ferdinand, en 1246 ; elle lui fut livrée par *Ibnu-l-Ahmar* (l'Homme Rouge), natif d'Arjona, qui, de la plus basse position, s'était élevé au rang de chef de la ville. Ayant eu quelques démêlés avec le roi maure de Séville, et n'étant pas capable de résister seul aux Chrétiens, il prit le parti de se faire leur vassal.

Jaen possède une cathédrale, 12 églises paroissiales, 14 couvents de l'un et l'autre sexe, une société d'économie, plusieurs hôpitaux, un musée de peinture et de sculpture, une bibliothèque, plusieurs cafés et posadas médiocres ; ses murailles et ses tours mauresques qui suivent les pentes inégales du sol et que couronne un ancien et majestueux château, forment, vues du dehors, un tableau original. Au milieu, s'élève la *cathédrale*, construite d'après celle de Grenade, à la place de l'ancienne mosquée mauresque, qui fut démolie en 1492. En 1525, Pedro de Valdelvira la modifia dans le style gréco-romain : le plan en est grand et régulier et présente un carré long de 308 pieds et large de 148 ; on y pénètre par quatre entrées : la principale, celle de l'O., est ornée de deux belles tours décorées de hautes colonnes corinthiennes et de statues ; l'intérieur, également d'ordre corinthien, est tellement brillant, qu'on le prendrait pour un temple païen. Visitez la *sacristia*, d'architecture noble et élégante, mais avant tout, la grande relique de cette localité, *la Santa-Faz, el Santo-Sudario*, appelée vulgairement *el Santo-Rostro*, représentant la sainte figure de notre Sauveur comme imprimée sur le mouchoir de *santa Veronica*. Elle appartenait à saint Ferdinand, qui en fit don à la cathédrale, et depuis on en rencontre des copies dans tous les quartiers de la ville ; on l'a gravée aussi sur de petites médailles d'argent que portent les paysans et les voleurs, comme un amulette. On montre cette relique dans les grandes solennités.

Les autres églises de la ville n'offrent d'intérêt que pour l'amateur d'architecture religieuse. Ensuite, visitez la *Alameda*, avec ses points de vues alpins, et à travers les rues de la vieille cité allez à la *Fuente de Magdalena*, qui jaillit à grands flots d'un rocher qu'on dirait frappé de la verge de Moïse. Visitez aussi ce qu'on appelle le *Museo provincial*, situé dans les *ex-Jesuitas*, collection d'une centaine de toiles du dernier médiocre.—Ce fut à *Jaen* que mourut subitement Ferdinand IV, dans sa vingt-cinquième année, en 1312, juste trente jours après avoir été cité à cette date devant Dieu par les deux frères Pedro et Juan Carvajal, de Martos, en allant au supplice. On l'appelle pour cela *el Emplazado* (le cité). Mariana compare justement sa mort à celles de Philippe-le-Bel et de Clément V.

Comme *Jaen* se trouve sur la grande ligne de Madrid à Grenade, le voyageur est toujours sûr de trouver, pour les divers points situés entre ces deux villes, des diligences, galeras et ordinarios.

ROUTE 101.

DE MADRID A CORDOUE (CORDOBA).

Par **Manzanares** et **Baylen**, 66 l. 1/2.

De *Madrid* à *Baylen* (*V*. route 98), 48 l.
De *Baylen* à *Cordoue* (*V*. route 99), 18 l. 1/2.

ROUTE 102.

DE CORDOUE A ECIJA, 8 l. 1/2.

La Carlota. . . . . 5 l.
ECIJA. 3 1/2

A la sortie de Cordoue, on passe le Guadalquivir sur le pont dont nous avons parlé ; la route incline vers le S.-O., traverse le Rio Guadajor, sur la *puente Vieja*, et de là, continuant dans un pays fertile, on arrive à

LA CARLOTA, petite ville moderne de 3,200 hab., province et évêché de Cordoue, chef-lieu de partido judiciaire. Son territoire produit toute espèce de grains et de fruits.

ECIJA, ville de 34,800 hab., province et archevêché de Séville, chef-lieu du partido de son nom ; elle est située sur le *Jenil*, un des grands tributaires du Guadalquivir. Du temps des Romains, *Ecija* (*Astigi*) était une cité aussi importante que Cordoue et Séville ; maintenant c'est une ville bien bâtie et riche en blé et en huile, mais peu intéressante ; son climat est si chaud, qu'on l'appelle la *Sartenilla* (poêle à frire) de l'Andalousie, et qu'elle a pris pour armes le soleil, avec cette modeste devise : *Una sola sera llamada la Ciudad del Sol.*

Ecija renferme 12 ou 14 posadas et paradors (l'auberge

de la *Posta* est très-décente), 6 églises paroissiales, 5 ermitages, plusieurs couvents, 1 tribunal de première instance, 1 tribunal ecclésiastique, 2 hôpitaux, 1 hospice d'enfants trouvés, 1 théâtre, 1 manége d'équitation.

Ecija se vante d'avoir eu la visite de saint Paul, qui, pendant son séjour, convertit son hôtesse *santa Xantippa*, femme d'un certain *Probus*. Visitez la vaste *Plaza*, ainsi que les tours de l'église, couvertes d'*azulejos* : les colonnes de l'église *Santa-Barbara* et *Santa-Maria* sont romaines et proviennent d'un temple situé jadis *calle de los Marmoles*. Voyez aussi l'hôtel du marquis de Cortès, peint dans le style génois, où loge le souverain quand il visite cette ville ; le pont sur le Jenil, et le Collo, édifice qui s'élève à la tête de ce pont.

Un peu en dehors de la ville, sur les bords de la rivière, se trouve la charmante *Alameda*, ornée de statues et de fontaines représentant les Saisons.

Ecija se trouvant sur les routes royales de *Madrid* à *Séville* et à *Gibraltar*, le voyageur est sûr d'y trouver des voitures pour les divers points de ces deux grandes voies.

ROUTE 103.

D'ECIJA A SÉVILLE.

Par **Carmona** et **Mairena**, 15 l 1/4.

La Luisiana.	3 l.	
Carmona.	6	
El Viso.	1	3/4
Mairona.	0	1/2
Alcala de Guadaira.	2	
SEVILLE.	2	

En attendant le chemin de fer qui doit relier Madrid à Séville, nous suivrons la route royale, qui n'est ni belle, ni bien entretenue, ni très-intéressante, jusqu'à

LA LUISIANA, ainsi nommée d'une reine d'Espagne ;

ROUTE 103.—D'ECIJA A SÉVILLE.

c'est encore une *Nuevas poblaciones* de l'Andalousie; capitainerie générale, archevêché de Séville et partido judiciaire d'Ecija; elle est située sur un sol plat et fertile, contient 1,400 hab., une église paroissiale, un ayuntamiento, une sous-direction des correos, une maison de poste et parada de diligences. A quelque distance, à l'E., se trouvent des bains très-abondants, bien tenus, et recommandés pour les éruptions cutanées.

La route continue en traversant au S.-O. une vaste plaine aromatique, déserte et inculte, jusqu'à la *Venta de Moncloa*; *el Parador de las torres*, et *la Venta Nueva*, où se trouve une maison de poste et parada de diligences, puis la misérable maison de poste de *la Portuguesa*, sont les seuls lieux habités de cette triste route, jusqu'à la pittoresque et élevée

CARMONA (la *Karmunah* des Maures). AUBERGES: *Fonda de las Diligencias*, bonne, et *la Posada*, située sur *la Plaza*.—Cette ville, de 20,000 hab., avec ses murailles, son château et sa situation tout-à-fait orientale, présente un aspect très-romantique; elle contient 7 églises paroissiales, plusieurs couvents et diverses administrations locales. Observez la tour de *San-Pedro*, imitation de *la Giralda* de Séville; ensuite, jetez un coup d'œil sur les murailles massives et arquées, de construction mauresque, qui s'élèvent à l'entrée de la cité. Faites une visite à l'Université, dont le *patio* est mauresque et l'église d'un excellent gothique; elle fut construite par Antonio Gallego, mort en 1548. On y voit une *Descente de croix*, de Pacheco. La *Alameda*, située dans une dépression de la montagne, est agréable et très-pittoresque. La porte par laquelle nous entrons, et dont l'aspect est si remarquable, a été élevée sur des fondations romaines, dans les styles dorique et ionique, d'après Herrera; *l'Alcazar*, qui domine la ville, offre une ruine superbe et une vue magnifique s'étendant sur les vastes plaines et les chaînes de la Ronda et de Grenade. Après une heure de marche, nous arrivons à

EL VISO, ville de 4,400 hab., dans une plaine fertile en grains; elle contient une église paroissiale, ayuntamiento, une sous-administration de rentas et correos et un hôpital.

MAIRONA, ville de 3,800 hab., située dans une plaine unie, est célèbre pour sa foire aux chevaux qui dure trois jours, les 25, 26 et 27 avril : on y voit affluer des bohémiens et des baleleurs de bas étage, à l'aspect et aux costumes les plus pittoresques ; le *majo* et la *maja* y brillent dans toute leur gloire. A la nuit, ces singuliers artistes retournent à Séville, où une partie de la population vient s'asseoir près des *Caños de Carmona*, pour jouir de leur rentrée.

ALCALA DE GUADAIRA, ville de 6,600 hab., située sur un sol élevé ; sa *posada* est très-fréquentée et très-bruyante. Son nom signifie le *château de la rivière Aira*, c'était la *Hienippa punique* des anciens (place de plusieurs sources) ; on l'appelle aussi ville de *los Panadores* (ville des Boulangers), ou le four de Séville; son pain, que les Romains estimaient tant pour sa légèreté et sa blancheur, possède toujours ces deux qualités; les Espagnols l'appellent *pan de Dios* (pain des Anges d'Esdras). Toutes les classes et tous les âges y travaillent à la fabrication du pain. 200 moulins au moins occupent les femmes et les enfants à bien nettoyer le grain avant de le moudre. Outre ces moulins, visitez quelques grandes boulangeries, et remarquez la finesse de la farine et la manipulation de la pâte. Alcala est également renommée pour la douceur et la salubrité de son climat.

Le château d'Alcala est un des plus beaux édifices mauresques de l'Espagne ; il se rendit, en 1215, à saint Ferdinand. Au-dessous de cette forteresse, se trouvait la cité arabe, dont il ne reste qu'une petite mosquée, dédiée aujourd'hui à *san Miguel*, la place ayant été prise le jour de sa fête. Les murailles en torchis, les greniers souterrains pour le blé (*marmorras*), les citernes (*algibes*) et l'énorme tour du donjon (*la torre mocha*) méritent l'attention. Au pied de la roche, coule la rivière, qui baigne la base des murailles et offre un tableau très-pittoresque.

L'église *San-Sebastian* possède des tableaux de Fr. Pacheco, beau-père de Velasquez, et l'église de *Santiago* un

ROUTE 103.—D'ECIJA A SÉVILLE.

Purgatoire du même artiste. Dans le couvent de *las Monjas*, se trouve un *retable*, avec six petits bas-reliefs, par Montañès : celui représentant *Santa Clara recevant les sacrements* est le meilleur ; ces petits ouvrages sont assez rares et fort estimés.

Alcala, que l'on appelle aussi la *Cité des sources*, approvisionne Séville de pain et d'eau ; les flancs de la montagne sont traversés par des tunnels, dont quelques-uns ont jusqu'à 2 l. de long. N'oubliez pas de visiter le *molino de la Mina*, d'où Pedro de Ponce Leon prit, en 1684, le titre de marquis, ainsi que les excavations pittoresques faites dans la roche, et où l'eau est aussi pure et aussi claire que le cristal : ces utiles ouvrages sont partie romains, partie mauresques ; les eaux, ainsi réunies, sont conduites à Séville, près de laquelle les arches de l'aqueduc sont appelées *Canos de Carmona*, parce qu'elles suivent la route.

L'artiste devra visiter la vallée de la *Guadeira*, en remontant son cours, pour admirer ou dessiner les tours et les moulins mauresques que Murillo et Iriarte ont si bien esquissés ; le chasseur, au contraire, descendra la vallée, et dans les bas-fonds, entre Alcala et Séville, il trouvera nombre de bécassines et d'autres oiseaux aquatiques.

Après Alcala, la belle chaussée que nous suivons tourne en pente douce autour de la montagne qui domine la rivière ; plus bas, dans la plaine, au milieu d'orangers et d'oliviers, la splendide Séville élève ses tours dorées par le soleil, dont la mauresque Giralda occupe le point principal. A droite de la route, à 1/2 l. environ de la cité, est la *Mesa del Rey*, large pierre carrée, sur laquelle les corps des criminels sont écartelés. Ensuite nous atteignons la *Cruz del Campo*, placée dans un temple ouvert, à l'aspect mauresque, mais érigé en 1482 ; on l'appelle aussi *el Humilladero*, parce que les voyageurs venaient s'y agenouiller et remercier la Vierge et Santiago d'être arrivés sans accident à la fin de leur voyage ; mais la piété a décru en même temps que la crainte des dangers. Quelques instants encore, et nous sommes à

SÉVILLE.

Quien no ha visto a Sevilla,
No ha visto a maravilla.

Celui qui n'a pas vu Séville n'a pas vu de merveille.

HÔTELLERIES. *Fonda de Europa*, calle de Gallegos, prix : 30 réaux par jour ; — *la Reyna*, calle de Jimios, ancienne et vraie *posada* espagnole, tenue par un Portugais très-poli; c'est un lieu froid dans l'hiver, mais agréable en été. — *La Fonda de la Castaña*, calle del Burro, n° 3, est tenue par la veuve Naish ; — *la Union*, calle de l'Union. — Il existe encore un très-grand nombre d'autres *posadas* d'ordre inférieur, ainsi que des *fondas* et des *hosterias*, où on peut se loger quand on n'est pas exigeant.— Le voyageur trouvera encore plusieurs *casas de pupilos* (pensions bourgeoises) très-décentes, aux prix de 15 à 20 réaux par jour : l'une est située dans la calle Gallegos, et une autre chez Bustamente, n° 10, calle de la Sierpe. Les restaurateurs *el Suizo*, calle de la Sierpe, ou *Florencio*, n° 59, calle Geneo, procurent des logements et servent à domicile : on y dîne très-convenablement. Tous ces établissements sont situés dans la partie la plus fréquentée de la ville. Le voyageur aimant le comfort devra se loger près de la plaza San-Francisco, et s'il désire passer l'hiver à Séville, calle de las Armas, ou dans la paroisse San-Vicente, quartier de l'aristocratie.

Comme Séville est une cité d'un haut intérêt et un séjour charmant, elle est très-fréquentée par les étrangers; aussi y trouve-t-on ce qui manque dans presque toutes les villes d'Espagne, des valets de place, gens fort utiles, surtout pour le voyageur qui ne parle pas la langue espagnole. Parmi ces cicerones, nous recommandons en toute assurance *Antonio Bailli*, comme un bon guide, non-seulement dans la ville, mais encore dans toute l'Espagne : c'est un garçon réjoui, poli et honnête, parlant l'anglais et le français. Un autre guide très-intelligent et parlant plusieurs langues, est *Gustave Willinski*, n° 34, calle de Amor de Dios : on peut le demander à l'hôtel de l'Europe. *Gaetano Peikler*, n° 3, calle de los Menores, est aussi un excellent guide : né en Espagne, quoique Allemand d'origine, il parle bien le français et l'anglais ; il vend aussi des copies de tableaux, des figures d'argile, etc.

MAGASINS ET ARTISANS. C'est dans les *calles Francos et de la Sierpe*, que se trouvent les boutiques les mieux assorties en articles de modes et de nouveautés ; les libraires habitent en général la *calle de Genoa* ; les orfévres, sous les arcades de la Plaza et *calle Chicarreros* ; les quincailliers, qu'on appelle ici *los Alemanes*, vis-à-vis de la cathédrale ; les selliers et les guêtriers en cuir, dans la *calle de la Mar* : parmi ces derniers, Bernardo Delgado est le meilleur ; parmi les tailleurs, nous citerons Penda, *calle de la Borcegueneria*, comme un des meilleurs ; Martinez, *calle de Genoa*, est également renommé.

L'homme de lettres désireux d'avoir des documents sur Séville n'aura que l'embarras du choix, car peu de villes ont eu plus de chroniqueurs que cette cité. Les meilleurs ouvrages à consulter sont : *Historia de Sevilla*, par Alonso Morgado, fol., 1587 ; *Historia de Sevilla*, par Pablo de Espinosa de los Monteros, fol. en 2 parties, 1627-30 ; *Antiguedades de Sevilla*, par Rodrigo Caro, fol., 1634 ; *Anales Ecclesiasticos*, par Diego Ortiz de Zuniga, fol., 1677 : Espinosa y Carcel a continué ce bon ouvrage jusqu'en 1700, 5 vol. in-4°, Madrid, 1795-96 ; *Anales ecclesiasticos y seglares*, de 1671 à 1746, par Lorenzo Bautista Zuniga, fol. 1748 ; voyez encore la nouvelle édition sous le nom de Varflora ; cet auteur a aussi publié les *Hijos de Sevilla*, 1796 ; parmi les ouvrages modernes on trouve le *Guia*, par Herrera Davila.

A peine arrachée aux Maures par saint Ferdinand, Séville illustra cette glorieuse conquête par la poésie et les beaux-arts. Alors parurent la *Cronica del santo Rey*, par le Froissart espagnol, don Lucas, évêque de Tuy, témoin oculaire, fol. Valladolid, 1555 ; le *Memorial*, par Juan Pineda, fol., 1627 ; *Acta san Ferdinandi*, par Daniel, paper broch., fol., Anvers, 1688 ; les *Fiestas de la santa Iglesia de Sevilla*, par Fernando de la Torre Farfan, fol., 1672 ; livres vraiment artistiques, et, chose très-rare en Espagne, illustrés de gravures. Pour les beaux-arts, consultez la *Descripcion artistica de la Catedral de Sevilla*, par Jean Bermudez, in-8, 1804 ; *la pintura de la Escuela*

Sevillana, Cadix, 1806, ainsi que l'ouvrage récent *Sevilla artistica*, par J. Colon y Colon, 1844; pour les antiquités ecclésiastiques, Floréz, *Esp. sag.* IX; ensuite Pons, *Viage* IX; *Sevilla pintoresca*, par Jose Amador de los Rios, in-4º, 1844.

On trouve deux plans de Séville, l'un sur une grande échelle et très-exact, par Vargas y Machuca, 1788; l'autre, format de poche, par Herrera y Davila, 1832. La topographie des rues est très-difficile, la ville n'offrant qu'un labyrinthe de ruelles qui se ressemblent presque toutes, et dont beaucoup ont changé de nom : le voyageur fera bien de se procurer le petit guide des rues, le *Callejero*, publié en 1846 par Alvarez.

Avant d'examiner la Séville moderne, disons quelques mots sur l'ancienne. L'histoire et la date de sa fondation se perdent dans la nuit des temps les plus reculés; cependant, nous lisons sur la *Puerta de la Carne* le distique suivant :

> *Condidit Alcides, renovavit Julius urbem;*
> *Restituit Christo Fernandus tertius heros.*

> Hercule me fonda, César m'a restaurée,
> Fernand trois, le héros, au Christ m'a consacrée.

Et nous le retrouvons ainsi paraphrasé sur le Pª de la Xerez :

> *Hercules me edifico,*
> *Julio Cesar me cerco*
> *De muros y torres altas;*
> *(Un Rey godo me perdio,)*
> *El Rey santo me gano*
> *Con Garci Perez de Vargas.*

ce qui veut dire : « Hercule me bâtit; Jules César m'entoura de murailles et de hautes tours; un roi goth me perdit; un roi saint me reconquit, aidé par Garci Perez de Vargas. »

Tout ce qu'on sait de Séville, avant les Romains, c'est qu'elle s'appelait *Hispal*, établissement phénicien lié à Gaddir et à Cordoue; les Romains firent de son nom *Hispalis*; puis les Maures *Ishbilia*, d'où dérivent *Sibilia*, *Sevilla*. Jules César fut réellement le second fondateur et bienfaiteur de Séville. Cordoue ayant embrassé le parti de Pompée, il s'en empara le 9 août, 49 ans av. J.-C., la fortifia et en fit sa capitale. Après de nombreuses vicissitudes, Séville devint la capitale des Goths jusqu'à Leovigilde, qui, au VIe siècle, transféra le siége de la royauté à Tolède, comme point plus central; mais il y laissa son fils et son héritier Hermenigildus, en qualité de vice-roi : ce prince, s'étant révolté contre son père, fut mis à mort. Ce fut pendant ces guerres que Séville se rendit aux Maures sans résistance. Peu après, Egilona, veuve du monarque détrôné, épousa Abda-I-Aziz, fils de Musa-Ibn-Nosseir, le vainqueur. Ensuite, à la mort de *Aben Hut*, Séville se forma en République, mais ne put supporter longtemps cette forme austère de gouvernement. La puissance des Maures était alors à son déclin ; saint Ferdinand, après avoir affermi les royaumes de Léon et de Castille, marcha sur l'Andalousie, prenant ville sur ville, et assiégea Séville en 1247. Les détails de ce siége, racontés dans les ballades et dans le poëme du Conde de la Roca, el *Fernando, o Sevilla restaurada*, Milan, 1632, n'offrent qu'une série de hauts-faits, qui étonnent et frappent l'imagination. Enfin, après une année d'héroïque défense, Séville se rendit (23 décembre 1248), et ainsi finit l'empire des Maures dans l'Andalousie. Saint Ferdinand ne jouit pas longtemps du fruit de ses victoires; fatigué par les travaux de ce long siége, ce grand roi mourut dans sa ville conquise le 20 mai 1252. Canonisé en 1668 par Clément IX, son corps fut déposé en 1729 dans la châsse qu'on voit encore aujourd'hui, par Philippe V. Séville resta fidèle à son fils, et continua d'être la capitale de l'Espagne jusqu'à Charles V, qui transporta la Cour à Valladolid. La découverte de l'Amérique éleva Séville à un très-haut degré de splendeur; elle devint le marché de tous les riches négociants étrangers qui trafiquaient avec les colonies. Bien que la guerre de la Péninsule et les troubles civils aient beaucoup diminué son importance, elle est encore aujourd'hui la *merveille de l'Andalousie*.

On peut visiter Séville en moins d'une semaine, mais l'artiste et l'antiquaire peuvent y passer des mois avec plaisir et profit. Le temps le plus favorable est le printemps avant les grandes chaleurs, et l'automne avant les pluies de novembre. L'hiver y est en général très-humide : cependant, on n'y connaît, en fait de glace et de neige, que celles qu'on apporte de la Sierra-Morena pour les usages domestiques ; la partie basse de la ville, près de la Alameda Vieja, est souvent submergée par les crues du fleuve, mais les rues sont préservées par des *malecones*, espèce d'écoutilles. Dans l'été, la chaleur y est insupportable au soleil ; à l'ombre et dans les appartements les mieux abrités, la température ne descend pas au-dessous de 29° centigrades. Cependant, l'état sanitaire de la ville n'est jamais plus satisfaisant que dans cette saison ; pendant ces grandes chaleurs, les habitants ne quittent leurs fraîches habitations qu'au soir. Comme séjour, Séville est une des villes les plus agréables de l'Espagne, sauf, nous l'avons dit, pendant les jours caniculaires. L'amateur de la chasse trouve les environs bien peuplés de bon gibier ; les théâtres sont passables, le carnaval amusant ; les danses nationales ont un cachet oriental plein d'attrait. Les foires de *Mairena* et de *Italica* montrent dans toute leur gloire et dans toutes leurs variétés le *Majo* et la *Maja*. Séville est également renommée pour ses combats de taureaux. Les cérémonies religieuses y sont sans rivales, principalement celles de la semaine sainte, de la Fête-Dieu, de la saint Jean, de Noël, avec ses *Nacimientos* (nativité de Notre Seigneur), ses cantiques et ses danses de bergers et les *Rosarios* d'hiver.

SÉVILLE, capitale de la province, capitainerie-générale, archevêché et partido judiciaire de son nom ; place d'armes et port d'exportation et d'importation pour l'Amérique, l'Afrique et les Indes ; elle est située sur la rive gauche du Guadalquivir, dont le cours suit la forme irrégulière et presque circulaire de son territoire. Sa circonférence, avec ses faubourgs, a près de 4 lieues et demie ; elle est entourée de murailles mauresques, en *tapia* (torchis) ; vers la Puerta de Cordoue, elles sont pourvues de 66 tours et de 15 portes. Autrefois Séville contenait 140 riches couvents et églises ; elle est maintenant le siége d'un archevêché qui a pour suffragants Cadix, Malaga, Ceuta, les îles Canaries et Ténériffe, et la résidence d'un capitaine-général et d'une *Audiencia*, dont le grand juge s'appelle *el regente* ; elle contient 28 paroisses, 19 chapelles ou oratoires,

10 faubourgs, dont celui de *Triana* est spécialement peuplé par des saltimbanques, des femmes sans aveu, des fraudeurs, des majos, etc. On y compte 91,400 h. sans la garnison et les étrangers; plusieurs casernes, prisons et hôpitaux; un *Alcazar* royal, une *Plaza de Toros,* deux *théâtres,* un *Liceo,* un Museum et une Bibliothèque publique, une Université et de belles promenades; mais tout son orgueil est dans cette épithète : *Muy leal y noble* (très-loyale et très-noble); Ferdinand VII y ajouta : *muy heroica* (très-héroïque).

Séville est une cité toute mauresque : ses plus belles maisons sont encore celles construites sous les Arabes, ou d'après leurs modèles; elles présentent un aspect charmant et unique dans leur genre; les romaines sont rares. Les Sévillans, cependant, attribuent les murailles et la *Torre del Oro* à Jules César; mais leur forme et leur construction attestent évidemment une origine mauresque. La cité romaine était très-petite; elle s'étendait depuis la *Puerta de Carne,* par la plaza San-Nicolas et San-Salvador, jusqu'à la *Puerta de Triana.* Dans la *calle de los Marmoles,* l'antiquaire verra le portique d'un temple romain; dans la *Alameda Vieja* se trouvent deux colonnes romaines qui furent découvertes en 1574. Dans la *calle Abades,* n° 22, se trouvent plusieurs tombeaux souterrains destinés à des enfants dont les corps n'avaient pas été consumés sur les bûchers, et découverts en 1798. On peut y descendre et les visiter avec intérêt. Dans *la calle de la Cuna,* n° 8, on a découvert un aqueduc romain dans lequel coule une eau fraîche et abondante, sans qu'on sache d'où elle vient. Dans la *casa de Pilatos,* il y a quelques antiques mutilés de second ordre. Ceux du *Museo* sont très-médiocres et disposés sans ordre ni goût. Don Juan Wetherell, *plaza San-Bartolome,* n° 18, possède une collection d'antiquités romaines et mexicaines, dont il a publié le catalogue avec des lithographies, à Séville, en 1842. On peut dire que la ville elle-même est un museum d'antiquités mauresques; les lieux les plus favorables pour observer les plafonds arabes, les marqueteries en bois, les panneaux en stuc et les riches et élégantes fenêtres (*ajimes*); sont : l'Alcazar, la calle Pajaritos, n° 15; casa Prieto, dans calle Naranjos et casa Montijo, derrière la *paroisse Omnium sanctorum*. Il existe encore un très-grand nombre de maisons mauresques, mais beaucoup ont été défigurées par des additions modernes. Les rues, en général, sont étroites; c'est une sage précaution contre les grandes chaleurs d'été; l'extérieur est simple, et les fenêtres donnant sur la rue sont peu nombreuses, car c'était un usage inconnu avant Charles V. Elles ont presque toutes une entrée ou porche (*el zaguan*), qui conduit au *cancel*, porte grillée; l'intérieur contient une cour carrée appelée *patio*, ornée de chaque côté de corridors soutenus par des piliers de marbre; le centre est occupé par une *fuente* (fontaine), d'où jaillit une eau fraîche et limpide; dans l'été, cette cour est couverte d'une toile et sert de salon à la famille, qui occupe alors le rez-de-chaussée, plus frais que les étages supérieurs. Ces maisons sont riches en porcelaines mauresques, appelées *azulejos*, et couvertes de beaux émaux transparents aux couleurs vives.

Les plus riches spécimens d'*azulejos* sont les *dados*, dans le *patio* de l'Alcazar; quelques-uns sont mauresques; d'autres, du temps de don Pedro; ceux de la chapelle datent de 1504. On en voit de fort curieux au portail de *las Monjas de Santa-Paula*, ensuite dans *la casa Pilatos*, ainsi que dans la serre-chaude du jardin de l'Alcazar, qui date de 1546; ceux de la bibliothèque de l'Alcazar sont à peu près de la même époque. Ceux de Saint-Augustin sont de 1611, temps où le jaune était la couleur à la mode; bientôt après, vint la coutume de représenter des moines et des sujets sacrés, comme ceux qui décorent la façade de l'église situé à droite, hors la *puerta del Popolo*, et ceux en bleu d'après les dessins de Murillo, qui se trouvent à la *Caridad*.

Plus de la moitié de Séville est mauresque, mais nous ne visiterons que les édifices qui présentent le plus d'intérêt; nous commencerons donc par la tour de la cathédrale, la *Giralda* (*Statue-girouette*). Ce magnifique beffroi, le seul dans son genre en Europe, fut construit en 1196, par Al Geber, célèbre architecte et mathématicien, qui vivait sous le calife Abu-Jusuf-Yacube; il l'ajouta à la mosquée que son illustre père avait bâtie.

Séville doit à Abu-Jusuf-Yacube, un des plus grands constructeurs de son siècle, un pont de bateaux élevé en 1171 sur le Guadalquivir, une partie des murailles extérieures et de beaux quais sur le Guadalquivir; il répara l'aqueduc romain, appelé aujourd'hui *Caños de Carmona*; il fit construire la grande mosquée de Séville, sur le plan de celle de Cordoue: cet édifice, commencé en 1171, ne fut terminé que sous son fils et son successeur, Abu-Jusuf-Yacube, qui, comme nous venons de le dire, y ajouta la Giralda.

La destination primitive de cette magnifique tour paraît avoir été un observatoire; elle fut d'abord élevée de 250 pieds, et se terminait par un pavillon carré sur lequel s'élevait un pilier de fer surmonté de trois énormes globes dorés superposés; l'un d'eux était si gros qu'il fallut, dit-on, abattre une des portes de la ville pour l'y introduire.

La tour fut exhaussée de 100 pieds, en 1568, par Fernando Ruiz, qui y éleva ce riche beffroi en filigrane, dont on admire, mais sans pouvoir la décrire, la délicatesse et la légèreté. On y lit cette devise: *Nomen Domini fortissima turris*. Dans les grandes cérémonies, il est illuminé pendant la nuit et semble un immense lustre suspendu à la voûte des cieux. Chaque face présente un carré de 50 pieds, avec divers ornements mauresques: les murs ont jusqu'à 7 pieds d'épaisseur; gravissez jusqu'à la plate-forme la rampe en spirale et à pente douce, assez large pour donner passage à deux hommes à cheval de front: de là, votre œil s'étend sur un des plus magnifiques panoramas de l'univers. Mais la merveille de la Giralda, c'est l'horloge, chef-d'œuvre d'un moine augustin, nommé Jose Cordero, en 1764. La petite coupole qui s'élève du centre de la plate-forme est couronnée par *el Girandillo*, statue de femme en bronze, représentant *la Fé* (la Foi), et tenant à la main le labarum; elle fut coulée en 1568 par Bartolomé Morel; elle a 14 pieds de haut, pèse 2,800 livres, et tourne cependant au moindre souffle du vent. Parmi les légendes qui se rattachent à cet édifice, on raconte que pendant un furieux ouragan qui bouleversa Séville en 1504, seul, entre tous les monuments ébranlés ou renversés, il demeura ferme comme un roc; et cela grâce à l'intrépidité de deux saintes filles d'un potier de terre de Triana, appelées Justina et Rufina. En ce moment d'effroi général, on aperçut très-distinctement les deux sœurs épaulant la tour, dont leur taille atteignait les colossales proportions. Depuis ce temps, la *Giralda* est placée sous le patronage de ces deux saintes sœurs, et dans les magnifiques chapelles qu'on leur a dédiées dans la cathédrale elles sont représentées entourant de leurs bras la Giralda. Il ne serait pas prudent, même aujourd'hui, de contester la vérité du fait ; ainsi, lors du bombardement de 1843 par Espartero, le peuple crut voir la Giralda entourée d'anges invisibles conduits par les deux saintes protectrices, qui en détournaient les bombes et les boulets.

L'Académie royale des Sciences de Séville a publié, en 1795, une savante dissertation pour prouver l'authenticité de ce miracle. *Morales* à écrit la biographie des deux sœurs, Perpignan, 1598 ; et *Flores* donne toute la légende avec de grands détails.

Parmi les autres tours, ou minarets mauresques, remarquez celles de San-Marcos, de Santa-Marina, de Santa-Catalina et d'Omnium Sanctorum ; celle de San-Pedro a été modernisée.

Au-dessous de la Giralda, se trouve le mauresque *Patio de los Naranjos*, ou Cour des Orangers, avec la fontaine où les fidèles de l'Islam pratiquaient leurs ablutions avant de pénétrer dans la mosquée ; entrez dans ce *patio* par la riche *puerta del Perdon*, qui fut modernisée en 1519 ; l'arche et les portes sont de bronze mauresque, mais le beffroi est moderne ; les statues de *terra cotta* sont de Miguel, Florentin, de 1519 à 1522 ; *le Sauveur portant sa croix*, de Luis de Vargas, mais il est tout-à-fait gâté à force d'avoir été repeint. En se dirigeant à droite, on trouve le *Sagrario*, ou église paroissiale, et en face la cathédrale gothique et la Giralda, s'élevant comme un mât de vaisseau ; vers la gauche est une chaire de pierre, dans laquelle saint Vincent et ses disciples ont prêché. Dans le coin de gauche se trouve l'escalier qui conduit à la bibliothèque du chapitre, appelée *Columbina*, parce qu'elle lui fut léguée par Fernando, le fils de Christophe Colomb. Les livres furent époussetés il y a environ soixante ans, et ceux que les vers avaient épargnés furent replacés en ordre.

Elle renferme à peu près 18,000 vol., parmi lesquels on distingue ceux qui contiennent des notes écrites de la main de l'illustre navigateur ; ce sont : *Opuscula Astronomica Petri de Aliaco*, ainsi que le traité Ms. qu'il écrivit dans sa prison. Examinez également les œuvres de Handel, données par lord Wellesley, qui trouvait un charme infini à les entendre sur l'orgue de la cathédrale. Au-dessus des livres, se trouve une suite de portraits représentant les plus anciens archevêques, tels que les *Tello*, *Albornoz*, *Luna*, *Toledo*, *Fonseca* et *Mendoza*, hommes supérieurs et dont le regard annonce la puissance et le génie ; ceux qui suivent, avec leurs costumes bigarrés de rubans et de perruques, ressemblent à des abbés courtisans. Observez aussi un portrait de *Fr. Bonifaz*, médecin, par Alonso Cano ; et un *San-Fernando*, par Murillo, peu digne de ce grand peintre, ainsi que l'*épée* dont le grand comte Fernando Gonzalez se servit si vaillamment à la conquête de Séville.

En montant l'escalier, vous trouvez le tombeau de *Inigo Mendoza*, de 1497, et, dans le *Cuarto de los Subsidios*, une *Piété*, par Juan Nuñez, un des plus anciens peintres de Séville : devant la puerta del Pardon, on voit, dans la *sala de la Hermandad del Santissimo*, une *Dispute du sacrement*, par Herrera el Mozo, composition affectée ; d'autres peintures, par Arteaga, et un petit *Enfant-Jésus*, par Montañes.

Une porte obscure conduit dans l'intérieur de la mosquée : c'est dans ce passage que se trouve ce qu'on appelait le Crocodile ou le *Lagarto*, envoyé à Alonso el Sabio, en 1260, par le sultan d'Egypte, qui lui demandait la main de sa fille en mariage. Quelques-uns des vainqueurs de Séville y ont leur tombeau. L'artiste devra faire le tour extérieur de la cathédrale, ainsi que des édifices adjacents, pour avoir un intéressant résumé de l'architecture espagnole de toutes les époques et de tous les styles, depuis le mauresque jusqu'au style moderne. On remarque d'abord, à la section N., les solides murailles mauresques en *tapia*, les arcs-boutants carrés et les créneaux ; les hauts degrés appelés *las Gradas*, et la terrasse à laquelle ils conduisent et qui fut longtemps la Bourse de Séville. Tournant à l'E., nous trouvons le palais de l'archevêché, élevé en 1697, dans le style churrigueresque. Excepté l'escalier, rien, dans l'intérieur, ne mérite l'attention. De là, prenant à gauche, nous apercevons les murailles mauresques de l'Alcazar, tandis que vers la droite s'élève la chapelle de *San-Fernando*; ensuite vient la *Contaduría* ou chambre des comptes, avec ses piliers, ses balustrades, qu'éclaire un demi-jour austère. En face, s'élève la *Lonja* (Bourse) : bien qu'un peu basse, c'est une belle œuvre de Herrera, qui, après des difficultés infinies, la termina en treize ans; elle fut ouverte en 1598. C'est un quadrangle isolé, ayant 200 pieds de large sur 63 de haut. Les piliers et les fenêtres n'offrent rien d'agréable ; mais le *patio*, de style dorique et ionique, est magnifique ; un escalier de marbre, assez mal orné à la moderne, conduit à *el Archivo de las Indias* (les Archives de l'Amérique du Sud), que Charles IV y établit en 1784. Tous les documents sont précieusement conservés dans de belles cases d'acajou, mais peu consultés. Le pavé en marbre mérite d'être remarqué ; le corridor intérieur est moderne et sans goût; le portrait de Christophe Colomb est tout-à-fait apocryphe ; le rez-de-chaussée est destiné au *el Consulado* (tribunal de commerce). Sur la plaza San-Tomas, immédiatement après le n° 15, est la boutique du célèbre barbier Figaro : tout voyageur amateur de la musique locale doit s'y faire raser.

La grande façade O. de la cathédrale resta incomplète jusqu'en 1827, où l'on y commença des travaux modernes peu en harmonie avec le style primitif; remarquez sur les portes de côté les jolies et délicates figures en *terra cotta* (terre cuite), modelées par Lope Marin, en 1548.

L'édifice surchargé d'ornements que vous apercevez à gauche est le *Sagrario* ou église paroissiale, annexée à la cathédrale; par Miguel de Zumarraga, en 1618, et terminée en 1662. L'intérieur est formé d'une seule et vaste nef. La voûte est par Borja; plusieurs autels, revêtus de jaspe par Barbas, sont de mauvais goût; le *retable* élevé par cet artiste était si choquant, que le Chapitre l'a remplacé par un beau *reredos* provenant du couvent des Franciscains; les sculptures représentant *santa Veronica* et *san Clement* sont par Cornejo; la *Vierge* avec le Christ, saint Jean et la Madeleine, très-remarquables, sont de Pedro Roldan ; on voit encore du même sculpteur un bas-relief représentant l'*Entrée de Jésus* dans Jérusalem. La porte conduisant dans la cathédrale, ornée de statues et de colonnes corinthiennes, est de Joseph de Arce, 1657.

La *Cathédrale* est la plus vaste, la plus belle de l'Espagne. On en admire toujours l'aspect majestueux et grandiose.

La mosquée, sur l'emplacement de laquelle elle est bâtie, formait un quadrangulaire de 398 pieds de l'E. à l'O., et de 291 du N. au S. ; elle fut érigée par Abu Yusuf Jacob Al-Mansur en 1163-1178. En 1440 elle fut abattue pour faire place à l'église que nous admirons aujourd'hui, et qui fut ouverte au culte divin en 1519. Le nom de l'architecte est inconnu, mais son œuvre proclame son génie. Sa forme est un carré oblong, ayant 431 pieds de long sur 315 de large ; on y compte sept ailes, dont les deux latérales sont converties en chapelles ; la nef centrale est magnifique et d'une hauteur étonnante (145 pieds), et au *cimborio* ou transsept du dôme, elle est de 171 pieds ; le dallage en marbre blanc alterné de noir, qui est d'une grande beauté, ne fut terminé qu'en 1793 et coûta, dit-on, 155,304 dollars.

En entrant dans la cathédrale, on remarque à l'extrémité O. de l'aile centrale la tombe de Fernando, fils de Christophe Colomb. L'inscription qu'on y lit est courte, mais elle en dit assez : *A Castilla y a Leon, nuevo mundo dio Colon.* Lisez aussi la touchante épitaphe de son fils ; plusieurs voyageurs, et, entre autres, Châteaubriand, croient que ce tombeau est celui même de Christophe Colomb, mais c'est une erreur ; ce grand homme mourut à Valladolid, et ses cendres reposent dans la *Havana*.

Sur cette pierre sépulcrale, on dresse pendant la semaine sainte le *monumento*, temple énorme de bois, dans lequel la sainte hostie est déposée ; il fut dessiné et exécuté en 1544 par Antonio Florentin, mais reçut quelques additions, en 1624 et 1688, qui ne furent pas toutes heureuses ; cependant, quand il est éclairé, pendant la nuit du Jeudi au Vendredi saint, il produit un effet vraiment merveilleux, qui n'a pas d'égal en Espagne, ni même en Italie.

On compte dans cette belle basilique 93 fenêtres ; celles dont les vitraux sont peints passent pour les plus belles de l'Espagne; les plus anciennes sont par Micer Cristobal Aléman, de 1504. Remarquez l'*Ascension*, la *Magdalen*, un *Lazare* et une *Entrée dans Jérusalem*, par Arnao de Flandres et son frère, de 1525, et une *Résurrection* dans la capilla de los Doncelles, par Carlos de Bruges, de 1558. Continuant d'avancer dans cette aile, dont la majesté se trouve déparée par le *coro*, observez son *trascoro*, avec un riche fronton dorique et des marbres précieux ; la peinture qui décore l'autel est très-ancienne. Le *San Fernando* est de Pacheco, en 1633. Les deux portes de chaque côté conduisent dans le *coro*; les quatre bas-reliefs furent exécutés à Gênes. Au-dessus s'élèvent les vastes orgues surchargées d'ornements de mauvais goût, mais magnifiques comme instrument. Le buffet de gauche, *al lado de la Epistola*, fut construit par Jorge Bosch, en 1792 ; il a 5,300 tuyaux et 100 touches de plus que celui de Harlem.

Avant d'entrer dans le *coro*, il faut examiner ses *Respaldos* et la capilla gréco-romane de *San-Agustin*, ainsi que la douce et admirable Vierge sculptée par Juan Martinez Montanes, le Phidias de Séville, mort en 1640. La belle grille du chœur, ouvrage de Sancho Muñoz, de 1549, est remarquable. La *silleria del coro* (stalles de chœur) fut sculptée par Nuño Sanchez en 1475, par Dancart en 1479, et par Guillen en 1548. Outre les 417 stalles, on remarque le siége archiépiscopal, et tout près le beau *facistol* (lutrin), ouvrage de Bartolomé Morel, de 1570. Pendant la semaine sainte, on place dans l'*entre-los-coros* l'admirable chandelier en bronze de 25 pieds de hauteur, appelé *el tenebrario* (chandelier triangulaire pour l'office des ténèbres), exécuté en 1562 par le même Morel. Pendant le *Miserere* de la semaine sainte, ce chandelier supporte treize bougies, dont douze jaunes s'éteignant l'une après l'autre, pour signifier que les apôtres ont abandonné Jésus-Christ ; une seule de cire blanche reste allumée, symbole de la Vierge, qui n'abandonna pas son divin fils ; le *Cirio pasqual* (cierge pascal), qui remplace le tenebrario à Pâques, a la forme d'une grosse colonne en marbre.

Jetez un coup-d'œil sur les deux chaires et sur la grille principale, faite en 1518, par le frère-lai dominicain de Salamanca, et sur celles des côtés, œuvre admirable de

Sancho Muñoz, en 1518. Le *retable* gothique du maître-autel est divisé en 44 compartiments; le plan en fut fait en 1482 par Dancart, et terminé en 1550. Les sculptures représentent des sujets sacrés de l'Ancien et du Nouveau Testament et de la vie de la Vierge. Les *tables alfonsines*, qu'on place ordinairement sur l'autel, contiennent les reliques recueillies par Alonso el Sabio. Les ouvrages en argent, ainsi que les *atrales* (porte-missel), sont de Fra Alfaro. Le *rispaldo del altar* (le derrière de l'autel), qui est du plus riche gothique, fut exécuté par Gonzalo de Rojas, en 1522; les figures en terre cuite sont de 1523, par Miguel, Florentin.

On trouve aussi dans le sanctuaire quelques peintures curieuses d'Alejo Fernandez, dans le style mi-byzantin; mais n'y cherchez plus les deux superbes Murillo, la *Naissance de la Vierge* et le *Repos en Egypte;* ils doivent être à Paris.

Parmi les chapelles latérales, à partir de la porte du Sagrario, se trouve celle *de los Jacomes*, qui renferme un Roelas retouché; la chapelle suivante, *de la Visitation*, a un *retable* peint par Pedro Marmolejo de Villegas, de Séville, imitateur de l'école florentine : on y voit le portrait de Diego de Roldan, qui fit cadeau de ce retable. La *capilla de N.-S. del Consuelo* renferme une *Sainte Famille*, chef-d'œuvre d'Alonso Miguel de Tobar, le meilleur élève de Murillo, de 1678 à 1758. Après avoir passé devant la grande porte, vous trouvez une toile précieuse de Murillo, le *Angel de la Guarda*, un ange gardien tenant et protégeant un enfant charmant; ensuite une belle *Nativité*, par Luis de Vargas; à la *capilla de San Laureano*, un tableau représente le saint patron marchant sans sa tête. La chapelle suivante de *Santa-Ana*, possède un *retable*, qui date de 1504, orné de costumes curieux, peints avec tous les défauts de Juan Valides Leal, le rival et l'ennemi de Murillo. Une porte conduit de là aux *Archives*, très-riches et fort intéressantes. La *Mayordomia* (Marguillerie) possède de splendides livres d'église. En rentrant, nous trouvons dans la *capilla San-Joseph* une *Nativité* de Fra Antolinez, mort en 1676, et un *Mariage de la Vierge*, par Valdes Leal; dans la chapelle suivante, une *Statue de san Hermenigildo*, par Montanes, et le magnifique tombeau de l'archevêque Juan de Cervantes, mort en 1453, œuvre de Lorenzo de Marcandante. La *sacristia de la Antigua* renferme quelques peintures d'Antolinez, el Griego, Zurbaran, Morales, et quelques sujets de fleurs par Arellano, de 1614 à 1776; on y remarque encore le *retable* de marbre, la grille d'argent avec ces mots : *Ave Maria*, et l'ancienne peinture qui existait dans la mosquée : elle est dans le genre de Cimabuë. Jetez un coup d'œil sur le beau monument du grand cardinal Mendoza, érigé en 1509 par Miguel Florentin; en face se trouve celui de l'archevêque Luis de Salcedo, dont il est la faible imitation, élevé en 1741; les fresques sont de Domingo Martinez.

Maintenant, visitons le transsept et élevons nos regards sur les balcons gothiques des galeries. L'horloge en acajou est d'un mauvais goût moderne. A droite de la *puerta de la Lonja* se trouve la célèbre *Generacio*, chef-d'œuvre de Luis de Vargas; voyez le *Saint Christophe*, fresque colossale du même artiste, peinte en 1584, à 32 pieds de haut. On en trouve d'analogues dans presque toutes les cathédrales de l'Espagne. Suivant une croyance populaire, le jour où l'on a vu saint Christophe, on ne peut mourir d'une mort malheureuse. Dans la *capilla de la Santa-Cruz* est une *Descente de Croix*, par Pedro Fernandez de Guadalupe, de 1527. La jolie et élégante *sacristia de los Calices*, élevée sur les dessins de Diego Riano, en 1530, possède un portrait dans le genre du Tintoret, peint en 1544 par L. de Vargas, et la *nonne Dorothéa*, par Murillo, de 1674; un *Sauveur*, par Roelas, et un beau *saint Pierre* par Herrera el Viejo. Les portraits des patronnes, *santas* Rufina et Justina, furent peints en 1817 par Goya dans le genre de David. L'architecture est d'un style de transition ; les tables de marbre et le pavé sont remarquables. La chapelle suivante renferme quatre tombeaux de chevaliers armés et de leurs dames. Dans le vestibule de la *sacristia mayor*, remarquez le plafond et les vertus cardinales dans des niches, ainsi que la porte sculptée et *l'armario*, armoire qui renferme les vases sacrés, par Pedro Duque Cornejo, de 1677 à 1657, élève de Roldan. Cette magnifique sacristie fut construite par Diego de Riano en 1530. La *custodia*, qui date de 1580, est de Juan d'Arfé, le Cellini de l'Espagne ; ce chef-d'œuvre a été malheureusement réparé en 1668 par Juan de Ségura. Remarquez aussi les deux beaux Murillos, peints dans un style hardi en 1655 : le *San Leandro* était le portrait de Alonzo de Herrera, *apuntador del coro* (chanoine qui note ceux qui n'assistent pas à l'office), et le *San Isidoro*, celui de Juan Lopez Talavan. La *Descente de Croix* qui est sur l'autel est le chef-d'œuvre de Pedro Campana, né à Bruxelles en 1503, et l'un de ceux qui introduisirent le style italien en Espagne.

Le reliquaire, au-dessus de *la sacristia*, renferme les clefs de Séville, présentées à saint Ferdinand lors de la reddition de cette cité; celle donnée par les Juifs est de fer doré, et les gardes représentent ces mots : *Melech hammela kim giphthohh melek kolhaaretz gabo*, qui signifient : le Roi des Rois ouvrira, et le Roi de tous les Rois de la terre entrera; l'autre clef, qui est d'argent doré, porte ces mots : *Dios obrira, Rey entrara.*

Dans une cour, à droite, se trouve le trésor de l'église, aujourd'hui réduit à bien peu de chose ; on y remarque encore, parmi quelques *virils* et chandeliers, *las Alfonsinas*, et une croix, faite en 1580, par Merino. Le *retable* de *la capilla del Mariscal* contient de beaux ouvrages de Campana. Dans la *ante-cabildo* (antichambre du chapitre), les pilastres de marbre, les statues et les médaillons furent exécutés à Gênes, par Fr. Pacheco; dans une petite cour, on voit une pierre gothique dont l'inscription a rapport à l'évêque Honoratus, successeur de san Isidro, en 641.

La *sala capitular* ou salle du chapitre, autre chef-d'œuvre de Riaño, construite en 1530, est d'une forme elliptique ; elle a 50 pieds de long sur 34 de large; le beau pavé de marbre s'harmonise heureusement avec le plafond. On y admire la célèbre *Conception* de Murillo ; *San Ferdinand*, par Pacheco, et les *Quatre Vertus avec des boucliers et des enfants*, par Pablo de Cespedès, savant peintre-poëte de Cordoue, qui vécut de 1538 à 1608. Les seize médaillons de marbre furent travaillés à Gênes ; les huit ovales entre les fenêtres sont de Murillo. La *sala capitular de Abajo* est ornée des portraits des rois, depuis Alonzo III jusqu'à Charles V. Remarquez la corniche gréco-romaine, les médaillons et le pavé. Passons de la capilla del Mariscal à la *Contaduria mayor* (comptabilité), et admirons un *Saint Ferdinand*, de Murillo, un *Sacrifice d'Abraham* et une *Justina et Rufina*, par Pablo de Cespedès.

La première chapelle, à l'extrémité E., appelée la *Conception*, est d'un mauvais style gréco-romain ; elle renferme les cendres de Gonzalo Nuñez de Sepulveda, qui, en 1654, fit un don en l'honneur de l'*Immaculée Conception*; les peintures traitant de ce mystère sont assez remarquables ; le grand crucifix est attribué à Alonzo Cano.

La *Capilla Real* peut être considérée comme une église paroissiale, ayant son clergé particulier ; elle fut construite en 1541, par Martin de Gainza ; elle a 81 pieds de long, 59 de large et 130 de hauteur ; on y pénètre par une arcade très-élevée. Les statues des apôtres et des évangélistes qu'elle renferme sont de Lorenzo del Vao et Campos, d'après les dessins de Campaña. La *reja* est de la période sans goût de Charles III ; les tombeaux d'*Alonso el Sabio* et de *la reine Beatrix* ; les médaillons de *Garcia Perez* et de *Diego Perez de Vargas* méritent l'attention. Le retable, par Luiz Ortiz, de 1647, est peu digne de cette chapelle. Sur l'autel se voit la *Virgen de los Reyes*, image miraculeuse donnée à saint Ferdinand par son cousin saint Louis de France. Devant l'autel, repose le corps de saint Ferdinand, dans une châsse d'argent, faite en 1729. Le corps, assez bien conservé, est montré aux fidèles le 30 mai, le 22 août et le 22 novembre ; à ces trois époques, les troupes assistent en pompe à une grand'messe militaire en l'honneur du vainqueur de Séville. Au-dessous de la châsse, remarquez le sépulcre primitif de ce grand roi, avec les épitaphes espagnole, hébraïque, latine et arabe, composées par son fils, Alonso el Sabio. Florez a publié sur ces épitaphes un vol. in-4°, intitulé *Elegios del S° Rey*, Madrid, 1754. On conserve aussi dans cette chapelle l'épée du héros chrétien, qu'on en sort pour toutes les grandes expéditions. Ce saint lieu renferme aussi les restes de Maria de Padilla.

Le retable de la *capilla de San-Pedro*, du style de Herrera, est orné de peintures de Fr. Zurbaran, de 1598 à 1664 ; mais l'obscurité de l'endroit nuit à la vue de ces objets. Dans le transsept N., on admire une *Vierge avec l'Enfant*, par Alonso Cano. Dans la *capilla de San-Francisco*, se trouve *l'Assomption de saint Isidore*, un des meilleurs ouvrages de Herrera le jeune. Les vitraux de la fenêtre, peints en 1556, sont remarquables.

Dans la *capilla de Santiago*, une toile passable représente *Saint Jacques courant à cheval sur les Maures*, par Juan de las Roelas, de 1558 à 1575. Les vitraux de la fenêtre et la *Conversion de saint Paul*, de 1560, offrent des tons rouges et bleus des plus riches ; le *San Lorenzo* est par Valdez. On remarque encore le *tombeau de l'archevêque Vargas*, mort en 1362, et, dans la chapelle suivante, celui de *Baltazar del Rio*, évêque de Scalas, ami de Léon XII (1518). La dernière chapelle contient la *Pila* (fonts baptismaux), avec les vitraux de la Giralda, peints en 1685. On admire dans cette chapelle le grand et magnifique *San Antonio* visité dans son désert par le Sauveur encore enfant et par des chérubins. Murillo composa ce chef-d'œuvre dans son meilleur temps ; malheureusement il a souffert d'une maladroite restauration, en 1833.

Il sera bon de visiter la cathédrale à différentes heures du matin et de l'après-midi, afin de bien juger les effets de lumière et d'ombre : l'intérieur est un peu sombre, mais c'est une obscurité majestueuse, pleine de mystère. Sur les deux heures de l'après-midi, le soleil, tombant sur la Sainte-Croix du retable, produit un effet magnifique. A toute heure du jour on y trouve une foule de dévots, de flaneurs, de pénitents et de mendiants ; mais il n'est permis, sous aucun prétexte, aux deux sexes, de se promener ou de converser ensemble.

Maintenant, portons nos pas vers l'*Alcazar* ; mais avant, observons, dans une rue étroite qui conduit à la puerta de Xérez, un *arc mauresque* qui date de huit siècles au moins. On pénètre dans l'*Alcazar* par deux portes, l'une appelée de *las Banderas*, parce qu'on y arbore la bannière nationale lorsque le souverain habite ce palais ; l'autre, de *la Monteria*. Cette vaste et magnifique résidence royale présente un singulier mélange des styles oriental, gothique et moderne ; mais l'ensemble et la situation produisent un effet admirable; l'intérieur possède une multitude d'antiquités précieuses découvertes dans les environs de Séville ; on y compte 78 appartements principaux, décorés d'ornements en stuc, peints, dorés, ciselés, mosaïques, festons, inscriptions, arabesques, dont on a peine à se figurer la profusion et la délicatesse.

Le grand portail, bien que d'un style tout arabe, fut construit par Don Pedro, qui fit venir des ouvriers arabes de Grenade, pour imiter avec plus de perfection les travaux de l'Alhambra. On remarque la délicatesse des arabesques des fenêtres divisées par de légères colonnes, et l'élégance des sculptures ; jetez un coup-d'œil sur la prétentieuse inscription gothique, ainsi conçue : *El muy alto, y muy noble, y muy poderoso, y conquistador Don Pedro, por la gracia de Dios, Rey de Castilla y de Leon, mando facer estos Alcazares y estas façadas que fue hecho en la era mil quatro cientos y dos.*

Cette résidence royale, *Alcazar*, Al-Kasz, (maison de César), fut élevée sur l'emplacement de celle du préteur romain, dans les X° et XI° siècles, par Jalubi, architecte de Tolède, pour le prince Abdur-Rahman Anna'sir Lidin Allah (le défenseur de la religion de Dieu).

On y fit beaucoup de changements sous Ferdinand et Isabelle, Charles V, et Philippe V. Celui-ci gâta les salons en les divisant. Don Pedro répara toute la partie O. Isabelle érigea la jolie chapelle qui se trouve au haut de l'escalier, où Charles V épousa Isabelle de Portugal ; ce fut aussi ce roi qui restaura les stucs peints du grand *patio*. Philippe II plaça les portraits dans la salle des ambassadeurs ; Philippe III bâtit en 1619 la salle des *Armures*; et Philippe V, en 1733, le *Apeadero*. Les *Officinas*, au-dessus des bains de Padilla, furent construites par Ferdinand V.

Les colonnes à chapiteaux gothiques qu'on remarque à l'entrée du vestibule sont romaines et proviennent du palais primitif. Le grand *patio* est magnifique ; il a 70 pieds de long sur 54 de large, il fut modernisé en 1569. Les ouvrages en stuc qui le décorent sont de Fra Martinez. Quelques portes, plafonds et *azulejos* sont d'origine arabe. Ensuite visitez le charmant petit *patio de la Muñecas*, et les salles qui y sont jointes et qui ont été restaurées. De là, passez dans la *salle des Ambassadeurs*, dont les décors sont d'un riche style mauresque, malheureusement défigurés par des balcons espagnols et de mauvais portraits de la famille royale. C'est dans la salle adjacente qu'on prétend que don Pedro fit assassiner son frère, *el maestro de Santiago*.

De là, parcourez cette longue suite de chambres mauresques qui font face au jardin, et ensuite montez au second étage, réparé par Charles V; jetez un coup d'œil sur la terrasse qui domine le jardin; ensuite allez à la chapelle d'Isabelle, qui est située au N.-O.; elle n'a que 15 pieds sur 12, mais elle est revêtue d'*azulejos* d'un style greco-romain de la plus grande beauté. On suit un corridor qui conduit au *Cuarto del Principe*. La salle qu'on peut véritablement appeler Alhambra, se trouve au-dessus du vestibule d'entrée; dans une longue pièce située au pied de l'escalier, gisent pêle-mêle sur les dalles des antiquités recueillies lors de la construction de la route d'Italica.

On pénètre ensuite dans les jardins, qui sont peut-être les plus curieux de l'Europe : c'est là que se trouvent l'étang où Philippe V pêchait ordinairement, et les bains voûtés où se baignait Maria de Padilla, maîtresse de don Pedro-le-Cruel. Le sol est ondulé et divisé en charmants compartiments bordés de buis et de myrtes. Des orangers toujours en fleurs embaument l'air de leurs doux parfums. On doit visiter le *kiosk d'Azulejo*, situé au nord du jardin.

Parmi les maisons remarquables de Séville, nous citerons la *casa O' Lea*, dans *calle Botica del Agua*, d'architecture mauresque, malheureusement gâtée par des restaurations sans goût; dans la rue voisine, *calle de los Abades*, au n° 27, une salle arabe voûtée; dans la même rue, n° 9, *casa Carasa*, un beau cortile de style aragonais, construit en 1526 par un chanoine nommé Piñero. Les médaillons sont tout-à-fait dans le genre de Raphaël; mais le badigeon blanc a beaucoup gâté les formes délicates de ce magnifique *patio*. Dans la *calle de las Duenas*, on va voir le palais mauresque du duc d'Albe, mais, hélas! il n'est plus qu'une ruine; il formait autrefois onze *patios* et comptait 400 colonnes de marbre. Sur *la plaza del Duque* s'élève le palais de la famille Gusman, maintenant divisé en plusieurs habitations. La *casa Cantillana*, *puerta de Xerez*, qui servit de résidence à lord Wellesley, a été transformée en auberge, puis en magasin de vins.

L'habitation des *Taberas*, que tout voyageur qui a lu le charmant ouvrage de Sancho Ortiz de Roelas voudra visiter, est située dans la *calle de la Inquisicion Vieja*; on montre encore la porte du jardin par laquelle Sancho el Bravo voulait enlever la belle Estrella de Séville. La *casa de Pilatos* est ainsi appelée parce qu'elle ressemble, dit-on, à celle de Pilate. C'est à la croix noire qui se trouve dans le *patio* que commencent *las estaciones*, ou stations qui conduisent à la *cruz del Campo*; pendant la semaine sainte, ces stations sont visitées par une foule de fidèles. Ce palais fut construit en 1533 par le grand Fabrique Enriquez de Ribera, en commémoration de son pèlerinage à Jérusalem, en 1519. L'architecture est d'un style tout à fait arabe, mais malheureusement ce bel édifice est dans un état d'abandon déplorable. Les somptueux salons sont déshonorés par un sale badigeon, les jardins presque incultes; les sculptures délabrées; remarquez cependant la balustrade gothique au-dessus de l'entrée; le grand *patio*, avec ses fontaines, et ses statues romaines de Pallas, Cérès et autres, bien qu'elles aient souffert. La chapelle de la Vierge, où se trouve une copie de *la Servilleta* de Murillo, est du plus riche style sarrasin-gothique. Montez le magnifique escalier qui conduit aux principaux appartements. Dans le charmant jardin, visitez la grotte de Suzanne, ainsi que les marbres et les sculptures, jetés comme des décombres parmi les plantes parasites; un choix de ces beaux ouvrages a été envoyé à Madrid par le duc de Médina Céli, à qui ce palais appartient aujourd'hui.

Le voyageur devra visiter aussi la *Juderia*, quartier des Juifs, labyrinthe confus de ruelles; c'est dans ce quartier qu'est la maison Murillo, au bout de la *calle de Lope de Sueda*, *plaza de Alfaro*. L'église paroissiale de la *Santa-Cruz*, dans laquelle il reposait, fut démolie pendant la guerre de l'Indépendance, et les cendres du grand artiste dispersées. Murillo fut baptisé le 1ᵉʳ janvier 1618 dans l'église de la *Magdalena*, également détruite. Son tombeau consistait en une simple dalle surmontée de la *Descente de Croix* de Cappana ; son atelier occupait l'étage supérieur de la maison ; dans le jardin, on remarque une fontaine et les fresques italiennes, représentant des Faunes, des Sirènes, et des femmes avec des instruments de musique.

Le *Corral del Conde, calle Santiago*, n° 14, vaste lavoir peuplé de blanchisseuses, offre des scènes dignes d'un artiste. La *casa de l'Ayuntamiento*, située sur la grande *Plaza*, mérite toute notre attention ; elle fut construite en 1545-64 ; remarquez l'escalier, les portes sculptées et la *sala grande baja*, où les rois d'Espagne sont rangés dans trente-cinq compartiments qui ornent le plafond. La belle devise qui se lit sur la *Justicia* espagnole contraste tristement avec les pratiques de cette institution. L'*Audiencia*, ou haute Cour de justice de Séville, siège à l'angle opposé de la *Plaza* ; elle est présidée par un régent. En 1844 elle a prononcé 4094 condamnations sur 1,140,900 justiciables, ce qui fait une sur 279 environ. La prison, qui est contiguë, a été assez justement appelée par les *majos, el colegio* (école) de bandits.

N'oublions pas *la calle de los Abades*, bien qu'elle ne soit plus garnie de riches *ollas* (cuisines). Le clergé de la cathédrale se composait jadis d'un archevêque, d'un évêque coadjuteur, 11 dignitaires, 40 chanoines, 20 prébendiers, 20 chanoines mineurs, 20 vienteneros et 20 chapelains de chœur ; près de 900 maisons de Séville, outre de vastes propriétés, des dîmes et des rentes en blé, composaient les revenus de cette église ; mais en 1836 l'État s'empara de ces biens, et depuis lors le personnel et les revenus ont été de beaucoup réduits.

La grande Plaza, rendez-vous des oisifs, est située au centre de la ville ; son aspect est tout-à-fait arabe et pittoresque ; les arcades surmontées de balcons forment des boutiques de joailliers.

Les plus beaux tableaux que renferme Séville se trouvent dans la cathédrale, dans *la Caridad*, dans *le Museo*, et à l'Université. *La Caridad*, ou maison de charité pour les vieillards, est située hors les murs, près de la rivière ; cet hospice est dédié à saint Georges, et fut reconstruit par Miguel Mañara, ami de Murillo. Le fondateur est enterré dans *la Capilla mayor*. Visitez *le Patio*, orné de jolies colonnes ; en entrant dans l'église, la belle *Descente de croix*, sculptée et dorée, qui se trouve sur le maître-autel, est le chef-d'œuvre de Pedro Roldan ; sous *le Coro*, le *Triomphe du temps*, et un *Prélat mort*, par J. Valdes Leal : ce dernier est si horrible que Murillo disait ne pouvoir le regarder sans se boucher le nez.

Ce fut pour cette église que Murillo peignit, en 1660-1674, plusieurs tableaux dont cinq, dit-on, sont à Paris.

Les Murillos qu'on trouve maintenant dans *la Caridad* sont un *Enfant-Jésus*, peint sur bois ; un *Saint Jean*, composition riche, à teinte brune ; un *San Juan de Dios*, digne de Rembrandt ; *les Pan y Peces*, ou les Pains et les Poissons ; le *Moïse frappant le rocher*, deux chefs-d'œuvre de grande dimension.

Séville, comme beaucoup de villes d'Espagne, s'est vu dépouiller par l'or anglais de ses principales richesses artistiques qui avaient échappé à la guerre ; il en reste peu maintenant, et encore ne sont-ce que des médiocrités, vainement décorées des grands noms de Murillo, Velasquez, etc. Parmi ces pauvretés, citons les moins mauvaises : les collections du chanoine Ceperon, qui habite la maison de Murillo, et de *Don Aniceto Bravo*, n° 40, *calle de los Catalenes*, qui contient plus de 700 toiles, toutes *garanties originales*. Les galeries jadis si célèbres de don Julian Williams, chanoine maestre, et du comte de Mejorada, ont perdu leurs plus belles toiles.

Depuis la suppression des couvents, *la Merced* est devenue le Museum national de tableaux et d'antiquités. Ce bel édifice fut fondé en 1249, par saint Ferdinand ; *le Patio* et *les Azulejos* sont du temps de Charles V. Avant la guerre de la Péninsule, cette résidence était ornée d'une foule de belles peintures.

C'est à Séville que brille dans toute sa gloire Bartolomé-Estaban Murillo, que cette belle cité vit naître, en 1618, et mourir le 3 avril 1682 ; il fut le peintre des femmes et des grâces enfantines.

Le *Museo* de Séville, qui est le premier musée provincial de l'Espagne, doit son origine au chanoine Manuel Lope

Ceperon, homme de mérite et de goût. En 1836, il ramassa les meilleurs tableaux des couvents supprimés et les fit déposer à la cathédrale ; en 1838, M. Bejarano, à l'aide d'une souscription, les réunit dans le lieu où nous les voyons aujourd'hui et qu'on appelle *Museo*. Malheureusement, cette collection est encore bien incomplète : elle attend encore des Velasquez, des Luis de Vargas, et même des Alonzo Cano ; aucun catalogue n'a été publié jusqu'à ce jour.

A l'entrée du *Museo*, se trouve la belle croix en fer, ouvrage de Sébastien Coride, de 1692. Les sculptures antiques, rangées sans soin, sont en général de second ordre. Remarquez *l'Apothéose de S. Thomas d'Aquin*, chef-d'œuvre de F. Zurbaran, peint en 1625. Zurbaran est surnommé le Caravaggio de l'Espagne ; cependant il a quelque chose qui tient plus du Titien. Les autres toiles remarquables de ce maître, sont *San Enrique de Sufon*, *San Luis Bercram*, et le *Padre eterno* ; ensuite, *San Bruno devant Urbain II*; *la Vierge protégeant les Moines*, et *San Hugo dans le réfectoire*, toiles encore admirées, quoique un peu gâtées par le nettoyage.

On remarque de Juan de Castillo, le maître de Murillo, une série de cinq toiles, provenant de Monte-Sion; particulièrement *l'Annonciation* ; *la Visitation*; *la Nativité* et *l'Adoration*, et *le Couronnement de la Vierge*. Dans le *San Andres*, par Roelas, l'enfant est digne du Correggio. De *Herrera el Viejo*, le maître de Velasquez : un *San Hermenegildo*, tableau auquel l'artiste dut sa liberté, car étant poursuivi pour faux en écriture, il se réfugia dans un asile protecteur, où il peignit ce tableau. Philippe IV, qui le vit, lui pardonna. Son *San Basilio* est hardi et a quelque chose de Ribera. De Frutet : un *Christ sur la croix* ; une *Descente de croix*, et une *Vierge* ; jetez un coup d'œil sur les toiles de Juan Valdes, un *Calvaire*, et divers sujets tirés de la vie de *saint Jérôme*. A une des extrémités du transsept, se trouve le beau *Saint Jérôme*, en terre cuite, par Torrigiano, Italien d'origine, auteur du monument de Henri VIII dans Westminster; malheureusement pour lui, étant de retour en Espagne, il mourut dans les prisons de l'inquisition, victime d'une jalousie d'artiste. Près du *Saint*

Jérôme, se trouve un *Santo Domingo*, par Montanes ; du même sculpteur un *Crucifix* et un *Saint Dominique*. On admire également, provenant du couvent *la Cartuja*, un *Crucifix*, par Mathias Vazquez de Leca, de 1614 ; *les Quatre Vertus*, retouchées, et *la Silleria del Coro* ; une *Cène* et un *Christ*, par le savant Pablo de Cespedès ; une *Bataille de Clavijo*, par Juan de Varela ; un portrait de *Ferdinand VII* par Goya, et le célèbre *Jugement dernier*, par Martin de Vos, provenant du couvent de Saint-Augustin.

Les œuvres de Murillo sont placées dans la *sala de Murillo* ; les meilleures proviennent du couvent des Capucins, pour lequel le grand artiste travaillait dans son meilleur temps. L'abondance de jour nuit à leur effet, que l'illustre maître avait calculé d'après la lumière du local où ils devaient rester. Parmi ces riches productions, nous remarquons le *Santo Thomas de Villa-Nueva*, que le peintre appelait son propre portrait ; le *San Felix de Cantalicio*, chef-d'œuvre de coloris et de délicatesse : les Espagnols disent qu'il est peint *con leche y sangre* (avec du lait et du sang) ; *las Santas Justina y Rufina*, peintes dans sa manière hardie, mais cependant tendre ; *la Nativité* ; *l'Adoration des Bergers* ; *San Leandro et San Buenaventura* ; *San Jose* ; *San Juan con el Cordero* ; *la Vierge et l'Enfant*, qu'on appelle *la Servilleta*, parce qu'elle fut peinte, dit-on, sur une serviette : l'Enfant semble s'échapper des bras de sa mère et s'élancer hors du cadre ; *Saint François embrassant le Sauveur crucifié* ; *la Vierge et les Anges avec le Christ mort* ; *l'Annonciation* ; le *San Antonio*, supérieur à celui de la cathédrale : remarquez l'expression du moine regardant l'enfant assis sur son livre ; *San Felix*, demi-grandeur. Toutes ces merveilles proviennent des Capucins. Nous trouvons encore du même maître une *Vierge et l'Enfant*. Le reste de la collection, qui se compose d'une centaine de tableaux de différents artistes, offre des mérites divers ; mais la perle de toutes ces toiles, c'est *la Concepcion*, de Murillo, jadis l'orgueil du couvent des Capucins : le fini du dessin, la richesse et la suavité du coloris firent appeler Murillo *el Pintor de las Concepciones*.

L'*Université* fut bâtie par les Jésuites, en 1565-79, d'après les plans de Herrera, dans un genre pompeux et mondain. Cet édifice est comme le second *Museum* de Séville. L'église mérite une attention particulière, bien que la position du *coro alto* de la chapelle gâte un peu l'effet général ; le haut maître-autel, avec son tabernacle, par Mathias, de 1604, est un bel ouvrage. Le magnifique *retable* corinthien fut exécuté sur les dessins d'Alonso Mathias, en 1606 ; ses trois grandes peintures, par Roelas, représentent une *Sainte Famille, avec des Jésuites*, une *Nativité* et une *Adoration*. On remarque aussi une *Annonciation*, par Pacheco ; un *Saint Jean l'Evangéliste*, et un *Saint Jean-Baptiste*, par Alonso Cano ; les statues de *Saint Pierre* et *Saint Paul*, par Montañes. On admire aussi une petite peinture où se trouve *l'Enfant Sauveur*, par Roelas. Tout près *del Evangelio*, se trouvent les monuments en bronze de Francisco Duarte et de sa femme Catalina, morts en 1554, tous deux apportés, en 1840, du couvent de la Victoria de Triana.

Les *retables* des chapelles de *la Concepcion* et de *las Reliquias* sont remarquables : cette dernière a des peintures dans le genre de Pacheco. Examinez les statues des saints Francisco de Borja et Ignacio, exécutées en 1610, par Montañes, et destinées d'abord à être vêtues ; un Crucifix, du même, et quelques peintures par Cano, dont les sujets sont tirés de la vie des *saints Cosme* et *Damien*, plus un *Sauveur* et un *Père-Eternel*. Parmi les curiosités monumentales provenant de l'église de Santiago *de Espada*, on remarque d'abord le tombeau du fondateur, Lorenzo Suarez de Figueroa, ayant son chien favori à ses pieds ; ensuite le sépulcre du savant bénédictin Arias Montano, mort en 1598.

A la suppression du couvent des Chartreux (*Cartuja*), lieu de sépulture de la famille Ribera, le duc de Medina Céli, un des descendants de cette noble famille, fit transporter ici les beaux sépulcres de ses ancêtres : on y remarque celui de Pedro Enriquez, mort en 1492, qui fut sculpté à Gênes, par Antonio Charona, en 1606. On y admire la Vierge et l'Enfant ; un Génie pleurant, appelé *La Tea*. Les statues de Diego Gomez de Ribera, mort en 1434, et de sa femme Beatrix Puerto-Carrero, morte en 1458 ;

de Parafan de Ribera, mort en 1455, et d'un autre du même nom, mort en 1423, âgé de 105 ans. Le mausolée de doña Catalina, morte en 1505, est peut-être le plus beau.

Séville comptait jadis environ 140 églises, remplies d'objets de piété, d'art et de valeur; beaucoup de ces édifices ont disparu avec leurs richesses. Les plus intéressantes des églises qui existent encore sont : *San-Lorenzo*, qui possède une *Concepcion*, par F. Pacheco, de 1624; une *Annonciation*, par Pedro de Villegos Marmolejo. Cet artiste repose dans l'église, ainsi que Juan Bustamente, mort en 1678, âgé de 105 ans, après avoir eu 42 enfants légitimes et 9 enfants naturels. Sur le retable, se trouvent quatre médaillons et un *San Lorenzo*, par Montañes, qui est aussi l'auteur de *Nuestra Señora de gran poder*, image gravée magnifique.

Dans le *colegio Maese Rodrigo*, se trouvent quelques peintures, par Zurbaran, un peu dégradées. Le portrait du fondateur a été tout-à-fait repeint par Bejarano.

On admire dans *San-Clemente* un splendide plafond par *Alerce*, un maître-autel *plateresque*, par Montañes, et un portrait de *saint Ferdinand*, par Valdes, ainsi que deux autres peintures par Pacheco : les *azulejos* sont des plus curieux et datent de 1588. Le *Saint Jean-Baptiste*, sculpté par Gaspar Nuñez Delgada, est remarquable.

San Miguel est un édifice très-ancien; la statue du saint est l'œuvre de Roldan ou de sa fille, les piliers, avec leurs chapiteaux, ainsi que le Christ, par Montañes, méritent l'attention. Les toiles attribuées à *Raphaël* et à *Van Dyck* ne sont que de mauvaises copies.

La belle église du couvent de *San-Pablo*, devenue depuis peu église paroissiale, contient des toiles d'Arteaga et des fresques par Lucas Valdes.

San-Andres possède une *Conception*, par Montañes, avec plusieurs petites peintures par Villegas.

San-Alberto renferme une *Via Crucis*, qu'on attribue à Cano, et plusieurs a Pacheco.

San-Pedro a une tour mauresque : le plafond, du genre soffite (*artesonado*), avec le beau retable et les peintures par Campana, ont été restaurés. La *Délivrance de saint Pierre* est de Roelas.

San-Juan de la Palma était d'abord une mosquée : l'inscription arabe qui se trouve à l'entrée indique qu'elle fut construite en 1080, par Axataf. La croix occupe l'emplacement du palmier sous lequel on enterrait les morts. Dans l'intérieur on voit une *Crucifixion*, œuvre de style dur, et un *Christ au pilier*, de Campana.

A *San-Isidro*, on voit *el Transito*, ou la mort du saint, chef-d'œuvre de Roelas, ce grand maître si peu apprécié. Cette église contient encore un *Saint Antoine* et un *Saint Paul*, de Campana, mal restaurés, et quelques autres peintures par Valdes ; le *Cireneo* a été sculpté par Bernardo Gijon.

Santa Maria la Blanca contient plusieurs colonnes de granit qu'on croit romaines ; des cinq Murillos qu'elle possédait, un seul a échappé aux ravages de la guerre, c'est une *Cène*, dans le style hardi de ce maître ; on admire un *Christ mort*, par L. de Vargas, très-belle toile, mais cruellement injuriée et négligée.

La *Colegiata San-Salvador*, ancienne mosquée, fut reconstruite en 1669, dans le style de Churriguere ; elle a un *San Cristobal*, de Montañes ; un Crucifix miraculeux, *el Cristo de los Desemparados*, orné d'un très-grand nombre de peintures et de tablettes votives.

L'église de *San-Vicente* date de l'an 300 ; saint Isidore y mourut en 636. A l'extérieur on a peint le saint avec ses attributs ordinaires ; dans l'intérieur, on remarque un *Christ*, par Morales, et plusieurs autres grandes toiles, par Francisco de Varela.

San-Julian possède une fresque représentant *Saint Christophe*, par Juan Sanctis de Castro, de 1484, mais elle a été odieusement retouchée en 1828. Vers la gauche, sous des volets, se trouve une *Sainte Famille*, du même maître, qui heureusement a échappé au pinceau barbare des restaurateurs ; c'est une des plus anciennes peintures de Séville. Remarquez les *rejas*, faites des chaînes offertes à la Sainte-Vierge par des captifs délivrés par son intercession. La *Concepcion* qui orne l'autel, est attribuée à Cano. Le retable *plateresque* est orné d'une belle peinture représentant *Santa Lucia*, protectrice de la vue.

Dans *San-Martin* on voit une *Descente de croix*, attribuée à Cano, mais qui porte l'inscription suivante : *Jo Guy. Romo, f. año* 1608. La chapelle de Juan Sanchez Gallego, construite en 1500 et réparée en 1614, mérite l'attention. Le retable contient quelques peintures d'Herrera le vieux.

Les admirateurs de Roelas n'oublieront pas, en visitant *la Academia,* une *Concepcion* de ce peintre, digne du Guide ; ils pourront aussi faire une excursion à *Olivares,* à 4 l. N.-O. de Séville ; ils y trouveront, entre autres toiles de cet artiste, qui était chanoine de cette église, une *Naissance du Christ,* très-endommagée ; une *Adoration ;* une *Annonciation ;* un *Mariage de la Vierge ;* la *Mort de saint Joseph.* Ces tableaux, bien que les derniers ouvrages de ce peintre, ne sont pas ses meilleurs. Roelas mourut dans cette ville en 1625.

PETITE PROMENADE DANS SÉVILLE. La *calle de la Sierpe* conduit à la *plaza del Duque,* où les grands ducs de Médina-Sidonia avaient leur palais. Cette place centrale est bien plantée : c'est la promenade à la mode pendant les soirées d'été.

De cette place, prenez par l'église de *San-Vicente,* pour atteindre la *Alameda-Vieja,* l'ancienne promenade, peu fréquentée aujourd'hui. C'est là que résident les marchands de chevaux, les jockeys et les marchands de bestiaux. C'est là aussi qu'a lieu la grande fête de la Saint-Jean, digne de la curiosité du voyageur.

A gauche de la fontaine se trouve une caserne à demi ruinée, qu'habitent de pauvres invalides ; ce fut d'abord un couvent de Jésuites, ensuite elle passa à l'Inquisition.

En tournant à droite, est la *Feria,* où se tient tous les jeudis une foire, qu'il ne faut pas oublier de visiter. La rue conduit à la *plaza de la Encarnacion,* maintenant place du Marché ; là le naturaliste pourra étudier les diverses productions du pays : poissons, fruits, gibier, volaille, etc. Le poisson, le gibier et le porc sont excellents à Séville.

Dans la *calle del Candillejo* se voit un buste de don Pedro à l'endroit, dit-on, où ce prince poignarda un homme. Le *Rey justiciero* ordonna que le meurtrier fût écartelé en effigie seulement.

Santa-Paula possède un portail original couvert d'*azu-*

ROUTE 103.—D'ECIJA A SÉVILLE.

lejos du temps des rois catholiques; les sculptures de la chapelle sont par Cano; les tableaux ont disparu pendant la guerre de l'Empire. Ce temple renferme les sépulcres de ses fondateurs, Juan, connétable de Portugal, et Isabelle, sa femme.

La *Cuna*, ou hospice des Enfants trouvés, est dans *la calle de la Cuna*; un petit guichet, *el torno* (tour), percé dans le mur, s'ouvre dès qu'on frappe, pour recevoir les innocentes créatures; une nourrice, qui veille là toutes les nuits, les recueille pour leur prodiguer les premiers soins. Ce pieux asile, patroné par des dames charitables, est admirablement tenu par des sœurs.

Séville est entourée de faubourgs; sa ceinture de murs mauresques contient des objets d'un haut intérêt. Au delà de la *Puerta Real*, par laquelle saint Ferdinand fit son entrée triomphale, nous franchissons une petite dépression du sol et, prenant sur la droite, nous trouvons le *colegio de Merced* ou, comme on l'appelle aussi, *San-Laureano*, servant maintenant de prison pour les galériens. Derrière se trouve la maison de Fernando, fils de Christophe Colomb. Ce faubourg s'appelle *los Tumeros*, et on suppose que c'était l'emplacement de l'Arsenal maritime des Romains; il est habité par des bohémiens et des saltimbanques ayant un langage, une physionomie et des costumes à part.

Tournant à droite entre les bords de la rivière et les murailles, on voit le *Patin de las Damas* (petit cours des dames): c'est une promenade élevée et bien plantée, construite en 1773. De ce côté, la ville est très-exposée aux inondations. En face, dans un bocage d'orangers, se trouvent les ruines de *la Cartuja*, ancien couvent de Chartreux; plus loin s'élèvent les tours d'Italica et les cimes pourprées de la *Sierra Morena*; au-delà de la porte de San-Juan, on trouve *la Barqueta* ou bac, où les amateurs de poisson traversent le fleuve pour aller manger dans *les Chosas* (cabanes) d'excellents esturgeons, aloses, etc. Les murailles inclinent alors vers la droite. A un quart de lieue plus loin s'élève *la Buena Vista*, ancien couvent d'hiéronymites, ainsi appelé de sa belle situation : il fut bâti sur les plans de deux moines, Bartolomé de Calzadilla et Filipe de Moron, en 1603. Son patio est un beau morceau.

C'est maintenant une fabrique de verres. En revenant par les jardins bordés de haies d'aloès et de roseaux au doux murmure, vous arrivez à *San-Lazaro*, *hôpital des Lépreux*, fondé en 1284; la façade, d'ordre dorique, a des ornements en terre cuite. L'intérieur offre au voyageur tout un résumé des infirmités humaines. De là une chaussée mauresque vous conduit à *la Macarena*, grand hôpital s'élevant sur la droite; nous sommes alors dans le faubourg des pauvres et des journaliers; leurs vêtements, bigarrés de pièces en lambeaux, et leurs enfants nus ressemblant à des Cupidons de bronze, leurs charrettes, leurs instruments de labour et leurs animaux domestiques, forment des scènes où Murillo recueillait souvent des inspirations.

En prenant à gauche, nous apercevons le vaste hôpital de *la Sangre* ou de *las Cinco Llagas;* les cinq plaies de Notre Seigneur, sculptées à l'extérieur, ressemblent à des grappes de raisin. Cet hôpital fut érigé en 1546 par Martin de Gaïnza et Herman Ruiz. L'exécution fut loin de réaliser le vœu de la fondatrice Catalina de Ribera; l'édifice, encore inachevé, est en général massif; pourtant, la principale façade, qui a 600 pieds de long, est un beau morceau d'architecture ionique. Le *patio* a de la majesté : au centre s'élève la belle chapelle dont la façade est ornée de médaillons sculptés, représentant la Foi, l'Espérance et la Charité, par Pedro Machuca. Sa forme est celle d'une croix latine avec des piliers ioniques; le retable du maître-autel fut dessiné par Maeda en 1600 et doré par Alonso de Vasquez; les peintures ont beaucoup souffert. La *Crucifixion*, par Zurbaran, est peu digne de ce maître.

Nous revenons aux murs, où nous trouvons la *Barbacana*, en arabe *Bab-el-Cana*, la porte du Mont; toute la ligne de circonvallation, jusqu'à la porte d'*Osario*, est admirablement conservée; elle est construite en torchis avec des tours carrées et des créneaux. En face de l'Ermitage de *San-Hermenigildo*, où Herrera el Viejo fut emprisonné, s'élève le couvent des *Capucins*, qui posséda longtemps les Murillo que nous avons admirés au Musée; près de là *puerta del Sol* se trouvent *los Trinitarios Descalzas*, construits sur le site du palais de Diogenianus, où les patronnes de Séville, les saintes Justina et Rufina, furent mises à mort. En passant le long de la fantastique *Salitres*, manufacture de salpêtre, à la porte de Carmona, la scène devient plus animée. Vers la gauche, on trouve *Saint-Augustin*, couvent jadis rempli de Murillos, dont les meilleurs disparurent pendant la guerre, et les autres furent détruits, ainsi que les tombeaux de la famille Ponce de Léon, mais ceux-ci ont été restaurés en 1848; maintenant, ce couvent sert de prison aux galériens. Ce côté de Séville souffrit un peu du bombardement de juin 1843.

Bientôt nous apercevons la longue et pittoresque ligne de l'aqueduc, *los caños de Carmona*, qui court devant nous jusqu'à la *Humilladero* ou *Cruz del Campo*; ici, une scène curieuse et pittoresque au mois d'avril, c'est le retour des *Majos* de la foire de *Mairena*. La porte suivante est celle de la *Carne*, ainsi appelée parce qu'elle conduit aux boucheries. A gauche se trouve le curieux faubourg de *San-Bernardo*; de là, une promenade bien plantée conduit à *la Fundicion*, fonderie de canons, construite par Charles III. Le maréchal Victor y fit fondre les énormes pièces destinées au siège de Cadix. C'est aussi dans ce faubourg qu'était la célèbre *porta de Celi*, bâtie en 1450.

L'église de *San-Bernardo* renferme un beau *Jugement dernier* par Herrera el Viejo; une *Cène*, par Varelo, de 1622, et une statue de saint, par Montañes. C'est aussi dans ce quartier qu'est l'abattoir, et, tout près, l'école de *Tauromachie* fondée par Ferdinand VII. Les portes de *Carmona* et de la *Carne* sont le rendez-vous des oisifs, des filous et des industriels de bas étage; il y a là des scènes curieuses et pittoresques. Un autre spectacle d'un haut intérêt, c'est la vente des agneaux de Pâques, qui a lieu le Samedi-Saint près de *la plaza de la Carne*. De retour aux murailles, nous visitons les casernes de cavalerie. Souvent on n'y trouve ni chevaux ni selles. Vers la droite, à travers les crénelures de murailles, l'Alcazar s'élève majestueusement devant nous; ensuite nous gagnons la porte classique de *San-Fernando*, érigée en 1760; ce fut par cette porte que la Vierge introduisit miraculeusement saint Ferdinand dans Séville.

Sur la gauche se trouve la *Fabrica de Tabacos*, vaste

édifice quadrangulaire, contenant 28 *patios* et ayant 669 pieds de long sur 524 de large ; il fut construit dans un mauvais goût, en 1757, par un Hollandais nommé Vandembeer. Cette manufacture occupe jusqu'à huit mille personnes, surtout des femmes, à faire des cigares : une bonne ouvrière peut en faire dans un jour dix à douze paquets, contenant chacun 50 cigares, mais souvent leurs langues sont plus occupées que leurs doigts. Ces *cigarreras* comptent parmi les *lionnes* de Séville, et, comme les grisettes de Paris, elles forment une classe à part.

Cette plaine unie qui s'étend dehors des murailles, *el Prado de San-Sebastian*, était autrefois le *Quemadero*, ou lieu des autos-da-fé de l'inquisition ; une espèce de plate-forme carrée indique encore la place du bûcher.

Près le *Quemadero* se trouve le couvent supprimé des Jésuites, donné en 1784 à l'Anglais Wetherell, qui y avait établi une tannerie et des machines à vapeur qui ne réussirent pas.

De l'autre côté de la plaine est le vaste cimetière de la ville, appelé *San-Sebastian*. Dans ce champ de repos, on peut acquérir un caveau pour 6 ou 7 ans, et renouveler le bail indéfiniment. Les pauvres, comme à Paris, sont déposés dans une grande fosse commune ; mais la plupart du temps on les dépouille des haillons qui les couvrent et on les met en terre tout nus. Le jour de la Toussaint et le jour des Morts, tous les habitants de la ville s'y portent en foule.

Rentrés à Séville par la *puerta de Xerez*, une scène bien différente s'offre à nous ; ici tout est vie, tout est fleurs ! la nouvelle promenade que nous parcourons fut plantée en l'honneur de Christine, la jeune épouse alors de Ferdinand VII ; ce qu'on appelle *el Salon* est une espèce de rond-point élevé, entouré de bancs de pierre. Ce lieu est la promenade favorite du beau monde. Un peu au-delà, le long du fleuve, sont *las Delicias*, endroit charmant, ainsi que le le jardin botanique.

A une des extrémités de la promenade se trouve le Collége nautique de *San-Telmo*, le patron des matelots espagnols ; il fut fondé en 1682 par Fernando, fils de Christophe Colomb, et construit par Antonio Rodriguez.

La *puerta de Xeres* est de construction mauresque, bien qu'attribuée à Hercule.

Près de l'Alcazar est la tour appelée *del Oro*, qui n'a de brillant que son nom et les rayons du soleil qui la dorent.

En poursuivant, nous trouvons la *Aduana* (Douane), maintenant déserte et plus que suffisante pour cette cité déchue.

Tout proche se trouve le *Marazanas*, ou arsenal, fondé par Alonso el Sabio, comme l'indique l'inscription qui se voit encore incrustée dans le mur près de la *Caridad*. On y remarque les *azulejos* bleus dont Murillo, dit-on, fit les dessins.

Tout près s'élève l'arsenal moderne. Il est tout désorganisé, et mérite à peine d'être visité.

A la suite de l'Arsenal est le quartier des marchands de *bacalao*, morue salée, que son odeur vous annonce de loin. Cet article est une branche importante de commerce dans un pays où il y a tant de corporations religieuses, tant de jours de maigre, où le poisson d'eau douce est rare, et celui de mer presqu'inconnu.

Visitons maintenant l'héraldique porte *del Arenal*; l'esplanade qui se trouve devant elle s'appelle *Carrateria*, parce que c'est le rendez-vous des charrettes et des charretiers. Visitons aussi *el Baratillo*, foire à la friperie, aux provisions pour la marine et aux objets volés; non loin est la *plaza de Toros*, bel amphithéâtre inachevé, principalement du côté de la cathédrale. Cette plaza est sous la direction de la *Maestranza* (espèce d'école militaire) de Séville, dont l'uniforme est écarlate.

Le voyageur amateur de tauromachies pourra, la veille du spectacle, aller à *Cablada*, pour visiter les taureaux destinés au combat; il faut qu'il arrive de bonne heure et tâche de se procurer un *boletin de sombra* dans un *balcon de piedra*, c'est-à-dire une bonne place à l'ombre.

Nous nous dirigeons ensuite vers les bords du fleuve, où se fait un commerce assez actif en fruits, nattes et divers autres articles apportés dans des barques; là, le fleuve était traversé par un ancien pont de bateaux de 1171, qui a été récemment remplacé par un pont suspendu.

El Triunfo, monument commun en Espagne, fut élevé

en mémoire du triomphe obtenu par les partisans de l'immaculée Conception. La porte d'ordre dorique que nous voyons, et qui conduit dans la ville, s'appelle la *puerta de Triana*, comme faisant face à ce faubourg; elle fut construite en 1588 et est attribuée à Herrera. Dans la plaine qui se trouve au-delà était autrefois *el Parneo*, ou marché aux petits cochons; depuis, on l'a reporté derrière *San-Agustin*, et la place forme maintenant une belle esplanade.—Nous rentrons dans la ville par la *puerta Real*.

Il nous reste à faire une petite excursion très-intéressante sur la rive droite du Guadalquivir, au faubourg *Triana*, résidence classique des bohémiens, jongleurs, toréadors, contrebandiers, voleurs et autres drôles, aux costumes et aux physionomies des plus pittoresques; à droite, en traversant le pont, on voit quelques restes de l'ancien château mauresque, jadis formidable, et qui fut la première résidence de l'inquisition. Un marché occupe la place de ses ruines.

L'église paroissiale de ce faubourg, *Santa-Ana*, fut bâtie par Alonso le Sage, en 1276; *la Vierge* qui orne le maître-autel est une *Virgen aparecida*, ou image révélée, qu'on sort dans toutes les calamités publiques, mais qui ne traverse jamais le fleuve; le *trascoro* est orné d'une Vierge curieuse, peinte par Alejo Fernandez; dans le retable, du genre platéresque, on voit un *Saint George*, digne de Giorgione. Les statues et les bas-reliefs sont de Pedro Delgado.—Tout près est l'église de *Nuestra Señora de O*. On fabrique encore dans ce faubourg, comme du temps des saintes Justina et Rufina, une grande quantité d'*azulejos* grossiers et de la poterie de terre (*loza*).—Les *Narranjales* sont de magnifiques jardins d'orangers. La principale rue, appelée *Castilla*, est habitée par les fabricants de savon.

Un peu à droite de Triana, sur la rive du fleuve, s'élève le couvent de *la Cartuja*, dédié à *Nuestra-Señora de las Cuevas*, commencé en 1400, par l'archevêque B. Mena, et terminé par Pier Afan de Ribera; il devint un Muséum de peinture, de sculpture et d'architecture religieuses; mais tout a disparu : les bâtiments servent maintenant à une manufacture de poterie; cependant l'honorable Anglais qui en est le propriétaire a conservé la chapelle, dont la façade est ornée d'une belle fenêtre à rosace ; dans le jardin, planté de beaux orangers, se voit une inscription gothique du temps d'Hermenigildo.

En suivant les bords d'un petit cours d'eau, nous atteignons le misérable village de *Santi-Ponce*, l'ancienne *Italica*, où naquirent les empereurs Trajan, Adrien et Théodose ; elle fut fondée par Scipion-l'Africain, 547 ans avant J.-C., et ornée de somptueux édifices par Adrien ; mais le fleuve ayant changé son lit, cette cité fut abandonnée pour Séville, qui en employa les débris à ses édifices. On découvre encore journellement dans ces ruines des monnaies de cuivre et d'argent que les paysans vendent aux étrangers après les avoir nettoyées. En 1799 on y découvrit une belle mosaïque, qui fut sauvée de la destruction par un moine, et dont il existe une copie à la bibliothèque de la cathédrale, dans le *patio de los Naranjos*.

L'amphithéâtre, situé hors de l'ancienne cité, sur la route, montre encore quelques débris parmi des herbes et des bocages d'oliviers ; on peut distinguer sa forme et ses siéges brisés ; la scène, triste et solitaire, n'est plus animée que par quelques bohémiens et par de brillants lézards qu'effarouchent les pas du voyageur.

Vers l'O., on trouve quelques voûtes en briques appelées *la Casa de Baños*, anciens réservoirs de l'aqueduc d'Adrien ; Guzman *el Bueno* y fonda le couvent fortifié de *San-Isidoro* : c'était le lieu de sépulture de sa famille ; mais ce saint édifice fut saccagé pendant la guerre ; il sert maintenant de prison. Cependant, la chapelle a été conservée et sert d'église au village. On y remarque les statues de san Isidoro et de san Jeronimo, ainsi que le tombeau de Guzman et de sa femme. Doña Uraca Osorio y repose aussi ; avec sa suivante à ses pieds ; elle fut brûlée vive pour avoir repoussé les propositions de Pedro-le-Cruel. Les flammes avaient déjà dévoré ses vêtements ; une partie de son chaste corps étant exposée aux regards du public, son héroïque suivante s'élança au milieu du feu, et mourut pour cacher la nudité de son infortunée maîtresse.

La Feria de Santi-Ponce répond à la foire de Saint-Cloud, près Paris. Une grande affluence d'élégants y étalent la splendeur de leurs costumes andaloux. Leur rentrée en ville offre le soir un coup-d'œil original et pittoresque,

On peut rentrer à Séville par plusieurs routes, en suivant la pente des montagnes ; sur une des sommités, à droite, on trouve *Castileje de la Cuesta*, d'où l'on jouit d'une belle et vaste vue. C'est là que mourut Fernand Cortez, en 1547, âgé de 63 ans, victime, comme Ximenez, Colomb, Gonzalo de Cordova et autres, de l'ingratitude de son roi et de son pays.

En suivant la montagne *Chaboya*, à droite, nous trouvons de vieux murs en ruines qui couronnent les hauteurs : ce sont les restes de la *Julia Constantia* des Romains, la *Osset* des Goths. Nombre de miracles s'y firent pendant la persécution d'Adrien. La chapelle a un retable orné de peintures par Castillo, qui se trouvaient originairement dans *San-Juan de la Palma*. Du parapet du couvent, le panorama de Séville est charmant.

Sur le bord opposé du fleuve, est le joli *Naranjal*, ou bocage d'orangers de la maison de Beck, qui mérite la peine d'être visité.

Le village situé à la base du mont Alfarache, auquel conduit une promenade agréable, est fréquenté les jours de fêtes par les Sévillans qui aiment à se régaler à bon marché. Le voyageur qui a lu le *Guzman d'Alfarache* y retrouve encore les détails si bien décrits par Le Sage.

En redescendant leur fleuve, nous trouvons *Gelves* (Gelduba), village qui donne leur titre de comte aux descendants de Christophe Colomb ; les sépultures sont très-négligées.

FERMES D'OLIVIERS. Les olives et l'huile de la Bétique, si renommées dans l'antiquité, forment encore aujourd'hui une riche branche des produits de l'Andalousie. La contrée située entre Séville et Alcala est une des plus riches de l'Espagne.

Notre première visite sera pour *San-Bartolomé*, ferme appartenant à la famille Paterno. C'est un établissement de premier ordre dans ce genre ; il contient environ 20,000 pieds d'arbres donnant chacun de deux à trois boisseaux d'olives, dont le produit total peut monter à 5,000 arrobas environ (l'*arrobas* égale, nombre rond, 12,000 kilog.); le prix de l'*arrobas* varie de 2 à 5 dollars.

C'est dans l'automne qu'on récolte les olives, quand elles commencent à devenir rougeâtres et brillantes ; le paysan, vêtu de peaux de mouton, monte sur les arbres et abat les fruits, ses enfants les ramassent, et sa femme et ses sœurs les chargent sur de petits chevaux et les conduisent au pressoir. Ces scènes sont très-pittoresques.

De Séville, une grande route conduit à *Badajoz*, par Zafra ; à *Trujillo*, par Zafra et Mérida ; à *Madrid*, par Ecija, Cordoue, Andujar, Manzanarès et Aranjuez ; à *Malaga*, par Osuna, et à *Cadix*, par Xerez. On trouve des voitures sur ces diverses routes.

ROUTE 104.

D'ECIJA A CADIX.

Par **Alcala de Guadaira** et **Jerez de la Frontera**,
35 l. 1/4.

D'Ecija à Alcala (*V.* route précédente).	13 l. 1/4	
Utrera.	3	
Jerez ou Xeres.	11	
Puerto de Santa-Maria.	2	1/4
Puerto Real.	1	3/4
San-Fernando.	2	
CADIX.	2	

A la sortie d'Ecija, on traverse la rivière de ce nom sur un pont ; le pays n'offre aucun intérêt jusqu'à

UTRERA (*Utricula*), ville de 6,600 hab., province de Séville et chef-lieu de partido, située dans une jolie vallée ; elle possède deux églises paroissiales, tribunal de première instance, plusieurs hôpitaux, administration de courriers et de loterie. Ses habitants sont presque tous de riches fermiers; leurs terres sont fertiles en blé, huile, fruits et vins; ils élèvent aussi de nombreux troupeaux de moutons et des taureaux renommés pour les combats. Les rues et les promenades sont très-propres, et un grand nombre de limpides fontaines y entretiennent la fraîcheur. Utrera, comme poste militaire, a une certaine importance ; on y trouve un vieux château en ruine ; la principale église a un portail du style de Berruguete. Une Vierge, qui se trouve au *Convente de Minimos*, situé hors la ville, est le palladium des laboureurs.

En quittant Utrera, la route incline vers le S.-O., parcourt une contrée triste, mais bien fournie de ponts sur lesquels on traverse de nombreux cours d'eau descendant des montagnes qui sont sur la gauche ; on passe par la maison de poste de *Torrez de Alocaz*, les ventas de *San-Antonio* et *del Olivar*, et la casa de poste *del Cuervo*. Ensuite le pays est couvert de belles plantations d'orangers, qui nous conduisent dans la cité de

XEREZ ou JEREZ DE LA FRONTERA (car c'est maintenant la mode d'écrire par un *J* tous ces sons gutturaux, mauresques ou allemands). Cette cité, de 31,000 hab., est située au centre de collines couvertes de vignobles qui donnent ce fameux vin de *Xerez*.—Les auberges y sont en général mauvaises ; celle de *San-Dionisio*, qui n'est que passable, est située sur la Plaza. Les *caleseros* et *arrieros* descendent ordinairement à la *Posada de Consolacion*, calle Larga ; le *parador* de la diligence est meilleur. Pour séjourner à Xérez, on trouve un logement décent chez *Doña Maria de Leon*, calle Lanceria, et chez *Josefa Gonzalez*, n° 72, plaza de Casa Vargas. Mais les forts marchands de vins sont si hospitaliers qu'ils laissent rarement aller à l'auberge l'étranger qui leur est recommandé. Xérez appartient au commandement militaire, à la province et à l'évêché de Cadix ; il est chef-lieu du partido de son nom, et renferme plusieurs églises paroissiales, une collégiale, plusieurs couvents et hospices. Quelques auteurs prétendent que c'est l'ancienne *Asta regia Cæsariana*.

Xerez est une vaste ville mauresque, mal bâtie, mal arrosée, et où l'on trouve encore quelques sculptures antiques mutilées et une partie des murailles et des portes de la vieille ville ; les faubourgs, plus réguliers et mieux bâtis, sont la résidence des riches marchands de vins. Alonso-le-Sage l'arracha aux Maures en 1264. L'*Alcazar* mauresque, situé près de la promenade publique, est un

ROUTE 104.—D'ECIJA A CADIX.

édifice bien conservé et un bon spécimen de ces anciens manoirs entourés de murailles et de tourelles; il appartient au duc de San-Lorenzo, à condition de le céder au roi quand il se trouve à Xérez. Les *casas de Cabildo*, bâties en 1575, ont une belle façade, ainsi que les églises de Santiago et de San-Miguel; on admire principalement les détails gothiques de cette dernière. La *Colegiata* est d'un mauvais style; elle possède quelques livres et des monnaies anciennes. Xerez, comme Séville, a ses *majos* (forts-à-bras), mais ils sont moins policés : c'est aux foires très-fréquentées du 1er mai et du 15 août que vous voyez ces fiers matamores briller de tout leur éclat. La plaza de Toros, nouvellement construite, est le théâtre de leurs périlleux et sanglants exploits. On les cite également comme d'excellents chasseurs.

La récolte du vin se monte annuellement à 500,000 arrobas environ (mesure arabe d'environ 16 litres). Ce vin, que les Anglais appellent *sherry or seck*, est véritablement un vin étranger, fait et bu par des étrangers; sa force et surtout son prix élevé l'empêchent d'être consommé en Espagne, où on le boit comme une liqueur. Celui de première qualité, qu'on appelle *vino seco*, *fino*, *oloroso y generoso*, coûte sur les lieux jusqu'à un demi-dollar la bouteille. Le pur et vieux sherry de 10 à 12 ans vaut de 12 à 18,000 fr. la *bota*, botte (504 litres de France), pris sur les lieux. L'excellence du xérez est due au soin extrême et aux procédés savants de vinification introduits par ses propriétaires, qui sont en général Français et Ecossais; le nombre des commerçants en vins y est considérable, et une des principales curiosités de Xerez est le *bodegas* ou caves au vin, dont on admire la propreté et la fraîcheur.

N'oublions pas de visiter l'ancien couvent des Chartreux (Cartuja), situé à une demi-lieue de la ville, à l'E. Cet édifice, jadis magnifique, contenait les meilleurs tableaux de Zurbaran; on les voit maintenant au Louvre. Le monastère fut fondé en 1477 par Alvaro Obertos de Valeta; il était très riche en vignobles et possédait un célèbre haras de chevaux andaloux. Au-dessous de la *Cartuja* coule la Guadalete, avec un port où l'on embarque les vins pour *el Puerto*.

De Xérez, une *calesa* conduit pour un dollar à *el Puerto de Santa-Maria*; d'*el Puerto*, on peut aller à Cadix par le steamer ou par la route de terre.

Peu après Xérez, la route gravit une chaîne de montagnes couronnée par un plateau appelé à juste titre *la Buenavista*; de là, en effet, le regard embrasse le magnifique panorama de Cadix et de sa baie. Dans la plaine suivante, nous atteignons

PUERTO DE SANTA-MARIA, ville de 17,600 hab., située sur le penchant d'une riante colline, dont le rio Guadalete arrose la base; elle contient une église paroissiale et une annexe, un tribunal de première instance, six ermitages, une maison de charité, un hospice d'enfants trouvés, une douane, un vieux château, plusieurs posadas et cafés, un théâtre, une *plaza de toros*. On y compte 60 rues; les maisons sont, en général, bien bâties; celle appelée *Larga* est magnifique, tant pour son étendue que pour la beauté de ses édifices. Les nouvelles plazas sont également jolies; sur le quai se trouve la station des bateaux à vapeur qui font le service entre cette ville et Cadix; cette voie est la plus courte et la plus suivie aujourd'hui.

En quittant Puerto de Santa-Maria, la route détourne à gauche et longe la baie de Cadix jusqu'à

PUERTO-REAL, ville de 5,000 hab., presque tous pauvres et pêcheurs, située à la tête du Trocadéro et sur une petite baie; elle fut fondée en 1488 par Isabelle. C'est une ville monotone, avec des rues parallèles et coupées à angles droits; elle était le quartier-général du maréchal Victor pendant le siége de Cadix par les Français. A l'opposé de cette ville est le canal *Santi* ou *Petri*, qui sépare l'Ile de Léon du continent et près de laquelle s'élève *la Carraca*, une des principales stations navales de l'Espagne; Charles III l'avait fondée pour en faire la rivale de Portsmouth; mais hélas! toute sa splendeur a disparu; ses chantiers, jadis si animés, sont solitaires et silencieux; les bâtiments, dégradés, n'abritent que de pauvres artisans, quelques employés mal payés et de hideux galériens.

Continuant notre marche, nous arrivons à la rivière

Santi-Petri, qui est très-profonde et défendue à son embouchure par un château-fort construit sur un roc escarpé, jadis emplacement du temple célèbre d'Hercule, dont les débris servirent, comme de coutume, à la construction des maisons particulières. La route traverse la rivière ou canal sur le *Puente Zuazo;* nous sommes alors dans la *Isla de Leon.* Les fondations de cet ancien édifice sont romaines, il fut construit par Balbus comme pont et aqueduc qui amenait l'eau de Tempul, près Xerez, à Cadix ; l'un et l'autre furent détruits par les Maures. La tour que nous voyons fut élevée par Alonso el Sabio, qui aurait mieux fait de rétablir l'aqueduc, comme l'alcalde Sanchez de Zuazo avait rétabli au XVe siècle le pont qui porte son nom.

La *Isla de Leon* est appelée ainsi parce qu'elle fut cédée en 1450 à la famille Ponce de Léon ; elle revint à la Couronne en 1484.

En suivant la courbe que décrit la route, ayant vue sur la mer à droite et à gauche, nous gagnons

SAN-FERNANDO, ville de 18,100 hab., capitale de l'île de Léon, province de Cadix, et chef-lieu du partido de son nom ; cette ville déchue est encore assez étendue et d'un aspect original et gai ; elle possède deux églises paroissiales, plusieurs couvents supprimés, une administration de la marine, un observatoire, deux hôpitaux, l'un civil et l'autre militaire, ainsi que diverses autres administrations. Les deux plus belles rues sont la calle Real et celle del Rosario. Un peu au-dessous de la ville se trouvent *les salinas*, marais salants qui présentent des piles coniques de sel d'un éclat éblouissant aux rayons du soleil. On y trouve une grande quantité de crabes, dont les pattes sont un morceau recherché des gourmets.

Après avoir passé la *Torregorda*, la *Calzada*, route étroite et poudreuse, mais animée, nous suivons l'isthme jusqu'à

CADIX, où nous entrons par la Porte de Terre, la *Puerta de Tierra.* Les murailles et les ouvrages de défense sont dans un si triste état, qu'une poignée d'hommes déterminés et hardis s'en emparerait aisément.

HÔTELLERIES.—*Posada inglesa*, n° 342, Alameda, très-bien tenue par M. Ximenez, Maltais, homme fort poli; il parle anglais et connaît très-bien Cadix; *l'auberge Wall*, qui était n° 161, *calle San-Servando*, maintenant tenue par Vazquez; elle est bonne, et le prix est de 30 réaux par jour; on trouve des *Posadas* françaises, *calle de la Carne*, n° 3, et *calle de Riego*, moins chères que les anglaises; la table d'hôte, à l'hôtel de l'Europe, est bien servie; c'est le rendez-vous des commis-voyageurs étrangers. La *casa de pupilos* (pension bourgeoise), dans la calle de *San-Alejandro*, tenue par Mme Stanley, est fort bonne et très-convenable pour des dames et des familles particulières.—Parmi les auberges de second ordre, nous indiquerons *le Caballo Blanco*, n° 176, calle del Hondillo, et dans la même rue, n° 165, *la Coronas los tres Reyes*, n° 183, calle Flamencos; parmi les pensions bourgeoises, celles de la Plaza San-Agustin, n° 104; celle de *las Sras Sanquirico*, calle del Vestuario, et une autre dans la calle del Conde Mauli, Plaza de Candelaria. On trouve des bains dans les calle de la Cereria et de Mornal, et au n° 9, Plaza de Mina, avec un logement décent et une bonne table.— *Librairie et cartes géographiques* : Moralejo, n° 204, plaza de San-Agustin ; mantilles de dames, chez *Villalba*, calle del Sacramento, ou chez *Luis de la Orden*, ou encore chez Filipinas, calle Juan de Andas; ouvrages en filigrane d'argent, chez *Sibellos*, calle de San-Francisco et calle Ancha; le meilleur tailleur est *M. Sore de Arcos*, calle Ancha; la modiste la plus renommée est Mme *Laurench*, calle Santa-Ursula; pour les gants espagnols, qui sont excellents, surtout ceux de chevreau blanc, à *el Sol* et à *el Indio*, calle Ancha; pour les souliers de femme, qui sont très-bons et à très-bon marché, allez chez *Gomez*, Plaza de la Constitution, ou à *el Madrileño*, calle Ancha; les meilleurs cordonniers pour hommes sont *MM. Bravo, Florez* et *el Madrileno*. Cadix est renommée pour ses *dulces*, sucreries dont les Espagnols, surtout les femmes, sont très-friands, au détriment de leur estomac et de leur teint.

On trouve aussi à Cadix un bon club, appelé *el Casino*, où les étrangers sont admis, sur recommandation, comme

ROUTE 104.—D'ECIJA A CADIX.

membres libres pendant un mois ; s'ils restent plus longtemps, ils peuvent se faire élire comme membres temporaires en payant 3 dollars par mois ; on y trouve des journaux français, espagnols et anglais.

Cadix est également célèbre pour ses guitares ; celles de Juan Pajez et son fils Joseph jouissent d'une haute réputation. On y fabrique aussi d'excellentes *esteras*, nattes de roseaux entrelacés, formant des dessins tout-à-fait orientaux ; elles servent de tapis, sont fort propres, et coûtent peu cher. Dans ces manufactures, les ouvriers travaillent accroupis par terre, exactement comme faisaient les Egyptiens il y a 3,000 ans.

CADIX, bien qu'une des plus anciennes villes de l'Europe, offre l'aspect d'une cité nouvelle ; elle est bien bâtie, ses rues sont bien pavées et bien éclairées : les Espagnols la comparent à une *taza de plata* (plat d'argent) ; elle s'élève à l'extrémité N. d'une presqu'île rocheuse haute de dix à cinquante pieds au-dessus de la mer qui l'entoure. Elle fut fondée 347 ans avant Rome et 1,100 ans avant J.-C. par les Phéniciens, qui la nommèrent *Gaddir*, nom dont les Romains firent *Gades*. La fondation de Constantinople porta un coup mortel à sa prospérité ainsi qu'à celle de Rome ; vinrent ensuite les Goths, qui achevèrent sa ruine, et, lorsque *Alonso el Sabio* l'arracha aux Maures, en 1262, son existence était presque mise en doute par Urbain IV. La découverte du Nouveau-Monde ranima sa prospérité ; mais la perte des colonies l'a ruinée une seconde fois. Au lieu de 100,000 hab. qu'elle avait autrefois, elle n'en compte plus que 59,000. Comme toutes les places fortes, Cadix souffrit beaucoup des guerres maritimes de la France et de l'Angleterre. Sa situation en a fait l'asile des diverses *juntes* nées des révolutions modernes : la dernière de ces assemblées se rendit sans résistance, en 1823, à l'armée française sous les ordres du duc d'Angoulême.

Cadix, ville purement commerciale, n'offre aucun intérêt pour les artistes et les gens du monde : l'appauvrissement général et l'esprit mercantile y rendent la société peu attrayante ; les femmes, cependant, sont charmantes, la beauté de leurs formes et la grâce de leurs manières sont vraiment séduisantes.

Comme résidence, Cadix n'est qu'une prison maritime ; l'eau y est mauvaise, et le climat, pendant le *solano* (vent d'E.) qui est son *sirocco*, est détestable.

En fait de richesses d'art, le nouveau *Museo* contient de 50 à 60 toiles de second ordre, avec quelques centaines de volumes et autres peintures, laissées sur les planchers, en proie aux vers et à l'humidité. Les seuls morceaux dignes d'attention sont : de Zurbaran, le *San Bruno; huit Moines*, figures plus petites que nature, provenant de la Cartuja de Xerez ; *deux Anges*, dito, et six autres plus petits ; les *quatre Evangélistes, San Lorenzo* et *Saint Jean Baptiste*; une *Vierge de la Faja*, copie d'après Murillo, par Tobar; un *San Agustin*, par L. Giordano ; un *San Miguel et l'esprit malin*, et l'*Ange gardien* ; mais l'orgueil des habitants de Cadix, c'est le *Jugement dernier*, qui n'est qu'une faible imitation de Nicolas Poussin.

Cadix, ville de garnison et place très-forte, est le siége d'un évêché, suffragant de Séville, et la résidence des autorités civiles et militaires de la province de son nom. On y trouve une nouvelle et belle *Plaza de Toros* et deux théâtres ; dans le plus vaste, *el Principal*, on joue des opéras pendant l'hiver ; et dans le second, *el del Balon*, on donne de petites pièces et des ballets nationaux très-aimés du peuple. Pour jouir d'une belle vue de Cadix, il faut monter sur la *Torre de la Vigia;* la cité étale à vos regards ses édifices blancs, ses *miradores* (belvédères), et ses *azoteas* (plates-formes), ses tours, ses toits plats, d'où les marchands signalaient jadis l'arrivée de leurs galions. Cadix possède deux cathédrales situées l'une près de l'autre. La plus ancienne, *la Vieja*, fut construite en 1597, mais son manque de noblesse décida les habitants, en 1720, à en élever une nouvelle, appelée *la Nueva* ; édifice de mauvais goût ; les travaux, interrompus en 1769, ont été repris avec des corrections, et l'église est enfin terminée.

Les remparts qui bordent la mer ont près d'une lieue et demie de développement et sont très-remarquables, ainsi que les batteries et les rochers élevés qui complètent la défense de la côte ; ils sont toujours couverts de pêcheurs munis de longues cannes et disputant aux oiseaux de mer le délicieux mulet rouge. *Los Capuchinos*, ou le couvent de San-Francisco, dont le jardin de palmiers était sans égal, est aujourd'hui remplacé par une place nouvelle, et les bâtiments sont occupés par l'Académie. La chapelle contient le *Mariage de sainte Catherine*, de Murillo, tableau tristement célèbre par la chute mortelle que fit l'artiste en y travaillant; quelques parties furent terminées par son élève, Fra Meneses Osorio. On y voit aussi un *San Francisco* recevant les stigmates ; c'est une des plus belles toiles de Cadix, et dans la meilleure manière de Murillo.

En suivant la muraille de la côte et tournant à droite à la *puerta de la Caleta*, on aperçoit à une petite distance le phare de *San-Sebastian*, élevé sur un roc à 127 pieds environ. Ensuite, remarquez cet immense édifice jaunâtre, la *Casa de Misericordia*, un des établissements de charité les mieux tenus de l'Espagne ; il peut contenir jusqu'à 1,000 personnes, dont 3 à 400 enfants ; les *patios* de l'intérieur sont beaux et agréables. Passant devant les casernes de l'artillerie et l'arsenal, nous prenons le *Baluarte de Candalaria* pour arriver à l'*Alameda* ; cette charmante promenade est ornée d'arbres, de bancs, de fontaines et d'une mauvaise statue d'Hercule, fondateur de Cadix. Cette promenade est le rendez-vous du beau monde et surtout du beau sexe, qui s'y montre dans tout l'éclat de sa beauté naturelle et l'élégance des costumes du pays.

Le principal édifice de Cadix, *el Carmen*, est d'un pauvre style ; dans l'intérieur est enterré A. Gravina, qui commandait la flotte espagnole au combat de Trafalgar, où il fut blessé à mort. Vers l'E., nous trouvons la vaste *Aduana*, douane beaucoup trop grande pour le commerce déchu de Cadix : Ferdinand VII y fut incarcéré en 1823 par les Constitutionnels ; ensuite la *Puerta del Mar*, marché digne de tout l'intérêt de l'artiste sous le rapport des costumes, de la couleur et de l'assemblage des groupes : on y trouve une riche variété d'excellents poissons de l'Atlantique.

Cadix ne renferme aucun autre objet intéressant, sauf, peut-être, la prison et l'*Escuela de Comercio*, non terminée ; la *calle Ancha* est une belle et large rue, bordée par les meilleurs magasins de Cadix ; on peut aussi visiter les *casas Consistoriales.* La principale place, celle de San-Antonio, est bien plantée et pourvue de siéges.

Les *bateaux à vapeur* anglais font le service entre Southampton, Cadix, Gibraltar, Lisbonne, Oporto, Vigo.

D'autres steamers, communiquant avec Marseille, touchent aux principales villes du littoral méditerranéen.

Nous conseillons au voyageur qui voudrait visiter les rivages de la baie, comme nous l'avons fait en venant d'Ecija, de prendre Antonio Medina, excellent batelier, qui le guidera au milieu des sites, si beaux et si riches en souvenirs historiques, qui entourent cette jolie nappe d'eau d'environ 40 lieues de circonférence.

ROUTE 105.

D'ÉCIJA A ALGECIRAS.

Par **Osuna** et **Ronda**, 23 l. 1/2.

Cortijo de Bacarejo............	2 l. 1/2
Osuna.................	2
Saucejo...............	3
Venta del Granadar........	2
Arroyo de la Limada.......	3
Ronda.................	1
Atajate...............	2
Guacin...............	3
Venta del Acebuchal........	2
Venta de Gamez...........	1 1/2
ALGECIRAS.............	1 1/2

Toute la première section de cette route, entre Ecija et Ronda, est d'un accès très-difficile et offre peu d'intérêt jusqu'à

OSUNA, ville de 15,000 hab., province et archevêché de Séville, chef-lieu du partido de son nom; située au pied de plusieurs collines, dans un sol fertile; elle fut arrachée aux Maures en 1240. Philippe II la céda à Pedro Giron, que François I*er* appelait le bel Espagnol. Du haut du château, un beau panorama de la ville et de ses environs se déroule sous vos yeux. La *Colegiata*, construite en 1534, d'un style gothique et gréco-romain, est une belle église. Les statues en *terra cotta* qui ornent le portail souffrirent beaucoup pendant la guerre, ainsi qu'une grande *Crucifixion* de Ribera, qui a été, depuis, restaurée par Joaquin Cortes. On voit, de plus, dans le rétable, quatre autres peintures assez sombres, par Ribera. Le dallage de marbre est très-beau. Visitez les souterrains de cette église, le *Patio del Sepulcro*, dans le genre de Berruguete, et la sacristie, où se trouve un *Christ* de Morales. Les ancêtres des Girons reposent dans un labyrinthe de sépultures.

A Osuna, la route se divise en trois branches : celle de droite conduit à *Grenade* et à *Malaga*, par Alameda; celle de gauche, à *Séville*, par Harahal, et celle du milieu, que nous suivons, continue vers le sud, jusqu'à

RONDA, ville de l'ancien royaume de Grenade, province et évêché de Malaga et chef-lieu du partido de son nom; avec 18,700 hab., qui sont, en général, hardis, braves, contrebandiers, intrépides toréadors, et ont le teint frais des montagnards ; elle possède dans la vieille ville une posada de *las Animas*, qui est assez bonne. La *Pastilleria de Cuatro Naciones* est très-bonne aussi, la cuisine y est excellente et le maître poli, mais les prix un peu élevés. On trouve encore dans la nouvelle ville une petite posada, très-fréquentée, appelée *San-Cristobal*, située dans la calle del Alberto, proche la *Alameda*. Les voyageurs qui préfèrent une maison particulière et tranquille en trouveront plusieurs sur *el Mercandillo*; la meilleure est celle de *señora Dolores*, proche la *plaza de Toros*.

La *Ronda* des Romains est située à 2 l. N.; à Acinipo, et est maintenant appelée *Ronda la Vieja;* ses ruines sont sans intérêt.

Ronda, située sur une chaîne de rochers qui bordent la rivière, n'est accessible que par une étroite montée défendue par un château mauresque. Ferdinand s'empara de cette ville par surprise, en 1485. Le *Tajo*, ou profonde déchirure au fond de laquelle coule le *Guadalvin* des Arabes, maintenant *el Guadario*, entoure Ronda. Le voyageur ami du pittoresque descendra au moulin qui se trouve au-dessus du vieux pont de San-Miguel. Le pont moderne, jeté à l'autre extrémité de Ronda, sur un abîme d'environ 300 pieds de largeur, et qui joint la nouvelle à la vieille ville, fut construit en 1764, par Jose Martin Aldeguela. De là, il est impossible de regarder au fond du torrent sans vertige et sans étourdissement. Ensuite, sortez de la ville par le vieux château, visitez les moulins mauresques de la vallée; observez de là le pont, qui semble suspendu dans les nuages, à 600 pieds au-dessus de la vallée. Cette scène est incomparable. Le torrent s'échappe avec fracas des rochers pour couler paisiblement à travers une verte vallée couverte de fleurs et de fruits.

Dans la ville, il faut visiter le couvent des Dominicains et la tour mauresque située au bord du précipice; puis une autre tour mauresque, dans la *calle del Puente Viejo;* et aussi la calle San-Pedro, où se trouve la *casa del Rey Moro*, construite en 1042, par Al-Motahed, qui buvait dans les crânes des malheureux qu'il avait lui-même décapités, après les avoir fait orner de bijoux. Visitez également la *Mina de Ponda*, escalier taillé dans la roche et conduisant à la rivière, ainsi que la singulière grotte creusée par des esclaves chrétiens, en 1342.

Ronda est une vieille ville mauresque, aux ruelles tortueuses et inégales; les maisons, en général, sont petites, avec des portes faites en beau bois de noyer, qui abonde dans le pays, ainsi que les autres arbres à fruits. Les poires et les pommes y sont très-renommées.

Bien différentes des Andalouses au teint bruni, les jeunes filles de Ronda ont un teint frais et vermeil comme leurs belles pommes de reinette. Ronda jouit d'un climat très-salubre : c'est la résidence d'été des riches habitants de Séville, d'Ecija et de Malaga.

La belle *Plaza de Toros*, édifice très-curieux et tout en pierres, se trouve dans la nouvelle ville, ainsi que la *Alameda*, couverte de rosiers, et d'où l'on jouit d'une des plus belles vues du monde. Les foires et les fêtes (*Fiestas*) y sont très-animées; mais c'est surtout le 20 mai que Ronda exhibe ses taureaux et ses *majos* dans toute leur gloire. On y vend beaucoup de cuirs pour sellerie, des guêtres brodées, et des chevaux. Les chevaux de Ronda sont petits, mais vifs et courageux.

EXCURSIONS. A *Ronda la Vieja*, à la grotte pittoresque, la *Cueva del Cato*, qui se trouve à 2 l. N.-O., d'où s'échappe une rivière qui va se perdre dans le Guadario. Pour les antiquités, consultez *Dialogos por la Historia de Ronda*, 1766, par Juan Ribera, ainsi que l'excellent *Voyage* de Carter, 1777.

En suivant la même direction, nous traversons *Atajate*; ensuite, par un chemin fréquemment bordé de fermes, nous atteignons

GUACIN, ville de la province et du diocèse de Malaga, chef-lieu du partido de son nom, située sur une des pentes de la Sierra de Ronda, d'où des points de vue magnifiques s'étendent sur toute la campagne de Gibraltar, Algeciras, San-Roque, Tarifa, une partie de la Méditerranée, de l'Océan et de la côte d'Afrique. Le *Parador de la Paz* est passable.

En quittant Guacin, la route traverse une déchirure profonde et sauvage; mais bientôt des bosquets d'orangers, sur les bords du Guadario, réjouissent la vue et annoncent que la Sierra est franchie. Nous traversons les *Ventas del Arebuchal* et de *Gomez*, puis, laissant à gauche *San-Roque*, nous arrivons à

ALGECIRAS, ville de 11,100 hab., chef-lieu du partido de son nom, province et diocèse de Cadix, située dans un lieu retiré, mais très-agréable : on y trouve deux posadas très-décentes, surtout celle de l'*Union*. C'était le *Portus Albus* des Romains et la *Verte-Ile* des Maures; Alonso XI la prit, en 1344, après un siége de vingt mois. Ruinée par les guerres, elle ne sortit de ses cendres qu'en 1760, lorsque Charles III la fit reconstruire, pour être une sentinelle avancée contre Gibraltar. Cette ville est très-bien bâtie ; on y trouve une belle *Plaza de Toros* et une charmante *Alameda*.

On va d'Algeciras à Gibraltar, soit par la baie, qui est

large d'environ 2 l., soit par la route de terre, jolie promenade longue d'environ 3 l. 1/2, que traversent les rivières Guadaranque et Palmones. Après la première, on trouve l'éminence el *Rocadillo*, où une ferme remplace l'antique Cartuja; la phénicienne *Melcarth* (ville du Roi), la cité d'Hercule, symbole personnifié de la navigation tyrienne.

ROUTE 106.

D'ECIJA A ANTEQUERA.

Par **Roda**, 11 l. 1/2.

Herrera.	2 l.
Roda.	3 1/2
Mollina.	2
ANTEQUERA.	4

Depuis Ecija, la route n'offre aucun intérêt jusqu'à *Herrera* et *Roda*. Dans cette localité nous tombons dans la route de Séville à Antequera, qui incline vers l'E., traverse *Mollina* et nous conduit à

ANTEQUERA, l'*Antikeyrah* des Arabes, auxquels elle fut arrachée en 1410, par le régent Fernando, qui, depuis, fut appelé *el Infante de Antequera* ; elle appartient au district militaire de Grenade, à la province et à l'évêché de Malaga; c'est une ville propre et bien bâtie, renfermant 20,000 hab., presque tous agriculteurs ; dans sa plaine, on remarque un lac salé singulier. La ville possède une *Colegiata*, pauvre d'architecture, et un château mauresque construit sur des fondations romaines. De la *Torre Mocha*, dont le beffroi moderne ne s'harmonise pas avec le reste de l'édifice, la vue est admirable. Visitez aussi le château tout-à-fait délabré, et la curieuse et vieille mosquée, qui souffrit beaucoup pendant la guerre de la Péninsule.

Antequera étant au centre des communications entre Séville, Malaga et Grenade, le voyageur y trouvera des *galeras* pour Séville, Cadix et Grenade, et des *carrosses* et autres voitures pour les mêmes destinations et les autres points de l'Andalousie. On y trouve plusieurs posadas : les meilleures sont celles de *Pedro Ruiz* et *la Corona*.

ROUTE 107.

DE MADRID A SÉVILLE.

Par **Baylen, Cordoba** et **Ecija**, 90 l. 1/4.

De *Madrid* à *Baylen* (*V.* route 98). 48 l.
De *Baylen* à *Cordoba* (*V.* route 99). 18 1/2
De *Cordoba* à *Ecija* (*V.* route 102). 8 1/2
D'*Ecija* à *Séville* (*V.* route 103).. 15 1/4

ROUTE 108.

DE SÉVILLE A HUELVA.

Par **la Palma** et **Niebla**, 16 l.

San-Lucar la Mayor. . . . . 3 l.
Manzanilla.. 4
La Palma. 2
Villarrasa.. 1
Niebla. 2
San-Juan del Puerto. 2
HUELVA. 2

On quitte Séville à l'O., par le pont de bateaux et le faubourg Triana, et la route qu'on suit est rude et mauvaise, en attendant celle qu'on construit, qui sera meilleure et plus commode.

SAN-LUCAR LA MAYOR, village de 700 hab., où l'on trouve 3 paroisses, 2 hôpitaux et 1 couvent supprimé, le tout sans intérêt.

Ensuite nous traversons MANZANILLA, village de 300 hab., formé des ruines de *Tejada*, abandonné en 1530, pour son insalubrité.—Après environ 2 heures de marche, nous arrivons à

PALMA, ville de 3,400 hab., province de Huelva, archevêché de Séville et chef-lieu de partido; elle est en général bien bâtie, avec des rues régulières et bien pourvues d'eau.

Bientôt on traverse *Villarrasa*, et ensuite

NIEBLA, l'ancienne *Ilipla*, située dans un pays peu intéressant, mais d'une grande fertilité en huiles, vins, fruits et grains; elle contient 5 églises paroissiales, ce qui n'est pas mal pour 900 hab. Voyez son vieux château en ruines et son pont qui est encore plus ancien. On y fait beaucoup de mauvais vin qu'on expédie pour *San-Lucar*, où il est converti en bon *sherry* et vendu environ 3 francs la bouteille.

La contrée est d'une grande fertilité jusqu'à

SAN-JUAN DEL PUERTO, ville de la province et du partido de Huelva, dans une plaine qu'arrose le Tinto.—Pop. 2,100 hab.

Deux heures de marche en inclinant vers l'O. nous conduisent à

HUELVA, l'*Onuba* des Phéniciens, ville fondée 1095 ans avant J.-C., capitale de la province de son nom et chef-lieu de partido, située aux confluents de l'Edel et du Tinto. C'est un port de mer dont les communications avec le Portugal, Cadix et Séville entretiennent l'activité; on y trouve deux posadas passables, un ayuntamiento et une population de 7,000 hab. Huelva possède deux églises paroissiales, quatre places, dont la principale est la Plaza de la Constitution; les restes de son aqueduc romain ont presque disparu.—Notre route depuis Séville n'est guère qu'une route de cheval; le principal commerce avec cette ville se fait par les bateaux du Guadalquivir.

EXCURSION. — A 1 lieue de Huelva, sur la route de San-Lucar, s'élève le petit port de mer de *Moguer*, qui signifie en arabe *cavernes*. On en trouve en effet plusieurs dans les environs. Cette ville, située sur le Rio Tinto, fait un trafic assez important en vins, fruits, etc.; son château et ses maisons sont dans un état délabré. — Un peu au S. se trouve le port de *Palos* (Palus Etreplaca). A 1 petite lieue, visitez le couvent Santa-Maria *Rabida*, nom mauresque très-commun en Espagne, et qui signifie frontière ou situation exposée.

Le gouvernement a conservé ce couvent comme souvenir national et en a fait un hôtel pour les soldats invalides. Il est célèbre pour avoir donné l'hospitalité à plusieurs grands hommes qui ont illustré l'Espagne. Ce fut en 1484 que le prieur Juan Perez de Marchena y reçut Christophe Colomb et son fils, qui imploraient alors la charité; ce moine seul, lorsque le roi et son conseil condamnaient le plan de voyage du grand homme, eut l'esprit d'en prévoir le succès et le courage de le défendre : il obtint les moyens d'exécution par son influence sur la reine Isabelle. Ce fut du port de *Palos* que Christophe Colomb partit le 3 août 1492 pour sa périlleuse expédition, et sept mois et onze jours après il rentrait dans ce même port, rapportant un nouveau monde à son souverain, qui paya un tel service de la plus noire ingratitude. Cortès y débarqua en 1528, après la conquête du Mexique, et ce fut dans les murs de ce couvent qu'il trouva un refuge contre l'ingratitude de son souverain. Par une coïncidence étrange, Pizarre, le conquérant du Pérou, se trouvait aussi à Palos dans ce moment, commençant sa carrière de sang et de rapines, alors que Cortès terminait la sienne.

Pour les faits historiques, consultez le Catalogue publié par M. Rich, Londres, 1832, ou la *Bibliothèque américaine*, par M. Ternaux, Paris, 1837. — *Palos* n'est maintenant qu'un port de pêcheurs.

ROUTE 109.

DE SÉVILLE A ANTEQUERA.

Par **Mairena** et **Osuna**, 23 l.

Alcala de Guadaira. . . . . 2 l.

Mairena	2
Marchena	5
Osuna	5
Pedrera	3
La Roda	2
Mollina	2
ANTEQUERA	2

Cette route est, en général, difficile dans sa première partie : c'est pourquoi beaucoup de voyageurs préfèrent celle d'*Ecija*, bien qu'un peu plus longue, mais où l'on trouve des voitures.

En quittant Séville, nous suivons la route d'Ecija jusqu'à *Mairena* (*V.* route 103), après *Alcala de Guadaira* (*V.* route 103); nous la quittons pour prendre une direction E. qui, en 5 heures de marche, nous conduit à

MARCHENA, ville de 13,200 hab., située sur une éminence, avec un ancien château sans importance. Cette route ne voit de voitures que pendant l'été; la *galera* qui la dessert met six jours pour aller de Séville à Grenade, 36 l. — Les *posadas* qu'on y trouve sont si mauvaises, qu'il est bon de se munir de provisions. La route qui suit la même direction traverse *Osuna* (*V.* route 105).

A deux petites lieues d'Osuna se trouve *Agnas dulces*, sorte d'oasis au milieu de prairies odorantes.—A 2 l. de *Roda*, sur la gauche, s'élève *Estapa*; sur les montagnes on voit des ruines de *Camiorra*, *Camorrillo*, l'*Astapa*, forteresse qui jadis rivalisait avec Numantia, assiégée par les Romains 547 ans avant J.-C. Ses habitants se firent tous périr avec leurs femmes et leurs enfants plutôt que de se rendre.—On arrive à

LA RODA, qui est, comme l'indique son nom arabe, *Rauda*, un jardin de roses. Entre *Pedrera* et *Venta de Archidona* se trouve le fameux rendez-vous des voleurs, la *Venta de Cabatea*; ce pays, par sa nature accidentée et sauvage, semble appeler les brigands et les bêtes fauves.

Un peu à gauche de la route s'élève, au milieu d'oliviers et de champs de blé sur le front d'une montagne, *Alameda*, lieu excellent pour la chasse; plus loin, dans la plaine, après le lac salé d'Antequera, étincelant comme un miroir, nous entrons dans

ANTEQUERA (*V*. route 106).

ROUTE 110.

DE MADRID A CADIX.

Par **Ecija** et **Xerez** ou **Jerez**, 110 l. 1/4.

De *Madrid* à *Baylen* (*V*. route 98).   48 l.
De *Baylen* à *Córdoba*, (*V*. route 99).   18 1/2
De *Cordoba* à *Ecija* (*V*. route 102).   8 1/2
De *Ecija* à CADIX (*V*. route 104).   35 1/4

ROUTE 111.

DE CADIX A SÉVILLE.

Par **Xerez** ou **Jerez**, et **Alcala de Guadaira**, 37 l. 1/4.

De *Cadix* à Alcala de Guadaira, *V*. route 104 et lisez en sens inverse.

De Guadaira, en deux heures de marche, sur une belle route et à travers un pays délicieux, on atteint

SÉVILLE (*V*. route 103).

ROUTE 112.

DE CADIX A SÉVILLE.

Par la vapeur.

Trois routes relient Cadix à Séville; la meilleure et la plus suivie aujourd'hui est celle des steamers du Guadalquivir;

la seconde, desservie par la diligence, passe par Xerez (*V.* route 101 et lisez en sens inverse); la troisième est moitié par terre, moitié par eau ; ces deux dernières voies offrent peu d'intérêt, si ce n'est Xerez.

ROUTE PAR LA MER.—Les journaux de Cadix indiquent le jour, l'heure du départ et de l'arrivée de tous les steamers qui touchent à ce port. Le bureau de ceux qui font le service entre Séville et Cadix est calle del Molino, n° 168.

Le steamer traverse la *Bahia*, puis pénètre dans le Guadalquivir, proche le cap Cipiona, sur lequel s'élevait jadis le grand phare phénicien, appelé *cap Eon*, rocher du soleil. On peut éviter de faire par mer le tour de cette pointe, en traversant jusqu'à *Puerto* ; de là, pour 30 réaux, on va rejoindre le steamer à *San-Lucar*; mais le pays étant parfois dangereux, une escorte accompagne les voyageurs jusqu'à l'embarcadère.

SAN-LUCAR DE BARREMEDA, la *Luciferi fanum*, s'élève au milieu d'une contrée nue, sablonneuse et ondulée, sur la rive gauche du Guadalquivir ; c'est une ville d'environ 16,000 hab., triste, mal pavée et mal entretenue. Sa meilleure auberge est la *Fonda del Comercio* ; le meilleur café, *el de Oro*, sur la Plazuela.—Cette ville fut enlevée aux Maures en 1264. Grâce à son importance commerciale, elle devint en 1645 le siége de la capitainerie générale de l'Andalousie.— Visitez l'ancien hôpital anglais de Saint-George, dépouillé par Godoy. Fernando Magellan s'y embarqua en 1519 pour accomplir le premier voyage autour du monde. La *Victoria* fut le seul vaisseau qui revint en 1522, Magellan ayant été tué par les sauvages des îles Philippines.—Parmi les tailleurs en vogue, nous citerons Juan Hoy, Pablo Mera et Vicente Tarnilla.—San-Lucar exporte une assez grande quantité de vins en Angleterre.

Le climat de San-Lucar est extrêmement chaud ; en 1806 on y établit le jardin botanique de *aclimatacion*, pour y acclimater les plantes et les animaux du sud de l'Amérique et de l'Afrique. Ce bel établissement était déjà florissant en 1808, lorsque Godoy, son fondateur, ayant été disgracié, la populace s'y porta, tua les animaux, arracha les plantes et démolit les bâtiments en haine du favori.

Depuis quelque temps, San-Lucar n'a plus l'embarcadère des steamers; il est maintenant à *Bonanza*, à 1/3 de lieue en remontant le fleuve, ermitage élevé par la compagnie de l'Amérique du Sud, à Notre-Dame-de-Beau-Temps. Là est la douane, où les bagages sont visités, entre Bonanza et San-Lucar; le pays est appelé *Algaida*, mot arabe, qui signifie désert abandonné. Quelques éminences sablonneuses, revêtues de buissons odorants, de quelques petits sapins et de vignes sauvages, dominent un sol plat et marécageux, propice aux oiseaux et aux bêtes de proie, aux voleurs et aux contrebandiers.

Si nous remontons le Guadalquivir pour gagner Séville, le voyage se fait en 6 ou 8 heures; il faut moins de temps pour revenir, parce qu'on redescend le fleuve.

Voici les localités que nous traversons :

La Puebla.	14 l. 1/4
Coria.	2
Geldes..	1/4
San-Juan de Alfarache . . .	1/4

Les romanciers classiques et modernes ont doté ce paysage de beautés purement imaginaires. Le fleuve promène lentement ses eaux fangeuses sur un sol uni d'alluvion, abandonné aux troupeaux de gros bétail et aux oiseaux aquatiques; pas une voile blanche, pas un village n'anime cette solitude! de temps à autre, une *choza* (hutte) offre un abri contre le brûlant soleil de midi. Le sol, de chaque côté du fleuve, est appelé *la Marisma*, marais où règnent perpétuellement des maladies de langueur et des fièvres : ces fertiles plaines si favorables au bétail et à la végétation, sont fatales à l'homme; les paysans y ressemblent à ceux des marais Pontins; leur corps amaigri et jaunâtre contraste douloureusement avec leurs gras et vigoureux bestiaux. A une certaine distance, sur la droite, s'élèvent les pittoresques montagnes de Ronda.

Le Guadalquivir que nous suivons (le *Wada-l-Kebir* ou *Wada-l-Adhem* des Maures) prend sa source dans la Manche, à 40 l. N. environ de Almaraz. Ici, il s'éparpille dans les sables, et forme deux îles inégales, l'une appelée la *Isla Mayor* et l'autre la *Menor*.—*Coria*, que nous apercevons du steamer, était une ville renommée sous les Romains pour ses fabriques de briques et ses poteries de terre ; elle fabrique encore ces énormes vases de terre dans lesquels on conserve l'huile et les olives.—Ensuite, le fleuve serpente et baigne la base du *Hisnu-l-faraj* (la Déchirure); château mauresque appelé maintenant *San-Juan de Alfarâche;* le steamer se dirige vers la droite, et, longeant la jolie promenade publique, s'arrête près de la Torre del Oro.

SÉVILLE, *V.* route 103.

ROUTE 113.

DE MADRID A HUELVA.

Par **Ecija** et **Séville**, 106 l. 1/4.

De *Madrid* à *Baylen* (*V.* route 98). 48 l.
De *Baylen* à *Cordoba* (*V.* route 92). 18 1/2
De *Cordoba* à *Ecija* (*V.* route 102). 8 1/2
D'*Ecija* à *Séville* (*V.* route 103).. 15 1/4
De *Séville* à *Huelva* (*V.* route 108). 16

ROUTE 114.

DE HUELVA A AYAMONTE.

Par **Gibraleon** et **Lepe**, 11 l.

Gibraleon............ 2 l.
Cartaya............. 4
Lepe............... 1
Redondela.......... 1
AYAMONTE......... 3

On peut aussi laisser Huelva un peu sur la droite et prendre par *Alfaraque* ou *Aljaraque*. Cette route est peu

ROUTE 114.—DE HUELVA A AYAMONTE.

fréquentée par les voitures, on la fait ordinairement à cheval ou sur des mules; les posadas et ventas y sont misérables. On préfère en général la voie de mer dans les pittoresques *monisticos*.

GIBRALÉON, ville de 2,800 hab., province et partido judiciaire de Huelva; elle est d'origine arabe, comme l'indique son nom, qui signifie *tierra de colores* (terre de couleur); elle n'a plus d'importance aujourd'hui.

La route court parallèlement au littoral, jusqu'à

CARLAYA, petite ville insignifiante, de 4,200 hab.

Dans la même direction, on passe dans une barque el Rio Piedro, et l'on arrive à

LEPE, ville de 3,100 hab., située sur les bords de la mer, près le rio de Piedra; les habitants sont presque tous pêcheurs ou contrebandiers. La ville est pauvre, quoique le pays soit riche et produise d'assez bons vins, ainsi que Redonduela, localité voisine.

Nous suivons la côte, ayant à notre droite un pays riche en vins, en figues et autres fruits délicieux, jusqu'à

AYAMONTE (la *Sonoba ostium Anæ*), ville de 5,000 h., province de Huelva, chef-lieu de partido. Les Romains l'avaient reliée à Mérida par une route militaire. On voit encore sur la Guadiana une île appelée Tyro, avec des ruines. C'est une ville frontière et *plaza de armas* mal entretenue; on y trouve deux églises paroissiales et un château en ruines. Les forêts de sapins des environs fournissent les bois pour la construction des *misticos* et bateaux caboteurs. Ayamonte, clef et port de la Guadiana, n'est guère habitée que par de pauvres pêcheurs.

ROUTE 115.

DE MADRID A JAEN.

Par **Manzanares** et **Baylen**, 55 l.

De *Madrid* à *Baylen* (*V.* route 98).   49 l.
De *Baylen* à *Jaen* (*V.* route 100).   6

ROUTE 116.

DE JAEN A GRENADE.

Par **Campillo de Arenas**, 15 l. 1/2.

Ventorillo de la Guardia	2 l.	
Venta del Chaval	1	
Venta de las Palomas	1	
Venta del Romeral	1	1/2
Campillo de Arenas	1	
Venta de Barajas	1	
Cortijo de Andar	1	
Venta del Zegri	1	
Venta de las Navas	1	1/2
Venta de Mitigalan	0	1/2
Cortijo de Arenales	1	1/2
Puente de Cabillas	0	1/2
GRENADE	2	

La route sort de Jaen au S., et traverse un riant et fertile pays. Les ventas y sont médiocrement pourvues de provisions. On arrive à

CAMPILLO DE ARENAS, ville de 2,000 hab., province et évêché de Jaen. 2 églises paroissiales et parada de diligences.

La route continue au S. La contrée est belle et très-fertile, mais les localités n'offrent aucun intérêt jusqu'au

ROYAUME DE GRENADE.

GRENADE. Ce royaume est à l'E. de *los Quatro Reinos*. Sa longueur, de l'E. à l'O., est d'environ 240 milles; sa longueur varie de 30 à 80 milles; son étendue est d'environ 9,000 milles carrés et sa population atteint un million d'habitants. Le sol consiste en montagnes et en plaines bien arrosées, bornées à l'est par la Méditerranée. La *Sierra Nevada*, avec son diadème de neige, s'élève à près de 13,000 pieds au-dessus du niveau de la mer, dont les ondes azurées baignent la base au S. Cette heureuse réunion des neiges éternelles au climat brûlant de l'Afrique produit une étonnante variété de végétation, depuis les plus durs lichens jusqu'au cotonnier et à la canne à sucre. Ce fut le dernier royaume enlevé aux Maures; les arts, le commerce et l'agriculture, si florissants pendant leur occupation, ont presque disparu avec eux; l'agriculture seule alimente encore la richesse de cette province, qui abonde en blés, vins, huile, soie et fruits; le chanvre qu'on y récolte est le plus beau du monde, et les moissons s'y succèdent sans interruption. Dans les contrées où l'irrigation est bien entendue, tout est verdure et fruits; ailleurs tout est stérile et brûlé. La chaîne alpine des *Alpujarras* est grandiose au-delà de toute expression, aussi l'appelle-t-on la Suisse de l'Espagne. Le temps le plus favorable pour visiter le pays, c'est depuis juin jusqu'à octobre.

GRENADE. *Hôtels :* Ceux de premier ordre sont en général bons; nous citerons la *Minerva* ou *Parador de las Diligencias generales*, nº 40, Acera del Darro, carrera del Genil. Les prix vont de 24 à 34 réaux par jour. *Fonda del Léon*, nº 246, bien située sur le Campillo, ou Plaza de Baylen, tenue par Vigarai, avec bains; la *Fonda del Comercio*, proche le théâtre et la promenade publique, est simplement aujourd'hui une *Neveria*, ou café et glacier. Les autres *posadas*, qu'on n'ose pas trop recommander, sont : *Los Tres Reyes, la Cruz de Malta, San-Rafael; la del Sol*, etc. On trouve des pensions bourgeoises, *casas de Pupilos*, très-décentes, l'une dans la calle de las Arandas, au coin qui fait face à l'hôtel du comte de Santa-Ana; une autre *en los Tintes*, et près de San-Espiritu, au coin de la *Calle sin Salido*; une autre sur la Plazuela de Tovar et une autre dans la calle de las Sierpes. On peut se procurer aussi de bons appartements garnis, proche *el Campillo*, et à *Carrera del Darro*. L'artiste et l'amateur du génie arabe trouveront toujours à l'Alhambra un logement commode et une bonne *posada*; là, tout est mauresque, tandis que Grenade n'est qu'une ville espagnole; mais la colline de l'Alhambra est fatigante à monter.

Comme Grenade est visitée par un grand nombre d'étrangers, on y trouve des guides et des valets de place; un des meilleurs, et qui est aussi un excellent domestique pour les excursions, c'est *Emmanuel Bensaken*, de Gibraltar; on peut le demander à la Minerva, il parle le français, l'anglais et autres langues; et connaît parfaitement le S. de l'Espagne. Pour visiter l'Alhambra et la Sierra Nevada, il vaut mieux prendre un Maure qu'un Français nommé *Louis*, ou bien Mateo Ximenez.

GRENADE, *Granada*, capitale de la province; avec une population d'environ 80,000 hab.; siége d'un archevêché, dont les suffragants sont Cadix, Baza et Alméria; résidence du capitaine-général et des autorités civiles et militaires de la province; elle fut aussi longtemps le siége de la *Chancellerie* du S., ou cour suprême d'appel, jusqu'à l'érection d'une *audiencia* à Albacète en 1835. Elle possède une cathédrale, 23 paroisses, et 38 couvents des deux sexes, tous supprimés; une université, un Liceo, un Casino, une Bibliothèque publique, une *Plaza de Toros*, un Museo, 10 hôpitaux et une maison de correction. Cette cité est bâtie sur un angle saillant des montagnes qui s'élèvent vers le N.-E. à leur plus grande hauteur. La ville domine la *Vega* (plaine arrosée), et est à 2,445 pieds environ au-dessus du niveau de la mer; les cimes neigeuses qui bornent son horizon en font une délicieuse résidence d'été; la *Vega* produit en abondance toute espèce de légumes et fruits. Une partie de Grenade est située à la base de plusieurs montagnes; la portion vers la droite, qui domine le Xenil ou Jenil, est appelée *Antequerula*, la petite Antequera, ville où les habitants se sauvèrent après la prise de leur cité en 1410.

L'*Alhambra* se déploie sur le large flanc d'une montagne qui commande Grenade et forme comme l'éperon de la Sierra-Nevada. Les notabilités habitent la ville basse, tandis qu'on ne voit que des pauvres dans la partie haute. Les *Granadinos* méprisent l'Alhambra comme une *casa de ratones* (trou de rats).

La société de Grenade paraît triste aux personnes qui viennent de Séville ; les habitants n'ont plus la tenue, la gaîté ni l'intelligence des Sévillans ; les femmes elles-mêmes ne sont ni aussi vives, ni aussi attrayantes. Les maisons sont aussi plus petites et moins orientales ; car Grenade fut bâtie par de pauvres Maures réfugiés.

Grenade croupit maintenant dans la plus épaisse ignorance ; on n'y trouve ni lettres, ni arts, ni sciences ; pas de commerce, pas de routes, ni pour le littoral ni pour l'intérieur, de sorte qu'elle végète isolée et pauvre au milieu d'une riche contrée. La brillante Athènes des Maures n'est ainsi devenue une Béotie que sous les Espagnols de notre âge ; car dans des temps meilleurs elle vit naître Fray Luis de Granada, un des écrivains les plus pathétiques et les plus éloquents de l'Espagne ; Lope de Rueda, le précurseur de Lope de Vega ; les historiens Luis de Marmol et Hurtado Mendoza ; les sculpteurs Juan Martinez Montañes et Alonzo Cano.

Notre premier objet d'attention, c'est l'*Alhambra*, palais fortifié des anciens rois maures, et denier séjour de leur dernier royaume d'Occident. Gravissons la *calle de los Gomeles* et passons la porte de *las Granadas*, trois sentiers s'offrent à nous : celui de droite aboutit aux *Torres Bermejas*, les tours rouges, espèce d'ouvrage avancé, qui mérite un examen particulier ; c'est la partie la plus ancienne de Grenade, elle existait au temps de l'*Illiberis*, et peut-être même avant les Romains. Observons cette longue ligne de murs et de tours qui couronnent la montagne, et dont les courbes et les dépressions, suivant celles du sol, offrent tout le pittoresque et la beauté des fortifications orientales.

L'allée centrale conduit aux jardins publics, celle de gauche à l'Alhambra ; les pentes bien boisées, bien arrosées, et qu'égaye le chant des rossignols, sont de création humaine. C'est le Maure qui a fait de ce roc stérile un riant Eden. Sur la cime on trouve une barbacane semi-circulaire, et plus bas une fontaine dans le style de Berruguete; les dieux qu'on y voit sculptés sont le Jenil, le Darro, etc. Ce monument a été maladroitement restauré. Grenade abonde en fontaines qu'alimentent le Jenil et le Darro au moyen d'aqueducs élevés sur des colonnes d'une grande hauteur.

Un détour brusque conduit à la principale entrée : la *Torre de Justicia*, tour du jugement : les Maures l'appellent *Babu-sh-Shari'ah*, la porte de la loi. A l'intérieur une inscription indique le nom de son fondateur, Jusuf 1er, et la date de sa construction, 1308; elle se termine par ces mots : « Puisse le Tout-Puissant faire que cette porte soit un boulevard protecteur, et enregistrer son érection parmi les actions impérissables des justes! » Les draperies mauresques qui la décoraient ont été détruites et remplacées par une niche, contenant une pauvre Vierge en bois.

Au-dessus de l'arche, on voit une main ouverte, emblème d'hospitalité et de générosité, qualités dominantes chez les Orientaux ; d'autres croient que c'est un talisman contre *le mauvais œil*. L'inscription qu'on lit dans la *sala de los Ambajadores* semble confirmer cette dernière version : « Que Dieu soit loué! j'éloignerai tous les effets d'un *mauvais œil sur notre maître Yusuf*, etc. »

Il y a au-dessus de l'arcade intérieure une *clef* sculptée, dont l'interprétation est également controversée. Par une seconde porte on entre dans une espèce de corps-de-garde jadis occupé par des mameluks et des Maures aux brillantes armures; c'est aujourd'hui l'asile de quelques vieux invalides déguenillés. De là un passage étroit conduit à la *plaza de los Algibes*, sous laquelle se trouvent les citernes mauresques alimentées par le Darro. Pendant le nettoyage, en janvier, on peut les visiter. Cette plaza se trouve entre le palais et l'*Alcazaba*, où l'on entrait par la *Torre del Homenage*, dont la muraille défigure beaucoup la plaza. Remarquez un autel romain provenant d'Illibéris, et incrusté par les Maures dans cette tour. Il est dédié par le reconnaissant Valérius à sa femme la plus indulgente, Cornélia.

L'Alcazaba sert maintenant de prison; la précieuse collection d'armures mauresques a été vendue par le gouverneur pour payer les frais d'un combat de taureaux !

Montez sur la *Torre de la Vela*, vous y lirez une inscription gravée à la place où le cardinal Mendoza et son frère hissèrent l'étendard chrétien; de cette plate-forme le panorama est magnifique : sous vos yeux s'élève Grenade entourée de ses beaux jardins; au-delà s'étend la Vega, qui a environ 10 lieues de long, 8 de large, et 24 de circonférence, gardée, comme un Eden, par une muraille de montagnes. Cette Vega, couverte de villas et de villages, offre des souvenirs précieux pour les poëtes et les peintres, car chaque champ a vu une bataille, chaque ruisseau a inspiré une ballade. Vers la gauche s'étend la neigeuse Alpujarras, plus loin la gorge de Loja, et puis la montagne ronde de Parapanda; plus près de Grenade, *la sierra de Elvira*, la place de l'ancienne *Illiberis*, et plus bas les sombres bois de la *Soto de Roma* ; vers la droite, on voit le défilé rocheux de Moclin, et dans le lointain les montagnes de Jaen. Cette tour est ainsi appelée de sa cloche à battant d'argent, dont le son, par une nuit calme, s'entend jusqu'à Loja, à 10 l. de distance ; on la sonne pour annoncer les irrigations, et au 2 janvier, anniversaire de la prise de Grenade. Ce jour-là, des foules de paysans visitent l'Alhambra. Il est peu de jeunes filles, passant près de cette tour, qui ne sonnent cette cloche pour s'assurer un mari, et ne la sonnent fort pour qu'il soit bon. Cette fête est des plus pittoresques et des plus intéressantes pour le voyageur. Contemplez du haut de la tour le coucher du soleil ; c'est un spectacle d'un éclat et d'une magie incomparables.

La ligne inférieure de bastions, qui s'étend jusqu'à la porte de Justice, fut convertie par Charles V en jardins à terrasses, ornés de fontaines, de bustes et de sculptures. On croit que les vignes, *parrales*, datent du temps des Maures. Dans une petite cour de l'*Alcazaba*, on voit un sarcophage de marbre avec de grossiers bas-reliefs, représentant des animaux ; on ignore s'il est antique ou mauresque.

En revenant vers la *plaza de los Algibes*, on trouve une tour mauresque isolée, appelée la *Torre del Vino*; remarquez son arche élégante et ses *azulejos*. Elle fut bâtie en 1345 par Yusuf Ier. Le vaste palais qui se trouve en face fut commencé par Charles V ; quoiqu'inachevé, les Espagnols l'admirent au point de le mettre au-dessus de l'Alhambra ; c'est un carré long de 220 pieds avec trois façades, et l'un des premiers édifices élevés en Espagne dans le style gréco-romain de Bramante. Les ornements du grand portail et des fenêtres, bien qu'attribués à Berruguete, sont de Pedro Machuca. Dans l'intérieur se trouve un *patio* circulaire de style dorique et ionique.

En face de la Plaza s'élèvent sur des ruines les massives et imposantes tours mauresques de l'Alhambra ; la cour, envahie par des herbes parasites, n'est peuplée que de pauvres invalides, de mendiants et de condamnés.

L'extérieur du palais est d'un aspect sombre et menaçant ; rien n'annonce les richesses et les beautés de l'intérieur. Destiné à tenir la ville en respect et à la protéger contre les ennemis du dehors, il servait aussi d'habitation aux femmes. Commencé par Ibnu-l-Amar en 1248, il fut continué par son fils Abu-Abdilha et terminé par son petit-fils Mohammed III, vers 1314. Le fondateur y a semé partout sa devise : « *Le galib-ilé Allah !* Il n'y a de conquérant que Dieu ! » Cette phrase rappelait la conquête de Séville, après laquelle ses sujets le saluant du titre de *Galib* (conquérant), il leur répondit : « Il n'y a de conquérant que Dieu. » Yusuf Ier y dépensa des sommes immenses et en fit une habitation féerique ; aujourd'hui les couleurs sont ternies ou effacées, et aux richesses disparues ont succédé la solitude et la désolation.

Nous franchissons le seuil espagnol ; à gauche est l'appartement du gouverneur. Il est bien tenu, mais les beaux vestiges mauresques ont été détruits. Le premier *patio*, long d'environ 180 pieds, et large de 80, s'appelle *de la Alberca* et *de la Barca*, et aussi *de los Arrayanes*, à cause des myrtes dont il était planté.

Vers la droite s'élève un double corridor très-élégant ; la partie supérieure, récemment réparée, est l'unique morceau de ce style dans l'Alhambra. Les salles situées à droite de ce *patio* étaient autrefois d'une grande magnificence ; elles formaient l'appartement de la femme du monarque, et sont encore appelées *el Cuarto de la Sultana*. En 1534 le gouverneur les dépouilla de leurs ornements et en fit des magasins de poisson salé. Du côté opposé se trouve la petite salle où Ferdinand-le-Catholique fit renfermer les archives dans un coffre de fer: elles n'ont jamais été étudiées avec soin. Cette salle contenait aussi une belle table mauresque de marbre, et un splendide vase en terre, émaillé de blanc, bleu et or. L'entrée de cette salle est assez difficile; le gouverneur, le contador (comptable), et l'escribano (secrétaire), ayant chacun une des trois clefs de la porte, qui ne s'ouvre qu'en leur payant un triple tribut. Près des Archives est la porte mauresque conduisant à la Mosquée. En avançant vers la grande tour de Comares, l'élégante galerie montre ses minces et délicates colonnes, avec des divans et des alcôves à chaque extrémité.

En avant de la salle des Ambassadeurs, un escalier à gauche monte vers l'habitation du gouverneur et à la mosquée. Le *patio*, entièrement couvert de peintures, est devenu un parc à moutons et un poulailler; néanmoins on y distingue encore les incriptions des solives, telles que : *Al-Mann*, la grâce de Dieu; et sous les moulures au-dessous : *Il n'y a de conquérant que Dieu; Dieu est notre refuge*, etc. Il y a vers la *Mezquita* un plafond qui fut repeint sous Ferdinand et Isabelle. A droite de l'entrée on voit le *Mihab* ou sanctuaire où le Coran était déposé; c'est une niche d'un beau travail. Au centre de la mosquée, convertie en chapelle par Charles V, s'élève un autel massif et sans goût qu'entourent des figures païennes et des ornements gréco-romains avec les armes des Mendoza.

En remontant la *Sala de los Ambajadores*, on voit de chaque côté de l'entrée les places des sandales : on sait que les Orientaux se déchaussent au lieu de se découvrir pour témoigner de leur respect. La salle qui occupe tout l'intérieur de la tour Comares forme un carré de 37 pieds, et sa hauteur, jusqu'au centre du dôme, est de 75 pieds. Les azulejos sont ce qu'elle renferme de plus curieux ; à droite et à gauche sont inscrites des maximes pieuses et poétiques des Arabes. Le plafond actuel est un dôme de soffite (artesonado) de bois peint et doré. On peut estimer l'énorme épaisseur des murs par l'embrasure des fenêtres, qui ressemblent à des cabinets ou aux chapelles latérales d'une cathédrale. L'une de ces fenêtres offre un point de vue ravissant, et dont Charles V disait : « L'homme qui ne peut jouir de cette vue est né malheureux. » Sous les voûtes qui soutiennent cette salle, il y a des marbres de second ordre, sculptés probablement par Pedro Machuca : ce sont deux Nymphes, un Jupiter et une Léda.

En remontant, on suit à droite une lourde galerie construite par Charles V, et qui conduit à *la Tocador* de la Reina, ou chambre de toilette de la reine; cette pièce a 9 pieds carrés environ; l'intérieur fut refait par Charles V. Julio et Alesandro, élèves de Jean de Udina, le décorèrent d'arabesques et de peintures représentant des ports de mer d'Italie, des batailles, des vaisseaux, etc. Malheureusement, elles ont été mutilées d'une manière barbare. Les murs sont couverts de noms de visiteurs.

L'antichambre de la Comares communique aux bains mauresques par un parloir nommé à tort *Carcel de la Reina*. Le petit *patio* qui se trouve plus bas est dans un bon état de conservation. Les bains consistent en *el bano del Rey* et *el bano del Principe*; le bain de vapeur, éclairé par en haut, est décoré de curieux *azulejos* mêlés de nombreuses inscriptions, on y lit entr'autres celle-ci : « Gloire à notre seigneur Abu-l-Hajaj Yusuf, commandeur des Moslems; puisse Dieu le rendre victorieux de tous ses ennemis ! » Près des bains il y a une galerie sonore dont les échos intéressent plus les habitants que les chefs-d'œuvre du génie arabe. Les appartements situés au-dessus furent restaurés par Charles V en 1526; ils n'ont conservé aucune trace de leurs premières décorations. Une fontaine arabe orne la cour.

Nous revenons sur nos pas par le *patio de la Alberca*; un péristyle nous conduit dans la *Cour des Lions* : ce chef-d'œuvre de l'architecture mauresque a cruellement souffert du vandalisme et du mauvais goût.

C'est un quadrilatère oblong d'environ 120 pieds sur 60. Les deux portiques qui l'entourent et qui projettent à chaque extrémité des pavillons élégants sont portés par 100 colonnes de marbre blanc, tour à tour seules et groupées, mais si délicates, si élancées, qu'elles semblent incapables de supporter leurs arcades; et pourtant après cinq siècles d'abandon, l'édifice est encore intact et fait admirer sa merveilleuse légèreté.

La fontaine qui occupe le centre est un bassin d'albâtre dodécagone porté par 12 lions, en général grossièrement sculptés; au centre s'élève un second bassin plus petit, d'où les eaux jaillissent en larmes limpides par la gueule des lions. De là elles se distribuaient autrefois dans les autres fontaines qui jouaient dans toutes les directions; mais aujourd'hui elles sont détruites ou desséchées. Celle des lions seule a été restaurée. Quelques-unes des plus belles chambres de l'Alhambra s'ouvrent sur cette cour; la première à droite est *la sala de los Abencerrages*, dont la porte admirable fut sciée par morceaux en 1837 par un gouverneur vandale. Le toit et les *azulejos* furent restaurés par Charles V. On montre encore près de la fontaine quelques taches du sang des Abencerrages massacrés par Boabdil. Comment concilier les idées de carnage et de férocité avec le charme de ces boudoirs faits pour l'amour et la vie, si l'alliance de la luxure et de l'homicide n'était pas expliquée par le christianisme!

A l'E. de la cour, il y a trois salons décorés avec la plus grande richesse : la *sala de justicia*, ainsi appelée d'un groupe de dix Maures assis sur un divan peint au plafond; ce sont d'après Mendoza les portraits des successeurs du roi Bulharix, ce qui est peu probable; mais le principal intérêt de ce plafond, qui fut peint vers 1460, est dans les costumes des personnages de Grenade. Les autres peintures représentent les exploits guerriers, des chasses et les amours des Maures. Les couleurs brillantes et encore fraîches semblent celles d'un livre enluminé du XV° siècle; l'auteur ignoré de ces peintures était probablement quelque chrétien renégat.

Aucune des belles arches de cet édifice ne surpasse en élégance et légèreté celle qui forme l'entrée du salon central. Ce fut dans la dernière des trois chambres que le cardinal Mendoza installa la croix qu'on conserve à Tolède.

Vis-à-vis la sala de los Abencerrages est celle de *las dos Hermanas*; elle dépendait des appartements des rois maures; cette salle et les chambres à coucher contiguës sont

26.

sans égales pour la richesse, la beauté et la symétrie des ornements. C'est surtout aux rayons du soleil qu'il faut examiner ces colonnes : on dirait des blocs de perles, d'où ruisselle une lumière éblouissante. La jolie fenêtre qui donne sur le patio de Linderaja formait avec son embrasure le boudoir de la sultane; la poésie et les arts épuisèrent pour la décorer leurs trésors et leurs inventions. On y lit de nombreuses inscriptions telles que celle-ci : « Dieu soit loué! les doigts de l'artiste ont délicatement brodé ma robe après avoir incrusté les diamants de mon diadème. Le peuple me compare au trône d'une fiancée; cependant je le surpasse en ceci, que je puis garantir la félicité de ceux qui me possèdent. Si quelqu'un s'approche de moi se plaignant de la soif, il recevra de suite une eau fraîche, limpide, douce et sans mélange. »

Tel est l'Alhambra dans son état de décadence et de ruine; de même que le voyageur, le jabotot martinet, son hôte habituel, y vient avec le printemps et le fuit avec la dernière brise de l'été.

La montagne de l'Alhambra peut avoir 2,600 pieds de long sur 730 dans sa plus grande largeur; les murailles ont, terme moyen, 30 pieds de hauteur et 6 pieds d'épaisseur; sa forme est celle d'un piano à queue dont la pointe se tourne vers la *Torre de la Vela*. Nous quittons le palais par la petite porte de la salle de justice; devant nous s'ouvre une cour que décorait, il y a quelques années, un réservoir mauresque, maintenant rempli de décombres. A droite, une petite Alameda aboutit à l'église paroissiale la *Santa-Maria*, construite en 1581 par Juan de Véga; dans le mur est incrustée une pierre gothique très-curieuse, trouvée en creusant les fondations. En suivant le mur extérieur vers la gauche, on trouve la *Casa del Observatorio*, ainsi appelée de son belvédère pittoresque à l'intérieur comme à l'extérieur, et que visitaient les artistes; mais en 1837 elle fut dégradée par un employé vandale. La mosquée mauresque qui y était contiguë est maintenant isolée. Elle a une niche du Coran richement travaillée. Les deux lions mauresques qui autrefois décoraient la *casa de Moneda* gisent dans les herbes du jardin.

Plus bas, nous passons par la porte mauresque la *Torre*

del Pico; de là un sentier, traversant le ravin, monte vers la *Generalife* (villa).

La grande Mosquée de l'Alhambra était située près du couvent de San-Jeronimo, servant maintenant de magasin ; construite en 1308 par Mohammed III, elle passait pour une des plus belles qu'on eût vues ; elle fut entièrement détruite pendant la guerre de la Péninsule.

Nous rentrons à Grenade pour visiter la *Torre de las Infantas*, jadis la résidence des princesses mauresques, maintenant l'asile de la pauvreté déguenillée. A droite sont deux autres tours appelées *del Candil* et de *las Cautivas*; la première a des arches d'une grande élégance. Plus à droite s'élève la tour de *la Agua*, et un aqueduc pittoresque traverse le ravin pour distribuer l'eau à toute la montagne. Nous passons devant quelques autres tours délabrées, puis nous atteignons *los Siete Suelos* (les sept histoires), édifice qui souffrit beaucoup pendant la guerre ; ses murs avaient 14 pieds d'épaisseur. Les restes de ces sept tours sont imposants. A la *Puerta del Carril*, par laquelle les voitures entrent dans l'Alhambra, finit notre circuit autour de la montagne.

Pour visiter la *Generalife*, prenez la *puerta del Pico*; à gauche sont les restes des écuries de la garde mauresque et un ravin profond et pittoresque qui sépare la montagne de l'Alhambra de la *sierra del Sol*; au milieu des figuiers et des vignes on atteint *la Generalife* « Jennatu-l-Arif » (jardin de l'architecte), où le canal du Darro verse ses eaux limpides et abondantes. Cette villa de montagne appartient aujourd'hui au marquis de Campotejar, qui habite Gênes. Voyez les cyprès de la Sultane, d'une grosseur énorme. Leur ombre, qui date des Maures, abrita mal les tête-à-tête de la tendre Zoraya avec son amant l'Abencerrage. Derrière ces cyprès s'élève un jardin bien arrosé par des fontaines; plus haut sont des citernes arabes, et entre autres l'*Algibe de la Lluvia*. Au sommet s'élève la *Silla del Moro* (chaise du Maure), édifice mauresque en ruines, ainsi que la chapelle espagnole de Santa-Elena ; de ce lieu, le panorama est splendide. Nous revenons par la Généralife et le *Campo-Santo* à droite, par les jardins publics et le couvent *de los Matores*, où l'on voit des *mazmorras*, excavations mauresques anciennes et curieuses. Le jardin est beau et possède un petit aqueduc. Plus loin c'est *le Barranco*, ravin qu'habitent les bohémiennes au teint cuivré et au costume déguenillé ; ensuite, vers le *Campo del Principe*, l'église paroissiale de San-Cecilio, qui a le privilége de sonner les cloches le Vendredi-Saint : puis *Santo-Domingo*, joli couvent, maintenant un pauvre *Museo*. Grenade n'a jamais brillé dans les beaux-arts. Le peu de belles toiles qu'elle possédait ont disparu pendant la guerre. On n'y remarque que quelques tableaux d'un moine nommé Cotan, un retable et un oratoire émaillé, et quelques gravures par Mora et Risueño, élèves de Cano ; les belles productions de ce grand artiste ont disparu. Nous visitons aussi les jardins du couvent, principalement la *Cuerta Real*, autrefois villa royale arabe ; les salons et les *azulejos*, avec leurs inscriptions, offrent de l'intérêt.

La *puerta del Pescado* est un édifice mauresque de trois arches ; revenez maintenant au *Campillo*, petit champ où s'élevait un monument à la mémoire de l'infortunée Maria Pineda et de l'acteur Isidoro Maiquez. Le théâtre est passable. Cette place fut beaucoup agrandie par les Français. Tout proche se trouve la *Carrera del Darro*, promenade communiquant avec l'Alameda sur le Jenil, très-fréquentée dans les matinées d'hiver et les soirées d'été.

Le *Darro* sort de la montagne des Myrtes, près Huetor et atteint Grenade en passant sous le *Monte-Sacro* ; les promenades qui bordent ses deux rives sont délicieuses.

Le *Zacatin* mauresque (petites places ou passages) est peuplé de mendiants en haillons, mais très-pittoresques ; un peu plus loin le Darro se jette dans le Jenil, le *Singilis* des Romains et le *Shingil* des Maures ; les eaux de cette rivière, provenant des neiges fondues, sont en général malsaines comme presque toutes celles de Grenade.

Le cours du Jenil est fort pittoresque depuis ses sources jusqu'à son entrée à Grenade, sous l'Antequerula, le long de la belle promenade d'*el Salon*. Nous finissons la visite de Grenade par la *Carrera del Darro*, et par la célèbre *plaza de Vibarambla* (maintenant de la Constitution) ; c'est le *nec-plus-ultra* du mauvais goût ! — La vieille porte existe encore, et la *plaza* sert maintenant de marché; elle est bordée au N. de vieilles maisons mauresques avec leurs fenêtres carrées, et d'un aspect tout oriental ; les fruits qu'on y vend sont excellents, principalement les raisins, les figues et les melons. Dans la *Pescaderia* (poissonnerie), on voit, à gauche, de vieux balcons en bois, très-curieux. Au N. de la Plaza s'élève l'archevêché, édifice irrégulier qu'on a restauré ; il ne renferme rien de remarquable. La cathédrale, qui y touche, a été construite lors de la décadence de l'art gothique sur l'emplacement d'une grande mosquée. C'est un édifice médiocre; mais les *Granadinos* en font sérieusement le rival de Saint-Pierre de Rome. La façade de l'O. n'est pas terminée ; la tour du nord, lourde construction moderne, attend encore son étage supérieur, et l'autre tour, qui doit lui faire pendant, n'est pas même commencée; toutes les sculptures sont au-dessous du médiocre.

A droite de la façade de l'archevêché, vraie *casa de ratones*, se trouve le *Sagrario*; ensuite la chapelle royale, d'un riche style gothique; la porte est plus nouvelle et date de Charles V. Remarquez le *Saint Jean*, le patron des souverains catholiques, dont le fils aîné était appelé *Juan* et la fille *Juana*. Les *casas del Cabildo* (maisons de chanoines) sont du plus mauvais churrigueresque possible. La jolie maison gothique dans la *calle de la Mesa redonda* a été depuis peu cruellement modernisée. Prenons à gauche *la calle de la Carcel* (rue de la prison), dont les misérables habitants semblent flairer l'étranger pour implorer sa pitié derrière leurs grilles.

Vis-à-vis se trouve la *puerta del Pardon*, d'un style renaissance, et qui n'est pas encore terminé. En entrant dans la cathédrale par le côté O. vous êtes choqué des restaurations faites pour complaire à Philippe V. Cette cathédrale, commencée en 1529 d'après les plans de Diego de Siloe, se compose de cinq nefs supportées par des piliers corinthiens; le chœur occupe le centre de la principale nef ; le *Trascoro* churrigueresque est couvert de marbres et de statues représentant des héros et des héroïnes avec les costumes et perruques du temps de Louis XIV.—Rien de plus ridicule. Le *Cimborio*, élevé de 220 pieds, et l'arche qui ouvre sur le *Coro*, de 190 pieds, sont admirables.

De chaque côté du maître-autel sont les statues de Ferdinand et d'Isabelle à genoux. Au-dessus, et dans des niches circulaires, on voit les têtes colossales d'Adam et d'Ève, sculptées et peintes par Alonso Cano, ainsi que l'*Annonciation*, la *Conception*, la *Nativité*, la *Présentation*, la *Visitation*, la *Purification* et l'*Assomption de la Vierge*. Cano était chanoine de cette cathédrale, qui s'honore de posséder sa cendre en même temps que les œuvres dont il l'a enrichie. Remarquez aussi de lui une miniature exquise de la *Vierge et l'Enfant*. Dans la *capilla de Santa-Cruz*, voyez les têtes de saint Jean-Baptiste, et de saint Paul, l'une morte, l'autre pleine de vie. Au-dessus de la porte de la *sala Capitular*, une *Charité*, par Torrigiano, est un bel ouvrage en marbre ; dans la *capilla de la Trinidad* et de *Jesus Nazareno*, trois toiles de Ribera ; un *Saint Antoine*, un *Saint Jérôme*, et un *Saint Laurent*; un *Sauveur portant sa Croix*, *saint Augustin*, une *Vierge* et une *Trinitad* de Cano. Les grandes peintures du transsept sont de Pedro Atanasio Bocanegra, élève de Cano.

Dans la *capilla de San-Miguel*, en entrant à droite, se trouve une toile mélancolique par Cano, appelée la *Virgen de la Soladad* ; cette chapelle fut ornée de beaux marbres en 1804-1808 par l'archevêque Juan Manuel Moscoso, dont la mémoire est vénérée en Espagne. Quelques piliers qui se trouvent dans la *capilla de la Virgen*, située juste en face celle de San-Miguel, méritent l'attention du géologue ; cette chapelle est très-fréquentée.

Derrière la statue équestre de Santiago se trouve, mais trop haute pour être bien vue, une copie florentine d'une *Vierge et l'Enfant*, peinte par saint Luc, et donnée à Isabelle par le pape Innocent VIII. Le 2 janvier, jour de la prise de Grenade, ce tableau est descendu et exposé à la vénération des fidèles, et on célèbre la messe en souvenir de cet événement. Dans la *capilla de la Antigua* se trouvent deux portraits fort curieux de Ferdinand et d'Isabelle, copiés par Juan de Séville, d'après Ricon. Dans la *sacristia* on voit une charmante *Conception*, sculptée par Cano ; dans l'oratorio, une *Vierge* du même, avec une draperie bleue, et une sculpture exquise de la *Vierge et l'Enfant*.

La *capilla de los Reyes* est le diamant de la cathédrale.

Remarquez son riche portail gothique; l'intérieur de cet asile des morts est solennel et porte au recueillement. Cette royale chapelle était naguère indépendante de la cathédrale et avait son chapitre à part. Le *Coro alto* est orné de boucliers et de symboles des souverains catholiques; la superbe *reja* de fer, en partie dorée, fut faite en 1522, par el Maestre Bartolomé. De chaque côté du maître-autel on voit à genoux les statues du roi et de la reine, qui sont très-remarquables de style et d'exactitude. Des sculptures peintes situées derrière, attribuées à Felipe Vigarni, sont du plus haut intérêt pour l'antiquaire; elles se rapportent à la prise de Grenade : rien de ce genre en Espagne n'est plus curieux.

Au centre de la chapelle, deux magnifiques sépulcres, exécutés à Gênes par Péralta, sont surmontés des statues couchées du roi, de la reine et de leurs enfants côte à côte. Rien de plus beau, de plus intéressant que les détails de ces monuments royaux.

Descendez vers une porte très-basse qui conduit à la voûte, « petit espace, disait Charles V, pour tant de grandeurs »; les cercueils royaux, simples, grossiers même, et cerclés de fer, n'ont jamais été profanés. La lettre F indique celui de Ferdinand. La sacristie contient, entre autres objets légués par Ferdinand et Isabelle, des étendards royaux et l'épée du roi, une couronne d'argent doré, une croix gothique, deux ciboires, dont un gothique; un *viril* émaillé, le plus beau qui soit en Espagne; le missel de la reine, exécuté par Francisco Florez en 1496, orné de belles enluminures; on l'emploie à la messe de l'anniversaire de la prise de Grenade; la chasuble brodée par Isabelle; une petite *Adoration des rois*, par Emmeling de Bruges; dans une chapelle à droite, il y a une ancienne peinture attribuée à F. Gallegos, le Van-Eyck de l'Espagne. Un passage obscur la joint à la *Sagraria*, autrefois la mosquée, construction riche de matériaux, mais pauvre de style. On y voit le portrait de *Fernando de Pulgar*, qui, pendant le siége, pénétra dans Grenade et fixa un flambeau avec l'*Ave Maria* sur la porte de la mosquée.

Le *San Jose* de Cano est trop haut pour être bien vu. Voyez aussi la tombe du premier archevêque de Grenade,

Fernando de Talavera, érigée par Tendilla, le premier alcalde, qui y fit inscrire ces mots : « *Amicus amico* ».

En quittant la cathédrale, entrez dans le *Zacatin*, habité par les orfévres; sur la droite est l'*Alcaiseria*, restauré depuis l'incendie de 1843 ; traversez le Darro sur le pont qui conduit à la *casa del Carbon*, édifice mauresque de 1070, et maintenant habité par des mendiants et des charbonniers (*carboneros*). L'arche d'entrée est très-riche.

A l'extrémité du Zacatin on trouve la *plaza Nueva* et la *Cancelleria*, chancellerie, avec une belle façade, construite en 1585 par Juan de Herrera ; c'est la résidence du capitaine-général. Sa juridiction s'étend aujourd'hui sur 1,214,124 âmes environ ; le nombre des condamnés en 1844 était de 4,434, ou 1 sur 273 hab. En continuant le cours du Darro, tournez à gauche près d'une arche mauresque à moitié brisée, qui joignait la montagne de l'Alhambra à la Monnaie mauresque, démolie en 1844. Dans la *calle del Bañuelo*, n° 30, est un bain arabe avec des arches en fer à cheval ; cet édifice pittoresque n'est maintenant fréquenté que par des ménagères qui y lavent leur linge.

Près de l'élégante tour de *Santa-Ana*, nous arrivons à la *Alameda del Darro*, d'où un pont conduit à la *puerta de los Molinos*, et vers la gauche à la *Fuente de los Avellanos*, qu'on suppose être la Aynu-l-Adomar (fontaine des larmes). Revenant vers l'Alameda de Darro, nous prenons la *calle de la Victoria*, qui conduit à la *casa Chapis*, villa mauresque en ruines ; le patio, les galeries et la riche fenêtre qui ouvre vers l'Alhambra sont de beaux restes. Nous montons vers l'*Albacin*, où il y a un beau boint de vue, et nous visitons l'église de *San-Nicolas*, soi-disant patron des voleurs, des écoliers et des filles sans dot. L'*Albacin*, actif et industrieux sous les Maures, n'abrite plus que la paresse et la misère. Nous traversons un autre ravin et entrons dans un faubourg entouré de murailles, qui se termine à *San-Miguel el Alto*, chapelle brûlée pendant la guerre ; de là encore, la vue est magnifique. On descend dans Grenade par un ravin à gauche. La mauresque *casa del Gallo*, à droite, est maintenant une tuilière. Ce défilé conduit aussi à l'Albacin, où l'on peut entrer par deux portes mauresques ; la deuxième, la *puerta Manayma*, est

ROUTE 116.—DE JAEN A GRENADE.

une belle construction; au centre du terre-plein qui la suit s'élève *el Triunfo*, avec une statue de la Vierge par Alonso de Mena; tout proche est la place des exécutions. En 1831, Maria Pineda, belle et noble dame, y fut étranglée, parce qu'on avait trouvé chez elle un drapeau constitutionnel; réhabilitée en 1836, son corps fut exhumé et porté en grande pompe à l'*Ayuntamiento*. A chaque anniversaire de son exécution le sarcophage est porté processionnellement à la cathédrale, où on célèbre pour elle une messe de *Requiem*.

La Cartuja (ancienne chartreuse), à une petite distance de la ville, mérite une visite. Bien que la guerre l'ait dépouillée de ses grandes richesses, ouvrages d'art, objets de piété et de valeur, etc., nous y remarquons encore les belles portes de la chapelle, incrustées d'ébène et de nacre; le pavé du sanctuaire, en beau marbre noir et blanc; l'*azulejo* des cloîtres; une coupole, par Palomino : le tout marche rapidement vers la ruine. Nous pouvons pousser jusqu'à *Visnar*, maison de campagne de l'archevêque, dans une situation délicieuse dominant la *Vega*.

Revenant à la *plaza del Triunfo*, on trouve *l'hospital de los Locos* (des Fonds), fondé par Ferdinand et Isabelle et terminé par Charles V. Le *patio* a de hautes et légères colonnes; l'intérieur est propre, mais mal administré. A l'extrémité supérieure de la place est l'arène pour les combats de taureaux, et tout proche *la Eras de Cristos*. Dans la *calle de San-Lazaro* s'élève un grand hôpital; et dans la *calle de San-Juan de Dios*, l'hôpital fondé par ce saint Juan de Robles, qui, après avoir voué toute sa vie à ces sortes de fondations, fut enfermé comme fou et mourut à l'hôpital el Real, où on montre sa *jaula*, ou cage. Consultez sa biographie par Francisco de Castro, Grenade, 1613, réimprimée à Burgos, 1621. La statue de ce saint homme, par Mora, se voit à l'entrée de l'hôpital. L'établissement contient deux cours; celle de l'extérieur a une fontaine et est entourée de galeries ouvertes; celle de l'intérieur est décorée de peintures représentant les miracles du saint.

De là, portez vos pas vers *San-Jeronimo*, magnifique couvent fondé par les souverains catholiques en 1496, aujourd'hui supprimé. La chapelle, construite sur les dessins de Diégo de Siloez, fut terminée par la veuve de Gonzalve de Cordoue. A l'extérieur on voit une tablette supportée par les figures de la Force et de l'Industrie, avec cette inscription : « Consalvo Ferdinando de Cordoba, magno Hispanorum duci; Gallorum ac Turcorum terrori. » Plus bas sont ses armes, soutenues par des soldats. On voit les statues du célèbre guerrier et de sa femme agenouillées de chaque côté du maître-autel. Depuis sa sécularisation, ce bel édifice a servi de caserne de cavalerie.

Dans la *calle de lu Toblas*, au centre du quartier aristocratique de Grenade, nous remarquons la belle habitation du comte de Luque ; le couvent churrigueresque de *San-Angustias*, sur la promenade du Darro, a 12 apôtres sculptés par Pedro Gornejo, et un *camarin* en jaspe, sous lequel est l'image miraculeuse de la patronne de Grenade. Près de *San-Francisco* se trouve la *casa de Tiros*, édifice ancien et élégant, dont la façade est ornée de sculptures guerrières. Il est occupé aujourd'hui par le bureau de la poste. La *casa de Castril*, près de *San-Pedro y Pablo*, à de belles sculptures gréco-romaines, de Diego de Silve, 1539. L'église *Santa-Catalina de Zafra* possède un *Mariage de la sainte* par Alonso Cano. — *San-Juan de los Reyes*, avec sa jolie tour, fut la première mosquée mauresque consacrée par l'archevêque Ferdinand de Talavera; Isabelle, qui y entendait ordinairement la messe, fit don à l'église du rétable, de son portrait et de celui de son mari, par Antonio Rincon; mais ces curieuses peintures ont disparu. Dans la *calle de Elvera* se trouve la fontaine *del Toro*, attribuée à tort à Berruguete.

EXCURSIONS PRÈS DE GRENADE. — Elles sont nombreuses et intéressantes à la fois pour l'historien, l'artiste et le géologue. Commençons par *Soto de Roma*, domaine situé à 3 l. de Grenade et borné à l'O. par la *sierra de Elira*, qui s'élève comme un bloc de pierre au-dessus de la luxuriante vega ; de cette roche jaillit une eau pure et efficace contre les maladies cutanées. Près d'*Alarfe* se trouvent les ruines de l'ancienne *Illiberis*, où se tint, vers 307, un célèbre concile composé de 19 prélats espagnols, présidés par Osius de Cordova ; il publia 81 canons d'un haut intérêt. On les trouve dans la *Collectio Maxima*, par José Saenz de Aguirre, in-fol. 4 vol., Roma, 1693-94; nouvelle édition, in-fol. 6 vol., Roma, Jos Catalini, 1753.

La *Soto de Roma*, ainsi nommée de son bois de grenadiers, située sur le Jenil, est sujette aux inondations. Cet ancien domaine des rois de Grenade fut cédé en 1472 par Ferdinand, au señor Alarcon, qui fut plus tard le gardien de Clément VII, prisonnier. Cette propriété retourna à la couronne jusqu'en 1814; alors elle fut cédée au duc de Wellington, qui en est le propriétaire actuel; elle peut contenir 4,000 arpents et rapporte environ 80,000 francs. Le palais n'offre de remarquable que le jardin. Un cavalier peut passer la rivière à gué et revenir à Grenade par le pauvre village de *Santa-Fé*.

ASCENSION DE LA SIERRA NEVADA. — De belles scènes alpestres abondent dans cette sierra, dont le plus haut pic est le *Mulahacen*, ainsi nommé du père de Boabdil ; le second est *el Picacho de Viléta* (point du guet), situé plus près de Grenade ; il est de forme conique et d'un aspect sévère et imposant; il faut environ 9 heures pour atteindre la cime, en partant de Grenade ; l'ascension peut se faire en grande partie à cheval, car les *neveros* (marchands qui vont chercher la neige) y ont pratiqué un chemin pour leurs mules. Pour atteindre le *Picacho du Mulahacen*, on traverse le Jenil, puis on gagne *San-Antonio*, qui offre une belle vue de Grenade. De là, en 1 h. 1/2 on atteint la *Fuente de los Castanos* ; après 1 h. 1/2 encore, on est à *Puche*, où la montagne est cultivée; tout proche se trouve el *Barranco de Viboras*, la crevasse aux vipères ; ces reptiles jouissent d'une haute réputation médicinale. Bientôt nous atteignons les pics inférieurs, ensuite *las Piedras de San-Francisco* ; là commencent les *Ventisqueros*, vastes glaciers, dont la montagne est presque toujours couverte. A *el Prevesin*, vous trouvez un petit abri de pierre construit par les *neveros*; c'est un refuge contre les tempêtes subites. On peut y passer la première nuit. De là au sommet il y a 3 heures de marche. On s'y rend pour contempler le coucher ou le lever du soleil : rien ne peut décrire la magie de ce spectacle. Les nuits sur ces hauteurs étant d'un froid perçant, il faut joindre à ses provisions des couvertures de laine et du bon *vino de Baza*. Après *el Prevesin* on ne peut continuer la route à cheval que pendant une heure, le reste n'est praticable qu'à pied ; alors l'air se raréfie au point que la respiration se trouve gênée et tout le système musculaire fatigué.

Le point culminant du *Mulahacen* présente une petite plate-forme d'où l'œil embrasse un horizon immense. D'un côté c'est la Méditerranée, dont la rive africaine se dessine confusément au-delà de ses flots azurés ; d'un autre côté des sierras dentelées et neigeuses s'étagent les unes au-dessus des autres, et forment les barrières des Castilles. Ce spectacle est d'une incomparable majesté. La terre est stérile à cette formidable hauteur. Le lichen même, et les derniers des végétaux y sont inconnus.

Cette sierra est peut-être sans rivale pour le botaniste ; toute la végétation y est représentée, depuis le lichen jusqu'à la canne à sucre.

Les principales hauteurs de la chaîne des *Alpujarras* ont été calculées par Rojas Clemente, comme il suit :

Picacho Mulahacen.	12,762
— de la Veleta	12,459
Cerre de la Alcazaba. . . .	12,300
— de los Machos . . .	12,138
— de la Caldera. . . .	10,908
— de Tojos Altos. . .	10,890
Picon de Jerez	10,100

Le géologue pourra passer un jour fort agréable aux carrières de serpentine verte, situées au-dessus du *Picacho de la Veleta*; elles appartiennent au marquis de Mondejar. Montez la charmante vallée du Jenil jusqu'à *Senes*, 1 l.; de là à *Pinos*, 1 l.; puis à *Huescar*, 1 l., village où l'on élève des vers à soie. En dînant, prenez un guide et faites une visite au défilé du *Barranco de San-Juan*, et ensuite revenez à Huescar.

Autre excursion intéressante : Prenez par les *Llanos de Armilla*, pour atteindre *Algendein*, et de là, par le chemin de Padul, visitez les sablières arides et désertes où Grenade disparaît de l'horizon ; ce lieu s'appelle *el Ultimo Suspiro del Moro*; voici pourquoi : En 1494, Boabdil, voyant de là l'étendard de Santiago flotter sur ses tours rouges, jeta en pleurant un dernier adieu à sa ville perdue à jamais ; sa mère lui dit : « Tu fais bien de pleurer comme une femme ce que tu n'as pas su défendre comme un homme. »

Ne revenez pas à Grenade par la même route, prenez par le joli village d'*Otrusa*, traversez le Dilar pour atteindre *Zubia*, d'où, pendant le siége, Isabelle aimait à contempler l'Alhambra. Bientôt vous atteignez l'avenue du Jenil, bordée à gauche par *San-Sébastian* ; c'était une casbah mauresque où Ferdinand et Isabelle accompagnèrent Boabdil lors de la reddition de Grenade.

VOIES ET MOYENS DE LOCOMOTION. — De *Grenade* on va à cheval à *Gibraltar* par *Lojo*, *Antequera* et *Ronda*.

Des diligences communiquent avec *Madrid* et *Séville* par *Andujar* ou *Bailen* ; une gondole va de la *posada del Sol* à *Almeria* en trois jours, couchant à *Guadix*, 9 l., puis à la *Venta de Doña Maria*, 7 l. Pour aller à cheval à *Malaga* par *Alhama*, on trouve des chevaux à la *posada de la Estrella*. On peut envoyer ses bagages à *Séville* par les galeras de Huete, à *Malaga* par ceux de Gomez, à *Almeria* par ceux de Barranco.

ROUTE 117.

DE MADRID A GRENADE.

Par **Bailen** et **Jaen**, 69 l. 1/2.

De *Madrid* à Bailen (*V.* route 98). .	48 l.
De *Bailen* à Jaen (*V.* route 100). . .	6
De *Jaen* à Grenade (*V.* route 116) . .	15 1/2

ROUTE 118.

DE GRENADE A MALAGA.

Par **Santa-Fé** et **Loja**, 18 l. 1/2.

Santa-Fé	2	
Lachar	2	
Venta de Carcin	2	
Venta Nueva	»	1/2
Venta del Salar	»	1/2
Loja	1	
Venta de los Alazores	3	
Venta de Alfarnate	1	
Venta de los Hornajos	»	1/2
Colmenar	2	
Venta de la Herradura	3	
MALAGA	1	

En quittant Grenade, la route suit la rive gauche du Jenil jusqu'à

SANTA-FÉ, petite ville, chef-lieu de partido, située sur la gauche du Jenil. Pop. 4,200 h. Église paroissiale et édifices publics sans intérêt.

La route suit la rivière jusqu'à

LACHAR, village de 500 hab.; église paroissiale.

Toujours sur les bords du Jenil, on traverse la *Venta de Carcin*, *Venta Nueva*, *Venta del Salar*, et en une heure de marche on arrive à

LOJA, ville de la province et de l'archevêché de Grenade, chef-lieu du partido de son nom; pop. 13,900 hab. Loja est, comme son nom arabe l'indique : « le gardien », ou la sentinelle avancée de la vega de Grenade ; son horizon est vaste et pittoresque. Au milieu de la ville s'élève un rocher que couronne le château. A sa base coule le Jenil, qu'on traverse sur un pont mauresque. Du château, la *sierra de Nevada* découvre son diadème de neige. On trouve dans cette

ROUTE 118.—DE GRENADE A MALAGA.

ville deux *paradores* passables : la *Victoria* ou *de las Diligencias*, où s'arrête la voiture de Malaga, et *los Angelos* : on y trouve de plus une nouvelle *posada*, et un théâtre neuf. Cette place, étant la clef de Grenade, avait jadis une grande importance ; Ferdinand et Isabelle l'assiégèrent en 1488 et s'en emparèrent après trente-quatre jours de siége.

La route se divise : la branche N. conduit à Cordoue, celle de l'E. à Séville par Antequera ; celle que nous suivons quitte le Jenil et se dirige au S. jusqu'à

COLMENAR, ville de la province de Malaga, située sur une colline : chef-lieu du partido de son nom.—Pop. 7,300 hab. Deux églises paroissiales sans intérêt.

La route suit la pente d'une chaîne de montagnes à gauche, ayant à droite la riche plaine. Bientôt on entre dans

MALAGA, ville bien pourvue d'auberges ; un hôtel magnifique sur l'Alameda, nouvellement établi par M. George Hudson, offre tout le comfort anglais possible sous le climat andalou. La *Fonda de la Danza, plaza de los Moros*, tenue par Matias Balcon, est très-bonne, et les prix raisonnables : 5 pecetas par jour ; il y a une bonne *table d'hôte* à 3 et à 5 heures. Les autres auberges sont *Fonda de los Tres Reyes*.— *Cuatro Nociones*.—*Parador de las Diligencias*, peu propre. On trouve également plusieurs *casas de pupillos* ; celle de Romagnoli, proche la cathédrale, peut être recommandée comme un bon hôtel.

Le climat de Malaga est plus favorable aux tempéraments faibles et aux poitrines menacées que l'Italie et les autres provinces de l'Espagne ; l'hiver y est tout à fait inconnu : la ville, ouverte du côté de la mer et vers le S., est abritée des vents du N. et de l'E. par des montagnes.

Dans le charmant village de *Torre-Molinos*, à 2 l. de la ville, don Nicolas Parody a dernièrement établi une très-jolie maison de santé, bien pourvue de tout ce qui fait le bien-être et l'agrément des malades. Parmi les jolies *casas de recreo* (lieux d'amusement), sont celle de la veuve du consul de Prusse et celle du comte de Villacazar. On trouve dans le jardin botanique le kermes *cochenilla*, cafier, le cacao, le coton et la canne à sucre. Malaga offre un séjour agréable ; la haute classe de la société est gracieuse, gaie et hospitalière ; les dames sont jolies, vives et attrayantes. Pour son histoire, consultez *Malaga su fundacion*, par Martin de Roa, in-4º, Malaga, 1622 ; *Conversacion Malagueñas*, par Cecilio Garcia de la Leña, 4 v., Malaga, 1789.

Malaga est la capitale de la province de son nom, la résidence des autorités supérieures, du chef politique, et d'un évêque suffragant de Grenade ; sa population, d'après Millado, est de 52,000 hab. ; et d'après Richard Ford, de plus de 80,000. Elle possède une cathédrale, quatre paroisses et deux annexes, une *casa de Espositos* (enfants trouvés), plusieurs hôpitaux, un collége naval, un théâtre décent, un *casino*, un cabinet de lecture, des bains excellents ; une *plaza de toros*, construite sur l'emplacement d'un couvent ; un beau quai, une digue et une Alameda.

Malaga est le principal port de Grenade ; sa position est admirable. Le *Guadalmedina*, qui la sépare de ses faubourgs, n'est qu'un ruisseau dans l'été ; dans l'hiver, c'est un torrent dévastateur. La Malaga des Phéniciens, ainsi que Cadix, florissait il y a plus de 3,000 ans. Pendant la guerre de la Péninsule, et sous Espartero, en 1842, elle souffrit beaucoup des deux parties belligérantes.

Malaga est une ville purement commerciale et presque étrangère au culte des arts et des belles-lettres. Deux jours suffisent pour bien connaître cette cité. Les meilleurs points de vue sont, de la tête du Môle, le couvent de la Trinidad et le beau château mauresque, sorte de palais-forteresse, construit en 1279. La partie inférieure s'appelle la Alcazaba ; on y voit une belle arche mauresque arrondie, qu'on a gâtée récemment par des colonnes romaines et des statues religieuses.

L'*Altarazana* mauresque, ou chantier de construction, se trouve maintenant dans la ville par suite du retrait de la mer. L'église de *Santiago* était dans l'origine une mosquée, dont la tour en briques et quelques *azulejos* existent encore. La grande mosquée fut aussi démolie, et sur son emplacement on bâtit la cathédrale (1538-1719). La principale façade est flanquée de deux tours dissemblables. En face

Santo-Thomas se trouve une vieille porte gothique des plus curieuses. L'intérieur de la cathédrale est lourd, mais le maître-autel, ouvrage d'Alonso Cano, est léger et élégant. Remarquez une *Conception*, attribuée à Mateo Cerezo; une *Vierge et l'Enfant*, qu'on dit de Morales, mais c'est douteux; la Vierge, ou la *Madona del Rosario*, beau tableau de Cano. La *silleria del coro* fut sculptée en 1658 par Pedro de Mena, élève de Cano. Le palais de l'évêque se trouve proche la cathédrale. La Douane, qui est très vaste, devait servir aussi de Bourse. L'Alameda, ornée de belles maisons, de fleurs, de fontaines en marbre données par la République de Gênes à Charles V, est magnifique.

Le commerce de Malaga est très-considérable, surtout pour la contrebande entre Gibraltar et Marseille. Les seuls objets d'art qu'on y fabrique sont des images de terre-cuite, peintes et vêtues du costume local. L'artiste Léon, qui excellait dans cet art, est mort, mais son atelier existe toujours derrière le *café de Loba, calle Santa-Lucia*. On trouve près du *Couvent de la Victoria* d'excellents *alcarazas*. Ce couvent mérite d'être visité; il est ouvert le dimanche et tous les matins. On y voit le tombeau du comte de Buena-Vista et de sa femme. A droite du maître-autel se trouve la bannière de Ferdinand, et à gauche l'étendard rouge du Maure.

Depuis la mort de Ferdinand VII, Malaga s'est élevée à un haut degré de prospérité, et son port trafique avec toutes les parties du globe. Sa richesse territoriale et industrielle s'est aussi développée; on y trouve aujourd'hui des mines, des factoreries, des fonderies de fer, des fabriques de savon et des filatures de coton. Néanmoins, les vins et les fruits sont toujours son principal revenu.

EXCURSIONS. — A 7 lieues environ N.-E. de Malaga sont les célèbres bains de *Carratraca*; l'eau minérale qui les alimente est chargée d'hydrogène sulfuré, et a 14° Réaumur de température. La source est continue et abondante.

Ils sont très-fréquentés de juin en septembre.

Malaga communique par ses steamers avec Marseille et tout le littoral E. de l'Espagne d'une part, et avec Cadix et Lisbonne par une autre ligne; du côté de la terre, de nouvelles routes la relient à Cordoue et Grenade.

ROUTE 119.

DE MALAGA A GRENADE.

Par Velez, Malaga et Alhama, 18 l.

Velez-Malaga.	5 l.
Viñuela.	2
Alhama.	4
Gasin.	2
La Mala.	2
GRENADE.	3

Cette route est beaucoup plus intéressante que la précédente; mais il faut la faire à cheval ou sur des mules, et muni de provisions. On loue à *la Danza* des chevaux et des mules moyennant 12 dollars chaque, aller et retour. Nous signalons le nommé *Manuel Ramos* comme un excellent guide, probe et connaissant bien le pays. En quittant Malaga à 4 h. 1/2 du matin, un cavalier bien monté peut atteindre *Velez-Malaga* à 9 h. 1/2. Pour coucher à *Velez-Malaga*, il suffit de quitter Malaga dans l'après-midi ; on part pour Grenade le lendemain, mais de bonne heure, car il faut compter 14 h. de marche.

La route qui conduit à *Velez-Malaga* est bonne et se fait en diligence. Au sortir de Malaga, la route suit la mer à droite ; à gauche s'élèvent des montagnes parées de riches vignobles.

VELEZ-MALAGA, ville de 14,000 hab., s'élève sur une éminence à pente douce, dont le Rubito baigne la base. Les posadas sont médiocres dans cette ville, qui est du reste sans intérêt, sauf les tours des deux églises paroissiales. — La contrée est surchargée d'oliviers et de vignes; le palmier et la canne à sucre y prospèrent également.

La route se dirige au N. jusqu'à

VIÑUELA, village assis au milieu d'un Éden de fleurs et de fruits. — Nous passons la *Zalea* et nous nous engageons dans des montagnes escarpées et stériles jusqu'à

ALHAMA, petite ville retirée et pittoresque, perchée sur le bord d'une effrayante déchirure autour de laquelle la rivière *Marchan* se fraye un chemin. Il y a des sources d'eaux chaudes dans cette nature rude et sauvage, d'où l'on voit la *Tejada* s'élever à 8,000 pieds environ au-dessus du niveau de la mer.

Prudent voyageur, arrêtez-vous pour la nuit à une maison particulière sur la *plaza*, bien connue des muletiers, et appelée *la Casa de los Caballeros;* mais entrez-y bien pourvu de vivres, car si l'intérieur est propre et exempt de vermine, l'office est absolument vide.

Du temps des Maures, cette ville était très-fréquentée pour ses bains, dont il ne reste que des ruines pittoresques. Donnez un coup d'œil à l'aqueduc situé sur la *plaza* et sur le *Tajo* ; visitez l'église avec sa tour unique ; puis, en passant sous une arche près de la prison, vous trouverez des paniers suspendus à des ficelles par les tristes pensionnaires du lieu, qui attendent votre aumône et la sollicitent par des regards où se peignent toutes les misères du corps et de l'âme. Au pied d'un escalier qui conduit à l'église se trouve une maison des plus pittoresques, réunissant plusieurs styles d'architecture. Contemplez le *Tajo* du couvent de *San-Diego* : à sa base, l'écumeux *Marchan* serpente au milieu de ravins et de pics rocheux ; c'est un tableau saisissant.

De Alhama à Grenade, la route suit la rivière en amont. Les eaux minérales des bains que nous rencontrons sortent d'une dépression dans les montagnes ; elles contiennent du gaz nitrogène et sont recommandées contre la dyspepsie et les rhumatismes ; c'est au printemps et dans l'automne qu'ils sont le plus fréquentés. Le *Bano de la Reyna* est un édifice circulaire couronné d'un dôme. Le bain mauresque appelé *el Bano Fuerte*, à cause de la chaleur et de la force de ses eaux, est très-bien conservé.

La route descend une gorge profonde où se trouve le village de *Cacin*; vient ensuite la pauvre venta de *Huelina*, et puis *la Mala* et ses salines, puis enfin la *vega de Grenade*. (*V.* route 116.)

ROUTE 120.

DE GRENADE A ALMERIA.

Par **Guadix** et **Diezma**, 24 l. 3/4.

El Fargue.	0 l.	1/2
Huetor de Santillan.	1	
La Cruz del Puerto.	1	1/2
La Vantas del Molinillo.	1	1/2
Diezma.	1	1/2
Venta del Rio.	1	1/2
Purullena.	0	1/2
Guadix.	1	
Venta de los Llanos.	2	
Ventorrillo del Barranquillo	1	
Venta del Arroyo.	2	
Ocaña.	2	
Doña Maria.	0	1/4
Las Alcubillas.	3	
Venta de la Rambla.	1	1/2
Gador.	2	
Benahadux.	1	
ALMERIA.	1	

En quittant Grenade, on suit la route de Murcie jusqu'à Guadix. La première section est rude et mal entretenue; le sol est aride; les habitations, comme les paysans, ont un aspect misérable. L'œil aperçoit déjà les sommets neigeux de la sierra qui s'élève vers la droite. Plusieurs d'entre eux rappellent, par leurs noms, les anciennes mines d'argent, telles que *sierra de la Mina*, *sierra del Pozo*, etc. Toute cette chaîne, jusqu'à la *sierra de Filabres*, est remplie de marbres et de métaux précieux pour le géologue et le minéralogiste. Au milieu de ces grandes scènes, nous atteignons

GUADIX, en arabe *Wadi-Asch* (eau de vie), cité gracieusement nichée au milieu de bocages de mûriers. Pop. 9,200 hab.—Elle est le siége d'un évêque suffragant de

Grenade. On y trouve une *posada* décente et une jolie petite *alameda*.—Visitez *la Plaza* ornée de colonnes du xve siècle ; ensuite le *paseo de la cathédrale*, et de là jetez vos regards sur la *vega*. La cathédrale est sans intérêt artistique. Le *coro* est orné de plusieurs petites statues en bois ; la *silleria* est d'un plateresque exagéré ; les chaires sont en marbre rouge des Alpujarras. Dans le mur du côté de l'évêché, est enchâssée une pierre romaine, avec cette inscription : *Colon Acis*. Prenez la *calle de la Muralla*, allez aux ruines du château mauresque : de ce point, le panaroma est vraiment admirable. Guadix est renommé pour ses couteaux.—A 1/2 l. environ sont les *bains Graena*, misérable établissement. Les grottes fraîches des montagnes y sont préférables à la chaleur incommode des maisons.

En quittant Guadix, nous laissons à droite la route de Murcie, et suivons celle du S.-E., qui est mauvaise du reste, et ne traverse aucun village digne d'attention jusqu'à

ALMERIA, le *Portus Magnus* des anciens, et l'*Al-Meryah* des Arabes. AUBERGES : *Fonda de los Vapores, fonda Malaguena*, où touchent les steamers. Cette cité, sous les Romains comme sous les Maures, était le centre du commerce avec l'Italie et l'Orient, et une des plus riches villes manufacturières de l'Espagne. Selon un poëte arabe, c'est « une terre où les pierres sont des perles, la poussière de l'or, et les jardins un paradis. »—Pop. 21,000 hab. Les maisons sont petites. Les femmes ont le teint bronzé par le climat, qui est celui d'Afrique. Depuis qu'elle a une station des steamers, on y remarque un peu plus d'activité. Les restes du château mauresque de Keyran, qui commande la ville, s'appellent aujourd'hui l'Alcazaba. La cathédrale a une riche façade corinthienne ; on y remarque des médaillons de saint Pierre et saint Paul, et un marbre dans la chapelle de la *Virgen del Carmen*.

A 2 l. environ, dans la sierra, sont les bains de *Almilla*, très fréquentés depuis mai jusqu'à la fin de juin, et depuis septembre jusqu'à la fin d'octobre.

Le géologue visitera *el Cabo de Gata*, et les grottes dans la *Montaña del Bujo*.

ROUTE 121.

DE GRENADE A MOTRIL.

Par Padul et Béznar, 12 l.

Armilla	0 1/2
Alendin	0 1/2
Padul	2
Durcal	1
Talara	1
Béznar	1
Tablate	1
Puente et Venta de Izbol	1
Velez de Benadulla	2
MOTRIL	2

Jusqu'à Béznar, la route neuve est d'une bonne construction. Nous y rencontrons

PADUL, avec 2,700 hab., au pied de la sierra Nevada.

VELEZ DE BENADULLA, ville assez importante, province et évêché de Grenade, située un peu au-dessous de la jonction du Guadalfeo avec le *Rio Grande*, au pied de la sierra de Lugar.—Pop. 3,400 hab. Ses environs renferment des mines d'or et d'argent.

Bientôt la route franchit la sierra de Lugar, du sommet de laquelle vous apercevez la mer. Par une pente douce vous arrivez à

MOTRIL, ville maritime, médiocre en étendue, comme en intérêt, située au centre de la verte Vega; elle est richement pourvue de poisson et de fruits.—Pop. 12,000 hab. cultivateurs et pêcheurs. La posada est décente et passable.

ROUTE 122.

DE GRENADE A ANTEQUERA.

Par **Santa-Fé** et **Loja**, 13 l.

Santa-Fé.	2 l.	
Lachar.	2	
Venta de Carcin.	2	
Venta Nueva.	0	1/2
Venta del Salar.	0	1/2
Loja.	1	
Venta de Rio Frio.	0	1/2
Venta de Archidona.	2	1/2
ANTEQUERA.	2	

De *Grenade* à *Loja*, voyez route 118.
A *Loja*, on quitte la route de *Malaga* pour prendre à droite la route de *Séville* à *Antequera*. (*V.* route 100.)

ROUTE 123.

DE GRENADE A MURCIE.

Par **Guadix**, **Baza** et **Lorca**, 47 l.

De Grenade à Guadix. (*V.* route 120.).	9 l.	
Fuente Alamo.	1	1/2
Venta de Gor.	1	1/2
Venta del Baul.	1	
Baza.	3	
Venta del Peral.	3	
Cullar de Baza.	1	
Vertientes.	3	
Chirivel.	1	
Velez Rubio.	3	
Puerto de Lumbreras.	5	
Lorca.	3	
Totana.	4	
Lebrilla.	4	

Lugar de Don Juan...............	3
MURCIE................	4

Bien que cette route soit praticable pour les voitures, il vaut mieux louer des chevaux jusqu'à Lorca, d'où part une diligence pour Murcie.

On quitte *Grenade* par la *puerta de Falcalauso* (porte des Amandiers). On chemine 2 heures dans la montagne et on arrive à la *venta de Huela*, qui est passable. On franchit les hautes et pittoresques montagnes, qu'on redescend vers Molinello, contrée sauvage et aromatique; bientôt on atteint *Guadix*. (*V.* route 120.)

Après avoir traversé *Venta de Cor*, on arrive à

BAZA, la *Basti* des Romains, et la *Basta* des Arabes. —Pop. 11,900 hab., tous agriculteurs. La posada est bonne. Cette ville fut prise par les chrétiens, en 1480, après un siège de sept mois. La cathédrale n'a rien de remarquable. On trouve dans sa vega des fragments d'antiquités que les paysans ne savent pas respecter. Baza est renommée pour ses riches vins rouges, qui se consomment à Grenade. Les femmes y sont réputées les plus jolies de l'Espagne, et on admire leur belle carnation. Les paysannes, vêtues de *sayas* vertes, ornées de garnitures noires et rouges, et chaussées de sandales, ont un air théâtral.

De là, une charmante avenue de peupliers conduit à

CULLAR DE BAZA, ville située dans un ravin où coule le torrent de ce nom.—Pop. 5,700 hab. La vallée, couverte de rizières et de vignes, est dominée par les ruines du château mauresque. La moitié des habitations sont des caves creusées dans les flancs de la montagne.

Nous atteignons, au sommet d'une éminence accidentée, la misérable *venta de las Vertientes*;—puis, après 1 heure de descente,

CHIRIVEL, village où l'on récolte une grande quantité de lin et de chanvre.

Avant d'entrer à *Velez el Rubio*, on traverse l'effrayante gorge appelée la *Legua del Fraile*, dont les deux versants, la *Payle* et la *Monja*, ont un aspect fort original. Un ruisseau limpide et frais les sépare. En débouchant, nous entrons à

VELEZ RUBIO, ville de la province et du diocèse d'Almeria, chef-lieu du partido judiciaire de son nom.—Pop. 12,000 hab.—Située dans une contrée très-fertile en toute espèce de produits, et qui abonde en beaux jaspes. Ses maisons blanches sont pittoresquement groupées au-dessous du château. Tout proche, se trouve la *Fuente del Gato*, source d'eau minérale ferrugineuse très-recommandée pour les affections nerveuses. La *posada* fut construite en 1785 par le duc d'Alva, qui possède une partie du territoire; l'intérieur est imposant, mais dénué de tout. Cette ville, bien que sans défense, souffrit beaucoup d'un siége en 1810.

Après avoir franchi la rude *cuesta de Viota*, nous entrons dans le royaume de Murcie. La grande route de Lorca court sur les hauteurs jusqu'à *el Puerto de Lumbreras*; mais mieux vaut tourner la montagne vers la gauche par le noble château de *Xiguena*, et dîner à la venta située au-delà des moulins pittoresques qui bordent la rivière. Les sapins de montagne qui encadrent le site sont magnifiques. Faites alors un détour vers la gauche pour aller à *Pantano de Lorca*; là s'élève une digue énorme appelée *el Puente*, traversant toute la vallée à une hauteur d'environ 1,500 pieds. Elle a sept rampes ou *caminos* en belle pierre jaune, ayant chacune 12 pieds de large; la base a 84 pieds d'épaisseur. Cette digue refoule l'eau dans un réservoir qui alimente d'eau les terrains inférieurs. Terminé en 1789, ce bel ouvrage fut rompu en 1802 par le trop plein du réservoir.—En suivant le canal pendant 2 lieues, nous arrivons à

LORCA, *Elicroca*, *Lorcale*, avec une auberge décente et une diligence pour Murcie. Cette ville est chef-lieu du partido de son nom, province de Murcie, et diocèse de Cartagène. On y trouve une église collégiale, deux hôpitaux, un palais épiscopal, un collége, un séminaire, un château, une dizaine de posadas et une caserne. Sa population est de 22,000 hab. environ. Située au pied de *Monte de Oro*, sur les bords de la Sangonera, qui bientôt se jette dans la Seguera, Lorca est une cité vieille et triste, avec des rues tortueuses et escarpées, mais elle est propre et bien bâtie. Le château qui la domine est digne d'attention. La tour *Espolon*, ainsi que la longue ligne de murailles, sont mauresques ; la tour appelée *Alfonsina* fut bâtie par Alonso-le-Sage. La façade de la *Colegiata* est corinthienne et composite ; l'intérieur, un peu sombre, possède les reliques de son patron *san Patricio*. La vieille *plaza*, avec sa prison et ses rues écartées, présente un coup d'œil pittoresque. L'église de *Santa-Maria* est d'un gothique passable. Les promenades sont agréables, surtout l'*Alameda*, qui borde la rivière. Voyez dans la *Corredera* une colonne romaine avec une inscription. Lorca fut prise par les Français en 1811, et souffrit beaucoup de la guerre.

De Lorca à Murcie, la route est aride et déserte. A 1 l. de Lorca se trouve *San-Julian de la Higuerela*, magnifique habitation moderne. — Vient ensuite *el Parador de Castillo*, et 2 heures plus loin,

TOTANA, le quartier général des Bohémiens de Murcie, dont le costume est très-gai et très-bigarré : ce sont eux qui tiennent la plupart des auberges de ce pays. Ils font aussi un trafic important des neiges de la sierra España, qui commence près de cette ville.

Totana est une ville de 8,000 hab., chef-lieu de *partido judiciaire*, province de Murcie et évêché de Cartagène. On y trouve une belle fontaine alimentée par un remarquable aqueduc. Sa *Colegiata* n'est pas sans intérêt. — Partout où l'eau vivifie ce pays, la végétation y est tropicale. Les hauts roseaux, l'énorme aloès, les palmiers, et les gigantesques tournesols, dont les pauvres mangent la graine, confondent leurs luxuriants feuillages.

La route continue à suivre une direction N.-E. Les cabanes des paysans qui la bordent, leurs toits largement saillants sont en chaume, et surmontés de la croix de *Caravaca*, palladium de ces localités. Caravaca est une ville assez considérable située dans les montagnes, à 11 l. de Murcie, avec un château appelé la *Santa-Cruz*. La croix de ce lieu est renommée pour ses nombreux miracles.

Nous traversons LEBRILLA, grand village de 2,400 hab., construit de boue desséchée.

Deux heures après, nous atteignons le *rio Sangonera*. Bientôt, dans le lointain, la tour de la cathédrale de Murcie s'élance majestueusement du sein de plants d'orangers, de mûriers, de champs dorés de maïs, mêlés de poivriers rouges. Les paysans, au teint basané, avec leurs mouchoirs noués autour de leur tête en guise de turbans et leurs blanches jaquettes, ont un aspect tout à fait mauresque.

MURCIE (*V*. route 77).

ROUTE 124.

DE MADRID A MALAGA.

Par **Jaen** et **Grenade**, 88 l.

De *Madrid* à *Bailen* (*V*. route 98). . . .	48 l.
Bailen à *Jaen* (*V*. route 100).	6
Jaen à *Grenade* (*V*. route 116).	15 1/2
Grenade à *Malaga* (*V*. route 118). . . .	18 1/2

ROUTE 125.

DE MALAGA A RONDA.

Par **Burgo**, 11 l.

Venta de Cartama.	3 l.
Venta del Vicario.	2
El Burgo.	3
RONDA.	3

Cette route, à travers des montagnes sauvages, ne peut se faire qu'à pied, ou à cheval, ou à dos de mulet, et avec des provisions; car si les belles scènes qu'on admire sur ces vastes hauteurs sont riches pour l'œil et l'imagination du

touriste, elles sont absolument stériles pour son estomac.
Au sortir de Malaga, une série de montées et de descentes nous conduit à

CARTAMA, misérable venta bâtie sur une montagne; c'était autrefois une belle cité.—A *Cortijo Vellalon*, le voyageur peut passer la nuit.—*El Burgo*, misérable hameau avec un pont.—Au milieu d'une nature sauvage, nous arrivons à l'aqueduc qui traverse le *Toro*, ensuite nous descendons le *Puerto de los Espinillos*, d'où la Ronda s'offre à notre vue.

RONDA (*V.* route 105).

ROUTE 126.
DE MALAGA A MOTRIL.
Par **Almuñecar**, 23 l. 1/4.

Ventorrillo de la Legua.	1 l.	
Venta de Tobal.	1	
Castillo del Marques.	1	
Torre del Mar.	1	
Castillo de Torrox.	3	
Nerja.	1	
Maro.	0	1/2
Torre y Rio de la Miel.	1	
Torre del Pino.	0	1/2
Venta de Amores.	0	1/2
La Cuesta de Cantaneijan.	0	1/2
Cortijo de la Herradura.	1	
Almuñecar.	1	
Salobreña.	3	
Rio Guadalfeo.	4	1/4
MOTRIL.	3	

En sortant de Malaga, la route suit constamment le

rivage, et traverse les pauvres *ventas de Tobas*, de *Tobal*, et plusieurs autres petites localités sans intérêt jusqu'à

VELEZ MALAGA (*V.* route 119).
En continuant à suivre le littoral, nous traversons *Torre del Mar*, ensuite

CASTILLO DE TORROX, chef-lieu de partido, avec une population de 3,000 hab.—Nous suivons toujours la côte jusqu'à

ALMUNECAR, ville de 5,000 hab., province et diocèse de Grenade, partido de Motril. Son nom est d'origine arabe, et signifie *Lugar de los Renegados*. Elle est adossée à une éminence que baigne la Méditerranée.—Trois heures après, on arrive à

SALOBRENA, village de 1,500 hab., au bord de la mer, avec des restes de fortifications mauresques. Jadis c'était une ville importante.—A 1/4 de l., nous traversons le *rio Guadalfeo*. Bientôt après, nous sommes à

MOTRIL (*V.* route 124).

ROUTE 127.

DE MALAGA A ANTEQUERA, 8 l. 1/2

Venta de San-Cayetano............	1 l.
Venta de San-Matagatos.........	1
Venta de Linares...............	1
Venta de las Panamas..........	1
Venta de Galvez...............	1
Venta y Puente del Orcajo......	1
Venta del Rosario.............	1
Venta del Chocolate, ou Nacimiento de la Villa..................	1
ANTEQUERA.................	0 1/2

Toutes les *ventas* que nous trouvons sur cette route sont mauvaises et dénuées de tout.

La route remonte au N. la riche plaine de Malaga ; après la *venta de Galvez*, le sol commence à s'élever jusqu'à la *venta del Rosario*. De là, en nous retournant, nous jouissons du beau panorama de la Méditerranée, dont les ondes bleues baignent les blanches murailles de Malaga. Une heure de marche dans la sierra nous conduit à

ANTEQUERA (*V.* route 106).

ROUTE 128.
DE MALAGA A GIBRALTAR.

Par **Marbella** et **Estepona**, 20 l.

Churriana．	1	
Torremolinos．	1	
Arroyo de la Miel．	1	
Benalmadena．	1	
Fuenjirola．	1	
Marbella．	4	
Venta de Quiñones．	1	
Venta de Casasola．	1	1/2
Estepona．	2	1/2
Venta de Torre de la Sal．	1	1/2
Venta et Castillo de la Sabinilla．	0	1/2
Venta et Rio Gundairo．	0	3/4
San-Roque．	2	1/4
GIBRALTAR．	1	

En sortant de Malaga, la route suit le littoral de la Méditerranée. Les endroits qu'elle traverse sont :

CHURRIANA ; village de 1,600 hab. ; *Torremolinos*, *Arroyo de la Miel*, *Benalmadena*, *Fuenjirola*, localités sans intérêt.

lieue plus loin, nous traversons les *Lignes* garnies d'une longue file de guérites, avec des sentinelles espagnoles gardant la frontière. Là, une étroite langue de sable, appelée *Terrain neutre*, sépare le rocher du continent espagnol. Ce passage franchi, tout change à nos yeux : ici tout annonce l'ordre, l'organisation, la discipline, la richesse et l'ombrageuse puissance de l'Angleterre. La côte N. de Gibraltar est hérissée de canons occupant des embrasures taillées dans la roche : à mesure qu'on avance la défense devient plus formidable ; la chaussée s'élève sur un marais appelé l'Inondation, qu'on peut couvrir d'eau à volonté. Ensuite nous passons devant une *caserne* bien tenue par des soldats et leurs familles ; là nous sommes à Gibraltar.

Le voyageur qui arrive par le bateau à vapeur *Cads et Toulers*, est abasourdi par les offres des hôteliers. Voici, quant à nous, les hôtels qui nous semblent les meilleurs : chez Mme Crosby, où on trouve un *club* et des appartements vastes, aérés et frais, et à des prix raisonnables; *hôtel Griffith*, *hôtel français de Dumoulin*, *fonda de Europa*, pas chère et bien située, etc. A l'hôtel Griffith, il y a un juif nommé Rafael, qui est un excellent guide pour Gibraltar et pour toute l'Andalousie.

On ne peut résider que quelques jours à Gibraltar ; à moins d'être recommandé par quelque autorité militaire ou quelque notabilité de la ville ; mais l'étranger honorable ne manquera pas de répondants pour obtenir un permis de séjour de quinze à vingt jours.

GIBRALTAR (*Calpe*) est une ville anglaise transportée sur un énorme rocher, fameux tant par sa hauteur et par l'avancement de son cap que par sa situation entre l'Océan et la Méditerranée, et aussi par l'immense panorama dont on jouit du plateau qui le couronne, et d'où la vue, par un temps clair, s'étend à près de 40 lieues. Par sa position, *Gibraltar* est réputé imprenable, ne communiquant avec l'Espagne que par un isthme assez étroit et à fond sablonneux, qui empêche toute espèce d'ouvrage pour l'attaque. C'est une ville bien bâtie, mais presque toute dans le genre anglais. Elle fut définitivement arrachée aux Maures en 1462. Ses fortifications furent considérablement augmentées par Charles V, en 1552. Elle tomba aux mains des Anglais en 1704.

Gibraltar ne renferme que peu d'objets d'art ou de science ; aussi un jour ou deux suffisent-ils pour visiter cette ville. Son seul établissement scientifique est *la bibliothèque de la garnison*, contenant 20,000 vol. anglais et étrangers, et ouverte aux voyageurs recommandés. Ensuite visitez au sommet du rocher le plateau dont nous venons de parler ; la grande rue, large, droite, et ornée de jolies boutiques ; l'hôtel du gouverneur, dont le beau jardin sert de promenade publique; l'hôpital de la marine; le port, très-vaste et presque toujours couvert de navires de toutes les nations ; le beau palais en marbre blanc d'Italie, construit par un juif ; l'église des anglicans, moderne, simple et noble ; la chapelle catholique, joli édifice ; les trois synagogues, peu remarquables, et la petite salle de spectacle.

Cette ville offre à l'amateur du génie militaire un vaste champ d'étude et d'investigations. Le naturaliste visitera le marché au poisson, pour observer la riche variété des produits de la pêche. Le poisson y est excellent et toujours frais ; car les pièces qui n'ont point été vendues dans le jour sont détruites le soir. Bien que la surface de ce rocher soit nue et brûlée en été, les pluies d'automne et du printemps rendent la végétation féconde et variée. Les perdrix et les lapins y abondent ; on ne les chasse jamais. Mais les véritables rois de cette faune sont les singes, qui hantent les points les plus élevés. Ils sont vifs, légers et inoffensifs.

Gibraltar est un port libre dans toute la force du mot ; pas de douane tracassière, tout y entre et en sort librement: aussi la ville est-elle toujours parfaitement approvisionnée : elle sert de dépôt aux produits anglais introduits en fraude, et dont les Anglais font un commerce considérable.—Pop. de 15,000 à 20,000 habitants anglais, italiens, espagnols, juifs, etc., non compris 7,000 hommes de garnison.

La baie de Gibraltar est formée par deux caps, l'*Europa Point*, et *Cabruta*. Sa plus grande largeur, de l'E. à l'O., est d'environ cinq milles, et sa plus grande longueur d'environ huit milles. Sa profondeur, au milieu, dépasse 100 toises.

ROUTE 128.—DE MALAGA A GIBRALTAR.

MARBELLA, chef-lieu de partido judiciaire, province et diocèse de Malaga. Cette jolie petite ville s'élève au milieu de bocages et de jardins; elle est baignée par la mer, et adossée au N. à la *sierra Blanca*. Sa *posada*, *la Corona*, est décente.—Pop. environ 5,900 hab. — Cette ville, d'origine mauresque, fut prise en 1485.

A 1 l., se trouvent les mines de fer de *Heredia*, qui méritent d'être visitées; elles sont maintenant en pleine activité; mais le manque de combustible nuit beaucoup à leur prospérité. Le mineral donne de 70 à 75 de métal pour cent.

Suivant toujours le littoral, nous passons par les *ventas de Quiñones* et de *Casasola*, ensuite on atteint

ESTEPONA (*Cilniana*), ville chef-lieu de partido, avec 9,000 hab. Elle est située sur le bord de la mer, et abritée au N.-E. par la *sierra Bermeja*; elle fut construite en 1456, des débris d'une ancienne cité mauresque dont il reste encore quelques vestiges.

Ensuite on passe *Torre la Sal*, venta, et *Castillo de Sabinilla*; et puis on pénètre dans la dangereuse vallée du *Guadairo*, à l'entrée de laquelle se trouvent la venta et la rivière de ce nom.

Alors la route se divise; une branche continue à suivre le rivage de la mer; et l'autre, que nous prenons, s'écarte un peu pour gagner

SAN-ROQUE, cité, chef-lieu de partido judiciaire, province et diocèse de Cadix.—Pop. 7,800 hab. La meilleure hôtellerie est chez Matré, *el Correo Inglés*, calle San-Felipe. Cette ville fut fondée en 1704, après la perte de Gibraltar; elle est assez bien bâtie et dans un climat très-sain. Les vivres y sont à très-bon marché; la vie y coûte moitié moins qu'à Gibraltar : aussi sert-elle de résidence d'été à beaucoup de familles anglaises. Le quartier qu'elles occupent a tout à fait perdu sa physionomie espagnole.

Après San-Roque, nous traversons *el Puente de Moyorgo*; ensuite *el Castillo de Santa-Barbara*, et plus loin celui de *San-Felipe*, bâti en 1731 par Philippe V: ce ne sont plus que des monceaux de ruines. Une demi-

ROUTE 129.

DE MADRID A ALMÉRIA.

Par **Jaen** et **Grenade**, 94 l. 1/4.

De *Madrid* à *Bailen* (*V.* route 98). . 48 l.
Bailen à *Jaen* (*V.* route 100). . . . 6
Jaén à *Grenade* (*V.* route 116). . . 15 1/2
Grenade à *Alméria* (*V.* route 120). . 24 3/4

ROUTE 130.

DE MADRID A CIUDAD-RÉAL.

Par **Ocaña** et **Madridejos**, 35 l. 1/2.

De *Madrid* à *Ocaña* (*V.* route 74). . 9 l. 1/2
Ocaña à *Villarta* (*V.* route 98). . . 14 1/2
Venta de Quesada. 2 1/2
Daimiel. 4
Torralba. 2
Carrion de Calatrava. 1
CIUDAD-RÉAL. 2

Pour la partie de cette route comprise entre *Madrid* et *Venta de Quesada*, voyez route 98.

A la venta de Quesada, nous laissons à gauche la grande route de l'Andalousie, pour prendre un chemin qui nous conduit à

DAIMIEL, ville de 9,200 hab., chef-lieu de partido judiciaire, province de Ciudad-Réal, diocèse de Tolède : c'est une ville moderne, mais peu curieuse. Son territoire est élevé et fertile.

TORRALBA, petite ville de la même province, avec 3,100 hab.

CARRION DE CALATRAVA, autre petite localité de fondation moderne, avec 2,700 hab.

ROUTE 131. — DE CIUDAD-REAL A ALMADEN.

Deux heures de marche, et nous sommes à

CIUDAD-REAL, ville capitale de la province et du partido judiciaire de son nom, résidence du chef politique, de l'intendant et de toutes les autorités civiles et militaires. — Pop. 10,800 hab. Cette ville est bien bâtie ; ses rues sont larges et droites. Elle a une belle église paroissiale de la *Virgen del Prado*, patronne de la ville, et un bel hôpital. Ciudad-Real est bien déchue de son ancienne splendeur industrielle.

A 3 l. S. de Ciudad-Real, se trouve *Almodovar*, ville chef-lieu de partido, avec 4,000 hab.

ROUTE 131.

DE CIUDAD-REAL A ALMADEN, 14 l.

Poblete................	1 l.
Corral de Caracuel.......	2
Cabezarados............	3
Abenojar...............	1
Sacerueła...............	3
ALMADEN..............	4

Cette route est nouvelle; la contrée qu'elle traverse n'offre rien de particulier jusqu'à

ALMADEN, ville de 8,000 hab., chef-lieu de partido judiciaire, province de Ciudad-Real, diocèse de Tolède. La *posada* est misérable ; logez dans quelque maison particulière. *Almaden del Azague* sont deux mots arabes qui signifient la *mine de vif-argent*. Sa longue rue étroite est située sur un plateau. Contemplez de la *Glorieta* la ville brûlée par les rayons du soleil. La mine située près de la ville, une des plus antiques et des plus riches de l'Europe, semble devenir plus riche à mesure qu'on y creuse plus avant. La veine de cinabre, d'environ 25 pieds d'épaisseur, traverse des roches de quartz et d'ardoise. Il s'y trouve aussi du mercure dans des pyrites, et du hornstein. Le travail d'extraction est en général malsain; les Carthaginois et les Romains n'y employaient que des captifs et des esclaves. Aujourd'hui ces mines occupent environ 5,000 personnes pendant l'hiver seulement, les chaleurs et les exhalaisons du mercure étant trop contagieuses en été. On y compte trois veines, appelées de Saint-Nicolas, Saint-Francisco et Saint-Diego. On y descend par des échelles presque perpendiculaires. Le puits le plus profond peut avoir 900 pieds. Ces mines s'étendent sous la ville.

La quantité de mercure qu'on en obtient annuellement varie de 20,000 à 25,000 quintaux, ce qui donne au gouvernement un revenu d'environ 6,000,000 fr. par an.

ROUTE 132.

DE MADRID A TOLÈDE.

Par **Getafe** et **Illescas**, 12 l.

Getafe.	2
Barla.	1
Ventas de Torrejon.	2
Illescas.	1
Yuncos.	2
Cabañas.	1
Olias.	1
TOLÈDE.	2

On trouve une diligence qui part du n° 10, *plaza del Progres*, à Madrid, pour Tolède. La route, si on peut appeler cela une route, qui traverse des plaines presque désertes, n'est qu'un nuage de poussière en été, et une flaque de boue en hiver; mais une nouvelle route est en voie de construction.

Nous quittons Madrid par le pont de Tolède. Après avoir traversé *Caravanchel de Arribal*, nous atteignons

GETAFE, pauvre ville castillane, chef-lieu de partido judiciaire, avec 2,700 hab.; elle a une massive et vaste

ROUTE 132.—DE MADRID A TOLÈDE.

église paroissiale. Le retable est orné de jolies peintures d'Alonzo Cano, dont les sujets sont tirés de la vie de sainte Madeleine.

Aucun autre endroit ne mérite notre attention jusqu'à

ILLESCAS, pauvre petite ville de la province de Tolède, avec 1,800 hab. Visitez la *Santa-Maria*, avec son beau beffroi mauresque, ainsi que les restes du couvent des Franciscains, détruit par la guerre péninsulaire. Illescas possède aussi une Vierge miraculeuse appelée la *Vierge de la Caridad*. Visitez encore la chapelle de l'hôpital, ornée de quelques peintures par El Greco.—A 2 l. de Illescas, et à 4 l. de Madrid, dans la *despoblado de Humanejos*, entre *Perla* et *Tarrejoncillo de la Calzada*, se trouve une ruine mauresque d'un haut intérêt.

Nous traversons *Yuncos*, village de 500 hab., avant d'arriver à

OLIAS, pauvre petite ville de 2,000 hab., avec un hôpital pour les voyageurs malades. Son climat est sain, et son sol fertile.

Bientôt nous atteignons *el Ventorillo* (petit cabaret) de *San-Francisco*; quelques instants après nous entrons à

TOLÈDE. Les meilleures hôtelleries sont : *Posada del Mirador*, à l'entrée E. de la ville; dans la ville, *fonda de los Caballeros*, ou la *Caridad*, calle Orno de la Magdalena, nº 1, tenue par Eugenio Ruano; elle doit être aujourd'hui *plaza de la Constitucion*. La *fonda del Lino*, au coin de la calle de Santa Justa, est passable. On cite aussi la *fonda del Arzobispo*.

Tolède, cité antique de 15,000 hab., capitale de la province et du partido judiciaire de son nom, siége d'un archevêque primat d'Espagne, résidence du chef politique et de toutes les administrations civiles et militaires; elle possède une cathédrale, 20 paroisses, environ 30 anciens couvents des deux sexes. Tolède est située au centre des *sierras* ou *montes de Toledo*, qui séparent le bassin du Tage de celui de la Guadiana. Ces sommets, longs d'environ 40 lieues, sont découronnés de leurs riches futaies, qui ont servi aux constructions de Madrid.

Tolède offre de loin un aspect des plus imposants ; c'est un ensemble de constructions antiques solidement bâties, et, comme Rome, assises sur sept collines à 2,400 pieds environ au-dessus de la mer. Le Tage franchit en bouillonnant la déchirure ou Tajo qui se trouve dans la montagne de granit, et entoure toute la ville, sauf un seul côté, lequel est défendu par des murailles et des tours mauresques. A l'intérieur, les rues sont étroites, irrégulières, tortueuses et escarpées ; les maisons, massives et retirées, ont quelque chose d'arabe. Bien que mal pourvue d'eau, Tolède est cependant une ville très-propre. Son climat est d'un froid perçant dans l'hiver, et brûlant dans l'été ; mais les prairies qui bordent le fleuve sont charmantes. Les habitants de Tolède sont, quant aux mœurs et du langage, le type le plus pur du vieux Castillan.

Au centre de la ville, s'élève majestueusement la cathédrale entourée d'églises et de couvents, aujourd'hui silencieux et déserts.

Quelques antiquaires attribuent la fondation de Tolède aux Phéniciens, et d'autres à Tubal. Wamba, le Japhet de l'Espagne, fut son premier bienfaiteur, comme le rapporte une inscription qui se trouve sur la grande porte.

Avant de visiter l'intérieur, arrêtons-nous au N.-E., à la *puerta del Sol*, riche porte en granit, avec des arches arrondies ; suivons la vieille route qui serpente jusqu'à l'église de *Santiago*, dont nous examinerons la cour, le portique et l'abside : A la *puerta de Visagra*, aujourd'hui fermée, les murailles offrent deux lignes de circonvallation ; celle de l'intérieur, construite par Wamba, part du pont d'Alcantara, passe par la porte *Doce cantos*, derrière *el Carmen calzada*, les portes de *Santa-Cruz* et de *Cambron*, et finit au pont *San-Martin*. La ligne extérieure, construite en 1109 par Alonso VI, commence aussi au pont d'Alcantara, passe par *las Covachuelas*, *Puerta Lodada*, et rejoint l'ancienne muraille près d'*el Nuncio*.

La Porte-Neuve fut bâtie en 1575, par Philippe II, qui l'orna de l'aigle et du bouclier de Charles V. Le Saint Michel ainsi que les autres statues sont de Berruguete.

ROUTE 132.—DE MADRID A TOLÈDE.

Voyez l'inscription de Philippe, ainsi que l'image de saint Eugène, évêque de Tolède, assassiné à Saint-Denis, près Paris. Ses reliques, après une séparation de 1468 ans, furent rendues à sa ville épiscopale, qui les a en grande vénération.

En dehors de cette porte, se trouve l'*Alameda* plantée en 1826 par le corregidor Navarro, qui dessina les jardins et la *plazuela de Marchan*; les statues des rois de Tolède, qui la décorent, sont lourdes et mauvaises. Dans le faubourg *las Covachuelas*, près de quelques débris romains tout à fait dégradés, s'élève l'hôpital Saint-Jean-Baptiste, *el hospital de Afuera*, construit en 1542, par Bartolomé Bustamente. La façade n'est pas encore terminée; un beau *patio* orné, avec sa colonnade, vous conduit à la chapelle, dont le retable fut dessiné et peint par El Greco, en 1509. Le fondateur repose sous une noble *urna* gréco-romaine gardée par les Vertus cardinales. Ce fut la dernière, mais non la meilleure œuvre de Berruguete, qui mourut en 1561.

Maintenant, à droite, et dans la *puerta Lodada*, examinez les petites crénelures pour les flèches, ainsi que les arches arrondies qui se trouvent au-dessus. Cette porte fut construite sous Alonso VI, par des ouvriers arabes. Sur la montagne, une ligne de couvents et de palais, maintenant en ruines, s'étend depuis l'hôpital des fous, *el Nuncio*, jusqu'à la porte de *Cambron*. Au-dessous, on distingue encore les restes d'un cirque romain, ainsi que l'église *el Cristo de la Vega*, bâtie en 624, sur un temple romain. Cette basilique, assez remarquable, possède les reliques des saints patrons de la ville, *san Ildefonse* et *santa Leocadia*, tant célébrés par les auteurs et les artistes espagnols.

Au-dessus, à gauche, s'étendent les ruines du palais-forteresse, construit par Wamba en 674. Plus bas, sur le bord du fleuve, se trouve un *alcoba*, avec une arche mauresque que les gens du peuple appellent *los Baños de Florida de Cava*. Ensuite visitez le pont de San-Martin, qui termine le panorama de ce côté.

Revenons maintenant sur nos pas, et montons vers la *puerta del Cambra*, pour entrer dans Tolède. Dans une niche de cette porte, la statue de sainte Leocadia, par Berruguete, de style florentin, a de belles formes et une expression douce et tendre. Un peu plus loin sont les restes de *San-Juan de los Reyes*, construit par Ferdinand et Isabelle. Ce couvent était un des plus beaux monuments du style gothique fleuri ; la magnifique chapelle n'a échappé à la destruction que pour être restaurée dans le plus mauvais goût possible. Les cloîtres, avec leurs jolis arceaux gothiques, méritent tout l'intérêt de l'archéologue.

Vers la gauche, des rues étroites gagnent l'ancienne *Juderia*, ou quartier des juifs, où s'élèvent deux synagogues des plus singulières, mais dans un triste état : la première, appelée *Santa-Maria la Blanca*, fut construite au IXe siècle ; elle a trois ailes divisées par des piliers polygones. L'autre synagogue, appelée *el Transito*, moins ancienne, est belle et mieux conservée ; elle fut construite par Lévi, trésorier de Pedro-le-Cruel. Celui-ci, en 1360, ayant besoin d'argent, mit à mort le pauvre Lévi, et s'empara de sa fortune.

L'église de *Santo-Tome* a une tour de brique mauresque. A l'extrémité O. de la nef se trouve un chef-d'œuvre admirable, mais abandonné, représentant l'enterrement de Gonzalo Ruiz, d'El Greco, peintre, sculpteur et architecte. Il était Grec de naissance ; il s'établit à Tolède en 1577, et y mourut en 1625. Tout près de l'église est le *cuartel* délabré *de Milicias*, jadis le palais du comte de Fuensalida. Charles V y logea en 1537, et sa femme Isabelle y mourut. Descendons maintenant vers le pont mauresque de *San-Martin*; remarquez, dans la tour, une statue de *San-Julian*, par Berruguete. Ce pont étroit est très-élevé en raison des crues. De là on voit dans les montagnes un groupe de maisons de campagne appelées les Cigurrules, ou *Casa del Campo*.

Nous traversons le pont *San-Martin*, et gravissons l'escarpement jusqu'à 50 mètres environ. Là nous voyons une couche de gneiss presque perpendiculaire, avec des veines magnifiques de granit mêlées d'énormes cristaux de quartz, felsdpath et mica. Au bas de la vallée déserte qui suit coule un ruisseau limpide où les femmes lavent leur linge et égayent la solitude par leurs chants. Remontez ce petit cours d'eau en passant par les moulins mauresques qui bordent le Tage, puis jusqu'à la chapelle ; là Tolède reparaît, avec son énorme *Alcazar* carré, couronnant le rocher, les ruines et le fleuve. Ensuite montez vers le château de Cervantes que défend le pont; de ce point la vue sur Tolède est magnifique : à droite dans le bas s'épanouit la plantureuse *Alameda*, au commencement de la route d'Aranjuez ; la prairie qui s'étend à l'opposé est riche de souvenirs chevaleresques et s'appelle aujourd'hui la *huerta del Rey*. Du pont d'Alcantara, montez la colline vers la gauche ; de là contemplez en bas le *Ingenio*, machine hydraulique qui fournit de l'eau à la ville haute. Ensuite visitez l'*Alcazar*, palais-forteresse, après en avoir toutefois demandé la permission au *commandante de las armas*, qui l'accorde toujours. La portion ancienne de ce vaste édifice domine le Tage ; Alvaro de Luna et Charles V, en 1544, y firent de grandes améliorations et additions. Une grande partie fut brûlée pendant la guerre de la succession ; il fut réparé depuis, mais souffrit encore pendant la guerre de l'Empire. Remarquez la façade, les fenêtres, le *patio* avec ses colonnes de granit, par Berruguete. Ce fut dans les salons qui donnent sur le fleuve que la veuve de Philippe IV fut enfermée pendant la minorité de Charles II.

Maintenant portons nos pas vers la *Zacodover*, place du marché, située proche la cathédrale. Ses fenêtres irrégulières, ses balcons et les costumes pittoresques des paysans lui donnent un aspect tout mauresque. Ensuite, une rue longue et la seule un peu large de Tolède conduit à la cathédrale. L'extérieur de cet édifice n'a rien de bien frappant, sauf du côté de la *plaza de San-Juste*, ou sur celle *del Ayuntamiento*, la grande façade : une seule tour est terminée : elle le fut en 1535. Elle s'élève à 325 pieds de hauteur. La coupole de l'autre tour est de *El Greco*.

Avant de pénétrer dans l'intérieur, examinons la *puerta de los Leones*, à l'extrémité du transsept S. Elle est ainsi appelée des lions qui la décorent. Le portail, orné de figures gothiques, fut construit par Maëstro Egas, en 1459 ; l'*Assomption de la Vierge*, datant de 1776, est de Mariano Salvatierra. L'extérieur des portes de bronze de Saint-Michel-Ange, fut coulé en 1545, par Francisco de Villalpando, et l'intérieur fut sculpté sur bois en 1541 par

Diego Copin de Hollande. La porte moderne ionique, au côté S. de la nef, contraste gauchement avec le style gothique de la cathédrale. La *puerta del Reloj* ou *de la Feria*, à l'extrémité du transsept N., est aussi défigurée par des ouvrages modernes en bois doré. Les portes de bronze furent coulées, l'une en 1743, et l'autre plus anciennement. La grande porte de l'O., appelée *del Pardon*, qui a six niches de chaque côté, est d'un riche gothique du XVe siècle.

L'intérieur de cette cathédrale, bien qu'inférieur à celui la cathédrale de Séville pour la forme et pour la hauteur, est néanmoins fort remarquable. Le style gothique est en général simple et hardi ; les vitraux peints sont superbes, surtout au coucher du soleil ; ils représentent des sujets bibliques et des légendes des saints du pays. L'église contient cinq nefs, soutenues par 84 piliers ; la longueur est 414 pieds, sur 204 de large ; la nef centrale, qui est la plus haute, s'élève à 160 pieds. Les cloîtres, situés au N., contiennent des reliques et des peintures. Le chœur est un vrai musée de sculpture. Les 30 stalles sculptées en 1495 par el maestro Rodrigo représentent les campagnes de Ferdinand et d'Isabelle. Celles du côté droit sont de Vigarpi, mort à Tolède en 1543 et enterré dans cette église. Le buffet moderne des orgues est dans le style de Churriguerre.

Entre les deux chœurs remarquez les deux chaires de métal doré, élevées sur des colonnes de marbre. La riche *reja* fut exécutée en 1548 par Villalpando. La *Capilla Mayor* fut agrandie par le cardinal Ximenez. Le retable élevé auquel on monte par des degrés de jaspe coloré, contient cinq compartiments ornés de sculptures représentant la vie du Sauveur et de la Vierge, exécutées vers 1500. Tout proche se trouvent plusieurs tombeaux des anciens rois (Alonso VII, Sancho *el Descado*, Sancho el-Bravo et l'Infant don Pedro) et celui du cardinal Mendoza, mort en 1495. Ce monument de style plateresque est d'Henrique Egas. Sa beauté le rend digne du grand prélat auquel il est consacré.

Remarquez ensuite le *rispaldo del coro* (derrière du chœur) gothique, élevé dans le XIVe siècle. Passons maintenant dans la chapelle contiguë de *Santiago*, destinée à la sépulture du connétable Alvaro de Luna et de sa famille. Cette chapelle est d'un style gothique riche et orné (1442); les détails en sont pleins d'intérêt.

De là nous gagnons la magnifique *capilla de los Reyes nuevos* (chapelle des nouveaux rois). Là, reposent dans des niches dignes de Cellini, Henrique II, mort en 1379, sa femme Juana, morte en 1381, leur fils Juan I, mort en 1390, et sa femme Leonora, morte en 1382. (Voyez au *presbiterio* leurs statues agenouillées); Henrique III, mort en 1407; sa femme Catalina, morte en 1419. Juan II est enterré à Miraflores, mais sa statue est placée ici parmi ses ancêtres. Consultez à ce sujet *los Reyes nuevos de Toledo*, par Cristobal Lozano, in-4. Madrid, 1764.

Toutes les autres chapelles de cette grande cathédrale doivent être visitées avec le plus grand soin par l'artiste et l'antiquaire.

La *sala capitular de invierno*, la maison d'hiver du chapitre, a un vestibule mauresque; le portail carré, exécuté par Bernardino Bonifacio, et la porte d'entrée, par Antonio Gutierrez, en 1504, sont rangés parmi les meilleurs ouvrages de la renaissance en Espagne; tout dans ce bel édifice est d'un haut intérêt sous le rapport de l'art. Les pavés et les plafonds sont admirables; les murs sont décorés d'une série de peintures exécutées en 1511, dont les meilleures sont: la Nativité de la Vierge, sa Rencontre avec sainte Elisabeth, le Don de la *Casulla* et une jolie Sainte-Famille. Les siéges sont surmontés des portraits des primats, depuis Ximenez jusqu'à l'infant Louis de Bourbon.

Ensuite visitons le *sagrario*, la *sacristia*, l'*ochavo* et les autres salles. La grande entrée de la *capilla del sagrario*, bâtie en 1610, est en marbre de couleur. Les tombeaux, les inscriptions, le toit et les fresques, par Caxes et Carducho, méritent l'attention. Le plafond de la salle de la *sacristia* est peint par Luca Giordano, dont le portrait est à gauche de l'autel. Parmi les peintures, on remarque le *Martyre de santa Leocadia*, par Orrente; le *Christ* portant sa croix, une *Nativité* et une *Adoration*, par El Greco; un petit *San Francisco*, image sculptée d'environ deux pieds et demi de haut, par Alonso Cano; dans le *vestuario*, un *Julio II* digne de Van Dyck ; une *Nativité* et une *Circoncision*, par Bassano ; un *Saint George* et la *Sainte Famille*, esquisses ; un *Ensevelissement du Christ*, par Bellino, etc. L'*ochavo*, de forme octogone, fut terminé, en 1630, par un fils de *El Greco* ; il est orné de marbres précieux et d'un dôme peint ; on y garde les splendides vêtements de la Vierge, ainsi que les reliques les plus saintes, et les vases sacrés ; bien que dépouillé par la guerre, ce trésor est encore riche et curieux. Consultez *Sagrario de Toledo*, par Joseph de Valdevielso, Madrid, 1611 ; et *Descripcion de la capilla del sagrario*, par Pedro Herrerra, in-4. Mad. 1617.

L'image de la Vierge est une sculpture de bois noir ; elle est placée sur un trône d'argent (1674), que couronne un dais d'argent doré ; sa couronne n'est qu'une masse des plus riches joyaux ; sa garde-robe est conservée dans une plus petite *sacristia* : on l'en revêt aux grandes fêtes.

Visitons les élégants cloîtres gothiques, érigés en 1389 sur l'emplacement d'un *Alcana* ou marché juif ; les murs sont couverts maintenant des médiocres productions de Bayeu Maella, représentant les miracles et les légendes de *san Eugenio*, *santa Leocadia* et autres saints patrons ; tout proche on trouve, incrustée dans le mur, une inscription gothique d'un haut intérêt.

Vient ensuite la belle porte platéresque *del Niño perdido* (de l'enfant perdu), bâtie en 1565, par Toribio Rodriguez.

La capilla de *San-Blas* a un retable orné d'une peinture de 1584, par Louis Velasco, représentant la Vierge, les Saints et l'infant Fernando, armé. Les vieilles fresques des arcades supérieures sont de curieux spécimens du XIIIe siècle. Une urne élégante au centre renferme les cendres du fondateur de cette chapelle, mort en 1399 ; c'est l'œuvre de Fernand Gonzalez. Le *David* et le *Lion* sont par Jordan.

On monte aux étages supérieurs des cloîtres par un magnifique escalier ; une porte à l'E. conduit à la *sala capitular de Vernano*, maison d'été du chapitre ; tout dans ces cloîtres mérite l'attention. La *puerta de Santa-Catalina*, construite par Gutierez de Cardeñas, est assez remarquable, ainsi que la *puerta Nueva* (1665) et celle *de los*

Canonigos, dans la capilla de la Torre, d'un style élégant de transition.

La bibliothèque du Chapitre n'est pas ouverte au public. Dans l'antichambre se trouvent six belles peintures, dont les meilleures sont *Judith* et *Goliath*. La bibliothèque occupe une salle belle, propre et bien éclairée. Elle contient une bonne collection de manuscrits grecs, latins et arabes; une Bible de san Isidoro; les ouvrages de saint Grégoire en 7 vol., du treizième siècle; un beau Talmud et un Koran; une Bible grecque du dixième siècle; une *Esther* en hébreu; quelques manuscrits du temps du Dante; une Bible enluminée, donnée par saint Louis; un missel de Charles V, et plusieurs autres du temps de Léon X. Les livres imprimés, la plupart en italien, peuvent dépasser 7,000; ils furent donnés par Lorenzano, qui les avait achetés à Rome.

A l'O. de la plaza de la Cathédrale, s'élève le palais de l'archevêque avec un beau portail; la bibliothèque est publique. A côté s'élève la *Casa del Ayuntamiento* (Hôtel-de-Ville), construite par Domenico Greco.

A Tolède, la disposition extérieure et intérieure des maisons attire l'attention des architectes.

Proche le *Zacodovez* est l'*Hospital de la Cruz*, fondé en 1504 par Pedro Mendoza; sa position sur le Tage est admirable. Cet édifice est d'une grande beauté, le style général est de la transition du gothique à la renaissance; il fut terminé en 1514 par Henrique de Egas. Le superbe *patio* est enrichi des armes de l'orgueilleux Mendoza. La chapelle est une belle et longue nef encore inachevée: on y trouve quelques peintures médiocres, par L. Giordano. Dans *el Carmen* on voit les tombes de Pedro Lopez de Ayala, mort en 1444, et d'un autre don Pedro, mort en 1599, œuvres de Berruguete.

Visitez le monastère de *Santiago* ou *Santa-Fe*. Du *mirador* (belvédère) et de la *azotea* (terrasse) la vue est charmante; l'intérieur renferme de jolis *patios*; la chapelle est décorée avec élégance; on y trouve encore quelques peintures et un Christ mort, attribués à Alonso Cano. Toutes les religieuses sont nobles, elles portent la robe blanche et la croix rouge de l'ordre de Santiago. *San-Juan de la Penitencia*, fondé par le cardinal Ximenez, en 1514, possède la belle tombe de Francisco Ruiz, évêque d'Avila, un retable orné de peintures et une reja qui méritent d'être examinés.

Nous ne pouvons signaler au touriste qu'une partie des lieux intéressants que renferme cette illustre cité. Nous recommandons à l'amateur d'art religieux la belle chapelle du couvent des Bernardins *los Silos*, et sa belle *Assomption* de la Vierge, par El Greco; dans *San-Roman*, beaucoup d'ouvrages et d'inscriptions mauresques. A *San-Clemente*, une belle porte gréco-romane; dans *San Pedro martyr*, de bonnes statues de la Foi et de la Charité, et un Dominicain martyr, en marbre noir et blanc.

La fameuse *Fabrica de Armas*, ou manufacture des épées de Tolède, est située sur les bords du Tage, à environ 2/3 de lieue S.-O. de la ville; cet immense édifice est bien pourvu de forges et des autres objets nécessaires à la confection des armes blanches. Les lames qu'on y fabrique sont de la meilleure trempe, du plus beau poli et d'une grande élasticité.

Tolède, capitale des villes frontières S. de l'Espagne, était bien défendue contre les Maures par des lignes de forteresses et de châteaux disséminés sur cette longue ramification des *Montes de Toledo*, *Sierra del Duque*, etc. Bien que peu visitées, ces sauvages et pittoresques contrées sont couvertes d'une foule de vieux châteaux d'un haut intérêt pour l'artiste, l'historien et l'antiquaire.

Tous les jours il part de Tolède une diligence et des messageries pour Madrid, et des *carros* pour les lieux circonvoisins.

ROUTE 133.

DE TOLÈDE A CIUDAD-REAL.

Par **Malagon**, 18 l.

Venta-Blanca	2 l.
Orgaz	3
Yébenes	1
Juan de Dios	2
Zarzuela	3

ROUTE 133.—DE TOLÈDE A CIUDAD-REAL.

Fuente del Fresno	1	
Malagon	2	
Fernan-Caballero	1	
Paralvillo	1	1/2
CIUDAD-REAL	1	1/2

En quittant Tolède, la route suit une direction S. E. à travers une belle contrée jusqu'à

ORGAZ, petite ville de 2,700 hab., chef-lieu de partido, province, district militaire et archevêché de Tolède ; elle est située sur le penchant des montagnes de Yébenes et Marjoliza ; on y trouve une jolie église paroissiale moderne, (1769) dédiée à *santo Thomas apostol*; visitez les ruines de son antique et pittoresque château-fort, ainsi que les hauteurs des environs, qui offrent de belles scènes.

Nous voyageons alors sur la route directe de Madrid à Ciudad-Real, dans une direction S., jusqu'à

YÉBENÈS, ville de 3,600 hab., province et archevêché de Tolède, dans un district montagneux et hérissé de rochers escarpés. On y récolte beaucoup de miel.

Nous traversons *Juan de Dios, Zarzuela, Fuente del Fresno,* et puis

MALAGON, ville de 3,200 hab. province de Ciudad-Real, archevêché de Tolède ; on y trouve un couvent, un hôpital et un vieux château en ruines.

FERNAN-CABALLERO, que nous traversons ensuite, est une petite et insignifiante localité de 600 hab.

Toujours au S., on atteint

PARAVILLO, petite ville située sur la rive S. du rio Bañuelo, tributaire de la Guadiana.—De cette place, une heure et demie de marche nous conduit à

CIUDAD-REAL. *V.* route 130.

AUTRE ROUTE. De Tolède, on peut aussi aller à Ciudad-

Real, passant par *Nambroco, Mascaraque, Mora, Consuegra, Ventas de Puerto Lapiche, Arenas de San-Pedro, Daimiel, Torre Alba, Carrion* et *Ciudad-Real.* Cette route, dont nous avons suivi déjà une partie (*V.* route 130), est de 5 l. plus longue que la précédente.

ROUTE 134.

DE MADRID A ARANJUEZ, 7 l.

V. route 74.

ROUTE 135.

D'ARANJUEZ A TOLÈDE, 7 l.

Castillejo	1 l. 1/2
Villamejor.	1 1/2
Algodor.	1
Valdecaba	1
TOLÈDE	2

Une diligence part de l'hôtel de *la Porte* pour Tolède, où elle descend à la *Plazuela de Magdalena*.

En quittant Aranjuez, la route descend le cours sinueux du Tage, à travers la vallée de *la Segra*, dont les villages sont sans intérêt; les paysans castillans s'adonnent à l'agriculture, et vivent en ennemis d'un village à l'autre.

TOLÈDE. *V.* route 132.

ROUTE 136.

DE MADRID A OCANA, 9 l. 1/2

V. route 74.

ROUTE 137.

D'OCAÑA A ALCAZAR DE SAN-JUAN, 11 l.

La Guardia . . . . 3 l.
Romeral. 2
Villacañas. 2
Quero. 2
ALCAZAR DE SAN-JUAN 2

Après *la Guardia* (V. route 98), on traverse trois villages insignifiants, mais le pays est gracieux et fertile jusqu'à

ALCAZAR DE SAN-JUAN, petite ville de 5,900 hab. chef-lieu de partido, province de Ciudad-Real, diocèse de Tolède; elle est située sur la pente d'une colline à l'E. du mont de San-Cristobal; sa fondation est romaine, et on y trouve encore des débris de cette époque.

ROUTE 138.

DE MADRID A TALAVERA DE LA REINA, 19 l.

Alcorcon . . . . 2 l.
Mostoles 1
Navalcarnero 2
Valmojado. 2
Santa-Cruz de Retamar. 3
Maqueda 2
Santa-Olalla. 1
Al Bravo. 2
Sotocochinos 2
TALAVERA DE LA REINA 2

On quitte Madrid par la porte de Ségovie, on traverse sur un pont le Manzanarès, ensuite la route se dirige au S. O. jusqu'à

MORTOLES, petite ville de 1,200 hab., dans la plaine du *Guadarrama*; on y trouve un ermitage dédié à *N. Señora de los santos*.

Peu après cette place, on traverse sur un pont la *Guadarrama*, tributaire du Tage; et bientôt après on est à

NAVALCARNERO, ville de 3,900 hab., chef-lieu de partido, province de Madrid, diocèse de Tolède.—Le pays est fertile, on y récolte beaucoup de vin.

La route traverse une fertile contrée, traverse *Valmojado* avec 300 hab., une église paroissiale et deux mauvaises posadas.—Plus loin est *Santa-Cruz del Retamar*, avec 1,700 hab.—Ensuite *Maqueda*, avec 400 hab. et deux hôpitaux; petite ville qui date des Romains.—Le pays est des plus fertiles en grains, jusqu'à *Santa-Olalla*, ville de 1,000 hab., assez bien bâtie.—*El Bravo* et *Sotocochinos* où *Cazalegas*, qui suivent, sont insignifiants. La route se rapproche du Tage jusqu'à

TALAVERA DE LA REINA, ville de 7,600 hab., chef-lieu de partido, province et diocèse de Tolède. Ville déchue, mais dans une charmante situation sur le Tage, au milieu d'une plaine verdoyante et fertile. *La Posada del Fresco*, sur la Plaza, est assez bonne. Talavera est une cité vieille, mal pavée et incommode, mais elle a des détails très-curieux. La circonvallation intérieure est romaine; les *Torres Albarranas*, constructions mauresques, s'élèvent d'une manière très-pittoresque parmi les maisons; visitez l'*arcade de San-Pedro* et la *Plaza*, irrégulière, avec ses maisons rouges, ses portiques et ses balcons; le pont qui est beau, mais négligé; la *Alameda*, avec ses charmants bocages que le rossignol anime de ses chants; un autre *Paseo*, fort agréable, situé sur la route de Madrid, conduit à *Nuestra Señora del Prado*, ermitage construit sur un temple païen, où on conserva quelques rites païens jusqu'en 1707. La *Colegiata* gothique n'a rien de remarquable; elle fut commencée en 1211, réparée en 1382 et ensuite modernisée. Le couvent des *Hieronymites*, jadis si beau, situé près du fleuve, fut commencé en 1624; la façade ionique et l'escalier sont dignes d'attention. Le pont, dédié à sainte Catherine, date du quinzième siècle; il a besoin de réparation. Les manufactures de soie et de chapeaux ont beaucoup perdu de leur importance; celle de poteries de terre se soutient encore.

Talavera est la patrie de l'historien Mariana et d'Alonso de Herrera, écrivain agronome.

La montagne à gauche et la plaine que traverse la route de Madrid virent la grande bataille qui eut lieu en 1809, entre les Français et les Anglais.

ROUTE 139.

DE TALAVERA A TRUJILLO.

Par **Oropesa** et **Almaraz**, 22 l.

Calera.	3 l.
Oropesa.	3
Calzada de Oropesa.	2
Navalmoral.	4
Almaraz.	2
Lugar-Nuevo.	1
Casas del Puerto	1
Jaraicejo.	2
Carrascal.	2
TRUJILLO.	2

On quitte Talavera par la route royale de Portugal; à 3 lieues de marche, nous trouvons

CALERA, petite ville de 3,000 hab., située dans une plaine fertile; puis

OROPESA, 1,500 hab., au pied des montagnes, sur la frontière de l'Estramadure; *Calzada*, 1,500 hab.; *Navalmoral*, avec 274 mauvaises maisons et 3,000 hab.; *Almaraz*, 500 hab., à 1 l. du Tage. Visitez son magnifique pont de pierre d'une grande solidité, construit en 1552. L'une de ses deux arches fut détruite pendant la guerre, en 1809; sa longueur est d'environ 580 pieds de long sur 25 pieds de large et 134 pieds d'élévation : il est jeté sur une gorge des plus pittoresques, au fond de laquelle coule le Tage.

Ensuite on traverse *Puerto de Miravete*, point élevé d'où l'œil s'étend sur des plaines interminables, couvertes çà et là de montagnes coniques. Deux heures après, se trouve *Jarailo*, pauvre hameau à l'entrée de la plaine, qui du sommet conique de Santa-Cruz et de Trujillo offre à l'œil un beau panorama. La route redescend, traverse le *Rio-Monte* sur un beau pont, puis *Carrascal*, et enfin

TRUJILLO. *Turris Julia.* On attribue sa fondation à Jules César.

La *posada de los Caballeros*, située dans la partie élevée de la ville, où la route ne passe pas, est propre et bien tenue.

Trujillo, ville de 4,800 hab., est chef-lieu de partido. L'ancienne cité ou villa, qui s'élève à gauche, offre du dehors un aspect imposant; mais à l'intérieur ses rues sont étroites et mal pavées. Elle occupe une éminence granitique qui domine tout le pays. C'était jadis le séjour de l'aristocratie et de la garnison ; quoique abandonnée aujourd'hui, elle offre des vestiges curieux de sa splendeur antique et des objets d'un haut intérêt. On y pénètre par la porte de Santiago, ornée de bas-reliefs. Tout proche, s'élève une tour normande qui tient à une église, et dont la porte d'entrée et les fenêtres sont circulaires ; à l'opposé de cette porte, se trouve une autre tour, attribuée à Jules César, mais qui est mauresque. La *villa* est entourée par un mur qui couronne la crête de la montagne; à l'extrémité N., se trouve l'ancienne forteresse romaine, flanquée de tours de granit. Ce château a été fortifié à la moderne, car Trujillo est un point stratégique important; mais tout y est maintenant négligé. Les rues et les passages de la *villa*, étroits et coupés dans le granit, offrent de curieux aspects à l'artiste. L'église *Santa-Maria* a une tour lombarde et une belle fenêtre en rosace ; on y admire les tombeaux du cardinal de Gaeta et de Diego de Paredes.

Descendons maintenant dans la *ciudad*. Près la *villa* est la *plaza*, groupe pittoresque d'édifices publics et privés. L'église de *San-Martin* a une belle fenêtre à rosace, une nef unique, soutenue par de nobles arcades, et un toit voûté d'une riche construction; elle renferme plusieurs tombeaux très-curieux. On voit encore sur cette plaza la maison de Pizarre et la *casa del Ayuntamiento*, avec quelques peintures endommagées dans les salons; près de *San-Martin*, le vaste palais du duc de San-Carlos, avec un pompeux *patio*; la maison du *Conde del Puerto*. Voyez dans l'église paroissiale de *Santiago* le retable de granit, ainsi que le patio de *San-Francisco*, et la belle maison Martilla et ses jardins. L'*Alberca* est attribué aux Maures, mais c'est une construction romaine.

Les habitants de Trujillo sont agriculteurs, ils élèvent beaucoup de porcs; le sol est en général pierreux et négligé.

La diligence de Madrid à Badajoz passe par Trujillo.

ROUTE 140.

DE TALAVERA A PLASENCIA.

Par **Almaraz** et **Malpartida**, 22 l.

De *Talavera* à *Almaraz* (*V.* route 139). 14 l.
    Toril. 2
    Venta de Bazayona. 2
    Malpartido. 3
    PLASENCIA. 1

En quittant Talavera, nous suivons la route de Trujillo jusqu'à Almaraz; la route remonte brusquement vers le N.-O., par *Toril*, *Venta de Bazayona*, *Malpartido*, petite localité de 1,500 hab., dans un district fertile, avec une belle église paroissiale, de 1551; la façade corinthienne est ornée des statues de *San Pedro* et de *San Pablo*.

Une heure de marche nous conduit à

PLASENCIA, ville de 5,800 hab., chef-lieu de partido, province de Caceres; elle est presque entourée par le *Rio-Fertes*, entre deux belles et fertiles vallées, bordées par les fronts neigeux de *Bejar* et de la *Vera*. Cette pittoresque cité est défendue par des murailles en ruines et des tours demi-circulaires ; elle possède un alcazar délabré et un long aqueduc. Elle offre de loin l'aspect le plus agréable; la vallée au S.-O. surtout est charmante. La cathédrale gothique, inachevée, fut commencée en 1498; on y remarque une jolie *capilla mayor;* la *Puerta del Enlosado*, au N., grande et sévère; les trois nefs de l'intérieur ne sont pas terminées; la *silleria del coro*, sculptée en 1520, est d'un travail très-compliqué, surtout les deux stalles, le *coro alto* et la flèche gothique. Le retable du maître-autel, offrant une *Assomption*, et les statues sont du grand Gregorio Hernandez, de 1626. La *reja* est un chef-d'œuvre de Juan-Bautista Celma, de 1604 ; le portail de la sacristie est d'un riche style plateresque.

Dans *San-Nicolas* on voit le tombeau de l'évêque Pedro de Carvajal ; celui de Cristobal de Villalba est dans la monja de San-Cristobal; dans *San-Vincente* est la statue armée de Martin Nieto, de 1597; c'est un des plus beaux objets d'art de l'Estramadure. Près de ce couvent, s'élève la *Casa de las Bóvedas*, construite en 1550; le *patio* et les salons méritent d'être visités. La *Casa de los Vergas* renferme quelques antiquités.

EXCURSIONS. A 2/3 de lieue O. de Plasencia, à *Nuestra-Señora da Fuente Dueñas*, sont les restes d'un sépulcre romain qui ne sont pas sans intérêt. L'excursion d'Avilas (25 l.) convient à l'amateur des beaux sites et de la pêche. On ne peut la faire qu'à cheval ou à pied, mais elle offre des beautés d'un haut pittoresque, surtout vers le *Puerto de Tornavacas.* Dans la délicieuse vallée de *el Ferles*, jusqu'à *Puerto*, environ 8 l. de Plasencia, tout est verdure et fruits.

ROUTE 141.

DE TALAVERA A TOLÈDE.

Par **Santa-Olalla** et **Torrijos**, 12 l.

Sotocochinos.	2 l.
El Bravo.	2

Santa-Olalla. 2
Alcubon. 1
Torrijos. 1
Puelves. 1
Venta de Guadarrama. 1
Venta del Hoyo. 1
TOLÈDE. 1

En quittant Talavera, la route suit celle de Madrid jusqu'à *Santa-Olalla* (V. route 138), incline vers l'E., passe par *Alcubon, Torrijos*, petite ville, chef-lieu de partido, avec 1,900 hab.; puis, sans être toujours carrossable, suit une direction S.-E., traverse *Puelves, Venta de Guadarrama* et la rivière de ce nom sur un bon pont, ensuite la *Venta del Hoyo*; une heure plus tard, on arrive à

TOLÈDE (V. route 132).

ROUTE 142.

DE MADRID A TRUJILLO.

Par **Talavera** et **Almaraz**, 41 l.

De *Madrid* à *Talavera* (V. route 138). 19 l.
De *Talavera* à *Trujillo* (V. route 139). 22 l.

ROUTE 143.

DE TRUJILLO A MERIDA.

Par **el Puerto de Santa-Cruz**, 14 l.

Puerto de Santa-Cruz. . . . . . 3 l.
Villamesia. 1
Miejadas. 2
Venta de la Guia. 3
San-Pedro. 3
MERIDA. 2

En sortant de Trujillo, la route se dirige au S., traverse *el Rio-Salos*, dans une contrée fertile, passe par la *Casa de Santa Cruz*, 700 hab.; ensuite *Villamesia*, 800 hab.; passe *el Rio-Burdala* sur un pont, et ensuite arrive à

MIAJADAS, ville de 4,300 hab., au pied d'une série de coteaux ; elle a des rues régulières et des maisons solides; on y voit un château antique bien conservé.

Ici la route se bifurque ; la branche S.-O. que nous prenons, nous conduit à la *Venta de la Guia*, ensuite à *San-Pedro*, et à

MERIDA, ville de 4,500 hab., chef-lieu de partido, province de Badajoz, diocèse de Léon ; c'est une ville propre, mais triste. On y trouve deux hôtelleries à bon marché, dont une hors la ville, sur la route de Madrid : nous la préférons pour la jolie vue dont on jouit, et pour l'excellent vin rouge qu'on y boit. *Merida* est la perle de l'Espagne sous le rapport des monuments et vestiges de l'antiquité qu'on y rencontre à chaque pas. Cette ville, *Emerita-Augusta*, fut bâtie l'an 23 avant J.-C. Elle devint la capitale de la *Lusitania*, et sa splendeur dura jusqu'au ive siècle ; ensuite elle passa des Romains aux Goths, puis aux Maures, et enfin à Alonso el Sabio, qui s'en empara en 1229. De ce moment date sa décadence ; c'est aujourd'hui une ville pauvre et dépeuplée, qui n'a plus d'intéressant que son nom et les ruines de son passé.

Merida est bâtie sur la rive droite de la *Guadiana*, qu'on traverse sur un magnifique pont romain de 81 arches, ayant 2560 pieds environ de long, 26 de large et 33 au-dessus de la rivière ; il fut construit par Trajan et est digne d'un tel fondateur ; une digue romaine, bâtie dans une île du fleuve, protége les arches contre les inondations.

De ce pont on voit sur la droite le château construit par les Romains, et beaucoup agrandi par les Maures ; il sert maintenant de résidence au *provisor* de l'ordre de Santiago, mais ce noble édifice a beaucoup souffert pendant la guerre de l'empire. Remarquez le grand arc de Santiago, haut de 44 pieds, construit par Trajan, mais aujourd'hui dépouillé de tous ses marbres. Tout proche se trouve le

ROUTE 143.—DE TRUJILLO A MERIDA.

palais du comte de la Roca, moitié romain, moitié mauresque. Visitez aussi la *casa de los Cerdas*; la *casa de los Corvos* ressemble à la douane de Rome. C'est du jardin qu'on peut le mieux apprécier cet édifice.

Le *Forum* était près du couvent des *Descalzos* : il n'en reste que l'emplacement et quelques fûts de colonnes. Le pont romain de quatre arches, qui traverse l'*Albarragas*, est bien conservé ; il a 450 pieds de long sur 25 de large. Tout proche s'élève le grand aqueduc, un des plus beaux restes de l'antiquité : dix arches sont restées à peu près intactes ; 37 piles existent encore dont quelques-unes ont 90 pieds de hauteur. Le figuier sauvage et les plantes parasites qui croissent au milieu des ruines en poétisent le spectacle et attestent la fertilité du sol et la négligence de l'homme. Un autre aqueduc romain dont il ne reste que trois piles s'élève sur la route de Madrid. L'aqueduc moderne, construit sous Philippe II, ne ressemble en rien aux gigantesques ouvrages du peuple roi. Au-delà des trois piles romaines et de l'autre côté de l'ermitage de *San-Lazare*, est le *Circus maximus*, situé dans une dépression du sol, à droite de la route de Madrid : sa longueur totale est d'environ 1356 pieds sur 335 de haut ; les murs extérieurs, d'une épaisseur surprenante, et les huit rangs de siéges existent encore et sont parfaitement conservés. De l'éminence qui le domine, on a une belle vue de *Merida*.

Hors la ville, vers l'E., se trouve le théâtre appelé *las Siete Sillas*, également bien conservé, mais l'*amphithéâtre* ou *naumachie*, situé à côté, n'est plus qu'un monceau de ruines. En face la *posada*, sur la route de Madrid, s'élève le couvent de *Santa-Eulalia*. *El hornito* (le petit four) où la sainte martyre fut brûlée, fut converti en une chapelle qu'il faut visiter. La colonne *Campo de San-Juan* (1646) est d'un mauvais goût. Tout auprès s'élève l'église de Santa Eulalia, qui date du IVe siècle ; elle a un portail gothique, et mérite d'être visitée.

Les autres antiquités des environs de Merida sont : d'abord ces immenses étangs ou réservoirs, *el Lago de Proserpina* ou la *Charca de la Albufera*, à une l. N. environ, avec une digue de granit gigantesque. Près de *Truxillanos*, à 2 l., on trouve un autre réservoir romain, appelé *Albuera de Carnalvo*. Il est plus petit que la *Charcà*, mais également colossal.

Mérida communique avec *Badajoz*, *Trujillo* et *Talavera* par la route royale de *Madrid* à *Lisbonne*.

Pour plus amples informations sur cette antique cité, V. *Historia de la ciudad de Merida*, par Barnabe Moreno de Vergas. Mad. 1633.

ROUTE 144.

DE TRUJILLO A CACERES, 8 l.

Venta de la Massilla.	3 l.
CACERES.	5

De Trujillo la route traverse, à l'O., une contrée fertile jusqu'à

CACERES (*Castra Cæcilia*), ville de 10,000 hab., capitale de la province et du partido de son nom, diocèse de Coria, résidence du chef politique de la province et de toutes les autres autorités civiles et militaires. Le climat de cette cité est délicieux ; sa situation élevée la garantit des grandes chaleurs, et les jardins qui l'entourent, arrosés par de nombreux ruisseaux, produisent des fruits et des légumes excellents. Le lard de Caceres est très-renommé. Cette cité, du reste, offre peu d'intérêt. Les habitants sont tristes et réservés. Visitez le beau couvent supprimé *des Jésuites* et un *seminario*, fondé en 1603 ; l'église gothique de *San-Mateo*, bâtie par Pedro de Ezquerra. Remarquez, dans l'église de *Santa-Maria*, le retable où sont représentés l'Assomption et le Couronnement de la Vierge. L'*hospital de la Piedad* a un joli *patio*. Sur la *plaza*, on trouve quelques sculptures mutilées et des inscriptions. Dans les environs on découvre journellement des antiquités, mais elles sont aussitôt détruites ou enfouies. *Caceres* a une *audiencia* dont la juridiction s'étend sur 547,000 âmes. En 1844, 2,220 personnes furent jugées, ce qui donne environ 1 sur 250.

ROUTE 145.

DE MADRID A MERIDA
Par Talavera et Trujillo, 55 l.

De *Madrid* à *Talavera* (*V.* route 138). . 19 l.
Talavera à *Trujillo* (*V.* route 139). . 22
Trujillo à MERIDA (*V.* route 143). . . 14

ROUTE 146.

DE MERIDA A BADAJOZ, 10 l.

Lobon. . . . . 4 l. 1/2
Talavera la Real. 2 1/2
BADAJOZ. 3

On quitte Merida en traversant la *Guadiana* sur un pont; la route court parallèlement au fleuve dans une belle vallée, jusqu'à

LOBON, petite ville de 1,200 hab., avec un ancien château.—A 1 l. de là, on traverse sur un pont la *Guadajira*, et ensuite *el rio Autrin*, sur un pont de pierre construit en 1838.—Bientôt on arrive à

TALAVERA LA REAL, ville de 2,600 hab., située non loin de la rive de la Guadiana : séjour de la fièvre et de la pauvreté.

La route suit toujours la même direction jusqu'à

BADAJOZ, capitale de l'Estramadure.

ESTRAMADURE.

Province ainsi appelée, parce qu'elle fut la dernière (*extrême*) conquête d'Alonso IX, en 1228.

Elle est située à l'O. des Castilles, sur les frontières du Portugal. Sa longueur est d'environ 190 milles et sa largeur de 90. Le Tage et la Guadiana, qui coulent de l'E. à l'O., la divisent en deux parties. Dans l'une et dans l'autre, se trouvent de vastes et excellents districts, qui, au lieu de produire le plus beau froment comme du temps des Romains et des Maures, restent sans culture, et donnent une maigre pâture à de nombreux troupeaux errants de mérinos. Sa population se monte à peine à 600,000 hab., ce qui donne à peu près 350 âmes par lieue carrée. Les *Estremeños* (habitants de l'Estramadure) ont peu de communications avec les pays voisins; indifférents à toute espèce d'amélioration, ils n'ont aucune industrie, et leur commerce n'a pour objet que le lard et la contrebande. Leurs villes sont rares et généralement tristes ; les routes sont tracées par les moutons et non par les voitures, et les hôtelleries ne sont que des écuries. Les *Estremeños* sont bons, simples, polis, courtois, mais paresseux et indifférents. Leur richesse consiste dans d'innombrables troupeaux de mérinos qui parcourent le pays dans tous les sens, et dans leurs porcs également très-nombreux, et qui trouvent une nourriture abondante dans les vastes forêts de chênes, de hêtres et de marronniers qui couvrent cette province. Les jambons, le lard et les saucisses de l'Estramadure ont toujours été très-renommés.

La *géologie* et la *botanique* de cette province sont peu étudiées. Les oiseaux de proie de toute espèce y sont très-nombreux ; dans l'été des volées de tourterelles, venant des côtes d'Afrique, y font leurs couvées, et, comme l'homme ne les y inquiète jamais, elles ne craignent point son approche.

L'*entomologie* de l'Estramadure est également riche et peu étudiée : des myriades d'insectes peuplent ces vastes solitudes, où leur bourdonnement supplée à la voix de l'homme. Cette province est très-chaude l'été. Les parties éloignées ne doivent être visitées qu'à cheval et avec des provisions. Les villes sont pauvres et peu sociables; les routes désertes, mais sûres; une seule grande route la traverse, celle de Badajoz à Madrid. Des chemins de fer sont

ROUTE 146.—DE MERIDA A BADAJOZ. 533

en projet (sur le papier) pour Madrid, Séville et Lisbonne.

BADAJOZ. *Hôtelleries* : La meilleure *fonda* est celle de *las tres Naciones*, n° 30, calle la Moraleja ; on trouve encore deux autres *posadas* dans la calle de la Soledad, *el Caballo blanco*, et *los Caballeros*. Les meilleurs cafés sont sur la plaza et proche le théâtre. Consultez *Dialogos*, in-4. Rodrigo d'Osma Delgado.

Badajoz, ville de 12,700 hab., capitale de la province et du partido de son nom et chef-lieu du district militaire de l'Estramadure ; évêché suffragant de Santiago ; résidence du capitaine général et du chef politique de la province, ainsi que des autres autorités civiles et militaires. Comme c'est une ville frontière, notre voyageur devra demander au capitaine général la permission de la visiter dans tous ses détails. Cette ville forte est située à 3,000 pieds environ au-dessus des eaux de la Guadiana, près son confluent avec le petit cours d'eau le Rivillas.

Badajoz est une ville triste, offrant peu de société. Elle a un théâtre de second ordre. Les objets les plus dignes de curiosité sont : le pont sur la Guadiana, formé de 28 arches en granit, d'environ 1,800 pieds de long, terminé en 1596, et défendu, du côté du Portugal, par une tête de pont et les hauteurs fortifiées de San Cristobal, d'où on a une belle vue de la ville ; le château mauresque qui domine la partie supérieure de la ville, mais qui tombe en ruine ; ensuite les longues lignes de murailles qui descendent jusqu'à la rivière, et, du côté de la terre, des bastions, des contre-escarpes et des glacis formidables forment les fortifications de ce côté de la cité. La *cathédrale* est un édifice vaste, mais n'offrant que peu de chose de remarquable sous le rapport de l'art. Elle fut commencée en 1248 par Alonso el Sabio. La façade plus moderne est du style renaissance, avec des colonnes ioniques et une statue de S. Jean-*Baptiste*. On y remarque une *Madeleine*, par Mateo Cerezo, et dans la *capilla Santa-Ana*, quelques peintures, par Luis de Morales, né à Badajoz dans le commencement du XVIe siècle, et mort en 1586.

Dans la *Concepcion*, se trouve un *Sauveur* retouché, avec sa *croix*, et une belle *Vierge assise*, et l'*Enfant*, peints en 1546 par Morales. On parle de faire de San-Francisco un *museo* de peinture.

Badajoz communique avec *Madrid* par des *diligencias, mansagerias* et la *Silla-Correo*, et avec les autres points de la province et Séville, par des *carros* et *ordinarios*.

ROUTE 147.

DE MÉRIDA A JEREZ DE LOS CABALLEROS.

Par **Almendralejo** et **Zafra**, 15 l.

Almendralejo.	4 l.	
Fuente del Maestre.	3	
Los Santos.	1	1/2
Zafra.	1	1/2
Burguillos.	2	
JEREZ DE LOS CABALLEROS.	3	

On quitte Merida pour la route de Séville, qui conduit à

ALMENDRALEJO, ville de 6,500 hab., chef-lieu de partido, province de Badajoz et diocèse de Léon. On y voit quelques débris romains et arabes.

La route traverse au S. une riante contrée où se trouvent *Fuente del Maestro* et *los Santos*; de là elle gagne

ZAFRA, ville de 5,000 hab., chef-lieu de partido, située à la base d'une montagne dénudée. La *posada* est passable. Cette cité était la *Segada* des Ibériens, et la *Julia Restituta* des Romains. On y remarque le *palacio ducal* situé devant la belle porte en granit de l'*Acebuche*. Ce gothique *Alcazar* fut bâti en 1437. Le *patio*, rajeuni dans le style de Herrera, est joli. Des galeries à arches ouvertes qui relient les énormes tours, on a une belle vue sur les jardins et les plants d'oliviers des environs.

Au bout de l'Alcazar se trouve le couvent de *Santa-Maria*; voyez dans la chapelle le tombeau de Marguerite Harrington, élevé en 1604 par sa cousine la duchesse de Feria. A la puerta de Séville, se trouve une petite et délicieuse *alameda*, ornée d'une fontaine appelée *Fuente del Duque*. Parmi les édifices modernes non terminés remarquez le magnifique *patio de la Casa Grande*, en marbre, la *tour* en briques de la *Colegiata*; visitez ensuite *Santa-Clara*, fondée en 1428 : on y voit une statue de Garcilasso de la Vega, tué devant Grenade.

Ici nous quittons la grande route de Séville, pour suivre une route moins bonne et peu fréquentée par les voitures.

En quittant *Zafra*, on tourne brusquement à droite, et, à travers une contrée accidentée, on arrive à

JEREZ DE LOS CABALLEROS, ville de 5,600 hab., chef-lieu de partido, province de Badajoz, et diocèse de Leon, non loin des frontières de Portugal ; ville entourée de jardins et de plantations de citronniers. C'est la patrie du célèbre Vasco Nuñez de Balboa, qui découvrit l'Amérique du Sud.

ROUTE 148.

DE MADRID A CACERES.

Par **Talavera** et **Trujillo**, 49 l.

De *Madrid* à *Talavera de la Reina* (*V.* r. 138). 19 l.
Talavera à *Trujillo* (*V.* route 139). 22
Trujillo à *Caceres* (*V.* route 144). 8

ROUTE 149.

DE CACERES A BADAJOZ, 14 l.

Puebla de Ovando. . . . . 7 l.
Roca. 1
BADAJOZ. 6

Bien que cette route soit carrossable et parcourue toutes

les semaines par un *ordinario* et des galeras, elle est peu fréquentée et sans intérêt pour le voyageur.

BADAJOZ (*V.* route 146).

ROUTE 150.

DE CACERES A MERIDA, 10 l.

Aldea del Cano	1 l.
Casa de don Antonio.	1
Aljucen.	4
Carrascalejo.	0 1/2
MERIDA.	0 1/2

On quitte *Caceres* par la route de Séville, au S. Dan le riche et beau pays qu'elle traverse, on trouve le village de

ALDEA DEL CANO, qui a 1,100 hab.

La route devient montueuse jusqu'à la *Casa de don Antonio*, sur le rio Aqueda, qu'on passe sur un pont de pierre; ensuite nous traversons la *sierra de San-Pedro*; nous arrivons à *Aljucen*. Pop., 1,000 hab.;—puis à *Carrascalejo*, puis à

MERIDA (*V.* route 143).

ROUTE 151.

DE MADRID A BADAJOZ.

Par **Talavera, Trujillo et Merida**, 65 l.

De *Madrid* à *Talavera* (*V.* route 138). . 19 l.
Talavera à *Trujillo* (*V.* route 139). . 22

ROUTE 152.—DE BADAJOZ A ELVAS.

Trujillo à *Merida* (*V.* route 143).... 14
Merida à *Badajoz* (*V.* route 146).... 10

ROUTE 152.

DE BADAJOZ A ELVAS, 3 l.

El Caya (petite rivière, frontière du Portugal). 1 l. 1/2
ELVAS............................ 1 1/2

On quitte Badajoz par la porte de *las Palmas*, et on traverse la *Guadiana* sur son beau pont. Pendant une heure, on parcourt une plaine découverte; on atteint la rivière de *Caya*, que l'on passe à gué. Alors on cesse de voyager sur les terres espagnoles. Le sol, qui est onduleux, est mal cultivé, et le pays peu peuplé. Au bout de deux heures de marche, *Ventas Novas* nous montre ses remparts menaçants situés sur une colline escarpée, près la rivière de la *Guadiana*, et protégés par les deux redoutables forts de *Sainte-Lucie* et de *La Lippe*. Ce dernier surtout, qui domine le pays, est son principal élément de défense; il passe pour inexpugnable. On voit dans son enceinte une vaste citerne qui reçoit les eaux d'un magnifique aqueduc, monument digne des Romains, formé de trois étages d'arcades superposées, et d'une longueur considérable. Les rues de cette ville sont bien percées, propres, et les maisons, sans être très-régulières, ont une bonne apparence. Elle est la résidence d'un gouverneur civil et militaire, et a toujours une bonne garnison. On y trouve une cathédrale et un évêché, plusieurs églises, un hôpital civil et un hôpital militaire, un théâtre, un arsenal, une fonderie de canons et de belles casernes.—Pop., environ 12,000 hab.

Visitez sa belle et noble *cathédrale* de style gothique, avec de beaux ornements dans l'intérieur; la *fonderie de canons*; l'*aqueduc*, admirable par ses proportions gigantesques, et les deux forts dont nous avons parlé.

ROUTE 153.

DE BADAJOZ A OLIVENZA, 4 l.

De Badajoz, la route suit une direction sud; après environ 3 lieues de marche, on traverse, sur un assez beau pont, une petite rivière aux eaux abondantes, et en une heure on est à

OLIVENZA, ville forte, chef-lieu de partido, située dans une plaine délicieuse. On y trouve deux églises paroissiales, dont une bâtie en 1501, est dédiée à *santa Maria Magdalena*; l'autre en 1584, dédiée à *santa Maria del Castillo*; toutes deux, bien construites, méritent d'être visitées, ainsi que la *Plaza*, qui a environ 4,200 pieds de circonférence.

ROUTE 154.

DE BADAJOZ A SÉVILLE.

Par Fuente Cantos et Santa-Olalla, 35 l.

La Albuera	4 l.	1/4
Santa-Marta	3	3/4
Los Santos	5	1/2
Fuente Cantos	3	3/4
Monasterio	3	
Venta del Culebrin	1	
Santa-Olalla	2	1/2
Venta de Navalacebro	1	1/4
El Ronquillo	2	1/2
Venta del Chaparro	2	
Venta de la Pajonosa	1	1/2
Santi-Ponce	3	
Camas	0	1/2
SÉVILLE	0	1/2

Cette route, qui traverse en serpentant la Sierra-Morena, n'offre aucun intérêt. Outre la diligence qui la dessert, on n'y rencontre guère que ces sortes de caravanes qui apportent du blé à Séville, et remportent du sel de Cadix à Salamanque.

Après quatre heures de marche, on arrive à

ALBUERA, village insignifiant de 500 hab., mais célèbre par la sanglante bataille du 16 mai 1811, entre le maréchal Soult et Beresford. Le champ de bataille est à gauche de la ville, en se plaçant du pont qui est en face.

La route continue au S.-E., traverse *Santa-Marta*, village de 1,600 hab.; ensuite *los Santos de Maimona*, ville de 6,000 hab., située sur le versant septentrional de la Sierra-Morena. Toutes ces villes de montagnes sont peu intéressantes; les habitants sont tous agriculteurs, rarement ils sortent de leurs paroisses. Les porcs et le gibier abondent dans cette contrée.—A trois heures de marche est *Fuente Cantos*, ville de 4,800 hab., située au pied d'une chaîne de sierras, dans un pays fertile en grains et en vins; patrie de Francisco Zurbaran. — Plus loin, et toujours dans une contrée montueuse, se trouve *Monasterio*, petite ville de 2,600 hab., située au point de partage des bassins du Guadalquivir et de la Guadiana. Le sol devient de plus en plus montagneux jusqu'à

SANTA-OLALLA, ville de 4,100 hab., située au centre de la sierra. Sur une hauteur s'élève un château mauresque en ruine d'où l'on jouit d'un beau panorama de montagnes. Peu après nous quittons l'Estramadure pour entrer dans l'Andalousie; nous passons *el Ronquillo*, petite localité qui se vante d'avoir vu naître l'alcalde de Charles V, si expéditif à exécuter les sentences de mort qu'il prononçait. Une 1/2 h. nous conduit à *Santi-Ponce*, et une autre 1/2 h. à

SÉVILLE, par le faubourg de *Triana* (*V.* route 103).

ROUTE 155.

DE MADRID A VALLADOLID.

Par **Guadarrama** et **Olmedo**, 34 l.

Pour la description de cette route, voyez route 1re, page 73 et suivantes.

ROUTE 156.

VALLADOLID A BENAVENTE.

Par **Tordesillas** et **Villalpando**, 18 l. 1/4.

Simancas................	2 l.	
Venta Nueva..............	1	
Venta de Villamarciel.........	0	1/2
Tordesillas..............	1	1/2
Venta de Bercero..........	1	
Vega de Valdetronco.........	1	
La Mota del Marques.........	1	1/4
Venta del Almaraz..........	1	1/2
Villar de Frades...........	0	1/2
Villalpando..............	4	
Cerecinos de los Barrios.......	1	
Venta de San-Esteban del Molar...	1	
Puente de Castro Gonzalo......	1	
BENAVENTE..............	1	

En sortant de Valladolid, la route court au S.-O. jusqu'à

SIMANCAS, petite ville de 3,000 h., chef-lieu de partido, située sur la Pisuerga. La ville et le château s'élèvent majestueusement sur le côté opposé de la rivière, qu'on traverse sur un pont de pierre de 17 arches. C'est ce château qui possède les archives du royaume, mine riche et encore peu explorée de documents historiques. Elles sont ouvertes au public de 8 h. du matin à 1 h. après midi ; mais le *custode* qui demeure sur la Plaza, très-complaisant pour les étrangers, les introduit à toute heure gratuitement; il parle français. Cette précieuse collection perdit, pendant la guerre de l'Empire, un grand nombre de papiers précieux; mais ils furent restitués en 1815.

Après avoir passé deux ventas, on arrive à

TORDESILLAS, ville de 700 hab., province et évêché de Valladolid, située au milieu de vastes plaines, couvertes de blé et tout-à-fait dépouillées d'arbres. On y passe un vieux pont sur le Douro. La meilleure hôtellerie est *Parador val de Huertos vista alegre.* Dans l'église de *San-Antolin*, voyez le retable qui contient une belle Crucifixion, attribuée à Juan de Juni, ainsi que le superbe tombeau en marbre de Pedro Gonzalez de Aldérete, exécuté par Gaspar de Tordesillas, en 1527. Le monastère de Santa-Clara est d'un bon style gothique. Napoléon y séjourna le 25 décembre 1808.—On récolte dans cette contrée beaucoup de vins très-spiritueux.

Après avoir passé *Bercero,—Vega de Valdetronco,* 500 hab., on atteint *Mota del Marques*, 200 hab., avec un très-beau palais, bâti en 1440, à la place du Methimna romain. César Borgia y fut prisonnier pendant 2 ans, et Isabelle la Catholique y mourut en 1504. Ensuite on traverse *Villar de Frades*, village de 600 hab.; *Villapando*, ville de 2,800 hab., *Cerecinos de los Barrios*, et trois ou quatre localités insignifiantes, et on arrive à

BENAVENTE, chef-lieu de partido, ville de 2,700 hab., située sous un beau climat et sur les bords de l'Esla; on trouve une décente posada, hors la ville, sur la route d'Astorga; elle est entourée de mauvaises murailles. Son château est maintenant en mauvais état. Visitez la tour et les chapelles circulaires de l'église *Santa-Maria*.

De sanglants combats furent livrés dans les environs pendant la guerre de la Péninsule.

De Benavente une route à voitures au N. conduit à Leon, 11 l. 1/2, à travers une contrée peu intéressante, où on trouve *Torral de los Guzmanes*, 4 l. 1/2, *Ardon*, 3 l. 1/2, et *Leon*, 3 l. 1/2.

ROUTE 457.

DE VALLADOLID A LEON.

Par **Médina de Rioseco** et **Mayorga,** 24 l.

Zaratan............	0 l.	3/4
Villambla...........	1	1/4
La Mudarra.........	2	1/2
Medina del Rioseco.....	2	1/2
Berrueces..........	1	1/2
Ceinos............	2	
Becilla............	1	1/2
Mayorga...........	1	1/2
Izigre............	1	
Albires...........	»	1/2
Venta de Valverde......	1	1/4
Matallana..........	1	1/4
Santas Martas........	1	1/2
Mansilla de la Mulas.....	1	1/2
Villamoros..........	1	
Villarente..........	0	1/2
Alcahueja..........	1	
Puente de Castro......	»	3/4
LEON............	»	1/4

Pour aller de l'une à l'autre de ces deux villes, on trouve une lourde et mauvaise diligence qui traverse l'Esla Mansilla. La route est mal entretenue, poudreuse l'été, bourbeuse en hiver.

En quittant Valladolid, la route va au N.O. jusqu'à

MEDINA DEL RIOSECO, avec une pauvre posada. La principale église de *Santa-Maria*, de style gothique, a un des plus beaux retables qu'on voie en Espagne. Il fut sculpté en 1590, par Esteban Jordan, et peint par Pedro de Oña. Entre autres objets d'art que renferme cette église, examinez quatre belles peintures de Murillo ou de Tovar : une *Nativité*, une charmante *Sainte Catherine*, une *Madeleine* agenouillée, et surtout une *Madonna*, de grandeur

ROUTE 157.—DE VALLADOLID A LEON.

naturelle, avec l'enfant, la plus belle des quatre. L'église de *Santa-Cruz*, dont la façade est classique, mérite aussi d'être visitée.

Suivant toujours la même direction, on arrive à *Ceinos*, dont l'église a une curieuse tour de brique ; *Mayorga*, village construit en torchis, situé sur la Cea, dans une position pittoresque. Posada passable.

Nous traversons encore trois ou quatre villages, puis *Mansilla*, petite ville de 700 hab., sur l'Esla.

LEON possède une *posada* passable sur le *Chargo* ; les autres hôtelleries sont celle *del Sol* ; *Meson del Gallo*, et de *Cayetanon*. M. Dantin, Français respectable de la vieille école, qui habite une portion de Santo-Domingo, reçoit quelques voyageurs.

Leon est la capitale de l'ancien royaume de ce nom ; elle est située sur les bords verdoyants de la Vernesga et du Torio, dont les eaux limpides et poissonneuses s'unissent pour se jeter ensuite dans l'*Esla*. Leon est la résidence des autorités civiles et militaires de la province ; elle possède un évêché et une magnifique cathédrale. C'est une cité morne et déchue. Pop. environ 5,000 âmes. Le 24 juin, jour de la foire aux chevaux, est précieux pour visiter cette ville, à cause de l'affluence qu'elle attire de toute la province, et de la variété pittoresque des costumes.

Parmi les édifices les plus remarquables, nous citerons la cathédrale, dédiée à *Santa-Maria de Regla*, commencée vers 1199. C'est un des monuments les plus gracieux et les plus élégants du genre gothique élancé ; l'intérieur, admirable de délicatesse et de légèreté, a 303 pieds de long sur 128 de large et 125 d'élévation.

Avant d'y entrer, arrêtons-nous sur la *plaza*, avec sa fontaine, ses maisons en briques et en arcades, et examinons le grand portail de l'O. Les trois portes en ogive élancée sont ornées de sculptures encore inachevées. De chaque côté s'élève une tour ; celle de droite forme une pyramide gothique à jour ; l'autre est plus moderne ; une troisième, plus petite, couronne la belle rosace du milieu. La façade S. donne sur une autre *plaza* étroite. Au chevet, sont le *Colegio de San-Froylan* et le palais de l'évêque ; de ce côté, trois autres portes, enrichies de sculptures gothiques, donnent entrée dans cette belle cathédrale.

L'intérieur, bien qu'étroit, est d'un aspect ravissant, surtout le soir, quand les rayons du soleil couchant transforment les fenêtres en éblouissantes rivières de rubis et d'émeraudes. La *silleria del coro* est de plusieurs périodes ; le *trascoro* est en albâtre blanc et or, sculpté, avec des peintures représentant l'*Annonciation*, la *Nativité*, l'*Adoration* et l'*Offrande des trois Rois* : c'est un des chefs-d'œuvre de Berruguete.

De chaque côté de l'autel, sont enterrés san Froylan et san Alvito, évêque, mort en 1063 ; son corps y fut déposé en 1565. Remarquez le tabernacle en argent, avec la statue de san Froylan, les colonnes corinthiennes, etc.

A droite du maître-autel, se trouve la *sacristia*, œuvre de la meilleure période de Ferdinand et d'Isabelle ; mais les peintures qu'elle renferme ne sont que des mauvaises copies de Raphaël et autres maîtres italiens. En sortant, examinez un beau sépulcre gothique, et tout près celui de l'évêque Pelagius, de 916. Le *transaltar* est des plus curieux ; on y voit le tombeau d'Ordoño II, mort en 923. Sa statue de grandeur naturelle est ornée de différents attributs.

La chapelle de *Santiago* est du temps de Ferdinand et d'Isabelle : c'est un des édifices les plus légers et les plus élégants de l'Espagne ; les vitraux des fenêtres élevées, où sont représentés des apôtres, des saintes, des vierges, des rois et des évêques, sont un des beaux spécimens de cet art en Espagne. *Nuestra-Señora del Dado* (Notre-Dame du Dé), dans la chapelle de ce nom, est une image miraculeuse. Dans la capilla de San-Pedro, repose l'évêque Arnaldo, mort en 1234 ; derrière le confessional *del Penitenciario*, voyez un tombeau curieux, avec une sculpture représentant une procession. Nous quittons l'église par un passage où se trouvent de vieux tombeaux sur les murs ; nous entrons dans les beaux cloîtres, que nous visitons avec intérêt. Le couvent de *San-Isidoro el Real*, situé du côté N. de la plaza, fut fondé par Ferdinand et Sancha. L'église gothique à trois nefs, déjà fort endommagée par la guerre péninsulaire, n'a pas moins souffert de

ROUTE 157.—DE VALLADOLID A LEON.

la restauration moderne. La *capilla mayor* fut bâtie en 1513, par Juan de Badajoz.

Ce couvent royal était le lieu de sépulture des premiers rois de Leon et de Castille. La petite chapelle basse de santa Catalina, qui sert de dernier asile à tant de rois, de reines et de hauts personnages, fut dévastée pendant les guerres de l'Empire; mais la restauration que le chapitre a faite depuis ne lui a pas moins nui sous le rapport de l'art; les tombeaux consistent en de simples boîtes, empilées sans ordre hiérarchique; les plus petites renferment les cendres des *Infantes* placées sur de plus grandes; quelques-unes ont des épitaphes à peine lisibles. A l'entrée O. est une belle salle, maintenant abandonnée, qui renfermait la bibliothèque, jadis si riche et l'une des plus curieuses de l'Espagne.

Hors de la ville, près du pont, sur la Bernesga, s'élève le vaste couvent de *San-Marcos de Leon*. Ce riche monastère, fondé en 1168 pour les chevaliers de Santiago, offre encore, malgré sa déchéance, un haut intérêt pour l'artiste et l'archéologue chrétien.

Hors de la ville encore, au N. de l'odorante *Alameda*, est l'imposante *Casa de Espositos*. En face, se trouve *San-Clodio*, reconstruit en 1530, avec un cloître surmonté d'arcades pointues d'une grande légèreté; la *sacristia*, de 1568, est encore belle.

Sur la *plaza San-Marcelo*, remarquez une portion d'un vieux mur, la fontaine, et la *Casa de Ayuntamiento*, d'ordre dorique et ionique, construite en 1585 par Juan Ribera, et tout proche, visitez l'église paroissiale de *Santo-Hospital*. Presque en face de la *Casa de los Guzmanes*, se trouve la *Casa de los Condes*; bien qu'en ruines, ce palais offre des détails fort intéressants sous le rapport de l'art et de l'histoire. La *plaza Mayor* est belle et régulière; la place du marché est vaste, et les costumes qu'on y voit, ainsi que les produits du sol, sont dignes également de l'attention du voyageur.

MOYENS DE LOCOMOTION. On trouve une diligence pour Valladolid, passant parfois par Oviedo et Gijon; mais on établira un service régulier quand la nouvelle route qu'on construit maintenant sera terminée. Il est aussi question, mais toujours sur le papier, d'établir un chemin de fer pour Oviedo et Aviles, et un autre pour Madrid, par Valladolid.

ROUTE 158.

DE VALLADOLID A BURGOS.

Par **Duenas** et **Torquemada**, 22 l.

V. route 1re, page 57, et lisez en sens inverse.

ROUTE 159.

DE MADRID A MEDINA DEL CAMPO.

Par **Guadarrama** et **Arevalo**, 30 l.

La Puerta de Hierro	0	3/4
Venta de Aravaca	0	3/4
Las Rozas	1	1/2
Portazco del Caño de los Moros	2	
Galapagar	1	
Guadarrama	2	1/4
Venta de Juan Calvo	1	
Fonda de San-Rafaël	1	1/4
Venta del Cojo	0	3/4
Cristo del Cologo	0	1/2
Las Navas de San-Antonio	1	1/4
Villacastin	1	1/4
Venta-Nuevas	1	1/4
Labajos	1	1/4
Venta de Almarza	1	
San-Chidrian	»	1/4
Adanero	2	
Orvita	2	1/2
Arevalo	1	1/2
Ataquines	3	
San-Vincente	1	
MEDINA DEL CAMPO	2	

ROUTE 159.—DE MADRID A MEDINA DEL C.

De *Madrid* à *San-Chidrian*, V. route 1re, page 79 et suivantes.

A San-Chidrian, la route se bifurque ; la branche de droite conduit à Valladolid ; celle de gauche, que nous suivons, mène à

ADANERO, petite ville de 900 hab.—Ensuite on traverse *Orvita*, et puis.

AREVALO, ville de 3,300 hab. On y trouve plusieurs églises paroissiales et deux hôpitaux.—Trois heures après on traverse *Ataquines*, localité de 1,300 hab., située dans une plaine fertile qu'arrosent l'Adaja et la Zaspediel. Après avoir laissé *San-Vincente*, on arrive à

MEDINA DEL CAMPO, cité de la plaine (la *Methimna Campestris*). C'est un point stratégique d'une grande importance, au centre de *Zamora, Salamanque, Palencia, Avila* et *Ségovie. Parador del Pepe* ou *de la Petra*, sur la plaza.—*Medina*, ville de 3,000 hab., sur la Zapardiel, dont les eaux marécageuses engendrent des fièvres, chef-lieu de partido, province et diocèse de Valladolid. On y trouve huit posadas, qui ne sont pas toutes très-confortables.

L'église gothique de *San-Antolin*, fondée en 750, devint collégiale en 1480, date de sa tour ainsi que des figures qui frappent l'heure ; le retable, gréco-romain, est très-beau : il est orné de la vie de Notre-Seigneur, par Berruguete. On voit dans une des chapelles un crucifix attribué à Gaspar Becerra. L'hôpital, inachevé, date de 1594 ; on remarque dans la chapelle le retable, la *reja* de fer, le tombeau du fondateur, avec ses deux femmes et son portrait, peint par Pantoja de la Cruz. On admire aussi *las Carniceras* (abattoirs) ornés d'un beau *patio* à colonnade de granit ; il fut construit en 1562. Visitez aussi la *Casa de los Duenas*, ainsi que le *Castillo de Mota*, bâti en 1440. César Borgia y resta prisonnier pendant deux ans, et la reine Isabelle y mourut en 1504.

ROUTE 160.

DE MEDINA DEL CAMPO A VALLADOLID, 8 l.

Rodilana.	1 l.
Valdestillas.	3
Puente Duero.	2
VALLADOLID.	2

Au sortir de Medina, la route prend au N.-E. et rejoint celle de Valladolid à Madrid à *Valdestillas*; deux heures après, on traverse sur un pont le Douro, à *Puente Duero*, et, deux heures de plus, on est à

VALLADOLID (*V.* route 1re, page 59).

ROUTE 161.

DE MEDINA DEL CAMPO A ZAMORA.

Par **Villafranca** et **Toro**, 14 l.

Villaverde.	2 l.
Nava del Rey	1
Sieteiglesias	1
Castro Nuño	2
Villafranca	1
Toro	2
Fresno	2
ZAMORA	3

De *Medina*, la route prend une direction N. O. jusqu'à

NAVA DEL REY, petite ville située dans un district aride; elle est assez bien bâtie, et possède une belle église paroissiale.

Castro-Nuño, village à l'entrée d'une plaine élevée qu'arrose le Douro.—La route suit de près la rive S. du fleuve, traverse *Villafranca*, puis arrive à

ROUTE 161.—DE MEDINA DEL CAMPO A ZAMORA.

TORO, ville située sur la rive gauche du Douro. Pop. 9,600 hab. C'est une cité ancienne et déchue, avec un beau pont sur le fleuve et une jolie promenade; les fenêtres des maisons sont garnies de grilles de fer, qui leur donnent l'apparence de prisons. Visitez la *Plaza de Toros*, la *Torre del Reloj*, la maison de *los Fonsecas*, la *Casa del Ayuntamiento*, construite par Ventura Rodriguez, et la *Colegiata* en granit, dont la façade, la tour de l'horloge et l'entrée méritent d'être examinées. *Toro* fut jadis une cité importante.

La route suit maintenant la rive droite du Douro jusqu'à *Fresno*, petite localité de 500 hab., et 3 l. après on est à

ZAMORA, ville de 9,900 hab., capitale de la province de son nom; résidence du gouverneur militaire, du chef politique et de toutes les administrations; évêché suffragant de Santiago. C'est une ville déchue. *Posada* tolérable, sur la *Plaza de Santa-Lucia*.

En sortant par la *puerta de la Feria* on se trouve dans la charmante *Alameda*, ornée de fontaines et de bancs de pierre, et de là on gagne le palais de la reine Urraca; on voit encore sur une porte un buste mutilé de cette princesse. La cathédrale, très-ancienne, offre des styles mélangés; l'entrée S., bien que délabrée, mérite l'attention : de belles fenêtres à rosace la surmontent. Observez aussi la massive tour carrée et le *cimborio*; le maître-autel, entouré de colonnes de marbre rougeâtre avec des chapiteaux de bronze, avec une *Trasfiguration*, sculpture moderne; le *coro*, qui date de 1490; la flèche gothique du siége de l'évêque et les statues qui ornent les stalles des chanoines. Parmi les tombeaux, on remarque ceux de Bernardus, le premier évêque (1149); près de la porte, celui de l'évêque Pedro (1254), confesseur de saint Ferdinand, et en face, celui de l'évêque Suerus Perez (1286). Les autres monuments sont, dans la *Capilla del Cardinal*, celui d'Alvaro Romero; et dans la *Capilla de San-Miguel*, celui du chanoine F.-M. de Baltas (1308).

On examine encore l'église de *la Magdalena*, du douzième siècle, édifice simple et solide; la *Plaza de los Minos*, et la façade *Casa Solar*, avec des fenêtres *ajimez*.

Zamora souffrit beaucoup pendant la guerre de l'Empire.

ROUTE 162.

DE MEDINA DEL CAMPO A BENAVENTE.

Par Tordesillas et Villalpando, 17 l.

Rueda. . . . . 2 l.
Tordesillas 2
BENAVENTE 13

De *Tordesillas* à *Benavente*, V. route 156.

A la sortie de Medina, la route court vers le N. jusqu'à *Rueda*, petite ville de 2,700 hab. De là, on arrive à *Tordesillas*. (V., pour la description, route 156.)

ROUTE 163.

DE BENAVENTE A LUGO.

Par Astorga et Villafranca de Bierzo, 39 l.

San-Roman del Valle. 1 1/2
Pozuelo del Paramo 1 1/2
Cebrones del Rio. 2
La Bañeza 1
Toral. 2
Astorga. 2 1/2
Prado del Rey 1
Rodigatos. 1
Manzanal del Puerto 1
La Torre 2
Bembibre. 1
Congosto. 1 1/2
Cubillos 1
Cacabelos 2 1/2
Villafranca del Bierzo. . . . 1
Ambas Mestas 2 1/2

ROUTE 163. — DE BENAVENTE A LUGO.

Ruitelan	1	1/2
Castro	1	1/2
Piedrafita	1	
Castello de Nogeda	1	
Doncos	1	
Santa-Isabel	2	1/2
Sobrado	2	1/2
LUGO	3	

Au sortir de Benavente, la route court au N. O., traverse *San-Roman del Valle*, *Pozuelo de Paramo* et *Cebrones del Rio*, village de 600 hab., sur l'Orbigo, qu'on passe sur un pont de sept arches. Ce pays est fertile en grains, légumes et vins.

LA BAÑEZA est une petite ville de la province de Leon. *Pop.*: 2,300 hab. On y trouve un hôpital, une maison de poste et quelques antiquités romaines.

ASTORGA (l'ancienne *Asturica-Augusta*) était, du temps de Pline, une cité florissante, aujourd'hui misérable et déchue. Pop. 3,000 hab.; évêché fondé en 747, et suffragant de Santiago. Son aspect extérieur est imposant; les murailles, très-anciennes et fort curieuses, sont flanquées de nombreuses tours demi-circulaires, de même hauteur; on voit quelques tombeaux et inscriptions romaines près de la *Puerta de Hierro*. Parmi les objets curieux, nous citerons la cathédrale gothique, élevée en 1471, à la place d'une autre beaucoup plus ancienne: l'extérieur n'offre rien de remarquable sous le rapport de l'art; dans l'intérieur, la *reja* et la *silleria d'l coro* sont d'un travail compliqué; les ornements de l'orgue sont du plus mauvais goût, ainsi que le *trascoro*. Le retable, si renommé (1569), est de Gaspard Becerra, né à Baeza en 1520, élève de Michel-Ange. C'est un des ouvrages les plus remarquables de ce genre en Espagne: les sculptures représentent des sujets tirés de la vie de Notre Seigneur et de la Vierge; la *Pieta*, l'*Ascension* et le *Couronnement de la Santisima*, morceaux dignes de Michel-Ange. Dans la *Capilla de San-Cosmo*, se trouve le tombeau du roi Alonzo, mort en 880.—Le beau palais de la famille d'Astorga fut détruit en 1810, par les Français; il n'en reste plus que deux tourelles et quelques écussons sculptés.

Astorga est la capitale de *la Maragateria*, ou pays des *Maragatos*, qui peut avoir environ 4 l. carrées, et contient 36 villages, dont San-Roman est un des plus importants. Ces paysans semblent ne former qu'une seule famille; fidèles aux traditions de leurs pères, dont ils gardent aussi les costumes et les mœurs, ils ne se marient jamais que dans leur propre tribu ; ils sont presque tous *arrieros* (muletiers) ou *ordinarios* (charretiers), et leur industrieuse probité est passée en proverbe; seuls intermédiaires du trafic entre la Galice et les Castilles, on les voit rarement dans les provinces du S. ou de l'E. Les figures de bois peint, qui frappent l'heure sur l'horloge de la *Plaza d'Astorga*, et celles de *Pedro Malo*, sur la cathédrale, offrent un spécimen très-exact de leurs costumes.

En quittant Astorga, nous traversons une bruyère élevée, jusqu'à *Manzanal del Puerto*. Ensuite nous pénétrons dans *el Vierzo*, ou *la Suisse* de la province de Leon ; c'est une contrée composée de gorges alpestres, de vertes prairies, aux rivières poissonneuses, et de bocages de marronniers et de noyers. Bientôt on atteint

BEMBIBRE, petite ville de 600 hab., dans une délicieuse vallée qu'arrosent la Noceda et la Saeza, rivières très-poissonneuses. Le château en ruine a quelque chose de mauresque.—Le pays a toujours un gracieux aspect. On traverse *Congorto*, sur une haute position, avec 400 hab.—En suivant la vallée de la Sil, on arrive à *Cubillos*, village de 500 hab.; à 1 l. S. se trouve *Ponferrada*, petite ville, chef-lieu de partido, située proche le confluent de la Sil et de la Baeza. Son pont fut construit dans le onzième siècle. *Ponferrada* est un excellent point central pour visiter les anciens couvents de cette Thébaïde.

Reprenant notre route, nous atteignons le pauvre village de *Cacabelos*, avec 900 hab. On y trouve une posada passable. Entre Cacabelos et Pieros, un combat sanglant fut livré, en 1809, entre les Français et les Anglais.

ROUTE 163.—DE BENAVENTE A LUGO.

La route qui avait décrit une courbe vers le S. remonte vers le N. O. jusqu'à

VILLAFRANCA DEL BIERZO, ville sale et misérable de 2,800 hab., située au milieu d'un paysage magnifique, que rafraîchissent et fécondent la Burbia et la Valcares, aux eaux limpides et poissonneuses, et au sein d'un climat délicieux.

L'entrée est gardée par un château carré, flanqué de tours rondes aux coins; il appartient à la famille d'Alva. Visitez son ancienne *Colegiata.*—A 1 l. à l'E., sur la route de *Corullon*, se trouve une autre église encore plus ancienne, appelée *la Santa-Marina.*

Continuant notre marche sur une belle route, nous franchissons les montagnes qui séparent Leon de la Galice à *el puerto de Piedrahito*, passage tout-à-fait alpin. Laissant à gauche la Burbia, la route descend vers le misérable hameau de *Nogales; la posada*, tenue par la fille de don Benito, est tolérable. La contrée que nous traversons est pastorale, mais humide; on n'y trouve ni laitage ni fruits; les habitants déguenillés, demi-nus, vivent dans des huttes plutôt faites pour les animaux que pour l'homme.

On continue à monter jusqu'à *Santa-Isabella*; de là, la grande route serpente pour atteindre les hauteurs, en côtoyant à droite un effrayant précipice. Le beau pont de *Corcul*, composé de trois arches jetées sur un ravin profond, est une construction digne des Romains. Après *Sobrado*, le pays devient plus riant et plus fertile.

Nous traversons les riches prairies qu'embellit le cours onduleux du Miño, et, sans nous en apercevoir, nous entrons à

LUGO, ville considérée comme la capitale du

ROYAUME DE GALICE.

Cet ancien royaume forme maintenant quatre provinces : *la Coruña, Lugo, Orense* et *Pontevedra*; il est situé à l'angle N. O. de la Péninsule et est borné par le Portugal, la baie de Biscaye, l'Océan, les Asturies et Léon. Il contient 15,000 lieues carrées et une population de 1,500,000 hab. Sa principale rivière, le *Miño*, a sa source près de *Mondoñedo*; son cours, en traversant au S. *Orense* et *Tuy* au S.O., trace la limite du Portugal. Ses eaux, ainsi que celles de ses affluents, abondent en excellent poisson, saumons, truites et lamproies, etc.

Le climat de la Galice est tempéré et humide; les collines qui composent sa superficie sont bien boisées, et les marrons et les glands qu'on y récolte pourvoient à l'alimentation de l'homme et de nombreux troupeaux de porcs dont les jambons et le lard rivalisent avec ceux de l'Estramadure. Les montagnes boisées sont remplies de sangliers et de loups qui descendent parfois dans les plaines et y font de grands ravages.

ASPECT DU PAYS. — *Produits du sol*. Le maïs, le riz, le lin et quelques fruits, ainsi que les poires, les pommes, les noix, etc., abondent dans les lieux élevés. Les pommes de terre sont excellentes, mais ne figurent guère qu'à la table du riche. Tandis que les montagnes à l'E. sont presque toujours couvertes de neige, les côtes de la mer et les vallées riveraines n'ont pour ainsi dire pas d'hiver. Les vallées les plus chaudes et les plus basses, le long du *Miño* et aux environs de *Tuy*, *Redondela* et *Orense*, sont de véritables jardins d'abondance; mais l'ignorance et la pauvreté des paysans font un pénible contraste avec ces magnificences naturelles. On y récolte d'excellents vins, entre autres ceux de *Valdeoras*, *Amandi*, *Rivero*, et le *tostado d'Orense*.

MŒURS, COUTUMES.—Les Galiciens sont en général bien conformés: à la force musculaire qui les rend propres aux ouvrages pénibles, ils joignent une remarquable agilité. De même que les Auvergnats, ils émigrent dans les grandes cités, où ils exercent pendant cinq ou six ans la profession de commissionnaires; ils sont honnêtes, mais bourrus, grossiers, ne répondant jamais catégoriquement. Pendant leur absence, leurs femmes se livrent aux plus durs travaux des champs, ce qui rend la beauté très-rare parmi elles.

La langue des Galiciens est un patois rude et grossier ; les Espagnols s'en amusent beaucoup, mais n'y comprennent rien.

ROUTES. On ne trouve que la grande route de Madrid à la Corogne (Coruña), et que suivent la malle-poste et la diligence.

Le voyageur qui voudrait connaître les antiquités de la Galice pourrait consulter le *Viagio* de Morales ; les ouvrages de Felipe de la Gandara, son *Nobiliario* et *Armas y Triunfos*, in-4°, Mad., 1662 ; *Descripcion economica*, par Jose Lucas Labrada, El Ferrol, 1804 ; *Descripcion geognostica de Galicia*, petit volume in-8°, Guillermo Schulz, Mad., 1835, avec une carte lithographiée du royaume ; le *Viagio a Galicia, por dos Amigos*, Mad., 1847, etc.

LUGO, ville de 7,300 hab., capitale de la province ; évêché, résidence du chef politique et des autorités civiles et militaires de la province ; elle renferme une cathédrale, deux paroisses, un séminaire, un hôtel des invalides et une maison de poste.

Lugo (*Lucus Augusti*) était célèbre du temps des Romains pour ses bains sulfureux, dont la chaleur a tout à fait disparu depuis. Les bains actuels sont situés près du *Miño* ; la saison commence le 15 juin et finit le 30 septembre ; ils sont recommandés pour les maladies cutanées et les rhumatismes. Tout proche se trouve une source minérale contenant du nitre et de l'antimoine. Dans l'intérieur de la ville, on a découvert, en 1842, dans *la calle de Batitales*, un pavé mosaïque romain, représentant différents sujets. Il existe une pauvre petite bibliothèque à *l'Instituto*.

Lugo est une cité à peu près carrée, entourée de murailles flanquées de tours semi-circulaires, et bordées de promenades larges et agréables. Visitez la *plaza* avec ses arcades et sa fontaine, dont les eaux ne suffisent pas toujours aux besoins des habitants. Le vieux château n'a rien de remarquble. La cathédrale en granit fut construite en 1129, par Don Ramon, mari de la reine Urraca. L'extérieur a été modernisé d'une manière malheureuse en 1769. Les cloîtres ont été aussi maltraités, sauf deux portes latérales qui conservent leur caractère primitif. L'intérieur de l'église est peu élevé; *la silleria del coro* offre une bonne sculpture de 1624, par Francisco de Moure, d'Orense.

Lugo, ainsi que les villes de la contrée, a souffert de la guerre de l'Empire.

Lugo communique avec beaucoup de points; mais les routes sont mauvaises. Une nouvelle route de Madrid par Monforte, aujourd'hui en construction, sera meilleure et beaucoup plus courte que la route actuelle.

ROUTE 164.

DE BENAVENTE A ORENSE.

Par **la Puebla de Sanabria**, 39 l. 1/4.

Santa Cristina	1 l.
Quiruelas	1
Sitrama	1
Santa-Marta	1
Camarzana	1
Junquera	1 1/4
Mombuey	3
Cerdanilla	1
Asturianos	1
Palacios	0 1/2
Remesar	0 1/4
Otero	0 1/4
Puebla de Sanabria	1
Requejo	1 3/4
Padoruelo	0 1/2
Lubian	0 1/2
Canda	1
Villavieja	0 3/4
Canizo	1 1/2
Gudiña	1
Venta de San-Lorenzo	2
Navallo	1

ROUTE 164.—DE BENAVENTE A ORENSE.

La Barreira.	0	1/2
Venta de Ferreiras.	0	1/2
San-Cristobal	0	1/2
Trepa.	0	1/4
Verin.	2	1/4
Pazos.	0	1/4
Infesta.	1	1/4
Villa del Rey.	1	3/4
Trasmiras	0	1/4
Abavides.	0	1/2
Guinzo de Lima.	1	1/4
San-Diaz.	1	1/4
Peñeira de Arcos.	0	1/2
Nanin.	1	1/4
Allariz.	0	1/2
Taboadela.	1	1/4
Calvos o Veredo	0	1/2
Sijalbo.	1	
ORENSE.	0	1/2

Après *Benavente,* la Terra coule vers la gauche et arrose sa jolie *veja.* Le village, situé sur le *Rio Negro,* possède une image célèbre, appelée *Nuestra-Señora de Sarapos* (Notre-Dame-des-Haillons-et-des-Guenilles), parce que les mendiants guéris par son intercession suspendent en *ex voto* leurs garderobes auprès de sa châsse. Nous traversons *Manbuey,* village de 600 hab., avec une montagne couverte de beaux chênes. Les quatre ou cinq petits villages qu'on traverse ensuite n'offrent aucun intérêt jusqu'à la *Publia de Sanabria,* principale localité du petit pays montagneux *de Sanabria*; c'est une petite ville d'environ 1,000 hab., bâtie sur une pente à base d'ardoise, avec la noble *sierra de Segundera,* qui s'élève vers le N.-O. On y trouve quelques vieilles murailles et un château sur l'éminence. C'est un centre très-favorable pour des excursions dans le *Vierzo,* et principalement au lac et au couvent de *San-Martin de Castañada.* Ensuite la gracieuse route serpente au milieu de la Segundera pour gagner *Requejo,* elle est souvent impraticable pendant l'hiver; puis elle est sans intérêt jusqu'à *Lubian:* la sierra s'élève sur la droite, et les frontières du Portugal s'étendent sur la gauche à 2 l. environ. Tout le pays est peuplé de contrebandiers audacieux et qui font un très-grand trafic. *Canda* est situé dans le Portillo, qui divise le royaume de Léon de la Galice à *Cañizo;* une autre route, de 7 l. plus courte, se détache à droite et conduit aussi à *Orense*, mais elle est très-rude et montagneuse ; elle traverse :

Erisa.	1 l.	
Porto de Gamba.	2	
Laza.	1	
Alvergueria.	1	1/2
Pedreda.	1	1/2
Orense.	1	

Laza est un village de 900 hab., dans une situation charmante, abritée du N. par la *sierra de Mamed*; la vallée est délicieuse et bien arrosée par plusieurs affluents de la *Tamega*. Toute cette route est d'un haut pittoresque, mais il faut se pourvoir de vivres pour s'y engager.

Reprenant la route directe, nous arrivons à *Verin*, au S. duquel se trouve *Villar de Ciervos*, près des frontières de Portugal ; montez au château des comtes de *Monterey*, pour jouir d'un riche panorama. Ensuite la route serpente vers le N, jusqu'à *Villar del Rey et Abavides*, en franchissant la chaîne qui sépare les bassins de la *Tamega* et de la *Limia* qu'on traverse au hameau de *Genzo*. Plus loin on traverse encore une autre chaîne ainsi que plusieurs petits villages insignifiants jusqu'à *Allariz*, charmante petite ville de 1,500 hab., située dans une douce vallée avec des murs, un château et deux ponts de pierre. Visitez le couvent des Franciscains, fondé en 1292 par Violenta, femme d'Alonso el Sabio, dont les restes y reposent. L'église renferme plusieurs tombeaux très-anciens. A l'O. d'*Allariz* se trouve le célèbre couvent de *Celanova*.

ORENSE, ville de 6,000 hab., capitale de la province de son nom, résidence des autorités civiles et militaires de cette province, une des plus fertiles de cette partie de l'Espagne. Elle était célèbre dans l'antiquité pour ses bains chauds.

ROUTE 166.—DE LUGO A LA COROGNE.   559

Ceux appelés *las Burgas*, presque bouillants, sont encore fréquentés de juillet en septembre ; ils sortent d'une roche de granit à l'O. de la ville. *Orense* est une cité propre, agréablement située sur une éminence douce au pied de laquelle coule le *Miño ;* elle est le siège d'un évêque suffragant de Santiago. Remarquez son beau pont de 1,349 pieds de long sur 18 de large et défendu par un château du côté de la ville. La grande arche a 156 pieds d'ouverture et s'élève à 155 au-dessus du lit du fleuve; il fut construit en 1230 et réparé en 1449. Visitez la *cathédrale* gothique, bâtie par l'évêque Lorenzo, en 1220, ainsi que la chapelle *Santa-Euphemia*, sa patronne ; *el Pareiso, la silleria del coro*, le cimborio et le transsept méritent également l'attention. Visitez encore la *Capilla del Cristo Crucificado*, fondée en 1567. Les cloîtres antiques furent bâtis en 1804; *la Capilla de la Maria Madre* fut restaurée en 1722. Pour plus amples détails sur cette cathédrale, consultez *Noticias historicas*, par Juan Muñoz de la Cueva, Mad., 1726. Les vieilles tours circulaires de la Trinidad sont assez remarquables.

ROUTE 165.

DE MADRID A LUGO.

Par **Valladolid** et **Benavente**, 90 l. 1/4.

De *Madrid* à *Valladolid* (*V.* route 155). . . 34 l.
Valladolid à *Benavente* (*V.* route 156). . 18 1/4
Benavente à *Lugo* (*V.* route 163). 38

ROUTE 166.

DE LUGO A LA COROGNE (CORUÑA).

Par **Betanos**, 14 l. 1/2.

Otero del Rey. . . . . 2 l.
San Juan de Valdomar 1

Bamonde.	1	
Guiteriz.	2	
Monte Salgueiro	2	1/2
Betanzos.	2	1/2
Campamento.	1	1/2
LA COROGNE (*Coruña*)	2	

Après Lugo, la route continue au N.-O., traversant un pays riche et bien arrosé. Les rivières y nourrissent d'excellents poissons, des truites surtout.

BETANZOS (*Flavium Brigantium*), petite ville de 5,000 hab., très-ancienne, située sur le versant d'une colline baignée à sa base par le *Mandeo*, jolie rivière qui se jette dans la baie du Ferrol. Les alentours nourrissent beaucoup de troupeaux; le bœuf, le mouton et le poisson de la rivière et du golfe y sont d'excellente qualité.

On sort de *Betanzos* à l'O. On passe sur un pont bien construit la rivière *Mandeo* près de son embouchure ; la route, qui est superbe et droite, traverse le joli petit village de *Pontellas*, passe le *Meneo* sur un pont à *Burgo*, petit village ; une heure et demie après, vous entrez à

LA COROGNE (*Coruña*), ville gaie et animée depuis qu'elle est la résidence de l'audiencia et du capitaine général. La meilleure hôtellerie est *El Comercio*. (Le prix est d'environ 16 réaux (à peu près 4 fr. 20 c. par jour). On y trouve aussi un bon café, *de los Milaneses*, calle de Acevedo, tenu par un Italien. Nous indiquons comme bon commissionnaire Joseph Soler, et un petit tailleur très-actif, à qui on donne le sobriquet de don Carlos, et qui connaît bien le pays.

La Corogne, ville de 15,500 hab., capitale de la province, du partido, et du district militaire de son nom, est la résidence des autorités civiles et militaires. La juridiction de l'*audiencia* s'étend sur 1,472,000 personnes ; le nombre des personnes jugées en 1844 était de 3,903, ce qui donne 1 sur 377 habitants.

La Corogne est située dans une baie qui pénètre très-avant dans les terres et forme un des meilleurs ports de l'Espagne, ayant la forme d'un croissant; il est vaste et sûr, et bordé de beaux quais ; l'entrée en est défendue par les deux forts *Sainte-Claire* et *Saint-Martin*. La Corogne se divise en vieille et nouvelle ville : la première, située sur le versant d'une montagne, est entourée de murailles et défendue par un fort; la seconde, qu'on appelle la *Pescaderia* (le marché aux poissons), est un faubourg mieux bâti ; ses rues sont plus larges et mieux pavées. Le tout n'offre d'autre monument remarquable que les deux églises gothiques : 1° *Santiago*, commencée au XIe siècle, dont la tour, la porte S. et les anciens fonts baptismaux méritent l'attention ; 2° la *Santa-Maria* ou la *Colegiata*, avec un porche normand et une tour qui se termine en pyramide ; l'intérieur est sombre, et le maître-autel placé dans une abside.

Les principales rues de la *Pescaderia* sont : *calle Real*, qui est large, bien pavée, pleine de mouvement et de vie ; et celle de *Espoz y Mina*, dont les maisons de granit sont ornées de balcons vitrés, qui forment une sorte de boudoir. Le soir, visitez la *Marina*, promenade charmante. La villa est bien approvisionnée en toute espèce de denrées. Pour les bains de mer, elle est très-favorable aux malades ; le climat est très-doux, et l'hiver y est presque inconnu.

Nous trouvons dans la basse ville le vaste théâtre, la douane et un bon cabinet de lecture ou club ; c'est le quartier du commerce. La belle église moderne du couvent de *San-Agustin* sert maintenant d'église paroissiale ; le reste de l'édifice est occupé par la municipalité.

La *Corogne* est peu riche en objets d'art. Cependant voyez, dans la chapelle du *Campo santo*, une copie de la *Virgen de la Servilleta*, de Murillo, et quelques autres peintures médiocres.

Visitez aussi le port, et son beau quai, les fortifications, la bibliothèque, etc.

MOYENS DE LOCOMOTION.—Dans l'été les steamers anglais font la traversée de Southampton à la *Corogne* en 5 jours. La malle-poste de Madrid y va en 3 jours 1/2 ; elle ne part que trois fois par semaine, et, comme elle ne prend que trois voyageurs, il est nécessaire de demander sa place d'avance. On s'arrête 2 heures à *Lugo*, pour déjeuner ; à *Villafranca*, 1 heure pour dîner ; à *Astorga*, 1 heure ; à *Benavente*, 1 heure ; à *Medina del Campo*, 2 heures ; à *Orvila*, 1/2 heure ; à *Villacastin*, 2 heures. La route est bonne dans quelques parties, détestable dans d'autres.

ROUTE 167.

DE LUGO A MONDONEDO, 8 l. 1/2.

```
Quintela. . . . . . . . . . . .  3 l. 1/2
Reigosa. . . . . . . . . . . .   2
MONDONEDO . . . . . . . . .      3
```

De Lugo la route poursuit au N. et n'offre rien d'intéressant jusqu'à

MONDONEDO, ville de 5,100 hab. Posada passable. Elle est située dans une vallée bien cultivée, qu'arrosent quelques affluents de la Masma ; évêché suffragant de Santiago. Cette ville offre peu d'intérêt. La cathédrale, qui a deux tours de forme originale, fut commencée en 1224. Le *Sanctuario de Nuestra Señora de los Remedios* est le seul objet digne de remarque.

De *Mondonedo* une route conduit à *Chivadea*, sur le bord de la mer, 6 l. ; une autre, courant au N., à *Vivero*, également sur le bord de la mer, 7 l. 1/4 ; une troisième, courant au N. O., au *Ferrol*, environ 9 l., mais elle est très-sinueuse ; une quatrième, se dirigeant vers l'O. et tombant à *Betanos*, dans la route royale de Madrid à *La Corogne*.

ROUTE 168.

DE MADRID A ORENSE.

Par Valladolid et Benavente, 91 l. 1/2.

De *Madrid* à *Valladolid* (V. route 155). . . . 34 l.

ROUTE 169.—D'ORENSE A SANTIAGO.

Valladolid à Benavente (*V.* route 156). . . 18 1/4
Benavente à Orense (*V.* route 164). 39 1/4

ROUTE 169.

D'ORENSE A SANTIAGO, 17 l.

Quintela.	1 l.	
Mandras.	1	1/2
Cea.	1	
Piñor.	0	1/2
Castro Dozon	2	
La Gesta.	1	1/2
Lage.	1	1/2
Prado.	0	1/4
Fojo.	2	
Castrovite.	1	1/2
Puente Ulla.	1	1/4
Susana	2	
SANTIAGO	1	

Cette route, qui d'Orense gagne le N.-O., n'est qu'un mauvais chemin de traverse : on travaille à sa reconstruction. Après avoir franchi les montagnes à *Piñor* et à *Castro-Dozon*, nous descendons dans le riche bassin de l'Ulla, qu'on traverse près de Castrovite, sur un pont élégant ; ensuite on arrive à

SANTIAGO. *Hôtelleries.* Les meilleures sont : *las Animas*, dans la Rua Nueva, tenue par la *Vizcaina* (Basque), veuve respectable : elle est propre et confortable ; la *posada de Martin Moreno*, en las Cases Reales. Les *Maragatos* descendent dans la *rua de San-Pedro*. Ils vont à Valladolid en 12 jours, et à Madrid en 15 jours. Le voyageur qui a un lourd bagage, ou qui veut voyager en touriste, peut en toute sûreté se confier à eux.

Chez *Rey Romero*, libraire, nº 16, calle de la Azabacheria, on trouve les livres les plus utiles pour parcourir l'Espagne.

Santiago, chef-lieu de partido, province de la Corogne, était autrefois la capitale de la Galice ; elle est le siége d'un évêque ayant le titre de primat d'Espagne ; elle renferme une cathédrale, deux collégiales et quinze paroisses ; une université, avec une belle bibliothèque et un cabinet de physique, etc.

Santiago est bâtie sur un sol ondulé et irrégulier. La cathédrale occupe le cœur de la ville, d'où les rues divergent sur tous les points. Cette ville est humide et froide : partout on y trouve des fontaines. Les rues sont bordées de maisons à arcades d'un aspect sombre et triste ; les provisions de toute espèce y abondent à bon marché. Sa situation est très-pittoresque. Montez sur la tour de la cathédrale, muni de la bonne carte de Juan Freyre, portez vos regards vers *Monte de la Almaziza* et *Santa-Clara*, c'est un beau coup-d'œil ; ensuite prenez l'*Alameda de Santa-Susana*, sortez par la *puerta Fajera*, gagnez *Campo de Feria*, et un peu plus haut *Monte Pedroso*, d'où le panorama est vaste et magnifique.

La cathédrale de Compostelle est célèbre comme lieu de pèlerinage. L'extérieur nous offre quatre façades donnant chacune sur une plaza : la plus importante, à l'O., s'appelle *El Mayor* ou *El Real*, et est vraiment royale ; elle est bornée par deux tours qui se terminent en coupoles ; l'entrée est ornée de la statue de Santiago, devant laquelle des rois sont agenouillés. A droite, s'élèvent les tours carrées du cloître. Les grands cloîtres, simples et sérieux à l'intérieur, furent construits en 1533. A gauche du grand portail de la cathédrale, s'élève le sombre et simple palais épiscopal ; au nord de cette plaza se trouve l'*Hospicio de los Reyes*, hôpital pour les pèlerins, construit sous Ferdinand et Isabelle en 1504. L'hôpital est formé de quatre carrés de bâtiments dont la chapelle occupe le centre : de sorte que les malades des différents étages peuvent assister au service divin. Le portail est richement travaillé et orné des statues de saints pèlerins. Deux des *patios* ont des arches d'un gothique délicat ; la chapelle est simple, mais le sanctuaire, fermé par une grille, est sans rival à Santiago, pour la délicatesse et la richesse du travail.

Le vaste et bel édifice qui fait face à la cathédrale fut

construit en 1777 ; de séminaire il est devenu l'ayuntamiento. Au S. se trouve le couvent supprimé de *San-Jeronimo*. C'est sur cette plaza qu'ont lieu les combats de taureaux.

En quittant cette plaza par le S. O., remarquez l'ancien *colegio de Fonseca* ; ensuite entrez dans la *Plateria*, située devant la façade S., la plus ancienne de la cathédrale. On y remarque la *torre del Reloj*. A gauche est le *Quintana de los Muertos*, l'ancien cimetière des chanoines ; le vieux portail, donnant de ce côté, n'est ouvert que pendant le jubilé.

A l'E. du Quintana, se trouve l'église dédiée à *San-Payo*. Le quatrième côté de la cathédrale, au N., donne sur l'*Azabacheria* ou *plaza de San-Martin*, que borde l'immense couvent de ce nom, fondé en 912, mais reconstruit depuis peu. Cette magnifique maison de bénédictins est devenue une caserne. La chapelle, servant d'église paroissiale, est d'un mauvais goût; mais sa *sacristia* est belle.

Nous entrons dans la cathédrale, immense édifice gothique, formant comme deux églises superposées. L'église supérieure, vaisseau noble et majestueux, est dédiée à *saint Jacques-le-Majeur*. L'église inférieure ou souterraine, édifice du plus grand intérêt, renferme six nefs et vingt-trois chapelles. Les richesses artistiques que renfermait cette métropole ont été beaucoup exagérées.

Proche la *capilla de los Reyes* se trouve le grand confessionnal qui n'admet que le *penitenciario*.

La statue célèbre de Santiago surmonte un autel de beau marbre, isolé et entouré de colonnes dorées. Les ornements offrent plus de profusion et de richesse que de goût. La statue, qui date de 1188, tient dans sa main gauche le bourdon de pèlerin avec une gourde au bout; la figure peinte est simple d'expression. Aux grandes cérémonies, on expose sur l'autel la jolie *custodia* d'argent, faite en 1544 par Antonio d'Arpha. On y voit une statuette de Santiago, dont l'auréole est composée de rubis et d'émeraudes. Une des plus imposantes cérémonies, c'est la réception des pèlerins qui y affluent de toute l'Espagne.

La *silleria del coro* fut sculptée par Gregorio Español, en 1606. Les chaires en bronze de chaque côté de la *reja*, par Juan Bautista Celma, de 1563, sont un chef-d'œuvre de style classique. La peinture est faiblement représentée dans cette métropole. On y trouve pourtant *Saint Pierre* et *Saint André*, de Juan-Antonio Bonzas, Galicien. Le *relicario*, appelé aussi la *Capilla de los Reyes*, possède de précieuses reliques. On y voit des sépultures avec des statues d'une haute antiquité : celle de don Ramon, de 1226 ; de Fernand II, de 1226 ; de Berenguela, 1487 ; d'Alonso IX, de Leon, 1268 ; de Juana de Castro, 1412, etc.

La chapelle qui se trouve derrière le maître-autel est des plus intéressantes ; elle est dédiée à la Vierge *del Pilar*. La *capilla del Rey de Francia* a un beau retable.

En quittant la cathédrale, visitez la *Cortesela*, ou église paroissiale : c'est un beau vaisseau antique, à trois nefs; mais on l'a depuis peu horriblement restaurée.

L'*université* de Santiago est très-fréquentée. L'édifice est lourd, le *patio* est d'un style dorique simple ; la bibliothèque, qui occupe une belle salle, renferme de bons ouvrages français, anglais et autres.—Parmi les nombreux couvents aujourd'hui abandonnés, nous distinguons celui de *San-Francisco*, dont la chapelle sert maintenant d'église paroissiale ; les cloîtres à demi ruinés du couvent de *San-Augustin*, ainsi que la tour carrée du beffroi de *Santo-Domingo*. *San-Felix*, église paroissiale, date de 1316; elle a été gâtée par des travaux modernes. L'église *Las Animas* a quelques bonnes sculptures peintes, la Passion de notre Sauveur entre autres.

La promenade publique, appelée *el Gran Campo de Santa Susana*, est charmante.

Les produits naturels et les costumes du pays qu'on voit au marché de la *plaza del Pan* méritent l'attention de l'artiste et du naturaliste.

Les routes qui de Santiago divergent vers les différents points de la province sont détestables.

ROUTE 170.

D'ORENSE A PONTEVEDRA, 15 l.

Quintela.	1 l.
Maside	2 1/2
Carballino.	1
Pereira	1 1/2
Sontelo de Montes.	2 1/2
Cerdedo. . . . . . . -	1 1/2
San Jorge de Sacos.	2
PONTEVEDRA	3

Il existe une autre route plus longue (34 l.) pour *Pontevedra*, par *Rivadavia*, *Tuy*, *Vigo* et *Pontevedra*.

Celle que nous suivons se dirige vers le N.O., traverse plusieurs chaînes de montagnes et une contrée pittoresque jusqu'à

PONTEVEDRA (*Pons Vetus*), ville de 5,000 hab. *Posada* décente dans la calle del Puente. Capitale de la province de ce nom, située sur une colline isolée, d'où la vue est admirable : à droite, l'Océan déroule sous vos yeux son immense nappe azurée ; à gauche, une série de vallées et de luxuriantes éminences étalent leurs plantations et leurs vignobles. Cette ville petite et ancienne est entourée de murailles, et possède un beau port sur la bel *Ria* ; elle est propre, bien bâtie et bien pavée. Dans la partie supérieure s'élève une église moderne qu'on aperçoit de très-loin ; au delà, un couvent d'Augustins nous montre ses ruines pittoresques ; tout proche est l'*Alameda*, avec une charmante vue sur la *Ria* (embouchure) et les environs. Remarquons le vieux *Palacio de los Churruchaos*, ainsi que la *Velada* ou *Rueda de la Romeria de la Peregrina*, où une foule de paysans viennent faire leurs dévotions le 8 août.

ROUTE 171.

D'ORENSE A VIGO, 17 l.

Quintela.............	1 l.	
Barbantes............	1	3/4
Mira	1	1/2
Rivadavia............	1	1/2
Melon...............	1	3/4
Cañiza	1	1/4
Franqueira	1	1/4
Puenteareas..........	2	1/2
Porrino.............	2	
VIGO................	2	1/2

Cette route fait partie de la grande route nationale de Madrid à *Vigo*, qui n'est pas encore terminée. Celle que nous parcourons maintenant n'est pas bonne. En sortant d'Orense elle descend la vallée du *Miño* jusqu'à Franquiera, remonte vers le N.-O. pour atteindre Perrino, en traversant six ou sept petites localités dont les plus importantes sont *Rivadavia*, avec 1,300 hab., et *Porrino*, avec 1,000 h. La contrée est montagneuse et pittoresque jusqu'à

VIGO, *Vicus Spacorum*, port de mer très-ancien que les steamers de la Compagnie Péninsulaire anglaise ont un peu ranimé; ils y arrivent d'Angleterre environ en quatre jours. — *Hôtellerie :* la *posada de los Viscainos*, sur le *Marcado*, propre et confortable.

Vigo possède un théâtre, une alameda agréable près de *la Puerta del Placer*, et un bon port bien abrité par les châteaux *San-Sebastian* et *del Castro;* de ce dernier la vue est magnifique. La population de cette ancienne cité est d'environ 6,000 hab. La mer fournit en abondance d'excellents poissons, et les environs donnent de bonne viande et des fruits délicieux. Voyez *Descripcion de Vigo*, par Dr. Nicolas Tadoada, Santiago, 1840.

ROUTE 172.

D'ORENSE A TUY, 16 l. 3/4.

D'*Orense* à *Porrino* (*V.* route 171) . . 14 l. 1/2
TUY 2   1/4

A *Porrino* nous quittons la route d'Orense, et tournant brusquement au S., nous arrivons en 2. h. à

TUY (*Tyde Graviorum*), ville très-ancienne, déjà renommée du temps de Pline; pop. 4,000 hab.; elle est située sur un plateau élevé, baigné par le *Miño* et ses affluents. L'évêque est suffragant de Santiago. La cathédrale, sorte de château-fort, fut commencée en 1445; elle est dédiée à *san Telmo*, patron des marins espagnols. On y remarque la silleria del coro et les clochers. *Tuy* renferme aussi cinq églises, un couvent de femmes et deux de moines, tous supprimés, un hôpital, un hospice et un seminario, une espèce de *museo* dans le *colegio San-Fernando*, où l'on trouve des livres et des peintures. Son climat est délicieux, et la fertilité des *vegas*, malheureusement peu secondée par les hommes, est prodigieuse; les vignes y sont magnifiques. Les truites et les saumons abondent dans les rivières *Louro, Tea,* et *Avia.*

A une petite lieue, sur la même rive du *Miño*, se trouve un bain d'eaux sulfureuses, très-efficaces contre les rhumatismes et autres infirmités.

ROUTE 173.

D'ORENSE A LUGO, 14 l. 3/4.

Cudeiro. 3/4
Malladoiro 3/4
Lamas de Aguada 2 1/4
Loureiro. 1/2
Vigo   2

Taboada	1	1/2
Meijoifrio	2	
Naron	1	
Guntin	1	
LUGO	3	

Au sortir d'Orense la route traverse le *Miño* sur un bon pont de cinq arches ; celle du milieu a 141 pieds d'ouverture sur 90 d'élévation ; le pays est beau et riche jusqu'à

LUGO (*V.* route 163).

ROUTE 174.

DE MADRID A LA COROGNE (CORUÑA).

Par **Benavente** et **Lugo**, 104 l. 3/4.

De *Madrid* à *Valladolid* (*V.* route 155). 34 l.
Valladolid à *Benavente* (*V.* route 156). 18 1/4
Benavente à *Lugo* (*V.* route 163) . . . 38
Lugo à la *Corogne* (*V.* route 166) . . . 14 1/2

ROUTE 175.

DE LA COROGNE AU FERROL, 9 l. 1/2.

De la Corogne on peut traverser la baie et atteindre le *Ferrol*. Par terre, on suit la route royale de Madrid jusqu'à *Betanzos* ; là, par une courbe brusque vers le N., nous côtoyons la *Ensenada de Sada* ; le chemin est rude et difficile, mais offre de beaux points de vue sur la mer et sur le pays ; on traverse *Eume*, puis la Jubia, et on atteint

LE FERROL, ville forte et port de la marine royale de création nouvelle. Avant 1750 ce n'était guère qu'une bourgade de pêcheurs et de caboteurs ; maintenant son port est un des plus considérables et des plus sûrs de l'Europe ; la vaste et profonde baie sur laquelle il est situé est garantie de tous les vents, et son entrée est si étroite qu'il n'y passe qu'un seul bâtiment à la fois; les fortifications qui défendent toute la côte le rendent inexpugnable.

Le Ferrol, ville bien bâtie, avec de belles rues très-propres, possède une église paroissiale, un couvent, deux hôpitaux, de belles casernes, un très-bel arsenal, et un bassin de construction.

La pop. est de 13,400 hab. La *posada de San-Felipe* est tolérable.

Visitez la charmante *Alameda*, située entre la nouvelle ville et l'*Artillero*; l'église paroissiale de *San-Julian*, construite tout à côté en 1772; le *Darsena* (chantier) à la *puerta del Parque*, avec une *sala de las Armas*, d'ordre dorique, à droite. Ce chantier, qui a 115,000 mètres carrés de superficie, est peu actif, et on n'y remarque aucun objet bien important.

ROUTE 176.

DE MADRID A SANTIAGO.

Par **Benavente** et **Orense**, 108 l. 3/4.

De Madrid à Valladolid (V. route 155). . 34 l.
Valladolid à Benavente (V. route 156). 18 1/4
Benavente à Orense (V. route 164). . . 39 1/4
Orense à Santiago (V. route 169). . . . 17

ROUTE 177.

DE SANTIAGO A LA COROGNE, 9 l. 1/2.

Sionlla . . . . 1 l.
Siqueiro 1
Santa Cruz de Montaos 1
Ordenes 0 3/4
Leira 0 3/4
Herbes 1 1/2

Carral 0 1/2
Palabea 2
LA COROGNE (*Coruña*).... 1

Cette route n'a que peu d'intérêt; une gondola ou diligence la parcourt en six ou sept heures.

LA COROGNE (*V*. route 166).

ROUTE 178.

DE MADRID A PONTEVEDRA,

Par **Benavente** et **Orense**, 106 l. 1/2.

De *Madrid* à *Valladolid* (*V*. route 155).. 34 l.
  Valladolid à *Benavente* (*V*. route 156). 18 1/4
  Benavente à *Orense* (*V*. route 164)... 39 1/4
  Orense à *Pontevedra* (*V*. route 170).. 15

ROUTE 179.

DE PONTEVEDRA A SANTIAGO, 8 l. 3/4.

Caldas.................. 3 l. 1/4
Padron.................. 2 1/2
Nuestra-Señora de la Esclavitud. 0 3/4
SANTIAGO............... 2 1/4

Au sortir de Pontevedra, la route se dirige vers le N.; elle n'est ni belle ni bonne, mais la contrée est jolie. Après deux villages insignifiants, elle atteint *Nuestra-Señora de la Esclavitud*, sanctuaire qui attire, le 8 septembre, un grand nombre de paysans des divers points de la Galicie. *Parador* tolérable.—En 2 heures de marche, on est à

SANTIAGO (*V*. route 169).

ROUTE 180.

DE MADRID A LEON, 57 l. 3/4.

De *Madrid* à *Valladolid* (*V.* route 155). 34 l.
Valladolid à *Leon* (*V.* route 157). . 23 1/4

ROUTE 181.

DE LEON A OVIEDO.

Par **Pajares** et **Mieres**, 21 l. 1/2.

Venta de la Tuerta. . .	2	1/2
La Robla.	2	
Puente de Alba.	0	1/2
Huelgas.	0	1/2
La Pola de Gordon. . . .	0	1/2
Vega de Gordon.	0	1/2
Lavid.	0	1/2
Villasemplid.	1	
Villamacin	0	1/2
Villanueva.	0	1/2
Busdongo.	1	
Pajares.	1	1/2
Puente los Fierros.. . .	2	
La Flecha.	0	3/4
Campomanes.	0	1/4
Vega del Ciego..	0	1/2
Pola de Lena.	0	1/2
Ujo.	1	
Santullana	1	
Mieres.	0	1/2
Olloniego.	1	
OVIEDO.	2	1/2

Cette magnifique route, desservie par une diligence de Leon, remonte au N. les vallées qu'arrose la poissonneuse *Vernesga*. Ensuite nous traversons *Robia* et la *Pala de*

Gordon ; puis le pont de *Turio*, dans un site délicieux ; puis, encore après, de riches vallées, jusqu'au village de Villanueva. Là, tout-à-coup, la route se rétrécit pour gravir une haute sommité, d'où partent comme d'un réservoir des cours d'eau qui arrosent et fertilisent de tous côtés le royaume de Leon et des Asturies. Ensuite la route redescend et passe la *Puerta*, pour remonter, à travers une contrée montagneuse et pierreuse, jusqu'à

PAJARES, pauvre hameau, avec une *posada* passable ; on y sert d'excellentes truites. Nous foulons ici le sol des Asturies, qui est très-accidenté. Nous y rencontrons le *Monte-Sacro*, avec son ermitage ; ensuite le charmant village de *Mieres*, avec un pont, et une posada décente, près le *palacio Campo-Sagrado*. Cette route a des charmes particuliers pour l'artiste et le pêcheur jusqu'à *Olloniego*, où s'élève un beau pont. — Bientôt Oviedo et sa sinueuse vallée s'étalent à nos regards.

OVIEDO, capitale des Asturies.

PROVINCE DES ASTURIES.

ASPECT, CLIMAT, ÉTENDUE, MŒURS ET COUTUMES. C'est une étroite langue de terre, séparée au S. du royaume de Leon par les *monts des Asturies*, qui courent de l'E. à l'O. ; et au N., par la *Cordillera de la Costa*, qui longe la baie de Biscaye. D'une superficie d'environ 310 l. carrées, elle est divisée en 69 *consejos*, conseils ou districts. Le pays, en général, n'offre qu'une série de montagnes boisées et de vallons bien arrosés ; le climat est humide et froid en hiver et tempéré en été. Le blé y prospère peu et le maïs est la principale nourriture. On y élève une grande quantité de bétail ; les belles vaches qui peuplent ses vertes prairies donnent beaucoup de lait et d'excellent beurre. Les forêts, bien que négligées, contiennent des essences magnifiques de chênes, de marronniers, de pins d'Écosse, de pinus uncinata, et beaucoup d'autres bois de chauffage ; on y trouve aussi en abondance le charbon de terre, qui sert comme combustible ; les fruits, les fleurs et les végétaux ressemblent beaucoup à ceux du N. de la France, et le cidre y est de bonne qualité ; les montagnes abondent en gibier et les rivières en saumons, truites, aloses et anguilles ; les chevaux, quoique petits, sont sûrs et vigoureux, mais ils servent peu à ces agiles et robustes montagnards, excellents marcheurs, danseurs et joueurs de bâton. Les danses nationales sont la *Muñeira* et la *Danza prima*.

Les voleurs sont rares dans les Asturies, ces pauvres montagnes étant peu fréquentées par les voyageurs. Les costumes des classes populaires ressemblent beaucoup à ceux de la Suisse ; les femmes, lorsqu'elles sont en toilette, portent des corsets lacés par devant et ornés de joyaux d'or et de colliers de corail ; des coiffes en serge de couleur sombre couvrent leur tête et leurs épaules.

Les Asturiens sont, en général, bons, polis et affables, principalement les femmes, qui sont douces et prévenantes envers l'étranger. Attachés à leurs pauvres habitations et à leurs usages domestiques, leur cœur a gardé sa bonté native, et l'étranger trouve chez eux une cordiale hospitalité. On ne peut guère voyager dans les Asturies qu'à dos de mulet ou à cheval, excepté sur le magnifique *camino Real*, que nous avons suivi depuis Leon, et dont la construction coûta tant, que Charles IV demanda s'il était pavé d'argent.

Mais si les chemins de traverse et les sentiers sont impraticables aux voitures, ils sont pleins de charme pour le jeune artiste, dont l'œil est ravi par la richesse et la variété des sites ; l'antiquaire et l'ami du romantique y trouveront aussi de riches souvenirs.

Le patois que parlent les paysans diffère du galicien et est appelé *bable*.

L'antiquaire pourra consulter sur cette province *el Viage de Morales*, publié par Florès, in-fol., Madrid, 1665 ; aussi *Antigüedades de las Asturias*, Luiz Alonzo de Carballo, in-fol., Madrid, 1695 ; *Asturias ilustrada*, José Trello Vilalademoros, 8 vol., Madrid, 1760, etc.

OVIEDO (*Ovetum*), ville épiscopale, capitale de toutes

les Asturies.—*Posadas* : la *Tinaña*, très-confortable, et la *Catalana*, où les voyageurs sont bien traités.

Oviedo, jolie ville, propre, bien bâtie ; *pop.*, 10,500 hab.; résidence des autorités civiles et militaires de la province, contient une *audiencia territorial*, un théâtre, une société de lecture, à laquelle les étrangers sont aisément admis ; l'Université, bel édifice moderne, situé hors la ville, avec une modeste bibliothèque et quelques tableaux. Les quatre principales rues de cette ville, correspondant aux routes de Gijon, Leon, Grado et Santander, aboutissent à une belle plaza et se terminent par des *Alamedas*, dont la *Tenteria* et la *Chambel* sont les plus fréquentées. Oviedo est bien approvisionné d'eau claire par un aqueduc appelé *Pileres*, construit en 1599.

L'évêché d'Oviedo fut fondé en 810, par Alonzo del Castro. La cathédrale est appelée *la Santa*, à cause des reliques qu'elle renferme. Bien que peu vaste, ce saint édifice est très-élégant et très-beau. La façade O. se compose d'un beau porche terminé par deux tours, dont une seulement est achevée, le tout d'un bon effet. L'intérieur est insignifiant, on n'y trouve d'intéressant que le retable du maître-autel, de 1440; la *capilla del Rey Casto*, qui contient les cendres d'Alonzo II, mort en 813, ainsi que celles de plusieurs rois, princes et princesses. Six niches creusées dans les murs renferment des cercueils de pierre ; les sépulcres, les épitaphes et les inscriptions primitives ont disparu.

Mais la gloire de cette cathédrale, ce sont les objets sauvés par *Pélage* lors de l'invasion des Maures ; ils sont déposés dans la *Camera Santa*, ou chapelle primitive de *San-Miguel*, élevée de 22 marches, pour préserver les saintes reliques de l'humidité. Cette chapelle a 26 pieds de long sur 16 de large ; 12 statues des apôtres, du même âge que l'édifice, supportent le toit, et le pavé en mosaïque ressemble à ceux d'Italie du IXe siècle.

L'*arca*, ou coffre dans lequel ces saintes reliques sont conservées, est en chêne recouvert de plaques minces d'argent, avec des bas-reliefs dont les sujets sont tirés de l'Histoire-Sainte. Cette chapelle renferme encore d'autres reliques très-précieuses. (*Voyez*, pour plus de détails, les ouvrages de Morales et Flores.)

La belle et vieille bibliothèque de la cathédrale sert depuis longtemps, grâce à la négligence du chapitre, de pâture aux vers.

Oviedo renferme quelques-unes des plus anciennes églises de la Péninsule; elles sont en général simples, solides, et un auvent se projette sur la porte d'entrée. On en voit un des meilleurs spécimens dans *Santa-Maria*, qui s'élève sur la *Cuesta de Naranco*, colline située à l'opposé de la vallée, au N. d'Oviedo. Elle a environ 40 pieds de long sur 15 de large, à l'intérieur. Examinez sa crypte et ses divers détails. Ce bijou antique est très-bien entretenu.

San-Miguel de Lino, située un peu plus haut sur la colline, a la forme d'une croix latine. Cette église, malheureusement, marche à grands pas vers sa ruine.

On trouve encore deux autres églises de cette période; l'une, à 1/2 lieue hors de la ville, sur la route de Gijon, dédiée à *san Julian*, contient trois ailes byzantines bien proportionnées; l'autre, *Nuestra-Señora de la Vega*, fut bâtie par doña Contrado Perez, mère de la reine Urraca, morte en 1186.

Remarquons, en rentrant à Oviedo, les restes de la *Carte* ou résidence de *el Re Casto*; près de la cathédrale est une autre église très-ancienne, dédiée à *san Tirso*, tristement rajeunie. On trouve encore de cette même période l'église *San-Payo;* celle de *San-Juan* est tout proche du vaste couvent de *San-Vincente*, fondé en 1284, pour les Bénédictins; c'était un monastère double : une partie était destinée aux moines, et l'autre aux religieuses; la portion des moines sert maintenant de résidence au chef politique et aux administrations publiques. On a enchâssé dans le mur extérieur un monument dédié au patriote Jovellanos. Le couvent de *San-Francisco*, fondé, dit-on, par saint François même, est maintenant converti en hôpital; la promenade qui l'avoisine est la plus belle d'Oviedo. De la pierre où l'on fusille les criminels, on a une vue charmante sur l'aqueduc et sur *San-Miguel de Lillo*. Le couvent de *San-Agustin*, presque en face San-Francisco, est maintenant une *Casa de Espositos* (Enfants trouvés). Vues du *Campo-Santo*, les montagnes des Asturies sont très-majestueuses et très-pittoresques.

L'architecture domestique d'Oviedo, avec ses toits se projetant sur la rue, convient très-bien à son climat humide. Parmi les nobles habitations maintenant abandonnées, l'archéologue visitera avec intérêt celle du *Duque del Parque*, maintenant fabrique d'armes; celle du marquis de Campo-Sanerado, bel édifice carré. N'oubliez pas la *Casa Solar*, la *Calle de la Plateria*, et l'*Audiencia*, dont la juridiction s'étend sur 434,600 âmes; en 1844, elle a rendu 484 condamnations, ce qui donne 1 pour 800; dans Madrid, la proportion est 1 pour 192, témoignage éclatant de la moralité des habitants de ces montagnes. *Las Caldas*, bains chauds, se trouvent à 4 lieue, dans une charmante situation; les bâtiments furent construits en 1731 et 1780. La saison commence le 1er juin et finit le 30 septembre.

MOYENS DE COMMUNICATIONS.—Oviedo est le centre des communications avec la superbe route que nous avons suivie jusqu'à Leon. Ce ne sont que des chemins de cheval et de pied, mais qui offrent des aspects pittoresques et pleins d'intérêt.

MOYENS DE LOCOMOTION.—Oviedo communique avec Madrid par Leon et Valladolid, par une diligence qui va aussi à Gijon, et par deux coches et une *tartane*, avec Leon, Valladolid et les localités situées sur ces routes.

ROUTE 182.
DE LEON A ASTORGA, 7 l.

Villadangos . . . . 3 l.
Hospital de Orbigo 2
ASTORGA 2

A la sortie de Leon, la route traverse à l'O. une contrée unie et sans intérêt, et qui, jadis, était très-fréquentée par les pèlerins qui allaient à Santiago.

Après deux localités sans autre intérêt que des souvenirs historiques et la fertilité du pays qu'arrose le *rio Obigo*, nous atteignons

ASTORGA (*V.* route 163).

ROUTE 183.

DE MADRID A OVIEDO.

Par **Valladolid** et **Leon**, 79 l. 1/4.

De *Madrid* à *Valladolid* (*V.* route 155).   34 l.
    Valladolid à *Leon* (*V.* route 157) . .   23   3/4
    Leon à *Oviedo* (*V.* route 184). . . .   24   1/2

ROUTE 184.

D'OVIEDO A GIJON, 4 l.

Venta de Puga. . . . . 2 l.
GIJON 2

Une voiture publique fait un service journalier entre Oviedo et Gijon; la route suit une direction N.-E. Tout le voisinage d'Oviedo contient les houillères les plus vastes et les plus riches de la Péninsule; le minéralogiste devra faire un détour dans *la Causejos de Siero* et *Langreo*, ensuite remonter la belle Nalon, jusqu'à *Sama*, 3 l. 1/2, et de là à *Siero*, où le Nalon coule sur de vastes gisements houillers que l'Espagne néglige entièrement, comme tant d'autres trésors.

La mort de M. Aguado, en 1842, a porté un rude coup à l'exploitation de ces richesses minérales, pour laquelle il avait dépensé des sommes importantes.

Plusieurs compagnies ont entrepris depuis de la relever, et tout fait espérer d'heureux résultats.

Dans notre excursion, en quittant *Siero*, nous trouvons à *la Pola*, un beau palais Renaissance non terminé.

De là, nous atteignons aisément

GIJON. *Gigia.*—*Posada* décente.—Ville ancienne, d'env. 6,000 hab., située dans une presqu'île, au pied de la montagne Catalina; l'entrée du port est étroite et mauvaise, mais l'intérieur de la baie est sûr. Si nous entrons par la porte de l'Infante-Palayo, la belle *Calle de la Cruz* nous conduit au môle et au port. La ville est propre, les provisions y abondent et sont à bon marché; le poisson surtout est excellent. L'église paroissiale de *San-Pedro*, qui est petite, possède deux statues du saint patron et de Notre Sauveur, par Antonio Borja. Visitez l'*Instituto Asturiano*, ou école de hautes études, fondé par Gaspard Melchior Jovillanos, né à Gijon : la construction fut interrompue par la ruine du fondateur, qui mourut à Vega en 1811. Gijon est aussi la patrie de Juan Bermudez, l'excellent auteur d'un ouvrage sur les arts en Espagne.

Au village de *Deva*, à 1 l. de Gijon, se trouve une église bâtie en 1006 par Alonso IX, ainsi que le couvent de *Santa-Maria de Valdedios*, fondé en 892 par Alonso el Magno.

INDUSTRIE.—Poterie de grès, chapeaux, boutons d'étain, toiles ; exportations assez considérables de charbon de terre, noix, châtaignes, pommes, cidre, haricots; pêche très-active et bon cabotage. Dans les environs, il y a des forges et des fonderies de cuivre.

ROUTE 185.

D'OVIEDO A AVILES, 5 l.

Lugones.............	0 l.	1/2
Posada	1	1/2
La Miranda	0	1/2
Solis	1	1/2
La Consolacion......	0	1/2
AVILES.............	0	1/2

En quittant Oviedo, nous suivons la route de Gijon jusqu'à *Lugones;* là une route nouvelle s'en détache à gauche, remonte au N. à travers une contrée accidentée et pittoresque, jusqu'à

AVILÈS, *Argenteorolla*, ville, chef-lieu de partido, située sur le rio Avilès, au fond d'une baie qui forme son port ; pop.: 6,600 hab. Elle est bien approvisionnée en poisson, et l'on y vit à bon marché; la *posada* est passable; ses rues, bordées d'arcades, sont irrégulières et humides. La *Plaza* est sombre; les femmes qui y viennent puiser de l'eau ont un costume antique.

Avilès offre peu de chose digne d'attention; visitez cependant les maisons du marquis de Santiago et du marquis de Ferrara, une portion des vieilles murailles qui existe encore près du quai, *la Puente de San-Sebastian*; la *Fondeadoro de San-Juan*, où l'on fond les ancres; le fronton normand de l'église *San-Nicolas*: l'intérieur contient une statue de *Nuestra Señora del Carmen*, par Antonio Borja. La *capilla de Solis* fut construite en 1499.—A 1 l. d'*Avilès*, à *Mansanara*, se trouve une ancienne et très-curieuse église de style normand du onzième siècle; au-dessus du maître-autel, règne une arcade fort belle et admirablement conservée. C'est à *Avilès*, au N., que se terminera la grande ligne de fer de Madrid, par *Leon* et *Oviedo*.

INDUSTRIE.—Fabrique de toiles, chaudrons et ustensiles en cuivre, qu'on expédie dans la Castille et à Leon, ainsi que du poisson et des toiles.

ROUTE 186.

D'OVIEDO A LUGO.

Par Tineo, 28 l.

Gallego	1 l.	1/2
Escamplero	0	1/2
Premoño	0	1/2
Puerma	0	1/2
Peñaflor	0	1/2
Grado	0	1/2
San-Juan de Villapañada	0	1/2
Las Dongas	1	
Comellana	0	
Villazon	0	1/2
Salas	0	1/2
Venta de la Espina	1	

Espina	1	
Pedregal	0	1/2
Tineo	1	
Morteras	2	
Montefurada	2	
Buspol	1	
Grandas de Saline	1	
Penaforté	1	
Fuensagrada	3	
Castroverde	4	
LUGO	4	

La route, en sortant d'Oviedo, se dirige à l'O., traverse *Grodo*, *Salas* et *Tineo*, et autres villages, dans une jolie contrée, coupée de montagnes, de plaines et de vallées fertiles qu'arrosent des rivières poissonneuses, jusqu'à

LUGO (*V*. route 163).

ROUTE 187.

DE MADRID A PALENCIA.

Par **Valladolid**, 50 l.

De *Madrid* à *Valladolid* (*V*. r. 155).	34 l.
Valladolid à *Palencia*.	8
Cabezon.	2
Venta de Trigueros	2
Dueñas.	2
Calabazanos.	1
PALENCIA.	1

Cette route rejoint vers le N. la grande ligne de *Valladolid* à *Santander*. La diligence *Castellana* fait le trajet entre ces deux villes dans un jour, s'arrêtant à Palencia.

Nous remontons la vallée de la jolie *Pisuerga* jusqu'à

CABEZON, village sur la Pisuerga, qui fut en 1808 le théâtre d'un combat entre les Français et les Espagnols.

Ensuite on traverse la rivière, et plus loin le beau et curieux *canal de Dueñas*. (*V.* route 15, p. 18.)

A *Dueñas*, la route se bifurque; la branche de droite conduit à Burgos et à Santander; celle de gauche, que nous suivons, se dirige au N., et nous conduit à

PALENCIA. *Palentia.* La meilleure hôtellerie est la *fonda* de Gabriel Papin. Ville de 10,900 hab., capitale de la province et du partido de son nom; résidence du chef politique et des autorités civiles et militaires de la province, évêché fondé au X° siècle et suffragant de Burgos. On y trouve un séminaire, une société économique, deux palais, etc. Elle est située sur le Carrion, qu'on traverse sur deux ponts. L'*Alameda*, qui longe les anciens murs, est jolie, quoiqu'elle ait été coupée en 1778. L'air de Palencia est sain, mais vif et froid. Des arbres touffus qui l'entourent forment une sorte d'oasis au milieu d'une vaste et fertile plaine appelée *Tierra de Campo*. La grand'rue ou la *Mayor* traverse la ville de la porte Monzon à celle de Mercado. Cette cité est bien placée pour le commerce; elle a quelques manufactures de grosses couvertures de laines et de couvrepieds. Il y a une foire considérable le 2 septembre. La cathédrale (1321 à 1504) est d'un style gothique simple, hardi et élégant. Dans la *capilla mayor*, s'élèvent les tombeaux du marquis del Piso et de sa femme, de 1557. La *silleria del coro*, la *reja*, les chaires, et le *rispaldo del coro* sont fort beaux, ainsi que la *custodia*, faite en 1582 par Juan Benevente. On conserve encore le cercueil de la reine Urraca, de 1449. La tour, le cloître et la maison du chapitre, qui sont gothiques, et la porte qui y conduit, méritent l'attention de l'artiste. L'hôpital de *San-Lazaro* était autrefois le palais du Cid.

ROUTE 188.

DE PALENCIA A LEON, 17 l.

Grijota. . . . . 1 l.
Becerril. 1 1/2

Paredes.............. 1
Villalumbroso.......... 1 1/2
Cisneros............. 1
Villada.............. 1
Grajal............... 1
San Pedro de la Duenas... 0 1/2
Bercianos............. 1 1/2
Burgo............... 1
Raliegos............. 2
Mansilla............. 1
Puente de Villaronte...... 1
Horcaobeja........... 1
LEON............... 1

De Palencia, cette route traverse au N.-O. des contrées fertiles, mais sans intérêt, jusqu'à

LEON (*V.* route 157).

ROUTE 189.

DE MADRID A SALAMANQUE.

Par **Guadarrama** et **Penarda,** 31 l.

De *Madrid* à *Almarza* (*V.*r.155). 15 l.
Blasco Sancho........... 1
Villanueva de Gomez....... 1
San Pascual............ 1
Fontiveros............. 3
Muñoz Sancho.......... 1
Cantaracillo........... 1 1/2
Peñaranda............ 0 1/2
Villar de Gañimazo....... 1 1/2
Cordovilla............ 1 1/2
Huerta............... 1
Aldealuenga........... 1
SALAMANQUE.......... 2

Au sortir de Madrid, on suit la route de Valladolid jusqu'à *Almazza Venta*, où le chemin se bifurque. La branche que nous suivons gagne *Fontiveros*, localité de 4,300 hab.; plus loin, *Peñaranda*, ville assez bien bâtie, située dans un pays fertile. Pop. 4,100 hab. *V.* l'église paroissiale. Rien de saillant jusqu'à

SALAMANQUE (*Salamanca*). Le *parador de las Diligencias* pourrait être beaucoup meilleur; la *posada*, près la Plaza Mayor, n'est qu'un *parador*. Cependant on trouve plusieurs *posadas secretas*, logements bourgeois. *Salamanque* est la capitale de la province de son nom, résidence du chef politique et des autorités civiles et militaires, siège d'un évêque suffragant de Santiago, avec une population de 13,700 hab. C'est une grande, ancienne et célèbre cité. Les Espagnols l'appellent la *mère des vertus, des sciences et des arts*, à cause de son université si fameuse dans toute l'Europe, mais qui n'occupe plus qu'un rang secondaire, même en Espagne. Peu de villes possédaient autant de riches et somptueux monuments, ce qui lui avait fait donner le surnom de *petite Rome;* mais le fléau de la guerre a passé sur cette malheureuse cité. De ses vingt-cinq paroisses, riches et magnifiques églises, de ses vingt couvents d'hommes et onze de femmes, de ses quatre grands collèges, et de ses vingt-cinq collèges particuliers, la plupart ont disparu, ou n'ont laissé que des débris, tristes témoins des malheurs du temps.

Salamanque est située au milieu d'un pays un peu accidenté, sur la rive droite de la *Tormès*, qu'on passe sur un beau pont de vingt-sept arches; ses rues, sans être très-larges, sont très-propres, et les maisons assez bien bâties; ses places sont belles et ses promenades agréables. Néanmoins c'est une ville généralement triste et sans animation. L'université, qui dans le XIVe siècle comptait 4,400 étudiants, n'en avait que 600 en 1846, lors de sa réorganisation d'après le système français. L'enseignement est donné par un recteur et trente docteurs, tous ecclésiastiques.

Cette antique cité possède aussi un pauvre muséum, un nouveau théâtre ou *Coliseo*, une superbe *Plaza Mayor* (1700-1733), qui sert aux combats de taureaux, et contient

12 à 15,000 spectateurs. Une colonnade règne de chaque côté ; on y trouve l'administration de la poste et la *casa de l'Ayuntamiento*. Un peu au-dessous se trouve le vieux marché aux légumes, la *plaza de Verdura*, qu'animent les paysans au costume le plus pittoresque. Dans l'église *San-Martin*, remarquez le retable, Santiago et la Crucifixion.

La cathédrale est un riche édifice d'un gothique fleuri et renaissance ; elle fut commencée en 1513 sur le plan de Juan Gil de Ontaño. L'entrée est charmante et le portail couvert d'ornements et de statues. Les tours, plus modernes, sont moins belles. Au-dessus de la *Puerta de las Palmas* se voit l'entrée dans Jérusalem. Dans l'intérieur on admire la hardiesse des voûtes et la délicatesse des sculptures. Remarquez dans le *coro* les statues de saint Jean et de santa Ana enseignant à lire à la Vierge ; l'une et l'autre sont attribuées à Juan de Juno. Visitez la chapelle *Dorada*, curieuse par ses ornements ; le tombeau du fondateur date de 1524. Dans la *capilla del Sepulcro* se trouve une copie de la *Déposition*, du Titien. *La capilla del Presidente* renferme quelques peintures de Morales. Ensuite visitez la *Pieza*, sacristie des chanoines ; dans l'*oratorio*, à côté, on conserve les reliques. La vieille cathédrale, située plus bas, est un édifice simple, massif et à moitié fortifié, peu élevé, humide et négligé ; on y remarque les tombeaux du chanoine Fernando Alonso, de 1285 ; de Mafalda, fille d'Alonso VIII, de 1204 ; de Juan Fernandez, Rico Ome, de 1303 ; dans la *capilla del colegio Viejo* celui de Diego de Anaya, 1374. Cette chapelle contient encore plusieurs anciennes peintures de Fernand Gallegos, surnommé le *Van-Eyck* espagnol, né à Salamanque au milieu du XVe siècle. Le vieux cloître, bâti en 1178, a été en partie modernisé ; c'était là qu'on tenait autrefois les écoles.

Près du cloître s'élève l'imposante façade de la bibliothèque, chef-d'œuvre d'architecture. A *la Plazuela*, en face, se trouvent l'hôpital des Pauvres Etudiants et plusieurs petites *escuelas* (écoles) très anciennes.

De là, portez vos pas à *San-Bartolomé*, le plus ancien des *colegios mayores*, fondé en 1410.

Cuença, colegio mayor, qui vient ensuite, fut fondé par l'évêque de Cuença en 1506. C'était un des plus beaux édifices de la Renaissance : la guerre de l'Empire l'a ruiné. Proche *San-Blas*, ruiné aussi, s'élève le *colegio mayor de Santiago*, dit *del Arzobispo*, commencé en 1521 dans le style Renaissance ; on remarque son élégant *patio* et sa jolie chapelle. Le dernier des *colegios mayores* est celui del Rey (collége du Roi), fondé en 1625 par l'ordre militaire de Santiago ; il est de style dorique, simple et sévère ; sa chapelle a malheureusement été modernisée. Tout proche, s'élève l'église paroissiale de *San-Estebán*, jadis chapelle des Dominicains ; c'est un beau vaisseau en forme de croix latine, avec une façade et un portail d'un riche travail. Les fresques du dôme, par Antonio Palomino, représentent le *triomphe de la Religion* ; celle du retable, le *Martyre de saint Etienne* par Clodio Cuelo. Le cloître de la *sala capitular*, la belle *sacristia* et la bibliothèque sont également remarquables. Ce beau monument a aussi beaucoup souffert de la guerre.

En face du palais des Alvas, se trouve *las Agustiñas Recoletas*, jadis couvent magnifique, fondé en 1626 ; l'église, qui a la forme d'une croix latine, est une des plus belles de Salamanque. On y remarque les tombeaux du fondateur et de sa femme, par Argardi ; un *San Januario* à genoux dans les nuages, attribué à P. Veronèse ; une *Annonciation* par Lanfranco ; une *Nativité* par Ribera ; quelques bons Stanzioni ; un *Saint Jean* dans le genre du Guide; *Saint Joseph ;* un beau *San Agustin*, un peu sombre ; la *Rencontre de la Vierge et de Sainte Elisabeth*, une Nativité et un *San-Nicolas* par Lanfranco ; une *Vierge del Rosario* de Ribera, et la *Conception* du maître-autel, signée Joseph de Ribera Español, Valenciano, 1635. Ceux de l'intérieur ne sont pas visibles à cause de la clôture.

Le monastère de *San-Espiritu*, destiné aux dames nobles, mérite aussi d'être visité, ainsi que l'église des *Carmelitas Calzadas*. Le colegio *Guadalupe* est un édifice carré d'une richesse incroyable et orné de détails charmants. *Santo-Tome de los Caballeros* a une tour du XIIe siècle. Près de l'autel on remarque quelques tombes ogivales. C'est dans les *Agustinos Calzados* que fut enterré, en 1591, Luis de Leon. Le portail de *las Duenas*, construit en 1419, est également curieux. Les *Jesuitas*, vaste édifice bâti en 1614, plus frappant par sa dimension que par la richesse et le travail.

Parmi les édifices civils nous citerons : la *Casa del Sol* ou *Salinas*, avec des fenêtres et un *patio* originaux; devant la *Trinidad*, la belle habitation de la famille Maldonado. Le *palacio del Conde de Monterey* est orné de deux jolies tourelles, avec une charmante galerie d'arcades ouvertes. Dans la *Calle de los Muertos* voyez la maison bâtie par l'archevêque Fonseca, dont le buste et ceux de ses deux neveux sont sculptés sur le fronton. Dans la *plaza Santo-Tome* s'élève une habitation avec des arches mauresques en brique, et un *azulejo*. La *Torre de Claval* est d'un bon style castillan moyen.

Descendons vers la Tormes et remarquons en passant la *puerta de San-Pablo*, avec ses nombreuses statues, dont saint Pierre au centre. Examinez aussi les fondations des vieilles murailles, ainsi que le pont romain au milieu duquel s'élève un pavillon.

De Salamanque trois routes conduisent à Madrid ; une diligence fait le service entre ces deux cités, trois *galeras* et un *acelerado*; deux *galeras* pour *Ciudad Rodrigo*, etc. Une nouvelle route est en construction entre Madrid et Salamanque, passant par Avila.

ROUTE 190.

DE SALAMANQUE A VALLADOLID.

Par **Medina del Campo**, 19 l. 1/2.

Moriscos.	1 l.	
Pisuerga.	2	
Pedroso.	1	
Nueva Carolina.	2	
Fresno.	2	
Carpio.	0	1/2
Campillo.	1	1/2

ROUTE 191.—DE SALAMANQUE A CIUDAD-R. 589

Medina del Campo	1	1/2
VALLADOLID	8	

Cette route est peu fréquentée par les voitures; on n'y trouve aucun lieu intéressant jusqu'à *Medina del Campo* (*V.* route 159).

De *Medina del Campo* à *Valladolid* (*V.* route 160).

ROUTE 191.

DE SALAMANQUE A CIUDAD-RODRIGO, 16 l.

Los Tejares	0 l.	1/2
Calzadilla	1	1/2
La Rad	1	
Calzada de Don Diego	1	
La Bobeda de Castro	3	
Tejadillo	1	
Bobadilla	2	
Martin del Rio	1	
Santi Spiritus	2	
Val de Carpinteros	1	
CIUDAD-RODRIGO	2	

De Salamanque, la route court au S.-O. dans une jolie contrée. A *Martin del Rio*, elle rejoint celle de Zamora à Salamanque.

CIUDAD-RODRIGO, ville forte. *Pop.*, 4,000 hab.; *posada* de second ordre. Située sur la rive droite de l'*Agueda*, au centre de pâturages qu'une bonne culture rendrait très-fertiles, cette ville est assez bien bâtie; elle a sept portes et de bons fossés autour de ses murailles, défendues par une forte garnison. Elle est le siége d'un évêché, d'un gouverneur militaire et d'une administration civile. On y compte une cathédrale, une collégiale et six paroisses.

La cathédrale, bâtie sous Ferdinand II, roi de Leon, est un bel et noble édifice, quoique non terminée. Les parties anciennes sont dans le style gothique; ses tours sont également belles et légères. Cette église renferme plusieurs jolies chapelles, ornées de belles sculptures, de bonnes peintures, et de statues pleines d'expression; l'une d'elles contient un magnifique mausolée.

Tout près, se trouve le séminaire, noble bâtiment avec une belle église moderne ornée d'un dôme élégant.

Parmi les autres églises, celle des Augustins, avec ses cinq ordres d'architecture, est un édifice simple et majestueux. Le château est très-fort. Pont sur la rivière *Agueda*, qui jette sur ses bords des sables dans lesquels on trouve des paillettes d'or. La *Plaza Mayor* contient trois colonnes romaines avec des inscriptions.

ROUTE 192.

DE SALAMANQUE AUX BAINS DE LEDESMA, 5 l. 1/2.

Tejares.	0 l. 1/2
Carrascas de Barrega. . .	1
Parada de Arriga. . . .	0 1/2
LOS BANOS (les Bains).	3 1/2

La route, qui conduit aux célèbres bains chauds de *Ledesma*, est à l'O. Dans la saison, une diligence en fait le service.

LEDESMA, capitale de ce pays, est très-ancienne et très-pittoresque; ses murailles datent d'avant les Romains. Beau pont sur la Tormes, construit sur des fondations romaines.

Les *bains* sont situés à 2 l. au S.-E.; les eaux sont d'une température de 29° à 30° Réaumur ; on les emploie comme boisson et comme bains, dans les maladies cutanées et les rhumatismes. La saison dure du 1er juin au 30 septembre.

ROUTE 193.

DE SALAMANQUE A ZAMORA, 12 l.

Aldeaseca.	1 l.
Calsada de Valdumiel.	2
Huelmos.	1
Izcula.	2
Cubo.	1
Peleas de Arriba.	1
Corrales.	1
Morales.	2
ZAMORA.	1

Cette route, qui se dirige au N., est desservie par une *galera*. Nous n'y signalerons qu'un beau pont sur le Douro, que nous traversons pour entrer à

ZAMORA (*V.* route 161).

ROUTE 194.

DE SALAMANQUE A FREGENEDA.

Par **Vitigudino** et **Lumbrales**, 16 l 1/2.

Tejares.	0 l.	1/2
Doñinos.	0	1/2
Porteros.	2	
Golpegas.	1	
Villamayor.	1	
Villa Seco de los Gramitos. . .	1	
Villar de Pero Alonso.	1	1/2
Paralejos de Abajo.	2	1/2
Vitigudino.	1	
Cerralbo.	1	1/2
Lumbrales.	2	
FREGENEDA.	2	

De Salamanque, cette route, qui court à l'O., est servie

par quelques voitures, quoiqu'elle ne soit ni bonne ni belle. On y trouve *Vitigudino*, avec 1,000 hab.; *Lombrales*, chef-lieu de partido, avec 2,500 hab., et

FREGENADA, petite ville de 1,000 hab., située sur la rive gauche du Douro, frontière du Portugal.

ROUTE 195.

DE SALAMANQUE A PLASENCIA, 22 l.

Miranda de Azan	1 l.	1/2
Aldeanuevita	0	1/2
Venta de Maltercio	1	
Monterrubio	1	
Pedrosillo	1	
Fuente Santa	1	
Fuente Roble	2	
Valdelacasa	1	
Valverde	1	
Calzada de Baños	2	
Baños (bains)	2	
Nueva del Camino	2	
Villar	3	
PLASENCIA	3	

Cette route, qui se dirige au S., n'est propre qu'aux muletiers; elle est à gauche de la route de poste et passe par *Bejar*. On rencontre sur ce chemin plusieurs fragments de la voie romaine venant de Merida et des débris de ponts. Elle n'offre d'autre intérêt que des souvenirs de la guerre de l'Empire.

BAÑOS, appelé ainsi d'après ses bains chauds sulfureux, est une petite ville dans une charmante situation, sur la jolie rivière Ambos : on y remarque le beffroi de l'église Santa-Maria; vins excellents.—Un peu au delà nous entrons dans la *Puerta*, ou entrée de la sierra qui sépare l'Estramadure de la Vieille-Castille. La contrée est riche et riante jusqu'à

PLASENCIA (*V.* route 140).

ROUTE 196.

DE MADRID A ZAMORA.

Par Medina del Campo, 44 l.

De *Madrid* à *Medina del Campo* (*V.* route 159). 30 l.
Medina del Campo à *Zamora* (*V.* route 161). 14

ROUTE 197.

DE ZAMORA A BENAVENTE, 10 l. 1/4.

Cubillos.	1 l. 1/4
Piedrahita	2
Biesgo del Campo.	2
La Granja.	1
Santovernia.	1
Villaveza del Agua.	0 3/4
Barcial del Barco.	0 1/4
Castropepe	1
BENAVENTE.	1

Cette route qui remonte au N. traverse un joli pays jusqu'à

BENAVENTE (*V.* route 156).

ROUTE 198.

DE ZAMORA A VALLADOLID.

Par **Toro** et **Tordesillas**, 16 l. 1/2.

Fresno	3 l.	
Toro (*V*. route 161)	2	
Morales de Toro	1	
Villaster	2	1/2
Tordesillas (*V*. route 156)	3	
Simancas	3	
VALLADOLID (*V*. r. 1re, p. 59.)	2	

ROUTE 199.

DE ZAMORA A BRAGANZA, 15 l. 3/4.

La Hiniesta	1 l.	
Andavias	1	
La Barca de Manzanal	1	
Manzanal	0	1/2
Carbajales	0	3/4
Mugo	0	1/2
Lozacino	0	3/4
Vide	0	1/2
Samir de los Caños	1	1/2
Ceadea	1	1/2
Alcañices	0	3/4
Sejas de Aliste	2	
San-Martin del Pedroso	2	
BRAGANZA	2	

La route qui de Zamora court à l'O. n'offre rien de remarquable. Entre *Andavias* et *Manzanal*, nous traversons *el rio Esla* dans un bac, el rio Aliste, ensuite el rio Manzanas à gué, et nous sommes en Portugal.

BRAGANZA (*V. Portugal*).

ROUTE 200.

DE MADRID A AVILA.

Par **Guadarrama**, 17 l. 1/2.

De *Madrid* à *la Fonda de San-Rafael* (*V.* route 155)	9	l.
Espinar	1	1/2
Venta del Campo	2	1/2
Urraca	0	1/2
Bernuy	1	
AVILA	3	

Nous suivons la route de Madrid à Valladolid jusqu'à la *Fonda de San-Rafael*. Là une route nouvelle se détache vers la gauche et conduit à

AVILA, ville de 5,000 hab., capitale de la province de son nom. C'est une contrée froide, où les montagnes sont entrecoupées de plaines fertiles et de vallées charmantes. Avilla est le siége d'un évêché et des autorités de la province. Ses rues ne sont pas belles; les façades des maisons en granit noir leur donnent un aspect sombre. Les murailles qui entourent la ville sont en assez bon état.

La cathédrale, construite en 1107, est un monument gothique plein de majesté; le palais de l'évêque, un beau et noble édifice; l'église de la Vierge a une chapelle souterraine où fut trouvée une image de la Vierge, déposée par les anges mêmes, et un tombeau sur lequel est gravée l'histoire véritable d'un juif converti. Comme sa conversion n'était point sincère, Dieu le punit en introduisant dans sa gorge un serpent qui le tourmentait horriblement. Ce malheureux, ayant vainement épuisé tous les efforts humains pour se délivrer, demanda pardon à Dieu, en avouant sa faute, et le serpent le laissa mourir en bon chrétien. Avila est riche en grands souvenirs, mais le martyre de S. Vincent et la naissance de sainte Thérèse dominent tous les autres. On y montre des lettres de cette sainte, que l'ardeur inspirée et l'élévation de ses pensées et de son style ont fait surnommer le Pascal de son sexe.

Des tombeaux d'Avila le plus beau est celui qu'on voit au couvent des Dominicains, érigé au prince Juan, fils unique de Ferdinand et d'Isabelle, mort en 1497, âgé de 19 ans. Peut-être ce noble monument est-il aujourd'hui dans la cathédrale, comme il était question de l'y transférer.

Avila est une mine riche pour l'artiste et l'architecte, ainsi que pour l'amateur de légendes. Consultez *Historia de Avila*, par Gonzalez de Cordova, Salam., 1519. *Grandeza de Avila*, per Luis Ariz, fol. Alcala de Henares, 1607, etc.

Les alentours d'Avila offrent une série de chaînes circulaires dont les sommités sont souvent couvertes de neige; les versants boisés sont peuplés de lynx à grande taille; les *Parameras* ou plaines sont couvertes de riches maisons; les vallons solitaires sont rafraîchis et fertilisés par de belles rivières. Ce romantique panorama offre à l'œil du voyageur un vaste et onduleux tapis de verdure.

ROUTE 201.

D'AVILA A SALAMANQUE, 16 l.

Martin Herrero.	1 l.
Martin	1
Villaflor.	1
Santo-Tomé.	1
Castilblano.	1
Villacomer.	1
Narros del Castillo.	1
Salbadios.	1
Peñaranda.	1
SALAMANQUE	7

En quittant Avila, la route court au N.-O. jusqu'à *Peñaranda*, où elle rejoint celle de Madrid à SALAMANQUE (*V.* route 189).

ROUTE 202.

DE MADRID A SÉGOVIE.

Par **San-Ildefonso**, 13 l. 1/2.

Las Rozas	2 l. 1/2
Venta de las Matas	1
Torrelodones	1
Venta de la Trinidad	1
Venta de Navacerrada.	2
San-Ildefonso.	4
SÉGOVIE.	2

A las Rozas, nous quittons la route de Madrid à Valladolid, pour suivre la branche de droite. Des diligences font un service régulier entre Madrid et Ségovie. Les localités que nous traversons n'ont rien de remarquable jusqu'à

SAN-ILDEFONSO, où la scène devient magnifique et alpestre. Le château *Real Sitio* est une des plus hautes habitations royales qu'on connaisse, et partant une des plus froides. Le palais est situé sur la chaîne N.-O. de la sierra, à 3,800 pieds environ au-dessus du niveau de la mer. C'est un édifice français au milieu d'un site magnifique et tout espagnol.

Nous visitons d'abord la collegiata, qui forme la croix latine. L'intérieur n'a de remarquable que les tribunes royales.

Le palais, qui est séparé de la place par une grille, a une belle façade sur le jardin; les appartements royaux sont élégants, bien éclairés, mais sans magnificence. Ferdinand VII y révoqua, en septembre 1832, le décret qui avait institué sa fille Isabelle seule héritière de la couronne. Là aussi, par un nouveau décret, il restitua ses droits à cette même princesse. Enfin Christine, à son tour, y fut privée de ses droits royaux, le 12 août 1836.

Les jardins, qui passent pour les plus beaux de l'Espagne, ont de belles avenues, avec de beaux points de vue, et sont ornés de 26 belles fontaines; parmi elles on distingue: *los Ramos de Diana, la Latona, la Corrida de Caballos,* les deux *Cascadas, el Canastillo, los Vientos, la Andromeda, la Pomona* et *el Neptune.*

La Fama, qui est la plus renommée, lance l'eau à 130 pieds de haut. Les eaux jouent le premier dimanche de chaque mois en été, ou aux grandes fêtes nationales. Les nombreuses statues qui décorent ces jardins sont d'un mérite secondaire.

De la *Granja* ou *San-Ildefonse*, on descend dans la plaine, et en une heure on atteint

SÉGOVIE (*V.* route 1re, page 78).

ROUTE 203.

DE SÉGOVIE A VALLADOLID, 19 l.

Garcillan	2 l.	1/2
Santa-Maria de Nieva	2	1/2
Coca.	3	
Villeguillo	1	
Olmedo	2	
VALLADOLID.	8	

De Garcillan, la route suit une direction N.-O. jusqu'à *Olmedo*, où nous tombons dans la route de perte de Madrid à Valladolid (*V.* page 75).

D'*Olmedo* à *Valladolid* (*V.* page 73).

VALLADOLID (*V.* route 1re, page 59).

ROUTE 204.

DE MADRID A L'ESCURIAL (ESCORIAL) ou SAN-LORENZO, 8 l.

Las Bosas	3 l.
Puente del Retarmar.	2

ROUTE 204.—DE MADRID A L'ESCURIAL.

    Galapagar. 1
    EL SCORIAL 2

On trouve une diligence pour cette route; les bureaux sont n° 26, calle d'Alcala, à Madrid.

Cette route quitte Madrid en suivant le Manzanarès. La contrée qu'elle parcourt est pauvre et aride jusqu'à

L'*Escurial* (espagnol *Escorial*). La meilleure hôtellerie est celle de Calisto Bougilos, qui naguère tenait la *Posada de los Milaneses*, dont il a formé depuis peu deux hôtels, *los Milaneses* et *la Vizcaina*. Le meilleur guide est Cornelio, qui, quoique aveugle, sait indiquer en détail les curiosités du palais. San-Lorenzo n'a de commun avec le village de l'Escurial que le monastère de *San-Lorenzo*, qui n'a plus que l'ombre de sa grandeur passée.

Ce vaste et magnifique monument a la forme d'un carré long; la principale de ses quatre façades, toutes décorées, a 637 pieds de longueur et 51 d'élévation jusqu'à la corniche; à chaque angle s'élève une tour carrée d'environ 180 pieds de haut; on compte à cette façade près de 200 fenêtres et trois portes ornées de colonnes. Les trois autres contiennent plus de fenêtres encore.

La grande façade de l'O. a devant elle la Sierra, et le couvent tourne le dos à Madrid. Au centre se trouve la chapelle surmontée d'un dôme. L'ensemble du couvent-palais occupe un espace de 3,000 pieds. On y compte 63 fontaines, 12 cloîtres, 80 escaliers, 16 cours et 3,000 pieds carrés de peintures à fresque. Cet ensemble inouï de splendeurs royales fut en partie détruit pendant la guerre en 1808; cependant Ferdinand VII, qui y était né, l'a relevé un peu de ses ruines.

La *porteria*, ou la porte principale, au N., s'ouvre rarement; il faut entrer par une petite porte à l'O. qui vous conduit vers la cuisine, au-dessus de laquelle est placé un San Lorenzo de 15 pieds de hauteur, et, à ses côtés, deux mâchoires d'une baleine, qui fut prise dans les eaux de Valence en 1574. Le grand portail central, d'ordre dorique et ionique, ne s'ouvre que pour les rois, vivants ou morts. Le premier *patio* est appelé *de los Reyes*; les statues des rois qui le décorent, sculptées par Juan Bautista Monegro, ont 17 pieds de hauteur; les corps sont de granit, les têtes et les mains de marbre, les couronnes de bronze doré. La cour peut avoir 320 pieds de long sur 230 de large, avec 275 fenêtres. Au côté S. se trouve la bibliothèque, et, en face, le collége des étudiants. De là, un passage étroit et sombre conduit à la grande chapelle, construite de 1563 à 1586. Vu du passage souterrain, l'intérieur offre un aspect admirable; les 3 nefs ont 320 pieds de long, 230 de large et 320 de haut jusqu'au sommet de la coupole. Le retable du maître-autel est superbe, mais les peintures qui le décorent sont froides.

De chaque côté du maître-autel sont deux tribunes basses de marbre noir et sombre, pour la famille royale; elles sont surmontées de statues de bronze, dorées et peintes, et d'un caractère lugubre, agenouillées devant le Roi des rois: Charles V et sa famille occupent le côté de l'Evangile; celui de l'épître est occupé par Philippe II et Anna, sa quatrième femme, mère de Philippe III; Isabelle, sa troisième femme, et Marie, sa première, avec son fils don Carlos à côté d'elle. Ces statues sont remarquables comme costumes et comme ressemblance. L'église contient encore environ 40 chapelles, dont plusieurs sont ornées de peintures admirables.

Le *Relicario*, à droite du maître-autel, jadis si riche en reliques, n'en possède qu'un petit nombre aujourd'hui.

Descendons maintenant dans le *Panteon*, nom païen que les Espagnols donnent au caveau où reposent leurs rois catholiques. Il est situé juste sous le maître-autel. Les rois et mères de rois seuls peuvent y être inhumés.

Une porte située à l'entrée de l'escalier nous conduit du panthéon des rois à *celui de los infantes*, où reposent tous les membres de la famille royale. Ensuite, visitons la *antesacristia* avec ses beaux plafonds arabesques; puis la *sacristia*, noble édifice de 108 pieds de long sur 23 de large. Les plafonds arabesques sont peints par Granelo et Fabricio. Cette sacristie est aujourd'hui veuve de nombreux chefs-d'œuvre de peinture. A l'extrémité S. est le *retablo de la Santa-Forma*, appelé ainsi parce qu'il renferme une hostie miraculeuse qu'on expose à la vénération des fidèles le 29 septembre et le 28 octobre : on place devant un tableau, chef-d'œuvre de Clodio Coello, qui représente l'apothéose de l'hostie dans cette même sacristie. Maintenant, visitons les cloîtres : le principal est un carré dont chaque côté a 212 pieds de long ; les murs sont grossièrement peints à fresque. Le *patio* central *de los Evangelistas* est un carré de 176 pieds, orné de statues des apôtres, exécutées par Juan Bautista Monegro. Les trois salles *de los capitulos* renfermaient naguère des toiles magnifiques. Dirigeons-nous alors vers la *iglesia Vieja*, qui servait de chapelle avant la grande chapelle centrale. La guerre de la Péninsule a dépouillé cet intéressant édifice, ainsi que les cloîtres, des plus belles peintures des grands maîtres. Du *coro alto* jetez un coup d'œil sur les plafonds de l'*ante coro*, peints par L. Giordano ; c'est ici qu'on garde des *libros de coro* fort curieux. Les sombres et curieuses stalles sont richement sculptées dans le style corinthien.

La vaste bibliothèque est placée au-dessus du porche du *patio de los Reyes*. Cette salle a du N. au S. 194 pieds de long sur 32 de large et 36 de haut : au milieu règnent de vastes tables de lecture en marbre et en porphyre. Les fresques des plafonds, sans harmonie avec le reste, représentent des sujets se rapportant aux lettres, aux sciences et aux beaux-arts. Avant la guerre de 1808, la bibliothèque contenait, dit-on, 70,000 volumes imprimés et 4,300 manuscrits. Joseph Napoléon les envoya à Madrid, mais Ferdinand VII les fit replacer à l'Escurial, sauf 10,000 volumes qu'on n'a jamais retrouvés.

Visitons aussi la grande cuisine de l'Escurial, dont les fourneaux, aujourd'hui inactifs, servaient naguère encore à l'alimentation de 200 moines. Le *colegio* ne vaut pas la peine d'être visité.

Les appartements royaux sont en général pauvrement meublés ; remarquez dans la *Sala de las Batallas* la fresque représentant la bataille de *Higueruela*, par Gnancio et Fabricio. C'est dans une chambre voisine que naquit Ferdinand VII, le 14 octobre 1784.

Le voyageur pourra encore visiter la *Silla del Rey*, avec son parc et ses plantations, et ensuite la *casa del Campo* petite maison de campagne ornée de marbres, de marqueteries, d'arabesques, de pauvres portraits, et d'autres peintures de second ordre. Les jardins et les promenades qui entourent cette royale retraite sont charmants.

Beaucoup de Madrilènes viennent habiter l'Escurial en été, où à l'ombre de riants bocages ils jouissent d'une température douce et d'un air frais et embaumé.

ROUTE 205.

DE MADRID A LA GRANJA ou SAN-IDELFONSO,

Par Torrelodones, 11 l. 1/2.

V. route 202.

ROUTE 206.

DE MADRID A EL PARDO,

Loge royale de chasse, 2 l.

V. page 202.

ROUTE 207.

DE MADRID A ARANJUEZ, 7 l.

V. route 74.

ROUTE 208.

DE MADRID AUX BAINS DE SACEDON
et à ISABELLA, 20 l.

Torrejon de Ardoz.	3 l. 1/2
Los Hueros.	2 1/2
Anchuelo.	0 1/2
San-Torcaz.	2
Pozo de Guadajara.	1

ROUTE 209.—DE VITORIA A TOLOSA. 603

Aranzueque.	2
Armunia (*V*. page 262)	1
Tentilla (*idem*)	1
Convento de la Salceda	1
Alondiga	2
Auñon	1
Sacedon	1
LA ISABELLA	1 1/2

Routes additionnelles.

ROUTE 209.

DE VITORIA A TOLOSA.

Par **Salvatierra,** 15 l.

Elloriaga	0 l.	1/4
Ilarraza	0	1/4
Matamo	0	1/2
Salvatierra	3	
Asazua	3	1/2
Ursuaran	2	1/2
Idiazabal	0	3/4
Béasain	0	3/4
Villafranca	0	1/4
Isazondo	0	1/2
Logorreta	0	1/2
Alegria	1	1/2
TOLOSA	0	3/4

De *Vitoria* à *Salvatierra*, *V*. route 14.

De Salvatierra, on suit la route de Pampelune jusqu'à Asazua; de là, tournant brusquement vers le N., elle rejoint à Villafranca la route royale de Bayonne à Madrid.

TOLOSA (*V*. route 1re).

ROUTE 210.

DE GUADALAJARA A MOLINA.

Par **Alcolea del Pinar**, 241. 3/4.

De Guadalajara à Alcolea (*V. r.* 2).	141.	
Aguilarejo..	0	3/4
Venta del Campo.	1	3/4
Maranchon.	1	1/2
Mazarette.	1	1/4
Anguela..	1	1/2
Selas.	0	1/4
Arangoncillo.	0	3/4
Canales.	1	1/4
Herreria.	0	1/4
Rillo.	0	3/4
MOLINA..	0	3/4

A Alcolea, nous laissons à gauche la grande route, et dans la direction E. nous gagnons

MOLINA DE ARAGON, ville de 3,000 hab., chef-lieu de partido, province de Guadalajara, et capitale de la seigneurie de son nom. Cette ville, qui a de hautes murailles et un alcazar, est située sur une côte au pied de laquelle coule la Gallo, qui abonde en excellentes truites. Les environs sont riants et fertiles.

FIN DU GUIDE EN ESPAGNE.

PORTUGAL

PORTUGAL

Avant d'introduire le voyageur dans l'ancienne *Lusitanie*, nous croyons utile de dire quelques mots de la configuration du pays, des productions du sol, de son industrie, de son commerce, de sa constitution politique, des mœurs et coutumes de ses habitants, et des poids, mesures et monnaies actuellement en usage.

SITUATION GÉOGRAPHIQUE. Ce beau royaume est situé entre les 36° 56' et 42° 7' latitude nord, et entre les 8° 50' et 11° 50' de longitude ouest; il a 130 lieues de l'est à l'ouest. Sa superficie est de 5,125 lieues carrées; il est borné au N. par la *Galice*, à l'E. par *Léon* et l'*Estrémadure*, au S. par l'*Andalousie*, et à l'O. par l'Océan. L'aspect du pays nous offre en général la même configuration que celle des provinces espagnoles qui l'avoisinent, c'est-à-dire que le sol est couvert d'une longue suite de montagnes, plus ou moins élevées, mais toutes appartenant au grand système général que nous avons observé en Espagne; nous les y retrouvons avec la même constitution géologique, mais avec cette différence que les sommités de ces nombreuses *sierras* élèvent leurs pics d'une manière moins altière que celles de leurs sœurs d'Espagne; elles semblent, en s'approchant de l'Océan, s'abaisser pour aller former des collines sous-marines ou relever leurs têtes sur une autre partie du globe.

FLEUVES, RIVIÈRES, LACS ET EAUX MINÉRALES. Le Portugal est arrosé par plus de 300 cours d'eau, parmi lesquels nous citerons le *Miño*, le *Douro*, le *Tage*, la *Guadiana*, la *Lima*, le *Mondego*, le *Sado*, la *Vouga*, le *Cavao*, le *Sardao*, l'*Ave*; ajoutons à cela le lac de *Obidos*. Avec une telle masse d'eau et de l'industrie, quelle richesse n'obtiendrait-on pas d'un sol qui ne demande à l'homme que d'être un peu désaltéré pour produire tout ce qui rend un État florissant et heureux?

On y trouve aussi beaucoup de sources d'eaux minérales et thermales; les principales sont celles de *Rainha*, dans l'Estramadure : leur température dépasse 30° centigrades; celles de *Gerez*, sur la frontière de la Galice, reconnues les plus salutaires du Portugal; celles situées près de *Chaves*, celles de *Osiras*, *Cascaes*, de *Lisbonne*, de *Torre de Moncorvo* et de *Amarante*. A *Rio-Mayor*, près de *Santarem*, on trouve une source salée, c'est la seule du Portugal; les habitants en tirent beaucoup de sel.

CLIMAT ET PRODUITS DU SOL. Le Portugal, très favorisé de la nature, jouit d'une température douce et agréable; l'élévation d'un sol montueux, jointe à un littoral dont le développement n'a pas moins de 175 lieues, tempère l'ardeur des rayons solaires et les rend purs et sains. L'étranger s'y acclimate aisément.

Les principales productions sont : blé, orge, seigle, riz, maïs, miel, cire, plantes médicinales, soie, chanvre, lin, mais surtout fruits exquis dont on exporte une grande quantité, tels que oranges renommées dans tout l'univers, citrons, limons, raisins, figues, noisettes, amandes, sumac pour la teinture; l'olivier, dont on tire une très-grande récolte d'huile, mais de mauvaise qualité, à cause de la manière stupide dont on la fait; on en exporte de très-grandes quantités au Brésil. Tous les fruits y sont excellents et très-abondants, tels que les abricots, les pêches, les pommes, les poires, ainsi que les légumes de toute espèce, des melons, des pastèques, etc., etc.

Les vins, dont l'exportation est considérable, sont en général épais ou foncés et très-spiritueux. Le vin de Porto, le plus connu, forme l'article le plus important de l'exportation du pays. Il s'en expédie en Angleterre pour plus de vingt millions de francs tous les ans.

Après les vins du Douro, connus sous le nom de vins de Porto, viennent les vins de Bairrada, imitant beaucoup ces derniers, mais d'une qualité inférieure, quoique très-bons. Ils sont exportés en immense quantité au Brésil, sous le nom de vins de Figueira. Les environs de Lisbonne, à 10 lieues à la ronde, produisent des vins rouges de table excellents, tels sont ceux de Barra-à-Barra, de Torres, de Lavradio et de Colares. Les vins blancs de Buceslas et de Carcavellos sont très-estimés et s'exportent en Angleterre. Le muscat de Setuval est délicieux, mais n'est pas un article important d'exportation, à cause de la petite quantité qu'on en fait.

On prépare aussi de grandes quantités de vinaigres, qui sont expédiées au Brésil.

Le sein de la terre serait aussi libéral que la surface, si l'homme voulait y chercher les trésors qu'il tient à sa disposition; on y trouverait du fer, du cuivre, de l'étain, du plomb et même de l'argent, du mercure, du bismuth, de l'arsenic, des améthystes, des cristaux, etc.

Les troupeaux de toute espèce abondent en Portugal; cependant les chevaux y sont moins beaux que dans l'Andalousie; les mulets sont, comme en Espagne, d'un grand service. Les côtes et les rivières abondent en excellents poissons.

Population et division politique.

SITUATION.	PROVINCES.	ÉTENDUE en lieues carrées.	POPULATION en 1839.	CHEFS-LIEUX.
Au nord...	Entre Duero et Mino	304	907,965	Braga.
	Tras-os ou los Montes	455	518,665	Bragance.
Au centre.	Beira..................	1,422	1,121,995	Coimbre.
	Estramadure	1,296	826,680	LISBONNE.
Au sud....	Alentejo...............	1,373	380,480	Evora.
	Algarves...............	275	120,615	Tavira.
		5,125	3,683,400	

RELIGION. La religion catholique est celle de l'Etat, mais toutes les autres croyances religieuses sont maintenant tolérées. Le clergé se compose de trois archevêques, dont l'un, celui de Braga, porte le titre de primat des Espagnes, et de treize évêques.

LANGUE, UNIVERSITÉ ET SAVANTS. La langue portugaise est, comme l'espagnole, dérivée du latin et modifiée par l'arabe. On ne compte qu'une Université en Portugal, c'est celle de Coïmbre; après elle vient l'Académie de Lisbonne. Le poëte le plus éminent est, sans contredit, l'auteur de la *Lusiade*, le Camoëns. Parmi les historiens on remarque Joan de Barros, Luis de Souza, etc.

INDUSTRIE ET MANUFACTURES. Le Portugal possède très-peu de manufactures ; presque toutes les étoffes, la quincaillerie, les objets de luxe y sont apportés de l'étranger. Dans ces derniers temps on a pourtant établi des filatures de coton qui promettent beaucoup. *Guimaraens* fabrique de bonnes toiles et d'assez beau linge damassé; *Braga*, de l'orfévrerie et des chapeaux ; plusieurs manufactures fournissent des armes passables; mais la plupart des arts utiles sont encore dans une complète enfance. L'horlogerie y est tout-à-fait négligée, ainsi que la papeterie. L'imprimerie, cette lumière des siècles, a fait des progrès.

COMMERCE. Le peuple qui a fait la découverte et la conquête des Indes orientales et étendu sa puissance sur une vaste partie de l'Afrique, qui commandait en maître sur toutes les mers, est maintenant sans commerce : le tableau suivant montrera de quel côté est la balance.

En 1834 le Portugal a expédié en vins, huiles, oranges, fruits secs, grains et autres productions du pays, pour environ 20,000,000 de francs; et l'Angleterre a renvoyé en Portugal pour 42,000,000 de francs de ses marchandises.

PORTS. Les ports principaux sont : *Lisbonne*, *Porto*, *Setubal*, *Faro*, *Villanova*, *Aveiro*, *Villa-de-Conde* et *Viana*; tous ces ports reçoivent ou envoient annuellement 3,000 navires, dont 1,700 étrangers.

REVENUS ET FORCES DE TERRE ET DE MER. Le revenu de l'Etat consiste en impôts sur les terres, produits des douanes, tabac, et en diverses autres taxes : la somme totale du revenu se montait, en 1839, à 54,096,000 francs. La dette à la même époque était de 160,000,000

Déficit.	106,000,000
Chaque Portugais paie	15 fr. 32 c.
Au lieu que l'Espagnol ne paie que	7 76
Forces de terre.	29,645 hommes.

Forces de mer. { vaisseau 1
frégates. 6
bâtiments infér. 37

Total.   44 bâtiments armés.

FORTERESSES ET PORTS MILITAIRES. Le Portugal ne possède que neuf places fortes, qui sont *Elvas*, avec le fort de la *Lippe*, *Jerumanha*, *Campo-Mayor*, *Marvao*, *Peniche*, et les forts qui défendent l'entrée du Tage, *Monsanto*, *Almeida* et *Valença*.

HISTOIRE ET FORME DU GOUVERNEMENT. Le Portugal suivit pendant longtemps le sort de l'Espagne, dont il faisait partie ; de la domination des Phéniciens et des Carthaginois, il passa à celle des Romains ; ensuite les Alains, les Visigoths et les Arabes le possédèrent successivement. Henri, de la maison des ducs de Bourgogne, étant passé en Espagne, servit Alphonse VI, roi de Castille, dans la guerre qu'il faisait aux Maures; pour le récompenser, le roi, en 1093, lui donna sa fille Thérèse en mariage, avec une partie du Portugal, à titre de comté. Alphonse Henriquez, son fils, ayant en 1139 remporté une grande victoire sur les Maures, prit le titre de roi, et ses descendants agrandirent de plus en plus leurs États. La découverte de la route des Indes, qu'ils firent en 1498, et leurs établissements dans ces riches contrées ajoutèrent encore à leur puissance. En 1580 cette dynastie étant restée sans héritier, Philippe II, roi d'Espagne, s'empara du Portugal; mais cette domination ne dura qu'environ soixante ans : les Portugais, fatigués du joug étranger, se révoltèrent en 1640 et élurent pour roi le duc de Bragance, descendant d'un fils naturel de leur ancien souverain, Jean Ier. En 1668, l'Espagne fut obligée de reconnaître le Portugal comme royaume indépendant.

En 1807, les Français s'emparèrent du Portugal, sous les ordres du général Junot; la famille royale se réfugia au Brésil, et y resta jusqu'en 1820, époque où elle revint à Lisbonne. Des *cortès* extraordinaires proclamèrent une constitution. Le roi Jean VI l'accepta ; mais trois ans après, une insurrection, dirigée par don Miguel, renversa cette constitution. Jean VI étant mort en 1826, don Pedro, son fils aîné, alors empereur du Brésil, abdiqua la couronne de Portugal en faveur de sa fille, dona Maria, et octroya une charte. D'après cette constitution, le pouvoir législatif résidait dans la personne du roi et dans les cortès, qui formaient deux chambres : celle des pairs, nommés par le roi, et celle des députés, nommés pour quatre ans par les électeurs choisis par des assemblées de paroisses. Don Miguel, que son frère avait nommé régent, s'empara du trône de sa nièce et rétablit le pouvoir absolu. Les choses en étaient là, lorsque don Pedro, forcé d'abdiquer l'empire du Brésil, revint en France en 1833, et rétablit sa fille dans ses droits avec la charte. Ce régime continua pendant trois ans; mais le 10 septembre 1836, la garnison et la garde nationale de Lisbonne proclamèrent la constitution de 1820, qui n'admet qu'une chambre. La reine fut forcée de l'accepter, et aujourd'hui elle forme la loi de l'Etat.

POIDS, MESURES ET MONNAIES.

Monnaies (Annuaire des longitudes).

DÉNOMINATION.	POIDS LÉGAL.	TITRE LÉGAL.	VALEUR des PIÈCES.	TITRE DU TARIF.	VALEUR du KILOGR.
	g.		fr. c.		fr. c.
Or.					
Dobrao de 20,000 reis jusqu'en 1852............	53,699		169 61		
1/2—, 1/6—, 1/2—, 1/20, à proportion..........	» »		» »		
Portugaise (*moeda douro*) ou Lisbonine de 4,000 reis................	10,752		53 96		
1/2 (*meia moeda*), 1/4, ou quarthino, à proport[1].	» »	917	» »	914	3,142 13
Dobra de 12,800 reis.....	28,629		90 43		
1/2 (*meia dobra*), ou portugaises de 6,400 reis.	14,354		45 27		
1/4, ou 16 testons. 1/8, ou 8 testons, à proportion.	» »		» »		
Cruzade d'or neuve de 480 reis...............	1,062		3 35		
Argent.					
Cruzade neuve de 480 reis	14,653	903	2 94	900	198 »
Millereis (*monnaie de compte*)...............	» »	»	7 07	»	» »
Cruzade vieille (*idem*)....	» »	»	3 83	»	» »

[1] Les pièces ci-dessus ont été augmentées de 1/5, et comptent pour 24,000 reis, 12,000, 4,800, 2,400, 1,200.

On compte au Portugal par reis, monnaie dont la plus petite fraction de cuivre en circulation est de 5 reis.

1,000 reis contiennent 2 1/2 cruzades 10 testons 50 vintens.

Millereis = 6 francs 9 centimes, nouvelle monnaie de France.

La cruzade vieille vaut 480 reis tout comme la cruzade neuve, en payant le charriage ou le fret de quelque chose.

La cruzade d'or, 480 reis, est très-rare, et l'on n'en frappe plus.

Les espèces frappées sous le règne actuel se divisent ainsi qu'il suit :

Les pièces de 6,400 reis, pesant 4 octaves, = 42 livres 13 sous 6 deniers, argent de France.

Les demi-pièces de 3,200 reis, pesant 2 octaves, = 21 livres 6 sous 9 deniers.

Les testons de 2,600 reis, pesant 1 octave, = 10 livres 13 sous 1 denier 1/2.

Les 8 testons de 800 reis, pesant 1/2 octave, = 5 livres 6 sous 8 deniers 1/4.

Les quarts d'or de 1,200 reis, pesant 54 grains, = 8 livres.

La cruzade neuve de 480 reis, pesant 20 grains, = 3 livres 4 sous ancienne monnaie, = 2 francs 93 centimes nouvelle monnaie de France.

La cruzade porte d'un côté une croix avec cette légende : *In hoc signo vinces*; et de l'autre cette légende : *Maria I et P. III*, surmontée d'une couronne.

Les espèces d'argent doivent toutes être fabriquées au titre de 11 deniers. Elles se divisent ainsi qu'il suit :

La cruzade neuve de 480 reis, pesant 4 octaves, = 2 francs 93 centimes nouvelle monnaie de France.

Celle de 12 vingtains ou 240 reis, pesant 2 octaves.

Celle de 6 vingtains ou 120 reis, pesant 1 octave.

Celle de 3 vingtains ou 60 reis, pesant 1/2 octave.

Le teston de 100 reis, pesant 4 grains.

Le demi-teston de 50 reis, pesant 2 grains.

Les espèces de cuivre se divisent en pièces de 10 et de 5.

POIDS ET MESURES.

Poids.

La *livre* se divise en 2 marcs.
Le *marc* en 8 onces.
L'*once* en 8 gros ou octaves.
L'*octave* en 72 grains, de sorte que le marc est subdivisé en 4,608 grains.
L'*arrobe* du Portugal équivaut à 32 livres.
4 arrobes forment un quintal.

Quintal.	Arrobes.	Livres.	Marcs.	Onces.	Octaves.
1	4	128	256	2,048	16,384.

L'arrobe répond à un kil. environ.

Poids pour les pierres précieuses.

Pour peser les pierres précieuses et les perles, on se sert du karat. 17 24/64 karats forment 1 octave. Le karat se divise en 4 grains.

Mesures linéaires et de capacité.

L'*aune* se divise en *vara* et en *covade*; la première est la plus longue : 21 *varas* font 34 *covades*; 61 3/4 *varas* et 101 1/2 *covades* = 100 aunes de Brabant.

Les mesures liquides sont : les *almudes*, les *canadas*; et pour l'huile, les *alquiers*.

Tonnel. ou tonneau.	Pipes.	Almudes.	Alquiers. ou bottes.	Canadas.
1	2	52	104	662
	1	26	52	312
		1	2	12

On mesure les grains par *moyos*, *fanegas* et *alquiers*.

Moyos.	Fanegas.	Alquiers.	Quartos.
1	15	60	240
	1	4	16

4 *moyos* ou muids de Lisbonne font le *last* d'Amsterdam ; 240 *alquiers*=19 setiers de Paris, ancienne mesure.

Notes instructives et remarques qui intéressent les voyageurs dans leur tournée.

Toutes les routes du Portugal se trouvent actuellement dans un tel état de dégradation, qu'il est à peu près impossible d'y voyager en voiture. Jadis celle de Lisbonne à Coimbre était très-belle, et il y eut un temps où une bonne diligence desservait ces deux villes ; mais les guerres civiles et l'incurie de tous les gouvernements qui se sont succédé ont ruiné tous les chemins, et aujourd'hui les seuls moyens de transports sont : 1º les litières, espèces de chaises à porteurs avec deux mulets, l'un devant et l'autre derrière, contenant deux personnes et pas de bagages. Il y a un conducteur appelé *liteireiro*, qui mène en laisse ou qu tient toujours la bride du mulet de devant. Il faut avoir de mulets de charge pour porter les bagages. On fait environ 8 à 9 lieues portugaises par jour. Ce mode de voyage est très-dispendieux, et avec les frais d'auberge et le transport des bagages, il faut compter sur une dépense d'environ 7 à 8 fr. par lieue.

Le second mode est de louer des mulets et faire le voyage à cheval. Le muletier prend un mulet et porte votre valise derrière son dos sur la croupe. Le voyageur nourrit toujours les muletiers. Cette manière, qui est adoptée par presque tous les voyageurs, coûte environ 3 fr. par lieue. On peut aussi voyager à cheval avec les almocreves (conducteurs de marchandises à dos de mulet). Ce mode est encore moins cher. Enfin, on trouve toujours à louer des ânes sur toutes les routes. Le seul point du royaume où il y ait une poste établie, est depuis Badajoz jusqu'à Aldea-Galega, sur le Tage, en face de Lisbonne ; mais cette poste est très-mal servie, presque inapplicable aux voitures à cause des mauvaises routes.

En 1846 on avait entrepris de très-belles routes de Porto à Braga et à Guimaraes ; on devait y établir des diligences qui furent faites à Paris, et qui sont maintenant à Porto ; mais la révolution qui a éclaté dans cette ville a tout arrêté, et ces belles routes qui étaient presque achevées commencent à s'abîmer faute d'entretien. Il existe un excellent bateau à vapeur qui fait le trajet de Porto à Lisbonne en 20 heures. On y est très-bien : aussi, la route de terre est-elle abandonnée.

Les auberges sont toutes très-mauvaises, les lits détestables, et la seule nourriture qu'on est sûr de trouver partout est la morue blanche de Terre-Neuve, des œufs, des poules et poulets qu'on arrange toujours avec du riz.

Les routes étant impraticables presque partout, on voyage très-peu. A Lisbonne ainsi que dans les autres villes il faut toujours prendre un passeport.

ROUTE 1re.
DE MADRID A LISBONNE.
Par **Talavera de la Reyna, Truxillo, Merida** et **Badajoz**, 96 l. 3/4.

De Madrid à Badajoz.	62 1.3/4	
La Guadiana, riv. et pont.		
El Caya, petite riv. et gué, et frontière de Portugal (province d'Alentejo)	1	
Elvas, ville et place forte.	2	
Venta del Herrador.	2	
Venta del Negro.	2	
Venta de la Raposa.	1	
Venta Dorada.	1	
Estremoz, petite ville.	1	
Tera, riv. et gué ou bac	2	
Venta del Duque	1	
Venta Mendo Marques, riv. et pont. . .	2	
Odivor, riv. et pont	0	1/2
Arrayos, petite ville.	0	1/4
Montemor ou Novo, bourg.	3	
Caña, riv. et pont.		
	34.	

Silveiras Vendas, village. 2
Vendas novas, *idem*. 2

(*On entre dans l'Estramadure portugaise.*)

Los Pregones, auberges 3
Un ruisseau et pont. . . . . ⎫
Rilvas. . . . . ⎬ 2
Aldea Gallega, petite ville. . . . . . ⎫
Tage, fleuve . . . . ⎬ 3
Lisbonne, ville capital du Portugal . . . 3

            TOTAL. 96 3/4

Cette route est le prolongement de la belle route royale de Madrid. On y trouve tantôt des chevaux de poste, tantôt des mules, jusqu'à Lisbonne. On quitte Badajoz par la porte de *las Palmas*; puis on passe la *Guadiana* sur un beau pont. Pendant une heure, on parcourt une plaine découverte; on arrive au bord de la petite et limpide rivière de *Caya*, que l'on passe à gué. Alors on cesse de voyager sur les terres espagnoles. Depuis ce point, le sol que l'on parcourt est en général ondulé, mal cultivé et peu peuplé. Au bout de deux heures de marche, on se trouve aux portes d'*Elvas*, assise sur une colline escarpée, près la rive droite de la *Guadiana*, protégée de bonnes murailles et par deux redoutables citadelles : le fort de *Sainte-Lucie*, et le fort *La Lippe*, construit par le prince allemand de ce nom, au service du Portugal, vers le milieu du siècle dernier; la situation de ce fort, qui domine le pays, est on ne peut plus avantageuse pour une station militaire; il passe pour être inexpugnable. On voit dans son enceinte une citerne très-vaste qui reçoit les eaux d'un magnifique aqueduc, monument digne des Romains, composé de trois rangs d'arcades superposées, et d'une longueur considérable. Les rues de cette ville sont bien percées, propres, et les maisons, sans être trop régulières, ont une bonne apparence. Elle possède un évêché, un gouverneur civil et militaire, et a toujours bonne garnison. On y trouve une cathédrale, plusieurs églises, un hôpital civil et un hôpital militaire, un théâtre, un arsenal, une fonderie de canons et de belles casernes.

CURIOSITÉS. La belle et noble *cathédrale*, de style gothique, avec de beaux ornements à l'intérieur. La *fonderie de canons*, quoique bien inférieure à celle qu'on a vue en Espagne. L'*aqueduc*, fait pour exciter l'admiration, tant par son imposante élévation que par la longueur et le nombre de ses arches. Les deux forts dont nous avons parlé, beau spécimen de fortifications modernes. Pop. 12,000 h.

CAMPO MAYOR, à trois lieues N.-E. d'*Elvas*, ville forte sur la droite du *Caya*. Ses fortifications, dans le genre moderne, méritent l'attention du voyageur.

CURIOSITÉ. Son église paroissiale.

INDUSTRIE. Quelques gros draps et poterie. Les alentours sont très-accidentés. Pop. 4,500 hab.

La route que le voyageur suit en quittant Elvas par la porte de Lisbonne présente un sol fortement ondulé; pendant environ huit heures de marche il ne trouve sur son passage que quatre *ventas*, qu'on ne peut citer comme bonnes, mais qu'on est très-heureux de rencontrer dans une campagne mal peuplée et mal cultivée; on y voit pourtant d'assez nombreux troupeaux. C'est au milieu de cette demi-solitude que l'on gagne les murailles de

ESTREMOZ, ville forte et que l'on peut appeler moderne, car elle ne date guère que de deux siècles. Elle est divisée en deux parties, la ville haute et la ville basse, toutes deux bien fortifiées. La ville haute, vue de loin, ressemble à une grande citadelle, bâtie sur le plateau d'une montagne; la ville basse est dans une plaine fertile. Elle est bien bâtie; beaucoup de maisons sont ornées de colonnes de beau marbre qu'on trouve dans le voisinage, et même dans la ville, où s'élève un bloc énorme de cette formation qui a empêché de continuer un pan de fortification. Estremoz possède trois églises, un hôpital, une maison de charité et un vaste arsenal.

CURIOSITÉS. L'église principale, édifice curieux dans son genre et orné d'une haute tour carrée, toute en marbre très-bien poli, ce qui produit un bel effet lorsque les rayons du soleil frappent dessus.

INDUSTRIE. Poterie en terre dont la forme et le fini la font rechercher dans tout le royaume. Pop. 7,000 hab.

A six lieues S.-O. de *Estremoz*, on trouve, dans une belle vallée fertile en blé et en vigne, *Evaramonte*, petite ville forte sur une colline assez escarpée; et quatre lieues plus loin, au milieu d'une campagne couverte d'oliviers, d'orangers, de figuiers, de vignes et de blés, on voit s'élever l'antique

EVORA (Ebora), chef-lieu de la province d'*Alentejo*, siége d'un archevêché. Cette ville existait déjà avant notre ère; elle est entourée de murailles en ruines, et défendue par deux châteaux qui ne sont guère en meilleur état que ses murailles ; ses rues sont étroites et tortueuses, ses maisons mal bâties. Elle renferme une cathédrale, quatre églises paroissiales, plusieurs hôpitaux, un séminaire, un collége et de belles casernes.

CURIOSITÉS. Sa belle et antique cathédrale, noble monument de style gothique, plein de hardiesse et de grandeur, avec un clocher très-élevé. Ses quatre églises méritent aussi d'être visitées. Son aqueduc, d'une lieue de longueur, construit par Sertorius, fut réparé dans le seizième siècle par Jean III, roi de Portugal. C'est un édifice tout-à-fait digne des fiers dominateurs de l'ancien monde, restes d'un temple de Diane.

INDUSTRIE. Quelques grosses étoffes en laine ; poterie, etc. Pop. 12,000 hab.

La route que le voyageur suit en quittant Evora continue d'être bonne ; le pays, couvert de collines à droite et à gauche, est fertile. On traverse la *Tera*, petite rivière; ensuite on arrive à *Venda del Duque*, où l'on est sûr de ne trouver que très-peu de chose. Le pays devient un peu moins montueux ; et après deux heures de marche, on arrive à *Venda Mendo Marques*, jolie rivière qu'on traverse sur un pont qui ne manque point de beauté. Une demi-heure après, vous passez, également sur un bon pont de pierre, la rivière *Odivor*, qui arrose un joli vallon, et à deux pas de là vous vous trouvez à *Arrayolos*, bourg situé sur un vaste étang, au pied d'une montagne dont une citadelle occupe le sommet.

INDUSTRIE. Fabrique de papiers peints. Pop. 2,000 hab.

De cette place à *Montemor o Novo* on compte trois heures de marche dans une plaine grande et fertile, mais dont le produit serait doublé si l'homme y déployait plus d'industrie et plus d'activité.

Cette petite ville est située au pied d'une riante colline baignée par le *Caña*, jolie rivière aux rives toujours vertes; elle possède quatre églises et un couvent.

CURIOSITÉS. Sur la colline, un fort arabe en ruine; les églises.

INDUSTRIE. Poterie assez renommée. Pop. 2,500 hab.

On passe le *Caña* sur un bon pont de pierre; on voyage pendant quatre heures dans des plaines, ne rencontrant que les deux petits et insignifiants villages de *Silveiras* et *Vendas novas*; la même route se déroule devant vous, les habitations sont rares, et au bout de trois heures de solitude on arrive aux auberges de *Pegoés*. Là enfin on trouve quelque chose à manger et on est servi assez proprement; vous êtes alors dans l'Estramadure portugaise.

Deux heures après vous arrivez à

ALDEA GALLEGA, petite ville, située sur le *Tage*; c'est là que vous quittez votre voiture : vous ferez le reste du chemin dans un bateau. Pour faire ce trajet, il vous faudra environ deux heures, temps qui n'est pas sans agrément, car Lisbonne se dessine devant vous d'une manière assez pittoresque.

LISBONNE, en portugais *Lisboa*, capitale de tout le Portugal et chef-lieu de la province de l'Estramadure.

Rien n'est plus beau que le panorama qui s'offre à l'œil du voyageur à mesure qu'il approche de cette célèbre cité depuis son embarquement dans la belle rade, qui a trois lieues de large dans cet endroit; ce mouvement continuel de vaisseaux de toutes grandeurs qui vont et qui viennent, l'aspect imposant de ceux qui sont à l'ancre, impriment à l'âme une émotion qu'il est difficile de décrire; mais à mesure que vous avancez le tableau s'agrandit; Lisbonne aux sept jolis coteaux déploie ses beaux monuments sur un vaste amphithéâtre. Alors votre admiration est au comble. Rien de plus magnifique au monde que la scène majestueuse qui se présente à vos regards.

STATISTIQUE. Lisbonne est située sur la rive droite du Tage, qui, en cet endroit, forme un *estuaire* ayant trois lieues de large, presque autant de long, et d'une telle profondeur que des vaisseaux de haut bord peuvent y mouiller aisément; cet *estuaire*, qui forme une des plus belles rades du monde, sert de port à cette grande cité, résidence des rois et siège du gouvernement. On compte dans cette métropole treize places, quarante églises, un muséum, un jardin botanique, un observatoire, un cabinet de physique, un de chimie, plusieurs collèges, une manufacture royale de soieries, une corderie royale, une imprimerie royale, un arsenal de marine et un pour l'armée de terre, un grenier d'abondance, plusieurs théâtres, et beaucoup d'hôpitaux, d'hospices et d'institutions de bienfaisance.

Il est peu de villes dont la situation soit aussi heureuse que celle que les Romains choisirent pour élever cette cité (on attribue la fondation de Lisbonne à ce peuple); elle était déjà florissante sous les Maures quand Alphonse la leur enleva en 1147; sa population s'élevait à 300,000 habitants avant le tremblement de terre de 1755, dont les traces sont encore présentes aujourd'hui; ce fut le 1er novembre, à neuf heures du matin, qu'on ressentit la première secousse de cette effroyable catastrophe qui coûta la vie à 30,000 personnes, et engloutit des valeurs immenses dont la perte fut ainsi évaluée dans les temps : celles des maisons particulières, à 700 millions de livres; celle des meubles, à 12 millions; celle des vases sacrés, statues, tableaux, etc., à 32 millions. La perte des étrangers, tant en argent qu'en marchandises, dépassa, dit-on, 240 millions.

Grâce aux soins d'un ministre actif et intelligent, le marquis de Pombal, Lisbonne s'est relevée plus belle et aussi riche que jamais.

La nouvelle ville, bâtie sur les débris d'une partie de l'ancienne, est superbe; ses rues sont droites, régulières, garnies de beaux trottoirs et sur un sol uni; les maisons présentent un bel aspect, elles ont de trois à cinq étages; dans l'ancienne ville, au contraire, les rues sont escarpées, étroites, tortueuses et mal payées.

Lisbonne se divise administrativement en trois parties, qui sont: *Alfamor, Bairro-Alto* et *Melo;* outre les trois faubourgs de *Junqueira,* d'*Alcantara* et de *Campo Grande,* sans compter *Belem,* qui en dépend.

CURIOSITÉS. Parmi les nombreuses places qui décorent Lisbonne, nous devons citer en première ligne la place du Commerce (*plaça do Comercio*), ou place du Palais, présentant un carré dont la surface est de 112,008 mètres; elle est baignée au midi par les eaux du Tage, et ses trois autres côtés sont formés par les beaux édifices de la Bourse, de la Douane, de la maison des Indes, de l'Intendance de la marine, de la Bibliothèque royale et de la Municipalité.

Au milieu de cette superbe place s'élève la statue équestre en bronze de Joseph Ier, haute de 32 palmes.

De cette place on va, par trois belles rues tirées au cordeau, à la jolie place du *Rocio*; la rue du centre, appelée rue Augusta (*rua Augusta*), est garnie de beaux magasins en tous genres. La place où elle aboutit est moins grande que celle du Commerce; le beau théâtre de Dona Maria Segunda en forme un côté, et les trois autres sont garnis de belles boutiques. Nous ne quitterons pas ces deux places sans visiter les édifices qui les décorent.

La Bourse est un beau monument élevé, comme tous ceux qui se trouvent sur cette place, sur d'élégants portiques. La Douane est vaste et bien appropriée à sa destination. L'Hôtel des Indes est également un noble édifice où on trouve de très-belles salles. Tout proche se trouve l'Intendance de la marine, remarquable par une salle magnifique, puis la Bibliothèque royale avec 80,000 volumes : on y voit la statue de la reine Marie et celle du feu roi, et le seul exemplaire qui existe encore du premier livre imprimé en Portugal, *Estoria du muy hombre Vespasiano, emperator de Roma, imprimado anno* 1496. Les autres bibliothèques sont : dans le couvent de San-Vincent de Fora, celle de l'Académie royale des sciences, et celle qui occupe l'ancien couvent de Saint-François. Sur la place *Rocio*, nous avons déjà vu le beau théâtre de Dona Maria; de là, nous gagnons une éminence vers la porte E. de la ville, où nous trouvons la cathédrale, vaste église dont l'origine date du temps des Goths, et restaurée après le tremblement de terre ; le voyageur y cherche en vain les formes élégantes et hardies qu'il a si souvent admirées dans les églises d'Espagne ; mais les décorations intérieures, la richesse des ornements et des vases sacrés le frappent d'admiration.

En quittant la cathédrale, nous entrons de suite dans la belle église de *San-Antao* (Saint-Antoine), remarquable par la beauté, la grâce de son architecture et la richesse de ses ornements. Non loin de là, se trouve l'église de Saint-Roch, qui ne le cède point à la précédente en beauté architecturale; mais ce qui la distingue entre toutes, c'est sa belle chapelle en mosaïque dédiée à saint Jean-Baptiste, que le roi Jean V fit construire à Rome et transporter dans cette église ; rien n'est plus magnifique que cette chapelle, toute en marbre doré et incrusté de porphyre, de granit oriental, d'agate, de lapis-lazuli, etc.

L'église et le couvent des Carmélites méritent également l'attention du voyageur ; c'est le plus vaste et le plus somptueux monument qu'on ait bâti à Lisbonne depuis le tremblement de terre. Fondé par la reine Dona Maria Ire, on dit qu'il a coûté environ 30 millions de francs. L'église est dédiée au Sacré-Cœur de Jésus (*Coracao de Jesus*) ; elle est ornée d'un beau et noble dôme, de marbres variés et de bons tableaux de Pompée Battoni.

La magnifique église du couvent de Belem, bâtie par le roi Emmanuel, sur le lieu même où s'embarqua Vasco de Gama, est encore un des beaux monuments de la capitale.

Les autres édifices religieux qui méritent encore l'attention du voyageur, sont les couvents de *Graça*, des *Loios*, d'*Estrella*, de *Paulistas*, de *San-Bento*, vaste monument où sont conservées les archives du royaume, et où se tiennent à présent les deux chambres des pairs et des députés. L'église est un bel édifice, quoiqu'elle n'ait pas de nef. La bibliothèque est nombreuse et bien choisie. Dans le couvent *das Necessidades*, dont l'église offre quelque beauté, on trouve aussi une belle bibliothèque, un observatoire et un cabinet de physique ; tout près de là se trouve le vaste et beau palais appelé aussi das Necessi-

ROUTE 1re.—DE MADRID A LISBONNE.

dades, résidence de ville de la famille royale. Il est très-bien situé, et ses vastes et beaux jardins occupent une élévation d'où on domine le Tage jusqu'à la mer.

Parmi les institutions scientifiques, on visitera d'abord l'académie royale de marine, avec un bon observatoire, l'école royale de construction et d'architecture navale, l'académie royale de fortification, d'artillerie et de dessin, celle de sculpture, le collége royal militaire, l'école royale de chimie et de commerce, le collége des nobles, l'institut de musique, les écoles royales de *San-Vincente de Fora*, où l'on enseigne les langues anciennes et le français, la physique, la chimie et la philosophie ; l'école royale de dessin et d'architecture; l'académie des sciences; le cabinet d'histoire naturelle à Ajuda, où l'on voit une pièce unique, c'est un morceau de cuivre natif du poids de 2,616 livres, trouvé au Brésil; le jardin botanique, riche en plantes rares.

Les plus belles rues de Lisbonne sont celles de l'Or (*do Ouro*), de l'Argent (*da Prata*), et la rue *Augusta*.

Il nous reste à faire admirer au voyageur un des plus beaux morceaux d'architecture moderne qui existent, et qui ne le cède en rien à ce que l'antiquité avait de plus grand et de plus parfait : c'est l'aqueduc das Aguas livres, qui fournit de l'eau à toute la ville. Ce noble monument, construit en 1743, a 18,800 mètres ou plus de quatre lieues de long : l'arche centrale a 230 pieds d'élévation, et 107 d'ouverture; les autres arches, au nombre de 35, vont en diminuant.

PROMENADES. Le jardin public ou le *Passeio publico* et les beaux jardins de *Sao Pedro d'Alcantara*, d'où on a une vue magnifique. Les environs renferment de nombreuses et belles maisons de campagne.

ENVIRONS.

BELEM. Dans les jardins de Belem se trouvent deux statues, venues de Rome, comparables à tout ce qu'on voit de plus beau en Italie ; là est la ménagerie royale. Les écuries sont des bâtiments superbes. Le jardin de Notre-Dame-de-Bon-Secours, près de Belem, a des serres dignes d'être vues (les plafonds sont proprement peints à fresque).

Mafra, établissement magnifique, contenant un palais, une église et un monastère ; les bâtiments forment un carré d'environ 728 pieds. Le nombre des appartements s'élève à 870, les portes et les fenêtres à 5,200 ; le couvent a 300 cellules, 58 statues de saints en marbre d'un assez beau travail ; celle de saint Jérôme, par Filippo Valles, se distingue des autres.

CINTRA. Bourg à 4 lieues de Lisbonne, où l'on arrive par une très-belle et bonne route desservie par une bonne diligence. Le souverain y a un palais assez vaste à l'entrée de la belle vallée qui va jusqu'à Colares. Sur la crête de la montagne granitique qui domine ce délicieux séjour, il y avait jadis un couvent nommé *Convento da Pena*, d'où on découvrait un des plus beaux panoramas de l'univers. Le roi actuel, Don Fernando, en a fait l'acquisition et y a fait construire un palais féerique dans le goût oriental ; l'Alhambra de Grenade et l'Alcazar de Séville pâlissent à côté des merveilles de sculpture et d'architecture qui décorent ce charmant séjour, entouré de délicieux jardins d'où la vue domine l'Océan et le pays dans un rayon de plus de 40 lieues. La petite ville de *Cintra*, où on trouve d'excellents hôtels, est très-bien bâtie : elle est le rendez-vous de tout ce que la capitale possède d'élégants et d'étrangers.—Tous les environs, jusqu'à la jolie petite ville de *Colares*, sont couverts de magnifiques et délicieuses maisons de plaisance. Les principales sont celles du marquis de Viana ; de Penha Verde, où est le tombeau du grand Juan de Castro, vice-roi de l'Inde ; de Ramathao ; de Regaleira ; des Sitiaes, etc. ; mais outre ces villas somptueuses, il y en a une infinité d'autres qui n'ont pas la même importance, mais qui sont charmantes.

Au centre de la montagne se trouve la très-curieuse chartreuse appelée le *Couvent de Liege*, d'où on a une vue admirable. Ce qui rend *Cintra* et ses environs un des plus charmants séjours de l'univers, c'est l'énorme abondance d'eau qui jaillit de tous côtés et qui y développe une richesse de végétation merveilleuse.

Le climat de Lisbonne est très-doux en hiver, au printemps et en automne, mais très-chaud en été. Toutefois, vers les 6 ou 7 heures du soir, la brise de mer vient tempérer les ardeurs de la journée, et les soirées sont en général très fraîches.

La ville de Lisbonne a des omnibus et des espèces de cabriolets à deux chevaux qui stationnent dans les rues et font le service de place : on les paye 2 fr. l'heure.

Les marchés sont très-bien fournis de fruits excellents, légumes, poissons, volaille, viande, charcuterie, et de toutes les choses nécessaires à la vie, et à des prix assez raisonnables.

Le costume des hommes et des dames est le même qu'à Paris, à Londres, etc. Les gens du peuple des deux sexes portent presque toujours un manteau.

La ville de Lisbonne a beaucoup perdu de son importance commerciale depuis la séparation du Brésil : avant le départ de la cour, en 1807, peu de villes en Europe étaient aussi riches et aussi commerçantes ; plus de mille navires se trouvaient toujours à l'ancre dans son majestueux Tage. Aujourd'hui on n'en compte pas cent !

STATISTIQUE COMMERCIALE, INDUSTRIELLE ET POPULATION.

L'industrie n'est point en progrès à Lisbonne ; au contraire, elle semble plutôt rétrograder, ou du moins rester stationnaire au milieu du mouvement des autres nations ; cependant on compte encore dans cette ville des fabriques d'étoffes de soie et de brocart d'or et d'argent, de tissus de laine, de toiles peintes et imprimées, de toiles à voiles, de tissus de coton, de faïence, de poterie, de cordages, de chapeaux, de fil d'archal et de laiton, de galons d'or, d'argent et de soie, d'armes blanches et à feu, de savons et autres objets de consommation.

Le commerce de Lisbonne est considérable ; il embrasse non-seulement tout le Portugal, dont il est le principal entrepôt, mais aussi les colonies et l'étranger. C'est avec l'Angleterre qu'il est le plus considérable.

Lisbonne reçoit des calicots et autres tissus de coton, bonneterie, tissus de laine, montres et horlogerie, quincaillerie, taillanderie, coutellerie, articles de modes et nouveautés, cuivre, plomb, houille. Elle exporte des vins, des fruits secs, des oranges, de la soie, de l'huile, de la laine, du sel, et des produits des colonies et de l'Inde, etc.

ROUTE 2.

DE LISBONNE A PORTO.

Par **Leiria** et **Coïmbre**, 53 l.

De Lisbonne à Sacavens, village.	2	l.
Libres, riv. et pont.........	0	1/2
Padoa, village	0	1/2
Alverca, petit bourg	1	
Alhandra, idem	1	
Villafranca de Gira, gros bourg.	1	
Povoa, petit bourg	1	
Castañeira, village	0	3/4
Moinho-Novo, idem	0	1/2
Ota, idem	2	
Tagarro, idem...........	1	1/2
Venda de Agua..........	1	
Venda de Palloca.........	1	
Venda de la Cuesta........	1	
Candieros, village........	1	
Lorango, idem...........	1	
Molianos, idem	1	
Carvalhos	2	
San-Jorge, village	1	
Leiria, ville et place forte ...	2	
Marchados	1	1/2
Gallegos	1	
Venda de Boiza	1	
Venda Nueva	1	
Soure, riv. et gué ...... }	1	
Pombal, gros bourg .... }		
Venda de Cruz	1	

ROUTE 2.—DE LISBONNE A PORTO.

Rediña, petit bourg	1	
Portocoalleiro, village	1	
Cartaxo, idem	1	
Condeixa, idem	1	
Mondego, riv. et pont.	2	
Coimbre, ville forte		
Giraon, riv. et gué	0	1/2
Fornos, village	0	3/4
Carquejo, idem	1	
Mealhada, idem	1	
Pedreira, idem	1	
Couto, riv. et gué	0	1/4
Avelano, village	0	3/4
Aguada, idem	1	
Sardao, idem	1	
Aguada, riv. et gué		
Vouga, riv. et pont	1	
Albergaria Villa, village	1	
Albergaria Nova, idem	0	1/2
Piñerio de Bemposta, idem	1	
Oliveira de Azemeis, idem	0	3/4
Santo-Antonio, idem	1	1/4
Santo-Redondo, idem	0	3/4
Grijo, idem	1	
Os Carvalhos	1	1/4
Corvo, idem	0	1/4
Rechouza, idem	0	3/4
Douro, riv. et bac.	1	
Porto, ville forte, port de mer		

TOTAL. 53

En sortant de Lisbonne on suit une série de jolis coteaux, couverts d'une foule de charmantes maisons de campagne situées au milieu de belles plantations d'oliviers, d'orangers et de figuiers.

Après deux heures de marche, on arrive au petit village de *Sacavens*, dont le territoire fournit des provisions à Lisbonne ; et non loin de là, au pied d'une assez haute colline, on passe dans un bac la rivière *Libres*, qui est assez large et passablement escarpée.

Toujours voyageant dans la vallée du *Tage*, on passe successivement à *Alverca*, petit bourg peu peuplé et sans importance ; à *Alhandra*, autre petit bourg situé sur la rive droite du *Tage*, qui y forme un petit port sûr et commode.

INDUSTRIE. Fabrique de toile. Pop. 1,580 hab.

Au bout d'une heure, le voyageur arrive, par une jolie vallée assez fertile et couverte de troupeaux, à

VILLAFRANCA DE GIRA, petite ville sur la rive droite du *Tage*, propre et assez bien bâtie ; elle possède une église paroissiale et une maison de charité ; c'est la résidence du gouverneur militaire du district. Pop. 4,640 h.

L'église est d'une architecture simple, mais régulière.

INDUSTRIE. On y élève beaucoup de chevaux, qui paissent dans les *lezirias* (îles formées par le fleuve et couvertes de riches pâturages), fabrique de toiles et cuirs ; le commerce y est très-actif.

Lorsque vous quittez cette place, le sol devient pendant quelque temps très-accidenté. Le petit bourg de *Provos* se trouve tout près, et comme il ne peut rien vous offrir de curieux, vous continuez de marcher dans une route difficile, mais qui bientôt s'aplanit et conduit, par un sol mal cultivé et peu fertile, aux villages de *Castaneira*, *Moinho Novo*, *Olla* ou *Ota*, et *Tagaro*. Toutes ces petites peuplades s'occupent seulement de culture, mais mal, à en juger par l'aspect des campagnes, qui pour la plupart sont stériles.

Pendant l'espace de quatre lieues, on voyage dans un canton aussi pauvre en culture qu'en habitants. Si trois ou quatre mauvaises *vendas* ne se trouvaient jetées sur cette route monotone, on voyagerait dans une solitude complète ; mais dès qu'on atteint *Candieiros*, la campagne devient plus riante, les champs, mieux cultivés, sont couverts de blé, de lin et d'oliviers.

Cette série de vallées nous conduit, à travers trois ou quatre villages sans autre intérêt que la beauté de leur position, à

LEIRIA, petite ville autrefois fortifiée, chef-lieu du district de ce nom, située dans une belle et fertile vallée, entourée de collines qu'ombragent de superbes forêts de sapins.

CURIOSITÉS. Ses deux églises, de style gothique; le palais à demi ruiné qu'habitait le roi Denis ; et dans ses environs la superbe verrerie de *Marinha-Grande*, qui fournit aux besoins de la plus grande partie du Portugal et de ses possessions d'outre-mer.

INDUSTRIE médiocre : objets de consommation. Pop. 5,000 hab.

La même solitude qui régnait avant d'entrer dans cette ville recommence après l'avoir quittée. Quatre ou cinq *vendas* se succèdent ; le chemin est presque toujours dans des plaines couvertes d'oliviers. Puis on passe à gué la *Soure*, petite rivière qui se jette dans le *Mondego* un peu vers le nord, et on entre à

POMBAL, petite ville située dans une belle campagne fertile en blé, orge, maïs, vin et huile.

CURIOSITÉS. Son église paroissiale, d'une belle construction, où se trouve un monument élevé à la mémoire du marquis de Pombal.—On y trouve aussi le château où est né ce ministre patriote, qui releva Lisbonne de ses ruines, et qui pour récompense fut exilé.

INDUSTRIE. Fabrique de chapeaux. Pop. 3,000 hab.

De cette place à *Redinha* il faut encore deux heures, que vous passez dans un beau pays ; mais toujours grande rareté d'habitants. *Redinha*, où vous arrivez, est dans une charmante situation, au pied d'une haute colline couverte de sombres forêts, d'un aspect tout-à-fait historique. Ce petit bourg a dû être important sous les Romains, si on en juge par les nombreux restes d'antiquités qu'on y trouve. Pop. 4,586 hab.

Le chemin suit toujours de belles vallées ; mais peu de cours d'eau rafraîchissent le sol. Après quatre heures, on arrive aux bords riants du *Mondego*, qui roule ses limpides ondes sous les arches du pont de Coimbre, que nous allons traverser pour entrer dans la ville.

Toute cette route, depuis Lisbonne jusqu'à Coimbre, a été

refaite à neuf en 1802 : il y a eu même une diligence jadis ; mais on ne l'a pas entretenue : actuellement elle est complétement détruite, et il est impossible d'y faire passer des voitures : on ne peut y voyager qu'à cheval ou en litière. C'est le sort de toutes les routes du Portugal.

COIMBRE (*Conibriga*), ville très-ancienne, capitale de la province de *Beira*, sur la rive droite du *Mondego*, environ à 7 lieues de son embouchure. Elle est bâtie en amphithéâtre sur le penchant d'une colline qui s'abaisse jusqu'à la rivière ; les rues sont étroites, escarpées et sales. Elle est le siége d'un évêché et la résidence des autorités civiles de la province ; elle possède plusieurs églises assez remarquables, une université qui jouissait d'un revenu de 600,000 francs, un jardin botanique avec une bibliothèque de 40,000 volumes, un musée d'histoire naturelle, un cabinet de physique, plusieurs institutions de bienfaisance.

CURIOSITÉS. La cathédrale, église *moderne*, peu agréable dans son ensemble ; l'église de Sainte-Croix, où se trouvent les deux beaux mausolées des deux premiers rois de Portugal, Alphonse et Sanche ; le couvent de Sainte-Claire, où la reine Elisabeth repose sous un monument de pierre chargé de sculptures et entouré d'une balustrade d'argent ; et tout près de là celui de Saint-François ; le palais de l'Université, situé sur le plateau de la colline ; non loin de ce bâtiment qui n'a rien de très-remarquable si ce n'est son étendue, se trouve le collége autrefois des Jésuites ; le pont sur le Mondego, actuellement presque enfoncé sous le sable, et dont une arche seule peut être traversée par des barques.

INDUSTRIE. Faïence, poterie rouge et petits cure-dents. Pop. 16,000 hab.

En quittant Coimbre, le voyageur ne cesse de parcourir un sol inégal, coupé de ravins et de rivières très-poissonneuses ; l'aspect qu'offre le pays serait plus riant si la terre était mieux cultivée. Une douzaine de petits villages se succèdent de près, tous situés au milieu de jolies vallées ou sur le penchant de vertes collines ; l'orange, la vigne, l'olive et la figue mûrissent sur ces beaux versants :

le blé, l'orge, le maïs et de bons fruits couvrent les plaines. Il faut à peu près deux jours pour arriver sur les bords du *Duero ;* là, un souvenir triste et glorieux vient se retracer à votre mémoire, celui du sanglant combat que livra, en 1809, le maréchal Soult à la tête de 25,000 Français. La ville de *Porto* était défendue par une population de plus de 80,000 hommes, et protégée par 60 batteries. Cette masse, étant mise en déroute, se pressa sur le pont en si grand nombre, que ce pont se brisa : assaillants et fuyards furent jetés pêle-mêle dans le fleuve, et firent de leurs corps entassés un nouveau pont. La ville, qui est en face, et les campagnes qui l'environnent, composent un magnifique panorama dont l'aspect efface ces douloureux souvenirs. On entrait naguère dans la ville par un pont de bateaux ; depuis cinq ans, il a fait place à un magnifique pont suspendu.

PORTO ou OPORTO (*Portus Gallensis*), ville célèbre, la principale de la province de *Entre-Douro-et-Minho.* Elle est située en partie sur la pente d'une colline en amphithéâtre, et en partie dans une profonde vallée, à trois quarts de lieue de l'embouchure du *Duero,* et défendue par les forts de *Queyo* et de *S. João-da-Foz.* Cette ville est riche et en général bien bâtie ; les rues qui avoisinent le quai sont larges, droites, et garnies de trottoirs ; celles qui se trouvent sur la partie élevée sont également belles et propres ; mais celles qui gravissent la colline sont étroites, tortueuses et sales ; les maisons de la haute ville sont élégantes, et tous les édifices publics beaux et réguliers.

C'est dans la belle rue qui part du port que se rassemblent tous les jours les négociants, c'est une espèce de petite bourse. L'œil de l'étranger est étonné de n'y point voir une foule de belles boutiques, comme dans toutes les autres villes opulentes et commerçantes.

Porto possède une cathédrale, beaucoup d'églises, un théâtre, de belles casernes capables de contenir plus de 3,000 hommes.

CURIOSITÉS. La cathédrale, ancien monument ; le palais de la cour d'appel (*Senado de Relaçao*) ; l'hôtel-de-ville (*casa da Câmara*); l'hôpital royal; les immenses magasins de la Compagnie des vins; l'église des *Clerigos*, l'école de marine et de commerce, celle de chirurgie et d'anatomie; le séminaire, le collège de Notre-Dame-de-la-Grâce; le port.

On bâtit dans ce moment une magnifique Bourse qui sera le plus beau monument de la ville. On a également bâti depuis peu un très-beau marché, ainsi qu'un très-beau cimetière qui contient déjà nombre de superbes mausolées. La salle de spectacle, où l'on joue l'opéra italien, est très-belle.

INDUSTRIE. Cette ville, la plus avancée en industrie manufacturière du Portugal, compte des distilleries d'eau-de-vie, des tanneries considérables, des fabriques de tabac, de faïence, de tissus, d'orfévrerie, d'ébénisterie, etc., etc.

COMMERCE. Il y a dans cette ville deux cents maisons de commerce indigènes, dont les opérations sont considérables; de plus, quarante à cinquante maisons anglaises, dont quinze à seize ne s'occupent que de vins.

Le tableau suivant donnera une idée de l'importance de ce commerce.

Pendant l'année 1838, il a été exporté des vins de Porto, savoir :

	Pipes [1].
Pour l'Angleterre	26,077
le Brésil	7,180
les États-Unis	2,628
les villes Anséatiques	803
Jersey et Guernesey	139
Suède et Norwège	122
Hollande	111
Danemark	105
Terre-Neuve	53
Sardaigne	3
A reporter	37,218

[1] Nous rappellerons que la pipe égale 522 litres.

Report	37,218
France	2
Espagne	1
Rome	1
Autres contrées	10
Angola (*Afrique*)	280
Iles du Cap-Vert	9
Açores	5
TOTAL	37,526

A raison de 700 fr. la pipe : 26,326,300 fr.
L'Angleterre y entre pour 18,239,900 fr. [1].

Les autres branches d'exportation sont les huiles, sumac, raisins secs, oranges, citrons, amandes, noisettes, etc.

La population, y compris celle des faubourgs *Gaya* et *Villa Nova de Porto*, se monte à 80,000 hab.

Le voyageur ne doit pas quitter cette riche cité sans visiter les brillants et jolis coteaux qui l'entourent ; la vigne, l'olivier, l'oranger, couvrent cette campagne, qui offre un coup d'œil ravissant. Le voyageur y trouvera la villa naguère illustrée par la mort de l'infortuné Charles-Albert, roi de Piémont.

ROUTE 3.
DE PORTO A BRAGA, 8 l.

De Porto, ville et port, à Padrao, village	1 l.
Carrica, *idem*	2
L'Avé, riv. et bac	1
Villanueva, *idem*	1
Braga, ville cap.	1
TOTAL	8

Tout le pays que le voyageur va parcourir n'offre qu'une

[1] Antillon et Miñano font monter ce nombre annuellement de 50 à 70,000 pipes.

série non interrompue de riantes vallées et de coteaux couverts de la plus riche végétation. Il remarquera dans les trois petits villages qu'il doit traverser beaucoup plus d'activité que dans tous ceux qu'il a déjà visités.

Quand on arrive à *Villanova*, on trouve sur la droite un assez beau chemin qui conduit, au bout de deux petites heures de marche, à

GUIMARAENS, ville très-ancienne, sur la rive droite de l'*Ave;* elle est chef-lieu de *comarca* (district). Ses rues sont larges, ses maisons bien bâties.—Ses environs offrent un sol des plus accidentés et très-beau à l'œil. Cette ville passe pour avoir été fondée 300 ans avant J.-C. Elle possède quatre églises, un hôpital et une école.

CURIOSITÉS. Deux églises, beaux modèles d'architecture ancienne; les restes du vieux palais qu'habitèrent les premiers rois de Portugal; le château-fort, ancien monument.

INDUSTRIE. Toile et linge damassé, vins et eaux-de-vie. *Pop.* 7,000 hab.

En reprenant la grande route où nous l'avons quittée, il ne nous faut que trois heures pour arriver à

BRAGA (*Bracara*), belle ville, chef-lieu de la province *Entre-Douro-et-Miño*, situé sur une hauteur, au milieu d'une riche plaine arrosée par le *Cavado* et la *Doste*; ses rues sont larges et bien percées, les maisons sont anciennes; elle a de belles places ornées de jolies fontaines. C'est le siége d'un archevêché et la résidence des autorités civiles et militaires.

CURIOSITÉS. La cathédrale, noble et imposant monument; le palais de l'archevêque, diverses églises; le collége, le séminaire, la bibliothèque; les restes d'un temple, d'un amphithéâtre et d'un aqueduc romains; des eaux sulfureuses froides.

INDUSTRIE. Fabriques d'armes, toiles, chapeaux, couteaux, blanchisseries de cire. *Pop.*, 14,000 hab.

On ne doit pas oublier d'aller visiter le fameux sanctuaire de *Senhor Jesus do monte*, situé sur une colline tout près de cette ville; il attire chaque année un grand nombre de pèlerins.

ROUTE 4.

DE PORTO A VALENÇA, FRONTIÈRE DE GALICE,
Par Barcelos et Villa del Conde.

De Porto, ville et port, à Padrao, village...	4 l.
L'Ave, rivière et bac............ } Villa do Conde, ville............ }	3
Cavado, rivière et pont.......... } Barcelos, petite ville............ }	3
Ponte d'Anhel, village...........	2
La Lima, rivière et pont......... } Ponte de Lima, bourg........... }	3
VALENÇA, ville forte............	5
TOTAL...	17 l.

La route que le voyageur va suivre ne sera pas toujours bonne, mais les paysages qui s'offriront à ses regards seront en général très-beaux.

VILLA DO CONDE, où on arrive après quatre heures de marche, est une petite ville ancienne avec un bon port pour le cabotage, défendu par un fort; elle est située dans une belle vallée, à l'embouchure de l'*Ave*, qui forme le port.

CURIOSITÉ. Son église paroissiale. *Pop.*, 4,500 hab.

Le chemin devient de plus en plus accidenté. Après trois heures d'un voyage assez fatigant pendant lequel on n'a trouvé que quelques mauvaises *vendas*, qui vous vendent de mauvaises choses le plus cher possible, on arrive à la rive gauche du limpide *Cavado*, que l'on traverse sur un très-beau pont en pierre, pour entrer à

BARCELOS, ancienne et jolie petite ville entourée de murailles flanquées de tours; ses rues sont droites et propres et ses maisons ne manquent pas d'élégance.

CURIOSITÉS. L'église paroissiale, édifice ancien; l'hôpital et l'école publique.

INDUSTRIE. Eau-de-vie, tannerie. *Pop.*, 4,000 hab.

Quelques heures après, on atteint la *Lima*, jolie rivière qu'on passe sur un pont avant d'entrer dans

PONTE DE LIMA, petite ville sur la rive gauche de la Lima ; elle possède une Société économique pour les progrès de l'agriculture et de l'industrie.

CURIOSITÉS. L'église, nombreuses antiquités romaines.

INDUSTRIE. Chapeaux de castor et produits agricoles. *Pop.*, 2,000 hab.

La route continue à travers des montagnes. Le pays est peu peuplé. Les versants de ces belles formations sont couverts de châtaigniers, de liéges, de majestueux sapins, et les vallées de vignes, de blé, de maïs et d'arbres fruitiers.

VALENÇA, chef-lieu du district de ce nom ; l'une des trois places les mieux fortifiées du Portugal. Cette ville est située sur une éminence, presque en face de *Tuy*, ville forte d'Espagne, que nous avons visitée, et dont elle n'est séparée que par le Miño ; elle possède un corrégidor, une paroisse, un hôpital et une école.

CURIOSITÉS. Ses fortifications très-considérables, et l'église, édifice gothique. *Pop.*, 1,800 hab.

A deux lieues, en redescendant le fleuve, on trouve sur ses bords

VILLA-NOVA, petite ville défendue par les forts *San-Francisco* et *Castelino* ; elle a une église et un hospice.

CURIOSITÉS. Ses fortifications.

De Villa-Nova il faut encore faire deux lieues, toujours le long du beau fleuve, pour atteindre la petite ville forte de

CAMINHA, située sur la rive gauche du Miño, vis-à-vis la *Guarda*, ville forte de la Galice, que nous connaissons déjà ; elle a une église, deux hôpitaux, des casernes, et possède des salines. *Pop.*, 1,600 hab.

ROUTE 5.
DE LISBONNE A PENICHE.
Par **Torres-Vedras**, () l.

De Lisbonne, capitale, à Lovres, village.	2 l.
Povoa, village	1
Torres-Vedras, bourg	3
Lourinha, petit bourg	3
PENICHE, ville et port	2
TOTAL	11 l.

Le premier lieu digne d'attention sur cette route est

TORRES-VEDRAS, gros bourg jadis fortifié, et chef-lieu du canton de ce nom; il renferme quatre paroisses et un hospice. De toutes ses fortifications il ne lui reste que quelques portions de murailles et un château peu capable de le protéger. C'est sur son territoire que lord Wellington fit établir les fameuses lignes de Torres-Vedras, qui arrêtèrent l'armée française, commandée par le maréchal Masséna. *Pop.*, 3,100 hab.

LOURINHAM ou LOURINAN, que vous atteignez ensuite, est un petit bourg dans une charmante situation, avec 2,400 hab.

Puis, deux heures après, on entre dans

PENICHE, petite ville et place forte située à l'entrée d'une presqu'île formant une anse au fond de laquelle se trouve son port; une multitude de rochers en rendent les abords difficiles.

INDUSTRIE. Cabotage et pêche.
CURIOSITÉS. Ses fortifications. Pop. 2,600 hab.

ROUTE 6.

DE LISBONNE A SETUVAL.

Par Almada.

De *Lisbonne*, à *Almada*, petite ville, par eau..........	1 l. 1/2
Coina, village.........	2
Palmela, pet. ville........	1 1/2
Setuval, ville et port de mer.	1 1/2
TOTAL....	6 1/2

De Lisbonne pour aller à *Almada* on prend une de ces embarcations qui partent régulièrement ; et après une heure d'un voyage charmant sur le Tage, on débarque à

ALMADA, jolie petite ville sur la rive gauche du Tage.
CURIOSITÉS. L'ancienne église ; la tour San-Sébastien, qui défend l'entrée du fleuve ; l'ancien château, sur un rocher ; ses entrepôts de vins ; et la source d'eau minérale. Pop. 3,000 hab.

De là vous passez à *Coina*, petit village assez important par ses mines de mercure.

La route, qui suit presque toujours la base d'une chaîne de *sierras* qui s'abaissent vers l'Océan, arrive à

PALMELA, petite ville dans une riante situation, au pied d'une jolie colline couverte de belles plantations, et sur le sommet de laquelle est un château-fort.
CURIOSITÉS. L'église paroissiale, le château et ses environs très-fertiles. Pop. 3,600 hab.

A peine a-t-on quitté cette place que le terrain devient montueux ; vous traversez une *sierra* assez élevée et d'un aspect pittoresque, puis vous arrivez à

SETUVAL ou SETUBAL, ville et chef-lieu du district de ce nom ; elle est située sur la rive droite du *Sado*, dont l'embouchure à cet endroit a plus d'une lieue et forme le port, qui est profond, mais d'un difficile accès. Cette ville tire du Salo une telle abondance de sel qu'elle en exporte plus de deux cent mille quintaux par an; son territoire fournit plus de vingt mille pipes d'excellent vin blanc, des oranges et des citrons.

CURIOSITÉS. L'église principale, quoique petite, est un modèle d'architecture, de beaux tableaux en ornent l'intérieur; ses quatre places, une fontaine. A deux lieues ouest, la chapelle de la *Arrabida*, sur les bords de la mer, et la *sierra* de ce nom, méritent une excursion du voyageur.

COMMERCE considérable en produits de son sol et de la province. Pop. 15,000 hab.

ROUTE 7.
DE LISBONNE A BRAGANCE.

Par **Santarem, Almeida** et **Castel Rodrigo**, 87 l. 1/4.

De *Lisbonne*, ville cap., à *Villafranca*, village (*V*. n. 1). . . .	8 l.	1/2
Azambuja, village.	2	
Cartaxo, village.	2	
Santarem, ville.	3	
Gategam, village.	3	
Tancos, village	2	
Punhette, bourg.	1	
Abrantes, ville.	2	
Venda de Macao.	3	
Vendas Novas.	2	
Verza, riv. et pont.	1	1/2
Perdigao, pet. village.	1	1/2
Castelo-Branco, pet. ville	5	
Alcaius, village.	3	
Atalaya, village	2	
Fundao, village.	2	
Pet. rivière et gué.	0	3/4
Casteljo, village.	0	1/4
Belmonte, bourg.	3	
Panoyas, village.	3	
La Guarda, ville.	2	

Urgeira, village	2	
Pinheu, village	1	
Almeida, ville	3	
La Coa, riv. et pont	1	
Pinhel, bourg	2	
Villartorpin, village	2	
Castel-Rodrigo, ville	1	1/2
La Coa, riv. et bac	3	
Marvao, village	0	1/2
Freixo, village	1	
Torre de Moncorvo, ville	2	1/2
Barcade, village	3	1/4
Villarchao, village	2	
Chaxein, village	2	
Bagueix, village	2	
Sabor, riv. et pont	2	
Outeiro, ville	4	
Sabor, riv. et pont	1	1/2
Bragance, cap.[1]	1	1/2
TOTAL	87	1/4

Un peu au-dessus de *Villafranca*, on quitte la grande route d'Oporto, on prend sur la droite jusqu'à *Santarem*; la route n'est pas très-belle, et la vallée du *Tage*, qui n'est pas toujours fleurie et riante, offre une longue série d'on-

---

[1] On peut aussi aller par Coimbre, ce qui raccourcit de quelques lieues.

De *Lisbonne*, cap., à *Coimbre*, ville (n° 1)	36 l.	
Viseu, bourg	14	1/2
Lamego, bourg	10	1/2
Villaréal, village	4	
Mirandela, petite ville	8	
Bragance, ville	9	1/2
TOTAL	82	1/2

dulations plus ou moins profondes, et couvertes d'une belle végétation ; les vallons en général sont beaux, fertiles et remplis de troupeaux ; c'est au milieu de ce paysage que vous arrivez à

SANTAREM, ville et chef-lieu du district de ce nom, située sur une éminence, à une portée de fusil de la rive droite du *Tage* ; elle est très-ancienne et était autrefois fortifiée ; on voit encore une partie du vieux château. Du temps des Romains, c'était une ville opulente (*Scalobis*) : mais avec sa grandeur a disparu son nom : elle est en général mal bâtie et renferme peu de beaux édifices.

CURIOSITÉS. Les deux églises paroissiales, les restes du château appelé *Alcazaba*.

INDUSTRIE. Commerce de vins ordinaires qu'on exporte à Lisbonne. Pop. 7,800 hab.

La route continue à être montueuse et difficile pendant une lieue et demie ; ensuite le sol devient plus uni ; on traverse une plaine fertile en blé et en vin, mais on n'y trouve pas une *venda* passable ; on arrive, après six bonnes heures de marche, à

PUNHETTE, petite ville, comme beaucoup d'autres de la même province, bien déchue ; elle n'offre rien de remarquable que sa belle situation au confluent du *Tage* et du *Zezere*. Pop. 1,100 hab.

A deux lieues nord de *Punhette*, visitez

THOMAR, jolie petite ville, avec une belle manufacture de coton, et un imposant monastère où résidait le grand prieur de l'ordre du Christ. Pop. 4,000 hab.

Le chemin longe les bords du Tage, et traverse une haute colline couverte de beaux arbres ; bientôt on arrive à

ABRANTÈS, jolie ville située sur la rive droite du Tage, sur un plateau paré de riants jardins et d'oliviers ; climat charmant, sol fertile ; quatre églises, un hôpital, un hospice.

CURIOSITÉ. L'église de Saint-Vincent, une des plus vastes et des plus belles du royaume.

INDUSTRIE. Vins et eau-de-vie; commerce considérable en olives, pêches exquises, melons, blé, etc. Pop. 6,000 habit.

Au sortir de cette ville, il faut gravir jusqu'à *Venda de Macao*, par un chemin inégal, mais passable; bientôt les difficultés du sol augmentent, et on parcourt à cheval cette route solitaire et morne jusqu'à

CASTELO-BRANCO, sur le *Lira*, jolie rivière très-poissonneuse; petite ville, fortifiée par un double mur flanqué de sept tours et défendue par un vieux château; c'est le siége d'un évêché; elle a deux églises, deux hôpitaux et une maison de charité.

CURIOSITÉS. L'église cathédrale, monument noble et simple; son vieux château.

INDUSTRIE. Tanneries, poteries, vins, eaux-de-vie. Pop. 5,700 hab.

Jusqu'à *Atalaya*, petit village qu'on passe sans y faire attention, on voyage dans des plaines assez fertiles. Passé ce point, le chemin coupe plusieurs collines jusqu'à *Carteljo*, petit village insignifiant; ensuite un pays de plaine vous conduit à

BELMONTE, gros bourg, situé sur une colline très-fertile; on y trouve deux églises assez propres. Pop. 1,200 hab.

Le chemin offre une série de collines jusqu'à *Panoyas*, petit village; de là, après une heure et demie, on atteint une *venda* à l'embranchement de la route d'*Almeida à Coimbre;* cette route vous conduit en une demi-heure à

GUARDA, petite ville, située au pied de la *Serra d'Estrella*, dont les sommets neigeux rendent son climat froid et rigoureux; elle a une cathédrale, cinq paroisses, un hôpital, un château-fort.

CURIOSITÉS. La cathédrale, superbe monument gothique; le château : sa forte position en fit le théâtre de plusieurs sanglants combats entre les Français et les Anglais, dans la guerre de 1810 à 1814.

INDUSTRIE. Fabrique de draps. Pop. 2,400 hab.

Pour gagner *Almeida*, il faut revenir sur vos pas; à deux

lieues environ on franchit une chaîne de montagnes, ramification de la *Serra d'Estrella;* ensuite le sol s'abaisse; la campagne est couverte de blé et de maïs; après une marche de six heures, on entre dans

ALMEIDA, petite ville, une des plus fortes places du Portugal; elle est située sur une colline, au milieu d'un pays d'un accès difficile.

CURIOSITÉS. Son ancienne église et ses deux hospices. Les Français la prirent en 1810. Pop. 2,000 hab.

A peine avez-vous quitté ses remparts que vous traversez la *Coa* sur un mauvais pont, et, deux heures après, vous entrez à

PINHEL, petite ville, située sur le versant d'une montagne qu'arrose la rivière du même nom; elle est chef-lieu de district; elle possède un évêché, deux paroisses, deux couvents et deux hôpitaux. Pop. 2,500 hab.

Le chemin continue à traverser d'assez hautes collines couvertes de châtaigniers, et des vallons aux verts pâturages. On atteint, après trois bonnes heures de marche,

CASTEL-RODRIGO, qui n'est, à proprement parler, qu'une forteresse, sur les frontières d'Espagne.

On traverse une longue suite de collines et de vallées; la jolie rivière *Coa* se présente encore avant de disparaître dans le *Douro*, que vous remontez dans un bac, une demi-heure avant d'entrer à

TORRE DE MONCORVO, petite ville située dans une belle vallée défendue par un fort; elle est mal bâtie, ses rues mal pavées et ses édifices peu remarquables; elle possède un évêché avec deux paroisses.

INDUSTRIE. Commerce considérable en vins qu'on récolte dans ses environs. Pop. 2 à 3,000 hab.

Le chemin devient de plus en plus plus difficile; les villages sont rares et les *vendas* encore davantage. Enfin après deux jours de voyage dans les montagnes et à travers trois ou quatre petites peuplades, on arrive assez fatigué à

OUTEIRO, petite ville bâtie par les Maures, dans une

belle situation qui domine tout le pays; la vue s'étend jusque sur le royaume de Léon. Trois heures après on entre à

BRAGANCE, ville épiscopale et place forte, capitale de la province de *Tra-os-Montes*, située sur un plateau presque nu; elle possède une cathédrale, plusieurs églises, un collége et un hôpital.

CURIOSITÉ. La cathédrale, monument ancien.

INDUSTRIE. Manufacture importante de soie et de velours. C'est dans cette ville que Jean II, duc de Bragance, fut élu roi de Portugal en 1640, sous le titre de Jean IV; c'est la tige de la famille régnante. Pop. 4,000 hab.

ROUTE 8.

DE LISBONNE A PORTALÈGRE, 29 l. 1/2.

De Lisbonne, cap., à Aldea Galega.	2 l. 1/2
Pancas.	2
Camora.	2
Salvaterra.	2
Ponte-Sor.	12
Chancellaria.	3
Crato.	3
PORTALEGRE.	3
TOTAL.	29 1/2

La route de *Portalègre* n'est qu'un chemin de traverse mal entretenu, où les voitures roulent avec difficulté; le pays est riche, mais mal cultivé et sans industrie.

En quittant Lisbonne, il faut s'embarquer, traverser le Tage à *Aldea Galega,* où on a passé en venant de Madrid; au lieu de continuer vers l'est, on suit le chemin au nord. Après six bonnes heures de marche, on arrive à

SALVATERRA, gros bourg, situé près la rive gauche du Tage, dans une belle plaine très-fertile et bien plantée d'orangers, oliviers et figuiers; elle a une église paroissiale, un hôpital et une maison de charité.

COMMERCE. Vins, huile et fruits. *Pop.*, 2,440 hab.

Le pays devient plus accidenté; les collines se succèdent, et dans un espace de neuf lieues, on ne rencontre que le petit village de *Vocas*; puis vous voyagez encore trois heures sans rencontrer aucune peuplade, jusqu'à *Ponte-Sor*, petit bourg, dans un terrain montueux.

CURIOSITÉS. Antiquités romaines. *Pop.*, 1,456 hab.

Pendant les six heures qu'on met à faire le trajet de ce bourg à *Crato*, on ne traverse qu'un seul village, qui est *Chancellaria*; de là on parcourt un pays assez mal cultivé, dans un mauvais chemin, et on atteint

CRATO, bourg considérable, ceint de murs et baigné par la jolie rivière *Ervedal*; on y trouve une église et un hôpital. *Pop.*, 3,000 hab.

Au sortir de ce bourg, la route monte pendant un assez long espace; on traverse une haute *sierra* qui offre des sites charmants au pinceau de l'artiste, et des objets d'étude au naturaliste et au géologue. Après trois heures, on arrive à

PORTALÈGRE, jolie ville, siége d'un évêché, chef-lieu du district de ce nom, et entourée de vieilles fortifications; elle possède plusieurs églises, mais peu recommandables sous le rapport de l'architecture.

INDUSTRIE. Manufacture de draps très-importante. Ses environs sont renommés pour leurs riches carrières de beaux marbres. *Pop.*, 6,000 hab.

ROUTE 9.
DE LISBONNE A FARO.
Par **Castroverde**, 41 l.

De Lisbonne, ville capitale, à Moita, village sur le Tage..........	3 l.
Palhota, village sur le Tage.....	½

Caldao, rivière et bac.	3	
Asoas do Moura, village. . . .		
Palma, village.	3	
Alcacer de Sal, village.	2	
L'Odeja, rivière et gué.	2	
Quinta de Rodrigo, village. . . .	1	1/2
Figueira, village.	3	
Ajustrel, bourg.	4	
Castroverde, bourg.	3	1/2
Almodavar, bourg.	3	
Corte Figueira, village.	3	
Loulé, village.	6	
FARO, ville et port de mer. . .	2	

TOTAL. . . 41 l.

On débarque, après avoir quitté Lisbonne, au petit village de *Moita*. Les habitants s'occupent de pêche, dont ils portent les produits, ainsi que ceux du sol, à Lisbonne.

La route que le voyageur va suivre traverse quelques belles plaines couvertes d'oliviers, de vignes et de blé : partout où le sol est arrosé par quelque cours d'eau, la végétation n'attend pas la main de l'homme pour être admirable ; les plantes des climats équatoriaux y poussent d'elles-mêmes, comme pour accuser son apathie et son ignorance. Les villages sont plus rares que jamais.

Le premier endroit un peu important qu'on remarque parmi cette série de petits villages insignifiants, est

AJUSTREL, bourg qui paraît assez peuplé, dans une jolie vallée au pied des *sierras*.

Belles plaines, mais pas de villages pendant trois heures qu'on met pour atteindre

CASTROVERDE, petit bourg situé sur la *Corbeza*, rivière où l'on pêche de très-bons poissons.

CURIOSITÉS. Son église et son joli hôpital. Pop. 2,100 h.

Il faut encore faire trois heures de route sans rencontrer

une *venda*, dans des plaines fertiles, mais mal cultivées. On passe par

ALMODAVAR, bourg remarquable par sa pittoresque situation dans une belle vallée, au pied de la majestueuse *sierra de Calderona*. Pop. 2,500 hab.

De là, on ne cesse de voyager dans la haute *sierra* dont nous venons de parler; on arrive à *Corte-Figueira*, village sans importance, mais qu'on est bien aise de trouver sur le chemin pour faire des provisions, car il faudra marcher six heures sans rien trouver à manger jusqu'à

LOULÉ, gros bourg de la province d'*Algarve*, situé sur une colline couverte de bois, et au pied d'une montagne qui renferme une riche mine d'argent. Non loin de là est une autre mine de cuivre. On trouve à Loulé plusieurs églises et un hôpital. Pop. 8,250 hab.

Le sol s'abaisse insensiblement, et, par une pente douce, on arrive, en suivant des versants magnifiques, à

FARO, chef-lieu de comarca, et siége d'un évêché. Elle est située dans une riche plaine, à l'embouchure de la *Valfermosa*, jolie rivière qui prend sa source non loin de là, sur le versant sud de la *sierra Calderona*, et se jette dans l'Océan, où elle forme la rade de Faro. Cette ville est bien bâtie, a de belles rues et est entourée de murs.

CURIOSITÉS. Sa cathédrale, vaste et d'une belle architecture; sa belle place; l'église paroissiale, simple et noble; le collége; le séminaire et l'hôtel des douanes. Son port est défendu par une citadelle, et sa rade est sûre.

COMMERCE. Grande exportation d'oranges, sumac, liége, fruits secs. Le petit cabotage et la pêche y sont très-actifs —Pop. 7,600 hab.

ROUTE 10.

DE FARO A CASTRO-MARIM.

Par **Tavira**, 8 l. 12/.

De Faro, ville et port de mer, à Tavira, ville.   5 l.

Carcella, petit bourg 1
Castro-Marim, bourg 2 1/2

TOTAL . . . 8 1/2

En quittant Faro, on voyage sur la pente méridionale de cette longue chaîne de *sierras* qui séparent la province d'*Algarve* de l'Alentejo ; la route, sans être très-bonne, est agréable par les beaux points de vue dont on jouit. Les cinq heures qu'on met à parcourir la distance entre Faro et Tavira s'écoulent assez rapidement.

TAVIRA, chef-lieu du district de ce nom, siège d'un corrégidor et du gouverneur de la province. Elle est située sur l'Océan, avec un petit port qui n'admet que des bâtiments de moyenne grandeur. Belle église cathédrale, et deux paroisses.

INDUSTRIE. Pêche active et exportation de bons vins blancs que produisent les vignes. Pop. 8,650 hab.

Avant d'arriver à Castro-Marim, on traverse *Cacella*, petit bourg dont les habitants s'occupent de pêche.

Deux heures après, on entre à

CASTRO-MARIM, petite ville située sur la rive droite de la *Guadiana*, vis-à-vis *Ayamonte*, ville de l'Andalousie.

CURIOSITÉS. Le vieux château.

INDUSTRIE. Saline et pêche très-active. Pop. 2,200 hab.

ROUTE 11.

DE FARO A LAGOS, 10 l. 1/2.

De Faro, ville, à Albufera, bourg . . 4 l. 1/2
Villanova de Portimao, bourg . . . 4
Lagos, ville 2

TOTAL . . . 10 1/2

ALBUFEIRA, gros bourg, au fond d'une baie qui peut

admettre de gros vaisseaux. Le port est défendu par de fortes batteries.

INDUSTRIE. Pêche et cabotage. Pop. 3,000 hab.

La route offre les mêmes aspects que celle qu'on a déjà parcourue. Vient ensuite

VILLANOVA DE PORTIMAO, petite ville qui n'a de remarquable que ses fortifications et sa jolie position à l'embouchure de la petite rivière de Silves.—Deux petites heures après, on entre dans

LAGOS (*Leucobriga*), ville ancienne dont on attribue la fondation aux Carthaginois, en l'an du monde 3064; sa situation est on ne peut plus heureuse : une jolie baie, vaste et profonde, forme un port capable de recevoir des bâtiments de haut-bord. Résidence du gouverneur de la province. Églises peu remarquables.

INDUSTRIE. Cabotage et pêche. Ses environs fournissent des vins assez estimés.

FIN DU GUIDE EN PORTUGAL.

ESPAGNE.

TABLE DES ROUTES

PAR ORDRE ALPHABÉTIQUE.

INTRODUCTION.	V
Situation, étendue et limites.	dito.
Montagnes.	dito.
Fleuves et rivières.	VI
Canaux.	VII
Climat et température.	dito.
Productions du sol.	VIII
Bains minéraux.	dito.
Division politique.	X
Routes, voyages en poste, malles-postes, diligences, coches de colleras et muletiers.	XI
Hôtelleries espagnoles.	XVI
Passeports.	dito.
Monnaie espagnole.	XVII
Renseignements nouveaux.	7

A

ALBACETE à *Alicante*, par Yecla et Elda.	331
— à *Murcie*, par Hellin et Cleza.	333
— à *Valence*, par Almansa et Alcudia.	312
ALICAN à *Alcoy*, par Jijona.	357
ARANJUEZ à *Tolède*.	520
AVILA à *Salamanque*.	596

B

Badajoz à *Elvas* (Portugal).	537
— à *Olivenza*.	538
— à *Séville*, par Fuente Cantos et Santa-Olalla.	538
Barcelone à *Gérona*, par Mataro et Tordera.	297
— à *Manresa*, par Bruch.	297
— à *Urgel*, par Manresa.	299
— à *Vich*, par Monmalo.	301
Baylen à *Cordoba* (Cordoue), par Andujar.	385
— à *Jaen*.	396
Benavente à *Lugo*, par Astorga et Villafranca del Bierzo.	550
— à *Orense*, par la Puebla de Sanibria.	556
Bilbao à *Burgos*, par Balmaseda et Villarcayo.	242
— à *San-Sebastian*, par Guernica et Deva.	256
— à *Vitoria*, par Orozco et Baramblo.	244
Burgos, à *Bilbao*, par Pancorvo et Orduña.	209
— à *Logroño*, par Pancorvo et Haro.	213
— à *Logroño*, par Santo-Domingo de Calzada.	216
— à *Santander*, par Penaspardas et Ontanada.	217
— à *Santander*, par Reinsa et Molledo.	221
— à *Vitoria*, par Miranda del Ebro.	209

C

Cadix à *Séville*, par la vapeur.	459
— à *Séville*, par Jerez et Alcala de Guadaira.	459
Caceres à *Badajoz*.	535
— à *Merida*.	536
Castellon de la Plana à *Morella*, par Cabanes et San-Mateo.	355
Ciudad-Real à *Almaden*.	507
Cordoue à *Ecija*.	399
La Corogne au *Ferrol*.	570
Cuença à *Madrid*, par Sacedon.	374
— à *Teruel*, par Frias.	377
— à *Valence*, par Requeña.	370

E

Ecija à *Algeciras*, par Osuna et Ronda.	450
— à *Antequera*, par Ronda.	454

TABLE DES ROUTES.

— à *Cadix*, par Alcala de Guadeira et Jerez. 441
— à *Séville*, par Carmona et Mairena. 400
ELCHE à *San-Felipe de Jativa*, par Elda. 362

G

GERONE à *Perpignan*, par Figueras et la Junquera. 307
GRENADE à *Almeria*, par Guadix et Diezma. 492
— à *Antequera*, par Santa-Fé et Loja. 495
— à *Malaga*, par Santa-Fé et Loja. 486
— à *Motril*, par Padul et Beznar. 494
— à *Murcie*, par Guadix, Baza et Lorca. 495
GUADALAJARA à *Molina*, par Alcolea del Pinar. 604
— à *Sacedon*, par Tendilla. 261
— à *Saragosse*, par Torremocha et Calatayud. 259
— à *Soria*, par Almazan. 259
— à *Trillo*, par Brihuega. 261

H

HUELVA, à *Ayamonte*, par Gibraleon et Lepe. 462
HUESCA aux *Bains de Pantiscola*. 287

J

JACA à *el Puerto, de Sallent* et à *Gavarni, en France*. 276
JAEN à *Grenade*, par Campillo de Arenas. 464

L

LEON à *Astorga*. 578
— à *Oviedo*, par Pajares et Mieres. 573
LERIDA à *Barcelone*, par Cervera et Igualada. 289
— à *Tarragone*, par Montblanch et Valls. 290
LUGO à *La Corogne*, par Betanos. 559
— à *Mondonedo*. 562
LOGROÑO à *Pampelune*, par Estella et Puente la Reina. 240

M

MADRID à *Albacete*, par Ocaña et Quintanar. 307
— à *Alicante* par Albacete et Yecla. 356
— à *Almeria*, par Jaen et Grenade. 506
— à *Aranjuez*. 520
— à *Avila*, par Guadarrama. 595

— à *Badajoz*, par Talavera, Trujillo et Merida. 536
— à *Bailen*, par Ocaña et Manzanares. 378
— aux *Bains de Sacedon*. 602
— à *Barcelone*, par Saragosse et Lerida. 296
— à *Bilbao*, par Burgos et Orduna. 242
— à *Cadix*, par Ecija, et Jerez ou Xerez. 459
— à *Caceres*, par Talavera et Trujillo. 535
— à *Castellon de la Plana*, par Valence et Murviedo. 355
— à *Ciudad-Real*, par Ocaña et Madridejos. 506
— à *Cuença*, par Tarancon. 363
— à *Escurial* ou *San-Lorenzo*. 598
— à *Gérone*, par Saragosse et Barcelone. 306
— à *Grenade*, par Bailen et Jaen. 483
— à *Guadalajara*, par Alcala de Henares. 259
— à *Huelva*, par Ecija et Séville. 462
— à *Huesca*, par Guadalajara et Saragosse. 287
— à *Jaen*, par Manzanares et Baylen. 464
— à *La Corogne* (Coruña), par Benavente et Lugo. 570
— à *Lerida*, par Guadalajara et Saragosse. 289
— à *Leon*. 573
— à *Logroño*, par Burgos et Haro. 239
— à *Lugo*, par Valladolid et Benavente. 559
— à *Malaga*, par Jaen et Grenade. 499
— à *Medina del Campo*, par Guadarrama et Arevalo. 546
— à *Merida*, par Talavera et Trujillo. 531
— à *Murcie*, par Albacete et Hellin. 358
— à *Ocana*. 520
— à *Orense*, par Valladolid et Benavente. 562
— à *Oviedo*, par Valladolid et Leon. 579
— à *Pampelune*, par Burgos et Vitoria 245
— à *Palencia*, par Valladolid. 582
— à *Pardo*. 602
— à *Pontevedra*, par Benavente et Orense. 572
— à *Salamanque*, par Guadarrama et Peñaranda. 584
— à *San-Idelfonse*, par Torrelodones. 602
— à *Santander*, par Burgos et Ontaneda. 239
— à *Santiago*, par Benavente et Orense. 571
— à *Saragosse*, par Guadalajara et Calatayud. 264
— à *Ségovie*, par San-Ildefonse. 597
— à *Séville*, par Baylen, Cordoba et Ecija. 455

TABLE DES ROUTES.

— à *Soria*, par Guadalajara et Almazan.	263
— à *Talavera de la Reina*.	521
— à *Tarragone*, par Saragosse et Lérida.	303
— à *Teruel*, par Guadalajara et Alcolea del Pinar.	288
— à *Tolède*, par Getafe et Illescas.	508
— à *Tolosa*, par Burgos et Vitoria.	236
— à *Trujillo*, par Talavera et Almaraz.	527
— à *Valladolid*, par Guadarrama et Olmedo.	540
— à *Valence*, par Albacete et Almanza.	337
— à *Vergara*, par Burgos et Vitoria.	231
— à *Vitoria*, par Burgos et Miranda de Ebro.	223
— à *Zamora*, par Medina del Campo.	593
MALAGA à *Antequera*.	501
— à *Gibraltar*, par Marbella et Estepona.	502
— à *Grenade*, par Velez, Malaga et Alhama.	490
— à *Motril*, par Almunecar.	500
— à *Ronda*, par Burgo.	499
MEDINA DEL CAMPO à *Benavente*, par Tordesillas et Villalpando.	550
— à *Valladolid*.	548
— à *Zamora*, par Villafranca et Toro.	548
MERIDA à *Badajoz*.	531
— à *Jerez de los Caballeros*, par Almendralejo et Zafra.	534
MURCIE à *Alicante*, par Orihuela et Elche.	360
— à *Cartagène*, par los Baños.	359

O

OCANA à *Alcazar de San-Juan*.	521
ORENSE à *Lugo*.	569
— à *Pontevedra*.	567
— à *Santiago*.	563
— à *Tuy*, par Porrino.	569
— à *Vigo*.	568
OVIEDO à *Aviles*.	580
— à *Gijon*.	579
— à *Lugo*, par Tineo.	581

P

PALENCIA à *Leon*.	583
PAMPELUNE à *Bayonne*, par la vallée de Baztan.	253

ESPAGNE.

— à *Bilbao*, par Tolosa et Lecumberri.	256
— à *Irun*, par San-Esteban.	251
— à *Logroño*, par Estella.	251
— à *Saint-Jean-Pied-de-Port*, par Roncesvalles.	255
— à *Tolosa*, par Lecumberri et Ataun.	251
Paris à *Madrid*, par Orléans, Tours, Bordeaux, Bayonne, Vitoria et Burgos.	14
— à *Madrid*, par Perpignan, Barcelone et Saragosse.	85
Pontevedra à *Santiago*.	572

S

Salamanque aux *Bains de Ledesma*.	590
— à *Ciudad-Rodrigo*.	589
— à *Fregeneda*, par Vitigudino et Lumbrales.	591
— à *Placencia*.	592
— à *Valladolid*, par Medina del Campo.	588
— à *Zamora*.	591
Santiago à *La Corogne*.	571
Saragosse à *Barbastro* et à *Gistain*, par Alcubierre.	278
— à *la frontière de France*, par Ayerbe et Jaca.	273
— à *Huesca*.	264
— à *Lerida*, par Fraga.	264
— à *Pampelune*, par Tudella et Tafalla.	280
— à *Teruel*, par Cariñena et Torremocha.	267
Ségovie à *Valladolid*.	588
Séville à *Antequera*, par Mairena et Osuna.	457
— à *Guadalajara*, par Amazan et Siguenza.	263
— à *Huelva*, par la Palma et Niebla.	455

T

Talavera à *Plasencia*, par Almaraz et Malpartida.	525
— à *Tolède*, par Santa-Olalla et Torrijos.	526
— à *Trujillo*, par Oropesa et Almaraz.	523
Tarragone à *Barcelone*, par Villafranca de Panades.	303
— à *Reus*.	305
Téruel à *Calatayud*, par Daroca.	270
Tolède à *Ciudad-Real*, par Malagon.	518
Tolosa à *Bayonne*, par San-Sebastian et Irun.	236
— à *Bilbao*, par Azpeitia et Durango.	238
— à *Pampelune*, par Ataun et Lecumberri.	236
Tudela à *Aranda del Duero*, par Soria.	283

TABLE DES ROUTES.

— à *Logroño*, par Calahorra.	286
Trujillo à *Caceres*.	529
— à *Merida*, par el Puerto dè Santa-Cruz.	527

V

Valence à *Alicante*, par Alberique et Villena.	338
— à *Denia*, par Sueca et Gandia.	341
— à *San-Felipe de Jativa*, par Alcira.	339
— à *Segorbe*, par Liria.	353
— à *Tarragone*, par Murviedo et Castellon de la Plana.	346
— à *Teruel*, par Segorbe et Jerica.	344
Valladolid à *Benavente*, par Tordesillas et Villalpando.	540
— à *Burgos*, par Duenas et Torquemada.	546
— à *Leon*, par Medina de Rioseco et Mayorg.	542
Vergara, à *Bilbao*, par Elorrio et Durango.	231
— à *Cestona* (ville et bains de), par Azcoitia et Azpeitia.	234
— à *Deva*, par Alzola.	232
— à *Tolosa*, par Villafranca et Alegria.	231
Vitoria à *Bilbao*, par Ochandiano et Durango.	224
— à *Logroño*, par Penacerreda et Laguardia.	230
— à *Pampelune*, par Salvatierra et Erice.	228
— à *Santander*, par Miranda de Ebro et Villarcayo.	226
— à *Tolosa*, par Salvatierra.	603
— à *Vergara*, par Arrechavaleta et Mondragon.	224

Z

Zamora à *Benavente*.	593
— à *Braganza*.	594
— à *Valladolid*, par Toro et Tordesillas.	594

FIN DE LA TABLE DES ROUTES.

TABLE ALPHABÉTIQUE.

(ESPAGNE.)

A

Abarracin.	378	Almenar.	347
Abenisano.	353	Almendralejo.	534
Adanero.	547	Almeria.	493
Agreda.	284	Almodovar.	507
Ainsa.	279	Almuñecar.	501
Albacete.	311	Almunia de Dona Godina.	138
Abadiano.	232	Almurandiel.	383
Alberique.	313	Almusafes.	339
Albuera.	539	Alsazua.	229
Alcala de Chisvert.	349	Altafalla.	304
Alcala de Guadaira.	402	Alzola.	233
Alcala de Henares.	148	Ameyugo.	44
Alcarras.	124	Amposta.	351
Alcazar de San-Juan.	521	ANDALOUSIE (Province de).	386
Alcira.	339	Andoain.	31-32
Alcolea del Pinar.	144	Andilla.	354
Alcoy.	357	Andujar.	389
Alfajarin.	128	Anguciana.	213
Alfaro.	286	Antequera.	454
Algeciras.	453	Anzuelo.	35
Algora.	144	ARAGON (Province de).	124
Alhama.	141	Aranjuez.	308
Alhama (ville et bains).	491	Arbos.	304
Alicante.	332	Arcos.	142
Almaden (ville et mines).	507	Arechavaleta.	37
Almadrones.	145	Arenyz de Mar.	99
Almansa.	313	Arevalo.	547
Almazan.	260	Arganda.	36
		Arinez.	41

Ariza.	141	Beasin.	34
Arnedillo (Bains de).	287	Behobie.	17
Armilla (Bains de).	493	Bellpuig.	122
Arminon.	42	Bembibre.	552
Armuna.	262	Benavente.	541
Arriba.	237	Benicarlo.	349
Arroyabe.	39	Berasoain.	283
Arroyo de Torote.	151	Berberana.	210
Astigarraga.	32	Berrio-Plano.	237
Astorga.	551	Betanzos.	560
Astrain.	242	Betela.	375
Asturies (Provinces des).	574	Betelu.	237
Ataun.	237	Betono.	39
Ateça.	140	Biescas.	276
Aunon.	262	Bilbao.	211
Avila.	595	Blanis.	99
Aviles.	580	Bribiesca.	45
Ayamonte.	463	Brihuega.	145
Azcoitia.	234	Briones.	214
Azpeitia.	235	Bubierga.	140
Azumaya.	258	Buenache.	375
		Bujalance.	390
B		Bujaralos.	128
Badajoz.	553	*Burgos*.	47
Badalona.	101	—Curiosités de.	48
Bailen.	385	—Excursions près de.	55
Bains d'Arles.	89	**C**	
Balmaseda.	244	Cabanes.	355
Banera.	551	Cabella.	99
Banos.	592	Cabezon.	89—582
Barambio.	245	Cabrillas (Montagnes de).	372
Barbastro.	279	Caceres.	530
Barcelone.	102	Cadix.	445
—Établissements publics.	104	Calamocha.	268
—Antiquités romaines.	106	Calahorra.	286
—Églises.	108	Calatayud.	139
Basques (coup-d'œil sur ces provinces).	18	Calera.	523
		Cambrils.	352
Bayonne.	14	Caminreal.	268
Baza.	496	Camonal.	47
Baztan (vallée de).	252	Campillo de Arenas.	464

TABLE ALPHABÉTIQUE. 663

Caparroso.	282
Castelloli.	120
CASTILLE (Nouvelle).	83
CASTILLE (Vieille).	42
Castil de Peones.	46
Castillon de Ampuras.	95
Canfran.	275
Carboneros.	384
Carcagente.	340
Cardona.	299
Carlaya.	463
Carineña.	268
Carlota.	399
Carolina.	384
Carmona.	401
Carpio.	390
Carrion de Calatra.	506
Cartagène.	359
Cartama.	500
Cascante.	284
Castellon de la Plana.	348
Castillo de Torax.	504
CATALOGNE.	90
—Routes, voitures, auberges (de).	92
Celada.	57
Cenicero.	214
Céret.	89
Cestona (ville et bains).	233
Cetina.	141
Cervera.	121
Chelva.	354
Churriana.	502
Cieza.	334
Ciudad-Real.	507
Ciudad-Rodrigo.	589
Cobanera.	219
Coca.	76
Colmenar.	486
Consentana.	358
Cordoba (Cordoue).	391
—Cathédrale.	392
Corogne. (Coruña.)	560
Corral de Almaguer.	310
Cortes.	281
Cubo.	45
Cuellar.	77
Cuença.	365
Cuellera.	342

D

Damiel.	506
Daroca.	270
Denia.	343
Deva.	233
Duenas.	58-583
Durana.	39
Durango.	225

E

Echarriaranaz.	229
Ecija.	399
Ejoa de los Caballeros.	248
Elche.	361
Elda.	332
Elgoivar ou Elegoibar.	233
Elizondo.	254
Elorio.	232
Elqueta.	232
Entrambasmestras.	219
Ermua.	239
Escalada.	219
Escoriaza.	38
Escurial (Escorial).	599
Esparraguera.	417
Espinosa.	227
Estella.	241
Estepona.	503
ESTRAMADURE (province de)	531
Excursion minéralogique.	389
Eybar.	239

F

Fernand-Caballero.	519

Ferrol.	570	Guernica.	257
Figueras.	94	Gurrea.	274
Fontarabie.	27	Guevera.	229
Fort-les-Bains.	89		
Fraga.	127	**H**	
Frasno.	138	Haro.	214
Fregeneda.	592	Hellin.	333
Frias.	227	Hernani.	32
Fuenmayor.	214	Horcajada.	365
Fuentiduena.	364	Horche ou Orche.	261
		Hospitalet.	352
G		Hostal-nou.	94
GALICE (royaume de).	553	Huarte.	255
Gamarra Mayor.	224	Huelva.	456
Gandanos.	127	Huelves.	365
Gandia.	342	Huerta de Ariza.	141
Garrapinillos.	138	Huesca.	265
Gayangos.	244	Huete.	377
Gerone.	96		
Getafe.	508	**I**	
Gibraléon.	463	Igualada.	121
Gibraltar.	504	Illescas.	509
Gijon.	579	Irun.	26
Gistain.	280	Irurzun.	237
Granollers.	302	Isla de Léon.	445
Granota.	99	Isazondo.	34
GRENADE (royaume de).	465		
GRENADE.	465	**J**	
—Alhambra de.	466	Jabea.	343
—Cathédrale de.	477	Jaca.	274
—Excursions près de.	482	Jean.	397
—Ascension de la Sierra		Jerez ou Xerez.	442
Nevada.	483	Jerez de los Caballeros.	535
Guacin.	453	Jerica.	345
Guadalajara.	146	Jijona.	357
Guadalquivir (fleuve)	461	Juneda.	290
Guadarrama.	75	Junquera.	93
Guadix.	492	**L**	
Guardia.	379	Labajos.	74
Guarroman.	385	Lachar.	486
Guenez.	243	Lagardia.	231

TABLE ALPHABÉTIQUE.

Lasarte.	31	Madridejos.	380
Las Navas de Tolesa.	383	Mairona.	402
Las Rosas.	75	Malaga.	487
Laza.	558	Excursion aux bains de	
Lecumberri.	237	Carratraca.	489
Ledesma (bains de).	590	Malagon.	519
Lequeitio.	257	Malpartida.	525
Leon.	543	Manaria.	225
Lepe.	463	MANCHE (la) province.	
Lérida.	123	(Description de).	380
Liarza.	237	Manresa.	297
Lierganes.	227	Manzanares.	381
Liria.	353	Manzanilla.	455
Lobon.	531	Marbella.	503
Loeches.	151	Marchena.	458
Logobreto.	34	Maria.	267
Logroño.	214	Martorell.	116
Loja.	486	Masnou.	101
Longares.	267	Mataro.	99
Lorca.	497	Martin Muñoz.	74
Lorqui.	334	Medinaceli.	142
Los Arcos.	241	Medina del Campo.	547
Lubia.	260	Medina de Pomar.	227
Lugo.	555	Medina de Rioseco.	542
Luisiana.	400	Menjabar.	397
Lupiana.	148	Merida.	528
		Meta.	219
M		Miajados.	528
Madrid.	151	Minaya.	310
—Appartements garnis et pensions bourgeoises.	153	Minglanilla.	370
		Miranda de Ebro.	43
		Molina.	604
—Commerçants.	156	Molins del Rey.	116
—Panorama de.	158	Monasterio de Ridilla.	46
—Académie royale.	161	Moncado.	301
—Musée de peinture.	166	Mondonedo.	562
—Museo de la Trinidad.	187	Mondragon.	36
—Palais-Royal.	192	Monforte.	332
—Bibliothèque.	193	Monmalo.	302
—Environs de.	202	Monreal del Campo.	268
—Voitures.	204	Monserrat ou Mont-Serrat	118

37.

ESPAGNE.

Montalvo.	214		Orozco.		245
Montblanch.	290		Osera.		128
Morella.	356		Osma.		285
Mostóles.	522		Osuna.		450
Motrico.	258		Otiz.		253
Motril.	494		Oviedo.		575
Muela (la).	138		Oyarzun.		31
Mundaca.	257				

P

Murcie (royaume de).	334		Padul.		494
Murcie (ville).	335		Pajares.		574
Murviedro.	347		*Palencia.*		583
			Palma.		456

N

			Pampelune.		249
Najera.	217		Pañafiel.		78
Nava del Rey.	548		Pancorbo.		44
Navalcarnero.	522		Panticosa (bains de).		277
Navarre (Coup d'œil sur)	246		Parales.		363
Navarrete.	217		Paravillo.		519
Niebla.	456		Passage (le).		28
Noain.	283		Placencia.		233
Nules.	348		Plasencia.		525
			Pedro del Rio.		390

O

Ocana.	309		Penalba.		128
Ochandiano.	225		Peñiscola.		349
Oliana.	300		Perello		351
Olías.	509		Perpignan.		89
Olite.	282		Polinino.		279
Olivenza.	538		Ponferrada.		552
Olivia.	342		Pontevedra.		567
Olmedo.	73		Potes.		222
Oñà.	46		Pradaños.		46
Oñate.	37		Priego.		376
Ondarroa.	258		Puebla.		42
Ontaneda.	219		Puentelarra.		210
Orduña.	211		Puente-la-Reina.		241
Orense.	558		Puertolas.		279
Orgaz.	519		Puerto-Real.		444
Orihuela.	361		Puerto de Santa-María.		444
Ormastegui.	34				

Q

Oroel (mines et forêts de).	275		Quintanapalla.		47
Oropesa.	523		Quintanar de la Orden		310

TABLE ALPHABÉTIQUE.

R

Reinosa.	222
Renteria.	28
Requena.	371
Reus.	306
Rivesaltes.	89
Roda.	311-458
Roncesvalles.	255
Ronda.	451
Rosas (Roses).	95
Ruben.	47

S

Sacedon (ville et bains).	262
Salamanque.	585
Salceda (la).	262
Salan de Cabras (Bains de).	376
Salinas de Leniz.	38
Sallent.	277
Salobrena.	501
Salsadella.	356
Salvatierra.	229
San-Andres de Palomar.	301
San-Carlos de la Rapita.	351
San-Esteban.	252
San-Felipe.	340
San-Feliu.	116
San-Fernando.	445
San-Ildefonse.	597
San-Juan del Puerto.	436
San-Lucar de Barremeda.	460
San-Lucar la Mayor.	455
San-Mateo.	356
San-Miguel de los Reyes (Couvent de).	344
San-Roque.	503
San-Salvator (Couvent de).	46
San-Sebastian.	29
Saragosse.	129

—Cathédrale.	131
—Eglises.	136
Santa-Aguada (Bains de).	37-225
Santa-Cruz de Mudela.	383
Santa-Elena.	383
Santa-Fé.	486
Santa-Maria de la Nieve.	76
Santa-Maria de Rivaredonda.	45
Santander.	219
Santiago.	563
Santa-Olalla.	539
Santo-Domingo de la Calzada.	216
Sax.	331
Segorbe.	345
Segovie.	78
SÉVILLE.	403
—Description.	408
—La Giralda.	410
—Cathédrale.	415
—Alcazar.	421
—Museo.	426
—Petite promenade.	432
Simancas.	540
Solsona.	300
Soria.	260
Sueca.	342

T

Tafalla.	282
Talavera la Réal.	531
Talavera de la Reina.	522
Tarancon.	364
Tarazona.	284
Tarragone.	292
Tarrega.	121
Tembleque.	378
Tendilla.	262
Teruel.	268

ESPAGNE.

Tibi.	357	VALENCE (royaume de).	314
Tolède.	509	*Valence.*	316
—Promenade dans.	510	—Cathédrale.	319
Tolosa.	33	—Musée.	324
Tordera.	99	Valdepeñas.	382
Tordesillas.	541	*Valladolid.*	59
Torija.	145	—Excursion dans.	60
Torquemada.	58	—Museum de.	62
Toro.	549	—Excursions hors de.	72
Torralda.	506	—Moyens de locomotion.	73
Torre-den-Barra.	304	Valls.	291
Torrejo de Ardoz.	151	Valtierra.	282
Torremocha.	268	Velez-de-Benadulla.	494
Torremocha del Campo.	144	Velez-Malaga.	490
Torres-Torres.	344	Vendrel.	304
Totana.	498	Venta de Altable.	213
Tragacete.	375	Venta de Puerto Lapiche.	380
Trijueque.	145	Vergara.	35
Trillo.	145	Viana.	240
Trujillo.	524	Vich.	302
Tudela.	281	Vidania.	238
Tudela del Duero.	77	Vigo.	568
Tuy.	569	Villacastin.	74
		Villa del Rio.	390

U

		Villafranca.	34
Ullibarri de Gamboa.	38	Villafranca del Bierzo.	553
Urbiana.	219	Villafranca del Panades.	305
Urbel del Castillo.	222	Villafria.	47
Urdax.	254	Villanueva del Gallego.	264
Urdos.	275	Villar de Ciervos.	558
Urgel.	300	Villareal.	35-268
Urniete.	32	Villareal de Alava.	225
Urquiola.	225	Villarejo.	364
Urrugne.	17	Villarquemado.	268
Utiel.	371	Villarreal.	348
Utrera.	441	Villasoca.	352
Uzquiano.	230	Villarta.	380
		Villatoro.	218

V

		Villena.	338
Vaguena.	270	Villequillo.	76
Valdemoro.	308	Villodrigo.	57

Vinaroz.	350	**Z**	
Vinuela.	490		
Viso.	401	Zafra.	534
Vitoria.	39	*Zamora.*	549
		Zaya.	244
Y		Zuera.	264
Yebenes.	519	Zumarraga.	35
Yecla.	331	Zumaya.	236

FIN DE LA TABLE ALPHABÉTIQUE.

PORTUGAL.

TABLE DES ROUTES
ET DES LIEUX DÉCRITS
PAR ORDRE ALPHABÉTIQUE.

INTRODUCTION.	607
Situation géographique, étendue et *aspect.*	dito
Fleuves, rivières, lacs et *eaux minérales.*	608
Climat et *produit du sol.*	dito.
Population et *division politique.*	610
Religion.	dito.
Langue, université.	dito.
Industrie.	dito.
Revenu, force de terre et de mer.	611
Histoire, gouvernement.	dito.
Poids, mesures et monnaies.	613
Notes et remarques qui intéressent le voyageur.	616

MADRID à *Lisbonne,* par Badajoz et Elvas.	617
LISBONNE à *Bragance,* par Santarem et Castel-Rodrigo.	641
— à *Faro,* par Castroverde.	647
— à *Peniche,* par Torres-Vedras.	639
— à *Portalègre.*	646
— à *Oporto,* par Leira et Coimbre.	628
— à *Setuval,* par Almada.	640
FARO à *Castro-Marim,* par Tavira.	649
— à *Lagos,* par Albufera.	650
PORTO à *Braga.*	635
— à *Valença,* par Barcelos.	637

TABLE DES LOCALITÉS.

A
Abrantès.	643
Albufera.	650
Ajustrel.	648
Aldea Gallega.	621
Alhandra.	630
Almada.	640
Almeida.	645
Almodavar.	649
Arrayolos.	620

B
Barcelos.	637
Belmonte.	644
Braga.	336
Bragance.	646
Belem.	625

C
Caminha.	638
Campo Mayor.	619
Crato.	647
Castel-Rodrigo.	645
Castello-Branco.	644
Castro-Marim.	650
Coimbre.	632
Cintra.	626

E
Elvas.	618
Estremoz.	619
Evora.	620

F
Faro.	649

G
Guarda.	644
Guimaraens.	636

L
Lagos.	651
Leiria.	534
Lisbonne.	621
— Statistique.	622
— Curiosités.	623
— Environs.	625
— Statistique commerciale.	627
Loulé.	649
Louridham.	639

M
Mafra.	626
Montevor ou Novo.	624

O
Outeiro.	645

P
Palmela.	640
Peniche.	639
Pinhel.	645
Pombal.	634
Ponte de Lima.	638

Portalègre.	647	**T**	
Porto ou *Oporto*.	633		
Punhette.	643	Tavira.	650
		Thomar.	643
R		Torre de Moncorvo.	645
Redina.	634	Torres-Vedras.	639
S		**V**	
Sacavens.	629		
Salvaterra.	646	Valença.	638
Santarem.	643	Villa de Conde.	637
Senhor Jesus do Monte		Villafranca de Gira.	630
(Sanctuaire).	636	Villanova.	651
Setuval ou Setubal.	640	Villa-Nova.	638

FIN DE LA TABLE DES ROUTES ET DE CELLE
DES LOCALITÉS.

APPENDICE.

MUSÉES.

Les véritables musées, les seuls musées historiques de l'Espagne sont les églises. Nulle part ailleurs on ne trouve l'art classé chronologiqnement; nulle part ailleurs on ne saurait voir le motif ou le but d'une œuvre. Ajoutez-y l'avantage considérable d'en préciser la date et d'y appliquer un nom, si vous prenez le temps de fouiller les archives du chapitre auquel l'œuvre appartient.

Dans la cathédrale sombre, grave, presque austère de Barcelone, commencée au xiie siècle sous l'inspiration du comte D. Raimundo Berenguer, on distingue, au chœur, des stalles surmontées de dais en aiguilles, genre gothique fleuri, d'une fantaisie ravissante ; une grille non moins remarquable comme ciselure et divers bas-reliefs et statuettes de marbre et de pierre. Quelques chapelles latérales présentent aussi des objets d'art dignes d'intérêt. Le cloître, vaste, carré, non moins sombre que le sanctuaire, possède des peintures à fresque de la vieille école aragonaise qui prennent date parmi les peintures les plus anciennes du royaume.

A Valence, le portail présente un arc en plein cintre couvert d'une profusion remarquable de petits ornements denticulés, garni de colonnettes engagées avec des chapiteaux à figurines, indiquant le faire du xiie siècle tout au plus. L'intérieur du sanctuaire, produisant le même effet que l'église Saint-Sulpice, brille sous le poids de restaurations d'une maladresse insigne, et possède un chœur très-riche d'ornements, où se trouvent, parmi des œuvres modernes de mauvais goût, un retable et des stalles d'une admirable sculpture en bois. Les ouvrages d'orfévrerie du trésor, ciselures magnifiques, sont bien dignes d'être vus.

Dans la cathédrale d'Alicante, à la chapelle du Saint-Sacrement, se trouvent des sculptures d'un caractère byzantin, encadrées de rayons dorés et de l'aspect le plus gracieux. Le cloître possède des peintures à fresque, très-naïves exécutées en 1540. L'une d'elles, œuvre de quelque pèlerin voyageur, représente saint Jacques de Compostelle.

A Cadix, la *catedral vieja*, la vieille cathédrale, située près de la nouvelle et qu'on ne visite presque jamais, présente divers bas-reliefs d'une naïveté remarquable. Nous y avons distingué un roi David tenant une harpe à la main et une grande madone de l'école byzantine, coloriée et dorée, comme le sont les œuvres de cette époque.

Séville, par les sculptures, les ciselures ou les tableaux de l'hospice, de l'université, de la cathédrale, de la Sangre, de la maison de Miséricorde, tiendrait un rang fort distingué sous le rapport des collections artistiques, quand encore elle ne possé-derait point son musée. La Caritad, où se trouvaient dix ou douze chefs-d'œuvre de Murillo, que l'on n'y voit plus, parce qu'ils sont devenus les dépouilles opimes des dernières guerres, possède encore la *multiplication des pains*, le *Moïse frappant le rocher*, un *enfant Jésus* charmant de ce fécond Murillo, deux tableaux allégoriques d'une vérité repoussante par Valdes Leal et plusieurs autres compositions. Le Moïse vient d'être gravé dans ces dernières années avec succès par le professeur Raphaël Esteve. L'église hospitalière *de la Sangre* renferme des Zurbaran, des Roelas et quelques copies d'une grande beauté; nous y avons remarqué d'admirables têtes de saintes et d'apôtres et un Christ en croix d'une expression divine.

A l'université se trouvent une sainte famille de Roëlas, son chef-d'œuvre peut-être; diverses toiles de Pacheco; un tableau très-expressif, dans la manière espagnole, représentant saint Côme et saint Damien au moment d'opérer un pauvre nègre qui jette les hauts cris. Les deux chirurgiens, types du genre, tirent avec calme le couteau sanglant et la scie; les cautères, destinés à brûler les chairs, brillent rougis au feu; l'assistance est groupée sans confusion et s'harmonie bien avec le sujet. On remarque surtout dans cette église les mausolées de Pierre Ponce de Léon, marquis de Cadix, mort en 1492; de Perafan de Ribera, marquis de Tarifa, mort en 1571; de don Pedro Enriquez, amirante de Castille, mort en 1492, lors de la conquête de Grenade, et ceux de plusieurs dames illustres. C'est l'œuvre d'artistes éminents, du Génois Pace Gacini (1524), d'Antonio de Charona et d'autres maîtres moins connus. Nous avons particulièrement admiré le tombeau de Ribera, mort en 1423 à l'âge de cent cinq ans, chef illustre d'une souche princière de laquelle sont sortis des gouverneurs généraux et des vice-rois.

La cathédrale renferme d'admirables choses ; un maître-autel dont le retable fut commencé par Danchart en 1482, et terminé par Juan Vazquez en 1564 ; des stalles (*sillerea*) de la fin du xve siècle ; un lutrin (*facistol*), exécuté en 1570 ; des grilles majestueuses ; ailleurs sont d'intéressantes sculptures en pierre, en bois et des tableaux de grand prix, parmi lesquels on cite une vieille toile qui représente Ferdinand-le-Saint, mort le 23 décembre 1248, les clefs de la ville assiégée. L'ange conducteur et l'extase de saint Antoine par Murillo ne sont pas moins dignes d'intérêt.

A Tolède, la cathédrale possède, indépendamment de sculptures admirables des xive, xve et xvie siècles, les plus beaux vitraux peints qui soient peut-être en Espagne, quelques tableaux de vieux maîtres espagnols, des objets ciselés de la plus grande richesse et la collection la plus belle d'ornements d'autels que nous ayons jamais vue.

Ces différentes églises auxquelles nous pourrions en ajouter beaucoup d'autres, telles que les cathédrales de Burgos, de Léon, de Salamanque (la vieille), sont de véritables musées historiques.

Collections urbaines.

Le musée de Barcelone et l'Académie des beaux-arts entretenus à grands frais par la ville, occupent différentes salles des étages supérieurs de la *Louja*. Ce musée se compose d'un grand nombre de modèles provenant des meilleurs maîtres des écoles italiennes, et de tableaux presque tous d'origine espagnole, généralement peu remarquables.

A Valence, les principales peintures du musée proviennent de la collection d'un ancien barbier nommé Perès et de la dépouille des monastères. On y voit des émaux du xve siècle, des statuettes d'ivoire, des diptyques de la renaissance et bon nombre de tableaux parmi lesquels des Alonzo Cano, des Juanes, des Ribalta, des Ribera, des Espinosa, des Orrente et quelques Zurbaran. Les toiles sont au nombre de 600, il faudrait y faire une grande épuration.

A Cadix, le musée de la ville ne mérite guère d'être vu ; une vingtaine de tableaux seulement sont dignes d'attention. Nous y avons remarqué des Zurbaran, marqués du caractère d'ascétisme que ce maître traitait si bien, et quelques tableaux de l'école italienne, mais dans un bien triste état de conservation. Somme toute, c'est un musée à créer, et la chose devient d'autant plus urgente qu'il existe à Cadix une école des beaux-arts où nous ne savons pas trop ce qu'il est possible d'apprendre.

Galerie de peinture et de sculpture de Madrid.

Cette Galerie occupe un des côtés du Prado, possède un nombre assez considérable de sculptures, la plupart médiocres, disposées dans un rez-de-chaussée assez sombre, et mille huit cent trente-trois tableaux, presque tous classés par écoles. Dans une salle spéciale, on a mis ceux dont le nu pourrait effaroucher les consciences délicates. Là se trouvent les plus beaux Titien de la collection, qui en possède d'admirables. Nous avons particulièrement remarqué son Sisyphe, comme étude d'anatomie, comme puissance de contraction musculaire et son adoration des mages; nous nous sommes arrêté devant la bataille de Lépante, qu'il peignit à l'âge de quatre-vingt-quatorze ans avec une vigueur de style digne de ses belles années; nous lui avons restitué ce magnifique portrait d'homme, le plus beau portrait peut-être du musée, qui existe n° 645, sous le nom du Tintoret. Les Raphaël du n° 726 et 741 nous ont frappé par la divine harmonie répandue sur toutes les figures, par le naturel gracieux des poses et la splendeur du coloris. Nous n'avons pas moins admiré le Christ du même peintre succombant sous la croix (984). Au lieu de six tableaux attribués à Albert Durer, il n'en est que trois qui soient vraiment de lui savoir : un portrait, un Adam, une Eve. L'expression pieuse de plusieurs saints et saintes nous a frappé; tels le Santiago du Guide (836); la sainte Marguerite du Titien (851); la Madeleine du Guide si pure, si pleine d'inspiration religieuse (855); la sainte Aguida de Vaccaro, etc., etc. La descente au tombeau du Florentin Bartolomé Carducci nous a semblé bien digne d'attention. Dans les funérailles de Jules César, par Lanfranco, respire toute une époque, finit un règne et commence un empire. Le tableau allégorique de la paix, par Giordano est plein d'animation et de mouvement. Il y a là cinq Raphaël magnifiques et deux Corrège, de son meilleur temps.

Les Van Eyck, les Memmeling inscrits au musée sont imaginaires. Ces pâles imitations n'offrent rien de la vigueur originale du coloris chaud et de la transparence des maîtres. Il en est de même d'une quantité passablement grande de tableaux, une centaine au moins, qui ne sont que de belles copies. Nous excepterons toutefois un délicieux portrait au bas duquel on lit : *Henricvs de Cologna fieri fecit*.

Voici les illustrations nationales du musée : le premier, par ordre de dates, c'est Blas del Prado, né à Tolède en 1497, élève d Berruguite, auteur d'une Vierge avec l'Enfant Jésus, accueillant le *Flos sanctorum* d'Alfonce de Villegas, œuvre dans la manière italienne.

Juan de Roclas, né vers 1558 à Séville, se montre ici dans une de ses compositions les plus importantes, *el agua de la Peña*.

Francisco Pacheco, né à Séville en 1571, élève de Luis Fernandez et maître de Velasquez, forme le point intermédiaire, le passage des maîtres de l'École de la Renaissance aux maîtres de l'École moderne. Un saint Jean l'Évangéliste, un saint Jean-Baptiste (n. 237-238) sont d'une facture commune, mais ferme.

Ribera ou l'Espagnolet, né en 1586 à Sativa, non loin de Valence, imitateur du Caravage, son maître, dont il exagéra les qualités, a porté la puissance de la palette à ses dernières limites. Son martyre de saint André fait horreur.

Cano, Ribalta, Morales, Vicente de Juanès, Zurbaran Murillo même, ne peuvent être appréciés, jugés ici, quoique leur œuvre y soit assez nombreuse ; ils ont généralement fait mieux.

Nulle part ailleurs, au contraire, on n'apprendrait aussi bien à connaître Velasquez, ses hardiesses, sa manière large, souvent incorrecte, sa touche impatiente, produisant d'un trait l'effet qu'elle veut obtenir. Aucun grand peintre n'a peut-être fait autant de choses médiocres et de mauvaises choses ; mais à travers ses écarts, ses ébauches, on retrouve presque toujours l'artiste. Tous les grands seigneurs voulant être peints par lui, et s'imposant à son pinceau comme une nécessité, comme un châtiment des faveurs dont il jouissait, il ne faisait étude que des modèles qui lui plaisaient et traitait tous les autres avec une négligence, un laisser-aller presque impardonnables. Rarement ses grandes toiles sont finies, et plus rarement encore ses personnages présentent le type de noblesse idéale que comportent certains sujets qu'il traite. Le tableau des buveurs, celui des forges de Vulcain, vantés si démesurément, ne nous ont pas captivé. Les buveurs sont une débauche d'esprit pleine de caractère, mais d'une nature commune ; et le Vulcain, pas plus que l'Apollon, ne nous semblent respirer la nature divine dont l'artiste aurait dû les empreindre. La vue d'une fontaine de l'île du château d'Aranjuez, vue pleine d'harmonie, d'art et de profondeur (145) ; l'arc triomphal de Titus (118) ; le tableau d'intérieur dit *las Meninas* (155) sont des créations d'une haute portée, faites avec infiniment de soin et de goût. — Dans ses tableaux d'église, dans ses sujets pieux, j'en appelle à l'Adoration des mages (167), Velasquez n'atteint pas le degré de perfection auquel il parvient dans certains paysages ou dans des vues d'intérieur. Son génie original n'y apparaît que sous les traits des personnages : encore ne réussit-il jamais à faire une Vierge sentimentale et naïve, un Christ empreint de résignation divine. La spontanéité de Velaquez, la puissance énergique avec laquelle il s'empare de l'espace, la hardiesse de ses contours, éclatent dans plusieurs grands portraits du musée, entre lesquels nous citerons un duc d'Olivarès (177) ; un Philippe IV. (115), dont la figure présente un fini qu'on observe rarement chez l'artiste ; un portrait d'Alonzo Cano, très-expressif (81) ; un portrait équestre de Philippe IV (299) ; le buste d'un personnnage inconnu (289), tableau d'autant plus remarquable, que Velasquez échoue chaque fois qu'il lui arrive de dessiner des jambes. Toutes ses figures posent mal sur leurs pieds.

Les œuvres inscrites au Musée royal sous le nom de Murillo sont loin d'offrir un caractère identique : on l'y voit imitant Velasquez, imitant Roclas, imitant quelques maîtres italiens, notamment Raphaël et Titien, essayant ses ailes, et n'osant pas encore idéaliser, comme il l'a fait plus tard, les formes et l'expression de ses modèles. Le San Fernando du n. 159 est un délicieux petit tableau ; l'Enfant-Dieu dormant sur la croix (179) ; l'Adoration des pasteurs (193), indiquent une touche gracieuse, un coloris déjà suave ; le saint André, martyr (182), dénote une sobriété d'effet pleine de convenance et de goût. L'artiste ne vous fait point assister aux horreurs du supplice, comme l'a voulu Ribera : il n'en montre que les apprêts, et couronne le saint d'une de ces nuées resplendissantes à travers lesquelles il savait si bien montrer le foyer sublime des espérances chrétiennes et de la foi. Nous avons aussi remarqué du même peintre un Enfant-Jésus et un saint Jean surmontés d'une gloire (202) ; un Enfant prodigue ; un groupe d'Éliézer et Rébecca ; une Conception (229), plus naturelle par la nature délicate, presque diaphane de la Vierge, que par son expression, mais annonçant déjà néanmoins le genre où devait exceller Murillo. Notre Sauveur en croix (321), tableau sombre, offre la lueur funèbre des drames de la mort, et dénote une étude profonde, comme effet de perspective et comme pose. Quelle raison persuasive coule des lèvres de cette sainte Anne entretenant la Vierge de ses devoirs, et quelle convenance modeste dans l'agencement des draperies, dans les accessoires (310) ! Comment la main qui a pu créer des figures si suaves et si pures, interpréter des sentiments si nobles, a-t-elle trouvé de la verve pour animer *la Gitana* (313) ? Comment s'y est-elle prise pour descendre des hauteurs de l'idéalisation religieuse à l'expression profane des passions matérielles, et comment a-t-elle fait ensuite pour regagner les régions idéales où l'ascétisme prenait un corps, ainsi qu'on le voit à l'*Asunto mistico* (315) ?

Musée national.

Neuf cents toiles réunies dans plusieurs salles du couvent de la *Trinidad*, aujourd'hui palais ministériel *del Fromento*, forme le complément de la collection précédente. Nous y avons vu d'heureuses copies de Raphaël et de plusieurs autres grands maîtres d'Italie, quelques toiles de Rubens et de divers maîtres des écoles espagnoles du xviie et du xviiie siècle. Ce qui nous a particulièrement frappé, c'est un tableau du xve siècle, sans signature, œuvre admirable, placée dans un coin de la seconde salle, à droite, devant lequel passe avec indifférence le gros public, et que nous croyons du célèbre Hubert Van Eyck, mort en 1426. En fait d'art, c'est un des plus précieux bijoux de l'Espagne, qui ne possède, à notre connaissance, aucun autre Hubert Van Eyck, quoique ce nom existe sur maints catalogues. En Europe, cinq villes seulement possèdent des œuvres de ce grand maître : Gand, Berlin, Rome, Naples et Madrid.

Galerie San-Fernando.

Cette collection, assez mal placée rue de l'Alcala, et qui manque, ainsi que le musée précédent, d'un catalogue explicatif imprimé, renferme des Rubens, des Mengs, des Velasquez, des Zurbaran, des Bibera; mais, entre toutes choses, un Murillo magnifique, comparable à ses plus belles œuvres. Nous recommandons aux voyageurs de s'enquérir, dès leur arrivée à Madrid, du jour et de l'heure où ce musée s'ouvre : car hors ce jour, hors cette heure, on n'y peut entrer sans faire les plus longues, les plus ennuyeuses démarches.

Collection numismatique.

Les curieux de médailles d'or, voire même de médailles d'argent, sont beaucoup plus communs qu'on ne pense; et nous avons connu tels généraux, tels capitaines, tels troupiers de l'armée française et de l'armée christinienne, de l'armée carliste et de maintes autres armées, qui mériteraient bien le titre d'*aficionados* à l'endroit de la numismatique. Dénicheurs infatigables, ils ont fait main-basse sur tout ce qu'en ce genre possédaient les couvents et les villes ouvertes. Les monnaies de cuivre ou de billon ont seules trouvé grâce devant eux. Cependant, Madrid possède une des plus précieuses collections numismatiques de l'Europe; on y voit au moins cent mille médailles, dont dix mille celtibériennes, arabes, baronales, épiscopales, municipales sont inédites.

A côté de cette immense collection, surveillée par un homme instruit, les autres cabinets ne sont rien.

Collections particulières à Madrid.

Duc de Liria, calle San-Bernardino ; don Pedro Ximenez de Haro, calle de la Farmacia; duc d'Albe, don José Madrazo, directeur du Musée royal; don Valentin Carderera; don Perez à Villa-Amil, Vicente Peleguez, graveur de la chambre de Sa Majesté, calle de la Adriana, n° 3, etc.

Les galeries des grands seigneurs sont difficilement abordables et, à moins de recommandations tout à fait spéciales, directes, nous ne conseillerions à aucun voyageur de s'en préoccuper, ce serait perdre un temps précieux. Quant aux collections de MM. Villa-Amil, Carderera, Madrazo,......... c'est tout différent. Artistes distingués, hommes de goût, ces messieurs savent qu'en accueillant l'étranger, en faisant connaître les richesses nationales qu'ils possèdent, c'est payer une dette de patriotisme. M. Perez à Villa-Amil, peintre d'histoire et paysagiste d'une haute distinction, a parcouru l'Espagne pendant plusieurs années et dessiné sur lieux tous les monuments, tous les sites célèbres et la plupart des œuvres qui se recommandent au point de vue de l'art. M. Valentin Carderera possède aussi des cartons fort curieux, remplis de dessins au crayon, à la plume, qu'il a faits lui-même. La Vieille Espagne renaît dans les cartons de ces deux artistes. M. Carderera possède en outre quelques tableaux, parmi lesquels nous avons remarqué des peintures de l'ancienne école indigène. La collection de M. Madrazo, dont le fils jouit, comme portraitiste, d'une réputation méritée, se compose d'environ 500 toiles, parmi lesquelles sont de belles œuvres des maîtres d'Italie où M. Madrazo a demeuré longtemps, et des maîtres espagnols du XVIIe et du XVIIIe siècle. Il possède des Zurbaran, des Velasquez et des Murillo, qui ne sont pas dans la grande manière de ces peintres, mais qui tiennent honorablement leur place parmi d'autres œuvres. On voit aussi, chez M. Madrazo, un genre de collection très-rare en Espagne et qu'il n'eût jamais formée s'il n'était pas sorti de son pays : c'est une collection de gravures. Nulle contrée d'Europe n'a moins de gravures et moins de graveurs distingués que la Péninsule. Il en a été de même de tout temps, excepté vers la fin du XVe et au commencement du XVIe siècle, comme le témoignent les titres, les vignettes et les lettres ornées de certains incunables ; mais la grande gravure, la gravure-tableau, la gravure-portrait, n'apparaît guère sur le sol espagnol que comme importation étrangère. Lorsque, sous Charles III, l'Académie de Madrid exécuta sa magnifique édition de Cervantes, elle voulut faire une œuvre nationale et sollicita le concours de tous les artistes indigènes. L'exécution médiocre des planches prouve ce qu'était alors la gravure, et depuis elle a singulièrement décliné, au point qu'aujourd'hui nous ne connaissons, dans toute l'Espagne, que deux graveurs distingués qui, ne trouvant nul moyen d'écouler leurs œuvres, ne travaillent presque pas. L'un de ces graveurs est le *señor Peleguez*, membre de l'Académie des beaux-arts de *San-Francisco* et dont la galerie de tableaux, peu considérable, mais formée avec infiniment de tact et de goût, présente un précieux choix de tableaux de chevalets et de portraits. Nous avons vu des Velasquez, des Ribera, des Juanes, des Cano, des Murillo, des Mengés, des Goïa très-dignes d'être notés. Dans cette collection se trouvent aussi quelques tableaux de l'école indigène du xvie siècle. Quelques toiles sont signées. Nous avons remarqué notamment un Christ en croix, assisté des saintes femmes, tableau que nous croyons du célèbre Roger Van der Weylen.

Musée de Salamanque.

Ce musée, qui occupe deux salles, ne se compose guère que de mauvaises croûtes. Nous y avons remarqué, néanmoins, deux toiles signées de peintres espagnols ; l'un porte : *Fray J.-B. Mayno :* DNCIS 1673, l'autre, *Eques Sebastianes Conca fecit. Roma,* 1740. Je n'ai trouvé ces artistes dans aucune biographie.

Musée de Séville.

Ce musée renferme quelques antiques peu remarquables ; un beau saint Jérôme en terre cuite, par Torrigiano, et trois cent quatre-vingt-deux tableaux, parmi lesquels se trouvent beaucoup d'œuvres d'un mérite très-ordinaire, même indignes du prix qu'on y attache, contrastant avec des toiles hors ligne qui, pour la plupart, ne sont point à leur jour.

Nous avons vu là vingt-six tableaux de Juan Espinal, vingt-quatre de Murillo, vingt-deux de Zurbaran, dix-huit de Valdès Leal, douze des frères Polamos, douze de Juan Ruiz Soriano, douze de Herrera le Vieux, dix d'Andrès Perez, six de Bernabi Ayala, six de Francisco Pacheco, cinq de Juan Castillo, cinq de Bernardo Simon Gutierrez. Les autres toiles sont aussi de maîtres espagnols, la plupart Sévillans, au-dessus desquels s'élève Murillo.

Un salon spécial, trop éclairé malheureusement, renferme treize grands tableaux de cet illustre maître, qui n'apparaît nulle part ailleurs dans la plénitude de sa gloire. Nous ne saurions à laquelle de ses œuvres donner la préférence, ni ce qu'il faut le plus admirer de son idéalisme, ou de son étude sérieuse des formes humaines, ou de sa perspective et de son clair-obscur. Nous aimons ses groupes d'anges ; nous aimons encore plus ses vierges ; nous stationnons volontiers avec lui au pied d'une croix, mais nous le suivons plus volontiers encore vers cette idéalité céleste que son pinceau réalise. On serait embarrassé du choix dans cette collection remarquable ; notre sentiment personnel, vu la difficulté vaincue, nous ferait préférer le saint François au cou duquel s'appuie le Christ descendant de la croix.

Presque toutes les toiles importantes du Musée doivent leur salut à la présence d'esprit, à la popularité du respectable doyen Cepéron. Dans une émeute, où plusieurs bandes, soudoyées par les démagogues, couraient les rues et les monastères, brisant, arrachant ce qu'elles rencontraient sur leur passage, quantité d'objets précieux allaient être anéantis : le doyen Cepéron arrive : « Mes amis, dit-il, que faites-vous ? Insulter des vierges, des saints que vous priez tous les jours ; mais ils ne vous écouteront plus ; ils resteront sourds à vos plaintes et vous n'aurez plus de protecteurs près de Dieu. Croyez-moi, gardez toutes ces images ; gardez-les précieusement ; elles sont à nous tous ; et pour que chacun en jouisse, allons les déposer au couvent de la Merced. » — On cria : Vive Cepéron ! et le musée provincial prit naissance.

Musée de Valladolid.

Dans l'intérêt des maîtres, gardez-vous bien de croire sur parole, ou le guide Murray, ou le livret, ou la nomenclature de cette femme, aux lèvres de laquelle pendent sans cesse les noms d'Albert Durer, de Rubens, de Ribera, Diego Diaz, Murillo, Cano, Berruguète, etc. Évidemment, Durer répudierait ce qu'on lui attribue; Rubens se cacherait la figure, honteux de son lot ; Cano n'avouerait peut-être qu'un saint François ; Hernandez, Juni, Berruguète, montreraient ce qui sort véritablement de leurs mains et ce qui fut exécuté, dans un fâcheux système d'exagération, ou avec un *laisser-aller déplorable*, par des élèves plus ou moins habiles. Nous avons été frappé de la noblesse de l'expression bénigne et de l'attitude d'un saint Benoît de Berruguète ; nous avons admiré la pose, la fermeté des contours, l'agencement des draperies et l'ensemble harmonieux d'une Adoration dans la crèche, surmontée d'un calvaire qui décore une grande étable numérotée 29, et que nous n'hésitons pas d'attribuer au même artiste ; malheureusement les attaches, la maigreur du Christ, jurent avec les autres parties du bas-relief qui, sans cela, pourrait être regardé comme un chef-d'œuvre. Juan de Juni, dont les productions abondent au musée de Valladolid, était un grand maître: on le trouve toujours capable d'exprimer ce qu'il voit, l'exécutant d'une manière large et ferme, copiant la nature en anatomiste consommé, mais forçant les attitudes, brusquant les contours et tombant dans l'exagération. Avec lui, l'art descend vers sa décadence, tandis qu'avec Hernandez, il se débat contre l'envahissement du mauvais goût. Je regarde Hernandez comme un des plus grands sculpteurs de son époque.

On ne saurait étudier d'une manière trop attentive les sculptures du musée de Valladolid, qui, jointes aux sculptures de la cathédrale de Burgos et de plusieurs églises de la même ville, à celles de la Chartreuse (*Cartuja*) de Miraflores, formeront un point de départ, un ensemble d'objets de comparaison entre les œuvres si diverses qui peuplent les églises de la Péninsule.

Parmi les peintures du musée de Valladolid, nous avons noté, comme infiniment remarquable, une sainte famille de Jules Romain, dont la suavité de tons, la transparence des chairs, ne laisse rien à désirer ; une belle Assomption attribuée faussement à Michel-Ange ; une Sainte Famille de Diaz; une Madeleine, un saint Antoine, un Martyr, une Adoration de l'Enfant Jésus, une sainte Marie-l'Egyptienne par Ribera ;

un saint Jérôme par Palma; deux Evêques faussement attribués à Albert Durer, et que je crois plutôt de l'Espagnol Galegez. Au bas d'un beau tableau représentant l'Enfant Jésus dans la crèche on lit *Didacor Dipaz pictor*, 1621 ; c'est une œuvre faite sous l'inspiration et avec le sentiment de l'école romaine, par un artiste indigène peu connu.

Collections diverses.

Dans la ville d'Ecija, située sur les rives du Xénil, le comte de Penaflores a réuni une galerie de tableaux, parmi lesquels se trouvent des Zurbaran, des Ribera, des Juanès et quelques peintures anciennes, d'un mérite incontestable.

Le duc de Medina Cœli, dont le nom se rencontre sur tous les points où l'art a besoin d'une main protectrice, le duc d'Ossuna et quelques autres grands d'Espagne dont les demeures sont ouvertes à l'étranger, possèdent aussi des galeries particulières, toutes plus riches en tableaux anciens qu'en tableaux modernes.

Musée d'artillerie de Madrid.

Il ne faut pas confondre cette collection avec celle de l'*Armeria Real*, dont la réputation est beaucoup plus grande. Une salle basse, assez vaste, renferme des machines, des pièces d'artillerie et divers objets d'un haut intérêt, qui étaient en usage avant l'emploi de la poudre à canon dans le service de guerre. Nous y avons remarqué deux canons du xive siècle, auxquels on assigne une date bien plus reculée : l'un, qui présente à l'intérieur un diamètre de neuf pouces, provient du château de Casarrubios, dans la Nouvelle-Castille, un autre a été trouvé, en 1342, par le roi Alonzo XI, au siége de Baza. Deux autres canons du même temps proviennent de Burgos, de l'alcazar de Ségovie, et parmi eux, il en est un qui présente, vers le tiers de sa longueur, une ouverture semi-circulaire qui servait à lancer des obus. On nous a fait voir des boulets en marbre d'un diamètre de deux pieds, pesant deux ou trois cents kilog., qui servirent au siége d'Algesiras, en 1382. On appelait ces projectiles des *bolaños*, du nom de don Diego Bolaños, qui commandait les tailleurs de pierre chargés de fabriquer ces boulets pour l'armée de Ferdinand IV. Ces dates contredisent un tant soit peu celles qu'on assigne aux premiers temps de l'artillerie. Cependant, on peut encore les concilier avec l'emploi de la poudre et des projectiles qui eut lieu, en 1346, dans les plaines de Crécy, et en 1380, par les troupes vénitiennes contre les Génois.

Dans plusieurs salles, se trouvent disposées avec ordre des armes moresques, des lances, des massues, des flèches de toutes dimensions; des armures complètes niellées, ciselées avec soin; des costumes éclatants de couleurs vives, ou rehaussés d'or; quantité d'armes offensives et défensives; des bannières mexicaines, et la représentation fidèle d'un roi nègre, géant de la côte d'Afrique. Nous espérions trouver là les comptes justificatifs du fameux Gonzalve de Cordoue, que le jury le plus indulgent eût frappé pour le moins de cinq années de galères; mais un Anglais s'est emparé de cette pièce qui servirait, au besoin, de mémoire modèle pour tous les fournisseurs. Le compte s'élevait à cent trente millions de pesos, savoir :

« Deux cent mille sept cent trente-six ducats donnés aux moines, aux religieuses et aux pauvres, afin d'obtenir d'eux des prières pour la prospérité des armes espagnoles ;

« Un million de ducats pour acheter des pics, des pelles et des pioches ;

« Cent mille ducats pour de la poudre et des balles ;

« Dix mille ducats dépensés en achat de gants parfumés, pour préserver les troupes de la mauvaise odeur produite par les cadavres des ennemis tués sur le champ de bataille ;

« Cent soixante-dix mille ducats pour renouveler les cloches usées et détruites à force de sonner tous les jours, en réjouissance des victoires remportées sur les Mores ;

« Cinquante mille ducats pour eau-de-vie distribuée aux troupes les jours de combat ;

« Un million et demi de ducats pour la garde des blessés et des prisonniers ;

« Un million de ducats en messes d'actions de grâces et en *Te Deum ;*

« Trois millions pour services en l'honneur des morts ;

« Sept cent mille quatre cent quatre-vingt-quatorze ducats pour les espions ;

« Cent millions pour payer la patience que je viens d'avoir

d'écouter un roi demandant des comptes à celui qui vient de lui faire cadeau d'un royaume.

« Signé : Gonzalve. »

Assurément les Gascons, les pasquins de l'héroïsme ne datent pas tous d'aujourd'hui et ne sont pas tous issus des rives de la Garonne. Mais oublions ce scandale administratif pour nous rappeler seulement les deux cents étendards conquis par Gonzalve et qu'on voyait à Grenade, rangés autour du tombeau de ce grand capitaine.

L'Armeria Real.

Je n'ai jamais vu si grand nombre d'armures ciselées ou niellées ; de harnachements somptueux et de sellerie resplendissante. Là revivent Gonzalve de Cordoue, Fernand Cortès, Ferdinand-le-Saint, Isabelle-la-Catholique, Charles-Quint ; ici se trouvent l'épée du Cid, l'épée de Fernand del Carpio, de Garcia de Paredes et de beaucoup d'autres héros. On y voyait aussi celle de François Ier, mais Napoléon la reconquit en 1809. Parmi les œuvres les plus remarquables, se voit un bouclier magnifique, sorti des mains du célèbre Benvenuto Cellini. Des échantillons d'armes fabriquées à Tolède, Barcelone, Saragosse, Séville, Madrid, épées, pistolets, fusils, donnent une idée parfaite de ce que pouvait être l'art du fourbisseur et de l'armurier espagnol, depuis le xvie siècle jusqu'à la fin du xviiie. Nous recommandons cette étude au point de vue de l'histoire du commerce et de l'industrie.

L'Armeria nous a paru contenir plus d'armures complètes que n'en possède le Musée d'artillerie parisien, plus de pièces d'une grande valeur artistique ; mais il est très-inférieur à notre Musée d'artillerie, comme suite, comme classification chronologique. La collection d'épées et la collection d'arquebuses méritent une attention particulière. On en voit peu d'antérieures au xvie siècle ; mais à partir de cette époque, si remarquable pour la ciselure, les modèles sont nombreux. Nous avons constaté le caractère des œuvres du célèbre armurier Sulian del Rey, surnommé le Maure, parce qu'il avait travaillé pour Boabdil, roi de Grenade, avant d'être employé par Ferdinand ; de Juan Martinez Menchaca, qui eut au commencement du xvie siècle, un atelier à Lisbonne, à Séville, à Madrid aussi bien qu'à Tolède ; d'Antonio Ruiz, armurier du roi, contemporain de Martinez, fixé tour à tour à Tolède et à Madrid, et de trente autres chefs d'ateliers, les Gutierrez, les Hera, les Hernandez, les Maestre, les Martinez, les Ruiz, les Sahagun, etc., qui se sont succédé de père en fils, et qui ont fourni quantité d'élèves dont les produits étaient encore très-estimés à la fin du siècle dernier.

Ce fut au commencement du xvie siècle que Charles-Quint, éprouvant la nécessité d'avoir à sa disposition une fabrique permanente d'armes à feu, fit venir du fond de l'Allemagne deux arquebusiers distingués, Simon Marquart et Pierre Maës, qu'il établit à Madrid. Maës ne paraît pas y être demeuré très-longtemps, tandis que Simon Marquart se fit connaître du monde entier, sous la dénomination de Simon de Hozès, Simon-aux-deux-faucilles, par allusion à l'estampille dont il marquait ses ouvrages. Ayant eu deux fils, Philippe et Simon, arquebusiers comme lui, on le surnomma le Vieux. Nos trois maîtres formèrent école. Ils eurent pour élèves Laquisamo, Pedro, Munoz et Juan de Metola, qui s'établirent à Séville ; André Herraez à Cuenca ; François Hernandez à Cordoue ; Jean Salado à Madrid ; Pierre Palacios à Soria, et Cristobal Frisleva à Saragosse. Sous la protection des rois d'Espagne, l'arquebuserie madrilénienne prima les autres arquebuseries ; celle de Barcelone, malgré son antique renommée, lui fut même inférieure. Une invention heureuse, le système de détente, fixa l'attention publique sur Simon Marquart, le fils, et mérita aux escopettes péninsulaires la réputation qu'elles ont eue. Dans le xviiie siècle, un nouveau perfectionnement pour la charge, dont MM. Robert et Lefaucheux se sont attribué la première idée, agrandit la vogue des fusils espagnols ; mais ce perfectionnement n'était déjà qu'une réminiscence, puisqu'au xvie siècle Cristobal Frisleva l'avait trouvé, comme le prouve le n° 2,319 de l'Armeria. Ces phases progressives dans l'art de tuer les hommes se dessinait avec évidence sous les noms de Jean Sanchez, Gaspar Fernandez, Domingo Garcia, Jean Relen, Nicolas Bis, Alonso Martinez et Louis Santos, qui remplissent, jusqu'au règne de Charles III, un intervalle de cent cinquante années. A dater de cette époque, les arquebusiers se multiplient, mais il ne reste guère à citer que Manuel Sutel, Joachim Celaya, Augustin Bustinduï et la famille des

Lopez. Les autres arquebusiers nous font l'effet d'ouvriers habiles, tandis que ceux désignés nominativement par nous, méritent de prendre rang avec les artistes contemporains.

On ne devra pas traverser Madrid, n'y devrait-on passer qu'un jour, sans aller voir l'Armeria ; le passe-port ou une piécette en ouvrent la porte. Cette précieuse collection a son Catalogue, rédigé avec intelligence par don José Maria Marquesi, petit in-4º de xx, 198 et 110 pp. avec 10 planches gravées, indiquant les marques des maîtres. Ces marques, et d'autres encore, se trouvent aussi au Musée d'artillerie, ainsi que dans certaines collections particulières, au nombre desquelles nous citerons la jolie galerie de M. le duc d'Ossuna, à Madrid, le même dont la riche bibliothèque fixera plus loin notre attention.

Cabinet d'Histoire Naturelle de Madrid.

Don Guillaume Bowles jeta les premiers fondements de ce cabinet. Plus tard, on y joignit la célèbre collection de Pierre-François Davila, qui, moyennant un contrat, non moins honorable pour le gouvernement que pour lui, demeura chargé de la direction de son propre Musée, aux appointements annuels de 15,000 francs. Des donations particulières, des achats enrichirent cette collection. Aujourd'hui, les minéraux, remarquables par la beauté des échantillons, et les marbres du pays, occupent deux grandes salles. Les animaux, quadrupèdes, oiseaux, poissons, insectes, reptiles, classés d'une manière convenable, se trouvent distribués en cinq salles, où se reconnaît, dans la collection entomologique, la patience intelligente du jeune Edouard Carreno, enlevé prématurément aux sciences qu'il eût cultivées avec succès ; une inscription votive consacre sa mémoire. L'anatomie comparée occupe une salle ; les ossements et les coquilles fossiles une autre salle. Dans cette dernière se trouve le *megathérium americanum* ou *giganteum* de Cuvier, quadrupède énorme découvert en 1789, non loin de Buenos-Ayres, à une profondeur considérable. Ce curieux contemporain du dernier déluge, recueilli avec soin par le marquis de Loretto, gouverneur vice-roi de la province, monté sous la direction intelligente du professeur Bru, qui en a donné la description à la fin du siècle dernier, fut étudié de nos jours par plusieurs naturalistes distingués, notamment par Cuvier. Témoin d'un âge où l'homme n'existait point encore, le megatherium est d'une taille analogue à celle de l'éléphant d'Asie, mais d'une hauteur moins prononcée. Les particularités les plus remarquables de sa structure sont celles-ci : tête petite et allongée ; dents molaires en petit nombre, très-grosses, cannelées longitudinalement ; absence d'autres dents ; col flexible et long ; côtes énormes ; queue qui gagne le jarret ; membres très-robustes ; doigts bien prononcés, armés d'ongles crochus qu'enserrent des gaînes osseuses ; talon faisant saillie aux membres postérieurs. Les os de cet animal, les apophyses proéminentes qu'on y observe, prouvent qu'il devait être doué d'une force prodigieuse. Il n'appartenait point à la classe des carnivores, car s'il porte les ongles d'un tigre, il a les dents de l'éléphant et tout fait supposer qu'il se nourrissait de végétaux. Les naturalistes le rangent dans la famille des tatous et quelques-uns d'entre eux lui donnent une carapace.

Plusieurs salles renferment des objets historiques recueillis parmi les tribus indiennes, ou rapportées soit de la Chine, soit du Japon ; des monuments d'antiquité égyptienne, grecque, étrusque, romaine ; quelques sculptures Moyen Age et Renaissance, des faïences et des poteries.

Un de nos savants compatriotes, le chimiste Proust, a été, du temps de Joseph Bonaparte, directeur de ce Musée.

Musée des ingénieurs, à Madrid.

C'est une collection de modèles semblable à celle de l'école d'application d'artillerie et du génie de Metz. Ils occupent, rue d'Alcala, le palais de Bellevue, n° 63, et se trouvent classés en différentes salles, de la manière suivante : Topographie, fortifications permanentes, constructions, gymnastique, technologie, fortification de campagne.

Musée naval.

Indépendamment des modèles qu'il renferme, on y voit les portraits des marins espagnols célèbres, Christophe Colomb, D. Alvaro Bazan, marquis de Santa-Cruz, D. Jorge Juan, D. Antonio, de Ulloa, Ensenada, Patino, Mazarredo, Gravina, etc. On y montre avec vénération un sabre donné par Napoléon au général Uriarte. Cette collection, fondée par Ferdinand VII, se trouve à Madrid, rue du Procureur, n° 2.

Cabinet topographique.

Situé au Buen Retiro, ce cabinet renferme les plans en relief de toutes les grandes villes du royaume. C'est une collection qui date de l'année 1834.

Cabinets divers.

On cite à Madrid, comme méritant d'être vus, le Conservatoire des arts, le Dépôt d'hydrographie, le Dépôt de la guerre, le Cabinet des matrices et des médailles de la monnaie, le Cabinet d'anatomie et de pathologie à la Faculté de médecine, les collections de la faculté de pharmacie; mais on s'attend à trouver mieux dans une capitale. Les collections médico-chirurgicales de Barcelone, Cadix, Valence, Santiago, etc., ne présentent pas plus d'intérêt que celles de Madrid. On y rencontre çà et là quelques faits curieux, quelques dégénérescences remarquables, des cas d'anatomie pathologique exceptionnels et des monstruosités dignes d'attention, mais toutes ces collections réunies n'équivaudraient pas à l'intérêt qu'inspire le cabinet de l'École de médecine de Paris.

Un Musée unique dans son genre vient d'être ouvert au public de Madrid. Ce Musée, appartenant à M. le duc d'Hijar, se compose de la collection complète des costumes dont, depuis quatre siècles, toutes les reines d'Espagne étaient vêtues le jour de la fête des Rois. Or, on saura qu'en Espagne l'usage veut qu'à cette fête la reine régnante soit mise entièrement de neuf, et qu'en vertu d'un privilége remontant à une époque immémoriale, tous les vêtements portés par la souveraine à l'Épiphanie, appartiennent de plein droit au chef de la famille ducale d'Hijar, auquel ils doivent être remis solennellement.

Cette cérémonie a eu lieu, en 1852, pour la toilette que la reine Isabelle II portait à l'Épiphanie dernière. Cette toilette, composée d'une robe en satin blanc à volants lilas, d'un voile de dentelle, des accessoires, tels que chapeau, gants, mouchoir, etc., et des vêtements de dessous, a été transportée par deux commissaires de la cour, dans une voiture royale escortée d'un détachement de hallebardiers, au palais du duc d'Hijar, qui, selon l'usage, l'a reçue dans son grand salon, où il était assis sous un dais, en grande tenue de lieutenant général et entouré de toute sa maison. Il a fait immédiatement placer le costume dans la magnifique galerie contenant ceux des autres reines, et ensuite il a admis le public à visiter cette curieuse collection.

BIBLIOTHÈQUES.

Bibliothèque publique de Barcelone.

Il y a ici deux bibliothèques : la bibliothèque de la ville ou de l'université et la bibliothèque épiscopale. Celle-ci, moins considérable que l'autre, renferme les archives du royaume d'Aragon en huit mille liasses in-folio et vingt mille manuscrits, sans compter neuf cents bulles papales, des lettres missives des empereurs, des rois de France, d'Allemagne et d'Espagne, et quantité de chartes du plus haut intérêt. Les manuscrits concernent presque tous la théologie, l'histoire du monarchisme, l'archéologie locale, la jurisprudence et la médecine, c'est une mine des plus riches.

La bibliothèque de la ville, formée des bibliothèques de couvents supprimés, présente beaucoup moins d'intérêt que la bibliothèque précédente et renferme quantité de livres doubles, triples. On l'enrichit, chaque année, d'ouvrages usuels, nécessaires aux études des élèves. Cette bibliothèque est ouverte tous les matins.

Bibliothèque de l'Escurial.

Une vaste salle voûtée, peinte à fresque par Pelegrini et Carducho, d'une manière grandiose qui rappelle le faire de Michel-

Ange, renferme la bibliothèque en question. C'est assurément la plus précieuse collection bibliographique que possède l'Espagne ; on porte à soixante-dix mille le nombre des livres imprimés et à dix mille celui des manuscrits. Par une singulière méthode dont nous n'avons vu l'usage qu'à l'Escurial, les volumes offrent extérieurement la tranche au lieu du dos, et leur titre est écrit sur cette tranche.

Nulle part nous n'avons rencontré bibliothèque royale plus mal habillée, ayant un extérieur plus pauvre malgré sa richesse réelle. Elle manque d'un vigilant épousteur, de relieurs habiles et d'hommes spéciaux pour en dresser le catalogue raisonné. Nous sommes sûr qu'on trouverait, dans cet immense fatras, bon nombre d'ouvrages inédits et même des fragments ignorés d'auteurs grecs et romains. Bien qu'ayant passé une après-midi au milieu des richesses bibliographiques de l'Escurial, et compulsé plus de trente manuscrits, nous ne saurions donner l'idée de ce qu'elle renferme. Nous y avons remarqué 1° un manuscrit des *quatre Évangiles* ayant appartenu, en 1020, à l'empereur Conrad et qu'on appelle le livre d'or en raison de ses caractères ; 2° les *Cantiques de la Vierge*, enrichis de miniatures qui représentent, entre autres choses, les triomphes des Espagnols par l'intercession de la mère de Dieu, en voici le titre : *Canticas y milagros de Santa Maria, en lengua portuguesa (en gallego) por el Rey D. Alfonso el Sabio*, la fin manque ; 3° la troisième décade de Tite-Live, *Tercera decada de Tito-Liuio*, MNS. in-fol. du xiiie siècle ou du xive ; 4° *Calila y Dina, son diversas fabulas moralicadas*, petit in-fol. enrichi de dessins au trait. Je n'ai jamais vu plus d'esprit que chez ces bêtes-là ; notre Granville n'a pas fait mieux. La date 1299 qu'on trouve à la fin appartient à l'œuvre originale ; 5° *Codex conciliorum*, MNS. du xie siècle avec des ornements empruntés à des manuscrits du viiie et du ixe siècle. On y voit le Père éternel bénissant à la manière des Grecs ; 6° *Juegos diversos de Axedrez, dados, y tablas consus explicaciones ; ordenados por mandado del Rey don Alonso el Sabio*, MNS. in-folio du xiiie siècle. Ce livre, comme peinture de mœurs, est une des plus curieuses choses que nous connaissions ; il se divise en trois parties : la première renferme toutes les combinaisons les plus simples des dés et des billes, ce sont les jeux de vilains ; la seconde, des jeux de dés plus compliqués pour la bourgeoisie ;

la troisième des jeux d'échecs. Les joueurs sont attablés dans leur costume distinctif. Le manuscrit porte la date 1321; il a 97 feuillets. Nous ferions un petit volume des notes seulement recueillies à l'Escurial. Un savant, plus capable que nous de faire valoir sa bibliothèque, M. D.-J. Quevedo, à qui nous étions recommandé par l'aimable artiste Perez de Villa-Amil, devrait bien nous donner une histoire spéciale des richesses bibliographiques commises à sa garde. Il existe un énorme catalogue de cette collection, imprimée au siècle dernier, en 2 volumes in-folio.

Bibliothèques de Madrid.

Bibliothèque de l'académie royale d'histoire.

Cette bibliothèque, formée de tous les manuscrits les plus rares et les plus intéressants qu'on a pu recueillir dans les maisons religieuses, est extrêmement curieuse. Nous y avons remarqué un commentaire sur l'Apocalypse qui date du IXe siècle : *Exposicion al apocalypsis*, escr. por San Beato, presbitero de Lisbana. L'écrivain dit avoir fini son livre en 784 (fol. 124). Dans un manuscrit du Xe siècle, également relatif à l'Apocalypse, nous avons remarqué des miniatures dont les personnages présentent des extrémités déjà dessinées avec quelque sentiment des formes humaines. Les *Psaumes de David*, manuscrit à longues lignes; le *comes ö commes*, livre sur la vie de plusieurs saints; plusieurs *Bibles* des XIIe et XIIIe siècles, livres ornés de miniatures méritant une attention particulière.

Bibliothèque publique de San Isidoro à Madrid.

C'est l'ancienne bibliothèque des Jésuites. Plus remarquable par le choix que par le nombre des ouvrages, cette collection ne possède pas beaucoup de manuscrits. Ceux qu'on y remarque sont presque tous relatifs à la théologie, à l'histoire ecclésiastique, à l'archéologie et aux sciences abstraites ou aux sciences d'observation. Il règne plus d'ordre ici qu'à la Bibliothèque royale, circonstance due à la différence du nombre des volumes et aux nombreux accroissements que cette dernière a subis. On doit s'étonner toutefois de l'absence d'un catalogue. La bibliothèque de San Isidoro, ouverte au public, est peu fréquentée.

APPENDICE.

Bibliothèque royale ou de la ville.

Figurez-vous vingt-quatre salles, grandes et moyennes, remplies de livres entassés, gisant là sans ordre, sans catalogue, attendant qu'une main habile débrouille ce chaos. Il faut du temps et de la patience pour résumer et classer trois cents mille volumes et je doute qu'avant vingt ans on y soit parvenu. Dans le nombre effrayant de ces volumes se trouvent souvent les mêmes. Deux salles sont occupées par les manuscrits, tous postérieurs au xie siècle, et moins intéressants qu'on ne le croirait d'une collection centrale comme celle-là. Les manuscrits qui nous ont le plus vivement attachés sont des cahiers autographes du célèbre Moratin, qui est venu mourir en France; esprit original, dont la correspondance mériterait bien que le gouvernement la publiât. Nous demanderions la même faveur pour la chronique de sa vie, écrite dans un langage à lui, composé bizarre de plusieurs idiomes différents, mais dont quelques personnes possèdent la clef. Il faudrait traduire cette macédoine en espagnol, et l'imprimer telle quelle, avec le texte en regard, comme un des monuments les plus curieux de la bizarrerie humaine.

Les conservateurs de la Bibliothèque royale sont traités à peu près comme en France. Le directeur a 10,000 francs, les sous-directeurs 5,000 francs et les autres employés 3,000 francs, 2,000 francs, etc.

Bibliothèques particulières.

Bibliothèque de la Reine, au palais de Madrid.

Cette collection, qui grandit d'une manière vraiment effrayante pour le conservateur, se compose d'environ soixante-dix mille volumes catalogués, disposés avec beaucoup d'ordre, même d'élégance, au rez-de-chaussée du palais occupé par S. M. la reine. Elle se compose d'ouvrages modernes; mais il en est beaucoup aussi qui datent d'une époque antérieure au siècle dernier. Nous avons vu là quantité d'incunables avec notes marginales écrites de la main des de Manuce pour servir à leurs éditions si célèbres des auteurs classiques grecs et latins. Ces notes sont d'un prix infini, d'une valeur bibliographique et d'un intérêt des plus grands. On ne pourrait, sans les consulter, écrire ni connaître l'histoire des Aldes. Nous avons remarqué, dans le même sanctuaire, quelques livres d'heures, quelques psautiers ayant fait partie de la bibliothèque de la grande Isabelle. Ces manuscrits, tous sur vélin, renferment des miniatures exécutées en majorité par des artistes italiens et flamands auxquels sont venus se joindre quelques enlumineurs français, mais rarement des Espagnols, dont le trait, facilement reconnaissable, présente beaucoup de finesse, mais dont les dispositions, les accessoires, la transparence du ciel et les airs de tête laissent beaucoup à désirer. Nous ne pouvons trop recommander l'étude des miniatures faites pour Isabelle, car elles indiquent le concours d'artistes réunis autour d'elle et le mode d'exécution de ces petites planches qui sont sorties presque toutes d'un même atelier; tel maître faisant tel genre, tel maître faisant tel autre genre. Nous avons réuni bien des notes sur cet objet que nous publierons sans doute un jour dans notre *Histoire de l'art en Europe.* Il nous suffit d'indiquer ici le fait pour éveiller l'examen attentif des voyageurs qui n'y songeraient pas.

Le bibliothécaire de la reine, homme charmant, homme instruit, nous a montré une complaisance dont nous n'avons pas craint d'abuser, et à laquelle nous n'avions d'autre titre que celui d'étranger.

Bibliothèque du duc d'Ossuna.

Deux mille manuscrits, soixante mille volumes composent cette précieuse collection, non moins remarquable par l'aimable gracieuseté de son propriétaire que par son élégante disposition et le choix des ouvrages qui s'y trouvent réunis. Nous y avons vu beaucoup de livres du xve siècle imprimés en Espagne. Parmi les manuscrits se trouvent quantité de pièces théâtrales avec la note des censeurs que le public a fort souvent confirmée: Telle est la *Dama Boba*, approuvée au mois de juillet 1625 par le célèbre Lope de Vega; telle une pièce ayant pour titre: *El ejemplo mayor de la dudicha*, par Dr *Alira de Amescua*; telle encore une pièce de *Fr. Gabriel Tellez*, véritable nom de *Tirzo de Molina*. Lope de Vega dit de Gabriel Tellez, qu'il méritera de nouveaux applaudissements. Nous avons remarqué, dans la même collection, l'*Alexandriade* de Jean de Segura, poème du xive siècle, à rimes. Un manuscrit du Dante, ayant appartenu à Jean second, enrichi de ses armes, orné de miniatures, est une des choses les plus précieuses que nous ayons vues chez M. le duc d'Ossuna; de la bibliothèque de Jean second, ce livre a passé, avec beaucoup d'autres manuscrits, dans celle du marquis de Santillane. M. d'Ossuna possède une partie considérable de cette bibliothèque si célèbre.

Bibliothèques de Salamanque.

Bibliothèque universitaire.

Nous n'avons pas été peu surpris, en visitant cette université si célèbre, de n'y trouver qu'une bibliothèque de dix mille volumes, assez mal composée, et à laquelle manquent la plupart des grands répertoires bibliographiques, des publications fondamentales qu'on devrait rencontrer dans un établissement d'instruction publique. La théologie prédomine ici toutes les autres sciences; la jurisprudence, la médecine, l'histoire, tiennent aussi une large place; non cette histoire philosophique de notre siècle si féconde en aperçus nouveaux; non cette médecine d'observation qui repose sur les découvertes en anatomie pathologique, en chimie et en physiologie; non cette science du droit élucidée par les jurisconsultes modernes; mais toutes les vieilleries du moyen âge, rajeunies au bénéfice des élèves qui doivent apprendre à désapprendre. Trois ou quatre cents manuscrits, peu intéressants, complètent les richesses bibliographiques de l'université, contenues dans une longue galerie, et une petite salle adjacente.

Bibliothèque du collége irlandais.

Six mille volumes, français, anglais, allemands, espagnols, mais surtout français, composent cette bibliothèque, où nous n'avons rien vu qui soit digne de mention particulière.

Bibliothèque publique de Saragosse.

Cette bibliothèque ne présente guère plus d'importance que le musée. Véritable *pêle-mêle* d'objets hâtivement recueillis dans les monastères, et transportés sans soin, sans classification, sans méthode, sous des combles où les rats se disputaient leur pâture, ces diverses collections renferment des incunables très-remarquables et quelques manuscrits plus intéressants par leurs vignettes que par leur texte. Presque toutes les richesses bibliographiques de Saragosse avaient disparu lorsque la bibliothèque de l'université fut détruite, lors de la guerre de l'indépendance. La nouvelle bibliothèque ne remplacera jamais l'ancienne.

Bibliothèque publique de Séville.

Cette bibliothèque, appartenant au chapitre de la cathédrale, est renfermée dans deux grandes galeries que garnissent des armoires grillées au-dessus desquelles sont les portraits de toutes les illustrations scientifiques, artistiques, littéraires, sacerdotales, militaires et civiles du pays. On y compte environ quarante mille volumes, parmi lesquels s'en trouvent très-peu de modernes, et deux mille manuscrits. Au nombre de ces derniers, nous en avons vu de très-curieux sur la musique, des antiphonaires anciens et des poëmes du moyen âge, la plupart traduits de nos auteurs français ; tel est le livre intitulé : *Magister Wace Romance de Brutus, esto es orégen de los Bretones y Inglezes; en lengua Lemosina, escrito año de* 1155. La date du poëte porte 1145. Nous avons aussi remarqué, dans cette bibliothèque, quelques chroniques nationales, entre autres *La Cronica de Luis de Santa Maria,* in-fol., 303 feuillets à grandes lignes, écriture ronde, médiocrement serrée. Sous le n° E. BB, tabl. 148, N° 1, existe un missel de la fin du xve siècle avec miniatures; on le donne à tort comme étant du xive siècle. Le caractère de ces miniatures est indigène; les airs de tête, les fonds de paysage, les arbres, même les filigranes sont exécutés autrement qu'on ne les voit sur les œuvres italiennes, françaises et flamandes. Nous recommandons d'autant plus aux artistes ainsi qu'aux voyageurs curieux cet examen que, excepté dans les bibliothèques de l'Escurial et de l'Académie royale d'histoire, ils auront peu l'occasion de rencontrer des œuvres miniaturées dans la manière espagnole.

Bibliothèque publique de Tolède.

Cette bibliothèque, placée près de la cathédrale, est de formation récente, et résulte du dépouillement des monastères, comme la plupart des bibliothèques universitaires ou municipales d'Espagne. Elle ne renferme presque aucun manuscrit, et ne contient pas au delà de vingt mille volumes, distribués, avec quelques objets d'histoire naturelle et d'antiquité, dans plusieurs petites salles sans apparence. Nous avons vu là beaucoup de livres français, presque toutes nos grandes collections bibliographiques, et, de plus, un bibliothécaire fort instruit, fort aimable qui nous a soumis un livre d'heures de la reine Isabelle Ire, enrichi de miniatures faites par des artistes français, italiens, espagnols et flamands. Ce livre n'appartient pas à la bibliothèque, on désire même le vendre. Nous l'indiquons aux bibliophiles comme un des plus précieux bijoux que nous ayons rencontré dans la Péninsule. Il serait à regretter que le gouvernement n'en fît point l'achat, car son exécution se rattache à l'histoire de l'art au xvie siècle.

Bibliothèque chapitrale de Tolède.

La collection chapitrale, difficilement accessible, possède de rares et de magnifiques manuscrits, et, de plus, quelques fragments inédits d'auteurs grecs et romains, des hymnes de la primitive Eglise notés dans la manière du temps, des chroniques locales et quelques poèmes castillans inédits. Il faut, pour la visiter, une permission spéciale du grand coûtre.

Bibliothèque publique de Valence.

Comme à Barcelone, ces bibliothèques sont l'une épiscopale, l'autre universitaire. La bibliothèque épiscopale renferme passablement de manuscrits. Il en est de fort curieux sur le plain-chant, sur les chroniques locales et sur le pouillé du diocèse. Nous avons noté beaucoup d'incunables d'origine espagnole, sortis notamment des ateliers typographiques de Barcelone, de Séville, de Tarragone, de Tolède et de Valence. La bibliothèque archiépiscopale et la bibliothèque chapitrale renfermaient naguère de grandes richesses; mais presque tout a disparu depuis nos guerres avec l'Espagne, et surtout depuis la lutte contre les carlistes.

Bibliothèque publique de Valladolid.

Cette Collection, dite *bibliothèque du collége (colegio major Santa Crux)*, se trouve dans le même bâtiment que le musée et renferme environ quinze mille volumes, presque tous anciens, mal catalogués. La théologie, l'histoire nationale, la médecine, la jurisprudence, mais la théologie surtout, tiennent ici une large place. Nous n'avons rencontré que très-peu d'ouvrages modernes, originaux ou traduits. La partie des incunables est digne du plus haut intérêt. Quelques manuscrits sur vélin, ornés de jolies miniatures, seraient bien dignes d'être classés et décrits.

Nous avons vu dans le même sanctuaire une collection de cartes très-curieuses pour connaître l'ancienne Espagne.

Les bibliophiles espagnols sont très-rares; on les compte. Nous n'avons rencontré, à Séville, que deux hommes, M. Jose Maria de Avila et M. l'avocat Bueno qui sachent bien ce que c'est qu'un vieux livre. A Madrid se trouvent trois somptueux amateurs, plus riches qu'instruits, et quelques médecins bibliophiles. A Barcelone, à Cadix, à Valence, c'est aussi parmi les médecins que se produisent les goûts bibliographiques les plus prononcés. Quant aux *bouquinistes*, ces libraires d'occasion si nombreux dans notre bonne ville de Paris, leur espèce est presque aussi rare en Espagne que l'est celle du mastodonte. A Valladolid, ville universitaire, nous n'avons vu qu'un bouquiniste; à Salamanque nous n'en avons pas rencontré un seul, à moins de donner ce titre à deux libraires, les seuls de la ville, qui vendent des chapelets et des livres d'église; à Barcelone, on en trouve plusieurs qui sont assez bien fournis; mais à Madrid, *calle d'Atocha*, aux alentours de la *Trinidad*, existe un étalage intéressant.

Archives des Indes.

Les archives des Indes, réunies depuis 1785 à Séville, dans le palais de la *Lonja*, forment, pour l'histoire générale du monde, la collection la plus précieuse qui soit en Espagne. Quarante mille dossiers, avec étiquettes indiquant la province qu'ils concernent et l'ordre chronologique des faits, occupent d'immenses armoires placées contre les parois de trois galeries voûtées dont la longueur n'a pas moins de 60 mètres. Cette classification honore la patience intelligente du chanoine don Antonio de Lara, inquisiteur de Séville, et la scrupuleuse fidélité de ses successeurs. Entre une foule de choses dont le détail serait ici déplacés, nous y avons vu des lettres autographes de Las Casas, de Magellan, de François Pizarre, de Fernand Cortès, de Christophe Colomb, de Sébastien de Cano, de Ponce de Léon, des rescrits de Ferdinand, d'Isabelle; un mémoire par lequel Miguel Cervantes expose, en 1590, les droits qu'il peut avoir à la bienveillance du gouvernement, etc. Tous les actes authentiques sur lesquels peut s'appuyer l'histoire des conquêtes de la marine espagnole, tous les traités de commerce conclus pendant trois siècles, soit avec l'Inde, soit avec les puissances continentales, se retrouvent dans cet immense répertoire, où peu de personnes sont admises à puiser. Il paraît néanmoins qu'une exception favorisa M. Washington Irwing, car la plupart des détails nouveaux publiés par lui sur Christophe Colomb ne proviennent pas d'une autre source. Dans la salle où siégent les magistrats consulaires, nous avons remarqué le portrait de cet illustre navigateur, tableau qu'on ne suppose point original, mais qui, fort ancien, pourrait très-bien avoir été fait sur une image contemporaine. C'est une figure mâle, sévère, méditative, respirant plutôt la résolution, la tenacité que la grandeur des vues et la hauteur des idées. Le tableau provient de M. le duc de Veraguas, chef actuel de la famille descendue de Christophe Colomb, et qui l'a donné à la ville. On y voit ses armes portant pour devise : *Non sufficit orbis*, auxquelles on a joint les deux vers suivants :

> Nuevo mundo dio Colom
> A Castilla y a Leon.

Dans une autre pièce du même édifice, on nous a montré le portrait de Fernand Cortès dont les traits, s'ils sont vrais, respirent l'intelligence, l'héroïsme du courage et la fierté castillane. Le roi Charles III, petit vieillard chétif, tourné comme un marquis du temps de Louis XV, frisé en ailes de pigeon, ayant une physionomie maigre, sans autre expression que celle d'une bonté vulgaire, forme le pendant de Fernand Cortès. L'artiste s'est évidemment fourvoyé: Charles était chétif sans doute, mais dans ses regards respirait la sagacité de l'organisateur habile, sur ses lèvres se promenait un sourire de bienveillante affabilité pleine de grandeur.

Archives de Simancas (*près de Valladolid*).

Ce sont véritablement les *archives du royaume*, comprenant tous les titres, toutes les bulles, toutes les chartes, tous les traités qui se rattachent à l'ancienne constitution de la monarchie ; moins les archives si précieuses de l'Arragon (*V.* biblioth. de Barcelone) et différentes collections qui existent dans les archives de l'Académie royale d'histoire de Madrid, ou dans certains dépôts qu'on ne peut aborder. Les archives de Simancas sont en ordre et gardées par un homme de la plus grande complaisance. L'histoire politique de l'Espagne ne peut s'écrire que là.

Antiquités.

Après la Grèce et l'Italie, nul pays de l'Europe ne devrait être aussi riche que l'Espagne en objets d'antiquités si l'insouciance, les malheurs publics, les bouleversements produits par des guerres désastreuses ne les avaient fait disparaître presque tous. Ceux que nous avons vus à Tarragone, Valence, Italica, Merida, Séville, Salamanque, Madrid, etc., nous ont consolé au point de vue de l'art, de l'absence des autres. Rien ne sort des conditions de la médiocrité, et beaucoup de choses exécutées dans les beaux siècles de Rome, par des ouvriers indigènes, semblent appartenir aux jours de décadence. Les monnaies, les inscriptions tumulaires, encore assez nombreuses, témoignent de cette infériorité des Ibères relativement aux autres peuples de la Gaule.

La seule collection d'antiquités qui mérite une mention, se trouve à Madrid, jointe à la bibliothèque nationale : nous y avons vu des vases étrusques et romains, des candélabres, des lampes romaines, quelques statuettes qui seraient dignes d'être dessinées, même gravées ; mais peu méritent cette distinction. Don Basilio-Sébastien-Castellanos de Losada, conservateur de ce dépôt, en a rédigé le catalogue (Madrid 1847, in-18); nous y renvoyons. Le même livret renferme quelques données superficielles, fort incomplètes, sur le cabinet des médailles et sur les incunables de la Bibliothèque nationale.

EAUX MINÉRALES.

On en connaît plus de 500, mais la plupart ne sont appréciées que par leurs effets, des chimistes habiles ne les ayant pas analysées. On cite particulièrement celles dont nous donnons la description ci-après :

Des diligences, partant de Bayonne, se rendent directement aux bains de *Arechavaleta, Cestona, Santa Agueda* et autres des provinces basques. Quant aux bains de *Panticosa*, il vaut mieux faire un circuit par les vallées pyrénéennes de France que de suivre la voie directe.

A Barcelone, un service direct conduit à *Esparraguera* ainsi qu'aux établissements les plus fréquentés de la Catalogne.

De Saragosse, on se rend aux bains d'*Alhama* à *Fitero* ainsi qu'aux différentes sources de la Navarre.

La diligence de Grenade est le seul moyen qu'on puisse employer pour se rendre aux eaux si célèbres de *Carratraca*. On passe par Loja et Malaga.

La nouvelle diligence de Murcie vous conduit aux bains d'*Archena*.

Un service journalier, partant de Santander, vous permet d'aller à *Ontaneda, Viesgo* et aux sources presque miraculeuses de Caldas.

La diligence de Bilbao à Valmaseda conduit aux délicieux bains de mer de *Portugalete* et aux sources minérales d'*Elorrio*.

Il existe à Madrid et dans les principales villes des entreprises particulières pour les bains de *Molar, Ledesma, Peralta, Trillo, Sacedon*, etc. Ces voitures font 5 à 6 lieues espagnoles par jour. Il en est qui sont assez douces.

Le prix de transport varie d'après le nombre des voyageurs. Il faut le faire d'avance et bien stipuler ses conditions.

Quant aux bains de mer, dans la Méditerranée et l'Océan, le service des bateaux à vapeur y conduit. Il y a 53 établissements de ce genre pour la Méditerranée, dans un parcours de 253 lieues, depuis Saint-Roque jusqu'à Cervera ; et 56 pour l'Océan, dans un parcours de 284 lieues, depuis Algésiras jusqu'à Fontarabie.

Albacete (province d').

Villatoya, 10 lieues d'Albacete, sur la rive du Cabriel. Eau thermale acidulée ; 21° de chaleur.

Établissement très-exigu, situé à 2,000 pas du village, et ne contenant que dix chambres.

Principes constituants : sulfate et chlorure de chaux, sulfate de magnésie, alumine, soude, silice, oxyde de fer, etc. Analysée par D. Fr. Miner et Ant. Benlloc.

Usage : en bains et boissons.

Médecin-directeur : D. José Genovés y Tamarit, demeurant à Valence.

D'autres sources médicinales existent aux environs de Villatoya ; les plus connues se nomment : *Fuente Podrida* et *Fuente de las Lombrices*.

Saison : du 15 mai à la fin de septembre.

Almeria (province d').

Sierra de Alhamilla, à 3 lieues d'Almeria. Cette source, fort abondante, issue d'un rocher à 2 lieues d'Almeria et à une lieue de Pechina, contient, pour bases principales, du sulfate et du carbonate de magnésie.

Établissement. Fondé en 1776, par C. Sanz, évêque d'Almeria ; il renferme quatre piscines en chacune desquelles peuvent se baigner 15 personnes.

Le local ne suffit plus au nombre des malades, qui dépasse quelquefois mille, par année.

Médecin-directeur : D. Francisco Campello y Anton, résidant à Madrid, hors du temps des eaux.

Saisons : du 1er mai à la fin de juin ; du 1er septembre à la fin d'octobre.

Le chemin qui vient d'Almeria est assez commode. — Courrier tous les jours.

Aragon (province de).

Albama de Aragon, 20 lieues de Saragosse ; 5 de Calatayud, eaux connues depuis les Romains.

Établissement. Il est double et désigné sous le nom de *bains vieux* et de *bains nouveaux*; l'un à 500 pas, l'autre à 300 du village. Aux bains nouveaux sont 16 cabinets bien aérés.

Ces eaux, acidules, inodores, incolores, légèrement styptiques, contiennent une quantité notable de chlorure de soude, du sulfate de chaux, du bi-carbonate de magnésie, du sulfate de magnésie, du gaz acide carbonique, etc. Elles ont subi quantité d'analyses rectifiées, dans ces derniers temps, par D. Manuel Boguerin, directeur actuel de l'établissement, qui réside à Madrid tout l'hiver.

Prix: chambre, 3 à 4 réaulx au plus; bain, 2 réaulx; nourriture, 12 réaulx.

Saison: du 15 juin au 15 septembre. 700 à 800 personnes s'y rendent.

La malle-poste de Saragosse et de Barcelone, ainsi que les diligences passent tous les jours dans la ville d'Alhama.

Badajoz (province de).

Alanga, à 12 lieues de Mérida. L'établissement, situé à deux cents pas de la ville, renferme 4 bains particuliers et 4 bains généraux.

Eau minérale, acidulée, magnésienne et sulfatée. Température: 22° R. Il en existe une analyse.

Saison: du 24 juin à la fin de septembre.

Médecin-directeur: Don Julian Villaescusa qui, hors le temps des eaux, réside à Madrid.

400 à 500 baigneurs par année.

Dépense pour l'établissement: baigneuses, 60 réaulx; bains particuliers, 40 réaulx; bains généraux, 20 réaulx.

Il existe une galère qui se rend de Mérida aux bains d'Alanga.

Biscaye (province de).

Zaldivar ou Zaldua, à 6 lieues de Bilbao, bains antiques, reconstruits à neuf en 1846 et 1850.

Principes constituants: sulfate de chaux en grande quantité, chlorure de magnésie, chlorure de chaux, sulfate de soude et sulfate de chaux, nitrate de potasse, etc. Une analyse en a été faite par D. Ant. Moreno et Diégo Genaro Lleget, chimiste de Madrid.

Usage : en boisson et en bain, depuis le mois de juin jusqu'à la fin de septembre.

Médecin-directeur : D. José Gil y Fresno, demeurant à Durango hors le temps des eaux.

Chemins vicinaux fort mauvais.

Castillon de la Plana (province de).

Villavieja, 7 lieues de Valence, 3 de Castillon, 1/2 de Nules.

Il existe plusieurs sources différentes ; la principale est désignée sous le nom de *Fuente Calda*.

L'établissement, fondé en 1843, est analogue aux édifices les plus commodes et les mieux disposés pour cet objet. La piscine et les deux galeries qui l'entourent sont annexées au salon.

L'eau minérale, onctueuse au toucher, inodore, insipide, présente une température de 24° R. D'après José Menchéco, on y trouve en abondance du sous-carbonate de fer, de chaux et de soude, de l'hydrochlorate de soude et de magnésie, du sulfate de magnésie, de la silice.

On ne l'emploie qu'en bains et ils se payent, d'après le temps qu'on y passe, 2 réaulx quand on ne choisit pas son heure, et 3 ou 4 quand on la fixe.

Saisons : du 15 mai à la fin de juin ; du 15 août au 10 octobre.

Médecin-directeur : D. Julian Alvarez Caballero, domicilié à Madrid.

Routes : celles de Nules et de Villaréal sont en bon état.

Cordoue (province de).

Arenosillo, à 7 lieues de Cordoue, source analogue à celles de Bagnères-de-Luchon, Bonnes, Cauterets, Saint-Amand, etc.

Etablissement très-peu commode ; aussi n'est-il guère fréquenté que par 250 à 300 personnes.

Directeur-médecin : D. Francisco de Paula Herrera, demeurant à San-Lucar de Barrameda, hors le temps de la saison qui commence le 15 juillet et finit en octobre.

Gratuité des bains. On ne paye que le médecin sur le pied de 10 réaulx par malade (50 sols), pour toute la durée du traitement.

Corogne (province de la).

Arteijo, sources salines, alcalines et thermales, situées à 2 lieues de la Corona, 8 de Santiago. Elles se rapprochent des eaux de Saint-Gervais, de Bacis, de Plombières, etc.

Température : 26, 28, 31°.

Composition, d'après l'analyse d'Ant. Casares : chlorure de soude et de chaux, sulfate de chaux, magnésie, etc.

Usage : en boisson et en bains.

Prix : logement, nourriture, service : 20 réaulx.

Il existe un petit hospice pour les pauvres.

Médecin-directeur : D. Isidore Ortega, qui réside à Madrid hors le temps des eaux.

Saison : de juillet à la fin de septembre.

Cuença (province de).

Solan de Cabras, à 9 lieues de Cuença, 5 lieues de Priego.

Eau thermale acidulée, d'une température de 17° R. Analysée par D. Domingo Garcia Fernandez et D. Ant. Moreno. Ils y ont reconnu : carbonate de chaux, hydrochlorate de soude et de magnésie, sulfate de magnésie, sulfate de soude et de chaux, acide carbonique.

Usages : en boisson et en bains. Généralement 2 verres matin et soir suffisent.

Etablissement : un bain général avec compartiments, et, à 100 pas plus loin, une vaste maison pour les malades.

Médecin-directeur : D. Anatasio Herrainoz, demeurant à Cuença, excepté pendant la saison qui s'ouvre le 15 juin et dure jusqu'à la fin de septembre.

Grenade (province de).

Alhama de Granada, bains très-célèbres depuis la plus haute antiquité, à 7 lieues de Grenade ; quatre sources principales, dites : Bain de Saint-Joseph, 26 à 28° R.; Bain des

Remèdes, 28 à 30°; Bain de la Reine, 30 à 32°; Bain Fort, 36°.

Établissement : cent personnes pourraient se baigner à la fois, en quatre bassins.

Prix du bain : 20 réaulx pour la saison, si on loge dans l'établissement.

30 réaulx, si on loge dehors.

Bases salines de l'eau : hydrochlorate de magnésie et de chaux, sulfate de magnésie, carbonate de chaux et gaz nitrogène, selon Dauveny, chimiste d'Oxford.

Ancien médecin directeur : D. José Abades, savant praticien, décédé depuis trois ans; remplacé par D. Ricardo Federico.

Saisons : du 1er avril au 15 juin; du 1er septembre au 15 octobre.

Guadalajara (province de).

Trillo, 10 lieues de Guadalajara, 2 de Cifuentes, 20 de Madrid, 8 de Siguenza.

Sources thermales acidulées et salines fort célèbres dans toute l'Espagne. Composition : oxygène, azote, sulfate de chaux, sulfate de magnésie, chlorure de chaux, et, en proportion bien moindre, acides carbonique et sulfhidrique, sels de fer, etc., substances volatiles et substances fixes. Analysées par Gonzalez Crespo. Sept sources principales : la Princesse, 24° de chaleur; la Reine, 24°; la Fontaine du Roi et la Fontaine de Sainte-Thérèse, 25°; la Comtesse, 23°; la Fontaine du Prince, 25°; la Fontaine du Directeur, 19°; la Fontaine Nouvelle, 23° R.

Usage : bains et boissons, lotions, douches, etc.

Saison : du 20 juin au 20 septembre; affluence considérable de malades.

Établissement : plusieurs piscines; organisation qui est loin de se trouver en rapport avec l'importance des sources.

Appartements : 16, 12, 10, 8, 7, 6, 5, 4 et même 3 réaulx par jour. S'adresser d'avance à D. Benito Perez, administrateur.

Docteur-médecin : Mariano Jose Gonzalez Crespo.

Chemins agréables et en assez bon état. Service direct et

journalier de Madrid à Trillo, en 6 heures. Bureau, rue d'Alcala, n° 16.

Guipuzcoa (province de).

Alzola, à 3 lieues de Vergara, 4 de Tolosa.

Des conduits de zinc conduisent l'eau dans une piscine où peuvent se baigner 12 personnes à la fois, l'eau calcaire magnésienne qui sourd à quelques distances de cette localité. L'établissement, fort petit, contient plusieurs cabinets avec lits, où les malades peuvent se reposer après le bain ; mais aucun ne loge dans cette maison.

Température de l'eau : 30 à 31° centigrades.

Caractères : légèrement saline, transparente, sans couleur ni odeur. Il en existe deux analyses par D. Ant. Moreno et D. Diego Genaro Lletget.

On la prend à l'intérieur et à l'extérieur.

Médecin-directeur : D. Gregorio Elias Oroso, qui réside à Elgoibar.

Arechavaleta, 9 lieues et demie de Tolosa, 33 de Burgos.

Source hydro-sulfureuse, analysée par les Drs Lletget et Masarnau.

Principes constituants : sulfate de chaux, de soude, de magnésie, carbonate calcaire, chlorure de chaux, gaz acide sulfhydrique et gaz acide carbonique, etc.

Bel établissement, reconstruit en 1842 ; il contient 3 piscines et 16 baignoires en marbre ou en zinc et de nombreux cabinets séparés. Il y a là salon de réception, billard, café, etc.

Médecin-directeur : D. Rafael Breñoza, demeurant dans la localité même. Par année, 500 baignants.

Saison : du 1er juin à la fin de septembre. Voitures directes, tous les jours, de Mondragon à Arechavalta.

Santa-Agueda ou Guesalibar, à 9 lieues et demie de Tolosa.

Eau sulfureuse et gazeuse employée contre les maladies de la peau, les paralysies, les chloroses, etc.

Saison : du mois de juin à la fin de septembre.

Médecin : D. Juan Carlos Guerra, qui, hors le temps de la saison, demeure à Mondragon.

Prix du bain général : 6 réaulx.

Prix de l'eau pour la durée du traitement : 10 réaulx.

Régime alimentaire : 32 réaulx (2 repas et service).

L'établissement possède 22 cabinets.

Routes, par Aramayona et Garagarza ; courrier tous les jours, pendant la saison.

Cette eau a été analysée par D. Pedro Sanchez Toca.

Logrono (province de).

Arnedillo, à 7 lieues de Logroño, 6 lieues de Calahorra. Source analogue à celle de Baguères de Bigorre.

Petit établissement qui contient 10 bassins, en chacun desquels 6 personnes peuvent se baigner.

Analysée en 1837 par D. José Elvira, cette source a donné du sulfate et du carbonate de chaux, du sulfate de soude, de l'hydrochlorate de magnésie, et beaucoup d'hydrochlorate de soude.

Usage : en boissons et en bains.

Saison : du 15 juin au 15 septembre ; 1,000 baigneurs.

Médecin-directeur : José Herrera y Ruiz, résidant à Madrid quand la saison cesse.

Madrid (province de).

Sumasaguas, 1 lieue et demie de Madrid; eau thermale et ferrugineuse : 15 à 19° R.; analysée par D. Domingo Garcia Fernandez, D. Greg. Banares, D. José Enciso et D. Castor Ruiz del Cerro.

Recommandée contre les obstructions, les flueurs blanches, les maladies cachectiques, etc.; on la boit.

Murcie (province de).

Archena, à 4 lieues de Murcie. Son établissement minéro-thermal, situé à 2 kilomètres d'Archena, est un des plus importants, des plus fréquentés du royaume. Il renferme 110 habitations et reçoit annuellement 2,000 malades.

Caractère de cette source : analogue aux sources du Mont-d'Or, de Bagnères, de Bonne, etc., mais plus chargée de principes actifs. L'hydrochlorate de soude y prédomine. On y trouve aussi beaucoup de gaz hydrosulfurique, de l'hydrochlorate de magnésie, du sulfate de soude, etc.

Usage : en boisson, en vapeur, en douches, en embrocations, en bains.

Les bains sont gratuits.

Prix des appartements : 8, 6, et 4 réaulx par jour, selon leur commodité.

Nourriture : 20 réaulx.

Ordinairement, la saison est de 9 jours.

Saisons : d'avril à fin de juin ; de septembre à fin d'octobre.

Médecin-directeur : D. Nic. Sanchez de las Matas, qui demeure d'habitude à Murcie.

Voies et moyens : de Murcie, il faut 5 heures, prix : 40 réaulx ; d'Albacete, 2 jours et demi : char avec une mule, 6 à 8 douros ; d'Alicante, 1 jour et demi, prix : 90 à 100 réaulx.

Santander (province de).

Alceda, à 21 lieues de Burgos, 6 lieues de Santander.

Nature des eaux : la même que celle des sources d'Ontaneda, analysées par D. Manuel Rioz. Indiquées contre les scrofules.

On les boit et on les prend en bains.

Établissement : 3 piscines.

Saison : du 10 juin au 1er octobre.

Médecin-directeur : le même que celui des bains d'Ontaneda.

Diligence de Burgos à Santander, qui s'arrête à Ontaneda.

Saragosse (province de).

Tiermas, 24 lieues de Saragosse, 12 de Jaca.

Eaux alcalines, gazeuses et thermales.

Composition : chlorure de soude, sulfate de soude et de chaux, chlorure de chaux et de magnésie, bicarbonate de chaux et de magnésie, silice, matière organique, gaz sulfhydrique ; température : 33° R.

Usage : boissons et bains.
Établissement assez commode, mais petit.
Saison : du 15 juin au 15 septembre.
Médecin-directeur : D. Tomas Lletget, à Madrid.

BAINS DE MER.

Localités les plus fréquentées par ceux qui vont aux bains de mer.

Méditerranée.

Provinces.	Localités.	Distances du chef-lieu provincial
MALAGA	Manilva	16 lieues.
	Estepona	14
	Marbella	9
	Fuengirola	5
	Torremolinos	2
	Malaga	»
GRENADE	Alomuñecar	11
	Salobreña	11
	Calahonda	13
	Baradero (vis-à-vis Motril)	12 heures.
	Sorvilan	12 lieues.
AE RIA	Adra	10
	Roguetas	4
	Almeria	»
	Mojacar	19
	Vera	14
MURCIE	Puerto de San-Juan de las Aguilas	17
	Almazarron	8 1/2
	Cartagena	9

APPENDICE.

Provinces.	Localités.	Distances du chef-lieu provincial
ALICANTE	Guardamar	6
	Santa-Pola	3
	Alicante	»
	Villajoyosa	7
	Benidorme	6
	Altea	8
	Denia	13 1/4
	Oliva	13
VALENCE	Cullera	5
	Villanueva del Grao	» 1/2
CASTILLON DE LA PLANA	Castillon de la Plana	»
	Benicasim	2
	Oropesa	3
	Torreblanca	8
	Alcala de Chisvert	7
	Peñiscola	10
	Benicarlo	11
	Vinaroz	12
TARRAGONE	Perello	13
	Cambrils	2 1/2
	Tarragona	»
	Torredembarras	2 1/2
BARCELONE	Cubellas	11 heures.
	Barcelona	»
	Masnou	2 lieues.
	Mataro	6
	Arenys de Mar	8
	Calellas	9 1/2
GERONE	Blanes	8 heures.
	San-Feliu de Guixols	4 lieues.
	Palamós	5 1/2
	Pals	5
	Rosas	10 1/2
	Cadaqués	8

Océan atlantique.

Provinces.	Localités.	Distances du chef-lieu provincial
Cadix.......	Algeciras	20 1/3
	Tarifa......................	16
	Conil.......................	6
	Isla de Léon (San-Fernando)...	2 1/4
	Puerto-Real.................	3
	Cadix.......................	»
	Puerto de Santa-Maria de Rota,	
	par terre................	8
	par mer..................	
	San-Lucar de Barrameda	5
Huelva.......	Huelva	»
	Ayamonte...................	11
Pontevadra...	Bayona	9
	Vigo	5
	Redondela...................	3
	Pontevedra	»
	Cambados...................	4
Coruna.......	Deau........................	19
	Muros......................	17
	Finisterre...................	16
	Corcubion...................	14
	Camariñas...................	13
	Laje	9
	Coruña	»
	Ferrol......................	»
	Cedeiro.....................	11
	Cariño......................	14 1/2
Lugo........	Rivadeo	13 1/2
Oviedo.......	Castropol...................	22
	Navia	18
	Luarca......................	14

APPENDICE.

Provinces.	Localités.	Distances du chef-lieu provincial
Oviedo (suite)..	Cudillero..................	7
	Avilés.....................	4 1/2
	Candas (San-Félix).........	4 1/2
	Jijon......................	4
	Lastres (Santa-Maria)......	10
	Rivadesella................	12
	Pria.......................	15
	Llanes.....................	18
Santander ...	Santillan del Mar..........	5
	Suances....................	4
	Santander..................	»
	Ajo........................	3
	Santoña....................	5
	Laredo.....................	6
	Islares....................	9
	Castro-Urdiales............	11
Biscaye (Bilbao).	Plencia....................	3
	Bermeo.....................	6
	Mundaga....................	6 1/4
	Lequeitio..................	9
Guipuzcoa (Tolosa).	Motrico....................	8
	Deva.......................	8 3/4
	Orio.......................	4
	San-Sebastian..............	4
	Pasajes....................	4 1/2
	Fuenterrabia...............	7

GUIDES-RICHARD

ITINÉRAIRES EUROPÉENS

A L'USAGE DES VOYAGEURS

PAR

RICHARD, AD. JOANNE, QUÉTIN, HOCQUART, ETC., ETC.

La collection des **GUIDES-RICHARD**, fondée, il y a aujourd'hui trente ans, doit son succès et sa vogue toujours croissante à la scrupuleuse exactitude de sa rédaction, aux soins que lui ont consacrés sans relâche ses éditeurs, et aux sacrifices devant lesquels ils n'ont jamais reculé pour arriver, à chaque nouvelle édition, aussi près que possible de la perfection.

Depuis quelques années surtout, c'est-à-dire à dater de l'établissement des premiers chemins de fer en Europe, chacun des Itinéraires de cette collection a subi une transformation complète, *texte et cartes*, de manière à être tenu toujours au courant des changements survenus dans les voies de communication et de locomotion. A cet effet, des voyages d'observations et d'étude ont été chaque année entrepris par l'auteur et ses collaborateurs, voyages coûteux et pénibles, se faisant tantôt en chemin de fer, tantôt en bateau à vapeur ou en diligence, tantôt enfin se faisant à pied, le bâton de pèlerin à la main, de telle sorte que rien ne pût échapper à l'attention de l'écrivain.

PRINCIPAUX GUIDES DE LA COLLECTION.

EUROPE.

Guide des Chemins de fer, des Bateaux à vapeur, des Diligences, des Malles-postes de l'Europe, et des correspondances pour les autres parties du globe, avec cartes. 1 vol. in-32.

Guide classique du voyageur en Europe, 2ᵉ édition. 1 fort vol. in-12.

Manuel du voyageur aux bains d'Allemagne, de France, de la Belgique, de la Savoie, de la Suisse, etc. 1 beau vol. in-18.

Tableau comparatif des monnaies européennes. Ouvrage indispensable à tous les voyageurs en pays étrangers. 1 vol. in-18.

FRANCE.

Guide classique du voyageur en France et en Belgique, 23ᵉ édition. 1 fort. vol. in-12.

Guide classique du voyageur en France, 23ᵉ édition. 1 vol. in-18.

Guide du voyageur dans la France monumentale, ou Itinéraire archéologique donnant la description de tous les monuments appartenant à l'ère celtique, à l'époque romaine ou gallo-romaine et au moyen âge jusqu'à la renaissance, avec une Carte générale archéologique de la France. Cet ouvrage, publié pour la première fois, devient le complément indispensable du *Guide classique du voyageur en France*, de RICHARD.

Guide du voyageur aux environs de Paris, dans un rayon de 60 kilomètres. 2ᵉ édit. 1 vol. in-18.

Guide du voyageur aux Pyrénées. Itinéraire pittoresque du géologue, de l'homme du monde et du malade aux Bains des Hautes et Basses-Pyrénées, des Pyrénées-Orientales et de la Haute-Garonne; 5ᵉ édition. 1 fort vol. in-18.

Guide du voyageur sur le chemin de fer de Paris à Rouen, Dieppe et le Havre. 1 vol. in-18.

Guide du voyageur sur le chemin de fer de Paris à Orléans, Tours et Nantes. 1 vol. in-18.

Guide du voyageur sur le chemin de fer du Nord de Paris en Belgique et jusqu'à Cologne. 1 vol. in-18.

Voyage pittoresque en Alsace par le chemin de Strasbourg à Bâle, par M. Th. de ROUVROIS. 1 vol. grand in-8.

BELGIQUE ET HOLLANDE.

Manuel du voyageur en Belgique et en Hollande. 1 fort vol. in-18.

Guide en Belgique, seul. 1 vol. in-18.

Guide en Hollande, seul. 1 vol. in-18.

BORDS DU RHIN.

Manuel du voyageur sur les bords du Rhin. Itinéraire artistique, pittoresque et historique. 8ᵉ édit. 1 fort vol. in-18.

Voyage pittoresque des bords du Rhin, par Em. Zschokke, accompagné de 28 gravures sur acier, dessinées par L. Bleuler. 1 beau vol. in-8.

Guide du voyageur en Allemagne, conduisant par le Danube à Constantinople et en Russie. 1 fort vol. in-18.

ALLEMAGNE.

Manuel du voyageur dans le Tyrol, par Schaden. 1 vol. in-12.

SUISSE, SAVOIE ET PIÉMONT.

Itinéraire descriptif et historique de la Suisse et du Jura Français, par Ad. Joanne, 2ᵉ édit. 1 fort vol. in-12.

Nouvel Ebel, — Manuel du voyageur en Suisse, 10ᵉ édition, revue par Ad. Joanne. 1 fort vol. in-18.

Manuel du voyageur en Suisse et dans les Alpes de la Savoie et du Piémont, traduit du Hand Book, de Murray, avec de nombreuses rectifications et additions, notamment dans les excursions aux montagnes des Grisons. 1 beau vol. in-18.

Promenades dans l'Oberland de Berne. 1 joli vol. in-18.

Guide de l'étranger aux eaux d'Aix en Savoie. 1 vol. in-18.

Promenade dans la vallée de Chamouny, en partant de Genève. 1 vol. in-18.

ITALIE ET SICILE.

Guide du voyageur en Italie et en Sicile, 2ᵉ édition. 1 fort vol. in-12.

Voyage dans le midi de la France et en Italie, par A. Asselin. 1 vol. grand in-18.

Nouveau guide du voyageur en Italie, édition Artaria, de Milan (originale). 1 fort vol. in-12, cartonné.

Guide du voyageur en Sicile, par le comte de Karaczay, 1 vol. in-18.

Rome vue en huit jours. 1 vol. grand in-18

ESPAGNE.

Guide du voyageur en Espagne et en Portugal. 2ᵉ édition, entièrement refondue. 1 fort vol. in-18.

ANGLETERRE.

Guide du voyageur en Angleterre, en Écosse et en Irlande, par Richard et Ad. Joanne, 2ᵉ édition, 1 fort vol. in-12.
Itinéraire descriptif, historique et pittoresque de l'Écosse, par Ad. Joanne. 1 fort vol. grand in-18.
Guide du voyageur à Londres et dans ses environs, par Laky, nouvelle édition. 1 fort vol. in-18.
Londres tel qu'il est. 1 joli vol. in-18.

ORIENT, ALGÉRIE.

Guide du voyageur en Orient, par Quétin. 1 fort vol. in-12.
Guide du voyageur en Algérie, par Quétin, 2ᵉ édition. 1 vol. in-18.

CALIFORNIE.

Itinéraire du voyageur en Californie, à travers l'isthme de Panama, extrait des voyages d'exploration en *Californie* et dans l'*Orégon*, entrepris en 1851 et 1852, par ordre du gouvernement, par M. Saint-Amant. 1 vol. grand in-18.

GUIDES DE LA CONVERSATION A L'USAGE DES VOYAGEURS.

Dialogues en vente à 1 fr. 50 c. chaque.

Français-Allemands, par Richard et Koenig.
Français-Anglais, par Richard et Quétin.
Français-Espagnols, par Richard et de Corona.
Français-Italiens, par Richard et Boletti.
Anglais-Allemands, par A. Horwitz.
Anglais et Italiens, par Wahl et Brunetti.
Anglais et Espagnols, par de Corona et Laran.

LES MUSÉES D'EUROPE

Par H. Louis Viardot, 4 vol. in-18, format anglais, à 3 fr. 50 c. — En vente :

Les musées d'Italie. 1 vol.
Les musées d'Espagne. 1 vol.
Les musées d'Allemagne. 1 vol.
Les musées d'Angleterre, de Belgique, de Hollande, de Russie, 1 vol.

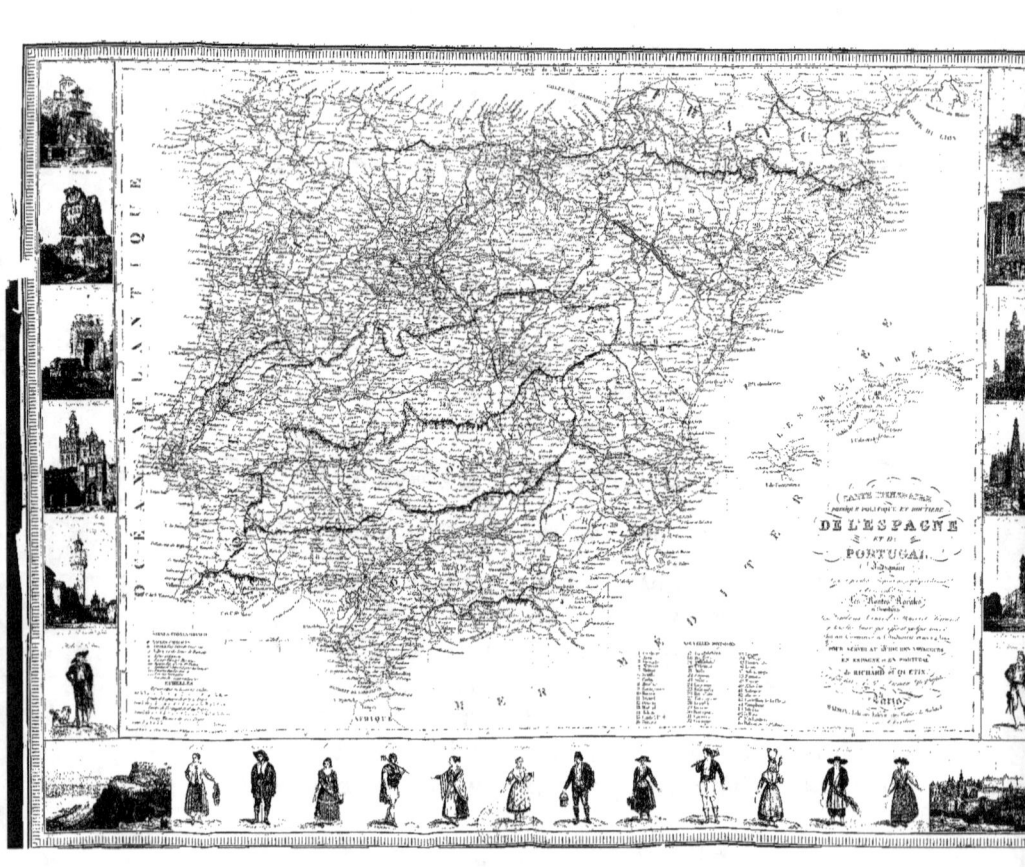

www.ingramcontent.com/pod-product-compliance
Lightning Source LLC
Chambersburg PA
CBHW052033290426
44111CB00011B/1497

ITINÉRAIRES — RICHARD
Publiés par L. MAISON, rue Christine, 3.

Guide du Voyageur en Europe, par RICHARD, 1 fort vol. in-12 à 2 colonnes. 15 »
Guide du Voyageur en France et en Belgique, par RICHARD. In-12 avec cart. 8 »
Guide du Voyageur en France, par RICHARD, 1 vol. in-18. 5 »
Guide du Voyageur dans la France monumentale, par RICHARD et E. HOCQUART, 1 fort vol. in-12 à 2 colonnes. 9 »
Guide du Voyageur aux environs de Paris, par RICHARD, 1 vol. in-18. 5 »
Pocket Companion to Paris, by an English resident, 1 v. in-18. 2 »
Guide du voyageur aux Pyrénées, par RICHARD et QUÉTIN, 1 fort vol. in-18. 7 50
La Seine et ses bords, par CHARLES NODIER, 1 vol. in-8°. 5 »
Excursion à la Grande-Chartreuse, avec l'Itinéraire des routes, in-8° oblong. 2 25
Guide du Voyageur en Belgique et en Hollande, par RICHARD, 1 très-fort vol. in-18. 8 »
Hand-Book through Holland, Belgium and along the Rhine (MURRAY), 1 fort vol. in-18.
Guide du Voyageur sur les bords du Rhin, par RICHARD, 1 fort vol. in-18. 8 »
Nouvel Ebel, Manuel du Voyageur en Suisse et dans le Tyrol. 1 fort vol. in-12. 10 »
Manuel du Voyageur en Suisse, Savoie et Piémont, traduit de MURRAY, 1 fort vol. in-18. 8 »
L'Oberland, vu en trois jours, 1 vol. in-18, 1 50
La Vallée de Chamouny, vue en quelques jours, 1 vol. in-18. 1 50
Hand-Boock for travellers in Switzerland and the Alps of Savoy and Piédmont (MURRAY). 1 vol. in-12. 8 »
Pocket-Book for travellers in Switzerland and Chamounix, 1 vol. in-18. 4 »
Guide du Voyageur en Savoie et Piémont, par RICHARD, 1 vol. in-18.
Guide du Voyageur aux Eaux d'Aix, en Savoie, par RICHARD, 1 vol. in-18 3 »
Guide du Voyageur en Allemagne, par RICHARD, 1 vol. in-18. 9 »
Guide du Voyageur dans le Tyrol, par SCHADEN, 1 vol. in-12. 3 »
Guide du Voyageur en Italie, par RICHARD, 1 vol. in-18. 9 »
Guide du Voyageur en Espagne et en Portugal, 1 vol. in-18. 9 »
Guide du Voyageur en Angleterre, Ecosse et Irlande, par RICHARD, 1 fort vol. in-18. 8 »
Guide du Voyageur à Londres et dans ses environs, 1 v. in-18. 7 50
Guide du Voyageur en Orient, par QUÉTIN, 1 vol. in-12. 10 50
Guide du Voyageur en Algérie, par QUÉTIN, 1 vol. in-18. 5 »
Guide du Voyageur à Constantinople, par LACROIX, 1 v. in-8°. 8 »
Guide aux Bains d'Europe, 1 vol. in-12. 8 »
Tableau des Monnaies européennes comparées à la Monnaie française, 1 vol. in-18. 1 »

Imp. Bonaventure et Ducessois
55, quai des Augustins.